АНГЛО-РУССКИЙ СЛОВАРЬ ПО ВЫЧИСЛИТЕЛЬНОЙ ТЕХНИКЕ

Компьютеры, мультимедиа, сети, Интернет, телекоммуникации, Windows

ок. 28 000 терминов

Под редакцией М. Л. Гуткина

Издание словаря осуществлено при активной помощи Государственного Фонда содействия развитию малых форм предприятий в научно-технической сфере

Англо-русский словарь по вычислительной технике. *Компьютеры, мультимедиа, сети, Интернет, телекоммуникации, Windows.* Ок. 28 000 терм. Под редакцией М. Л. Гуткина. -М.: ЭТС, 1998. - 496с.

ISBN 5-86455-013-2

Составители: М. С. Блехман, М. Л. Гуткин, Б. И. Зайчик, А. В. Макаров, И. В. Фаградянц

Дизайн: «Медиа-пресс»

Настоящий словарь включает ок. 28 000 терминов по следующим основным направлением вычислительной техники: компьютеры, мультимедиа, сети, Интернет, телекоммуникации, Windows. Учитывая новизну многих понятий, в некоторых случаях дается краткое толкование терминов.

Формирование и обновление словарной базы осуществлялось вплоть до передачи словаря в печать. Издательство и авторы выражают признательность редакции газеты PC Week/RE и бюро переводов «ИЛС-Русин» за предоставление новейшей компьютерной терминологии, а также Е. Г. Коваленко за большую методическую помощь в создании словаря.

Словарь рассчитан на самые широкие круги пользователей.

Замечания и пожелания просьба направлять по адресу:
103062 Москва, Подсосенский переулок 13, издательство ЭТС.
Тел./факс (095) 917 21 60
(095) 242 87 52
(095) 400 66 34
http://www.ets.ru
http://ets@ets.ru

ISBN 5-86455-013-2

© Медиа-пресс, 1998
© ЭТС, 1998

1GL [first generation language] язык уровня 1GL
2GL [second generation language] язык уровня 2GL
3GL [third generation language] язык третьего поколения; язык уровня 3GL
4GL [fourth generation language] язык четвертого поколения
5GL [fifth generation language] язык пятого поколения
10BASE-2 [Thin Ethernet] «тонкий» Ethernet *(тип тонкого кабеля для сетей Ethernet, кабель RG58 C/U)*
10BASE-5 [Thick Ethernet] «Толстый» Ethernet *(кабель RG9)*
10BASE-F [Fiber Optic Ethernet] двойной световод
10BASE-T [Twisted Pair Ethernet] витая пара *(кабель AWG 22-26)*
100BASE-T стандарт для сети Ethernet для скорости передачи 100 Мбит/с
100BASE-VG новая спецификация кабельной сети Ethernet на 100 Мбит/с
100VG-AnyLAN проект стандарта сети для скорости передачи 100 Мбит/с *(основан на рекомендациях IEEE 802.12)*
24*7 (7-by-24) 24 часа, 7 дней в неделю *(обозначение либо работоспособности оборудования, либо режима его обслуживания)*
32-bit APIs 32-разрядные интерфейсы прикладного программирования
3D трехмерная *(графика)*
3DA [Three Dimensional Architecture] трехмерная архитектура *(название ОС Unix нового поколения)*
3DMF [3D meta file] мм формат метафайла *(содержит геометрические данные, а также информацию о текстуре, освещении и закраске; не зависит от платформы)*
80x86 обобщенное обозначение серии процессоров фирмы Intel
680x0 обобщенное обозначение серии процессоров фирмы Motorola

AAI [application to application interface] интерфейс связи между приложениями
AAL [ATM adaptation layer] правила, определяющие каким образом информация подготавливается для передачи по ATM-сети
AAR [automatic alternative routing] маршрутизация с автоматическим обходом неисправных узлов
abbreviation 1. аббревиатура 2. сокращение 3. сокращенное наименование
  minimum ~ допустимое максимальное сокращение
ABC [application building classes] классы построения приложений
abend 1. аварийное завершение; аварийный останов 2. преждевременное завершение
aberration 1. аберрация 2. искажение
  transverse ~ регулируемая апертура
  wavefront ~ аберрация волнового фронта
ABI [application binary interface] машинный интерфейс для приложений; двоичный интерфейс для приложений

abide следовать; соблюдать ◊ ~ **by the programming standards** соблюдать стандарты программирования
ability 1. возможность 2. способность 3. умение
　conversational ~ способность к диалогу
　traffic ~ способность к информационному обмену
　tuning ~ перестраиваемость
abnormal неработоспособный
abonent абонент
　active ~ активный абонент
　videotex ~ абонент видеотекса
abort 1. выбрасывание задачи 2. прекращение 3. прерывать
abortion *проф.* неудачный выброс *(при редактировании)*
ABR [available bit rate] доступная скорость передачи
abridge сокращать; укорачивать
abridgement 1. замыкание 2. сокращение; сокращенный вид 3. усечение
absolute абсолютный
abstract 1. аннотация 2. реферат 3. абстрактная конструкция; абстрактный объект 4. абстрактный 5. абстрагировать; абстрагироваться; рассматривать отвлеченно
abstracting:
　automatic ~ автоматическое реферирование
abstraction 1. абстракция 2. абстрактная конструкция 3. выделение
　data ~ 1. абстрактные данные 2. абстракция данных
　description ~ 1. абстрактное описание 2. обобщенное описание
abuse неверное обращение: неправильное использование; неправильная эксплуатация

AC 1. [access class] класс доступа 2. [alternating current] переменный ток
accelerate ускорять; ускоряться
accelerator 1. акселератор; ускоритель 2. руководитель службы контроля прохождения заказов *(в рекламном агентстве)*
　floating point ~ ускоритель вычислений с плавающей точкой
accent 1. знак ударения 2. характерная особенность 3. штрих
accept 1. одобрять 2. принимать
acceptability приемлемость
　visual ~ визуальное восприятие
acceptance 1. благожелательное отношение *(к радио- или телевизионной программе со стороны аудитории)* 2. одобрение 3. приемка 4. принятие
　user ~ одобрение пользователем; приемлемость для пользователя
access 1. доступ 2. выборка 3. обращение 4. достигать ◊ ~ **by key** доступ по ключу; ~ **to** доступ к; ~ **denied** доступ не разрешен
　ad hoc ~ 1. незапланированный доступ 2. эпизодический доступ
　algorithm for channel ~ алгоритм (обеспечения) доступа к каналу
　algorithmic ~ алгоритмический доступ
　arbitrary ~ произвольный доступ
　authorized ~ санкционированный доступ
　blocked ~ заблокированный доступ
　busy-tone multiple ~ многостанционный доступ с сигналом занятости
　carrier sense multiple ~ 1. многостанционный доступ с контролем несущей 2. множественный доступ с опросом несущей

— 4 —

access

chained ~ цепной доступ
channel ~ 1. доступ к каналу 2. обеспечение доступа к каналу
clustered ~ групповой доступ
code division multiple ~ многостанционный доступ с кодовым уплотнением каналов
conflict-free ~ бесконфликтная выборка
cyclic ~ циклический доступ
delayed ~ задержанная выборка
diagnostic ~ доступ для диагностического контроля
dial-up ~ наборный доступ
direct ~ прямой доступ
direct disk ~ прямой доступ к диску
direct memory ~ прямой доступ в память
display ~ выборка изображения
distributed ~ распределенный доступ
exclusive ~ монопольный доступ
failure ~ обращение в результате сбоя; ошибочное обращение
fast ~ быстрый доступ; быстрая выборка
file ~ **denied** нет доступа к файлу (*сообщение*)
fingertip ~ доступ с помощью клавиатуры
gain an ~ получать доступ
illegal ~ неразрешенный доступ; несанкционированный доступ
immediate ~ немедленный доступ
indexed ~ индексный доступ
instantaneous ~ немедленная выборка; немедленный доступ
key ~ доступ по ключу
keyed ~ ключевой доступ
library ~ библиотечный доступ; обращение к библиотеке
line ~ доступ по линии связи

local ~ локальный доступ
magnetic drum ~ выборка с магнитного барабана
memory ~ обращение к памяти
menu-driven ~ доступ в режиме меню
multiple ~ коллективный (многостанционный; множественный; параллельный) доступ; мультидоступ
multiple terminal ~ мультитерминальный доступ
mutually exclusive ~ взаимоисключающий доступ
network ~ доступ к сети
nonrandom ~ жесткая выборка
obtain ~ получать доступ
one-touch ~ доступ одним нажатием клавиши
paging ~ избирательный доступ по вызову
parallel ~ параллельный доступ
preferred ~ 1. предпочтительный вариант доступа 2. приоритетный доступ
queued ~ доступ с организацией очереди
random ~ 1. произвольная выборка; произвольный доступ 2. прямой доступ
rapid ~ быстрая выборка
real-time ~ доступ в реальном времени
recognizing ~ доступ с опознаванием
relationship ~ доступ по отношению
remote ~ дистанционная выборка; дистанционный доступ; удаленный доступ
remote network ~ служба удаленного доступа
reservation ~ доступ с резервированием
restricted ~ ограниченный доступ

secondary ~ method вторичный метод доступа
seek ~ запрашивать доступ
semidirect ~ полупрямой доступ
serial ~ последовательный доступ
service ~ доступ для (технического) обслуживания
shared ~ коллективный доступ; совместный доступ
simultaneous ~ одновременная выборка
single-user ~ доступ для единственного пользователя
storage ~ 1. выборка из ЗУ **2.** обращение к ЗУ
subscriber ~ абонентский доступ
telecommunication ~ method телекоммуникационный метод доступа
time-division multiple ~ множественный доступ с квантованием
token ~ эстафетный доступ
unauthorized ~ несанкционированный доступ
world ~ 1. глобальный доступ **2.** доступ посторонних пользователей
worldwide ~ глобальный доступ
write ~ 1. доступ для записи **2.** обращение по записи
zero ~ 1. немедленная выборка **2.** немедленный доступ; сверхбыстрый доступ
accessibility 1. достижимость **2.** доступность
~ **of control** доступность (органов) управления
data ~ доступность данных
full ~ полная доступность
host ~ возможность осуществления доступа к главной ЭВМ
limited ~ неполная доступность
accessing 1. организация доступа **2.** организация связи с абонентами **3.** подключение
random ~ произвольный доступ

accessor аксессор *(узел кассетного ЗУ)*
accessories принадлежности
account 1. счет ‖ считать **2.** расчет ‖ рассчитать **3.** постоянный клиент **4.** постоянный покупатель *(особенно фирма)*, ведущие закупки в кредит **5.** регистрационная запись **6.** учетная запись в базе подписчиков *(сети, службы и т.п.)* **7.** рекламодатель; клиент рекламного агентства *(см. тж advertiser)*
user ~ 1. счет пользователя **2.** учетная карточка пользователя *(в сети)*
accountable отчитываемый
accounting 1. учет; ведение учета; подведение итогов ‖ учетный **2.** учет использования ресурсов **3.** бухгалтерский учет; бухгалтерское дело
business ~ коммерческие расчеты
job ~ учет заданий
job cost ~ учет себестоимости работ
system ~ учет системных ресурсов
accreditation 1. гарантирование **2.** обеспечение
accumulated накопленный
accumulation сбор; накопление
~ **of errors** накопление ошибок; накопление погрешностей
roundoff ~ накопление ошибок округления
accumulator аккумулятор; (накапливающий) сумматор
adaptive multipath ~ адаптивный накопитель составляющих многолучевого сигнала
running ~ аппаратный стек
accuracy 1. точность **2.** погрешность **3.** правильность ◊ **~ to within** точность в пределах

~ of approximation точность приближения;
~ of estimate правильность оценки;
~ of solution точность решения
absolute ~ абсолютная точность
adequate ~ 1. достаточная точность 2. требуемая точность
anticipated ~ ожидаемая точность
attainable ~ достижимая точность
attained ~ достигнутая точность
conversion ~ точность преобразования
design ~ расчетная точность
extreme ~ предельная точность
frame ~ точность до кадра *(при видеомонтаже)*
observation ~ точность наблюдений
permissible ~ допустимая точность
possible ~ возможная точность
relative ~ относительная точность
resultant ~ полученная точность
scan ~ точность сканирования
split-hair ~ высочайшая точность
spurious ~ мнимая точность
statistical ~ статистическая точность
trimming ~ точность подгонки
working ~ практическая точность
ACD [automatic call distribution] **1.** автоматическое распределение вызовов в системах телефонной связи **2.** устройство автоматического распределения вызовов
ACE [advanced computing environment] перспективные вычислительные среды *(консорциум ACE)*

acetate ацетат
ACIA [asynchronous communications interface adapter] адаптер асинхронной связи
ACK [acknowledgment] сигнал подтверждения *(выдается устройством при успешном приеме данных)*
acknowledge подтверждать
acknowledgement 1. благодарность **2.** подтверждение приема **3.** признание
abbreviated ~ сокращенное подтверждение приема пакета
acceptance ~ подтверждение принятия
alarm ~ подтверждение предупреждающего сигнала
end-to-end ~ сквозное подтверждение приема
explicit ~ квитанция явного подтверждения
negative ~ отрицательное квитирование
piggyback ~ вложенное подтверждение
positive ~ положительное квитирование
acknowledging признание
ACL [access control list] списки контроля доступа *(элемент системы защиты в Windows NT)*
ACM [Association for Computing Machinery] Ассоциация по вычислительной технике
ACMS 1. [automated connection manager server] сервер автоматизированного управления соединениями **2.** [application control and management system] система контроля и администрирования приложений
acorn желудь
acoustical акустический
acoustics акустика

acquisition 1. получение **2.** приобретение **3.** сбор
consolidated ~ централизованный сбор данных
data ~ сбор данных
knowledge ~ приобретение знаний
multiple ~ децентрализованный сбор данных
acrylic акриловый
ACS [automated cartridge system] автоматизированная картриджная система
ACSE [association control service elements] сервисные элементы управления ассоциациями
ACT [acoustic charge transport] акустический перенос заряда
acting 1. игра **2.** (актерское) исполнение **3.** действующий
action 1. действие; воздействие **2.** поведение; линия поведения **3.** операция **4.** «мотор, начали!» *(команда режиссера о начале съемки)* **5.** развертывание сюжета *(перед объективом камеры)*
administrative ~ 1. действия администрации **2.** решение совета директоров компании **3.** управляющее воздействие
antihunt ~ демпфирующее действие
average position ~ усредненное действие
control ~ 1. регулирующее воздействие **2.** управляющее действие
input ~ входное воздействие
keyboard ~s манипуляции на клавиатуре
on-off ~ действие по принципу «включено-выключено»
protective ~ защитная мера
random ~ случайное воздействие
single-mode ~ одномодный режим
single-pulse ~ моноимпульсный режим
store-and-forward ~ передача с промежуточным хранением информации
activate 1. активизировать **2.** активировать **3.** задействовать **4.** инициировать
activation вызов
active активный
activit/y 1. деятельность; действие **2.** операция **3.** обработка запроса
background ~ фоновая деятельность *(выполнение операций по выбору маршрутов в сети)*
computer ~ies деятельность в области компьютеризации
concurrent ~ies параллельные операции
lead-time ~ операция ожидания
overlapping ~ies перекрывающиеся функции
system ~ учет системных ресурсов
transmission ~ интенсивность передач
actor актер
actual фактический
actuator привод головок
acuity коэффициент резкости
acutance *кфт* коэффициент резкости
acute острый
acyclic 1. апериодический **2.** непериодический
A/D [analogue/digital] (преобразователь) аналог-код
ad hoc 1. подходящий к данному случаю **2.** специальный; специально подобранный
ADA [automatic data acquisition] автоматический сбор данных
ADAC [advanced digital adaptive converter] цифровой преобразователь телевизионных стандартов; АДАК

adapt 1. адаптировать 2. настраивать 3. приспосабливать
adaptability 1. адаптируемость 2. приспособляемость
adaptation 1. адаптация 2. приспособление
   parametric ~ параметрическая адаптация
adapter 1. адаптер 2. контроллер 3. переходное устройство
   audio capture and playback ~ адаптер для цифровой аудиозаписи и для воспроизведения оцифрованного и синтезированного звука
   bus ~ шинный адаптер
   channel ~ канальный адаптер
   channel-to-channel ~ адаптер канал-канал
   color graphics ~ адаптер цветной графики; адаптер цветного графического дисплея
   communication ~ связной адаптер
   dataphone ~ дейтафонный адаптер
   device ~ адаптер устройства
   dial-up ~ контроллер удаленного подключения
   display ~ адаптер дисплея; дисплейный адаптер
   enhanced graphics ~ расширенный графический адаптер
   graphics ~ графический адаптер
   hercules graphics ~ графический адаптер «геркулес»
   host ~ контроллер
   integrated communications ~ интегрированный адаптер связи
   integrated file ~ интегрированный адаптер файла
   interface ~ 1. адаптер дисплея 2. интерфейсный адаптер
   line ~ линейный адаптер
   modular ~ однопроцессорная вычислительная машина
   network ~ сетевая плата
   on-line ~ адаптер межпроцессорной связи
   peripheral ~ адаптер периферийных устройств
   video ~ видеоадаптер
adaptive адаптивный
ADB [Apple desktop bus] системная шина в ПК Macintosh компании Apple Computer
ADC [analog-to-digital converter] аналого-цифровой преобразователь; АЦП
AD/Cycle инструменты поддержки сопровождения ПО
add 1. сложение || складывать; добавлять
add-in 1. расширение || расширительный 2. встраиваемое дополнение; встраиваемое дополнительное устройство; встроенный; дополнительный
add-ins дополнения
add-on 1. дополнение 2. расширение 3. добавочный *(сделанный в дополнение к основному продукту, программе, компьютеру для улучшения его качеств или возможностей)*
addend слагаемое
adder сумматор
   binary ~ двоичный сумматор
   carry-look-ahead ~ сумматор с ускоренным переносом
   exponent ~ сумматор порядков
   full ~ полный сумматор
   hard ~ жесткий сумматор
   nonalgebraic ~ арифметический сумматор
   parallel ~ параллельный сумматор
   pipeline ~ конвейерный сумматор
   ripple-carry ~ сумматор со сквозным переносом
   serial ~ последовательный сумматор

adder

single-digit ~ одноразрядный сумматор
adding сложение
addition сложение; суммирование
  bitwise ~ поразрядное сложение
  smoothing by ~ сглаживание суммированием
additional дополнительный
address адрес ‖ адресовать
  absolute ~ абсолютный адрес
  absolute disc ~ абсолютный дисковый адрес
  actual ~ 1. абсолютный адрес 2. действительный адрес 3. исполнительный адрес
  area ~ адрес области
  asterisk ~ звездочный адрес
  base ~ базовый адрес
  based ~ базируемый адрес
  bottom ~ нижний адрес
  broadcast ~ широковещательный адрес
  call ~ 1. адрес вызова 2. адрес обращения
  current ~ текущий адрес
  data ~ адрес данных
  deferred ~ косвенный адрес
  destination ~ адрес назначения
  direct ~ прямой адрес
  dummy ~ фиктивный адрес
  effective ~ исполнительный адрес
  entry point ~ адрес точки входа
  error ~ адрес ошибки
  external ~ внешний адрес
  first-level ~ прямой адрес
  frame ~ адрес кадра *(на видеоленте или оптическом видеодиске)*; опорный адрес
  generated ~ сформированный адрес
  global ~ глобальный адрес
  hash ~ хешированный адрес
  high load ~ старший адрес загрузки
  higher ~ более старший адрес
  home ~ собственный адрес
  immediate ~ непосредственный операнд
  implied ~ неявный адрес
  indexed ~ индексированный адрес
  indirect ~ косвенный адрес
  initial ~ начальный адрес
  instruction ~ адрес команд
  internal ~ внутренний адрес
  IP ~ IP-адрес *(сетевой адрес в Интернет)*
  jump ~ адрес перехода
  linkage ~ адрес связей
  listener ~ адрес получателя
  load ~ загрузочный адрес
  lower ~ более младший адрес
  machine ~ машинный адрес
  multicast ~ групповой адрес
  multilevel ~ многоуровневый адрес
  network ~ сетевой адрес
  one-level ~ прямой адрес
  out-of-range ~ 1. адрес за адресным пространством 2. адрес вне диапазона
  physical ~ физический адрес
  pointer ~ адрес-указатель
  presumptive ~ исходный адрес
  record ~ адрес записи
  reference ~ 1. адрес ссылки 2. базовый адрес
  relative ~ относительный адрес
  relocatable ~ 1. настраиваемый адрес 2. перемещаемый адрес
  restart ~ адрес рестарта
  result ~ адрес результата
  return ~ адрес возврата
  second-level ~ косвенный адрес
  single-level ~ прямой адрес
  source ~ адрес источника данных
  stop ~ адрес останова
  symbolic ~ символический адрес
  talk ~ адрес отправителя
  talker ~ адрес отправителя

adequacy

    third-level ~ дважды косвенный адрес
    track ~ адрес дорожки
    true ~ истинный адрес
    two-level ~ косвенный адрес
    unit ~ адрес устройства
    unload ~ адрес разгрузки
    variable ~ адрес переменной
    virtual ~ виртуальный адрес
    zero-level ~ непосредственный операнд

addressability адресуемость
addressable адресуемый
    directly ~ непосредственно адресуемый; прямо адресуемый
addressed адресуемый
addressing адресация
    absolute ~ абсолютная адресация
    associative ~ ассоциативная адресация
    augmented ~ адресация с расширяемым адресом
    autodecremental ~ автодекрементная адресация
    autoincremental ~ автоинкрементная адресация
    base-displacement ~ относительная адресация (*адресация база-смещение*)
    base-page ~ адресация по базовой странице
    bit ~ побитовая адресация
    built-in ~ встроенная адресация
    built-up ~ сложная адресация
    capability-based ~ мандатная адресация
    chained ~ цепная адресация
    complex ~ составная адресация
    deferred ~ косвенная адресация
    direct ~ прямая адресация
    extensible ~ расширенная адресация
    file ~ 1. метод доступа 2. адресация файла
    fixed-length ~ адресация с фиксированной длиной адреса
    flat ~ 1. одноуровневая (*неиерархическая, одномерная*) адресация 2. простая адресация
    gateway-based ~ 1. адресация для обмена (*пакетами*) между шлюзами 2. адресация с использованием признаков шлюза
    hash ~ хеш-адресация
    hierarchical ~ иерархическая адресация
    immediate ~ непосредственная адресация
    implied ~ неявная адресация
    indexed ~ индексная адресация
    multilevel ~ многоуровневая адресация
    network-based ~ 1. адресация для межсетевого обмена (*пакетами*) 2. адресация с использованием сетевых признаков
    one-ahead ~ повторная адресация
    postdecrement ~ постдекрементная адресация
    predecrement ~ предекрементная адресация
    preincrement ~ преинкрементная адресация
    real-time ~ непосредственная адресация
    relative ~ относительная адресация
    repetition ~ адресация с повторением адреса
    self-relative ~ относительная адресация
    stack ~ стековая адресация
    stepped ~ 1. адресация с повторением адреса 2. пошаговая адресация
    symbolic ~ символическая адресация
    wrap-around ~ круговая адресация; циклическая адресация

addressless безадресный
adequacy адекватность
    ~ of model адекватность модели

adequate адекватный
ADF [automatic document feeder] 1. автоматический загрузчик оригиналов в копировальном устройстве 2. автоматическое устройство подачи бумаги
aiding оказание помощи
adjacent смежный; соседний; прилежащий
adjust 1. внесение поправок 2. выравнивать 3. настраивать 4. подгонять 5. регулировать 6. юстировать
   automatic margin ~ автоматическое выравнивание края текста
   automatic widow ~ автоматическое устранение изолированных строк
adjustable 1. настраиваемый 2. регулируемый
   field ~ настраиваемый в эксплуатационных условиях
adjusted:
   least-squares ~ вычисленный методом наименьших квадратов
adjustment 1. выравнивание 2. настройка 3. подгонка 4. регулировка 5. упорядочение 6. установка 7. юстировка ◊ ~ **for discrepancies** статистическая поправка
   address ~ корректировка адреса
   balancing ~ балансировка
   code ~ упорядочение кодов
   fine ~ 1. плавная регулировка 2. точная настройка
   graphical ~ 1. графическое выравнивание 2. графическое согласование
   least-squares ~ 1. вычисление методом наименьших квадратов 2. согласование методом наименьших квадратов
   line ~ установка интервалов
   threshold ~ регулировка порога

ADL 1. [automated data library] автоматизированная библиотека данных 2. [animation description language] язык описания мультипликационных изображений; язык ADL
AdLib звуковой адаптер *(разработка фирмы AdLib Multimedia для IBM-совместимых ПК)*
ADMA [advanced direct memory access] улучшенный прямой доступ к памяти
adman специалист по рекламе; специалист рекламного агентства
ADMD [administration management domain] домен административного управления *(отдельная сеть, входящая в Интернет)*
administrator администратор; распорядитель; управляющий
   channel ~ распорядитель каналов
   data ~ администратор данных
   file ~ распорядитель файлов
   resource ~ распорядитель ресурсов
   system ~ администратор системы
admissibility 1. возможность 2. допустимость 3. степень допустимости
adornment элемент обрамления *(элемент управления, расположенный по краю центральной области окна, например полоса прокрутки, линейка и т.п.)*
ADP [application development platform] платформа для разработки прикладных систем
ADPCM [adaptive delta pulse code modulation] адаптивная дифференциальная импульсно-кодовая модуляция, АДИКМ
ADS [AutoCAD development system] инструментальная система для AutoCAD

ADSL [asymmetrical digital subscriber line] асимметричная цифровая абонентская линия

adsmith специалист по рекламе; специалист рекламного агентства

ADT [address-data transceiver] (однокристальный) приемо-передатчик адресов данных

advance 1. аванс 2. авансирование 3. опережение 4. перемещение 5. прогресс 6. упреждение

    carriage ~ 1. перемещение каретки 2. продвижение каретки

    item ~ поэлементное продвижение

    line ~ перевод строки

advanced 1. перспективный 2. улучшенный 3. усовершенствованный

advancing:

    pulse ~ прохождение импульса

advertisement реклама

advertising:

    accessory ~ вспомогательная реклама

    point-of-purchase ~ реклама на месте продажи

advice-giver консультант; советчик

AEC [automatic error correction] автоматическое исправление ошибок

AEL [acceptable emission limits] допустимые уровни излучения

AES 1. [auto emulation switching] автоматическое переключение эмуляции (*режим автоматического распознавания принтером управляющего языка входного текста*) 2. [Audio Engineering Society] Общество инженеров по звуковой технике 3. [application environment specifications] спецификации среды прикладных программ

AFAIK [as far as I know] насколько мне известно (*сокращение в Интернет*)

AFD [application flow diagram] блок-схема прикладной программы

AFN [access feeder node] узел доступа в сети

after после

    to be dated ~ иметь более позднюю дату

aftereffect последействие

    flow with limited ~ поток с ограниченным последействием

    flow without ~ поток без последействия

afterglow:

    screen ~ послесвечение экрана

    short ~ кратковременное послесвечение

agenda 1. список основных операторов 2. план решения 3. программа (*напр. семинара*)

agent 1. агент (*невидимая для пользователя, управляемая событиями программа не связанная с определенной БД*) 2. посредник

    bus ~ абонент шины

agglomerate скопление

aggregate:

    data ~ агрегат данных

aggregation агрегация

    iterative ~ итеративное агрегирование

    vertical ~ вертикальное агрегирование

AGRAS [anti glare, anti reflection, anti static] антибликовая, антиотражающая, антистатическая (*поверхность экрана монитора*)

agreement соглашение

    license ~ лицензионное соглашение; лицензия

    nondisclosure ~ соглашение о неразглашении (*о нераспространении*)

    rough ~ приближенное согласие

AI

AI 1. [application interface] прикладной интерфейс **2.** [artificial intelligence] искусственный интеллект

AIB [audio interface board] интерфейсная аудио плата *(звуковая плата портативного ПК, которая записывает и воспроизводит аудио)*

aiding оказание помощи

aids вспомогательные средства
  bug arresting ~ средства фиксирования ошибок
  coding ~ средства кодирования
  computer ~ средства вычислительной техники
  computer design ~ **1.** средства автоматизированного проектирования **2.** средства машинного проектирования
  conversion ~ средства обеспечения освоения
  debugging ~ средства отладки
  installation ~ средства (обеспечения) ввода в действие
  modeling ~ средства моделирования
  programming ~ средства программирования
  simulation ~ средства моделирования
  siting ~ **1.** вспомогательные средства, используемые на месте **2.** средства привязки к географическим координатам
  testing ~ средства тестирования
  training ~ средства обучения

AIFF [audio interchange file format] файловый формат для обмена аудиоданными

AIMS [auto indexing mass storage] стандартный интерфейс PC-карт, предназначенных для хранения больших объемов данных *(например мультимедиа-файлов)*

air-drying воздушная сушка

air-pressure воздушное давление

airstream воздушная струя

AIV [advanced interactive video] улучшенное интерактивное видео *(интерактивный формат видеодиска)*

AIX [advanced interactive executive] версия UNIX *(распространяется IBM для PS/2, RS/6000 и PowerPC)*

AJ [antijamming (capability)] помехоустойчивость

AJM [antijam margin] запас помехоустойчивости

alarm 1. аварийный сигнал **2.** подтверждение предупреждающего сигнала
  audible ~ звуковой аварийный сигнал
  overflow ~ сигнал переполнения
  stall ~ сторожевой стоп-сигнал

alert ошибка; звуковой или визуальный сигнал об ошибке *(предупреждение пользователя о возможной ошибке или неблагоприятных последствиях его действия)*

algebra *мат.* алгебра
  boolean ~ булева алгебра
  event ~ алгебра событий
  linear ~ линейная алгебра
  link ~ алгебра связей

algoristic детерминированный

algorithm алгоритм
  ad hoc ~ специальный алгоритм
  almost-dual ~ приближенно двойственный алгоритм
  approximation ~ алгоритм аппроксимации
  best-route ~ алгоритм выбора оптимального маршрута
  bisection ~ алгоритм двоичного поиска
  blased-greedy ~ эвристический поглощающий алгоритм

algorithm

branch and bound ~ метод ветвей и границ
branching ~ ветвящийся алгоритм
composite simplex ~ составной симплексный алгоритм
compression ~ алгоритм сжатия
computing ~ вычислительный алгоритм
contention-based routing ~ соревновательный алгоритм маршрутизации
control ~ алгоритм управления
convergent ~ сходящийся алгоритм
decision ~ алгоритм выбора решения
digit-by-digit ~ детальная программа
distance vector ~ дистанционный векторный алгоритм
distributed evolutionary ~ 1. децентрализованный эволюционный алгоритм 2. распределенный эволюционный алгоритм
double-sweep ~ алгоритм двойного поиска
dual simplex ~ двойственный симплексный алгоритм
enhanced routing ~ усовершенствованный алгоритм маршрутизации
estimation ~ алгоритм оценивания
event-driven ~ алгоритм с событийным управлением
exchange ~ перестановочный алгоритм
general ~ общий алгоритм
genetic ~ генетический алгоритм
greedy ~ поглощающий алгоритм
integer ~ целочисленный алгоритм
layout ~ алгоритм компоновки

link activation ~ алгоритм распределения каналов связи
linked cluster ~ алгоритм связанных групп
maximin ~ максиминный алгоритм
minimax ~ минимаксный алгоритм
multikey ~ алгоритм многомерного поиска
nested ~ вложенный алгоритм
network ~ 1. алгоритм решения задач сетевого планирования 2. алгоритм функционирования сети 3. алгоритм организации сети
network measurement ~ алгоритм измерения параметров в сети
operative ~ рабочий алгоритм
optimal path ~ алгоритм выбора оптимального маршрута
optimization ~ алгоритм оптимизации
packet switching ~ алгоритм коммутации пакетов
painter's ~ алгоритм живописца
placement ~ алгоритм размещения
prediction ~ алгоритм прогнозирования
primal ~ алгоритм решения прямой задачи
problem ~ алгоритм задачи
random search ~ алгоритм случайного поиска
recursive ~ рекурсивный алгоритм
robust ~ живучий алгоритм
route calculation and dissemination ~ алгоритм вычисления маршрута и передачи информации о нем
routing ~ алгоритм трассировки

algorithm

　　scheduling ~ 1. алгоритм планирования 2. алгоритм распределения ресурсов
　　search ~ алгоритм поиска
　　sequential ~ последовательный алгоритм
　　shortest route ~ алгоритм выбора кратчайшего пути
　　simplex ~ симплексный алгоритм
　　smoothing ~ алгоритм хеширования
　　software ~ программно-реализованный алгоритм
　　stack ~ магазинный алгоритм
　　testing ~ алгоритм тестирования
　　text-to-speech ~ алгоритм речевого воспроизведения
　　traffic assignment ~ алгоритм распределения трафика
　　traffic forwarding ~ алгоритм задания направления (передачи) трафика
　　translation ~ алгоритм преобразования
　　transmission scheduling ~ алгоритм планирования передач
　　transportation ~ алгоритм решения транспортной задачи
　　verification ~ алгоритм верификации
　　wave ~ волновой алгоритм
algorithmical алгоритмический
algorithmization алгоритмизация
Ali Baba технология шифрования корпорации Microsoft
alias 1. альтернативное имя 2. псевдоним 3. паразитный сигнал
aliasing 1. использование псевдонимов; совмещение имен 2. дефект изображения линий 3. неровность; ступенчатость 4. наложение; смешение; смешивание; совмещение 5. эффект наложения
align выравнивать

aligned выровненный
　　left ~ выровненный по левому краю
　　right ~ выровненный по правому краю
aligner согласователь
alignment 1. выравнивание 2. настройка
　　address ~ выравнивание адреса
　　boundary ~ выравнивание адреса
　　flush right ~ выравнивание сдвигом вправо
　　left-~ выравнивание по левому краю
　　right-~ выравнивание по правому краю
　　octet ~ синхронизация по октету
all все
　　select ~ выделить все
all-digital полностью цифровой
all-electric электрифицированный
all-in-one функционально законченный; целостный
all-points-addressable все точки адресуемые (*графический режим вывода*)
alligator крокодил (*тип зажима*)
allocate 1. выделять ресурс 2. выделять память 3. размещать
allocation 1. выделение 2. назначение 3. определение места; размещение 4. распределение
　　channel ~ распределение каналов
　　device ~ распределение устройств
　　dynamic ~ динамическое распределение
　　memory ~ распределение памяти
　　processor ~ распределение процессорных ресурсов
　　register ~ распределение регистров

resource ~ 1. назначение ресурса 2. распределение ресурсов
run-time ~ динамическое распределение
static ~ статическое распределение
storage ~ распределение памяти
virtual storage ~ распределение виртуальной памяти
allocator 1. блок распределения 2. программа распределения 3. распределитель
allotment выделение
allowable допустимый
allowance допуск
alloyed сплавленный
ALM 1. [AppWare loadable module] загружаемый модуль среды AppWare 2. [application loadable module] приложение в виде загружаемого модуля *(NetWare)*
Alpha APX 64-разрядный RISC-процессор *(разработка корпорации Digital Equipment)*
alphabet алфавит
  abstract ~ абстрактный алфавит
  internal ~ внутренний алфавит
  lowercase ~ алфавит нижнего регистра
  master ~ основной алфавит
  output ~ выходной алфавит
  source ~ входной алфавит
  target ~ выходной алфавит
  uppercase ~ алфавит верхнего регистра
alphabetic 1. алфавитный 2. буквенный
  uppercase ~ заглавные буквы
alphabetical алфавитный
alphabetize упорядочивать по алфавиту
alphameric буквенно-цифровой
alphanumeric 1. алфавитно-цифровой 2. буквенно-цифровой 3. текстовый

ALS [automatic line switching] автоматическое переключение напряжения питания
alteration 1. изменение 2. логическое сложение 3. преобразование
  signal ~ искажение сигнала
altering 1. изменение 2. изменение информации
alternate альтернативный
alternation 1. дизъюнкция 2. чередование
  drive ~ попеременное обращение к дисководам
alternative альтернатива; вариант ‖ альтернативный
  multiple-choice ~ многовариантная альтернатива
  single-sided ~ односторонняя альтернативная гипотеза
alternatively в противном случае
amateur 1. любитель 2. непрофессионал
amber янтарный *(оттенок у монохромных терминалов)*
ambient-temperature окружающая температура
ambiguity неоднозначность
ambiguous неоднозначный
AMCA [Apple media control architecture] архитектура управления носителями информации фирмы Apple *(стандарт AMCA для мультимедиа-систем на базе моделей Macintosh)*
amend редактировать
amendment 1. изменение 2. поправка
amenity мягкость
AMIN, ASEC, AFRAME абсолютная временная шкала адресации содержимого компакт-диска *(минуты, секунды, кадр)*
AMIS [audio messaging interchange specification] спецификация обмена речевыми сообщениями

AMLCD [active matrix liquid-cristal display] жидкокристаллический дисплей на активной матрице
ammonia аммиак
amount 1. количество 2. объем
  ~ **of simulation** объем моделирования
  error ~ величина ошибки
AMP [asymmetrical multiprocessing] асимметричная мультипроцессорная обработка
ampere-hour ампер-час
ampersand амперсанд (&)
amplifying усиление
AMPS [advanced mobile phone system] усовершенствованная система мобильной радиотелефонной связи *(стандарт сотовой связи в США)*
amputate 1. выключать из работы 2. отсекать
analog аналог
  electric ~ электрическая модель
  network ~ моделирующая сетка
analogical аналогический
analogy аналогия
  inference by ~ вывод по аналогии
  loop ~ контурная аналогия
  nodal ~ узловая аналогия
  reasoning by ~ рассуждение по аналогии
analyzer:
  circuit ~ схемный анализатор
  spectrum ~ анализатор спектра
analysis 1. анализ 2. исследование
  ~ **of variance** *мат.* дисперсионный анализ
  ad hoc ~ анализ специального вида; специальный анализ
  authorized program ~ санкционированный анализ программы
  backward error ~ обратный анализ ошибок
  Bayesian ~ *мат.* байесовский анализ
  best-route ~ анализ оптимального маршрута
  bottom-up ~ восходящий анализ
  bus state ~ анализ состояния шины
  cluster ~ анализ путем разбиения на группы; кластерный анализ
  complex ~ комплексный анализ
  congestion ~ анализ системы массового обслуживания
  correlation ~ *мат.* корреляционный анализ
  covariance ~ *мат.* ковариационный анализ
  critical path ~ анализ методом критического пути
  cross-sectional ~ статический анализ
  decision-flow ~ анализ потока решений
  error ~ анализ погрешностей
  extrapolative ~ *мат.* экстраполятивный анализ
  factorial ~ *мат.* факторный анализ
  failure tree ~ анализ дерева отказов
  feasibility ~ анализ осуществимости
  graphical ~ графический анализ
  impact ~ анализ влияния факторов
  invariant ~ инвариантный анализ
  layout ~ анализ топологии
  least-squares ~ *мат.* анализ методом наименьших квадратов
  linear ~ *мат.* линейный анализ
  linear programming ~ анализ методом линейного программирования
  logistic ~ логистический анализ
  means-ends ~ анализ цели-средства

analyzer

multivariate statistical ~ *мат.* многомерный статистический анализ
network ~ сетевой анализ
numerical ~ *мат.* численный анализ
operations ~ *мат.* исследование операций
parameter (variation) ~ анализ изменения параметров
peak hour ~ анализ пикового периода
period ~ анализ последовательностей
periodogram ~ анализ периодических зависимостей
postoptimality ~ анализ после нахождения оптимального решения
probabilistic ~ *мат.* вероятностный анализ
protocol ~ протокольный анализ
proximate ~ приближенный анализ
quadratic ~ *мат.* квадратичный анализ
quantitative ~ количественный анализ
quasilinear ~ квазилинейный анализ
queuing ~ *мат.* анализ системы массового обслуживания
ranging ~ классификационный анализ
regression ~ *мат.* регрессионный анализ
relevance ~ анализ важности факторов
scenery ~ анализ сцен
scene ~ анализ изображений
sequence ~ анализ последовательностей
simulation ~ исследование методом моделирования
spectral ~ *мат.* спектральный анализ
statistical ~ *мат.* статистический анализ
syntax ~ синтаксический анализ
tabular ~ анализ табличных данных
time-series ~ *мат.* анализ временных рядов
top-down ~ нисходящий анализ
trace ~ анализ кривых
traffic ~ анализ трафика
transverse ~ поперечный анализ
trend ~ анализ тренда
variance ~ дисперсионный анализ
wave ~ гармоничный анализ
wave-form ~ гармоничный анализ

analyst 1. аналитик 2. исследователь 3. постановщик задач
highly-rated ~ квалифицированный исследователь
low-rated ~ неквалифицированный исследователь
network ~ системотехник; специалист по сетям
program ~ программист-постановщик
system ~ системный аналитик; специалист по системному анализу

analyst-programmer системный программист
analytical аналитический
analyzer анализатор
emergency ~ анализатор аварийного состояния
interrupt ~ анализатор прерываний
lexical ~ лексический анализатор
logical ~ логический анализатор
query ~ анализ запросов
semantic ~ семантический анализатор
signal ~ анализатор сигнала
speech ~ анализатор речи

    structure ~ анализатор структуры
    syntax ~ синтаксический анализатор
    timing ~ анализатор времени выполнения
ancestor 1. исходное событие 2. предок 3. первичный
ancestral унаследованный
ancillary вспомогательный
AND 1. операция И ‖ выполнять операцию И 2. схема И
AND-to-AND схема И-И
AND-to-OR схема И-ИЛИ
ANDF [architecture neutral distribution format] независимый от архитектуры формат электронного распространения ПО
anding выполнение операции И
angle угол
    acceptance ~ горизонтальный угол зрения (объектива камеры)
    camera ~ 1. угол камеры 2. угол съемки
    left ~ левый угол
    right ~ 1. правый угол 2. прямой угол
    viewing ~ угол зрения
    walk-off ~ угол бокового выхода
angular угловой
ANI [automatic number identification] автоматическое определение номера телефона
animated живой
animation 1. анимация; мультипликация 2. мультипликационная съемка 3. оживление изображения
    cartoon ~ рисованная мультипликация
    CLUT ~ анимация с помощью таблицы выбора цвета
    computer ~ автоматизированная мультипликационная съемка; мультипликация на компьютере; компьютерная мультипликация
    facial ~ анимация лица
animator 1. режиссер-мультипликатор 2. художник-мультипликатор
annex приложение
annihilation уничтожение
annotate 1. комментировать 2. помечать
annotating аннотирование
    automatic ~ автоматическое аннотирование
annotation аннотация
annoyance раздражение
annunciation объявление
anode-screening анодное экранирование
anomalies:
    erase ~ аномалии удаления
    store ~ аномалии добавления
    self-focusing ~ аномалия самофокусировки
anomaly:
    update ~ аномалия обновления
ANSI [American National Standards Institute] Американский национальный институт стандартов
answer 1. ответ 2. реакция
    disjunctive ~ дизъюнктивный ответ
    multiple ~ многозначное решение
    numerical ~ числовой ответ
    query ~ ответ на запрос
    verbal ~ ответ голосом; речевой ответ
answerback 1. квитирование ответ
answerer отвечающая сторона
antenna-tunning антенная настройка
anti-dazzle неослепляющий
antialiasing 1. сглаживание 2. плавное изменение 3. защита от наложения спектров (исправление искажений)

texture ~ сглаживание текстуры
antibugging защитное программирование
anticipate 1. опережать 2. упреждать
antijamming помехоустойчивость
antilogarithm:
  to find ~ потенцировать
antimode антимода
antireflexive антирефлексивный
antisymmetric антисимметричный
antitransitive антитранзитивный
antivirus антивирусный
AOCE [Apple open collaboration environment] открытая среда взаимодействия фирмы Apple *(набор интерфейсов прикладного программирования)*
APA [all points addressable] все точки адресуемые *(графический режим вывода)*
apart: 1. отдельно 2. врозь ◊ ~ **from** не считая
  take ~ разбирать
APC [asynchronous procedure call] асинхронный вызов процедуры
aperiodic апериодический; непериодический
aperiodicity апериодичность; непериодичность
aperture апертура
API [application program interface] интерфейс прикладных программ; интерфейс API
  32-bit ~s 32-разрядные интерфейсы прикладного программирования
APM [Advanced Power Management] Усовершенствованная система управления питанием *(спецификация и система Microsoft, при участии Intel, для управления питанием на портативных ПК)*
apostrophe апостроф

apparatus:
  viewing ~ просмотровый прибор
APPC [advanced program-to-program communications] протокол *(разработан IBM как часть ее архитектуры SNA)*
APPC/PC пакет IBM, реализующий протокол APPC на PC.
appearance 1. вид 2. внешний вид 3. возникновение; явление; появление 4. оформление
  ~ **of (the) document** внешний вид документа
append 1. добавление записи 2. добавлять
AppleShare сетевая ОС фирмы Apple Computer.
applet 1. приложение 2. (стандартная) программа
AppleTalk сеть, разработанная фирмой Apple
applicable прикладной
application 1. приложение 2. прикладная задача 3. использование 4. применение 5. приложение *(прикладная программа или пакет, которые обеспечивают пользователю решение определенной задачи)* ◊ ~ **to** приложение к
  associated ~ 1. приложение, сопоставленное типу файла 2. приложение-обработчик
  batch ~ система пакетной обработки
  business ~ 1. коммерческое применение 2. приложение для деловой сферы
  computer ~ применение компьютера
  container ~ приложение-контейнер
  customized ~ 1. специализированное применение 2. специализированное приложение
  database ~ СУБД-приложение

application

dedicated ~ 1. специализированное применение 2. специальное применение
distributed ~ распределенная прикладная система
front-end ~s интерфейсные приложения (*приложения, обеспечивающие интерфейс с пользователем и предварительную обработку данных для серверной части СУБД в системах клиент-сервер*)
general ~s приложения общего назначения
graphic ~ графическое приложение
groupware ~s приложения для групповой работы
high-volume ~ крупномасштабная прикладная система
inquiry ~ запросно-ответная система
interactive ~ интерактивная (прикладная) система
low-volume ~ прикладная малопроизводительная система
managerial ~ применение компьютера в управлении
multiuser ~ многопользовательская система
network ~ сетевое приложение
off-line ~ 1. автономная прикладная система 2. система в автономном режиме
OLE ~ приложение, поддерживающее протокол OLE; OLE-приложение
real-time ~ прикладная система реального времени
scientific ~ исследовательская прикладная система
server ~ приложение-сервер
single-remote ~ автономная система
slave ~ подчиненная система
standby ~ резервная система
time-sharing ~ прикладная система разделения времени
vertical (market) ~s вертикальные приложения; приложения для вертикального рынка
application-dependent зависящий от конкретного применения
application-oriented прикладной
application-specific специализированный
applied прикладной
APPN [advanced peer-to-peer network] улучшенный протокол одноранговых сетей (*сетевой протокол IBM*)
approach 1. метод 2. подход 3. принцип 4. приближение || приближать
analytical ~ аналитический метод
Bayesian ~ *мат.* байесовский метод
bottom-up ~ 1. восходящий подход 2. восходящий принцип
brute-force ~ 1. грубый метод 2. метод решения в лоб
building-block ~ принцип компоновки из стандартных блоков
cut-and-try ~ метод проб и ошибок
database ~ подход на основе использования баз данных
delphi ~ метод экспертных оценок
divide-and-conquer ~ метод разобщения
elimination ~ метод исключения переменных
engineering ~ 1. инженерный метод 2. инженерный подход
fulcrum ~ циклический подход
game-model ~ модельно-игровой подход
graphical ~ графический метод
heuristic ~ эвристический подход

holistic ~ целостный подход
modular ~ модульный принцип
multilingual ~ многоязычный принцип
novel ~ новаторский подход
omnibus ~ обобщенный подход
optimization ~ метод оптимизации
performance sampling ~ метод выборочного рабочего обследования
probabilistic ~ вероятностный подход
search-and-discover ~ метод поиска и обнаружения
shortest route ~ метод кратчайшего пути
simulation ~ 1. имитационный принцип 2. метод моделирования
standards ~ подход с применением стандартов
statistical ~ статистический метод
system sandwich ~ построение методом сэндвича
systems ~ системный подход
top-down ~ нисходящий принцип
trial-and-error ~ метод проб и ошибок
turnkey ~ принцип сдачи под ключ
unsynchronized space-time-division ~ метод (передачи информации) с асинхронным пространственно-временным уплотнением

appropriating присваивание
approval подтверждение
   design ~ утверждение проекта
   entry ~ подтверждение ввода
approximate 1. аппроксимировать 2. приблизительный
approximately приблизительно

approximation 1. аппроксимация; приближение 2. приближенная величина
close ~ хорошее приближение
exact ~ точное приближение
first-order ~ приближение первого порядка
higher ~ приближение более высокого порядка
least-squares ~ приближение методом наименьших квадратов
linear ~ линейная аппроксимация
minimax ~ минимаксное приближение
nearest ~ *мат.* наилучшее приближение
nonlinear ~ нелинейная аппроксимация
normal ~ *мат.* 1. аппроксимация нормальным распределением 2. нормальное приближение
piecewise (linear) ~ *мат.* кусочно-линейная аппроксимация
poisson ~ *мат.* аппроксимация пуассоновским распределением
polygonal ~ *мат.* кусочно-линейная аппроксимация
quadratic ~ *мат.* квадратичная аппроксимация
segment ~ *мат.* кусочно-линейная аппроксимация
smoothing ~ *мат.* сглаживающая аппроксимация
statistical ~ статистическая аппроксимация
stochastic ~ *мат.* стохастическая аппроксимация
successive ~ *мат.* последовательное приближение
successive stages of ~ последовательные степени приближения
sufficient ~ 1. достаточное приближение 2. приемлемое приближение
two-level ~ двухуровневое приближение

approximation

    uniform ~ равномерное приближение
    valid ~ допустимое приближение
    weighted ~ **1.** взвешенное приближение **2.** приближение с весом
    working ~ рабочая аппроксимация

approximative 1. аппроксимирующий **2.** приближенный; приблизительный

apps приложения
    desktop ~ приложения для ПК; офисные приложения

APT [application programming tools] инструментальные средства прикладного программирования

APX [attach processor executive] операционная система

ARA [advanced RISC architecture] улучшенная RISC-архитектура (*разработана фирмой DEC для процессора Alpha*)

ARAP [AppleTalk remote access protocol] протокол фирмы Apple.

arbiter арбитр

arbitrary 1. произвольный **2.** случайный

arbitrated с арбитражной логикой

arbitration арбитраж

arbitrator:
    bus ~ арбитр шины

arc дуга

ARC [advanced RISC computing specification] спецификация платформы HP в рамках ACE (*базируется на RISC-процессоре R4000 фирмы MIPS*)

arch свод

arching архивирование

architect архитектор
    computer ~ разработчик архитектуры компьютера
    software ~ разработчик структуры ПО

architectural архитектурный

architecture 1. архитектура **2.** структура
    bit-slice ~ разрядно-модульная архитектура
    bus ~ шинная архитектура
    capability ~ архитектура с мандатной адресацией
    computer ~ архитектура вычислительной машины *или* системы
    computing ~ архитектура вычислительной системы
    crosslink (communications) ~ архитектура межспутниковых каналов (связи)
    data flow ~ потоковая архитектура
    databank ~ архитектура банка данных
    distributed ~ распределенная архитектура
    document(-oriented) ~ архитектура на основе шины памяти документов
    easy-to-test ~ удоботестируемая архитектура
    evolutionary ~ развиваемая архитектура
    expandable ~ расширяемая архитектура
    external ~ внешняя архитектура
    freeflow ~ многошинная архитектура свободных потоков
    fully distributed ~ полностью децентрализованная архитектура
    instruction set ~ структура системы команд
    layer ~ слойная архитектура
    linked cluster ~ архитектура связанных групп
    microprogrammable ~ микропрограммируемая архитектура
    MIMD ~ МИМД архитектура (*см. MIMD*)

modular ~ модульная архитектура
multibus ~ многошинная архитектура
multiuser ~ многопользовательская архитектура
network ~ архитектура сети
object ~ объектная архитектура
object-oriented ~ объектно-ориентированная архитектура
office-document ~ архитектура для обработки офисных документов
open system ~ архитектура открытых систем
parallel ~ параллельная архитектура
peer-to-peer ~ архитектура сети равноправных абонентов
pipelined ~ конвейерная архитектура
slice ~ секционированная архитектура
software ~ архитектура программного обеспечения
stack ~ стековая архитектура
system ~ архитектура системы
tagged ~ теговая архитектура
tailored ~ специализированная архитектура
token-ring ~ кольцевая эстафетная архитектура
tree-structured ~ древовидная архитектура
unified ~ унифицированная архитектура
archival архивный
archive 1. архив ‖ архивировать 2. хранилище
 data set ~ архив наборов данных
 multiple volume ~ многотомный архив
 no ~ specified не указано имя архива *(сообщение)*
archive-in загружать из архива

archived архивный
archiver архиватор
archiving архивизация; архивирование; архивное хранение
ARCnet [attached resources computing net] сетевая архитектура *(распространяется корпорацией Datapoint)*
area 1. область; участок 2. площадь
 ~ of expertise область знаний
 addressable ~ адресуемая область
 application ~ прикладная область
 bonding ~ контактная площадка
 border ~ зона окантовки
 clamping ~ зона зажима (посадки) диска *(центральная зона компакт-диска с отверстием для посадки на вал проигрывателя)*
 clear ~ свободная область
 command ~ область команд
 constant ~ область констант
 contiguous ~ непрерывная область
 data ~ область данных
 definition ~ область определения
 dialog ~ диалоговая область
 dispersion ~ площадь разброса
 dynamic ~ динамическая область
 file overflow ~ область переполнения
 fixed ~ фиксированная область
 holding ~ область хранения
 hot ~ активная область *(напр., на экране)*
 ill-structured subject ~ плохо структурированная предметная область
 input ~ 1. буфер ввода 2. область ввода
 instruction ~ область хранения команд

junction ~ площадь перехода
lead-in ~ зона начала (*начальная дорожка (номер 0), предшествующая программной (информационной) зоне компакт-диска*)
lead-out ~ зона окончания (*дорожка, следующая за программной (информационной) зоной компакт-диска*)
line ~ затененный участок
link pack ~ область объединения связей
menu ~ область меню
message ~ область сообщений
output ~ буфер вывода
overflow ~ область переполнения
permanent storage ~ область постоянного хранения
plot ~ область построения (*диаграммы*)
problem ~ проблемная область
protected ~ защищенная область
read-write ~ область считывания и записи
routing ~ область трассировки
save ~ область сохранения
search ~ область поиска
seek ~ область поиска
shaded ~ затененный участок
shareable ~ общая область
spooling ~ область буферизации
storage ~ область памяти
swap ~ область подкачки
tail ~ шлейф
traffic ~ зона (*область*) информационного обмена, зона связи
unshaded ~ незаштрихованная область
user ~ 1. область пользователя 2. память пользователя
utility ~ служебная область
viewing ~ наблюдаемая поверхность

well-structured subject ~ хорошо структурированная предметная область
working ~ рабочая область
argument 1. аргумент 2. независимая переменная 3. параметр 4. суждение
actual ~ фактический параметр
block ~ аргумент блока
dummy ~ фиктивный параметр
exhausted ~ исчерпанный параметр
functional ~ функциональный аргумент
moving ~ динамичный аргумент
search ~ 1. аргумент поиска 2. ключ поиска
table ~ ключ для поиска в таблице
arithmetic 1. арифметика ∥ арифметический 2. арифметические действия; арифметические операции 3. арифметическое устройство
address ~ адресная арифметика
binary ~ двоичная арифметика
decimal ~ десятичная арифметика
double-precision ~ арифметика с двойной точностью
external ~ внешняя арифметика
integer ~ целочисленная арифметика
internal ~ внутренняя арифметика
interval ~ интервальная арифметика
machine ~ машинная арифметика
parallel ~ параллельная арифметика
serial ~ последовательная арифметика
table ~ табличная арифметика
arithmetical арифметический

arity число операндов
ARL [access rights list] список прав доступа
ARLL [advanced RLL] метод записи на магнитные диски
arm-type рычажного типа
around:
   move ~ перемещаться
   take ~ сопровождать
ARP [addres resolution protocol] протокол определения адресов
ARPA [Advanced Research Project Agency] Агентство по перспективным исследовательским проектам МО США
ARQ [automatic repeat request] автоматический запрос повторения
   end-to-end ~ автоматический запрос сквозной повторной передачи
arrange 1. компоновать 2. размещать 3. располагать 4. упорядочивать
arrangement 1. приспособление 2. размещение; расположение; установка; устройство 3. средство 4. схема
   console ~ конфигурация пульта
   data access ~ средства доступа к данным
   follower ~ следящее устройство
   functional ~ функциональная схема
   tomosynthetic ~ томографическое устройство
array 1. массив 2. матрица 3. решетка 4. сетка 5. таблица 6. упорядоченная последовательность
   address ~ поле адреса
   addressing ~ адресная матрица
   adjustable ~ массив с переменными границами
   cell ~ 1. массив клеток 2. матрица элементов
   closed ~ замкнутый массив
   column-ragged ~ массив невыровненных по столбцам записей
   conformant ~s совместимые массивы
   core ~ ферритовая матрица
   crosspoint ~ коммутационная матрица
   data ~ массив данных
   disperse ~ разреженный массив
   dynamic ~ динамический массив
   fix-fit ~ регистрационный массив
   flexible ~ массив с переменными границами
   frequency ~ таблица частот
   gate ~ вентильная матрица
   general ~ универсальный массив
   hash ~ хеш-массив
   memory ~ массив памяти
   one-dimensional ~ одномерный массив
   packed ~ упакованный массив
   pixel ~ массив точек
   pointer ~ массив указателей
   processor ~ матрица процессоров
   programmable logic ~ программируемая логическая матрица; ПЛМ
   ragged ~ массив строк разной длины
   RAID tape- ~ RAID-подобный ленточный массив
   rectangular ~ прямоугольная таблица
   row-ragged ~ массив невыровненных по строкам записей
   self-scanning ~ самосканирующая решетка
   sparse ~ разреженный массив
   square ~ квадратная таблица
   statistical ~ статистический ряд
   tape- ~ массив накопителей на магнитной ленте, ленточный массив
   thinned ~ составная решетка
   transducer ~ решетка преобразователей

array

two-dimensional ~ 1. двумерный массив 2. двухмерная решетка
array-aggregate составное регулярное значение
arresting:
  bug ~ фиксирование ошибок
arrival 1. вход пользователя в систему 2. поступление 3. прибытие ◊ **~s in batches** групповое поступление
  bulk ~s групповое поступление
  completely random ~s чисто случайный входящий поток
  correlated ~s коррелированные поступления
  discrete-time ~s дискретные требования
  exponential ~s пуассоновский входящий поток
  independent ~s независимый входящий поток
  nonindependent ~s зависимый входящий поток
  planned ~s поступления в запланированные моменты времени
  poisson ~s *мат.* пуассоновский входящий поток
  random ~s *мат.* 1. случайное поступление 2. случайный входящий поток
  regular ~s *мат.* регулярный входящий поток
  single ~ поступление одиночного требования
  state dependent ~s входящий поток
  turned away ~s требования не принятые на обслуживание
arrow стрелка
  cursor ~ клавиша управления курсором
  DOWN ~ *кл* СТРЕЛКА ВНИЗ
  LEFT ~ *кл* СТРЕЛКА ВЛЕВО
  RIGHT ~ *кл* СТРЕЛКА ВПРАВО
  Scroll ~ кнопка прокрутки
  UP ~ *кл* СТРЕЛКА ВВЕРХ
ART 1. [automatic recognition technology] технология автоматического распознавания *(интерфейса принтера)* 2. [advanced recognition technology] технология адаптивного распознавания *(образов)*
art художественный
  clip ~ 1. графическая вставка *(в тексте)* 2. иллюстративная вставка
  computer ~ машинное творчество
  line ~ штриховая графика
  state-of-the- ~ текущее состояние чего-либо
  tone ~ полутоновые иллюстрации
articulated сочлененный
articulation сочленение
artifact 1. артефакт 2. искусственное средство идентификации 3. непреднамеренное нежелательное визуальное искажение видеоизображения
artificial искусственный
artwork 1. топологический чертеж 2. художественное произведение
ASA 1. [American Standards Association] Американская ассоциация по стандартизации 2. [American Software Association] Американская ассоциация программного обеспечения
ASAP [as soon as possible] как можно скорее *(сокращение в Интернет)*
ASC [Apple sound chip] однокристальный (стерео)звуковой усилитель-синтезатор фирмы Apple; микросхема ASC *(для компьютера Macintosh)*
ascender надстрочный элемент
ascending возрастающий

ASCF [application specific coding flag] флаг (признак) кодировки конкретного приложения

ASCII [American Standard Code for Information Interchange] американский стандартный код для обмена информацией

ASD [automated software distribution] автоматизированное распространение программного обеспечения

ASE [accredited system engineer] уполномоченный инженер-системотехник

ASF [automatic sheet feed] автоматическая подача бумаги в принтере

ASIC [application-specific integrated circuit] проблемно-ориентированная *(заказная)* интегральная микросхема; заказная СБИС

aside экранная сноска

askable запрашиваемый

ASMP [asymmetric multiprocessing] асимметричная многопроцессорность

ASP [average selling price] средняя цена продажи

ASR [automatic speech recognition] автоматическое распознавание речи

assay количественный анализ

assemble 1. *кфт* предварительный *(черновой)* монтаж 2. ассемблировать 3. компоновать 4. собирать 5. *тлв* монтировать

assembled смонтированный

assembler 1. ассемблер 2. компонующая программа 3. программа сборки
  absolute ~ абсолютный ассемблер
  cross ~ кросс-ассемблер
  macro ~ макроассемблер
  relocatable ~ 1. ассемблер генерации перемещаемых команд 2. перемещаемый ассемблер
  resident ~ резидентный ассемблер
  reverse ~ дисассемблер
  single-pass ~ однопроходный ассемблер
  two-pass ~ двухпроходный ассемблер

assembly 1. компоновочный узел 2. монтаж; сборка 3. скомпонованный блок 4. трансляция с ассемблера
  ~ **of data** набор данных
  carriage ~ узел каретки
  character ~ сборка символа
  conditional ~ условная компоновка
  connector ~ соединительный узел
  control ~ узел управления
  magnetic-head ~ блок магнитных головок
  modular ~ модульная конструкция
  packet ~ формирование пакета
  paragraph ~ компоновка текста из фрагментов
  plug-in ~ 1. схемный блок 2. съёмный блок
  print-wheel ~ блок печатающих колёс
  response ~ компоновка ответа

assertion утверждение

assessment оценка
  Bayesian ~ *мат.* байесовская оценка
  quantitative ~ количественная оценка

assets: electronic ~ активы записанные в памяти ЭВМ

assignment назначение; присвоение
  created ~s выполненные присваивания
  unit ~ распределение устройств

assign 1. назначать 2. присваивать

assignable способный присваиваться

assigned назначенный

assignment 1. закрепление 2. назначение 3. присваивание ◊ ~ **by module** распределение программистов по модулям
  address ~ присваивание адреса
  bit-homogeneous code ~ закрепление кодов без смены от символа к символу (*метод разрядно-однородного присвоения кодов*)
  bit-nonhomogeneous code ~ закрепление кодов со сменой от символа к символу (*метод разрядно-неоднородного присвоения кодов*)
  code ~ закрепление кодов (*за абонентами*)
  default ~ присваивание по умолчанию
  demand ~ выделение по требованию
  facilities ~ распределение ресурсов
  gate ~ распределение вентилей
  key ~ назначение клавиш
  multiple ~ множественное присваивание
  programming ~ распределение работы по программированию
  receiver-directed bit-homogeneous code ~ 1. закрепление кодов за приемниками без смены от символа к символу 2. присвоение кодов с разрядно-однородной адресацией приемников
  single ~ одноразовое присваивание
  unit ~ распределение устройств
  value ~ 1. задание величин 2. присваивание значений

assistant:
  graphics ~ графический сопроцессор

associate сопоставить (*обычно сопоставляются программа-обработчик и расширение (тип) файла*)

association 1. ассоциация 2. ассоциативный
  ~ **of ports** ассоциация портов
  data ~ идентификация данных
  implicit ~ неявная ассоциация
  multiple-meaning ~ многозначная ассоциация
  name ~ ассоциация имени
  reasoning by ~ рассуждение по ассоциации
  user ~ ассоциация пользователей

associative ассоциативный
  left ~ левоассоциативный
  right ~ правоассоциативный

associativity ассоциативность

associator ассоциатор

assumption 1. допущение 2. предположение
  arbitrary ~ произвольное допущение
  closed-world ~ необоснованное предположение
  oversimplified ~ грубое допущение
  plausible ~ правдоподобное допущение
  randomness ~ допущение о случайности
  restrictive ~ ограничивающее допущение
  speculative ~ гипотетическое допущение
  tacit ~ неявное допущение
  tentative ~ предварительное допущение
  wrong ~ неверное предположение

assurance 1. гарантирование 2. обеспечение
  software quality ~ обеспечение качества программных средств

statistical ~ статистическая достоверность
asterisk звездочка (*)
astronomical астрономический
asymmetric асимметричный
asymmetry асимметрия
asymptotic асимптотический
asymptotical асимптотический
asynchronous асинхронный
ATA [AT attachment] ссылка на интерфейс и протокол, используемый для доступа к жестким дискам в AT-совместимых компьютерах
ATDM [asynchronous time division multiplexing] 1. асинхронное мультиплексирование с разделением времени 2. временное уплотнение
ATF [automatic track finding] автоматическое слежение за дорожкой носителя информации
ATM 1. [Asynchronous Transfer Mode] асинхронный режим передачи данных (*технология высокоскоростной передачи данных, стандарт*) 2. [Adobe Type Manager] система поддержки/сопровождения шрифтов фирмы Adobe Systems, работающая под Windows 3. [automatic teller machine] а) банковский автомат б) торговый автомат
atonic атонический
ATT растровый формат
attach 1. образовывать 2. прикреплять присоединять 4. присоединить таблицу к базе данных 5. вложить файл в сообщение
attached 1. прикрепленный 2. присоединенный
attachment 1. подсоединение; присоединение 2. прикрепление 3. приспособление 4. приставка 5. приложение к письму (*при посылке письма по электронной почте*)

file ~ присоединение файлов к передаваемому тексту (*в системах электронной почты*)
attack 1. нарушать защиту 2. попытка нарушения защиты
attendant сопутствующий
attended сопровождаемый
attending присутствующий
attention:
 light pen ~ прерывание от светового пятна
attributable 1. приписываемый 2. свойственный
attribute 1. атрибут; свойство; характеристика; определяющий признак 2. описатель параметр 3. приписывать свойство
 ~ of relation атрибут отношения
 access file ~ атрибут доступа к файлу
 additional ~ дополнительный атрибут
 address ~ атрибут адреса
 alternative ~ альтернативный атрибут
 bundled ~ условный атрибут
 character ~ атрибут символа
 composite ~ составной атрибут
 compound ~ составной атрибут
 data ~ атрибут данных
 directory ~ атрибут каталога
 display ~ атрибут элемента изображения
 file ~ атрибут файла
 fill-area ~ атрибут закрашивания
 identifying ~ идентифицирующий атрибут
 integer ~ целочисленный атрибут
 line ~ атрибут линии
 link ~ атрибут связи
 mandatory ~ обязательный атрибут
 negative ~ отрицательный признак

attribute

    null ~ неопределенный атрибут
    prime ~ первичный атрибут
    quantitative ~ количественный признак
    relation ~ атрибут отношения
    search ~ атрибут поиска
    secondary ~ вторичный атрибут
    security ~ атрибут секретности
    segment ~ атрибут сегмента
    short ~ усеченный атрибут
    unbundled ~ конкретный атрибут
    unprime ~ неосновной атрибут
attribution присваивание атрибутов
audience:
    accumulative ~ совокупная аудитория, совокупный охват
audio 1. звукозаписывающая и звуковоспроизводящая аппаратура 2. аудио 3. звуковой 4. *тлв* звуковое сопровождение 5. речевой
    compressed ~ сжатый аудиосигнал
    wavetable ~ таблица для генерации звуков музыкальных инструментов
audiofrequency аудиочастота
audit 1. контрольная проверка 2. ревизия
    access ~ контроль за доступом
    code ~ ревизия программы
    database ~ ревизия базы данных
    in-depth ~ детальная ревизия
auditing ревизия системы
    in-depth ~ детальная ревизия
auditor средство контроля
    code ~ программный ревизор
augend слагаемое
angle-tracking угловое сопровождение
augment 1. приращение 2. прибавлять пополнять 4. увеличивать
augmentability 1. дополняемость 2. расширяемость
    software ~ 1. дополняемость программных средств расширяемость программных средств

augmentation увеличение
AUI 1. [attachment unit interface] а) интерфейс подключаемых (сетевых) устройств; интерфейс AUI б) интерфейс между передатчиком и сетевым устройством 2. [access unit interface] интерфейс устройств доступа
authentication 1. аутентификация; опознавание; подтверждение подлинности удостоверение проверка имени пользователя (*процесс определения идентичности пользователя, пытающегося получить доступ к системе*) 4. отождествление
    password ~ идентификация пароля
    reverse ~ обращенное подтверждение права на доступ
authenticator удостоверение
authenticity достоверность
authentification:
    ~ **of message** аутентификация сообщений
    ~ **of user** аутентификация пользователя
    password ~ проверка пароля
    user ~ аутентификация пользователя
author автор
authority 1. основание 2. источник 3. элемент таблицы ссылок на юридические документы 4. полномочия; права
authorization 1. предоставление права на доступ разрешение; утверждение; санкционирование 3. уполномочивание
    access ~ разрешение доступа
    program ~ разрешение на использование программы
authorized 1. разрешенный 2. санкционированный
authorship 1. авторство 2. писатель (*как профессия*)

auto-assemble автоматизированный (видео)монтаж
auto-detection автоматическое выявление
auto-feed автоматическая подача бумаги
auto-focus устройство автоматической фокусировки
auto-function авто-функция
auto-start автоматический запуск
autoalingment автовыравнивание
autoload автозагрузка
autoanswer автоматический ответ; автоответ
autocall автоматический вызов
autocode автокод
autoconnected автоматически связанный
autocorrelation автокорреляция ‖ автокорреляционный
autocorrelogram автокоррелограмма
autocovariance автоковариация
autodetect автоматическое выявление ‖ автоматически выявлять
autodump авторазгрузка
autofax автофакс
AutoForm Автоформа
autographic автографический
autoinductive самоиндуктивный
autoinformator автоинформатор
autolink устройство автоматического подключения к абоненту
autoload автозагрузка
autologin автовход
automagical 1. автомагический 2. необъяснимый
automate автоматизировать
automated автоматизированный
automatic 1. автоматизированный 2. автоматический
automatically автоматически
automatics автоматика
automation 1. автоматизация 2. автоматика

complex ~ комплексная автоматизация
comprehensive ~ комплексная автоматизация
flexible ~ гибкая автоматизация
hard ~ жесткая автоматизация
home ~ бытовая автоматика
industrial ~ промышленная автоматика
office ~ автоматизация делопроизводства; автоматизация учрежденческих *(конторских)* работ
OLE ~ автоматизация OLE
programmable ~ автоматизация с применением программирования
soft ~ гибкая автоматизация
source data ~ автоматическое формирование первичных данных
spotty ~ неравномерная автоматизация
workflow ~ автоматизация документооборота и деловых операций
automaton автомат
  cellular ~ клеточный автомат
  finite(-state) ~ конечный автомат
  linear-bounded ~ линейно-ограниченный автомат
  push-down ~ магазинный автомат
  sequential ~ секвенциальный автомат
automonitor автомонитор
automorphism автоморфизм
autonomous автономный
autonomy:
  processor ~ процессорная автономия
autopatching автоматическая корректировка
autoplotter автоматический графопостроитель; автоплоттер
autopolling автоматический опрос; автоопрос

autoprogrammable

autoprogrammable самопрограмми-
рующийся
AutoReport Автоотчет
autorestart авторестарт; автоматический перезапуск
autoscaling автоматический выбор
масштаба
autoscore автоматическое подчеркивание
autoscroll автопрокрутка
autotest автотест
autothread автозагрузка
autovision техническое зрение
auxiliary вспомогательный
availability 1. наличие доступность
3. пригодность
   full ~ полная доступность
   high-~ системы высокой готовности *(отказоустойчивая компьютерная система, в которой в случае отказа гарантируется автоматическое восстановление работоспособности и сохранение целостности базы данных)*
   limited ~ ограниченная доступность
   off-the-shelf ~ 1. доступность
для приобретения наличие в готовом виде
available 1. доступный 2. налич-
ный
   commercially ~ серийно выпус-
каемый
AVD [alternating voice and data] по-
переменная передача голоса и
данных
average средний ◊ ~ **in question**
искомое среднее
   ~ **of distribution** математическое
ожидание
   arithmetic ~ среднее арифметическое
   arithmetical ~ среднее арифметическое
   assembly ~ *мат.* математическое
ожидание

   assembly ~ *мат.* среднее по генеральной совокупности
   estimated ~ *мат.* оценка среднего
   geometrical ~ *мат.* среднее геометрическое
   harmonical ~ *мат.* гармониче-
ское среднее
   limiting ~ *мат.* предельное среднее
   long-range ~ *мат.* среднее по
большому интервалу
   moving ~ *мат.* скользящее среднее
   observed ~ *мат.* эмпирическое
среднее
   overall ~ *мат.* общее среднее
   period ~ *мат.* среднее за период
   probabilistic ~ *мат.* математическое ожидание
   quadratic ~ *мат.* среднее квадратичное
   representative ~ *мат.* репрезентативная средняя величина
   simple ~ *мат.* среднее арифметическое
   single sample ~ *мат.* среднее по
одной выборке
   statistical ~ *мат.* статистическое среднее
   stochastic ~ *мат.* математическое ожидание
   theoretical ~ *мат.* математическое ожидание
   true ~ *мат.* истинное среднее
   unweighted ~ *мат.* невзвешен-
ное среднее
   weighted ~ *мат.* взвешенное
среднее
averaging:
   spatial ~ пространственное усреднение
averaging-out усреднение
AVI [audio-video interleaved] формат файлов для хранения видео-

фильмов, синхронизованных со звуком *(миникинофильмы) (разработан в корпорации Microsoft)*
AVNP [autonomous virtual network protocol] протокол автономной виртуальной сети
avoidance предотвращение
   collision ~ 1. предотвращение конфликтов 2. исключение столкновений *(в сети)*
   fault ~ предотвращение неисправностей
AVR [automatic voice recognition] автоматическое распознавание речи *(голоса)*
AVS [application visualization system] прикладная система визуального отображения
awareness 1. информированность 2. осведомлённость
   network ~ осведомлённость о состоянии сети
away:
   scroll ~ исчезать из поля зрения
axiom аксиома
axiomatic аксиоматический
axis 1. ось *(в каком-л. механизме)* 2. ось координат; координатная ось
   ~ **of coordinates** ось ординат
   abscissa ~ ось абсцисс
   coordinate ~ координатная ось; ось координат
axisymmetric осесимметричный
A/Z алфавитный порядок
   by ~ по алфавиту

B

B-ISDN [broadband ISDN] широкополосная сеть ISDN
back:
   card ~ оборотная сторона платы
   change ~ вернуть
   loop ~ возврат к началу цикла

backboard 1. задняя панель; задняя стенка 2. объединительная плата; плата генмонтажа
   N-slot ~ N-гнездовая объединительная плата
   printed-circuit ~ объединительная печатная плата
   slot ~ гнездовая объединительная плата
backbone 1. магистраль 2. передающая среда 3. стержневой; основной; базовый
backdrop фон, фоновая плоскость
backend 1. выходной буфер 2. серверная СУБД; вычислительная машина базы данных 3. серверное приложение 4. внутренний
background 1. фон || фоновый 2. низкоприоритетный 3. подготовка; предварительные знания 4. предпосылка 5. фоновая работа 6. *кфт.* задний план
   display ~ фоновое (программное) обеспечение дисплея
   foreground-initiated ~ фоновая работа, инициированная приоритетным заданием
   program ~ фон программы
backgrounding 1. организация фоновой обработки данных 2. фоновая обработка данных; решение задач с низким приоритетом *(при отсутствии задач с более высоким приоритетом)*
backing резервирование
backing-out аннулирование неверных результатов *(процесса)*
backing-up восстановление предшествующего состояния *(файлов или базы данных)*
backlit экран с задней подсветкой
backlog 1. журнал заказов; задел *(работы)* 2. незавершённая работа; невыполненная работа; незавершённые задания 3. число непереданных пакетов

backlog

    system with ~ система с задалживанием спроса
    traffic ~ запас по интенсивности трафика

backlogging:
    system with ~ система с задалживанием спроса

BackOffice:
    Microsoft ~ система для управления сетью масштаба предприятия *(разработка корпорации Microsoft)*

backout 1. возврат *(в точку рестарта программы)* **2.** отменять

backplane 1. задняя панель **2.** кабельная укладка **3.** объединительная плата; плата генмонтажа

backrolling обратная перемотка ленты

backslant шрифт с наклоном влево

backslash 1. обратная наклонная черта; обратная косая черта (\\)

backspace 1. возврат ‖ возвращаться **2.** *кл* возврат на шаг; возврат на одну позицию; *уст.* забой **3.** возвращать(ся) на одну позицию; клавиша возврата на одну позицию **4.** перемещать обратно; реверсировать ◊ **~ a file** возвращаться на (один) файл *(назад)*; **~ a record** возвращаться на (одну) запись *(назад)*

    destructive ~ возврат с удалением
    nondestructive ~ возврат без удаления

backspacing 1. возврат на одну позицию **2.** обратное перемещение; реверс

backspark 1. закрывающая кавычка **2.** *проф.* обратный апостроф *(название символа)*

backtrace 1. обратная трассировка; обратное отслеживание **2.** след

backtracing обратное прослеживание *(от выхода к входу)*

backtracking 1. возврат к предыдущему состоянию **2.** механизм возврата **3.** откат **4.** перебор с возвратами **5.** поиск с возвратом

    chronological ~ хронологический механизм возврата

backup 1. поддержка **2.** вспомогательные средства **3.** запасная копия; резервная копия; резервное копирование ‖ создание резервной (запасной) копии **4.** резервное устройство; резерв **5.** резервирование; дублирование; копирование ‖ дублировать **6.** средства резервирования **7.** вспомогательный; резервный; дублирующий

    archive ~ архивная копия; архивный дубликат
    cold ~ холодное резервирование
    digital ~ цифровое дублирование
    disaster ~ аварийный резерв
    functional ~ функциональный резерв; средства функционального резервирования
    hot ~ горячее резервирование
    last ~ последнее дублирование
    tape ~ устройство, для получения страховых копий на магнитной ленте

backward обратный
    circuit board ~ монтажная сторона платы

backward-compatible совместимый назад *(не исключающий использования прежних версий или модификаций)*

BACP [bandwidth allocation control protocol] протокол управления выделенной пропускной способностью канала

bad дефектный; неисправный

badge карточка

bagbiter дурак *(1. Блок вычислительной системы, ведущий себя непонятно. 2. Системный программист, допустивший непонятную ошибку в программном обеспечении действующей системы.)*
bail:
   punch ~ пробивная планка
balance равновесие ‖ уравновешивать
   account ~ баланс бюджета
balancing уравновешивание
   fine ~ плавная регулировка
   line ~ установка интервалов
   load ~ баланс загрузки *(в архитектуре клиент-сервер характеристика взаимодействия между клиентами и сервером)*
balking:
   deterministic ~ детерминированное неприсоединение к очереди
   stochastic ~ стохастическое неприсоединение к очереди
ball:
   control ~ шаровой манипулятор
   track(ing) ~ 1. шаровой манипулятор *(для управления движением курсора)* 2. перемещающийся мячик
ball-point шариковый
band лента ‖ ленточный
   confidence ~ 1. *мат.* доверительная область 2. *мат.* доверительный интервал
   errating ~ поле ошибок
   guard ~ поле допусков
   pass ~ полоса пропускания
   significance ~ интервал значимости
bandwidth 1. диапазон частот; полоса частот; ширина полосы частот 2. пропускная способность; производительность 3. полоса пропускания *(фильтра)*
bang восклицательный знак *(название символа)*

bank 1. банк 2. группа устройств
   data ~ банк данных; информационный банк; хранилище данных
   memory ~ банк памяти
bank-by-phone банковские сделки с использованием телефонных каналов *(для связи с ЭВМ банковской системы)*; банковские сделки по телефону
banner 1. «шапка»; заголовок 2. рубрика
bar 1. горизонтальное меню 2. крышка 3. область по контексту 4. панель 5. полоса 6. прямоугольник 7. стержень 8. строка 9. черта *(в документе)* 10. *лог.* черта; «крышка» *(над символом)* 11. шина; ламель
   button ~ кнопочная панель
   cursor ~ 1. курсор 2. *проф.* указатель курсора
   diagonal ~ *проф.* двойной слэш *(название символа //)*
   format ~ панель форматирования
   fraction ~ дробная черта
   interchangeable ~ сменная печатающая штанга
   key ~ строка подсказок
   menu ~ 1. горизонтальное меню; строка меню 2. зона заголовков меню *(на экране дисплея)*
   message ~ строка сообщений
   print ~ печатающая штанга
   scanning ~ выбирающий прямоугольник; *проф.* (прямоугольный) зайчик
   scroll ~ линейка прокрутки; полоса прокрутки; зона прокрутки *(на экране дисплея)*
   selection ~ курсор выбора
   space ~ клавиша пробела
   split ~ линия разбивки
   status ~ строка состояния
   test ~ испытательная шина

bar
    title ~ заголовок *(окна)*; область заголовка *(окна)*; строка заголовка
    type ~ печатающая штанга
bare пустой
barf ругаться*(выражать недовольство действиями пользователя)*
barred:
    calls ~ блокировка вызовов
barrel:
    print ~ печатающая (шарообразная) головка
barrier:
    complexity ~ барьер сложности
base 1. база; основание; подложка ‖ базировать(ся) **2.** базированная переменная **3.** заносить информацию в базу данных **4.** масштаб по оси времени **5.** основа *(носителя записи)* **6.** основание **7.** основание системы счисления *(см. тж* radix*)* **8.** панель **9.** подложка **10.** уровень отсчета **11.** *ш* ядро
    ~ of logarithm *мат.* основание логарифма
    closed knowledge ~ замкнутая база знаний
    data ~ база данных *(см. тж* database*)*
    extrapolation ~ база экстраполяции
    Home ~ *ш* Главное окно Microsoft Network
    installed ~ парк установленного оборудования
    insulating ~ изолирующая подложка
    intelligent data ~ интеллектуальная база данных
    intensional knowledge ~ интенсиональная база знаний
    knowledge ~ база знаний
    network data ~ сетевая база данных
    number ~ основание системы счисления
    populated data ~ наполненная база данных
    public data ~ общая база данных
    relational data ~ реляционная база данных
    rule ~ база правил *(в экспертных системах)*
    segment ~ начало сегмента
    shareable data ~ общая база данных
    time ~ временная ось; масштаб по оси времени
baseband сеть, которая передает сигналы в виде импульсов постоянного тока, а не изменением радиочастотного сигнала.
based базированный
    object ~ объектно ориентированный
baseline 1. базовая линия; опорная линия *(текста) (в полиграфии - линия, на которой лежат самые нижние точки букв строки за исключением подстрочных элементов букв щ, ц и др.)* **2.** базовая строка **3.** нижняя линия шрифта **4.** базовый
basic 1. базисный **2.** базовый **3.** основной
basing 1. базирование *(в индексной адресации)* **2.** занесение информации в базу данных
bat пакетный
batch серия; партия; группа; пакет ‖ групповой; пакетный
    job ~ пакет заданий
batch-oriented пакетно-ориентированный
batched пакетный
batching 1. группирование; пакетирование *(заданий)* **2.** групповая операция **3.** дозирование
battery батарея; батарейка

battery-backed батарейный; с батарейным питанием
baud бод *(единица скорости передачи информации)*
bay:
  patchcord ~ коммутационная модель
BBS [bulletin board system (*service*)] электронная доска объявлений
BCF [basic catalog structure] базовая структура каталогов
BDC [backup domain controller] резервный контроллер домена *(см. также PDC)*
BDR [bandwidth on demand routing] выделение пропускной способности в зависимости от маршрутизации
beam 1. луч **2.** пучок *(лучей)* **3.** главный лепесток *(диаграммы направленности антенны)* **4.** радиолуч **5.** направлять *(радио- или телевизионную передачу)*
  shaped ~ сформированный луч
  writing ~ записывающий луч
bebugging псевдоотладка *(метод оценки степени безошибочности программы на основе выявления искусственно введенных ошибок)*
bed: ◊ ~ **in** полностью отладить
  test ~ система отладки
beep (подавать) звуковой сигнал
beep-beep:
  audible ~ звуковой пробник
beeper устройство звуковой сигнализации
beeping звуковой сигнал
  low-pitch ~ подача низкочастотного звукового сигнала
beetle манипулятор «жук»
before 1. перед **2.** перед тем, как
before-the-fact своевременный
behavior поведение; линия поведения; характер изменения *(напр. функции)*
  optimizing ~ стремление к оптимизации результатов
  purposeful ~ целенаправленное поведение
  queue ~ состояние системы массового обслуживания
  specified ~ предписанное поведение
  stable ~ стабильный режим; устойчивое поведение
  time ~ характер изменений во времени
  unpredictable ~ непредсказуемое поведение
behavioral поведенческий
belief доверие ‖ доверительный
bells ненужные свойства *(программы)*; *проф.* бантики
below:
  see ~ смотри ниже
belt:
  confidence ~ доверительный интервал
benchmark 1. аттестация **2.** контрольная точка *(для сравнения)*; контрольная задача *(для определения сравнительных характеристик производительности системы)* **3.** начало отсчета; точка отсчета **4.** эталонный тест *(тестовая программа или пакет, использующийся для оценки производительности системы)*
benchmarking 1. установка контрольных точек; разметка **2.** эталонное тестирование
benchtop настольный
benefit выгода
  operating ~ эффективность функционирования; выгоды от эксплуатации *(системы)*
BER [bit error rate] коэффициент битовой ошибки
best 1. лучший **2.** наилучший **3.** оптимальный

beta-node бета-вершина
Betacam полудюймовый формат для видеозаписи *(разработан фирмой Sony; обеспечивает качество, характерное для дюймовой ленты портативных систем)*
bezel:
   viewing ~ окно индикатора
BFN [bay for now] до встречи; пока *(сокращение, принятое в Интернет)*
BFS [boot file system] загрузочная файловая система *(поддерживает загрузку независимо от используемой файловой системы)*
BFT [binary file transfer] передача двоичных файлов *(стандарт)*
BGA [ball grid array] конструкция корпуса микросхемы, когда ее выводы располагаются в виде сетки на нижней поверхности
BGI [Borland Graphics Interface] графический программный интерфейс фирмы Borland International
Bi-Tronics название двунаправленного параллельного интерфейса (порта) ПК
bias:
   ~ **of estimator** смещение оценки
   constant ~ постоянная систематическая ошибка
   systematical ~ систематическая ошибка
   variable ~ переменная систематическая ошибка
bid захват канала связи
bidirectional двунаправленный; реверсивный
bimodality двухвершинность
bin 1. бункер 2. лоток принтера 3. приемный карман; накопитель
   storage ~ запоминающий буфер

binary 1. двоичный; бинарный 2. двоичный код 3. двойной; двучленный; с двумя переменными
   executable ~ исполняемый двоичный код
binary-compatible совместимый на уровне машинных кодов
bind связывать; присваивать *(значение)*
binder редактор связей
binding 1. привязка; увязка 2. связка; связь; связывание
   ~ **of modules** компоновка модулей
   ~ **of names** связывание имен
   ~ **of variable** связывание переменной
   address ~ присвоение адреса
   deep ~ глубокое связывание
   language ~ привязка к языку
   module ~ связывание модулей
   program ~ связывание программ
   shallow ~ поверхностное связывание
   temporal ~ связь по времени; временная связь
binomial *мат.* биномиальный
BIOS [basic input output system] базовая система ввода-вывода
   flash ~ BIOS, записанный во флэш-памяти
bipartite двудольный
biquinary двоично-пятеричный
Birds of Feather птицы одного полета *(на американских компьютерных конференциях тусовка людей с одинаковыми интересами)*
BISDN [broadband ISDN] широкополосная сеть ISDN
BIST [built-in self test] встроенный самоконтроль
bisynchronous полный дуплекс *(асинхронная передача и прием данных с обеих сторон)*

bit [binary digit] **1.** бит *(1. Единица емкости памяти. 2. Двоичная единица информации)* ‖ битовый **2.** двоичный разряд ◊ ~ **per inch** бит на дюйм; ~ **per second** бит в секунду; ~ **off** нулевой бит
8- ~ 8-разрядный
16- ~ 16-разрядный
addition ~ дополнительный бит
address ~ разряд адреса
carry ~ **1.** перенос **2.** разряд переноса
change ~ бит изменений
check ~ контрольный разряд
deletion ~ бит удаления
dropped ~ потерянный бит
flag ~ флаговый разряд
framing ~ кадрирующий бит
high ~ единичный бит
ignore ~ пустой разряд
information ~ информационный разряд
least-significant ~ младший разряд
lockout ~ разряд блокировки
low ~ нулевой бит
mask ~ бит маски
match ~ разряд совпадения
merging ~s биты сшивания
most significant ~ старший бит
opcode ~ разряд кода операции
parity ~ бит четности
presence ~ бит наличия
protection ~ бит защиты
protocol overhead ~s дополнительные разряды протоколов
qualifying ~ указательный бит
reference ~ бит обращения
security ~ бит защиты
service ~ служебный бит
sign ~ знаковый бит
stack ~ заполняющий бит
start ~ стартовый бит
state ~ бит состояния
stop ~ стоп-бит; стоповый бит
synch ~ бит цикла синхронизации
unit ~ единичный бит
use ~ бит пользователя
validity ~ бит достоверности; разряд достоверности
zero ~ нулевой бит
zone ~ бит зоны
bit-addressable с побитовой адресацией
bit-by-bit 1. бит за битом; разряд за разрядом **2.** побитовый; поразрядный
bit-interleaving чередование битов
bit-mapped с побитовым отображением
bit-parallel параллельный по битам
bit-serial 1. последовательный по битам; последовательный по двоичным разрядам **2.** поразрядный
bitblt поблочная пересылка данных с адресацией каждого бита
bitmap 1. битовая карта **2.** битовое (растровое) отображение графического объекта **3.** побитовое отображение
wrapping ~ наложение шаблона, представляемого битовой картой
BITNET академическая компьютерная сеть, базирующаяся на машинах IBM
bitstaffing битстаффинг
bitwise поразрядное *(сравнение, копирование)*; побитовое *(сравнение, копирование)*
bivariate двумерный
BIX [binary information exchange] обмен двоичной информацией
black черный
black-and-white 1. черно-белый **2.** монохромный
blackboard 1. доска объявлений **2.** рабочая область
blackout 1. вычеркивание из текста гашение; запирание *(актив-*

ное подавление видеосигнала до уровня черного на период смены строк и полей развертки с целью использования пауз для другой дискретной информации)
3. глушение (радиопередачи)
4. *кфт* затемнение сцены во время представления 5. *тлв* «затемнение», уход «в затемнение» (*плавное снижение яркости телевизионного изображения до полного затемнения экрана*)
6. полное отключение электропитания компьютера

blank 1. бланк **2.** пробел; пропуск; пустое место **3.** пустой (*о ячейке таблицы, строке и т.п.*) **4.** пустой, незаполненный
   address ~ пустое адресное поле
   horizontal ~ пробел по горизонтали
   leading ~s начальные пробелы (*пробелы до начала текста*)
   trailing ~s конечные пробелы (*пробелы в конце текста*)

blanking 1. затемнение; бланкирование **2.** гашение (*знаков на экране дисплея*) **3.** запирание

blast освобождать

blaster программатор ППЗУ

bleep короткий звуковой сигнал высокого тона

bleeper источник звукового сигнала

blending плавное сопряжение
   alpha ~ *мм* альфа-смешение

BLER [block error rate] коэффициент блочной ошибки

bletcherous бездарный; бездарно выполненный

blind блокировать нежелательные данные

blind-spot 1. *рад.* зона молчания **2.** *рад.* мертвая зона

blink мигать

blinking мерцание; моргание; мигание (*знаков на экране дисплея*)

blip метка документа

BLOb [binary large object] большой двоичный объект; блоб

blobspace область для хранения BLOb

block 1. блок; узел ‖ блочный ‖ блокировать **2.** группа; блок (*слов, чисел или знаков*) **3.** разбивать на блоки; преобразовывать в блочную форму
   ~ **of (the) code** блок программы
   ~ **of data** набор данных; совокупность данных
   ~ **of words** группа (блок) слов или чисел; кодовая группа
   analysis ~ блок анализа
   base ~ базовый блок
   BIOS Parameter ~ таблица в загрузочном секторе системного диска (*описывает структуру этого диска*)
   bootstrap ~ блок начальной загрузки
   building ~ стандартный блок; компоновочный блок
   building ~ **concept** блочный принцип
   channel control ~ блок управления каналом
   channel program ~ блок канальной программы
   column ~ участок столбца
   command control ~ блок управления командой
   common ~ общий блок
   conceptual ~ смысловой блок (*программы*)
   control ~ блок управления, управляющий блок
   data ~ блок данных
   data aligner ~ блок перегруппировки данных
   data control ~ блок управления данными

block

data extent ~ блок расширения данных
data set control ~ блок управления набором данных
data transmission ~ блок передачи данных
dead ~ пассивный блок
decision ~ (логический) блок ветвления; узел принятия решения
defective ~ дефектный блок
event control ~ блок управления событием
extended attribute ~ блок дополнительных атрибутов
external ~ внешний блок
file access ~ блок доступа к файлу
file control ~ блок управления файлом
file description ~ блок описания файла
home ~ начальный блок
in ~s группами
input ~ входной блок
input-output ~ блок ввода-вывода
input-output status ~ блок состояния ввода-вывода
interleaved ~ блок (информации) с перемежением символов
internal ~ вложенный блок
label ~ блок метки
labeled ~ помеченный блок; блок с меткой
library contents ~ блок оглавления библиотеки
line ~ участок строки
line control ~ блок управления каналом
linked-list data ~ блок данных в виде связного списка
logical ~ логический блок
logical ~ **number** логический номер блока
memory ~ 1. блок памяти 2. блок данных в памяти
message ~ блок сообщений
multirecord ~ блок с несколькими записями; блок, содержащий несколько записей
output ~ выходное устройство; устройство вывода; выходной блок; блок буферной памяти на выходе
page control ~ блок управления страницами
parameter ~ блок параметров
partition control ~ блок управления разделом
physical ~ физический блок
primitive ~ элементарный компонент
procedure ~ процедурный блок
process control ~ блок управления процессом
processing ~ блок обработки; операторный блок (*в блок-схеме*)
program ~ программный блок
record ~ блок записей
record access ~ блок доступа к записи
request ~ блок запроса
service data ~ блок служебных данных
short ~ короткий блок
state ~ блок состояния
station control ~ блок управления станцией
supervisor request ~ блок вызова супервизора
swap data set control ~ блок управления набором данных подкачки
try ~ блок повторных попыток
typed ~ типовой блок
unit control ~ блок управления устройством
variable ~ 1. блок переменной длины 2. блок переменных
variable-length ~ блок (*данных*) переменной длины

block-structured имеющий блочную структуру; блочный
blocking 1. блокирование; блокировка **2.** затор (в сети) **3.** упаковка; объединение *(напр. слов, чисел или знаков)* в блоки
~ **of pins** блокировка выводов
data ~ упаковка данных; объединение данных в блоки
logical ~ логическая блокировка
physical ~ физическая блокировка
record ~ объединение записей
blockmark маркер блока
blow программировать ППЗУ
blow-up 1. взрыв **2.** увеличение **3.** увеличенное изображение; увеличенный фотоснимок
combination ~ комбинаторный взрыв
informational ~ информационный взрыв
blowback просмотр с увеличением
blue синий
blunder грубая ошибка
blur нерезкость; размытость *(изображения)*
BMP [bit map] стандартный формат графических файлов в MS Windows
BNA [broadband network architecture] архитектура широкополосных сетей *(предложена фирмой IBM)*
board 1. граница (коммутационная) панель; наборная панель *(см. тж* panel) **2.** плата; карта *(см. тж* card) **3.** пульт; щит
add-on ~ дополнительная плата; добавочная плата
bare ~ пустая плата
caption ~ *тлв* штатив для надписей или заставок
capture ~ плата захвата *(используется для ввода с видеокамеры или видеомагнитофона)*

chip ~ плата с кристаллами *(с микросхемами)*
circuit ~ монтажная плата
daughter ~ дочерняя плата
double-sided ~ двухсторонняя плата
edge(-connector) ~ плата с печатным соединителем
electronic bulletin ~ электронная служба новостей
evaluation ~ макет платы
expanded ~ расширительная плата
expansion ~ плата расширения; расширительная плата
extender ~ удлинитель; удлинительная плата *(для целей диагностики)*; расширительная плата
gage ~ приборная доска
input/output ~ плата ввода-вывода
instrument ~ приборная доска
interconnect ~ соединительная плата
interface ~ интерфейсная плата
junction ~ коммутатор
known-good ~ контрольная плата
memory ~ плата памяти
mother ~ объединительная плата; материнская плата; системная плата
multifunction ~ многофункциональная плата
patch ~ коммутационная доска
peg ~ штекерная панель
plotting ~ планшет
plug-in ~ съёмная плата; сменная плата
populated ~ плата с интегральными схемами *(в отличие от пустой)*
printed-wiring ~ плата с печатным монтажом
problem ~ коммутационная доска

prototyping ~ макетная плата
random logic ~ плата с произвольной логикой
single-sided ~ односторонняя плата
spare ~ запасная плата
system ~ системная плата; объединительная плата
two-sided ~ двусторонняя плата
wire ~ коммутационная панель; монтажная панель; монтажная плата
wiring ~ монтажная панель
woven circuit ~ плата с тканой матрицей

board-level на уровне плат
BOCA [Borland object component architecture] архитектура объектных компонентов фирмы Борланд
body тело *(внутренняя часть информационного объекта)*
  cycle ~ тело цикла
  dictionary ~ корпус словаря
  iteration ~ тело цикла
  loop ~ тело цикла
  macro ~ макротело *(тело макроопределения)*; тело макрокоманды
  procedure ~ тело процедуры
  program ~ тело программы
  statement ~ тело оператора
  task ~ тело задачи
boilerplate 1. библиотека стандартных текстов *(для вставки их в документ)*; стереотип *(фрагмент текста в памяти ЭВМ)* **2.** библиотека стандартных текстов с различными вставками *(для создания индивидуальной информации)* **3.** перемещение элемента изображения на новое место на экране дисплея *(в машинной графике)* **4.** стереотип; шаблон

bold (полу)жирный; (полу)жирный шрифт ‖ выделять (полу)жирным шрифтом
  extra ~ жирный *(шрифт)*
boldface полужирное начертание
bomb бомба *(неверная команда, вызывающая порчу программы)*
bond соединение
bonding:
  chip ~ крепление кристалла
  spider ~ паучковое крепление
book 1. книга *(том)* документации **2.** эталонная *(основополагающая)* книга, содержащая описание спецификации *(часто в названии упоминается цвет книги)*
  Green ~ Зеленая книга *(издание, содержащее стандарты и физические параметры диска CD-I)*
  Red ~ Красная книга *(издание, содержащее стандарты и параметры диска CD-DA)*
  Yellow ~ Желатя книга *(издание, содержащее стандарты и параметры диска CD-ROM)*
  run ~ **1.** документация по задаче **2.** книга регистрации вычислительных работ
bookkeeping учет использования системных ресурсов
booklet буклет
  reference ~ справочный буклет *(справочник, содержащий сведения об основных характеристиках программного изделия)*
bookmark закладка
boolean логический
boom 1. микрофонный штатив; «журавль» **2.** рекламная *(пропагандистская)* трескотня
booster усилитель
boot 1. загрузка; начальная загрузка ‖ загружать; выполнять начальную загрузку **2.** самозагрузка *(системных программных средств)*

boot

cold ~ холодная перезагрузка *(инициируется аппаратно)*
warm ~ перезапуск из памяти *(инициируется программно)*
boot-up 1. программа начального запуска **2.** начальная загрузка
bootable 1. загружаемый; способный к начальной загрузке **2.** способный к самозагрузке; самозагружаемый
bootstrap 1. инициализация *(путем самозагрузки)* **2.** начальная загрузка **3.** программа самозагрузки; *проф.* программа раскрутки **4.** самозагрузка; самообеспечение; *проф.* раскрутка **5.** самонастройка
  hardware ~ аппаратная самонастройка
bootstrapping 1. самозагрузка; самообеспечение; *проф.* раскрутка **2.** самонастройка
BOP [bit-oriented protocol] протокол побитовой передачи данных
border обрамление; рамка; бордюр; граница; окантовка *(изображения на экране дисплея)*
  decorative ~ декоративная линейка
borrow отрицательный перенос; заем
  end-around ~ циклический отрицательный перенос
bottleneck критический элемент; критический параметр; узкое место *(аппаратные или программные элементы, параметры которых ограничивают повышение производительности системы)*
bottom 1. основание; дно **2.** нижняя часть **3.** насыщать **4.** нижний
  ~ of (the) file дно файла
  ~ of stack дно стека
  ~ of stack pointer указатель дна стека

stack ~ дно стека
file ~ дно файла
bottom-up восходящий; снизу вверх
bounce 1. резкое изменение *(яркости изображения)* **2.** срыв *(изображения на экране)*
bound 1. предел; предельное значение; граница **2.** связывать
  asymptotical ~ *мат.* асимптотическая оценка
  coding ~ граница кодирования
  confidence ~ 1. *мат.* доверительная граница **2.** *мат.* доверительный предел
  high ~ верхняя граница
  low ~ нижняя граница
  lower ~ нижняя граница
  printer ~ ограничение по (скорости) печати
  probability ~ *мат.* предельная вероятность
  tight ~ жесткая *(точная)* граница
  upper ~ верхняя граница
boundaries:
  automatization ~ границы автоматизации
  occluding ~ граница загораживания
boundary граница; предел
  automatization ~ граница автоматизации
  byte ~ граница байта
  character ~ граница знака
  double word ~ граница двойного слова
  subscript ~ граница индекса
  word ~ граница слова
boundpair граничная пара
box 1. блок **2.** квадрат; прямоугольник; клетка **3.** коробка; ящик **4.** окно **5.** рамка **6.** стойка; шкаф; блок; ячейка
  about ~ информационное окно
  alert ~ окно предупреждения *(на экране дисплея)*

assertion ~ вводящий блок
black ~ черный ящик
check ~ окно флажка *(при щелчке на этом окне включается/выключается действие некоторой опции; это отмечается соответствующей галочкой)*
color ~ палитра цветов
combo ~ комбинированная ячейка; поле со списком
condition ~ блок ветвления *(по условию)*
control menu ~*w* кнопка оконного меню
decision ~ (логический) блок ветвления; блок принятия решения
deselect check ~ снять флажок
dialog(ue) ~ окно диалога; диалоговое окно *(на экране дисплея)*
digital set-top ~ цифровая телевизионная приставка; приставка для интерактивного телевидения
drop-down combo ~ поле с раскрывающимся списком
edit ~ окно редактирования *(окно с возможностями экранно-ориентированного текстового редактора)*
extended selection list ~ список со связным выбором
function ~ функциональный блок
glass ~ *проф.* «прозрачный ящик»
group ~ 1. группа 2. рамка группы
in-out ~ блок ввода-вывода
input ~ поле ввода
interface ~ интерфейсные аппаратные средства
jewel ~ коробка из ударопрочного полистирола для продажи и хранения компакт-диска
list ~ (контекстный) список; окно списка *(набор объектов, высвечиваемых в отдельном окне)*
mail ~ почтовый ящик *(в системе электронной почты)*
message ~ окно сообщений
multiple selection list ~ список с несвязным выбором
Pandorra ~ «ящик Пандоры» *(программное обеспечение как источник множества неприятностей для программиста)*
rich-text ~ форматируемое поле
rule ~ линейка; *проф.* шпон *(прямоугольная линия произвольной ширины и толщины)*
scroll ~ бегунок
select check ~ установить флажок
shipping ~ упаковочная коробка
single-selection list ~ простой список
spin ~ счетчик
split ~ вешка разбивки
stunt ~ вспомогательный блок
system menu ~*w* кнопка оконного меню
text ~ 1. текстовое поле 2. текстовой блок *(на блок-схеме)*
type ~ шрифтовая каретка
boxcar серия импульсов
bpi [bits per inch] бит на дюйм *(плотность записи цифровой информации)*
BPR [business process reengineering] реорганизация (реинжиниринг) системы ведения бизнеса
bps [bits per second] бит в секунду; бит/с *(скорость передачи информации)*
brace скобка
  curly ~ фигурная скобка
bracelet правая фигурная скобка *(название символа)*

braces *кл* фигурные скобки
bracket 1. скобка; ~s (квадратные) скобки **2.** заключать в скобки
  curly ~ фигурная скобка
  squiggle ~ фигурная скобка
  angle ~s угловые скобки
  unbalanced ~s несбалансированные скобки
bracketing заключение *(взятие)* в скобки
branch 1. ветвление; (условный) переход; ветвь **2.** операция перехода *(сегмент видеоизображения, выбранный наблюдателем)* ◊ ~ **on true** переход по значению «истина»; ~ **on unequality** переход по неравенству
  ~ **of curve** ветвь кривой
  afferent ~ центростремительная ветвь
  calling ~ вызывающая последовательность
  computed ~ вычисляемый переход *(в программе)*
  conditional ~ условное ветвление; условный переход
  efferent ~ центробежная ветвь
  failure ~ прогнозирование отказов
  unconditional ~ безусловный переход
branching 1. ветвление ∥ ветвящийся **2.** переход
  syntax ~ синтаксическое ветвление
branchpoint точка ветвления
breadboard макет
breadboarding макетирование
break 1. прерывание ∥ прерывать **2.** останов ∥ останавливать **3.** разрыв ∥ разрывать; разбивать
  ad ~ рекламная вставка; прерывание программы для передачи рекламной вставки
  control ~ смена управления

  hard page ~ принудительный разрыв страницы; жесткий конец страницы
  line ~ разрыв строки
  page ~ **1.** конец страницы; разрыв страницы; обрыв страницы **2.** ограничение числа строк
  soft page ~ мягкая граница страницы
  user ~ прерывание пользователем
breakdown 1. детальная разработка сценария *(для определения сметы расходов)* **2.** монтаж отдельных сюжетов из текущего съёмочного материала **3.** отбор пригодных для использования кинокадров с негатива **4.** процесс разбивки киноленты на составляющие эпизоды *(при монтаже)* **5.** разбивка сценария по действующим лицам или местам съёмки **6.** *тлв* роспись по камерам
  queue ~ разрушение очереди
breakeven безызбыточность
breakout 1. внезапное массовое увлечение **2.** внезапный и быстрый рост объема продаж **3.** всплеск популярности
breakpoint 1. останов; прерывание **2.** точка останова; точка прерывания **3.** вводить контрольные точки
  error ~ прерывание по сигналу об ошибке
breedle резкий звуковой фон *(работающего терминала)*
BRI [basic rate interface] базовый интерфейс абонента
bridge 1. перемычка **2.** дополнительный ретранслятор *(напр., в абонентской группе)* **3.** мост *(аппаратно-программное устройство, которое соединяет две или более физических локальных сети,*

имеющих, возможно различные топологии, но один и тот же протокол) 4. соединять (напр., узлы с помощью линий связи)

bridgeware 1. средства обеспечения совместимости средства переноса

bridging 1. перемыкание; замыкание (в схеме) 2. запараллеливание (напр. линии передачи) 3. перенос (программ или данных с некоторой ЭВМ) на другую машину (с возможным преобразованием форматов) 4. установка перемычки

Briefcase и Портфель

brieringering двойное лучепреломление

brightness яркость

BRIM [bridge router interface module] интерфейсный модуль моста/маршрутизатора

bring приносить ◊ ~ **up** давать

brittleness уязвимость (сети передачи данных)

broadband сеть, в которой информация переносится на несущих волнах, а не импульсами

broadcast 1. трансляция ‖ транслировать; передавать в широковещательном режиме 2. пересылка ‖ пересылать (сигналы или сообщения) 3. широковещательная передача

network-wide ~ широковещательная передача по всей сети

broadcasting 1. трансляция (передача ряда идентичных незапрашиваемых сообщений некоторым или всем абонентам) 2. широкая рассылка (идентичной информации по многим узлам сети)

broadsheet формат полосы

brocket 1. знак «больше»; знак «меньше» 2. угловая скобка (название символа) проф. уголок

left ~ *проф.* левый уголок
right ~ *проф.* правый уголок

broken 1. прерванный 2. сломанный

brouter броутер (устройство, совмещающее в себе функции моста и маршрутизатора)

brownout кратковременное (на доли секунды) исчезновение (или понижение) питающего напряжения

Browse 1. Обзор (кнопка) 2. просматривать

browser 1. браузер; навигатор (программа просмотра Web-серверов) 2. окно просмотра

network ~ система просмотра сети

browsing просмотр (напр. файла)

brush кисть

brushing:

  air ~ эффект пульверизации

BSD [Berkeley Software Distribution] фирма при университете Беркли (шт. Калифорния)

BSI [British Standards Institute] Британский институт стандартов

BTAC [branch target address cache] кэш-память адресов ветвлений

BTW [by the way] кстати (сокращение в Интернет)

bubble 1. кружок (на блок-схеме или в обозначении логического элемента) 2. пузырьковый (о методе сортировки)

invert ~ кружок, обозначающий инвертор

bucket участок памяти, адресуемый как единое целое

bucketing группирование

buddy коллега; партнер; соучастник разработки

  program ~ партнер по программированию

budgets ресурсы
  storage ~ ресурсы памяти
  timing ~ ресурсы времени; временные ресурсы

buffer 1. буфер ‖ буферизовать ‖ буферный 2. буферная схема; буферное устройство 3. буферное ЗУ 4. буферный регистр 5. заполнять буфер
  block ~ буфер блоков
  chained-segment ~ цепной буфер
  circular ~ 1. кольцевой буфер 2. циклический буфер
  depth ~ z-буфер; буфер глубины *(массив для хранения координат глубины (z-координат) для каждого пиксела отображаемого изображения)*
  display ~ дисплейный буфер
  edit ~ буфер редактирования
  frame ~ буфер изображения; буфер кадра
  fill the ~ заполнять буфер
  half-word ~ буфер на полуслово
  input ~ входной буфер
  instruction ~ буфер команд
  interprocessor ~ межпроцессорный буфер
  look-ahead ~ 1. буфер опережающего просмотра 2. буфер упреждающей выборки
  look-aside ~ 1. буфер предыстории 2. сохраняющий буфер
  mapped ~ буфер отображения; отображаемый буфер
  output ~ 1. выходной буфер 2. буфер вывода
  paste ~ буфер вставки
  refresh ~ буфер изображения
  scoring ~ буфер весовых коэффициентов
  sector ~ буфер секторов
  status ~ буфер состояния
  typeahead ~ буфер клавиатуры
  video ~ видеопамять
  z- ~ z-буфер; буфер глубины *(массив для хранения координат глубины (z-координат) для каждого пиксела отображаемого изображения)*

buffering 1. буферизация 2. промежуточное преобразование
  anticipatory ~ упреждающая буферизация
  basic ~ базисная буферизация
  chained segment ~ сегментная буферизация
  double ~ двойная буферизация
  dynamic ~ динамическая буферизация
  exchange ~ обменная буферизация
  queue ~ упреждающая буферизация
  segment ~ сегментная буферизация
  simple ~ простая буферизация
  Z- ~ мм Z-буферизация

bug 1. дефект 2. ошибка *(в программном обеспечении, см. тж* error*)* 3. помеха ◊ ~ **fixed** ошибка исправлена
  character string ~ ошибка в цепочке символов
  data ~ ошибка при работе с данными
  loop ~ ошибка в цикле
  subroutine ~ ошибка в подпрограмме

build-up восходящий

builder 1. компоновщик *(программа)* 2. построитель 3. разработчик
  program ~ разработчик программы
  system ~ системный компоновщик

built-in 1. встроенный 2. встроенная функция

bullet 1. звездочка *или* квадрат *(используемые различными коммер-*

ческими изданиями для обозначения музыкальных записей произведений, имеющих тенденцию к росту популярности за обследуемый период времени) 2. крупная точка 3. маркер *(абзаца)* 4. символ бюллетеня *(черная точка, звездочка или другой символ, указывающий пункт в списке)*

bum украшательство *(внесение мелких улучшений, обычно излишних)* 2. украшать *(напр. программу ценой потери ее четкости)*
   code ~ программист, экономящий на спичках, *проф.* крохобор

bumpless мягкий; безударный; плавный

bunch of files совокупность файлов

bundle связка; комплект

burden:
   computational ~ затраты вычислительных ресурсов

buried 1. скрытый; внутренний 2. утопленный; не выступающий наружу

burn программировать ППЗУ

burrs неровности, микроотклонения поверхности компакт-диска от плоскости

burst пакет
   error ~ пакет ошибок

burster разделитель сортировщик

BUS [broadcast and unknown server] сервер броадкастов и неизвестных сообщений *(в АТМ)*

bus 1. шина компьютера 2. магистральная шина; магистраль 3. общая шина 4. соединять с помощью шины; осуществлять шинное соединение 5. канал *(передачи информации)* ◊ ~ **in** входная шина
   address ~ шина адреса; адресная шина
   backbone ~ основная шина
   check ~ контрольная шина
   common ~ общая шина
   communication ~ канал связи; коммуникационная шина
   control ~ управляющая шина
   data ~ шина данных; информационная шина
   digit-transfer ~ шина цифровой передачи
   document(-store) ~ шина памяти документов
   ground ~ земляная шина; шина заземления
   input/output ~ шина ввода-вывода
   instruction/data ~ шина команд и данных
   intercluster ~ межгрупповая шина
   interprocessor ~ межпроцессорная шина
   multidrop ~ многоточечная шина
   multiplex ~ мультиплексная шина
   redundant ~ резервная шина
   result ~ шина результатов
   test ~ тестовая шина
   unified ~ общая шина
   VL- ~ [VESA LocalBus] стандарт локальной шины, разработанный VESA

bus-compatible совместимый по шине

bus-oriented шинно ориентированный *(об архитектуре ЭВМ)*

bus-structured магистральный

bus-type шинный; с шинной организацией

business 1. деловой 2. коммерческий

bussing:
   power ~ разводка питания

busy 1. занят(о) 2. сигнал занятости 3. состояние занятости

busy-back сигнал занятости

button 1. кнопка *(см. тж* key*)* **2.** *w* кнопка *(активная область текста или изображения на экране)*
activate ~ пусковая кнопка
animated ~s живые кнопки
barrel ~*w* кнопка пера *(кнопка, расположенная на пере)*
choice ~ независимая клавиша
choose an option ~*w* выбрать параметр из группы
command ~ кнопка команды *(инициирует внешнюю программу)*
control ~ кнопка управления
default ~*w* основная кнопка; кнопка, нажимаемая по умолчанию
emergency ~ аварийная кнопка
expansion ~ кнопка расширения *(расширяет текст включением в него ранее скрытого расширения)*
fire ~ пусковая кнопка
function ~ функциональная клавиша
graphic ~ графическая кнопка
initiate ~ пусковая кнопка
inquiry ~ кнопка запроса *(кнопка любого типа, входящая в группу кнопок, действующих альтернативно)*
intervention ~ аварийная кнопка
light ~ световая кнопка *(на экране дисплея)*
List ~*w* кнопка раскрытия списка
Maximize ~*w* кнопка развертывания (распахивания) окна
Minimize ~*w* кнопка свертывания окна
mouse ~ кнопка мыши
note ~ кнопка примечания *(вызывает на экран временное окно, содержащее текст примечания)*
option ~*w* переключатель
push ~ заключительная клавиша *(обычно используется при завершении диалога для подтверждения проделанных действий)*
push ~ кнопка
radio ~ зависимая клавиша; кнопка с зависимой фиксацией
re-boost ~ кнопка перезапуска
reference ~ кнопка ссылки *(вызывает переход в некоторую точку гипертекста, называемую точкой ссылки)*
reset ~ кнопка сброса
restart ~ кнопка рестарта
return ~ кнопка возврата *(вызывает обратный переход от точки ссылки к кнопке ссылки)*
Select ~*w* нажать кнопку
Select option ~*w* выбрать параметр
shortcut ~*w* быстрая клавиша; кнопка действия *(комбинация одной или нескольких клавиш, нажатие которых инициирует заранее обусловленное действие)*
text ~ текстовая кнопка
buy:
one-stop ~ покупка, не допускающая вариантов *(докупок) (приобретается сразу все, или или)*
buzz 1. жужжать **2.** зависать
buzzer 1. зуммер **2.** устройство звуковой сигнализации
buzzword основное слово
b&w [black&white] **1.** черно-белый **2.** монохромный
by-line строка с фамилией автора
bypass обходить
byte байт *(группа из 8 бит)*
audio block field ~s *CD-I* байты поля звукового блока
control ~ управляющий байт

data ~ байт данных; информационный байт
error ~ ошибочный байт
high ~ 1. стартовый байт 2. старший байт
identification ~ идентифицирующий байт; байт идентификации
linkage ~ байт связи
low ~ младший байт
overrun ~ набегающий байт
status ~ байт состояния
byte-addressable с байтовой адресацией
byte-addressed с байтовой адресацией
byte-interleaved байт-мультиплексный
byte-serial побайтовый

C

C Си *(язык программирования)*
C++ Си-плюс плюс *(объектно-ориентированный язык программирования)*
CAA [computer augmented acceleration] режим вращения диска, корректируемый компьютером
cabinet 1. картотечный ящик 2. шкаф; стеллаж; стойка
   File ~ CAB-файл (упакованный набор INF-файлов и некоторых других файлов, использующийся при установке)
   pedestal ~ базовый корпус
cable кабель; сетевой шнур; шнур питания
   backbone ~ главный кабель *(в ЛВС)*
   coaxial ~ коаксиальный кабель
   drop ~ ответвительный кабель *(в ЛВС)*
   fiber(-optic) ~ волоконно-оптический кабель
   flat ~ плоский кабель
   multicore ~ многожильный кабель
   power ~ силовой (питающий) кабель; шнур питания
   twin-axial ~ коаксиальный кабель
   video ~ шнур для подключения дисплея
cabling:
   backbone ~ магистраль
CAC [computer-aided composition] компьютерное создание видео- и аудиокомпозиции
cache 1. кэш; кэш-память *(сверхбыстродействующая память, служащая для буферизации команд или данных перед их обработкой процессором)* 2. сверхоперативная память 3. помещать в кэш
   disk ~ кэш диска
   pipelined burst ~ конвейерная кэш-память с блочной передачей
caching работа с кэшем; кэширование; запись в кэш-память
   disk ~ кэширование диска *(организация обмена с дисковой памятью через кэш)*
CAD/CAM [computer-aided design/computer-aided manufacturing] автоматизированное проектирование/гибкое автоматизированное производство; САПР/ГАП
caddy кассета; картридж для загрузки компакт-диска в дисковод
cadre кадр
CAE 1. [computer-aided engineering] автоматизированное конструирование 2. [common application environment] среда прикладного программирования *(проект стандарта переносимых UNIX-программ)*

cage 1. каркас; кожух **2.** кассета
  card ~ каркас для плат
CAI [computer assisted instruction] обучение с помощью компьютера; интерактивное автоматизированное обучение
CAL растровый формат
calculable вычисляемый
calculate вычислять; рассчитывать; подсчитывать
calculation вычисление; счет; подсчет; исчисление; расчет *(см. тж* computation*)*
  analog ~s аналоговые вычисления
  analytical ~s аналитический метод расчета
  arithmetic ~s арифметические расчеты
  computer ~s машинные вычисления
  digital ~s цифровые вычисления *(в отличие от аналоговых)*
  exact ~ точное вычисление; точный подсчет
  fixed-point ~ вычисление *(в режиме)* с фиксированной точкой
  floating-point ~ вычисление *(в режиме)* с плавающей точкой
  integer ~s целочисленные расчеты
  loose ~ неточный расчет
  matrix ~ вычисление матрицы
  Monte Carlo ~ расчет методом Монте-Карло
  multiple ~s групповые вычисления
  nonnumerical ~s нечисловые расчеты
  numeric ~ числовой расчет
  precision in ~ точность вычисления
  real-time ~ вычисление в реальном времени
  spreadsheet ~s 1. вычисления с использованием электронных таблиц **2.** табличные вычисления
  step-by-step ~s пошаговые вычисления
  symbolic ~ символьное вычисление
  tentative ~s предварительное исчисление
  trial-and-error ~ вычисление методом проб и ошибок
  variational ~ расчет вариационным методом
calculator калькулятор; вычислительный прибор; счетная машина; вычислительное устройство; вычислитель *(см. тж* computer*)*
  desktop ~ настольный калькулятор
  electronic ~ электронное вычислительное устройство; электронный вычислитель
  handheld ~ карманный калькулятор
  high-speed ~ быстродействующее вычислительное устройство
  printing ~ калькулятор с печатающим устройством
  programmable ~ программируемый калькулятор
  remote ~ дистанционное вычислительное устройство
  slim ~ плоский калькулятор
calculus исчисление
  extended ~ *мат.* расширенное исчисление
  first order predicate ~ исчисление предикатов первого порядка
  frame ~ исчисление фреймов
  lambda ~ лямбда-исчисление
  logical ~ логическое исчисление
  predicate ~ исчисление предикатов
  program ~ исчисление программ
  propositional ~ исчисление высказываний
  relational ~ реляционное исчисление

sentential ~ исчисление высказываний

situational ~ ситуационное исчисление

calendar календарный

calibration калибровка

caliper толщина бумаги в милах

call 1. вызов ‖ вызывать 2. обращение ‖ обращаться 3. запрос ‖ запрашивать 4. заявка ◊ ~ **by name** вызов по имени; ~ **by number** вызов по номеру; кодовый вызов; ~ **by pattern** вызов по образцу; ~ **by reference** 1. обращение по ссылке 2. передача параметра по ссылке; ~ **by value** 1. вызов по значению 2. передача параметра по значению; ~ **to subroutine** обращение к подпрограмме; **to** ~ **up** звонить по телефону

authorized ~ санкционированный вызов; разрешенный вызов

bad ~ **format** неверный формат вызова

far ~ дальний вызов

function ~ вызов функции; обращение к функции

graphic ~ графическое представление

implied ~ неявное обращение

interrupt ~ вызов по прерыванию

invalid ~ неверное обращение

library ~ вызов библиотеки; обращение к библиотеке; обращение из библиотеки

load overlay ~ вызов загрузки перекрытия

lost ~ безуспешное обращение

macro ~ макрокоманда

nested ~s вложенные вызовы

nested macro ~ вложенный макровызов

object ~ вызов объекта

procedure ~ вызов процедуры

qualified ~ ограниченное обращение; уточненный вызов

recursive ~ рекурсивное обращение

remote procedure ~ дистанционный вызов процедуры

subroutine ~ вызов подпрограммы; обращение к подпрограмме

supervisor ~ обращение к супервизору

system ~ 1. обращение к операционной системе 2. системный вызов

value ~ вызов значения

virtual ~ виртуальный вызов; виртуальное соединение (*виртуальный канал для абонента сети*)

call-in вызов

called называемый

get ~ вызываться

caller источник вызова; вызывающая программа; вызывающий оператор

calling вызов

CAM [controller attachment module] управляемый модуль подключения к среде

camcorder тип видеокамеры

camera 1. киносъемочный аппарат; кинокамера 2. репродукционный фотоаппарат 3. телевизионная передающая камера; телекамера 4. фотографический аппарат; фотоаппарат

area-scan ~ 1. камера со строчно-кадровой разверткой 2. датчик изображения с разверткой по горизонтали и вертикали

line-scan ~ однострочная камера

cameraman:

assistant ~ ассистент (*помощник*) кинооператора (*телеоператора*)

camp-on задержка вызова

cancel

cancel 1. Отмена *(кнопка)* **2.** отмена ‖ отменять *(команду или сигнал)* **3.** стирание ‖ стирать *(информацию, изображение, магнитную запись)* **4.** гашение ‖ гасить *(луч)* **5.** вычеркивать; удалять *(написанное)*

cancellation 1. гашение *(луча)* **2.** отмена *(команды или сигнала)* **3.** потеря значащих разрядов *(при вычитании)* **4.** мат. сокращение **5.** стирание *(информации)*

command ~ отмена команды

noise ~ подавление помехи

CAP 1. [computer-aided publishing, computer assisted publishing] издание с помощью компьютера; издание с использованием компьютера **2.** [carrierless amplitude and phase] амплитудно-фазовая модуляция без несущей

cap 1. колпачок; наконечник **2.** устанавливать (защитные) колпачки

drop ~ буквица *(большая первая буква в начале главы или статьи)*

dust ~ пылезащитный колпачок

small ~s малые прописные буквы

сара мандат

capabilit/y 1. возможность; способность **2.** мандат *(для доступа к объекту системы)* **3.** стойкость *(способность изделия успешно выполнять требуемые функции)* **4.** характеристика

accomodation ~ способность к адаптации

addressing ~ies возможности адресации

animation ~ способность к воспроизведению динамических изображений *(свойство графического терминала)*

audio processing ~ies возможности для обработки

broadcast ~ возможность осуществления широковещательной передачи

capture ~ способность к захвату *(напр., сигнала или пакета)*

color ~ способность к воспроизведению цветов

computational ~ вычислительная мощность; *мн.* вычислительные возможности

fan-out ~ нагрузочная способность

forward error correction ~ корректирующая способность кода, обеспечивающего прямое исправление ошибок

functional ~ies функциональные возможности

multiuser ~ **1.** возможность одновременной связи между несколькими абонентами **2.** число одновременно обслуживаемых абонентов

networking ~ возможность организации сети

output ~ нагрузочная способность

performance ~ies рабочие характеристики звукового сигнала

screen-oriented ~ возможность работы с экраном

self-test ~ возможность самоконтроля *(самопроверки)*

system ~ies системные возможности

capacitor:

holding ~ запоминающий конденсатор

ratioed ~ конденсаторный делитель

capacity 1. возможность; способность **2.** (электрическая) емкость **3.** информационная емкость, объем *(запоминающего устрой-*

ства) **4.** мощность; нагрузка; производительность **5.** пропускная способность (*канала связи*) **6.** разрядность; допустимый диапазон чисел

backup ~ емкость резервной памяти

bit ~ емкость в битах

block ~ емкость блока

channel ~ пропускная способность канала (*максимальное значение скорости передачи данных в канале с заданными характеристиками*)

code ~ емкость кода

communication channel ~ емкость канала связи

counter ~ емкость счетчика

current carrying ~ допустимая нагрузка

device ~ число накопителей в корпусе

display ~ емкость дисплея

exceed ~ избыточная емкость

filled to ~ заполненный до отказа

formatted ~ форматная емкость (*носителя с разметкой*)

inference ~ мощность логического вывода

information ~ информационная емкость

magnetic drum ~ емкость магнитного барабана

memory ~ емкость памяти

network ~ пропускная способность сети

over ~ избыточная способность

processing ~ производительность обработки; обрабатывающая способность

register ~ разрядность регистра

resolving ~ разрешение; разрешающая способность

screen ~ емкость экрана

stacker ~ емкость укладчика

storage ~ емкость памяти; емкость ЗУ

unformatted ~ неформатная емкость (*носителя без разметки*)

user data ~ информационная емкость

word ~ **1.** длина слова **2.** емкость в словах

zero error ~ пропускная способность при отсутствии ошибок

capital 1. большая буква **2.** прописная (заглавная) буква

block ~s печатные буквы

drop ~ буквица

in ~s большими буквами

small ~s капитель

capitalization 1. выделение прописными буквами; использование прописных букв **2.** преобразование букв в прописные

capitalized выделенный

capline верхняя линия

capsulation 1. герметизация **2.** формирование (*напр. пакета данных или кадра информации*)

caption 1. заголовок (*напр. окна диалога*) **2.** тлв заставка **3.** подрисуночная подпись **4.** титр; субтитр; надпись

hidden ~ скрытый заголовок

animated ~s подвижные титры (субтитры)

boxed ~s **1.** субтитры в прямоугольной рамке, «врезаемые» в изображение **2.** титры в рамке

capture 1. захват (*канала связи; изображения или его части на экране*) ‖ захватывать **2.** сбор ‖ собирать (*данные*) **3.** снимать с экрана (*изображение*) **4.** фиксировать (*динамическое изображение*) **5.** записывать

data ~ сбор данных

sample ~ выборка

screen ~ перехват экрана

CAQ

CAQ [computer aided quality] система автоматизированного контроля качества

card 1. карта; карточка **2.** плата; устройство
  accelerator ~ акселератор; графический ускоритель
  adapter ~ адаптерная плата; плата адаптера
  add-in ~ **1.** комплектующая плата **2.** расширительная плата
  binary ~ двоичная карта
  binder-hole ~ объединительная карта
  breadboard ~ макетная плата
  breakpoint ~ отладочная карта
  bus ~ плата с электронной схемой интерфейсной шины
  calling ~ телефонная карточка
  chip ~ плата для установки интегральных схем
  circuit ~ монтажная плата
  clock ~ плата синхронизации
  comments ~ карта комментариев; карта примечаний
  cue ~ карточки подсказки
  daughter ~ ячейка
  detail ~ карта уточнения
  dsk-label ~ карта дисковых меток
  dual-purpose ~ карта двойного назначения
  dual-wide ~ плата двойной ширины
  expansion ~ плата расширения
  extender ~ расширительная плата
  father ~ объединительная плата
  feature ~ суперпозиционная карта
  full of ~s полный набор плат
  gate/flip-flop ~ плата с последовательной логикой
  graphics ~ графический адаптер
  identification ~ идентификационная карта
  I/O ~ ПК-карта ввода-вывода
  job information ~ информационная карта задания
  logic ~ плата с логическими схемами
  magnetic ~ магнитная карта
  memory ~ плата памяти
  memory expansion ~ плата расширения памяти
  microchip ~ карточка с микропроцессором *(напр. кредитная)*
  midget ~ миниатюрная карта
  mother ~ объединительная плата
  multifunction ~ многофункциональная карта
  multiple ~ комбинированная плата
  optical data ~ оптическая информационная карта *(тип ЗУ)*
  patch ~ корректирующая карта
  PC ~ РС-карта *(карта, удовлетворяющая стандарту PCMCIA)*
  peak-a-boo ~ суперпозиционная карта
  personality ~ идентификационная карта
  piggyback ~ дополнительная плата расширения
  pilot ~ управляющая карта
  plug-in ~ сменная плата
  printed circuit ~ печатная плата
  ROM ~ внешнее ПЗУ
  smart ~ микропроцессорная карточка
  son ~ модуль
  sound ~ звуковая плата
  spare ~ запасная плата
  wild ~ безразличный символ; универсальный шаблон; символ обобщения
  wiring ~ карта монтажных соединений; монтажная карта

CardBus спецификация на новую 32-разрядную шину PC-карты фирмы Intel
cardinality 1. *мат.* кардинальное число **2.** количество элементов
caret знак вставки; *проф.* крышка *(название символа ^)*
carriage каретка
   movable ~ подвижная каретка
   pen ~ перьевая каретка *(графопостроителя)*
   pin ~ каретка с установочными шрифтами
   shuttle ~ челночная каретка
   wide ~ широкая каретка
carrier 1. держатель **2.** несущая частота **3.** носитель
   common ~ **1.** зарегистрированная частная компания - владелец сети связи **2.** коммерческая частная сеть связи **3.** общественная линия связи
   data ~ носитель информации
   excess ~ неравновесный носитель
   ferroelectric ~ сегнетоэлектрический носитель
   information ~ информационный носитель
   long-distance ~s поставщики услуг дальней связи
   magnetic ~ ферромагнитный носитель (информации)
   majority ~ основной носитель
   minority ~ неосновной носитель
   packet switching ~ владелец сети связи с коммутацией пакетов
   record ~ линия передачи документальной информации; линия передачи документов
   value-added ~ (арендуемая) линия связи с дополнительными услугами
carry перенос
   cascaded ~ покаскадный перенос
   complete ~ полный перенос
   cyclic ~ **unit** единица циклического переноса
   delayed ~ задержанный перенос
   end-around ~ циклический перенос
   high-speed ~ **1.** быстрый перенос **2.** ускоренный перенос
   input ~ входной сигнал переноса
   look-ahead ~ ускоренный перенос
   output ~ выходной сигнал переноса
   ripple ~ сквозной перенос
   stored ~ запоминаемый перенос
carter прижим механизма протяжки бумаги
cartoon 1. карикатура; шарж **2.** комикс **3.** мультипликационный фильм; мультфильм; мультипликация
   animated ~ мультипликационный фильм; мультфильм
cartridge 1. картридж для принтера, факса и т.п **2.** кассета
   audiotape ~ магнитофон
   autoload ~ кассета автоматической загрузки
   data ~ кассета с данными
   disk ~ **1.** кассета магнитного диска **2.** кассетный диск
   font ~ шрифтовой картридж *(для принтера)*
   tape ~ кассета магнитной ленты
CAS [communication application specification] спецификация приложений связи *(стандарт, разработанный фирмами Intel и Digital Communication Associates)*
cascade каскад
   selection ~ каскад селекций
cascading каскадирование

CASE

CASE [computer-aided software engineering] разработка программного обеспечения с помощью компьютера; технология CASE
case 1. блок 2. выбор 3. каркас; кожух 4. корпус; футляр 5. *лингв.* падеж 6. регистр *(клавиатуры)* 7. случай 8. чемоданчик *(переносного устройства)*
    base ~s граничные условия
    exception ~ исключительная ситуация
    extreme ~ предельный случай; экстремальная ситуация
    in this ~ при этом
    lower ~ нижний регистр
    match ~ с учетом регистра
    N-slot ~ каркас с N гнездами
    null ~ пустой пример *(разновидность тестовых данных)*
    particular ~ частный случай
    test ~ набор тестовых данных; контрольный пример
    upper ~ верхний регистр
    upper ~ **character** символ верхнего регистра
case-insensitive без учета регистра; не различающий строчные и заглавные буквы
case-sensitive с учетом регистра
cash:
    ~ **dispensing bank teller** автоматический кассир
cassette кассета
    digital ~ цифровая кассета *(кассета с информацией в цифровом виде)*
    tape ~ кассета магнитной ленты
    video ~ видеокассета
CAST [computer aided software testing] автоматизированное тестирование программ; автоматизация тестирования программ
cast 1. приведение 2. распределять роли *(в спектакле)* 3. состав исполнителей *(в спектакле)* 4. труппа; актерский состав
multi-~ групповая (многоадресная) передача
casting 1. подбор актеров; формирование труппы 2. распределение ролей *(в спектакле)*
casualty катастрофический сбой
CAT [computer aided tomography] компьютерная томография
cat сенсорный манипулятор «кошка» *(чувствительная к прикосновениям площадка для управления курсором графического дисплея)*
catalogue каталог ‖ каталогизировать; заносить в каталог
    cached ~ буферный каталог *(помещенный в кэш)*
    data set ~ каталог набора данных
    software ~ каталог программ; каталог программного обеспечения
    split ~ разделенный каталог *(с несколькими разнородными указателями)*
    system ~ системный каталог
    union ~ объединенный каталог; слитый каталог
catatonia 1. безжизненность системы 2. кататония; ступор
category:
    access control ~ категория управления доступом
    message ~ категория сообщения
    user ~ категория пользователя
catenation 1. каскадное включение 2. конкатенация; сцепление 3. связь 4. соединение; сочленение
causal 1. казуальный 2. причинный
causation каузация
cause ◊ ~ **to be added** вызывать добавление

cause-effect причинно-следственный

caution предупреждение

CAV [constant angular velocity] 1. постоянная угловая скорость 2. формат лазерного диска

CBEMA [computer & business equipment manufacturing Association] Ассоциация производителей компьютеров и оборудования для бизнес-применений

CBT [computer based training] система компьютеризированного обучения

CC [combination card] комбинированная плата

CCD 1. [consumer computing device] бытовое компьютерное устройство 2. [charge-coupled device] прибор с зарядовой связью; ПЗС

CCIA [computer and communications industry Association] Ассоциация производителей средств вычислительной техники и связи *(США)*

CCITT [Committee Consultative Internacional de Telegraphique et Telephonique] прежнее название Международного Консультативного Комитета по Телеграфии и Телефонии (МККТТ) *(новое название ITU)*

C&D [control and display symbol] символ управления и индикации

CD [compact-disk] компакт-диск
  optical ~ player лазерный проигрыватель
  Photo ~ стандарт на хранение фотоизображений на CD
  master ~ мастеринг CD *(изготовление прототипа CD-ROM диска)*

CD-DA [compact disk-digital audio] 1. звуковой компакт-диск диск с музыкальным или речевым содержанием 2. формат цифрового аудио компакт-диска

CD-I [compact disk interactive] компакт-диск интерактивный *(совместная разработка фирм Sony и Philips)*

CD-R 1. [compact disc recordable] компакт-диск с однократной записью 2. [compact disk recorder] устройство записи на компакт-диск с однократной записью

CD-ROM [compact disk read-only memory] ПЗУ на компакт-диске
  quad-speed ~ дисковод CD-ROM с учетверенной скоростью
  six-speed ~ дисковод CD-ROM с шестикратной скоростью

CD-RTOS [compact disk real-time OS] Операционная система реального времени на CD-ROM

CD-WO [CD write once] компакт-диск с однократной записью

CD-WORM [CD write once read many] компакт-диск однократной записи и многократного чтения

CD-XA [CD-ROM extended architecture] расширенная архитектура CD-ROM *(расширение стандарта CD-ROM, обеспечивающее хранение уплотненных аудиоданных)*

CDDI [copper distributed data interface] распределительный интерфейс передачи данных по кабельным линиям *(вариант FDDI для кабельных линий)*

CDE 1. [common desktop environment] Общая вычислительная среда настольных ПК 2. [cooperative development environment] среда коллективной разработки программ *(стандартная спецификация Unix)*

CDFM [CD file manager] программа управления файлами компакт-диска

CDFS [CD-ROM file system] файловая система для CD-ROM

CD+G [compact disc plus graphics] формат записи компакт-диска, в котором рядом со звуковой информацией записана графика

CDIF [case data interchange format] формат обмена данными CASE-систем; спецификация CDIF

CDMA [code division multiple access] многостанционный доступ с кодовым разделением каналов; множественный доступ с кодовым разделением (уплотнением) каналов (*один из двух стандартов для цифровых сетей сотовой связи в США, см. тж. TDMA*)

CDMA/n [CDMA with a noise threshold n] многостанционный доступ с кодовым уплотнением каналов с шумовым порогом n

CDPD [cellular digital packet data] **1.** пакеты цифровых данных сотовой сети (*стандарт на пересылку пакетов по не используемым в данное время линиям речевой связи в сотовой сети*) **2.** сотовая цифровая пакетная передача данных (*протокол, разработанный IBM и Pacific Communications Sciences*)

CDTV [Commodore dynamic total vision] мультимедиа-проигрыватель компакт-дисков фирмы Commodore

CDV [compact disc video] видео компакт-диск (*стандарт на компакт-диски, когда рядом с цифровой дорожкой пишется аналоговая*)

ceiling наименьшее целое число больше N

CEL анимационный формат

cell 1. клетка (*таблицы*) **2.** пакет фиксированной длины 53 байта, используемый для передачи данных в сетях АТМ **3.** секция (*единый участок памяти, в котором хранится часть файла*) **4.** фотоэлемент **5.** ячейка; элемент **6.** ячейка в электронной таблице

  array ~ элемент матрицы
  bit ~ одноразрядный регистр
  data ~ элемент данных
  healthy ~ работоспособный элемент
  library ~ стандартный элемент (*в библиотеке компоновочных модулей*)
  master ~ базовая ячейка
  master-slice ~ главный срез
  memory ~ ячейка памяти; запоминающий элемент
  resolution ~ клетка растра
  storage ~ ячейка ЗУ

cellular клеточный

CEM [contract electronic manufacturers] изготовители электронной аппаратуры (*смонтированных печатных плат*) на заказ

censoring ◊ ~ **in sampling** цензурирование выборки

center центр ‖ центрировать
  campus-based ~ университетский вычислительный центр
  computation ~ вычислительный центр
  computer ~ вычислительный центр
  computing ~ вычислительный центр
  control ~ центр управления
  copy ~ копировальное бюро
  data processing ~ центр обработки данных
  data switching ~ коммутационный центр; центр коммутации сообщений
  data-processing ~ центр обработки данных

data-reduction ~ центр обработки данных
database processing ~ центр доступа к базам данных
design ~ расчетная величина
documentation ~ центр информационного обслуживания
info ~ узел связи
input/output ~ узел управления вводом-выводом
message switching ~ центр коммутации сообщений
preparation ~ центр подготовки данных; центр предварительной обработки данных
switching ~ коммутационный центр; коммутатор; распределительный узел
transaction ~ концентратор транзакций *(узел, инициирующий соответствующие процессы на основе запросов пользователей)*
centered выровненный по центру
centering центрирование
centerline средняя линия
centre центр
Centronics название интерфейса *(порта)* ПК
CEO [Chief Executive Officer] руководящее должностное лицо; член руководства; исполнительный директор
CEP [channel end point] конечная точка канала
CERT [computer emergency response team] команда скорой компьютерной помощи университета Корнеги-Меллона
certainty уверенность
certification подтверждение права доступа *(напр. к защищенной системе)*
certified сертифицированный
CFO [Chief Finance Officer] руководитель финансовой службы

CGA [Color Graphic Adapter] цветной графический адаптер
CGI 1. [Computer Graphics Interface] интерфейс машинной графики **2.** [Common Gateway Interface] общий интерфейс шлюза *(определяет взаимодействие программы создания динамических WWW-документов и HTTP-сервера)*
CGM [computer graphics metafile] метафайл машинной графики *(стандартный формат хранения и передачи изображений)*
chain 1. цепь; цепочка ‖ цепной **2.** последовательность; вызывающая последовательность **3.** цепочка кластеров **4.** цепное устройство **5.** связывать в цепочку
~ **of command** цепь инстанций
bit ~ последовательность двоичных знаков; двоичная цепочка
call ~ **1.** вызывающая последовательность **2.** цепочка вызовов
code ~ кодовая последовательность
daisy ~ **1.** гирляндное соединение **2.** топология сети *(обычно Ethernet, кабель идет от узла к узлу)*
dependency ~ цепочка зависимых соединений
descriptor ~ дескрипторная цепочка
inference ~ цепочка вывода
letter ~ последовательность букв
logic ~ **1.** логическая цепь **2.** цепочка логических схем
lost ~ потерянная цепочка *(кластеров)*
owner-member ~ цепочка подчинения
preference ~ последовательность предпочтений
print ~ печатающая цепь; литерная цепь

chain
 reasoning ~ цепочка рассуждений
 skip ~ цепь переходов
chained сцепленный
chaining связывание в цепочку; формирование цепочки; сцепление *(модулей или программ)*
 backward ~ 1. обратный логический вывод *(от цели к исходным посылкам)* 2. обратный поиск
 block ~ сцепление блоков
 data ~ формирование цепочки данных
 forward ~ 1. прямой логический вывод 2. прямой поиск
chance случай ‖ случайный
change 1. замена ‖ заменять 2. изменение ‖ изменять 3. перемена 4. смена ◊ ~ **over** переключать
 address ~ изменение адреса; переадресация
 control ~ смена режима управления; смена операции
 engineering ~ техническое изменение; техническая доработка; конструкторское изменение
 intercohort ~s изменения между когортами
 intracohort ~s изменения внутри когорты
 invalid disk ~ неверная смена диска
 localized topology ~s локализованные изменения топологии *(топологические изменения структуры сети на ограниченной площади)*
 random ~s случайные изменения
 post-production ~ доработка в процессе изготовления
 public ~ общедоступное изменение *(распространяемое на все копии)*
 runtime ~ изменение на период прогона

 step ~ ступенчатое изменение
 make ~s вносить изменения
changeover переключение
changer:
 CD ~ устройство смены компакт-дисков в дисководах CD-ROM
channel 1. канал; тракт 2. канал связи; информационный канал 3. шина 4. одноканальная система 5. телевизионная сеть; сеть телевизионного вещания; телесеть 6. доводить *(до потребителя)* 7. направлять ◊ ~s **in series** последовательные каналы
 adjacent ~ соседний канал
 Alpha- ~ Альфа-канал
 analog ~ аналоговый канал
 audio ~ *тлв* канал звукового сопровождения; канал звука; звуковой канал
 backward ~ обратный канал
 block multiplexer ~ блок-мультиплексный канал
 broadband ~ широкополосный канал
 broadcast ~ широковещательный (циркулярный) канал
 buffered ~ канал с буферной памятью; буферизованный канал
 bypass ~ параллельный канал; обходной канал
 byte-at-a-time ~ канал с (по)байтовым обменом
 byte-multiplexer ~ байт-мультиплексный канал
 clock ~ канал синхронизации
 communication ~ канал связи; канал общения
 cooperative ~s 1. каналы производящие совместное обслуживание 2. объединенные каналы
 covert ~ незащищенный канал *(не предназначенный для передачи данных, но используемый для этой цели)*

channel

data ~ канал передачи данных; информационный канал
data communication ~ канал передачи данных
data link ~ информационный канал связи; канал передачи данных
data transfer ~ канал передачи данных
data transmission ~ канал передачи данных
dedicated ~ **1.** выделенный канал; специальный канал **2.** специализированный канал (*телеканал, специализирующийся на передачах определённой категории программ, например, музыкальных*)
digital speech ~ цифровой канал речевой связи
direct ~ прямой канал
discrete ~ дискретный канал
duplex ~ дуплексный канал
fast ~ быстродействующий канал; быстрый канал
Fibre ~ стандарт передачи данных (*высокоскоростная пятиуровневая оптоволоконная сетевая архитектура*)
forward ~ прямой канал обмена
free ~ незанятый канал; свободный канал
full ~ занятый канал
half-duplex ~ полудуплексный канал
idle ~ незанятый канал; свободный канал
input ~ входной канал
input-output ~ канал ввода-вывода
interconnection ~ соединительный канал
interface ~ канал сопряжения; интерфейсный канал
interrupt ~ **1.** канал прерывания **2.** прерываемый канал

leased ~ арендуемый канал
logical ~ логический канал
logical number номер логического канала
lossless ~ канал без потерь
multiaccess broadcast ~ широковещательный канал с коллективным доступом
multiplex ~ мультиплексный канал
noiseless ~ канал без помех
noisy ~ канал с помехами
non-cooperative ~s каналы с раздельным обслуживанием
occupied ~ занятый канал
one-way only ~ однонаправленный канал
optical communication ~ оптический канал связи
output ~ выходной канал; канал вывода
primary ~ основной канал
random cross- ~ обходной канал с произвольным выбором
randomly varying ~ канал со случайными характеристиками
reverse ~ обратный канал
satellite ~ спутниковый канал
satellite-delivered ~ спутниковый канал связи
secondary ~ дополнительный канал
selector ~ селекторный канал
service ~ канал обслуживания; обслуживающий канал
sharable ~ совместно (коллективно) используемый канал
special service ~ специализированный канал обслуживания
standard ~ стандартный канал
time-derived ~ канал с временным разделением
time-varying ~ канал с переменными во времени характеристиками
timing ~ канал синхронизации

traffic ~ информационный канал; канал информационного обмена
transmission ~ канал передачи
unidirectional ~ однонаправленный канал
variable ~ канал с переменными характеристиками
virtual ~ виртуальный канал
voice ~ речевой канал; телефонный канал

channel-limited ограниченный возможностями канала
channeling разнесение каналов *(напр. по частоте)*
channelization формирование каналов
chapter 1. глава ‖ разделять на главы 2. раздел; часть; секция 3. сегмент *(программы)*
character 1. знак; символ *(см. тж symbol)*; цифра; буква 2. литера 3. признак
character-deletion ~ знак отмены символа
accent ~ символ ударения
acknowledge ~ знак подтверждения приема; *проф.* квитанция
admissible ~ разрешенный (допустимый) символ
alphabetic ~ алфавитный знак; буквенный знак
alphanumeric ~ алфавитно-цифровой символ
backspace ~ знак возврата на одну позицию; знак возврата на один формат
bind ~ знак присваивания
blank ~ символ пробела
block cancel ~ символ отмены блока
block check ~ символ контроля блока
cancel ~ знак аннулирования; знак игнорирования
carriage return ~ символ возврата каретки

code ~ кодовый символ; символ кода
coded ~ закодированный символ
comparison ~ знак сравнения
command ~ управляющий символ
control ~ управляющий символ
delete ~ знак исключения; знак стирания
digital ~ цифровой знак
displayable ~ воспроизводимый символ *(в отличие от невидимого)*
disturbed ~ искаженный символ
don't care ~ безразличный символ
double-high ~ символ удвоенной высоты
edge ~ признак границы *(напр. конца строки)*
editing ~ символ управления форматом
end-of-medium ~ признак конца носителя
end-of-message ~ признак конца сообщения
end-of-text ~ признак конца текста
end-of-transmission ~ признак конца передачи
end-of-transmission block ~ знак конца блока данных
end-of-word ~ признак конца слова
enquiry ~ знак запроса
erase ~ знак исключения *(стирания)*
error ~ ошибочный символ; признак ошибки
escape ~ символ начала управляющей последовательности
escape ~ знак перехода *(напр. с одного регистра на другой)*; знак переключения кода
face-change ~ знак смены типа шрифта

character

field separation ~ знак разделения полей
font-change ~ знак смены типа шрифта
forbidden ~ запрещенный символ
form-feed ~ знак подачи бланка
format-control ~ символ управления форматом
gap ~ символ пробела
graphic ~ графический символ
hand-printed ~ рукописный символ *(изображенный печатным шрифтом)*; машинописный символ
hand-written ~ рукописный символ
identification ~ идентификационный символ
ignore ~ знак игнорирования; знак аннулирования
illegal ~ запрещенный символ
improper ~ запрещенный символ
inadmissible ~ недопустимый символ
information ~ информационный символ
inquiry ~ знак вопроса
instruction ~ символ команды
kill ~ 1. символ приостановки процесса 2. символ удаления части текста
layout ~ символ управления положением каретки и бумаги; знак спецификации формата; символ управления форматом
least significant ~ знак самого младшего разряда
leftmost ~ левый крайний знак
line delete ~ знак вычеркивания строки
line end ~ признак конца строки
line feed ~ знак смещения на одну строку; символ перевода строки

logical operation ~ знак логической операции
logout ~ знак размещения
lower case ~ символ нижнего регистра
machine-readable ~ машиночитаемый символ
magnetic(-ink) ~ магнитный знак *(нанесенный магнитными чернилами)*
master ~ базовый кегль
most significant ~ знак самого старшего разряда
new-line ~ признак новой строки
nonnumeric ~ нецифровой знак
nonprintable ~ непечатаемый символ *(отсутствующий в наборе литер печатающего устройства)*
nonprinting ~ непечатаемый символ
numeric ~ числовой знак
pad ~ символ-заполнитель
paper throw ~ знак прогона бумаги *(без печати)*
polling ~ символ опроса
print control ~ символ управления печатью
printable ~ печатаемый символ *(имеющийся в наборе литер печатающего устройства)*
printed ~ печатный знак
protection ~ знак защиты
punctuation ~ знак пунктуации
record separator ~ разделитель записей
redundant ~ избыточный знак
relation ~ знак отношения *(напр. знак «больше»)*
replacement ~ признак замены; признак исправления; заменяемый символ
rightmost ~ правый крайний знак
separating ~ разделительный знак, разделитель

shift ~ 1. знак смены регистра; признак смены регистра **2.** символ переключения
shift-in ~ знак восстановления кода
shift-out ~ знак расширения кода
silent ~ непроизносимый знак
space ~ пробел
special ~ специальный знак
start-of-text ~ знак начала текста
stroked ~ штриховой знак
substitute ~ знак замены
switch ~ символ переключения
symbolic ~ символьный знак
tabulation ~ знак табуляции
terminating ~ оконечный знак
throw-away ~ отбрасываемый знак
transmission control ~ знак управления передачей
unprintable ~ непечатаемый символ
unusual ~ экзотический символ
vertical tabulation ~ знак вертикальной табуляции
white-space ~ разделитель; пробельный символ *(т.е. действующий, но не отображаемый символ, напр. знак табуляции)*
who-are-you ~ символ запроса автоответчика
wildcard ~ 1. безразличный символ **2.** символ обобщения *(имени файла или каталога)*
character-coded в символьной записи
character-interleaved байт-мультиплексный
characteristic 1. порядок нормализованного числа **2.** характеристика ‖ характеристический
 ~s of procedure характеристики процедуры
operating ~ рабочая характеристика; эксплуатационная характеристика
operational ~s рабочие параметры
performance ~ рабочая характеристика
technical ~s технические характеристики *(параметры)*
characterization 1. определение параметров **2.** снятие характеристик; составление спецификации; определение параметров
engineering ~ определение технических характеристик
charge 1. загружать *(стековую память)* **2.** заряд ‖ заряжать
static ~ (электро)статический заряд
stored ~ накопленный заряд
charges расходы
machine ~ расходы на обслуживание машины
maintenance ~ 1. затраты на сопровождение эксплуатационные расходы; расходы по текущему обслуживанию
shift ~ расходы на одну рабочую смену
chart 1. диаграмма; график; номограмма **2.** таблица **3.** схема; чертеж **4.** блок-схема **5.** карта
alignment ~ номограмма
area ~ комбинированная гистограмма *(составляется из двух гистограмм с выделением различий между их показателями)*
band ~ ленточный график
bar ~ столбиковая (столбчатая) диаграмма; гистограмма
bubble ~ схема, изображаемая кружками и стрелками
cell ~ клеточная диаграмма
circular ~ круговая диаграмма; секторная диаграмма

communication ~ схема (таблица) соединений
control ~ контрольная карта
control-flow ~ структурная схема управляющей логики; блок-схема алгоритма
cycle ~ периодический график
dot ~ точечная диаграмма
event flow ~ блок-схема события
flow ~ блок-схема
graphic ~ 1. графическое изображение 2. кривая зависимости
grid ~ 1. координатная сетка 2. сетчатая номограмма
hierarchy ~ иерархическая схема
layout ~ схема расположения; топологическая схема; монтажная схема
line ~ график
load ~ диаграмма распределения нагрузки *(между ресурсами)*
logic ~ логическая блок-схема
multiple bar ~ гистограмма для нескольких признаков
pie ~ круговая диаграмма; секторная диаграмма
plugboard ~ схема коммутации
poisson ~ *мат.* кривая пуассоновского распределения
printer spacing ~ схема формата печати
procedure ~ схема процедуры
progression ~ схема порождения программы
rectangular ~ прямоугольная таблица
run ~ схема прогона
scatter ~ график разброса
spacing ~ схема размещения текста; схема формата
strip ~ ленточная диаграмма
structure ~ структурная схема
time ~ временная диаграмма
timing ~ временная диаграмма

tree ~ дерево, древовидная схема
trend ~ график тренда
trouble ~ таблица неисправностей
chassis 1. шасси; блок 2. корпус ПК, в котором находится системный блок
extension ~ расширительный блок
slide-in ~ съемный блок
slot ~ гнездовой блок
extension ~s расширительный блок
N-card ~s блок на N плат
N-slot ~s блок с N гнездами; N-гнездовой блок
slide-in ~s 1. вставной блок; съемный блок; выдвижной блок 2. схемный блок
chat:
online ~ переговоры в онлайновом режиме
chatline «линия для трепа» *(сетевой сервис, обеспечивающий одновременное общение нескольких человек с отображением введенных текстов на экранах собеседников)*
check 1. проверка ‖ проверять 2. контроль *(см. тж* test*)* ‖ контролировать 3. сличение ‖ сличать 4. проверка аппаратуры 5. программный контроль *(в отличие от аппаратного)* 6. отмечать ◊ ~ **against** проверять на соответствие; ~ **the figures** проверять расчеты
access ~ контроль доступа
bias ~ профилактический контроль
block ~ 1. контроль блоков 2. проверка по блокам
bound ~ контроль границ
built-in ~ встроенный контроль
bus-out ~ контроль выходной шины

check

code ~ проверка программы
compile-time ~ статическая проверка, проверка *(программы)* в процессе компиляции
composition ~ 1. проверка плотности 2. проверка полноты *(сообщения)*
computation ~ проверка вычислений
consistency ~ проверка на непротиворечивость
control totals ~ проверка с помощью контрольных сумм
cross ~ перекрестная проверка; перекрестный контроль
current ~ текущая проверка; текущий контроль
cyclic redundancy ~ контроль при помощи циклического избыточного кода
data ~ контроль данных
data-type ~ контроль типов данных
desk ~ проверка программы за столом *(без запуска на машине)*
diagnostic ~ диагностическая проверка; диагностический контроль
dump ~ контроль по распечатке
duplication ~ контроль дублированием
dynamic ~ динамический контроль
edit ~ контрольное редактирование; контроль результатов редактирования
error ~ контроль ошибок; проверка на наличие ошибок
even-odd ~ контроль по четности
even-parity ~ контроль по четности
false-code ~ 1. контроль запрещенных комбинаций 2. контроль на наличие запрещенных комбинаций *(в коде)*

flag ~ флаговый контроль
functional ~ функциональная проверка
hardware ~ аппаратный контроль
hierarchical ~ иерархический контроль
high-low bias ~ граничная проверка
horizontal redundancy ~ поперечный контроль
illegal-command ~ 1. контроль запрещенных команд 2. контроль на наличие запрещенных команд
imparity ~ 1. контроль по нечетности 2. проверка на нечетность
improper-command ~ контроль запрещенных команд 2. контроль на наличие запрещенных команд
in-line ~ 1. встроенный контроль 2. оперативный контроль; контроль в процессе обработки
input ~ входной контроль
internal ~ внутренний контроль
lexical ~ лексический контроль
line-by-line ~ построчная проверка
loop ~ контроль путем обратной передачи *(принимаемых данных к источнику)*
marginal ~ 1. граничная проверка; граничные испытания 2. профилактический контроль
naught ~ проверка на ноль
negative ~ проверка на отрицательное значение
nonexistence code ~ контроль на наличие запрещенных комбинаций *(в коде)*
odd-even ~ контроль по четности; проверка на четность
odd-parity ~ контроль по нечетности; проверка на нечетность

on-line rule ~ оперативная проверка правила
overflow ~ контроль переполнения
page ~ групповой страничный контроль *(блока данных)*
parity ~ контроль четности; проверка на четность
peak-a-boo ~ проверка на просчет
photocell light ~ оптический контроль
postmortem ~ постконтроль
privacy ~ проверка конфиденциальности; проверка степени секретности *(данных)*
program ~ проверка программы; программный контроль *(в отличие от аппаратного)*
programmed ~ 1. запланированная проверка 2. программный контроль
range ~ контроль границ 2. контроль по диапазону значений; диапазонная проверка 3. контроль попадания
read-back ~ эхопроверка
reasonability ~ 1. проверка на допустимость 2. смысловая проверка 3. проверка на непротиворечивость
redundancy ~ 1. контроль за счет избыточности 2. контроль по избыточности
residue ~ контроль по остатку
reversal ~ реверсивная проверка
rights ~ проверка полномочий; проверка прав *(при организации ограниченного доступа)*
routine ~ программный контроль
run-time ~ динамическая проверка *(программы)*; проверка *(программы)* в процессе выполнения; динамический контроль
selection ~ выборочная проверка; выборочный контроль
semantic ~ семантический контроль
sequence ~ проверка порядка следования; контроль упорядоченности
sight ~ 1. визуальный контроль 2. проверка на просвет
sign ~ контроль по знаку *(числа)*
static ~ статический контроль
structural ~ структурный контроль
sum ~ проверка по сумме
summation ~ контроль суммированием; проверка суммирования
syntactic ~ синтаксический контроль
system ~ 1. проверка системы; системная проверка 2. системный контроль
test ~ тестовый контроль
total ~ проверка по сумме
transfer ~ контроль передачи
tranverce ~ поперечный контроль
twin ~ 1. двойной просчет *(метод контроля)* 2. двойной счет
type ~ 1. контроль соответствия типов *(данных)* 2. контроль типов
validity ~ проверка адекватности; контроль достоверности; проверка правильности
wired-in ~ (встроенный) аппаратный контроль
che**ck-out** наладка; проверка
equipment ~ наладка аппаратуры; наладка оборудования
functional ~ функциональная проверка
program ~ отладочная проверка программы; выверка текста программы
checkability контролепригодность; проверяемость

checker 1. контролирующая программа **2.** контрольное устройство; проверочный блок **3.** средство контроля
   assertion ~ программа верификации
   design-rule ~ программа нормоконтроля
   grammar ~ программа грамматического контроля
   spell ~ орфографический контроль; подпрограмма проверки орфографии (*правописания*)
   spelling ~ блок орфографического контроля; корректор
   style ~ программа оценки стиля (*программирования*)
   syntax ~ 1. блок синтаксического контроля **2.** программа синтаксического контроля
checkerboarding поклеточная разбивка
checking:
   consistency ~ проверка на непротиворечивость
   error ~ выявление ошибок
   strict type ~ строгий контроль типов
   type ~ контроль типов
checklist контрольный перечень; контрольная таблица
checkpoint контрольная точка ‖ вводить контрольную точку
checkpointing 1. введение контрольных точек **2.** профилактическое копирование (*содержимого памяти*) в контрольных точках **3.** сохранение состояния в контрольной точке
checksum контрольная сумма
   bad ~ неверная контрольная сумма
   cyclic redundancy ~ контрольная сумма циклического избыточного кода

checksumming контрольное суммирование; вычисление контрольной суммы
Chevrons двойные угловые скобки (*на кнопке*); кавычки «ёлочки»
CHI [computer human interface] человеко-машинный интерфейс
child 1. дочерний каталог, папка, окно и т.п. **2.** подчиненный (*форма или таблица в схеме данных*) **3.** порожденный
children дочерние записи
chip 1. кристалл (*полупроводника*); микросхема **2.** элементарный сигнал; элементарная посылка
   bare ~ бескорпусный кристалл
   bit-slice ~ секционированный сигнал
   clone ~ клонированный кристалл (*полностью идентичный эталону*)
   code ~ элемент кода
   common-master ~ единый основной кристалл
   custom(-designed) ~ заказная микросхема; заказной кристалл
   gate-array ~ кристалл с матричной логикой
   glue ~ связующий кристалл
   i/o ~ кристалл ввода-вывода
   large scale integration ~ кристалл БИС
   master ~ основной кристалл
   megabit ~ мегабитная микросхема (*с памятью в 1 мегабит и более*); мегабитный кристалл
   microprocessor ~ кристалл микропроцессора
   off-the-shelf ~ стандартная микросхема
   peripheral ~ периферийная микросхема (*для управления периферийными устройствами*)
   random logic ~ кристалл с произвольной логикой

self-testing ~ самотестирующийся кристалл
silicon ~ кремневый кристалл
single- ~ однокристальный
support ~ микросхема поддержки; микросхема обслуживания *(основных микросхем)*
tamper-proof ~ кристалл с защитой от копирования
unpackaged ~ бескорпусная микросхема; бескорпусный кристалл
chipping:
 flip ~ обращенная сборка
chipset набор микросхем
CHMOS [complementary high metal-oxide semiconductor] комплементарная высококачественная МОП-технология
choice выбор; вариант
 menu ~ выбор из меню
choice-point точка выбора
chomp брать кусок не по зубам *(напр. слишком большую программу, с разработкой которой не справиться)*
choose выбирать; выделять
chooser селектор
choosing выбор
chop:
 binary ~ двоичный поиск
chord хорда
chores рутинные операции
chrominance информация о цвете, яркости и насыщенности изображения
CHRP [common hardware reference platform] открытый стандарт, разработанный альянсом Apple-IBM-Motorola для ПК на базе процессоров PowerPC
chunk 1. кусок; ломоть *проф.* кусок программы **3.** разделять программу на куски *(для выделения модулей)*
 ~ **of data** порция данных

data ~ порция данных
chunking 1. разбивка на куски; формирование фрагментов; образование блоков **2.** разделение программы
CIC 1. [carrier (circuit) identification code] код идентификации канала **2.** [commercial Internet carriers] поставщики платных услуг в сети Интернет
CICS [customer information control system] пакет IBM для сетей
CIDR [classless inter-domain routing] бесклассовая междоменная маршрутизация
CIF 1. [common intermediate format] единый промежуточный формат *(стандарт на разрешающую способность при цифровом кодировании/декодировании видеосигналов)* **2.** [customer information file] файл информации о заказчике
CIL [channel index list] список канальных индексов диска CD-I
Cinepak кодек Cinepak *(технология чисто программного сжатия и воспроизведения движущихся изображений)*
CIO [Chief Information Officer] менеджер по информатизации *(руководитель, отвечающий за развитие в рамках фирмы информационных технологий)*
cipher код; шифр ∥ шифровать
cipherer шифратор
ciphertext зашифрованный текст
CIRC [cross-interleaved Reed-Solomon code] код Рида-Соломона с чередованием *(используется для эффективной защиты от блочных ошибок)*
circle круг; окружность
 ~ **of curvature** круг кривизны
circuit 1. канал связи; линия связи **2.** схема; цепь; контур

circuit

active ~ активная цепь
add ~ схема сложения
addressing ~ схема выборки адреса
advancing ~ продвигающаяся схема
alarm ~ цепь аварийной сигнализации
anticoincide ~ схема несовпадения
application specified integrated ~ заказная СБИС
both-way ~ дуплексный канал
carry ~ цепь переноса
cascade trigger ~ каскадная триггерная схема
character selection ~ схема выборки знака
checking ~ цепь контроля; цепь проверки
clocked ~ тактируемая схема
closed ~ замкнутая цепь; замкнутый контур
commutation ~ цепь связи
comparator ~ схема сравнения
complex function ~ сложная функциональная схема
computer ~ схема вычислительной машины
computer test ~ схема контроля вычислительной машины
control ~ схема управления; цепь управления; цепь регулирования
correcting ~ корректирующая схема
counter ~ счетная схема
coupling ~ цепь связи
cycle ~ схема пробуксовки
data decision ~ устройство принятия решения (*относительно значения информационного символа*)
dedicated ~ закрепленный канал
deenergizing ~ цепь отключения
deflection ~ схема отклонения

direct-current ~ потенциальная схема
discrete wired ~ схема с навесным монтажом
display ~ схема индикации
dividing ~ схема деления
doubling ~ схема удвоения
duplex ~ дуплексный канал
eccles-jordan ~ триггер
either-way ~ полудуплексный канал
equality ~ схема равенства
error-correlation ~s схемы с корреляцией ошибок
etched ~ печатная схема
except ~ схема запрета
fault-free ~ исправная схема
faulty ~ неисправная схема; неисправная цепь
feedback ~ схема обратной связи; цепь обратной связи
film integrated ~ пленочная ИС
flexible ~ гибкая схема
frame-grounding ~ цепь заземления корпуса
full-duplex ~ дуплексный канал
grounded base ~ схема с общей базой
grounded collector ~ схема с общим коллектором
grounded emitter ~ схема с общим эмиттером
half-duplex ~ полудуплексный канал
hardware ~ жестко смонтированная схема
holding ~ схема блокировки
imbedded ~ внутренняя схема
inhibit ~ схема запрета
integrated ~ интегральная схема; ИС
lag-lead ~ стабилизирующая схема
laminar ~ ламинарная схема
large-scale integration (LSI) ~ большая интегральная схема; БИС

latch ~ схема типа «защелка»
lead-lag ~ стабилизирующая схема
leased ~ 1. арендованный канал (*связи*) 2. арендуемая цепь
level ~ потенциальная схема
linearity ~ линеаризующая схема
locked pair ~ схема на спаренных элементах
lumped ~ схема с сосредоточенным параметром
measuring ~ измерительная схема
mixing ~ смесительная схема
multichip integrated ~ многокристаллическая ИС
multiple output ~ схема с несколькими выходами
multistage ~ многокаскадная схема
muting ~ схема замалчивания (*схема в проигрывателе дисков CD-DA, заменяющая ту часть цифрового сигнала с ошибкой, которая не может быть скорректирована*)
network ~ сложный контур
non-self checking ~ схема без самоконтроля
open ~ разомкнутая цепь; разомкнутый контур
optoelectronics ~ оптоэлектронная схема
passive ~ пассивная схема
phase-comparison ~ схема сравнения
power ~ силовая цепь
power-fail ~ схема защиты от исчезновения питания
printed ~ печатная схема; печатный монтаж
priority ~ схема приоритетов
propagation ~ схема продвижения
protection ~ схема защиты
redundant ~ избыточная схема; дублирующая схема; дублирующая цепь
send-request ~ схема запроса на передачу
shunt-peaking ~ схема параллельной коррекции
simplex ~ симплексный канал
single-level ~ одноступенчатая схема
single-phase ~ однотактная схема
solid-state ~ полупроводниковая схема
stamped ~ штампованная схема
start-stop ~ стартстопная схема
steering ~ управляющая схема
storage ~ запоминающая схема; запоминающая ячейка
switched ~ коммутируемая линия
symbolic ~ мнемосхема; функциональная схема
telephone ~ телефонный канал
time-base ~ схема развертки
toll ~ 1. магистральная линия 2. междугородный канал
transmitting ~ передающая схема
trunk ~ междугородный канал
two-level ~ двухступенчатая схема
two-way ~ дуплексный канал
very-large-scale integration ~ сверхбольшая интегральная схема; СБИС
virtual ~ виртуальная цепь; виртуальный канал
VLSI ~ сверхбольшая интегральная схема; СБИС
circuitry схемы; цепи; схематика
access ~ схемы доступа
computer ~ схемы узлов ЭВМ
logical ~ логические схемы; логика
circular круговой

circumference окружность
circumvention обход *(напр. неисправного модуля программы)*
CIS [card information structure] блок информации о карте
CISC [complex instruction set computer] компьютер со сложным набором команд
CIT [computer-integrated telephony] компьютерная телефония
cite узел; пункт
   Web ~ *инт* Web-сервер
clamp-on 1. фиксация состояния **2.** задержка вызова **3.** состояние безразрывности цепи
clash конфликт
   name ~ конфликт по именам, конфликт на уровне имен
class 1. класс **2.** группа **3.** категория
   ~ **of events** класс событий
   abstract ~ абстрактный класс
   base ~ базовый класс
   complexity ~ класс сложности
   data structure ~ класс структур данных
   equivalence ~ класс эквивалентности
   highest priority ~ высшая категория приоритета
   job ~ класс задания
   linearly separable ~ линейно-разделительный класс
   naming ~ класс идентификаторов
   object ~ класс объектов
   output ~ выходной класс
   privilege ~ класс привилегий *(пользователя)*
   storage ~ класс памяти
   system ~ системный класс
   traffic ~ класс трафика
class-condition условие класса данных
classification классификация; категоризация
   alphabetic ~ алфавитная классификация
   automatic ~ автоматическая классификация
   automatic ~ **of notions** автоматическая классификация понятий
   brussels ~ универсальная десятичная классификация
   concept ~ смысловая сортировка
   data ~ классификация данных; установление степени конфиденциальности информации
   decimal ~ десятичная классификация
   facet ~ фасетная классификация
   hierarchical ~ иерархическая классификация
   multiple ~ многофакторный анализ
   numerical ~ цифровая классификация
   security ~ гриф секретности; категория защиты *(данных)*
classifier классификатор
classroom:
   electronic ~ электронный класс
clause 1. дизъюнкт **2.** предложение; оператор **3.** утверждение
   at ~ декларация положения
   case ~ выбирающее предложение
   data ~ предложение описания данных
   editing ~ оператор редактирования
   empty ~ пустой дизъюнкт
   horn ~ хорновское выражение; хорновское предложение; хорновская формула
   if ~ условное предложение; условный оператор
   justified ~ оператор выравнивания
   parallel ~ параллельное предложение

  serial ~ последовательное предложение
clauses:
  exclusive ~ взаимоисключающие утверждения
clean:
  class 100 (1000, 10000) ~ комната с классом чистоты 100 (1000, 10000)
cleaning 1. очистка **2.** сброс в исходное состояние
  data ~ очистка данных *(устранение ошибок форматирования и ввода)*
clear 1. открытый, незасекреченный *(о тексте)* **2.** пустой, свободный **3.** сброшенный **4.** чистый **5.** ясный, четкий **6.** очищать; гасить; устанавливать в исходное состояние **7.** прояснять ◊ ~ **down** разъединять *(цепь связи)*
  carry ~ нет переноса
clearance 1. очистка; гашение **2.** установка в исходное состояние
  security ~ **1.** категория допуска **2.** проверка *(на отсутствие нарушения)* секретности **3.** уровень защиты *(данных)*
clearing 1. очистка; гашение **2.** установка в исходное состояние разъединение *(цепи связи)*
clearness четкость *(изображения или изложения)*
clerical конторский
CLI [call level interface] спецификация метода формирования запросов к БД
click 1. щелчок **2.** нажимать **3.** нажать кнопку мыши, удерживая ее курсор на каком-либо объекте
  double- ~ двойной щелчок *(дважды быстро нажать кнопку мыши, удерживая курсор мыши над каким-л. объектом)*

  key ~ щелчок клавиши
  point-and- ~ указал и щелкнул
  right- ~ щелкнуть правой кнопкой мыши; нажать правую кнопку мыши
client клиент; клиентская часть ПО *(пользователь или программа, запрашивающая услуги, данные или обработку у другой программы или компьютера в распределенной системе)*
  primary ~ **1.** основная система доступа **2.** основной клиент
clinch *проф.* клинч *(тупиковая ситуация, при которой два процесса ожидают предоставления взаимно заблокированных ресурсов)*
clip 1. зажим клип **3.** усечение *(графического изображения)* ‖ отсекать *(часть графического изображения)*
  alligator ~ зажим «крокодил», *проф.* крокодил
  guided ~ управляемый зажим
  sound ~ файл звукозаписи
  video ~ **1.** видеозапись; видеоклип **2.** файл видеозаписи
Clipart шаблон для рисунка
clipboard 1. карман буфер изображения **3.** буфер для компоновки изображения *(в системах текстообработки)* **4.** *ш* буфер обмена **5.** ячейка *(стеллажа)* для информационного обмена *(в системе электронной почты)*
ClipBook папка обмена
Clipper 1. название микросхемы для шифрования цифровых сообщений **2.** название популярной реляционной СУБД
clipping 1. ограничение **2.** срезание; усечение *(графического изображения)* **3.** отсечение графических примитивов по границам определенной области

reverse ~ экранирование, внутреннее отсечение *(части графического изображения внутри некоторой области)*

clique группировка; клика *(множество каналов, связь по каждому из которых не оказывает влияние на связь по другим каналам)*

maximal ~ максимальная группировка *(клика) (группировка, не допускающая добавления каких-либо новых пар абонентов)*

CLNP [connectionless network protocol] сетевой протокол передачи без установления соединения

clobber затирать

clock 1. часы **2.** схема синхронизации; тактовый генератор; генератор тактовых импульсов **3.** тактовые импульсы **4.** синхронизировать **5.** включать в работу *(в определенный момент времени)*

control ~ синхронизация управления

day ~ часы истинного времени

elapsed time ~ часы использованного времени

external ~ внешняя синхронизация

master ~ генератор синхроимпульсов

multiphase ~ многофазная синхронизация

n-phase ~ n-фазная синхронизация

on-chip ~ внутрикристальный генератор

operating time ~ часы общего времени работы *(на ЭВМ)*

program addressable ~ часы с возможностью обращения из программы

pulse ~ импульсный синхронизирующий сигнал

random ~ случайный синхронизирующий импульс

real time ~ 1. датчик истинного времени **2.** часы реального времени; часы истинного времени

simulation ~ час модельного времени *(в системе моделирования)*

single-phase ~ однофазная синхронизация

time-of-day ~ 1. датчик истинного времени **2.** часы истинного времени

timer ~ таймер; датчик времени

clock-calendar часы-календарь *(в вычислительной системе)*

clocking синхронизация; тактирование

clockwise по часовой стрелке

clone 1. имитация клон; семейство **3.** обеспечивать абсолютную совместимость, *проф.* клонировать

cloning имитация

close 1. закрывать; запирать **2.** закрывающая (круглая) скобка

bring to a ~ завершать

closed закрытый; замкнутый

closedown прекращение работы; закрытие *(системы)*

disorderly ~ неправильное закрытие *(с нарушением установленной процедуры)*

orderly ~ 1. правильное закрытие *(обеспечивающее возможность продолжения работы без потери информации)* **2.** правильный останов

closely-coupled сильносвязанный

closure клауза

lexical ~ замыкание

CLP растровый формат

cluster 1. кластер; группа **2.** группа абонентов; абонентская группа **3.** пакет; пачка; блок **4.** объединять в группы

~ of error пакет ошибок
bad ~ поврежденный кластер; сбойный кластер
cell ~ группа ячеек; кластер ячеек
data ~ кластер данных
disjoint ~s неперекрывающиеся (абонентские) группы
distant ~ удаленная абонентская группа
error ~ пакет (пачка) ошибок
linked ~ связанные абонентские группы
node- ~ группа (кластер) узлов
primary ~ основная абонентская группа
record ~ группа записей
secondary ~ вспомогательная абонентская группа
clusterhead центральный (главный) узел *(в группе)*
clustering кластеризация; создание кластеров; образование групп; объединение (объектов) в группы
~ of database кластеризация базы данных
clusterisation кластеризация
CLUT [color look-up table] кодовая таблица цветов; таблица выбора цвета
CLV [constant linear velocity] постоянная линейная скорость *(формат оптического диска)*
CM 1. [configuration management] управление конфигурацией сетевых устройств **2.** [control module] управляющий модуль
CMA 1. [computer music Association] Ассоциация компьютерной музыки **2.** [communication managers Association] Ассоциация менеджеров в области связи *(США)*
CMI [computer managed instruction] обучение, управляемое компьютером

CMIP [common management information protocol] общий протокол передачи управляющей информации *(предназначен для диагностики работоспособности различных ЛВС)*
CMN [community multimedia network] коммуникационная мультимедиа-сеть
CMOS [complementary metal oxide semiconductor] комплементарная МОП-структура *(технология изготовления микросхем)*
CMS 1. [call management system] **а)** подсистема диалоговой обработки **б)** система управления (телефонными) вызовами **2.** [color-management systems] система управления цветом
CMU [Carnegie-Mellon University] Университет Карнеги-Меллона
CMVC [configuration management and version control] управление конфигурацией и контроль версий
CMW [compartmented mode workstation] рабочая станция, функционирующая в сети изолированно от других
CMYK [Cyan-Margenta-Yellow-blacK] голубой-пурпурный-желтый-черный *(цветовая система для вывода на монитор)*
CNE [certified NetWare engineer] Сертифицированный инженер по NetWare
CNLP [connectionless network layer protocol] протокол сетевого уровня без установления соединения *(протокол типа маршрутизатор-маршрутизатор без организации передачи данных)*
CNM [customer network management] управление абонентской сетью

CNN [Cable News Network] Си-эн-эн *(сеть кабельного вещания)*
CNX [certified network expert] сертифицированный специалист по сетям
co-reside совместно находиться в системе
co-resident одновременно находящийся в памяти
coalesce объединять
coarse-grain крупномодульный
CODE [client/server open development environment] открытая среда разработки программ типа клиент/сервер
code 1. код 2. (машинная) программа 3. система кодирования 4. кодировать; программировать
absolute ~ 1. машинный код 2. программа в абсолютных адресах
access ~ 1. код вызова *(устройства)* 2. код доступа
address ~ код адреса
alphabetic ~ буквенный код
alphameric ~ буквенно-цифровой код
alphanumeric ~ 1. алфавитно-цифровая система индексов; буквенно-цифровой индекс 2. алфавитно-цифровой код; буквенно-цифровой код
area ~ код города *(области и т.п.)*
assembler ~ программа на ассемблере
attribute-control ~ код управления признаком
augmented operation ~ удлиняемый код операции
authentification ~ код аутентификации
bar ~ штриховой код *(для идентификации продукции)*
baseline ~ основное тело программы

basic order ~ код основной команды
BCD [binary-coded decimal] ~ двоично-десятичный код
binary ~ двоичный код
binary-coded decimal ~ двоично-десятичный код
biquinary ~ двоично-пятеричный код
block ~ блочный код
brevity ~ сокращенный код
bug-arresting ~ программа со стопором ошибок
card ~ код перфокарты
chain ~ цепной код
chapter number ~ код номера сегмента
character ~ код символа
call directing ~ код вызова
comma-free ~ код без запятой
command length ~ код длины команды
compiled ~ объектный код
completion ~ код завершения
computer ~ система команд
conditional ~ код условия
conversion ~ код преобразования
cycle ~ циклический код
data ~ кодовый набор
data link ~ код передачи данных
decimal ~ десятичный код
destination ~ 1. адрес назначения 2. код абонента; код пункта назначения; код адресата *(сообщения)*
device ~ адрес устройства
digital ~ цифровой код
dot-and-dash ~ код Морзе
drive ~ управляющий код
error ~ код ошибки
error-checking ~ код с контролем ошибок; код с обнаружением ошибок
error-control ~ код с обнаружением ошибок

code

error-correcting ~ код с исправлением ошибок
error-detecting ~ код с обнаружением ошибок
escape ~ **1.** код смены алфавита **2.** управляющий код
executable ~ **1.** исполняемый код **2.** рабочая программа; исполняемая программа
exit ~ код завершения
exponent ~ код порядка
false ~ запрещенный код, запрещенная кодовая комбинация
field control ~ код контроля поля
fragile ~ недолговечная программа (*трудная для модификации*)
function ~ код режима работы
Hamming ~ код Хемминга
Hollerith ~ код Холлерита
illegal ~ **1.** запрещенный код; запрещенная кодовая комбинация **2.** нелегальная программа
input ~ входной код
instruction ~ **1.** код команды система команд
interlock ~ код блокировки
internal ~ внутренний код
interpretive ~ интерпретируемый код
interrupt ~ код прерывания
inverse ~ обратный код
letter ~ буквенный код
line-feed ~ код перевода строки
lock ~ код защиты; замок
machine ~ машинный код
machine-instruction ~ система команд
machine-operation ~ система команд
machine-readable ~ машинночитаемый код
magnetic tape ~ код магнитной ленты
message ~ код сообщения

micro ~ **1.** микрокоманда; микропрограмма **2.** микрокод
minimum-access ~ программирование с минимизацией задержки
mnemonic ~ мнемокод
modular ~ модульная программа
modulation ~ модулирующий код
multiple-address ~ код многоадресной команды
name ~ именной код
natural binary ~ обычный двоичный код
noise combating ~ помехоустойчивый код
nondrop frame time ~ временной код без потери кадра (*стандартизированный метод SMPTE*)
nonexistence ~ контроль запрещенных комбинаций
nonexistent ~ **1.** запрещенный код **2.** несуществующий код; непредусмотренный код
nonreproducing ~ невоспроизводимый код; непечатаемый код; невоспроизводимая программа
number address ~ код адреса числа
number ~ код числа
numeric ~ числовой код
object ~ выходная программа; программа на выходном языке транслятора; *проф.* объектный код; объектная программа
one-address ~ код одноадресной команды
one-level ~ абсолютный код
op ~ код операции
operand ~ код операнда
operation ~ код операции
optimized ~ оптимизированная программа
outer ~ внешний код

code

output ~ выходной код
own ~ собственная подпрограмма *(часть стандартной подпрограммы, созданная пользователем)*
paired-disparity ~ попарно-сбалансировый код
parity-check ~ код с контролем четности
pointer-threaded ~ шитый код
polynomial ~ полиномиальный код
positional ~ позиционный код
position-independent ~ непозиционный код; программа в относительных адресах
prefix ~ префиксный код
print restore ~ код возобновления печати
product ~ композиционный код
pulse ~ импульсный код
punched tape ~ код перфоленты
pure ~ чистый код
recurrent ~ циклический код
redundant ~ избыточный код
Reed-Solomon ~ код Рида-Соломона *(используется для цифровой коррекции пакета ошибок)*
reenterable ~ повторно входимая программа; реентерабельная программа
reentrant ~ повторно входимая программа
reflected ~ циклический код
relative ~ программа в относительных адресах
relocatable ~ перемещаемая программа
repertory ~ система команд; набор команд
reserved ~ зарезервированная команда
retrieval ~ код (для) поиска; поисковый ключ
return ~ код возврата
routing ~ код маршрута

row-binary ~ построчный двоичный код
safety ~ безопасный код
self-checking ~ код с обнаружением ошибок
self-correcting ~ само-корректирующийся код
serial ~ последовательный код
seven bit ~ семиразрядный код
severity ~ код серьезности ошибки
short ~ сокращенный код
sign ~ код знака
single-address ~ код одноадресной команды
skeletal ~ план программы; скелет программы; эскизная программа
skip ~ код пропуска, код игнорирования
SMPTE time ~ код SMPTE *(80-битовый стандартизированный временной код для редактирования, принятый SMPTE)*
source ~ исходный код; исходный текст *(программы)*
space ~ код пробела; код интервала
spaghetti ~ неструктурированная программа
specific ~ абсолютный код
state ~ код состояния
status ~ код состояния
stop ~ код останова
straight-line ~ программа без циклов; линейный участок программы
strait binary ~ обычный двоичный код
strip ~ штриховой код
symbol ~ код символа; символьный код
symbolic ~ псевдокод; программа на символическом языке
tape ~ код ленты

task ~ программа задачи; код задачи
telecommunication ~ код для телесвязи
termination ~ код завершения
ternary ~ троичный код
threaded ~ шитый код
throw-away ~ технологическая программа *(временно используемая при разработке программного обеспечения)*
trace back ~ код обратного пути
transaction ~ код транзакции
transmission ~ код передачи
transmitter-start ~ стартовый код трансмиттера
unit-distance ~ код с одиночным расстоянием
unitary ~ унитарный код
unused ~ запрещенный код; неиспользуемый код; неиспользуемая кодовая комбинация
user identification ~ код пользователя
variable-length ~ код переменной длины
zone ~ код зоны
code-transparent кодонезависимый
CODEC [COder-DECoder] кодер-декодер; кодек *(технология сжатия/восстановления (уплотнения/разуплотнения) данных)*
coded 1. запрограммированный 2. кодированный, зашифрованный
codepage страница программы
coder 1. кодер 2. кодирующее устройство; шифратор 3. кодировщик; шифровальщик
  position ~ шифратор положения
codesign соразработка *(совместное проектирование)*
codeword 1. дескриптор 2. кодовое слово; ключевое слово
coding 1. кодирование; программирование 2. кодирование на машинном языке *(см. тж programming)* 3. подпрограммная часть программы 4. система кодирования
absolute ~ программирование в машинном коде
actual ~ программирование в абсолютных адресах
alphabetic ~ буквенное кодирование
alphameric ~ буквенно-цифровое кодирование
alphanumeric ~ буквенно-цифровое кодирование
alternate ~ альтернативное кодирование
antinoise ~ помехоустойчивое кодирование
antirace ~ противосостязательное кодирование
automatic ~ автоматическое кодирование
basic ~ программирование в абсолютных адресах
bipolar ~ биполярное кодирование
bottom-up ~ восходящее программирование; программирование снизу вверх
character ~ кодирование знаков
code ~ программирование с использованием макрокодов
digital ~ цифровое кодирование
direct ~ программирование на языке машины
dual ~ программирование с дублированием
forced ~ программирование с соблюдением установленных стандартов
forward error control ~ кодирование для прямого исправления ошибок
high-density ~ высоко-плотное кодирование

coding

in-line ~ 1. линейное кодирование 2. последовательное кодирование; внутритекстовое кодирование (*напр. сведений о формате текста*)
iterative ~ итеративное кодирование
loop ~ программирование циклов
mnemonic ~ символическое кодирование
nonnumeric ~ нечисловое кодирование
numeric ~ числовое кодирование
object ~ программирование в машинных кодах
out-of-line ~ подпрограммная часть программы
own ~ прикладная часть стандартной программы (*создаваемая пользователем*)
questionable ~ непроверенный способ программирования
relative ~ программирование в относительных адресах
skeletal ~ кодирование скелета программы; скелетное кодирование; скелетное программирование
straight-line ~ программирование без циклов; бесцикловое кодирование
structured ~ структурное программирование
superimposed ~ суперпозиционное кодирование
symbolic ~ 1. программирование в условных обозначениях 2. символическое кодирование; программирование в символических адресах
top-down ~ нисходящее программирование; программирование сверху вниз
tricky ~ хитроумное кодирование

codomain:
  range ~ множество значений
coefficient коэффициент
  ~ **of skewness** коэффициент асимметрии
  ~ **of variation** коэффициент изменчивости
  constant ~ постоянный коэффициент
  correlation ~ коэффициент корреляции
  floating-point ~ мантисса
  inequality ~ коэффициент расхождения
  multiple correlation ~ коэффициент множественной корреляции
  proportionality ~ коэффициент пропорциональности
  rank correlation ~ коэффициент ранговой корреляции
  regression ~ коэффициент регрессии
  scatter ~ коэффициент разброса
  trend ~ коэффициент, характеризующий тренд
  variable ~ переменный коэффициент
coerced:
  firmly ~ твердоприведенный
  strongly ~ сильно приведенный
coercend приводимый
coercion приведение
  contextual ~ контекстное приведение
  implied ~ неявное приведение
  type ~ приведение типов
cognition:
  automatical ~ распознавание образов
cognitive когнитивный
coherence:
  scanline ~ связность растровых строк

cohesion связанность *(сети)*; связность; сцепление *(элементов модуля)*
  module ~ связность модуля
coincide совпадать
coincidence:
  delayed ~ запаздывающее совпадение
coincidental случайный
cokebottle несуществующий символ *(на клавиатуре)*
col столбец
collision коллизия
collapse свернуть
collate объединять
collateral совместный
collating упорядочение
collection 1. сбор; собрание 2. совокупность
  compacting garbage ~ чистка памяти с уплотнением
  data ~ 1. сбор данных 2. совокупность данных
  garbage ~ сборка мусора
  incremental garbage ~ параллельная чистка памяти
  stroke ~ вычерчивание линий
collector:
  garbage ~ сборщик мусора
collision 1. конфликт; конфликтная ситуация 2. коллизия 3. столкновение *(невозможность одновременного прохождения пакетов в локальной сети)*
  data ~ конфликт на уровне данных; конфликт по данным
  memory ~ конфликт при обращении к памяти
colon двоеточие
  separate by a ~ разделять двоеточием
color 1. цвет ‖ цветной; цветовой 2. окрашивать
  background ~ цвет фона; цвет заднего плана

complementary ~ дополнительный цвет
foreground ~ 1. цвет переднего плана 2. цвет символа
high ~ качество изображения, близкое к качеству цветной фотографии
magenta ~ пурпурный цвет
primary ~s основные цвета *(из которых образуются все остальные)*
true ~ 24-битовое кодирование цвета *(16,8 млн. цветов в платах графических контроллеров мультимедиа-ПК)*
column 1. колонка; столбец 2. графа
  ~ **of relation** столбец отношения
  balance ~ итоговая колонка
  mark-sensing ~ колонка для меток
  table ~ графа таблицы
  vacuum ~ вакуумная колонка
column-type колончатый
columnwise поколонный
COM [common object model] единая объектная модель
combination 1. комбинация 2. сочетание
  ~ **of evidences** объединение свидетельств
  bit ~ набор двоичных знаков
  control ~ управляющая комбинация
  key ~ комбинация клавиш
  vertical ~ вертикальное комбинирование
combinatorial комбинаторный
combinatorical комбинаторный
combinatorics комбинаторика
combine сочетать
combined комбинированный
combining:
  loop ~ объединение циклов
come приходить; поступать ◊ ~ **on line** включаться в контур управления

comma запятая

command 1. команда *(см. тж* instruction) ‖ командовать; управлять 2. директива ◊ ~ produces output that... команда дает результат, который...; ~ takes effect команда оказывает воздействие

absolute ~ абсолютная команда

append ~ 1. команда задания маршрута поиска 2. программа задания маршрута поиска

attention ~ команда привлечения внимания

attrib ~ команда установки *или* воспроизведения атрибутов файла

backup ~ команда дублирования файлов жесткого диска

bad ~ неверная команда

break ~ команда прерывания работы *(программы)*

brief ~ сокращенная команда

cancel ~ команда отмены

chdir (change directory) ~ команда смены каталога

checked ~ отмеченная команда

cls [clear screen] ~ команда очистки экрана

control ~ управляющая команда

copy ~ команда копирования

ctty [change teletype] ~ команда смены консольного устройства

cut ~ команда вырезания *(фрагмента текста или изображения при редактировании)*

date ~ команда установки даты; команда воспроизведения даты

debug ~ команда отладки; отладочная команда

del [delete] ~ команда удаления; команда уничтожения

dir [directory] ~ команда выдачи каталога

diskcomp [disk comparision] ~ команда сравнения файлов

display ~ команда изображения

displayed ~ высвечиваемая команда

dot ~ команда с точкой *(в текстовых редакторах)*

double-address ~ двухадресная команда

edit ~ команда редактирования

exit ~ команда выхода

expansion ~ команда увеличения масштаба изображения

export ~ команда экспорта

external ~ внешняя команда

find ~ команда поиска

font ~ команда смены шрифта

format ~ команда форматирования

fragile ~ уязвимая команда *(чувствительная к ошибке при ее наборе и вводе)*

generic ~ групповая команда

graftabl [graphics table] ~ команда загрузки таблицы графических символов

halt ~ команда останова

hard-to-type ~ команда, трудная для набора на клавиатуре *(закодированная так, чтобы предотвратить ее случайный ввод)*

help ~ команда *(запроса)* помощи, справки

high-level ~ команда высокого уровня; высокоуровневая команда

improper ~ неверно выбранная команда; неправильная команда

internal ~ внутренняя команда

issue ~ подавать команду

issuing the ~ подача команды

label ~ команда записи метки

log ~ команда регистрации

menu ~ команда меню

merge ~ команда объединения; команда слияния

mkdir [make directory] ~ команда создания нового каталога
mode ~ команда изменения параметров
modeless ~ команда, не зависящая от режима
more ~ команда листания файла
move to next line ~ команда перехода к следующей строке
multiple keystroke ~ многоклавишная команда (*вводимая нажатием нескольких клавиш*)
named ~ именованная команда (*в отличие от односимвольной*)
object ~ конечная команда
operate ~s выполнять команды
operator ~ команда оператора; директива оператора; операторская директива
parse ~ команда разбора
paste ~ команда вклеивания (*фрагмента текста или изображения при редактировании*)
path ~ команда поиска по путевому имени
pause ~ команда переброски (*результатов обработки*)
placement ~ команда размещения
print ~ команда выдачи на печать; команда выдачи на экран
program-chain ~ команда связывания программ
program-load ~ команда загрузки программы
prompted ~ команда-подсказка; подсказанная команда (*в диалоге системы с пользователем*)
quit ~ 1. команда на освобождение (*занятого ресурса*) 2. команда прекращения (*сеанса*)
rd [remove directory] ~ команда уничтожения каталога
recover ~ команда восстановления

relative ~ относительная команда
rem [remark] ~ команда включения комментария
ren [rename] ~ команда переименования файла
resident ~ резидентная команда
run the ~ исполнять команду
search ~ команда поиска
sentence-like ~ команда в форме предложения; команда-фраза (*в естественно-языковом интерфейсе*)
set ~ команда установки параметров
share ~ команда разрешения совместного использования файла
sift ~ команда отсева
single-character ~ односимвольная команда
single-keystroke ~ одноклавишная команда (*вводимая одним нажатием клавиши*)
slave ~ подчиненная команда
software ~ программируемая команда (*реализуемая с помощью программных средств*)
sort ~ команда сортировки; программа сортировки
spoken ~ речевая команда (*подаваемая голосом*)
stacked ~s пакетированные команды; командный стек
stereotyped ~ стандартная команда
subst [substitute] ~ команда замены; команда замещения
sys [system] ~ команда записи операционной системы MS-DOS на диск
time ~ команда установки и воспроизведения текущего времени
tree ~ команда воспроизведения дерева каталога

command

    try the ~ again пытаться повторно выполнить команду
    type ~ команда вывода на экран
    unnumbered ~ нешифрованная команда
    unused ~ неиспользуемая команда
    user ~ пользовательская директива
    ver [version] ~ команда воспроизведения номера версии *(операционной системы)*
    verbal ~ речевая команда *(подаваемая голосом)*
    verify ~ команда проверки всех операций записи на диск
    voice ~ речевая команда
    vol [volume] ~ команда воспроизведения идентификатора тома
    why ~ команда запроса объяснений *(действий системы)*
    zoom ~ команда изменения масштаба изображения

commencement начало

comment комментарий; примечание ‖ комментировать; снабжать комментариями
    in-line ~ встроенный комментарий

comment-out превращать в комментарий

commit:
    two-phase ~ двухфазный контроль завершения транзакций

commodity:
    information ~ продукция информационной технологии

common 1. общий 2. универсальный
    blank ~ непомеченный общий блок
    labeled ~ помеченный общий блок

commonality унифицированность *(характеристика качества программного изделия)*

communication 1. коммуникация; связь ‖ коммуникационный; связной 2. общение 3. обмен информацией 4. передача *(данных)* 5. система передачи 6. система связи
    asynchronous ~ асинхронная передача данных
    batch ~ пакетная передача
    binary synchronous ~ двоичная синхронная передача
    burst ~ пульсирующий режим связи
    computer ~ компьютерная связь
    data ~ передача данных
    digital ~ цифровая связь
    document ~ документальная связь
    duplex ~ дуплексная связь
    either-way ~ полудуплексная связь
    end-to-end ~ 1. сквозная передача *(в сети)* 2. сквозная связь
    error-free ~ 1. безошибочная коммуникация 2. безошибочная передача
    executive ~s управляющие сообщения *(операционной системы пользователю)*
    full duplex ~ дуплексная связь
    graphical ~ передача графической информации
    hot ~ зона переноса
    interactive ~ интерактивная связь; интерактивное взаимодействие
    intercomputer ~ межкомпьютерная связь; межмашинная связь
    interprocess ~ взаимодействие процессов
    interprocessor ~ межпроцессорная связь
    interprogram ~ межпрограммная связь
    intertask ~ взаимодействие между задачами; межзадачное взаимодействие

interuser ~ взаимодействие между пользователями

man-machine ~ человеко-машинное общение

message-passing ~ связь путем передачи сообщений

modem ~ связь с применением модемов; модемная связь

multicast ~ многопунктовая передача

one-way ~ односторонняя связь

pair-wise ~ попарная связь *(между абонентами в сети)*

peer-to-peer ~ передача между равноправными узлами *(в сети)*

real-time ~ передача в реальном времени

secure ~ засекреченная связь

task-to-task ~ межзадачное взаимодействие

two-way ~ двусторонняя связь

user ~ коллектив пользователей

communicativeness коммуникативность *(характеристика качества программного обеспечения)*

communicator 1. коммуникатор *(программное средство сопряжения персональной и универсальной ЭВМ)* **2.** переключатель каналов

 personal ~ персональный коммуникатор

community:
 EDP [electronic data processing] ~ специалисты в области автоматизированной обработки данных

 human factors ~ специалисты по изучению субъективных факторов; специалисты по инженерной психологии

 information science ~ специалисты в области информатики

 internetwork ~ межсетевые соединения

 software design ~ специалисты по разработке программных средств

 user ~ коллектив пользователей

compact компактный

compactification компактификация

compaction сжатие; уплотнение

 data ~ сжатие данных; уплотнение данных

 memory ~ уплотнение памяти *(при динамическом распределении)*

 storage ~ уплотнение информации в памяти

compactness компактность

company:
 phone ~ телефонная компания

comparable сравнимый

comparator компаратор; блок сравнения; программа сравнения

 address ~ блок сравнения адреса

 voltage ~ компаратор напряжения

compare 1. сравнивать **2.** сличать; сопоставлять

 did not ~ сравнение не прошло *(сообщение)*

 diskettes ~d OK сравнение дискет выполнено успешно *(сообщение)*

comparer компаратор; блок сравнения; программа сравнения

comparison сравнение; сличение; сопоставление

 bit-by-bit ~ побитовое сравнение

 line-by-line ~ построчное сравнение

 magnitude ~ сравнение по величине

 paired ~ парное сравнение

 triple ~ тройное сравнение

compatibility совместимость

 backward ~ совместимость сверху вниз; совместимость с предыдущими версиями

binary ~ совместимость на уровне двоичных кодов
binary ~ **standard** стандарт совместимости на уровне двоичных команд
downward ~ совместимость сверху вниз
equipment ~ аппаратная совместимость; совместимость аппаратуры; совместимость технических средств
firmware ~ программно-аппаратная совместимость
forward ~ совместимость снизу вверх
hardware ~ аппаратная совместимость; совместимость аппаратуры; совместимость технических средств
logic ~ логическая совместимость
network-level ~ совместимость на сетевом уровне
pin-for-pin ~ совместимость по выводам
plug-to-plug ~ **1.** полная совместимость совместимость по разъемам
processor-level ~ совместимость на уровне процессоров
program ~ программная совместимость; совместимость на уровне программ
software ~ программная совместимость; совместимость по программному обеспечению
source-code ~ совместимость на уровне входного языка
system(s)~ **1.** совместимость на системном уровне **2.** совместимость систем
task/modality ~ совместимость способа представления информации с характером решаемой задачи
type ~ соответствие типов *(данных)*

unit-to-unit ~ совместимость устройств
upward ~ совместимость снизу вверх
windows ~ совместимость с Windows
compatible совместимый
  code-for-code ~ совместимый на уровне кодов; кодосовместимый
  fully ~ полностью совместимый
  hardware ~ аппаратно-совместимый
  is ~ совместим
  MPC ~ совместимость со стандартом MPC
  parameters not ~ параметры несовместимы
  PC ~ совместимый с персональными ЭВМ фирмы IBM
  software ~ программно совместимый
  types not ~ фактические типы несовместимы *(сообщение)*
compatibles совместимые устройства
compensation:
  lag ~ коррекция на отставание
  lead ~ коррекция на опережение
comprehension:
  message ~ информативность сообщения
competence:
  computer ~ компьютерная грамотность
competitive 1. конкурирующий; конкурентный **2.** конкурентоспособный
compilable компилируемый
compilation компиляция; компилирование
  clean ~ безошибочная компиляция
  conditional ~ условная компиляция

consistent ~ согласованная компиляция
inconsistent ~ несогласованная трансляция
incremental ~ компиляция изменений
separate ~ раздельная компиляция
silicon ~ кремниевая компиляция *(технология автоматического проектирования СБИС)*
compile компилировать; транслировать ◊ ~ **to disk** компилировать на диск
compile-time статический
compiled скомпилированный
compiler компилятор; компилирующая программа
  check-out ~ отладочный компилятор
  command-line ~ компилятор командных строк
  conversational ~ диалоговый компилятор
  cross ~ кросс-компилятор
  debugging ~ отладочный компилятор
  document ~ программа форматирования
  error-correcting ~ транслятор с исправлением ошибок
  incremental ~ пошаговый компилятор; инкрементный компилятор
  layout ~ компилятор топологических описаний
  load-and-go ~ 1. компилятор с испытательной программой 2. компилятор с немедленным исполнением *(оттранслированной программы)*
  multipass ~ многопроходный компилятор
  one-pass ~ однопроходный компилятор
  optimizing ~ оптимизирующий компилятор
  pessimizing ~ *проф.* пессимизирующий компилятор *(оптимизирующий компилятор, генерирующий программу, худшую, чем без оптимизации)*
  resident ~ резидентный компилятор
  schema ~ компилятор схем
  silicon ~ кремниевый компилятор
  single-pass ~ однопроходный компилятор
  smart ~ компилятор с развитой логикой
  two-pass ~ двухпроходный компилятор
compiler-compiler компилятор компиляторов
compiler-generated порожденный компилятором
compiling компиляция
  batched ~ пакетная компиляция
  incremental ~ пошаговая трансляция
complement дополнение ‖ дополнять
  eight's ~ дополнительный код
  nine's ~ десятичное дополнение
  noughts ~ точное дополнение
  one's ~ обратный код
  radix ~ точное дополнение
  radix-minus-one ~ поразрядное дополнение
  signed ~ дополнение со знаком
  true ~ точное дополнение
  zero ~ точное дополнение
complementary дополнительный
complete 1. завершать ‖ завершенный; полный **2.** заканчивать ◊ ~ **or partial** частичный или полный
  copy ~ копирование успешно завершено *(сообщение)*
completeness полнота; завершенность
  functional ~ функциональная полнота

completion 1. завершение; окончание **2.** пополнение; расширение
emergency ~ аварийное завершение
normal ~ успешное завершение
query ~ расширение запроса (*при неполной информации*)
upon ~ по завершении
complex:
  ~ **of queues** многоканальная система массового обслуживания
complexity сложность; уровень сложности
  computational ~ вычислительная сложность
  space ~ пространственная сложность (*требуемый объём памяти как функция размерности задачи*)
  time ~ временная сложность (*время выполнения алгоритма как функция размерности задачи*)
compliance:
  specification ~ соответствие реальных характеристик предъявляемым требованиям
compliant соответствующий стандарту (*спецификации*)
  JPEG- ~ согласованный со стандартом JPEG
component 1. деталь; комплектующее изделие **2.** компонент; компонента **3.** составная часть; составляющая **4.** элемент (*см. тж* element, unit)
  array ~ элемент массива
  atomic ~ элементарный компонент
  biconnected ~ двухсвязный компонент
  bit-slice ~ компонент с разрушенной структурой
  bumped ~ элемент с шариковыми выводами
  data ~ **1.** информационная компонента **2.** компонента данных
  declarative ~ декларативная компонента
  discrete ~ дискретный компонент; дискретный элемент
  front-end ~ подсистема доступа
  hardware ~ **1.** аппаратная компонента; аппаратная часть (*системы*) **2.** компонента аппаратных средств
  logical ~ логический элемент
  matching ~**s** соответствующие компоненты
  potted ~ герметизированный элемент
  primitive ~ примитив; базисный элемент
  random ~ случайная составляющая
  software ~ **1.** компонента программного обеспечения **2.** программная компонента; программная часть (*системы*)
  trend ~ составляющая тренда
  variance ~ компонента дисперсии
component-level на уровне компонентов
componentry 1. комплектующие изделия **2.** компоненты; элементы **3.** компоновка элементов
componentwise покомпонентно
compose компоновать; составлять; формировать
composer 1. компоновщик **2.** компоновщик (*программное средство*) **3.** формирователь; синтезатор
  query ~ формирователь запросов (*средство распределённой базы данных*)
composite 1. комбинированный **2.** составной
composition 1. композиция **2.** состав составление; формирование
  ~ **of functions** композиция функций

file ~ формирование файла
program ~ составление программы
system ~ устройство системы
compositional композиционный
compound сложное слово 2. соединение; состав ‖ составной 3. составной оператор сложный
comprehension охват; полнота
message ~ информативность сообщения
program ~ обозримость программы
speech ~ сфера действия речевого сообщения
comprehensive комплексный; всеобъемлющий; полный; исчерпывающий
compress 1. сжимать; упаковывать (файл) 2. уплотнять (диск)
compressed сжатый
compression 1. компрессия 2. компрессирование (автоматическое сжатие динамического диапазона) 3. мат. свертка 4. уплотнение; сжатие
code ~ сжатие кода
data ~ уплотнение данных; сжатие данных
key ~ сжатие ключа
repeated character ~ уплотнение повторяющихся символов (метод сжатия данных путем замены повторяющихся символьных цепочек трехбайтовой комбинацией)
testing ~ **factor** коэффициент сжатия тестов
time ~ сжатие времени (при моделировании)
zero ~ уплотнение за счет нулей (при упаковке данных)
compressive сжимающий
compressor 1. компрессор 2. уплотнитель (информации)
signature ~ сигнатурный компрессор

comprise содержать
compubiquity 1. вездесущесть 2. вездесущесть ЭВМ (выражающаяся в проникновении во все сферы жизни)
CompuServe одна из наиболее популярных онлайновых служб в США
computable вычислимый; исчислимый
computation вычисление; расчет; счет; подсчет (см. тж calculation)
address ~ 1. вычисление адреса 2. формирование адреса
array boundary ~ вычисление границ массива
compile time ~ вычисление в процессе компиляции
double-precision ~ вычисление с удвоенной точностью
fine-grained ~ мелкоструктурная обработка изображения
hand ~ ручное вычисление
implicit ~ неявное вычисление
incremental ~ инкрементное вычисление
local ~s локальные вычисления (в вычислительной сети)
low-bandwidth ~s вычисления, не требующие высокой производительности
machine ~ машинное вычисление
manual ~ ручное вычисление; ручной счет
multiple ~s групповые вычисления; многократные вычисления
nonnumeric ~ нецифровые вычисления
numeric ~ 1. численный расчет 2. численный метод решения
partial ~ смешанное вычисление
redundant ~ избыточное вычисление
single-precision ~ вычисление с обычной точностью

computation

    statistical ~s статистические вычисления
    step-by-step ~ пошаговое вычисление
    symbolic ~ символьное вычисление

computation-intensive требующий большого объёма вычислений

computational 1. вычислительный 2. численный

compute вычислять; рассчитывать; считать; подсчитывать; делать выкладки

computed вычисленный

computer вычислительная машина; ЭВМ; компьютер; вычислительное устройство; вычислитель *(см. тж* calculator, machine*)* ‖ компьютерный ◊ ~ **running MS-DOS** машина, работающая под управлением МС-ДОС
    airborne ~ бортовая ЭВМ
    backbone ~ компьютер базовой сети
    backend ~ машина базы данных
    battery-operated ~ машина с батарейным питанием
    breadboard ~ макетная ЭВМ
    business ~ ЭВМ для экономических задач
    cassette-based ~ машина с кассетным ЗУ
    central ~ центральная ЭВМ *(вычислительной сети)*
    commercial ~ машина для решения коммерческих задач
    commercial ~ серийная ЭВМ; коммерческая ЭВМ *(предназначенная для продажи)*
    communication ~ 1. связная ЭВМ 2. связной процессор
    compatible ~ совместимая вычислительная машина
    concurrent ~ ЭВМ с совмещением операций
    consecutive ~ ЭВМ без совмещения операций
    control ~ управляющий компьютер
    correlation ~ вычислитель функции корреляции
    coupled ~s спаренные компьютеры
    cryogenic ~ криогенная вычислительная машина
    data flow ~ компьютер с потоковой архитектурой; потоковая вычислительная машина; компьютер, управляемый потоком данных
    dedicated ~ специализированная машина
    desk ~ настольный компьютер
    desk-size ~ малогабаритная машина
    deskside ~ настольный компьютер
    desktop ~ настольная ЭВМ
    digital ~ цифровая вычислительная машина
    diskless ~ бездисковая машина
    dual-processor ~ двухпроцессорная машина
    embedded ~ встроенный компьютер
    entry-level ~ машина минимальной конфигурации; минимальный вариант компьютера; младшая модель компьютера в серии
    fault-tolerant ~ отказоустойчивая вычислительная машина
    fine-grained ~ мелкомодульный компьютер
    floor-standing ~ компьютер в стоечном исполнении
    front-end ~ связная вычислительная машина; связная ЭВМ; фронтальная машина
    fronted ~ связной процессор
    gateway ~ машина-шлюз *(в сети)*

general ~ универсальный вычислительная машина
general-purpose ~ универсальная вычислительная машина
giant-scale ~ супер ЭВМ
handheld ~ 1. карманный ПК 2. портативный компьютер 3. (карманный) микрокалькулятор
high-end ~ машина старшей модели *(самая мощная в семействе ЭВМ)*
high-performance ~ высокопроизводительная машина
high-speed ~ быстродействующая машина
hobby ~ машина для любительского использования
home ~ машина для домашнего использования; бытовой компьютер
host ~ главная вычислительная машина
incompatible ~ несовместимая вычислительная машина
integrated circuit ~ машина на интегральных схемах
interim ~ промежуточная вычислительная машина *(серии)*
intermediate ~ промежуточная машина *(по производительности)*
laptop ~ портативная ЭВМ *(предназначенная для работы в дорожных условиях)*; портативный компьютер
large-scale ~ большая ЭВМ; универсальная ЭВМ *(машина большой мощности)*
linkage ~ вычислительное устройство шарнирного типа
local ~ локальная ЭВМ *(сети)*
logic ~ логическая машина *(для решения логических задач)*
logic-in-memory ~ ассоциативная вычислительная машина

low-end ~ младшая модель ЭВМ *(наименее мощная в семействе ЭВМ)*
low-speed ~ машина с малым быстродействием
mainframe ~ универсальная ЭВМ *(в отличие от мини- и микрокомпьютеров)*; большая ЭВМ
master ~ главная ЭВМ; ведущая ЭВМ *(в многомашинном комплексе или в сети)*
medium ~ средняя вычислительная машина
medium-scale ~ машина средних возможностей
medium-size ~ машина средних габаритов
medium-speed ~ машина среднего быстродействия
medium-to-large-scale ~ машина с возможностями выше средних
megacycle ~ машина мегагерцевого диапазона
mesh connected ~ компьютер с матричными соединениями
midrange ~ машина средней мощности
monoprocessor ~ однопроцессорная машина
multiaccess ~ машина коллективного пользования; машина с параллельным доступом *(нескольких пользователей)*
multiprocessor ~ многопроцессорная машина
multipurpose ~ многоцелевая машина
multiuser ~ многоабонентская машина
My ~w Мой компьютер *(папка в Windows 95)*
net node ~ многоузловая машина
networked ~ машина сети

neurobionical ~ нейробионические ЭВМ
no-address ~ безадресная вычислительная машина
nonstop ~ невыключаемая машина
notebook ~ блокнотный компьютер; блокнотный ПК (*портативный компьютер блокнотного размера*)
object ~ целевая вычислительная машина
off-the-shelf ~ серийный компьютер
office ~ конторская вычислительная машина; учрежденческая ЭВМ
one-address ~ одноадресная вычислительная машина
one-purpose ~ узкоспециализированная машина
palmtop ~ 1. карманный компьютер 2. портативный компьютер
peripheral ~ периферийная машина
personal ~ персональный компьютер; ПЭВМ; ПК
pictorial ~ панорамное вычислительное устройство
pocket ~ 1. карманная ЭВМ 2. портативный компьютер
portable ~ портативная вычислительная машина
professional ~ профессиональная ПЭВМ
program-compatible ~ программно-совместимая машина
programmed ~ машина с хранимой программой
punch-card ~ перфоратор
radix two ~ двоичная вычислительная машина
relay ~ релейная вычислительная машина

remote ~ дистанционная вычислительная машина 2. удаленная машина; удаленный компьютер
satellite ~ 1. вспомогательная машина; машина-сателлит 2. периферийная вычислительная машина
scientific ~ вычислительная машина для научных расчетов
self-adapting ~ самоадаптирующаяся вычислительная машина
sensor-based ~ управляющий компьютер
serial ~ серийная вычислительная машина
server ~ сервер
service ~ обслуживающая машина
single-address ~ одноадресная вычислительная машина
single-board ~ одноплатная вычислительная машина; одноплатный компьютер
single-purpose ~ специальная вычислительная машина; узкоспециализированная машина
single-user ~ однопользовательская машина
slave ~ подчиненная вычислительная машина; подчиненный компьютер
small-size ~ малогабаритная вычислительная машина
software-compatible ~ программно-совместимая ЭВМ
solid-state ~ полупроводниковая вычислительная машина
space ~ вычислительная машина для космоса
special purpose ~ специализированный компьютер
standby ~ резервная вычислительная машина
steering ~ рулевое вычислительное устройство
subscriber ~ абонентная вычислительная машина

super ~ супер-ЭВМ
superhigh-speed ~ сверхбыстродействующая вычислительная машина
superspeed ~ сверхбыстродействующая машина
supervisory ~ координирующая машина
supervisory ~ машина типа диспетчер
switch-control ~ коммутационная вычислительная машина
tablet ~ планшетный компьютер
tagged ~ вычислительная машина с теговой организацией
target ~ целевая вычислительная машина; целевой компьютер
terminal ~ терминальная вычислительная машина
tessellated ~ мозаичная вычислительная машина
three-address ~ трехадресная вычислительная машина
top level ~ вычислительная машина верхнего уровня
top-of-the-line ~ наиболее мощная вычислительная машина *(в серии)*
training ~ обучающая вычислительная машина
transistor ~ транзисторная вычислительная машина
translating ~ 1. преобразующий компьютер 2. трансляционный компьютер
ultrafast ~ сверхбыстродействующая ЭВМ
underflying ~ базовая вычислительная машина
user ~ пользовательская машина
vector ~ векторный компьютер
virtual ~ виртуальная вычислительная машина
von-Neumann ~ фон-Неймановская машина

zero-address ~ безадресная вычислительная машина
computer-aided автоматизированный; выполняемый с помощью ЭВМ
computer-assisted автоматизированный
computer-based основанный на использовании ЭВМ; машинный
computer-controlled управляемый ЭВМ; машинно-управляемый
computer-dependent машинно-зависимый
computer-generated 1. сформированный ЭВМ 2. машинный; машинно-генерируемый
computer-independent машинно-независимый
computer-intensive требующий больших затрат машинных ресурсов
computer-limited ограниченный возможностями машины
computer-mediated при посредничестве ЭВМ
computer-naive не знакомый с ЭВМ
computer-oriented 1. рассчитанный на использование ЭВМ; машинно-ориентированный 2. вычислительный *(о методе решения)*
computer-processable удобный для машинной обработки
computer-related связанный с применением ЭВМ
computer-to-plate система создания печатных форм на компьютере
computer-understandable понятный для ЭВМ
computerization внедрение вычислительной техники; компьютеризация
computerize 1. автоматизировать; проводить компьютеризацию; применять вычислительную технику; применять машинные методы вычислений 2. ставить задачу на ЭВМ

computerized оснащенный вычислительной техникой; компьютеризованный; с использованием вычислительной техники

computing 1. вычисления ‖ вычислительный **2.** расчет; счет ‖ счетный **3.** обработка данных
  background ~ фоновые вычисления
  batch ~ пакетная обработка данных
  business ~ программирование в экономике
  deferred ~ отложенное вычисление
  dependable ~ гарантоспособные вычисления (*позволяющие гарантировать получение верного результата в условиях наличия неисправностей*)
  distributed ~ распределенные вычисления; распределенная обработка данных
  educational ~ применение ЭВМ в обучении
  end-user ~ вычисления конечного пользователя
  fault-tolerant ~ отказоустойчивые вычисления
  foreground ~ приоритетные вычисления
  hobby ~ любительские вычисления
  implicit ~ неявное вычисление
  instructional ~ применение ЭВМ в обучении
  interactive ~ интерактивное вычисление
  logical ~ логическое вычисление
  mobile ~ мобильные компьютерные среды
  multiaccess ~ вычисления в режиме мультидоступа
  off-line ~ автономные вычисления
  office ~ учрежденческая обработка данных; конторские вычисления
  on-line ~ **1.** вычисление в режиме он-лайн **2.** вычисления в темпе поступления данных
  parallel ~ параллельное вычисление
  pen-based ~ рукописные приложения; рукописный ввод, бесклавиатурный ввод (*информации в компьютер*)
  personal ~ вычисления на ПЭВМ
  remote ~ дистанционные вычисления; дистанционная обработка данных
  resilient ~ эластичные вычисления (*с альтернативными узлами счета*)
  symbolic ~ символьные вычисления; символьная обработка данных; обработка символьной информации
  three-dimensional ~ трехмерные вычисления

computron компьютрон (*мифическая частица вычислительной работы*)

comsat 1. [communication satellite] спутник связи **2.** [Communications Satellite Corporation] Комсат (*Частная американская компания спутниковой связи, созданная по решению Конгресса США в 1962 г. для обеспечения дальней связи в пределах США · см. тж Intelsat*)

Comstar Комстар (*Спутник связи, принадлежащий компании АТТ и запущенный в 1976 г.*)

concatenate 1. каскадировать связывать **3.** соединять (*в цепочку*)

concatenated сцепленные

concatenation 1. каскадное включение **2.** конкатенация; сцепление **3.** связь; соединение; сочленение

string ~ конкатенация строк
concentration:
  data ~ концентрация данных
concentrator концентратор
  channel ~ концентратор каналов
  data ~ концентратор данных
  digital ~ цифровой концентратор
  line ~ концентратор линий
  message ~ концентратор сообщений
  remote ~ телеконцентратор
concept 1. концепция; принцип 2. понятие; концепт *(элемент представления знаний)*
  basic ~ основное понятие
  building block ~ блочный принцип
  cellular grid ~ 1. принцип соприкасающихся ячеек 2. сотовый принцип *(построения зоны обслуживания)*
  database ~ концепция базы данных
  general ~ обобщенное понятие; общий концепт
  information hiding ~ 1. принцип скрытой информации 2. принцип утаивания информации *(не существенной для пользователя)*
  key ~ ключевое понятие
  primitive ~ элементарное понятие; концепт-примитив
  primordial ~ изначальное понятие; исходный концепт
  subordinate ~ подчиненное понятие, понятие более низкого уровня *(классификационной иерархии)*; подчиненный концепт
  superordinate ~ видовое понятие, понятие более высокого уровня *(классификационной иерархии)*; видовой концепт
  systems ~ системный подход; системные принципы

conceptual 1. концептуальный; понятийный 2. принципиальный
conceptualization концептуализация
conciseness краткость *(характеристика качества программного обеспечения)*
conclusion вывод; заключение
  nonmonotonic ~ немонотонный вывод *(при неполной информации)*
concoct концентрировать
concur совпадать
concurrency совпадение *(во времени)*; параллелизм
  ~ **of operations** параллелизм операций
  execution system ~ одновременность заданий
  lockstep ~ жесткий параллелизм *(операций)*
concurrent 1. совпадающий 2. одновременный; совпадающий *(во времени)*; 3. параллельный 4. совместный
condensator:
  wafer ~ таблеточный конденсатор
condense сгущать
condition 1. условие 2. состояние; ситуация 3. безразличное состояние 4. исключительная ситуация 5. нормальный режим 6. режим *(работы)* 7. условие несоответствия; несоответствие 8. условие соответствия; соответствие
  alarm ~ тревожная ситуация
  alert ~ аварийная ситуация
  boundary ~ граничное условие
  boundary ~ ограничивающее условие
  busy ~ состояние занятости
  clock ~s параметры синхронизации

condition

compound ~ объединенное условие
context ~ контекстное условие
continuity ~ условие непрерывности
deadlock ~ тупиковая ситуация
debugging ~s режим наладки; режим отладки
degeneracy ~ условие выражений
device status ~ состояние устройства
disabled ~ состояние бездействия
don't care ~ 1. безразличное состояние 2. безразличное условие
dynamic ~s динамический режим
entry ~s 1. входные условия 2. начальные условия
error ~ 1. исключительная ситуация сбойная ситуация; состояние ошибки
exception ~ 1. исключительная ситуация; особая ситуация 2. условие возникновения исключительной ситуации
exigent ~ аварийная ситуация
feasibility ~ условие реализуемости; условие осуществимости
full-load ~s режим полной нагрузки
high-load ~ состояние высокой загрузки *(сети)*
initial ~s начальные условия; режим исходного состояния
limiting ~ ограничивающее условие
load ~s нагруженный режим
logical ~ логическое условие
marginal ~s граничный режим
match ~ условие совпадения; совпадение
meet certain ~s удовлетворять определенным условиям
minimum ~ условие минимума
mismatch ~ условие несовпадения; несовпадение
normal ~s нормальные условия
off ~ 1. закрытое состояние 2. состояние «выключено»
on ~ 1. открытое состояние 2. состояние «включено»
one ~ единичное состояние
operation ~ 1. рабочее состояние 2. рабочий режим; эксплуатационный режим 3. условия работы; рабочие условия 4. условия эксплуатации; эксплуатационные условия
operational ~ работоспособное состояние
optimality ~ условие оптимальности
overload ~s режим перегрузки
pulse ~s импульсный режим
prefault ~ состояние, предшествующее появлению неисправности
queue ~ состояние системы массового обслуживания
ready ~ состояние готовности
restart ~ условие рестарта
service ~s режим обслуживания
stable ~ устойчивое состояние
starting ~ начальное условие
sufficient ~ 1. достаточное условие начальное условие
tenancy ~ условие членства
test ~s условия испытаний; условия тестирования
truncation ~ условие прерывания цикла
wait ~ состояние ожидания
working ~ 1. рабочее состояние 2. рабочий режим; эксплуатационный режим 3. условия работы; рабочие условия 4. условия эксплуатации; эксплуатационные условия
worst-case ~s наихудшие условия

conditional 1. условный 2. условная зависимость; импликация условный оператор
conditioner:
   signal ~ формирователь сигналов
conditioning 1. улучшение 2. приведение к требуемым техническим условиям
conduction:
   channel ~ канальная проводимость
   dialog ~ проведение диалога
conductor 1. провод 2. проводник 3. *стат.* надежность критерия
   test ~ полнота теста; полнота тестирования
cone конус
conference:
   computer ~ телеконференция
conferencing:
   desktop ~ телеконференция с использованием настольных компьютеров
   computerized ~ телеконференцсвязь
confidence 1. доверие 2. уверенность
   test ~ 1. полнота теста 2. полнота тестирования
confidentiality конфиденциальность; секретность *(информации)*
   traffic flow ~ конфиденциальность потока трафика
configurability способность к изменению конфигурации; конфигурируемость
configurable 1. конфигурируемый с перестраиваемой конфигурацией; реконфигурируемый
   individually ~ с заказной конфигурацией
configuration 1. конфигурация; форма 2. состав оборудования; конфигурация

   balanced ~ сбалансированная конфигурация
   basic ~ базовая конфигурация
   computer ~ конфигурация вычислительной системы
   contact ~ форма контакта
   desktop ~ настольная конфигурация
   dual ~ спаренная конфигурация
   dual processor ~ двухпроцессорная конфигурация
   error ~ конфигурация ошибок
   hardware ~ состав оборудования; конфигурация технических средств
   minimum ~ минимальная конфигурация
   network ~ конфигурация сети
   pin ~ конфигурация выводов
   pinout ~ расположение выводов
   ring ~ кольцевая конфигурация *(сети)*
   software ~ состав программного обеспечения; конфигурация программных средств
   star ~ звездообразная конфигурация *(сети)*
   symmetrical ~ симметричная конфигурация
   system-in-a-room ~ комнатная конфигурация распределенной системы *(территориально сосредоточенная в одном помещении)*
   target ~ целевая конфигурация системы *(для решения конкретной задачи)*
   terminal ~ конфигурация терминальной сети; схема расположения терминалов
   uniprocessor ~ однопроцессорная конфигурация
configurator конфигуратор
configure конфигурировать
   easy-to- ~ простой в конфигурировании

configured сконфигурированный; скомпонованный
 full ~ в максимальной конфигурации; в максимальном комплекте
configured-in включенный в конфигурацию
configured-off исключенный из конфигурации
configured-out исключенный из конфигурации
configuring выбор конфигурации *(создаваемой системы)*
confinement 1. ограждение *(данных от незаконного использования)* суждение
confirmation 1. подтверждение приема *(сообщения)* **2.** квитирование
 delivery ~ подтверждение доставки сообщения
conflict конфликт; конфликтная ситуация ‖ конфликтный ◊ **~ with** конфликтовать с
 bank ~ конфликт в блоке памяти
 bus ~ конфликтная ситуация на шине
 concurrency ~ 1. конфликт параллельной обработки **2.** конфликт параметра обработки
 data ~ конфликт по данным
 hashing ~ конфликт при хэшировании
 lock ~ конфликт при блокировках
 names ~ конфликт имен
 network ~ конфликт в сети
 scheduling ~ конфликт планирования
 storage access ~ конфликт по обращению к памяти
 transmitter scheduling ~ конфликт при передаче, обусловленный несогласованностью расписаний
 type ~ несоответствие типов

conflict-free бесконфликтный; неконфликтующий
conform соответствовать
conformity согласованность; соответствие
confounding смешивание
congestion перегруженность; перегрузка *(каналов передачи)*
 channel ~ перегрузка каналов связи
 simulated ~ моделированная перегрузка
congruence 1. конгруэнтность **2.** сравнимость
conjunct конъюнкт
conjunction конъюнкция; логическое умножение
connect 1. соединять; присоединять; включать; подключать **2.** подключить сетевое устройство **3.** установить связь для удаленного доступа
 fully ~ed полносвязный
 network ~ подключение к сети
connection 1. присоединение; включение; подключение **2.** *мат* связность **3.** канал связи **4.** соединение; связь **5.** соединительный узел **6.** схема соединений
 asynchronous ~ асинхронная связь
 broadcast ~ 1. многоточечное соединение **2.** широковещательная связь
 channel-to-channel ~ соединение канал-канал
 direct-dial modem ~s соединение через модем путем прямого набора номера
 end-around ~ обходное соединение
 end-to-end ~ сквозное соединение; межконцевое соединение
 Ethernet ~ 1. соединение по методу сети Ethernet **2.** соединение с сетью Ethernet

hardwired ~ постоянное соединение
in-cut ~ разъемное соединение; разъем
intercircuit ~ межсоединение
interface ~ сквозное соединение
interplane ~ межплатное соединение
intraplane ~ внутриплатное соединение
logic ~ логическая связь
long-lived ~ долговременное соединение (*в сети передачи данных*)
multipoint ~ многоточечное соединение (*между узлами сети*)
peer-to-peer ~ передача между равноправными узлами
physical ~ физический канал
plug-type ~ разъемное соединение
point-to-point ~ 1. непосредственное соединение 2. прямое соединение
RAS ~ удаленное подключение
routed ~ выполненное соединение
session ~ сеансовое соединение; соединение на время сеанса
shared-memory ~ сопряжение с общей памятью
snake-like ~ соединение змейкой
tandem ~ парное соединение
unrouted ~ невыполненное соединение
virtual ~ виртуальное соединение (*в сети*)
wire-wrapped ~ соединение накруткой

connectional соединительный
connective 1. связка 2. соединительный 3. соединительное слово 4. соединительный элемент
connectivity возможность установления связи ‖ связность
  degree of ~ коэффициент связности

digital ~ связность обеспечиваемая цифровыми каналами связи
direct ~ непосредственная связность; возможность установления связи без промежуточных звеньев
fixed ~ постоянная связность
internet ~ межсетевая связность, совокупность межсетевых соединений
link ~ связность, обеспечиваемая с помощью линий (каналов)
network-wide ~ связность, обеспечивающая возможность попарного соединения между всеми абонентами сети
overall network ~ общая связность сети
solid ~ непрерывная связность (*поддерживается за счет постоянной передачи минимального потока информации между узлами*)

connector 1. блок объединения (*на блок-схеме*) 2. соединитель; разъем 3. соединительное звено 4. соединительный знак
BNC ~ небольшой разъем для коаксиального кабеля
board-to-board ~ межплатный соединитель
cable ~ кабельный соединитель; кабельный разъем
card ~ разъем платы
card-edge ~ краевой соединитель
double-row ~ двухрядный разъем
female ~ розетка разъема; гнездо разъема
flowchart ~ соединитель на блок-схеме
latch ~ защелкивающийся соединитель
male ~ вилка разъема

connector

  multipin ~ многоконтактный разъем; многоконтактный соединитель
  pin ~ штыревой разъем
  power ~ силовой разъем, разъем питания
  printed-circuit ~ печатный разъем
  socket ~ 1. розетка разъема; гнездо разъема 2. штепсельный разъем
  variable ~ переключающий блок объединения
  ZIF ~ разъем с нулевым усилием сочленения; самофиксирующийся разъем
consequence:
  logical ~ логическое следствие
consideration соображение
  efficiency ~s вопросы эффективности
consistency 1. непротиворечивость; совместимость 2. последовательность; согласованность
  ~ **of data** непротиворечивость данных
consistent 1. непротиворечивый; совместимый 2. последовательный, постоянный 3. согласующийся; согласованный 4. *стат.* состоятельный
console 1. консоль 2. пульт
  alternate ~ запасной пульт
  computer ~ пульт вычислительной машины
  data station ~ пульт обработки данных
  display ~ дисплейный пульт
  master control ~ главный пульт управления
  operating ~ пульт управления
  primary ~ основной пульт
  supervisory ~ диспетчерский пульт
  test ~ испытательный пульт
  typewriter ~ телетайпный пульт
  user ~ пульт пользователя
  virtual ~ виртуальный терминал
conspiracy:
  connector ~ разъемная конспирация (сознательное исключение совместимости аппаратных средств)
constant 1. константа; постоянная величина 2. коэффициент 3. постоянный; неизменный
  address ~ адресная константа
  arbitrary ~ произвольная постоянная
  basic real ~ базисная вещественная константа
  block ~ признак группы
  c-type ~ символьная константа
  case ~ константа варианта
  character ~ символьная константа
  compile-time ~ статическая константа
  complex ~ комплексная константа
  contiguous ~ зависимая константа
  decay ~ постоянная затухания
  deferred ~ 1. задержанная постоянная 2. константа времени выполнения
  diffusion ~ коэффициент диффузии
  distributed ~s распределенные параметры
  figurative ~ 1. данные файла 2. фигуральная константа
  floating ~ плавающая константа
  function ~ функциональная константа
  group ~ групповая константа
  grouped ~ табличная константа
  hexadecimal ~ шестнадцатеричная константа
  integer ~ целочисленная константа

label ~ константа типа метки
layout ~ макет расположения; шаблон
manifest ~ 1. именованная константа 2. переименованная константа
multiplicative ~ постоянный множитель
named ~ именованная константа
nonconfiguous ~ независимая константа
notation ~ нотационная константа
numeric ~ числовая константа
octal ~ восьмеричная константа
predicate ~ предикатная константа
proportionality ~ коэффициент пропорциональности
real ~ вещественная константа
row ~ ограничение по строкам
run-time ~ константа времени выполнения
sign ~ знаковая константа
smoothing ~ сглаживающая постоянная
static ~ статическая константа
string ~ строковая константа
structured ~ структурная константа
system ~ константа операционной системы
transfer ~ коэффициент передачи
type ~ типизованная константа
typed ~ типированная постоянная
zero ~ константа нуль
constantly постоянно
constraint ограничение; ограничивающее условие; сдерживающий фактор
accuracy ~ уточнение погрешности
compatibility ~s ограничения по совместимости
consistency ~s условия согласованности
context-sensitive ~ контекстное ограничение
design ~s проектные ограничения
dual ~ ограничение двойственной задачи
equality ~ ограничение в виде равенства
equated ~ ограничение в виде равенства
external ~ внешнее принуждение
hardware ~ аппаратное ограничение
inequality ~ ограничение в виде неравенства
integer-value ~ целочисленное ограничение
integral ~ интегральное ограничение
linear ~ линейное ограничение
nonlinear ~ нелинейное ограничение
primal ~ ограничение прямой задачи
quadratic ~ квадратичное ограничение
software ~ программное ограничение
tight ~ жесткое ограничение
two-dimensional ~ двумерное ограничение
construct 1. конструкция ‖ конструировать; строить 2. конструктивный элемент; конструктив 3. логическая структура 4. структурный компонент
branch-to-label ~ конструктивный переход по метке
control ~ управляющая структура
information-bearing ~ структура для представления информации

knowledge-bearing ~ структура для представления знаний
language ~ языковая конструкция
structural coding ~ конструкция структурного программирования
construction 1. конструкция 2. построение; составление 3. структура
  cellular ~ ячеистая конструкция
  modular ~ 1. модульная конструкция 2. модульная структура
  program ~ 1. составление программы 2. структура программы
  unit ~ блочная конструкция
constructive конструктивный
consult 1. консультировать(ся) 2. обращаться за справкой (*к какому-л. документу*) ◊ ~ **on how to use** консультироваться по вопросам использования; ~ **your manual** обратитесь к имеющемуся у вас руководству
consultancy консультирование
consulting 1. ввод программ 2. консалтинг
consumer 1. абонент; клиент 2. потребитель; заказчик 3. покупатель
consumption:
  power ~ потребляемая мощность; потребление энергии; энергетические затраты
contact 1. контакт 2. ответственный за файл, каталог, папку и т.п.
  area ~ плоский контакт
  base ~ базовый контакт
  break-before-make ~ перекидной контакт
  female ~ гнездовой контакт
  finger ~ кнопка
  low-resistance ~ контакт с малым сопротивлением
  normally closed ~ размыкающий контакт
  readout ~ считывающий контакт
container: OLE ~ OLE-контейнер (*приложение, содержащее объект, используемый для встраивания и связывания*)
  OLE control ~s контейнеры элементов управления OLE
contamination:
  data ~ порча данных
content 1. содержание; оглавление 2. содержимое; состав
  clock ~ самосинхронизация
  data ~ содержание данных
  decision ~ разнообразие выбора
  impurity ~ содержание примесей
  information ~ количество информации
  information ~ объём информации
  storage ~s содержимое памяти
  transinformation ~ количество сообщаемой информации
  visual table of ~s наглядное оглавление
content-addressable ассоциативный
content-richness содержательность
contention 1. конфликт; конфликтная ситуация 2. соперничество 3. состязание (*за обладание машинными ресурсами*)
  data ~ конфликт по данным
  lock ~ конфликт при блокировках
  memory ~ конфликт при обращении к памяти
  network ~ конфликт в сети
  decision ~ разнообразие выбора
  information ~ количество информации
context контекст
  association ~ контекст соединения
  firm ~ твёрдый контекст
  linear ~ линейный контекст

context-dependent контекстно-зависимый
context-free контекстно-независимый; контекстно-свободный
context-sensitive контекстно зависимый
context-specific зависящий от контекста
contextual контекстный
contiguous непрерывный
contingency ограничение
continuation продолжение
continuity 1. непрерывность 2. связность
continuous непрерывный
continuously постоянно
contract:
   maintenance ~ контракт на обслуживание
contrast 1. контраст 2. контрастность
control 1. контроль ‖ контролировать ‖ контрольный 2. директивы 3. управление; регулирование ‖ управлять; регулировать 4. управляющее воздействие 5. орган управления 6. средства управления 7. элемент управления
   access ~ контроль за доступом
   accuracy ~ контроль правильности
   adaptive ~ адаптивное управление
   anticipatory ~ управление с прогнозированием
   automatic color ~ 1. автоматический регулятор усиления сигнала цветности 2. регулировка усиления сигнала цветности
   brightness ~ регулировка яркости
   built-in ~ встроенный контроль
   carriage ~ управление кареткой
   cascade ~ каскадное управление
   channel ~ управление каналом
   clash ~ регулировка числа столкновений
   communications ~ управление передачей *(данных)*
   concurrency ~ 1. контроль совпадений 2. управление параллелизмом *(операций)*
   concurrent-operations ~ управление параллельной работой
   continuous ~ непрерывное управление
   contrast ~ регулировка контрастности
   coordinated ~ согласованное регулирование
   coprocessor ~ управление сопроцессором
   cursor ~ управление курсором
   custom ~ расширенный управляющий элемент
   dash ~ кнопочное управление
   data coherency ~ обеспечение непротиворечивости данных
   data flow ~ управление потоками данных
   data link ~ управление линиями (каналами) передачи данных
   data-initiated ~ управление с внешним запуском
   defined limit ~ регулирование в заданных пределах
   derivative ~ регулирование производной
   digital ~ цифровое управление
   discontinuous ~ прерывистое регулирование
   distributed network ~ децентрализованное (распределенное) управление сетью
   distribution ~ управление распространением
   dual-mode ~ дуальное управление
   encoded ~ кодовое управление
   end-to-end network flow ~ сквозное управление потоком в сети

control

end-to-end-flow ~ сквозное управление потоком
error ~ исправление ошибок
exclusive ~ монопольное управление
expert ~ управление с использованием экспертной системы
feed ~ управление подачей
feedback ~ управление с обратной связью
feedforward ~ регулирование по возмущению
finger-tip ~ сенсорное управление
floating ~ астатическое регулирование
flow ~ управление потоком данных; согласование; контроль передачи *(для линий связи;. бывает аппаратным (hardware - RTS/CTS) или программным (software - Xon/Xoff))*
graphic attention ~ контроль с помощью мнемосхемы
independent ~ автономное управление
industrial ~ управление произвольным процессом
inferential ~ косвенное регулирование
input/output ~ управление вводом-выводов
interacting ~ связанное регулирование
interactive ~ управление в интерактивном режиме
intermittent ~ прерывистое регулирование
interrupt ~ контроль прерываний
keyboard ~ клавишное управление
light pen ~ управление световым пером; управление при помощи светового пера
link ~ управление каналом связи

link determination and ~ установление линии связи и управление ею
main ~ основное управляющее воздействие
manual ~ ручное управление
master ~ организующая программа
medium-access ~ управление доступом к среде передачи данных
memory ~ 1. блок управления памятью 2. управление памятью
microprogramming ~ микропрограммное управление
multicircuit ~ многоконтактная схема управления
multipath ~ многоканальное управление
multivariable ~ многосвязное регулирование
network ~ управление сетью
nonlinear ~ нелинейное регулирование
off-line ~ автономное управление
OLE ~s элементы управления OLE
OLE custom ~s заказные элементы управления OLE
on-off ~ двухпозиционное регулирование
optimizing ~ экстремальное регулирование
pen ~ управление световым пером
power ~ включение-выключение питания
priority ~ приоритетное управление
process ~ управление техническим процессом
production yield ~ контроль выхода
programmed ~ программное управление

proportional ~ линейное регулирование
pulse ~ импульсное управление
push-button ~ кнопочное управление
rate ~ регулирование скоростью
ratio ~ регулирование соотношения
read ~ управление считыванием
remote ~ дистанционное управление
restarted ~ регулирование с запаздыванием
self-acting ~ саморегулирование
self-operated ~ прямое управление
sensitivity ~ регулирование чувствительности
servo ~ следящее управление
shared ~ совместное управление
sight ~ визуальный контроль
sign ~ контроль по знаку
single-level ~ одноуровневое управление
single-loop ~ одноконтурное регулирование
slide ~ плавное регулирование
speaker volume ~ регулятор громкости
split-cycle ~ быстрое регулирование
stacker select ~ управление выбором кармана
step ~ ступенчатое регулирование
step-by-step ~ шаговое регулирование
stepless ~ непрерывное регулирование
stock ~ контроль уровня запасов
supervisory ~ диспетчерский контроль
task ~ управление заданиями
time-variable ~ регулирование во времени
traffic ~ регулирование рабочей нагрузки; регулирование трафика
transfer ~ управление передачей
upsetting ~ задающее воздействие
version ~ управление версиями; контроль версий *(ПО)*
widow and orphan ~ управление переносами в абзаце
write ~ управление записью
controlled контролируемый; управляемый
controller контроллер; управляющее устройство; микроконтроллер
astatic ~ астатический регулятор
board-mounted ~ регулятор на щите управления
channel ~ контроллер канала
clustered ~ групповой контроллер
communications ~ связной контроллер
concurrency ~ контроллер совмещенных операций
data transmission ~ контроллер передачи данных
device ~ контроллер устройства
dual-channel ~ контроллер сдвоенного канала
edit ~ 1. *тлв.* инженер видеомонтажа 2. *тлв.* устройство видеомонтажа
extended-memory ~ контроллер расширенной памяти
feedback ~ автоматический регулятор
floating ~ астатический регулятор
input-output ~ контроллер ввода-вывода
intelligent ~ интеллектуальный контроллер
interface ~ контроллер интерфейса

    interrupt ~ контроллер прерываний
    master ~ ведущий регулятор
    network access ~ контроллер доступа к сети
    network ~ сетевой контроллер
    OLE Automation ~ контроллер автоматизации OLE
    one-chip ~ однокристальный контроллер
    parallel data ~ контроллер передачи данных
    peripheral ~ контроллер внешнего устройства
    sampled-data ~ регулятор прерывного действия
    slave ~ подчиненный регулятор
    system ~ контроллер системы
    time-pattern ~ программный регулятор
    video ~ видеоконтроллер
controversial противоречивый
controversy противоречие
convention 1. соглашение 2. условное обозначение
    type ~s соглашения о типах
    uniform flow ~ допущение о равномерности потока
conventional принятый
convergence сходимость
    algorithm ~ сходимость алгоритма
    nonuniform ~ *мат.* неравномерная сходимость
    process ~ сходимость процесса
    stochastic ~ *мат.* сходимость по вероятности
conversation 1. диалог (*человека с машиной*) канал связи 3. разговор (*последовательность связанных информационных обменов*) 4. сеанс связи
conversational диалоговый
conversion 1. перекодирование 2. преобразование; превращение; переход; перенесение (*информации с одного носителя на другой*) 3. результат преобразования
    code ~ преобразование кода
    computer system ~ переход на автоматизированную систему; освоение вычислительной системы
    concurrent ~ параллельное преобразование
    data ~ преобразование данных
    forward ~ прямое преобразование
    invert ~ инвертирование
    reverse ~ обратное преобразование
    target ~ адаптация к целевому компьютеру
    type ~ преобразование типов
    usual arithmetic ~ неявное арифметическое преобразование
convert преобразовывать ◊ ~ **from** преобразовывать из; ~ **to** преобразовывать в
converter 1. конвертер; преобразователь 2. программа преобразования (*напр. из одного формата в другой*)
    digital-to-analog ~ цифро-аналоговый преобразователь
    incremental ~ преобразователь приращений
    language ~ конвертор языка
    number ~ преобразователь чисел
    pulse ~ импульсный преобразователь
    step-switch ~ шаговый преобразователь
convertibility обратимость
convertible обратимый
convex выпуклый
COO [Chief Operating Officer] главный управляющий; руководитель административной службы фирмы

coopetition сотрудничество конкурентов
coordinate 1. координата ‖ координатный 2. координировать; согласовывать
   absolute ~ абсолютная координата
   angular ~ угловая координата
   Cartesian ~s декартовы координаты
   device ~ приборная координата *(в машинной графике)*
   device ~s координаты устройства
   incremental ~ инкрементная координата
   logical ~s относительная система координат *(определяемая самим пользователем)*
   normalize device ~s нормализованные координаты устройства
   physical ~s абсолютные координаты *(определяемые аппаратурой)*
   relative ~ относительная координата
   time ~ временная координата
   user ~s система координат пользователя *(в машинной графике)*
   world ~s внешняя система координат *(в машинной графике)*
   window ~s координаты вершин окна
COP [character-oriented protocol] протокол посимвольной передачи данных
copier 1. копировальное устройство 2. программа копирования
   display ~ средства копирования с дисплея *(на бумагу)*
copies:
   collate ~ разобрать по копиям
coprocessing совместная обработка
coprocessor сопроцессор
   graphics ~ графический сопроцессор

   math ~ математический сопроцессор
copy 1. копия ‖ копировать; воспроизводить; размножать 2. отпечаток 3. печатный документ 4. экземпляр ◊ **~ complete** копирование успешно завершено *(сообщение)*; **~ not completed** копирование не завершено *(сообщение)*
   author's ~ авторский экземпляр
   backup ~ резервная копия
   camera-ready ~ оригинал-макет *(для фотоформ)*
   cannot do the ~ копирование невозможно *(сообщение)*
   copied successfully копирование прошло успешно *(сообщение)*
   exact ~ точная копия
   hard ~ документальная копия; печатная копия; твердая копия; распечатка
   image ~ копия-отображение
   master ~ основной экземпляр; оригинал; эталон
   no files found to ~ файлы для копирования не найдены *(сообщение)*
   past ~ последняя *(по времени)* копия
   replicated ~ идентичная копия
   snapshot ~ моментальная копия
   soft ~ изображение на экране дисплея; недокументальная копия
   unloaded ~ разгрузочная копия
copying 1. копирование 2. идет копирование *(сообщение)*
   electrostatic ~ электростатичное копирование
   infrared ~ инфракрасное копирование
copyprotection защита от копирования
copyright авторские права

COR [connection-oriented routing] маршрутизация, ориентированная на установление соединений
CORBA [common object request broker architecture] единая архитектура программы-брокера объектных запросов *(составная часть OMA)*
cord шнур
   fragile ~ недолговечная программа
   patching ~ соединительный шнур
   power ~ сетевой шнур питания
CORE графический стандарт
core 1. сердечник 2. ядро операционной системы
   bead-like ferrite ~ бусинковый ферритовый сердечник
   low ~**s** младшая ячейка памяти
   memory ~ сердечник памяти
   storage ~ транзитивное отношение
core-resident ОЗУ-резидентный *(постоянно находящийся в оперативной памяти)*
correlation:
   rank ~ ранговая корреляция
coroutine 1. сопрограмма 2. организовывать сопрограммы
coprocessing совместная обработка
coprocessor сопроцессор
corpus 1. объем; совокупность *(текстов)* 2. фонд *(информационный)*
correct 1. исправлять; вносить поправки; устранять ошибки; корректировать 2. *мат.* корректный 3. правильный; исправный
correcting корректировать
correction 1. исправление; поправка; коррекция 2. внесение поправок; устранение ошибок; корректирование
   aperture ~ апертурная коррекция *(коррекция апертурных искажений для повышения четкости телевизионного изображения)*
   backward error ~ исправление ошибок переспросом
   burst-error ~ исправление пакета ошибок
   coincidence ~ правка на совпадение
   deadlock ~ устранение тупиковой ситуации; развязывание тупиковой ситуации
   error ~ исправление ошибок
   finite population ~ поправка на конечность совокупности
   finite sampling ~ поправка на конечность выборки
   forward error ~ прямое исправление ошибок
   frequency ~ частотная коррекция
   load ~ поправка на нагрузку
   multierror ~ исправление многократных ошибок
   single-error ~ исправление одиночных ошибок
   statistical ~ статистическая поправка
corrective корректирующий
correctness правильность
corrector:
   spelling ~ корректор
correlate коррелировать
correlation корреляция
   cross ~ взаимная корреляция
   data ~ идентификация данных
   grade ~ ранговая коррекция
   intrasample ~ внутривыборочная корреляция
   intrinsic ~ собственная корреляция
   inverse ~ отрицательная корреляция
   linear ~ линейная корреляция
   multiple ~ множественная корреляция

nonsense ~ мнимая корреляция
normal ~ нормальная корреляция
partial ~ частная корреляция
rank ~ порядковая корреляция; ранговая корреляция
sample ~ выборочная корреляция
serial ~ сериальная корреляция
total ~ полная корреляция
correspond соответствовать
correspondence соответствие
   interlanguage ~ межъязыковое соответствие
   one-to-one ~ взаимно-однозначное соответствие
   perfect ~ взаимно-однозначное соответствие
   unambiguous ~ взаимно-однозначное соответствие
   univocal ~ однозначное соответствие
correspondingly соответственно
corrupt 1. искажать 2. разрушать; портить
corruption 1. искажение 2. разрушение; порча
   data ~ 1. искажение данных 2. порча данных; нарушение целостности данных
COS [common object services] стандарт, разработанный OMG
COSE [common open software environment] общая среда открытого программного обеспечения (*стандарт*)
cosecant косеканс
coset класс смежности
cosine косинус
cost цена; стоимость; *pl* затраты, расходы ◊ ~ **per bit** стоимость за бит; стоимость в пересчете на бит
   ~s **of queue** потери вследствие ожидания в очереди

above-the-line ~s расходы на творческий персонал (*до начала репетиций или съемок*)
maintenance ~s затраты на сопровождение; расходы по текущему обслуживанию
job ~ учет себестоимости работ
operating ~s эксплуатационные расходы
processing ~s затраты на обработку
total delay ~ общая стоимость ожидания
cost/performance 1. соотношение затраты - эффективность 2. соотношение стоимость - производительность
cotangent котангенс
cotasking организация многозадачного режима
coterie комитет (*совокупность групп узлов сети, обладающих правом обновления данных*)
count 1. счет ‖ счетный ‖ считать; подсчитывать; отсчитывать 2. единица счета 3. счетчик 4. номер 5. подсчет 6. расчет 7. число; количество ◊ ~ **forward** считать в прямом направлении; ~ **up** считать в прямом направлении
component ~ число компонентов
low component ~ малое число компонентов
pin ~ число выводов
raster ~ число элементов растра
record ~ количество записей
reference ~ контрольный счет
repeat ~ повторный счет
sequence ~ значение порядкового номера
sequence ~ элемент последовательности
transition ~ число логических переходов

countdown 1. обратный счет **2.** считать в обратном направлении **3.** работа счетчика в режиме вычитания

counter 1. регистр **2.** счетчик
  add-subtract ~ реверсивный счетчик
  address ~ регистр адреса; счетчик адреса
  batch ~ счетчик пакетов
  batching ~ счетчик дозирования
  bidirectional ~ реверсивный счетчик
  binary ~ двоичный счетчик
  block-length ~ счетчик длины блока
  control ~ счетчик команд
  decade ~ десятичный счетчик
  decrement ~ вычитающий счетчик
  down ~ вычитающий счетчик
  event ~ счетчик событий
  exponent ~ счетчик порядков
  footage ~ счетчик длины ленты
  forward-backward ~ реверсивный счетчик
  functional ~ функциональный счетчик
  impulse ~ счетчик импульсов
  instruction ~ счетчик команд
  keystroke ~ счетчик нажатий клавиш
  location ~ счетчик адресов
  loop ~ счетчик циклов
  microprogram ~ счетчик микропрограмм
  modulo n ~ счетчик по модулю n
  origin ~ счетчик начала
  pass ~ счетчик числа прогонов
  preset ~ счетчик с предварительной установкой
  program ~ счетчик команд
  program-address ~ регистр команд
  pulse ~ счетчик импульсов
  radix two ~ двоичный счетчик
  reciprocal ~ реверсивный счетчик
  regeneration ~ счетчик регенераций
  repeat ~ счетчик повторений
  repetition ~ счетчик циклов
  ring ~ кольцевой счетчик
  ripple ~ счетчик со сквозным переносом
  scale-of-two ~ двоичный счетчик
  scale-of-ten ~ десятичный счетчик
  shift-code ~ сдвигающий счетчик
  slave ~ управляемый счетчик
  start-stop ~ стартстопный счетчик
  state ~ регистр состояния
  storage ~ накапливающий счетчик
  subsequence ~ счетчик микрокоманд
  subtract ~ вычитающий счетчик
  summary ~ накапливающий счетчик
  timeout ~ счетчик лимита времени
  total ~ итоговый счетчик
  undirectional ~ однонаправленный счетчик
  up ~ суммирующий счетчик
  wink ~ счетчик интервалов малой продолжительности

counterclockwise против часовой стрелки

counterpart 1. эквивалент; аналог; прототип **2.** копия **3.** ответная часть *(разъемного соединения)*

counterstream встречный поток

counting 1. вычисление **2.** счет

couple:
  address ~ адресная пара
  data ~ информационная связь

coupled связанный
  closely ~ сильносвязанный

loosely ~ слабосвязанный
coupler 1. объединитель 2. соединитель; коммутационное устройство
  acoustic ~ акустический соединитель
  bus ~ шинный соединитель
coupling 1. комплексация 2. связь 3. связывание; увязка 4. соединение 5. связность (*модулей системы*)
  capacitive ~ емкостная связь
  close ~ сильная связь
  cross-talk ~ перекрестная связь
  interplanar ~ 1. межплатное соединение 2. межподложечное соединение
  loose ~ слабая связь
  main ~ основная связь
  module ~ модульное сцепление
  random ~ случайное соединение
  spurious ~ паразитная связь
  tight ~ сильная комплексация
  weak ~ слабая связь
courseware программное обеспечение учебного курса
covariance *мат.* ковариация; смешанный второй момент
  ~ **of estimates** ковариация оценок
  conditional ~ условная ковариация
  limiting ~ предельная ковариация
  multiple ~ множественная ковариация
  negative ~ отрицательная ковариация
  normalized ~ нормированная ковариация
  partial ~ частичная ковариация
  sample ~ выборочная ковариация
  serial ~ сериальная ковариация
  stationary ~ стационарная ковариация
  trend ~ ковариация тренда
cover:
  back ~ четвертая сторонка обложки
  clique ~ общая группировка (клика) сети (*набор максимальных группировок, которые в совокупности содержат все возможные пары связывающихся между собой абонентов*)
  front ~ первая сторонка обложки
  inside back ~ третья сторонка обложки
  inside front ~ вторая сторонка обложки
  molded ~ формованная накладка (*для защиты клавиатуры от засорения и механических повреждений*)
  vertex ~ вершинное покрытие
coverage 1. охват 2. покрытие; покрывающая способность 3. степень компенсации
  database ~ покрывающая способность базы данных (*в отношении определённой сферы информационного поиска*)
  diagnostic ~ диагностическое покрытие (*неисправностей*)
  fault ~ (*возможное*) покрытие неисправностей (*тестом*)
  redundancy-of- ~ установление связи с резервированием соединений
  test ~ 1. тестовое покрытие (*неисправностей*); покрытие (*неисправностей*) множеством тестов 2. эффективность теста
covering 1. изоляция; изоляционный слой 2. покрывающая способность 3. покрытие; покрывающий слой
CPE [customer permisses equipment] (телекоммуникационное) оборудование, расположенное на территории клиента

CPI 1. [Common Programming Interface] единый интерфейс программирования *(стандарт IBM для протоколов установления связи и сеансов информационного обмена)* **2.** [characters per inch] число знаков на дюйм

CPI-C [common programming interface for communications] программный интерфейс, разработанный ассоциацией CIW и IBM

cps [characters per second] символов (знаков) в секунду *(скорость печати на ромашковых и матричных принтерах)*

CPU [central processing unit] центральный процессор; ЦП

CR [carriage return] возврат каретки *(управляющий код)*

cracker взломщик

crash 1. аварийная ситуация; аварийный отказ; авария **2.** повреждать **3.** приводить к аварии
  program ~ разрушение программы *(требующее ее перезагрузки)*
  system ~ полный отказ системы

CRC [cyclic redundancy check] контроль с использованием циклического избыточного кода

CRCs [cyclic redundancy checksum] контрольная сумма циклического избыточного кода

create создавать

creation 1. создание; разработка; порождение **2.** творческий процесс

creator 1. создатель; разработчик **2.** формирователь
  image ~ формирователь изображений

credit разрешение на передачу очередного пакета данных

creep 1. дрейфовать **2.** ползти

creeping ползучий

crew:
  production ~ производственная группа

crime:
  computer ~ преступление с помощью ЭВМ; компьютерное преступление

criteria:
  associative ~ ассоциативный признак
  clustering ~ признак группировки
  convergence ~ критерий сходимости
  cycle ~ критерий выхода из цикла

criterion 1. ключ; ключевое слово **2.** критерий; признак
  ~ **of estimation** критерий оценивания
  associative ~ ассоциативный признак
  chi-square ~ критерий хи-квадрат
  clustering ~ признак группировки
  convergence ~ критерий сходимости
  cycle ~ критерий выхода из цикла
  fitting ~ критерий сглаживания подбора
  least-squares ~ критерий по методу наименьших квадратов
  likelyhood ratio ~ критерий отношения правдоподобия
  mathematical ~ математический критерий
  maximax ~ критерий максимакса
  maximin ~ критерий максимина
  maximum-likelihood ~ критерий максимального правдоподобия
  optimality ~ критерий оптимальности
  performance ~ критерий качества; критерий эффективности функционирования

relevancy ~ критерий релевантности (*информации, выданной по запросу*)
  selection ~ критерий отбора
  sequencing ~ критерий упорядочения
  switching ~ критерий переключения
  validation ~ критерий достоверности; критерий правильности
crlf [carriage return, line feed] возврат каретки с переводом строки (*последовательность управляющих символов*)
  output a ~ 1. заканчивать строку текста 2. начинать новую строку текста
crock 1. монстр; громоздкая конструкция 2. нежная программа (*боящаяся изменений*)
crockhood гигантизм; громоздкость
crockish 1. громоздкий 2. нежный; боящийся изменений
crockitude гигантизм; громоздкость
crockness гигантизм 2. громоздкость
crocky нежный; боящийся изменений
crop обрезать изображение
cropping 1. обрезка по рисунку 2. расширение или уменьшение размера без модификации картинки; редактирование изображения путем сохранения его части и удаления остатка
cross 1. крест; перекрестие (*форма курсора*) 2. пересечение ‖ пересекать 3. узел (*матричной структуры*)
  infinite ~ адская работа
  tracking ~ следящее перекрестие
cross-compiler кросскомпилятор
cross-connection перекрестная связь

cross-interleaved перекрестно-перемежаемый
cross-plot сводный график
cross-program кросс-программа
cross-referencer средство создания перекрестных ссылок
cross-references перекрестные ссылки
cross-simulator кросс-эмулятор
cross-tabulation комбинационная таблица
cross-validation перекрестная проверка
crosscheck 1. двойная проверка 2. перекрестный контроль; перекрестная проверка
crossfoot перекрестное суммирование данных
crossfooting суммирование итогов
crossgrade кроссгрейд (*модернизация продукции конкурента*)
crosshair перекрестие
crosshatching штриховка
crossing:
  zero ~ переход через нуль; пересечение нулевого уровня
crossjumping объединение ветвей
crosslink межспутниковый канал связи
crossover:
  interconnecting ~ пересечение внутренних соединений
crosspoint 1. точка пересечения 2. узел (*матричной структуры*)
crossreference перекрестная ссылка
crosstalk 1. захлестывание сигнала из одного канала в другой 2. помеха
crowding:
  bit ~ уплотнение бит
CRS [customer response system] система обратной связи с потребителем
CRT [cathode ray tube] кинескоп

CRU [customer replaceable unit] блок, заменяемый пользователем
crude грубый
  cruft 1. неприятное свойство программы 2. несобираемый мусор; *проф.* хлам 3. *проф.* халтура (*результат недобросовестной программистской работы*) ◊ ~ **together** смастерить на скорую руку (*программу*)
  cruftsmanship *проф.* халтура (*плохо выполненная программистская работа*)
  crunch 1. знак ◊ 2. нехватка ресурсов; кризис 3. *проф.* перемалывать 4. сжимать; спрессовывать (*данные*) 5. уплотнять
crunched сжатый
cruncher:
  number ~ арифмометр; быстрый вычислитель
crunching сжатие; спрессовывание (*данных*)
  file ~ уплотнение файла (*путем сложного многократного преобразования данных*)
  number ~ решение громоздких числовых задач; *проф.* перемалывание чисел
cryotron:
  enable ~ разрешающий криотрон
  in-line ~ продольный криотрон
  latched ~ самозапирающийся криотрон
  multiple-control ~ криотрон с управляемыми проводами
  planar ~ пленочный криотрон
cryptanalysis криптоанализ
cryptic зашифрованный
cryptography криптография
  hardware ~ аппаратное шифрование
cryptooperation:
  off-line ~ автономное шифрование
crystal кристалл ‖ кристальный

crystal-controlled кварцованный
C/S [client/server] клиент-сервер
CSCO [client/server computing organization] организация по клиент-серверным вычислительным системам
CSCW [computer supported cooperative work] совместная работа на базе компьютера
CSD [configuration status descriptor] дескриптор состояния конфигурации
CSDN [circuit-switched data network] сеть передачи данных с коммутацией каналов
CSMA/CD [carrier sense multiple access/collision detection] множественный доступ с контролем носителя и обнаружением конфликтов (*стандартный протокол*)
CSPP [Computer Systems Policy Project] ассоциация, состоящая из управляющих 11 крупных компьютерных компаний США
CSTA [computer supported telecommunications application] применение телекоммуникационных технологий с использованием вычислительной техники (*стандарт ECMA*)
CSV [comma-separated value] формат, в котором значения разделены запятыми
CTI [computer telephony integration] компьютерная телефония
CUA [common user access] спецификация, определяющая какие комбинации клавиш должны использоваться в графическом интерфейсе пользователя (*разработка IBM*)
cube куб
cue 1. вставка 2. заставка 3. команда вызова подпрограммы; реплика (*команда, инициирующая*

вхождение в замкнутую подпрограмму) **4.** сигнальная метка **5.** метка *(на ракорде фильма)* **6.** монтажная метка **7.** поисковая точка *(на фонограмме или видеофонограмме)* **8.** надписи; титры **9.** вводить титры *или* вставки **10.** останавливать в поисковой точке

   image ~ характерный признак изображения

   semantic ~ семантическая подсказка

   underspecified ~ **1.** непредусмотренная ветвь **2.** непредусмотренная реакция

   visual ~ визуальная подсказка; признак, облегчающий визуальное восприятие

cueing:

   depth ~ пространственное упорядочение

   intensity ~ воздушная перспектива

cumbersome утомительный

cumstat совокупность статистических данных

cumulative кумулятивный

cupping поперечное коробление ленты

cure 1. исправлять; устранять ошибку **2.** способ устранения ошибки

currency 1. валюта **2.** денежная единица

current 1. ток **2.** текущий **3.** современный

   ~ **of realm** текущая запись области

   ~ **of record type** текущая типа записи

   ~ **of run-unit** текущая запись процессора

   ~ **of run-unit** текущая процесса

   ~ **of set** текущая запись типа набора

   coincident ~**s** совпадающие токи

   disturbing ~ разрушающий ток

   full-select ~ ток полной выборки

   half-select ~ полуток выборки

   inhibit ~ ток запрета

   interrogate ~ ток опроса

   load ~ ток нагрузки

   matching ~ ток согласования

   read ~ ток считывания

   read-write ~ ток считывания и записи

   residual stored ~ остаточный ток

   reverse ~ обратный ток

   select ~ ток выборки

   summed ~ суммарный ток

   supply ~ ток питания

   surge ~ ток перегрузки

   tunneling ~ нисходящий подход

   valley-point ~ ток минимума

   word ~ числовой ток

   write ~ ток записи

currently в настоящее время

cursor 1. движок **2.** курсор; указатель **3.** стрелка **4.** перемещать курсор

   addressable ~ адресуемый указатель

   animated ~ живой указатель

   blinking ~ мерцающий курсор

   block ~ прямоугольный курсор

   destructive ~ стирающий курсор

   edit ~ редактирующий курсор

   file under the ~ файл, отмеченный курсором

   free ~ неуправляемый курсор

   horizontal ~ курсор в форме тире

   mouse ~ курсор мыши

   nondestructive ~ нестирающий курсор

   pointing ~ указательный курсор

   selection ~ курсор выделения

   update ~ курсор обновления

   vertical ~ вертикальный курсор

curtailment:

   ~ **of sampling** прекращение обследования

curvature кривизна
curve кривая
~ **of errors** кривая ошибок
~ **of regression** кривая регрессии
abrupt ~ кривая с большой кривизной
accumulation ~ кумулянта
bell-shaped ~ 1. график нормального распределения 2. колоколообразная кривая
build-up ~ кривая нарастания
constant ~ кривая постоянных значений
cumulative distribution ~ 1. интегральная кривая распределения 2. функция распределения
cumulative frequency ~ 1. интегральная кривая распределения 2. функция распределения
dashed-line ~ пунктирная кривая
dotted ~ пунктирная кривая
double-peaked ~ двухвершинная кривая
envelope ~ огибающая кривая
enveloping ~ огибающая кривая
equiprobability ~ кривая равных вероятностей
exponential ~ 1. кривая экспоненциальной зависимости 2. показательная кривая
faired ~ 1. сглаженная кривая 2. усредненная кривая
fatigue ~ кривая усталости
fitted ~ 1. исправленная кривая 2. кривая по экспериментальным точкам 3. сглаженная кривая 4. эмпирическая кривая
fitting ~ сглаживающая кривая
forecasting ~ кривая прогнозирования
fractal ~ рекурсивная кривая; фрактальная кривая
ideal ~ идеальная кривая
indifference ~ кривая безразличия
isopreference ~ кривая равных предпочтений
isoquant ~ кривая равных количеств
learning ~ кривая обучения
logistic ~ логистическая кривая
normal (distribution) ~ кривая нормального распределения
normal law ~ кривая нормального распределения
normal probability ~ кривая нормального распределения
peaky ~ островершинная кривая
record ~ записанная кривая
recovery ~ кривая восстановления
resultant ~ результирующая кривая
sine ~ синусоида
single-humped ~ одновершинная кривая
smoothed ~ плавная кривая; сглаженная кривая
start-up ~ кривая обучения с нуля
start-up learning ~ кривая обучения с нуля
switching ~ кривая перемагничивания
transient ~ кривая переходного процесса
trend ~ кривая роста
curvilinear криволинейный
curvilinearity криволинейность
curvo:
area under ~ площадь под отрезком кривой
custody забота о сохранности *(информации)*
custom 1. пользовательский 2. запрограммированный по техническим условиям заказчика
custom-built заказной
custom-designed заказной
custom-programmed программируемый заказчиком

customarization изготовление по техническим условиям заказчика

customer 1. клиент; заказчик; потребитель; покупатель 2. требование
   arrived ~ поступившее требование
   delayed ~ ожидающее требование
   departing ~ покидающее систему требование
   departing ~ уходящий из системы клиент
   first-class ~ требование с наиболее высоким приоритетом
   first-priority ~ требование с наиболее высоким приоритетом
   Fortune 500 (1000) ~s клиенты из списка 500 (или 1000) крупнейших фирм, публикуемого американским журналом Fortune
   high-priority ~ требование с высоким приоритетом
   nonpreferred ~ требование без приоритета
   nonpriority ~ требование, не обладающее приоритетом
   outgoing ~ требование, покидающее систему
   preferred ~ требование, обладающее приоритетом
   priority ~ приоритетное требование
   prospective ~ ожидаемое требование
   queue-resistant ~ требование, не присоединяющееся к очереди

customise настроить

customizability соответствие требованиям заказчика

customizable настраиваемый

customization 1. настройка 2. изготовление по техническим условиям заказчика

customize настраивать

customized 1. заказной 2. созданный пользователем 3. созданный для пользователя

CUT растровый формат

cut 1. вырезание *(операция при редактировании изображения)* 2. отсечение 3. резкая смена изображения 4. разрезать ‖ разрезанный ◊ ~ **here** место разреза
   audio ~ участок звуковой дорожки *(при монтаже фонограмм)*
   corner ~ угловой срез
   short ~ сокращенный

cut-and-paste вырезать и вставить

cut-in включение, начало работы

cutoff 1. выключение из работы; отключение 2. запирание; закрывание; блокировка

cutout очертание; контур

cutset разрез; сечение

CVF [compressed volume file] файл сжатого тома

CVI [compressed video interoperability] взаимодействие при работе с уплотненными видеоданными *(протокол)*

cyan голубой

cybernetics кибернетика
   economical ~ экономическая кибернетика

cycle 1. цикл; период 2. квант вычислений 3. зацикливаться 4. циклически повторять(ся); работать циклами ◊ ~ **back** циклически возвращать
   access ~ интервал между моментами допуска
   accumulation ~ цикл накопления
   action ~ цикл операции
   break storage ~ прерывистый цикл
   CD-ROM ~ цикл изготовления CD-ROM
   clock ~ такт

cycle

    creation action ~ цикл создания
    device ~ цикл работы устройства
    display ~ цикл формирования изображения
    duty ~ рабочий цикл
    execution ~ исполнительный цикл
    fetch ~ 1. цикл выборки 2. цикл вызова
    fixed ~ постоянный цикл
    inhibit ~ цикл запрета
    instruction ~ командный цикл
    life ~ жизненный цикл
    limit ~ предельный цикл
    machine ~ машинный цикл
    major ~ большой цикл
    matched memory ~ уплотненный цикл
    memory ~ цикл памяти
    minor ~ подцикл
    null ~ холостой цикл
    operational ~ рабочий цикл
    print ~ цикл печати
    program ~ цикл программы
    programming ~ цикл программирования *(включающий разработку, отладку и т.п.)*
    pulse repetition ~ период повторения импульсов
    read ~ цикл считывания
    read-write ~ цикл считывания и записи
    retention ~ срок хранения
    split ~ распущенный цикл
    storage refresh ~ цикл обновления памяти
    timing ~ цикл хронирования
    write ~ цикл записи

cycler датчик циклов
cycling 1. зацикливание 2. циклическая работа; периодическая работа
cycloid циклоида
cylinder цилиндр *(группа дорожек с одинаковыми номерами в пакете дисков)*
cylindrical цилиндрический
cyrillic кириллица ‖ кириллический

D

DA [disk array] дисковая матрица
DAC [digital-to-analog converter] преобразователь код-аналог; ЦАП
DAE [distributed application environment] среда распределенных приложений
daemon демон *(скрытая от пользователя программа, вызываемая при выполнении какой-либо функции)*
daily ежедневный ‖ ежедневно
daisychain соединение по daisy-цепочке
daisywheel ромашка *(лепестковый литероноситель)*
DAMA [demand-assignment multiple access] множественный доступ с предоставлением каналов по требованию
damage повреждать
    database ~ повреждение базы данных
damaged поврежденный; разрушенный
danger опасность
dangerous опасный
dangle качаться
DANS [distributed administration of network software] распределенное управление сетевым программным обеспечением *(разработка фирмы Sun)*
DAP 1. [database access point] место доступа к базе данных в сети 2. [directory access protocol] протокол доступа к каталогам
dark темный

DARPA [Defense Advanced Research Projects Agency] Управление перспективных научно-исследовательских работ Министерства обороны США

DAS 1. [data acquisition system] система сбора данных **2.** [dual attachment station] станция с двойным подключением *(к сети)*

DASD [direct-access storage device] запоминающее устройство с прямым доступом; ЗУПД

dash 1. рывок **2.** разбивать

DAT [digital audio type] цифровая магнитная лента для высококачественной цифровой записи и воспроизведения звуковых сигналов.

data данные; информация; сведения ◊ ~ **on** информация о

database ~ информация, хранимая в базе данных

absolute ~ абсолютные данные *(напр. значения действительных координат на экране дисплея)*

accept ~ принимать данные

access ~ путевое имя данных

actual ~ реальные данные

adjusted ~ скорректированные данные

aggregated ~ агрегированные (укрупненные) данные

alphabetic ~ буквенные данные

alphanumeric ~ буквенно-цифровые данные; текстовые данные

analog ~ аналоговые данные

analog-digital ~ аналогово-цифровые данные

anomalous ~ неверные данные

arrayed ~ **1.** массив данных **2.** упорядоченные данные

automated ~ **processing** автоматическая обработка данных

automatic ~ **processing** автоматическая обработка данных

automatic ~ **processing system** система автоматической обработки данных

available ~ доступные данные; доступная информация

background ~ основополагающая информация

bad ~ неправильные данные

biased ~ неравномерно распределенные данные

binary ~ двоичные данные

bipolar-valued ~ данные обоих знаков

bit string ~ битовые строки

blocked ~ сблокированные данные; блок данных

boolean ~ булевские данные

built-in ~ встроенные данные

business ~ деловая информация

canned ~ искусственные данные *(для тестирования программы)*

chain ~ цепочка данных

character string ~ строки символов

cipher ~ зашифрованные данные

classified ~ **1.** данные ограниченного доступа **2.** сгруппированные данные

clean ~ достоверные данные *(прошедшие контроль)*

cleanse ~ очистка данных

clear ~ **1.** незасекреченные данные; незашифрованные данные **2.** открытый текст

coded ~ (за)кодированные данные

common ~ общие данные

compacted ~ уплотненные данные

compatible ~ совместимые данные

comprehensive ~ исчерпывающие (полные) данные *(для тестирования программы)*

data

computer usage ~ данные по использованию ЭВМ; информация об использовании машинных ресурсов
computer-generated ~ данные, генерируемые машиной
confidential ~ секретные данные; данные ограниченного использования; конфиденциальная информация
constitutional ~ структурированные данные
constructed ~ искусственные данные
contiguous ~ 1. аналоговые данные 2. сопутствующие данные
control ~ управляющие данные
coordinate ~ координатные данные
correction ~ поправочные данные
critical ~ критические значения данных *(определяющие тяжелый режим работы программы)*
cross-section ~ структурные данные
cumulative ~ накопленные данные
current ~ текущие данные
debugging ~ отладочная информация
decimal ~ десятичные данные; десятичная информация
derived ~ выводимые *(из других)* данные
descriptive ~ описательные данные
digital ~ цифровые данные; дискретные данные
digitized ~ оцифрованные данные
direct ~ **set** прямой набор данных
disembodied ~ разрозненные данные; несистематизированные данные

dispersed ~ распределенные данные; рассредоточенные данные
distributed ~ **base** распределенная база данных; РБД
documentary ~ 1. данные в виде документов; документальная информация 2. распределенная информация
downloaded ~ загружаемые данные *(из линии связи)*
encoded ~ закодированные данные
encrypted ~ зашифрованные данные
engineering ~ технические данные
error ~ информация об ошибках
evaluation ~ оценочные данные; оценочная информация
event ~ данные о событиях
false ~ ложные данные
fictive ~ фиктивные данные
field ~ эксплуатационные данные
field-performance ~ эксплуатационные характеристики
file ~ 1. данные из файла 2. описание файла
filed ~ 1. данные, хранимые в виде файла 2. картотечные данные
fixed-point ~ данные в формате с фиксированной точкой
flagged ~ данные, снабженные признаками
floating-point ~ данные в формате с плавающей точкой
formatted ~ форматированные данные
graphic ~ графические данные; графическая информация
hard disk ~ данные на жестком диске
hierarchical ~ иерархические данные; данные иерархической структуры

historical ~ данные о протекании процесса
historical ~ статистические данные; предыстория; архивные данные
housekeeping ~ служебные данные
image ~ 1. видеоданные 2. образы; изображения *(подлежащие обработке)* 3. данные в наглядном представлении
immediate ~ непосредственно получаемые данные
imperfect ~ неполные данные; неточные данные
improper ~ неподходящие данные
impure ~ изменяемые данные
incoming ~ поступающие данные
incomplete ~ неполные данные
indexed ~ индексируемые данные
indicative ~ 1. индикационные данные 2. характеристические данные
initial ~ исходные данные
input ~ 1. входные данные 2. исходные данные
integer ~ целочисленные данные
integrated ~ сгруппированные данные; систематизированные данные
interactive ~ данные взаимодействия
intermediate ~ промежуточные данные
intersection ~ данные пресечения
invisible ~ невидимая информация
job ~ характеристика работы
label ~ данные типа метки
language ~ языковые данные
latched ~ данные в защелке
line ~ строковые данные

list-structured ~ данные в виде списка *или* списков; данные, имеющие списковую структуру
loaded ~ base заполненная база данных
locational ~ данные о местоположении *(напр. курсора на экране дисплея)*
locked ~ защищенные данные
logged ~ регистрируемые данные
logical ~ логические данные
lost ~ потерянные данные; потерянная информация
low-activity ~ редко используемые данные
machine-readable ~ машиночитаемые данные; данные в машинном представлении
management ~ управленческая информация
mass ~ массовые данные; данные большого объема
master ~ основные данные; эталонные данные
meaningful ~ значащая (значимая) информация
meaningless ~ незначащая информация; незначащие данные
meta ~ метаинформация
misleading ~ дезориентирующие данные
missing ~ 1. недостаточные данные; недостающие данные 2. потерянные данные; потерянная информация
model-made ~ данные, полученные на модели
multiple ~ многокомпонентные данные
n-bit ~ n-разрядные двоичные данные
non-numeric ~ нечисловые данные
nonformatted ~ неформатированные данные

data

normal ~ обычные данные *(в отличие от срочных)*
null ~ отсутствие данных *(в отличие от нулевых)*
numerical ~ числовые данные
observed ~ данные наблюдений
on-line ~ 1. данные в памяти 2. оперативные данные
operational ~ рабочие данные; информация о функционировании *(системы)*
outgoing ~ 1. выходные данные 2. исходящие данные
output ~ выходные данные
packed ~ упакованные данные; данные в упакованном формате
parallel ~ данные, передаваемые параллельно
passing ~ пересылка данных
pixel ~ данные элемента изображения *(характеризующие цвет, яркость и т. п.)*
pointer ~ данные типа указателя
pooled ~ совокупность данных
poor ~ скудные данные
preformatted ~ данные в заданном формате
primary ~ первичные данные
private ~ 1. данные частного характера 2. конфиденциальная информация; закрытые данные
problem ~ 1. данные задачи 2. проблемные данные
public ~ 1. общедоступные данные; открытая информация 2. общие данные
punched ~ отперфорированные данные
pure ~ неизменяемые данные
random test ~ случайные тестовые данные
ranked ~ упорядоченные данные; ранжированные данные
rating ~ оценочные данные; характеристики производительности

raw ~ необработанные данные; *проф.* сырые данные
real-time ~ данные, поступающие в реальном времени
recovery ~ восстановительные данные
reduced ~ сжатые данные
reference ~ справочные данные; нормативно-справочная информация
refined ~ уточненные данные
rejected ~ отвергаемые данные
relative ~ относительные данные *(напр. данные о смещении луча относительно текущей точки на экране дисплея)*
relevant ~ релевантные данные; релевантная информация *(относящаяся к делу)*; существенная информация
reliability ~ данные о надежности
reliable ~ надежная информация
remote ~ данные, поступающие с удаленных пунктов
replicated ~ копия данных *(напр. в распределенной системе)*; дублированные данные
representative ~ представительные данные
restricted ~ защищенные данные
run ~ параметры прогона *(программы)*
sampled ~ 1. выборочные данные 2. дискретные данные
schedule ~ запланированные данные
scratch ~ промежуточные данные
secondary ~ вторичные данные
sensitive ~ уязвимые данные *(напр. пароль пользователя)*
sensory ~ сенсорная информация; информация от датчиков

serial ~ данные, передаваемые последовательно; последовательные данные
shareable ~ общие данные
shared ~ совместно используемые данные
simulation ~ данные моделирования
smoothed ~ сглаженные данные
source ~ данные источника
specified ~ детализированные данные
stale ~ устаревшие данные
stand-alone ~ 1. автономные данные 2. одиночные данные
starting ~ исходные данные; начальные данные
statement label ~ данные типа оперативной метки
status ~ данные о состоянии
stored ~ запоминаемые данные; хранимые данные
string ~ данные типа строки; строковые данные
structured ~ структурированные данные
suspect ~ подозрительные данные
synthetic ~ искусственные данные
system control ~ 1. данные для управления системой; системная управляющая информация 2. системное управление информацией
system output ~ данные системного вывода
tabular ~ табличные данные
tabulated ~ табличные данные
task ~ данные задачи
test ~ контрольные данные; тестовые данные; данные испытаний
time-referenced ~ данные с привязкой ко времени
time-series ~ данные временного ряда

timing ~ временные характеристики
tooling ~ 1. данные об используемых программных средствах 2. технологические данные
transaction ~ параметры транзакций
transcriptive ~ преобразуемые данные
transient ~ транзитные данные
transparent ~ прозрачные данные
trouble-shooting ~ данные о неисправностях; данные для отыскания неисправностей
true ~ достоверные данные
tuple-structured ~ данные (,представленные) в виде кортежей
incompatible ~ несовместимые данные
unformatted ~ неформатированные данные
ungrouped ~ несгруппированные данные
unpacked ~ 1. неупакованные данные 2. распакованные данные
untagged ~ непомеченные данные
updatable ~ обновляемые данные
user ~ данные пользователя; пользовательские данные
user-supplied ~ данные, вводимые пользователем
valid ~ достоверные данные
variable ~ переменные данные
view of the ~ взгляд на данные
virtual ~ виртуальные данные
warranty ~ 1. данные приемочных испытаний 2. сведения о гарантиях
zero ~ нулевые данные; нулевые значения данных

data-base

data-base база данных
data-driven управляемый данными
data-flow потоковый; управляемый потоком данных
data-in 1. информационный вход *(обозначение клеммы)* 2. данные на входе
data-independent не зависящий от данных; информационно-независимый
data-list список данных
data-out 1. информационный выход *(обозначение клеммы)* 2. данные на выходе
databank банк данных
database 1. база данных 2. заносить информацию в базу данных
~ **of code** база данных для хранения программ; программная база данных
chain ~ цепная база данных
comprehensive ~ многоцелевая база данных
conceptual ~ концептуальный уровень базы данных
corporate ~ база данных фирмы
decision support ~ база данных (для) системы принятия решений
deductive ~ дедуктивная база данных
design ~ база данных проектирования; проектная база данных
dial-up ~ коммутируемая база данных *(с доступом по коммутируемым линиям связи)*
distributed ~ распределённая база данных; РБД
extensional ~ экстенсиональная база данных
geometric ~ база геометрических данных; геометрическая база данных
graphical-interface ~ база данных с графическим интерфейсом; база данных с графическим языком запросов
heterogeneous ~ неоднородная база данных
hybrid ~ гибридная база данных
infological ~ инфологический уровень базы данных
integrated ~ интегрированная база данных
inverted ~ инвертированная база данных
manufacturing ~ база данных о производственном процессе; производственная база данных
multimedia ~ мультимедиа-база данных
multiple copy ~ многоэкземплярная база данных *(скопированная в нескольких узлах вычислительной сети)*
multiuser ~ многопользовательская база данных
natural-language ~ база данных с естественным языком запросов
network ~ сетевая база данных; база данных с сетевой структурой
nonhost ~ локальная база данных *(в противоположность центральной)*
nonlinked ~ несвязная база данных
normalized ~ нормализованная база данных
object-oriented ~ объектно-ориентированная база данных
physical ~ физическая база данных; физический уровень базы данных
populated ~ наполненная база данных
pseudorelational ~ псевдореляционная база данных
quasirelational ~ квазиреляционная база данных
raptioned ~ секционированная база данных
relational ~ реляционная база данных

replicated ~ база данных с дублированием
rich ~ мощная *(по содержанию)* база данных
ring ~ кольцевая база данных
semantic ~ семантическая база данных
separate ~s разобщенные базы данных *(в отличие от интегрированных)*
shareable ~ база данных коллективного пользования
spatial ~s рассредоточенные базы данных
speech ~ база данных с речевым вводом
technology ~ технологическая база данных
text ~ текстовая база данных
unified ~ интегрированная база данных; унифицированная база данных
word-oriented ~ текстовая база данных

dataflow потоковый
datagram 1. дейтаграмма *(независимый от других пакетов транспортируемый массив данных)* **2.** пакет, содержащий свой адрес доставки и посылаемый непосредственно через сеть
datalogger регистратор данных
datalogging регистрация данных
datamation 1. автоматическая обработка информации **2.** вычислительная техника
datapath информационный канал
dataphone дейтафон *(устройство передачи данных по телефонным линиям)*
dataplotter графопостроитель
dataware информационное обеспечение
dataway 1. информационная шина магистраль данных; информационный канал

date дата; срок ‖ датировать
  compatibility ~ дата обеспечения совместимости
  event occurence ~ срок наступления события
  file generated ~ дата создания файла
  pub ~ дата публикации
  purge ~ 1. дата истечения срока хранения **2.** дата «чистки» *(ненужных данных)*
  be ~d after иметь более позднюю дату
datestamp метка даты; проставлять дату; *проф.* штемпель ‖ штемпелевать
datum 1. единица информации элемент данных
daughterboard 1. дочерняя плата **2.** плата более низкого уровня
DB:
  OLE ~ название спецификации доступа к данным *(разработка корпорации Microsoft)*
DBA [data base administrator] администратор базы данных
DBCL [database control language] язык управления базами данных
DBMS]database management system] система управления базой данных; СУБД
  generalized ~ универсальная СУБД
  host-based ~ 1. встроенная СУБД **2.** центральная СУБД
  run-time ~ рабочая СУБД
  self-contained ~ замкнутая СУБД
DBR [dial-up bridge/router] мост/маршрутизатор, устанавливаемый в коммутируемых линиях
DCB [domain control database] управляющая база данных домена *(каталог, содержащий информацию о всех совместно используемых ресурсах домена)*

DCC [digital compact cassette] цифровая компакт-кассета

DCE 1. [data communications equipment] аппаратура передачи данных; коммуникационное оборудование 2. [distributed computing environment] распределенная вычислительная среда

DCI [display control interface] интерфейс управления дисплеем

DCX растровый формат

DDB [distributed database] распределенная база данных

DDBMS [distributed database management system] система управления распределенными базами данных

DDCMP [digital data communication message protocol] протокол цифровой передачи сообщений

DDCS [distributed data communication server] сервер связи с распределенными данными

DDE 1. [dynamic data exchange] динамический обмен данными 2. [direct data entry] прямой ввод данных

DDK [device driver kit] набор для разработки драйверов устройств

DDL 1. [dynamic data library] библиотека динамически передаваемых данных (*программные модули в MS Windows, содержащие исполняемые коды или данные, которые могут быть вызваны во время исполнения приложения или других DDL*) 2. [data definition language] язык описания данных

DDM [distributed data management] распределенное управление данными

DDP [distributed data processing] распределенная обработка данных

DDR [directed disk recorder] устройство прямой записи на диск

de-update восстанавливать

DEA 1. [data encryption algorithm] алгоритм засекречивания данных 2. [distributed evolutionary algorithm] децентрализованный (распределенный) эволюционный алгоритм

deactivate отключать

deactivating отключение; вывод из работы (*устройства, системы*)

dead пассивный; заблокированный

dead-end тупиковый

deadbanding обход мертвой зоны (*с помощью подпрограммы*)

deadlock 1. блокировка ‖ блокировать 2. *проф.* зависание 3. тупик; тупиковая ситуация; 4. взаимоблокировка (*напр. при мультипрограммной работе*)
   store-and-forward ~ блокировка пути передачи сообщения (*в сети*)

deadstart срыв запуска; неудачный запуск

dealer посредник; *проф.* дилер
   contact your ~ обратитесь к своему дилеру

deallocate 1. освобождать (*ресурс*); откреплять (*ресурс*) 2. перемещать (*напр. программу в памяти*)

deallocation 1. открепление (*ресурса*); освобождение (*ресурса*) 2. перемещение (*напр. программы в памяти*)
   buffer ~ освобождение буферов

dearchive загружать из архива; разархивировать

deassign отменять присваивание, отменять назначение

deblock 1. разблокировать; распаковывать блоки (*информации*) 2. разделять блоки (*на записи*)

deblocking деблокирование; разблокирование

debug 1. отладка ‖ отлаживать *(программу или машину)*; налаживать *(машину)* 2. отладчик 3. устранять неполадки; устранять неисправности
debuggability отлаживаемость
debugger отладчик; программа отладки; отладочная программа
   console ~ диалоговый отладчик
   interactive ~ диалоговый отладчик
   interpretive ~ интерпретируемый отладчик
   simulation ~ моделирующий отладчик
   source (language) ~ отладчик в терминах языка программирования
   symbolic ~ символьный отладчик
debugging наладка *(машины)*; отладка *(программы или машины)*; устранение неполадок *(неисправностей)*
   console ~ отладка с пульта управления
   dynamic ~ динамическая наладка; динамическая отладка
   foreign ~ отладка программы другим лицом *(не автором)*
   interactive ~ итеративная отладка
   knowledge base ~ отладка базы знаний
   remote ~ дистанционная отладка; отладка с дистанционного пульта
   run-time ~ отладка программы при прогоне
   single-step ~ пошаговая отладка
   source-level ~ отладка на исходном уровне
   system ~ 1. наладка системы; отладка системы 2. системная отладка; комплексная отладка

decade десятичный разряд
decatenation 1. декатенация 2. разъединение
decay порча
decentralized децентрализованный
decidability разрешимость
decimal 1. десятичный 2. десятичное число; десятичная дробь 3. десятичный знак
   unpacked ~ неупакованное десятичное
decipher расшифровывать
decision решение; выбор
   Bayesian ~ байесовское решение
   binary ~ выбор из двух альтернатив; двоичный выбор
   branching ~ выбор ветви *(в программе)*
   go-no-go ~ решение годен-негоден
   information ~ **system** информационно-решающая система
   leading ~ опережающее решение *(напр. проверка условия выхода из цикла до начала выполнения его тела)*
   make-versus-buy ~ выбор между приобретением оборудования на стороне и изготовлением собственными силами; выбор типа «изготовить *или* купить»
   nonprogrammable ~ непрограммируемое решение
   operational ~ оперативное решение
   optimal ~ оптимальное решение
   optimum ~ оптимальное решение
   probabilistic ~ вероятностное решение
   programmable ~ программируемое решение
   statistical ~ статистическое решение
   terminal ~ окончательное решение

decision

    threshold ~ пороговое решение
    trade-off ~ компромиссное решение
    trailing ~ замыкающее решение
    yes-no ~ выбор типа «да-нет»

decision-maker лицо, принимающее решения; ЛПР

decision-making принятие решений

deck 1. колода; пачка 2. лентопротяжное устройство; лентопротяжный механизм
    card ~ колода перфокарт
    tape ~ 1. комплект лент 2. лентопротяжное устройство

declaration 1. описание; объявление 2. определение
    accumulated ~s добавляемые объявления
    area ~ описание области
    array ~ объявление массива
    constant ~ объявление константы; описание константы
    contextual ~ контекстуальное объявление
    data ~ объявление данных
    entry ~ описание входа
    explicit ~ явное объявление
    forward ~ упреждающее объявление
    implicit ~ неявное объявление
    macro ~ макроопределение
    mode ~ описание вида
    multiple ~ 1. многократное объявление 2. повторное определение
    priority ~ объявление приоритета
    procedure ~ объявление процедуры; описание процедуры
    renaming ~ объявление переименования
    security ~ объявление прав доступа
    switch ~ описание переключателя
    type ~ описание типа
    typedef ~ оператор описания типа
    unitary ~ однократное объявление
    variable ~ описание переменной

declarative декларативный

declarator 1. оператор объявления; описатель 2. описание
    abstract ~ неявное описание
    array ~ оператор объявления массива
    complex ~ составное описание

declare объявлять

declarer 1. описание 2. описатель

decode декодировать

decoder декодер; декодирующее устройство
    address ~ декодер адреса; дешифратор адреса
    ADPCM ~ декодер ADPCM
    binary ~ двоичный дешифратор
    bit ~ разрядный дешифратор
    command ~ декодер команд; дешифратор команд
    diode ~ диодный дешифратор
    gated ~ стробированный дешифратор
    instruction ~ дешифратор команд
    message ~ дешифратор сообщений
    on-chip ~ встроенный декодер; встроенный дешифратор
    opcode ~ декодер кода операции
    operation ~ дешифратор команд; дешифратор операций
    paper tape ~ дешифратор телетайпа
    row ~ дешифратор строк
    storage ~ запоминающий декодер
    trigger ~ триггерный дешифратор
    voltage ~ преобразователь напряжения

decoding декодирование
  aberrant ~ неверное понимание; ошибочное восприятие
  error ~ декодирование, осуществляемое с ошибкой
  keyboard ~ декодирование информации, набранной на клавиатуре; *проф.* декодирование клавишного набора
  on-chip ~ дешифрование на кристалле
  sequential ~ последовательное декодирование
  threshold ~ пороговое декодирование
decollation рассортировка
decompile детранслировать
decompiler декомпилятор; детранслятор
decomposition декомпозиция; разложение; разбиение
  block ~ блочная декомпозиция
  functional ~ функциональная декомпозиция
  given ~ заданное разложение
  large-scale ~ декомпозиция больших систем
  modular ~ разбиение на модули
  program ~ декомпозиция программы
  query ~ декомпозиция запроса
  raptioned ~ декомпозиция разбиения
  relaxation ~ релаксационная декомпозиция
  sequential ~ последовательная декомпозиция
  structural ~ структурное разбиение
  temporal ~ временное разложение
  time-series ~ разложение временного ряда
decompress 1. разворачивать *(сжатые данные)* 2. разуплотнять *(диск)* 3. распаковывать *(файл)* 4. снять уплотнение *(с диска)*

decompression развертывание
decoupling разделение
decrement 1. декремент 2. отрицательное приращение 3. уменьшать
decryption декодирование; дешифровка; расшифровка
DECT [digital European cordless telecommunications standard] Европейский стандарт на цифровую беспроводную связь
dedicated выделенный; назначенный; специализированный
deduce 1. выводить 2. прослеживать
deductibility выводимость
deduct вычитать; отнимать
deduction 1. дедукция; вывод; (умо)заключение 2. *мат.* вычитаемое 3. вычитание
  resulting ~ регулирующий вывод
  standard ~ нормативный вычет
  subsidiary ~ вспомогательный вывод
deductive дедуктивный
deep 1. глубинный 2. глубокий
  levels ~ уровневый
default 1. значение, присваиваемое по умолчанию 2. используемый по умолчанию 3. оператор умолчания 4. оператор, устанавливаемый по умолчанию 5. подразумеваемый; опущенный 6. принимаемый по умолчанию 7. стандартный 8. умолчание
  by ~ по умолчанию
  on ~ по умолчанию
  set as ~ использовать по умолчанию
  restore ~s восстановить исходные параметры
defect дефект; неисправность; повреждение; недоработка
  birth ~ дефект изготовления; *проф.* врожденный дефект

defect
   critical ~ опасный дефект; критическая неисправность
   design ~ конструктивный недостаток; конструктивная недоработка; ошибка, допущенная при проектировании; проектная недоработка
   fault ~ 1. дефект, приводящий к неисправности 2. дефект, приводящий к ошибке
   killing ~ роковой дефект
   man-made ~ внесенный дефект
   noncoverable ~ необнаруживаемый дефект
   repairable ~ устранимый дефект; устранимая недоработка
   source ~ исходный дефект
   visible ~ видимый дефект
defection уход из очереди
defective 1. дефектный; неисправный 2. поврежденный
defer откладывать; задерживать
deference отсрочка
deferent выводящий
deferrable допускающий задержку
definability определимость
definable определяемый
define 1. давать определение 2. определять; описывать
defined определяемый ‖ определенный
definite определенный
definition 1. описание объекта 2. определение; описание 3. определение термина 4. разрешение изображения 5. четкость; отчетливость
   cell ~ определение ячейки
   conceptual ~ концептуальное описание
   data ~ определение данных; описание данных
   explicit ~ явное определение
   external ~ внешнее определение
   function key ~ определение функциональной клавиши
   generic ~ видовое определение (*данных*)
   implicit ~ неявное определение
   input/output ~ задание входов и выходов
   interface ~ описание сопряжений
   job ~ формулировка задания; описание задания; паспортные данные задания
   object ~ определение объекта
   policy ~ выработка стратегии
   problem ~ постановка задачи; формулировка задачи; описание задачи
   recursive ~ рекурсивное задание
   restart ~ определение условий (автоматического) рестарта
   software design ~ эскизный проект программного обеспечения
   system ~ описание (вычислительной) системы; системное описание
degating блокирование
degeneracy:
   dual ~ вырожденность двойственной задачи
degradation 1. ухудшение (*параметров*) 2. сокращение возможностей (*системы*) 3. снижение эффективности (*функционирования системы*)
   graceful ~ 1. амортизация отказов 2. постепенное сокращение возможностей (системы) 3. постепенный вывод из работы (*отдельных устройств*) 4. ухудшение качества (*напр., передачи информации*) не приводящее к нарушению связи
degrade ухудшать
degree 1. градус 2. порядок 3. степень
   ~ **of accuracy** степень точности
   ~ **of belief** степень доверия; уровень доверия (*напр. к гипотезе в экспертной системе*)

~ **of curvature** порядок кривой
~ **of precision** степень точности
~ **of priority** порядок приоритета
~ **of randomness** степень случайности
~ **of uncertainty** степень неопределенности

deinterleaving сортировка, обратная чередованию

delay 1. время задержки 2. задержка; запаздывание; отсрочка ‖ задерживать 3. выдержка времени 4. откладывать
  answering ~ задержка ответа; задержка реакции *(системы)*
  audio decoder ~ задержка декодера звукового канала
  cable ~ задержка в кабеле
  communication ~ задержка в линии связи
  compensating ~ компенсирующая задержка
  condenser ~ емкостная задержка
  corrective ~ корректирующая задержка
  cross-network ~ задержка (сигнала) в сетях
  cross-office ~ станционная задержка
  dead-time ~ зона нечувствительности
  envelope ~ групповая задержка
  forwarding ~ задержка на пересылку
  mean rescheduling ~ средняя задержка до повторной передачи *(после изменения расписания)*
  network ~ сетевая задержка *(сигнала)*
  operating ~ задержка в работе *(системы)*; операционная задержка
  post dialing ~ постнаборная задержка
  programmable ~ программируемая задержка
  propagation ~ 1. время распространения 2. задержка на распространение *(сигнала)*
  pulse time ~ задержка импульса
  queuing ~ задержка из-за ожидания в очереди
  response ~ задержка ответа; задержка реакции *(системы)*
  ripple ~ задержка в цепи переноса
  service ~ 1. задержка, связанная с обслуживанием 2. рабочая задержка
  station ~ задержка станции
  time ~ временная задержка; запаздывание
  transmission ~ задержка передачи

delayed задержанный

delete вычеркивать; удалять; стирать; исключать; ликвидировать; уничтожать ◊ ~ **a segment** освобождать сегмент памяти

deleter:
  blank ~ средство исключения пробелов

deleting удаление

deletion вычеркивание; удаление; стирание; исключение; ликвидация, уничтожение
  character ~ вычеркивание знаков; стирание знаков; исключение символов
  frame ~ ликвидация кадра; удаление кадра
  inadvertent ~ непреднамеренное уничтожение

delettee удаляемый элемент

delimit 1. разграничивать; разделять 2. устанавливать границы *(значений параметров)*

delimited ограниченный

delimiter 1. ограничитель **2.** разделитель; разграничитель
   data ~ ограничитель данных
   field ~ разделитель полей
   location ~ разделитель *(разграничитель)* областей памяти
   parameter ~ **1.** ограничитель параметра **2.** разделитель параметров
   self-defining ~ самоопределяющий ограничитель
delinearization делинеаризация
deliver доставлять сообщения
delivery 1. выдача *(сигнала)* **2.** подача; доставка
   delayed ~ задержанная доставка
   message ~ доставка сообщения
   multicast ~ многопунктовая передача
   multidestination ~ многоадресная передача
   out-of-sequence ~ несвоевременная доставка *(пакета данных в сети)*
delta-modulation:
   statistical ~ статистическая дельта-модуляция
demand 1. требование; запрос; заявка ‖ требовать; запрашивать **2.** спрос; потребность ‖ спрашивать
   computation ~ **1.** запрос на вычисление **2.** потребность в вычислительной обработке
   consumer ~ потребительский спрос
   delayed ~ требование ожидающий обслуживания
   served ~ обслуженное требование
   service ~ запрос на обслуживание
   stochastic ~ стохастический спрос

   traffic ~ запрос на выделение ресурсов для организации передачи *(трафика)*
   video on ~ видео по запросу *(индивидуальный показ телевизионных программ или видеофильмов по кабельной сети с мультимедиа- или видео-сервера)*; видеосервис по запросу
demand-driven управляемый запросами
DEMARC [distributed enterprise management architecture] распределенная архитектура управления сетью масштаба предприятия *(разработана фирмой Banyan)*
demasking демаскирование
demo 1. демонстрационная программа; демонстрационная версия **2.** демонстрационный
demodifier демодификатор
demodulator демодулятор
demon демон *(процедура, запускаемая автоматически при выполнении ряда условий)*
demonstration 1. демонстрация; наглядный показ **2.** доказательство **3.** проявление *(напр. симптомов отказа)*
   operational ~ демонстрация работоспособности
demount снимать; демонтировать
demounting демонтаж *(оборудования)*; удаление, снятие *(сменного пакета дисков)*
DEN [document enabled networking] сетевая среда поддерживающая работу с документами *(единая модель распространения документов в Net-Ware независимо от их форм)*
denary десятичный
dendrogram древовидная схема
denial:
   alternative ~ дизъюнкция отрицаний

dependence

   joint ~ конъюнкция отрицаний
denominator знаменатель
denotation 1. значение; точный смысл 2. обозначение; изображение
   long ~ длинное изображение
density 1. интенсивность 2. плотность; концентрация 3. плотность записи в битах на единицу длины или площади
   arrival ~ интенсивность входного потока; плотность распределения входного потока
   bit ~ плотность (расположения) битов *(в ЗУ)*; плотность записи
   board ~ плотность компоновки плат; плотность (расположения) элементов на плате
   carrier ~ плотность носителей
   character ~ плотность (расположения) знаков
   component ~ плотность компонентов
   conditional ~ плотность условного распределения
   conditional probability ~ плотность условного распределения
   denumerable ~ счетное множество
   down-time ~ плотность длительности простоев
   element ~ плотность элементов
   failure ~ плотность отказов
   functional ~ функциональная плотность
   information ~ интенсивность потока информации
   normal ~ плотность нормального распределения
   optimum ~ оптимальная плотность
   packaging ~ плотность упаковки
   printing ~ плотность печати
   recording ~ плотность записи
   storage ~ плотность (размещения) информации в ЗУ
   track ~ плотность (расположения) дорожек; поперечная плотность
   writing ~ плотность записи
denumerable счетный
department:
   data processing ~ отдел обработки данных; служба обработки данных
   maintenance ~ отдел технического обслуживания
   maintenance ~ служба сопровождения
   systems ~ отдел (разработки) систем
departure 1. отправка; отправление *(сообщения в сеть)* 2. уход
   bulk ~s групповой уход
   random ~s 1. случайный выходящий поток 2. уход в случайные моменты времени
   regular ~s регулярный выходящий поток
   single ~ уход одиночного требования
   system ~ уход из системы
dependability функциональная надежность; гарантоспособность *(обеспечивающая получение достоверных результатов в условиях наличия неисправностей)*
dependence:
   causal ~ причинная зависимость
dependence зависимость *(см. тж* **relation***)*
   causal ~ причинная зависимость
   data ~ зависимость по данным *(напр. между модулями программы)*; зависимость от данных
   equivalence ~ зависимость по эквивалентности *(между базами данных, содержащими один и тот же объект под разными именами)*
   existence ~ зависимость существования *(одних объектов ре-*

dependence
ляционной базы данных от наличия других)
exponential ~ экспоненциальная зависимость
functional ~ функциональная зависимость
interdatabase ~ межбазовая зависимость (*тип ограничения на использование данных в мультибазовых системах*)
linear ~ линейная зависимость
multivalued ~ многозначная зависимость
nonlinear ~ нелинейная зависимость
power ~ степенная зависимость
random ~ случайная зависимость
time ~ временная зависимость
dependency зависимость
causal ~ причинная зависимость
data ~ зависимость по данным
dependent зависимый ◊ ~ in the probability sense зависимый в вероятностном смысле
queue ~ зависящий от длины очереди
deployment:
network ~ развертывание сети (*установление исходной топологии в соответствии с требованиями по пропускной способности*)
deposit 1. копировать во внешнюю память **2.** помещать (*напр. информацию в хранилище данных*)
depth:
~ **of letter** кегль шрифта
~ **of page 1.** длина полосы набора **2.** длина страницы
hierarchy ~ глубина иерархии
indexing ~ глубина индексирования
iteration ~ глубина итерации
memory ~ **1.** емкость памяти **2.** цикл памяти

nesting ~ глубина вложенности
deque двухсторонняя очередь
dequeue 1. выводить из очереди; исключать из очереди; убирать из очереди **2.** очередь с двусторонним доступом
derail уходить в подпрограмму
derating 1. выход из нормы; ухудшение параметров; выход из диапазона **2.** ограничение допустимых значений
dereference разыменовать
dereferencing разыменовывание
derivation вывод
direct ~ непосредственный вывод
normal ~ производное по нормам
derivative *мат.* производная
left-hand ~ производная слева
partial ~ частная производная
time ~ производная по времени
total ~ полная производная
derived производный; вторичный; выведенный
DES [data encryption standard] принятый в США стандарт шифрования
descend 1. идти от общего к частному **2.** убывать; уменьшаться
descender подстрочный элемент
descending убывающий; нисходящий (*напр. по иерархии*)
descent:
recursive ~ рекурсивный спуск
describe описывать; характеризовать
description описание; характеристика
behaviour ~ поведенческое описание
database ~ описание базы данных
declarative ~ декларативное описание
field ~ описание поля

formal ~ формальное *(формализованное)* описание
generic ~ обобщенное описание
implementation ~ описание реализации
instance ~ описание экземпляра *или* представителя *(некоторого класса объектов)*
job ~ описание задания
problem ~ описание задачи; (содержательная) постановка задачи
protocol ~ описание протокола
quasi-formal ~ квазиформальное описание
system board ~ описание системной платы
system ~ описание системы; системное описание
descriptive описательный
descriptor 1. дескриптор; описатель **2.** идентификатор **3.** описание; паспорт **4.** признак *(в ассоциативном ЗУ)*
array ~ дескриптор массива
associative ~ ассоциативный дескриптор
block ~ дескриптор блока
data ~ описатель данных
file ~ дескриптор файла
page ~ дескриптор страницы
process ~ дескриптор процесса
record ~ дескриптор записи
resource ~ дескриптор ресурса
segment ~ дескриптор сегмента
string ~ дескриптор строки
track ~ описатель дорожки
vector ~ дескриптор массива
deselect отменять выделение; снимать выделение
deselection отмена выбора; отмена выборки, отмена выделения
deserialize преобразовывать из последовательной формы в параллельную

design 1. (творческий) замысел **2.** конструирование **3.** конструкция **4.** проект; замысел; план **5.** проектирование; конструирование; разработка ‖ проектировать; конструировать; разрабатывать **6.** расчет **7.** схема; чертеж; эскиз ◊ **~ for reliability** проектирование надежных систем; надежностное проектирование; **~ for testability** проектирование контролепригодных систем
~ of typeface начертание шрифта
architectural ~ проектирование (на уровне) архитектуры *(вычислительной системы)*; архитектурное проектирование
associate ~ сопряженного плана
augmented ~ расширенный план
block ~ блочная конструкция
bottom-up ~ восходящее проектирование; проектирование снизу вверх
character ~ 1. конфигурация знака; форма знака **2.** проектирование символа
computer-aided control system ~ автоматизированное проектирование систем управления
computer-aided ~ (CAD) автоматизированное проектирование (САПР)
conceptual ~ концептуальный проект; концепция; разработка концепции *(построения системы)*; концептуальное проектирование
control ~ расчет управляющего воздействия
data ~ 1. проектирование размещения данных в памяти **2.** проектирование структуры данных

design

detailed ~ рабочий проект
dialog ~ проектирование (конструирование) диалога
distribution ~ проектирование распределённой структуры (напр. базы данных)
draft ~ эскизный проект
elaborate ~ 1. сложная (замысловатая) конструкция 2. тщательно продуманный проект; хорошо продуманная конструкция
engineering ~ 1. инженерное проектирование 2. конструкторские расчеты
external ~ внешний проект (совокупность характеристик видимых пользователю)
external system ~ внешнее проектирование системы
fail-safe ~ отказобезопасная конструкция; проектирование отказобезопасных систем
flaw ~ недоработанная конструкция; недоработанный проект
foolproof ~ конструкция, защищенная от неправильного обращения; проектирование с учетом возможности неправильного обращения; *проф.* конструкция с защитой от дурака
functional ~ функциональная схема; функциональное проектирование; разработка функциональных схем
incomplete ~ незавершенный проект; проект-полуфабрикат
initial ~ исходное проектное решение
intellectual ~ 1. всесторонне продуманное конструирование 2. интеллектуальное устройство
interactive ~ интерактивное проектирование
intermediate ~ промежуточное проектное решение; незавершенный проект, проект-полуфабрикат

internal ~ внутренний проект (совокупность характеристик, скрытых от пользователя)
layout ~ 1. проектирование (схемы) размещения (элементов или оборудования) 2. проектирование топологии или рисунка
logic ~ логическое проектирование
logical ~ 1. логическая схема; логическая структура 2. логическое проектирование; проектирование на логическом уровне; составление логической схемы; логический синтез 3. разработка алгоритмов (функционирования системы)
modular ~ блочная конструкция; модульная конструкция
operational ~ проектирование (системы) на уровне операций
physical ~ проектирование на физическом уровне (в отличие от логического)
pilot ~ опытная конструкция
point ~ конструкция, отвечающая заданным требованиям
policy ~ разработка стратегии
poor ~ 1. некачественная конструкция 2. плохой проект; неудовлетворительный план
preliminary ~ технический проект
program ~ проектирование программы; составление программы; конструирование (разработка) программы
proprietary ~ оригинальная разработка
repairable ~ устранимая недоработка
revised ~ 1. переделанная конструкция 2. пересмотренный (скорректированный) проект
sample ~ составление выборки

structured ~ структурное проектирование

systematic ~ системное проектирование

top-down ~ нисходящее проектирование; проектирование сверху вниз

trial ~ пробная конструкция; опытный образец

type ~ начертание шрифта

uniprocessor ~ однопроцессорная конструкция

view ~ проектирование представлений (*при разработке баз данных*)

visual ~ визуальное конструирование (*с широким использованием средств машинной графики*)

designation обозначение; наименование; маркировка

number ~ запись числа

symbolic ~ символическое обозначение; символическое наименование

wildcard ~ обозначение любых символов

designator указатель; обозначение

designed ◊ ~ **for** предназначен для

designer 1. проектировщик; конструктор; разработчик; дизайнер **2.** художник **3.** художник-модельер

animated cartoon ~ художник-мультипликатор

application ~ конструктор приложений

art-~ художник-постановщик

expert ~ высококвалифицированный разработчик; опытный разработчик

human factor ~ специалист по инженерной психологии

production ~ художник фильма

software ~ разработчик программного обеспечения; разработчик программных средств

system ~ специалист по разработке систем; системотехник; *проф.* системщик

desired благоприятный

desk 1. пульт; щит **2.** стенд **3.** стол
control ~ пульт управления
help-~ компьютерная служба помощи; справочный стол; служба оперативной поддержки

desk-mounted настольный

desk-size малогабаритный; настольного типа

desktop 1. оформление **2.** рабочий стол **3.** стол-конторка **4.** настольный
electronic ~ электронное хранилище писем *или* документов (*в системе электронной почты*)

despotic принудительный (*о режиме работы устройств в сети*)

destaging перенос (данных) из оперативной памяти в промежуточную

destination назначение; пункт назначения; адресат информации

destroy 1. разрыв (*транспортный примитив сети*) **2.** уничтожать; разрушать (*информацию*)

destruction уничтожение; разрушение (*информации*)

destructive разрушительный

DET [directory entry table] таблица элементов каталогов

detachable 1. отрезной; отрывной (*о ярлыке первичного документа*) **2.** съемный (*о блоке*)

detachment разъединение (*частей аппаратуры*); разделение (*носителей информации*)

detail 1. деталь **2.** подробность
describe in ~ описывать подробно

nitty-gritty ~**s** мельчайшие подробности

detailed детализированный

Detect *w* Поиск (*кнопка*)

detectability возможность выявления

detectable определимый

detected выявлен ‖ выявленный

detection выявление; детектирование; обнаружение
  collision ~ обнаружение столкновений *(в сети)*
  error ~ обнаружение ошибок
  failure ~ обнаружение отказов или повреждений
  hit ~ распознавание указываемой точки
  light pen ~ определение координат точки *(на экране)* при помощи светового пера
  malfunction ~ выявление неправильного функционирования
  on-line ~ оперативное обнаружение *(отказов)*

determinancy детерминированность

determinant детерминант

determination определение
  problem ~ выявление отказа

determine 1. вычислять 2. определять; устанавливать

determining:
  at ~ при определении

develop разрабатывать

development 1. развитие; усовершенствование 2. разработка
  ~ **of failure** развитие повреждения; проявление отказа
  bottom-up ~ восходящая разработка; разработка снизу вверх
  cross ~ кросс-разработка
  data ~ разработка информационной структуры *(системы)*; разработка структур данных
  do-it-yourself ~ кустарная разработка; разработка типа «сделай сам»
  engineering ~ технологическая разработка; техническая разработка; конструкторская разработка
  program ~ разработка программы
  research and ~ научно-исследовательский
  software ~ программирование
  software engineering ~ разработка методов программотехники; программотехническая разработка
  top-down ~ нисходящая разработка; разработка сверху вниз

deviation отклонение
  admissible ~ допустимое отклонение
  allow no ~**s** не допускать отклонения
  angular ~ угловое отклонение
  average ~ среднее отклонение
  cumulated ~ накопленное отклонение
  maximum ~ максимальное отклонение
  mean ~ среднее отклонение
  mean-square ~ среднее квадратичное отклонение
  probable ~ вероятное отклонение
  relative ~ относительное отклонение
  significant ~ существенное отклонение
  standard ~ среднее квадратичное отклонение; стандартное отклонение

device 1. механизм; аппарат 2. метод; способ; схема 3. устройство; прибор; приспособление
  acoustic charge transport ~ прибор с акустическим переносом заряда
  ACT ~ [acoustic charge transport device] прибор с акустическим переносом заряда
  add-on ~ навесной элемент; добавочный элемент
  addressed ~ адресуемое устройство

aiming ~ приспособление для указания точки (*на экране дисплея с автоматическим вводом координат*)
alarm ~ устройство аварийной сигнализации
association of user ~s группа абонентских устройств
attached ~ 1. навесной элемент 2. прикрепленное устройство
attention ~ сигнальное устройство; устройство для привлечения внимания (*оператора*)
backup ~ резервное устройство
block-oriented ~ блочно-ориентированное устройство
calling ~ вызывное устройство
character recognition ~ устройство распознавания знаков
choice ~ устройство выбора альтернативы
computing ~ вычислительное устройство
control ~ 1. управляющее устройство; устройство управления 2. устройство контроля; контрольный прибор; средство контроля
cutoff ~ отключенное устройство (*в отказоустойчивых системах*)
data display ~ устройство отображения данных *или* информации
decision-making ~ схема выбора решения
detachable ~ отделяемое устройство; съемное устройство; приставка
digital ~ 1. цифровое устройство; цифровой прибор 2. цифровой элемент
direct-access storage ~ запоминающее устройство прямого доступа
discrete ~ 1. дискретное устройство 2. дискретный элемент

display ~ 1. дисплей; устройство отображения 2. устройство индикации; индикатор
encoding ~ кодирующее устройство; кодер; шифратор
external ~ внешнее устройство
hard-copy output ~ выходное устройство, выдающее документальные копии
hardware/software input ~ аппаратно-программное устройство ввода
higher-priority ~ приоритетное устройство
input ~ устройство ввода
input/output ~ устройство ввода-вывода
interactive pointing ~ интерактивный координатный указатель
interface ~ устройство сопряжения
interrogation ~ выносной пульт компьютера
list ~ устройство печати; распечатывающее устройство
locator ~ координатный манипулятор; устройство для ввода координат
logical ~ логическое устройство
logical ~ name логическое имя устройства
logical input ~ логическое устройство ввода
mouse pointing ~ манипулятор «мышь», *проф.* мышь
network-based ~ устройство, подсоединенное к сети
output ~ выходное устройство; устройство вывода
paging ~ средство обеспечения листания страниц (*памяти*)
paper-moving ~ механизм протяжки бумаги
peripheral ~ периферийное устройство

plotting ~ графопостроитель; графическое регистрирующее устройство

pointing ~ 1. указующее устройство *(класс периферийных устройств для выполнения пользователем действий на экране: мышь, трекбол, джойстик и т.п.)* 2. устройство управления позицией

positioning ~ устройство управления курсором

printer-sharing ~ блок управления коллективным использованием принтера

printing ~ печатающее устройство; принтер

protective ~ 1. защитное устройство; предохранительное устройство; предохранитель 2. способ защиты

raster-display ~ растровое устройство отображения

raster-scan ~ устройство с разверткой растра; растровое устройство

readout ~ 1. способ считывания *(данных)* 2. считывающее устройство; устройство считывания *(данных)*

ready/not ready ~ устройство для сигнализации о готовности *(напр. аппаратуры ввода-вывода)* к работе

record-oriented ~ устройство с доступом к записям

recording ~ 1. записывающее устройство 2. способ записи

reproducing ~ устройство воспроизведения

rewriting ~ устройство перезаписи

safety ~ 1. защитное устройство; предохранительное устройство; предохранитель 2. способ защиты

stand-alone ~ автономное устройство

storage ~ запоминающее устройство; ЗУ; запоминающий элемент

storing ~ запоминающее устройство; ЗУ; запоминающий элемент

stream-oriented ~ потоковое устройство

string ~ устройство ввода символьной строки; устройство ввода строк

stroke ~ устройство ввода массива позиций

stylus input ~ устройство ввода со световым пером; световое перо

swap ~ (внешнее запоминающее) устройство перекачки *(заданий в оперативную память и обратно)*; *проф.* средство обеспечения свопинга

switching ~ 1. переключающее устройство; коммутирующее устройство 2. переключающий элемент

system input ~ системное устройство ввода

system output ~ системное устройство вывода

tablet coordinates input ~ планшетное координатное устройство *(для ввода графических данных)*

tape-moving ~ лентопротяжный механизм

temporary storage ~ ЗУ *(для)* временного хранения информации

terminal ~ оконечное устройство; терминал

time sharing ~ 1. механизм разделения времени; средство обеспечения режима разделения времени 2. устройство, работающее в режиме разделения времени

touch-input ~ сенсорное устройство ввода
utility ~ вспомогательное устройство
virtual ~ виртуальное устройство
visible-warning ~ устройство визуальной сигнализации
device-dependent зависящий от устройства
device-driven управляемый устройством
device-independence машино-независимость *(характеристика программного обеспечения)*
device-independent не зависящий от устройства
device-specific зависящий от (конкретного) устройства
DFI [digital facility interface] интерфейс цифрового оборудования
DFS [distributed file services *(system)*] распределенная файловая служба *(система)*
DFT [disk failure *(fault)* tolerance] средства поддержки отказоустойчивости диска
DHCP [dynamic host configuration protocol] протокол динамической настройки конфигурации главной ЭВМ *(метод управления информацией о сетевых ПК-клиентах с пульта головной ЭВМ)*
Dhrystone программа для оценки производительности ПК
diagnosing диагностирование
diagnosis 1. диагноз; диагностика; диагностирование 2. обнаружение (выявление) ошибок *или* неисправностей *(см. тж* diagnostics)
  error ~ диагностика ошибок; обнаружение (выявление) ошибок

  fault ~ диагностика неисправностей *или* дефектов
  malfunction ~ диагностика сбоев; выявление неправильного функционирования
  off-line ~ 1. автономное диагностирование 2. оперативная диагностика; диагностирование в рабочем режиме
diagnostics 1. диагноз; диагностика; диагностическая проверка 2. диагностические средства 3. обнаружение (выявление) ошибок *или* неисправностей
  built-in ~ встроенная диагностика
  compile-time ~ диагностика в процессе компиляции
  compiler ~ сообщения транслятора
  emergency ~ диагностика аварийных ситуаций
  error ~ сообщения об ошибках
  failure ~ диагностика отказов *или* повреждений
  on-line ~ диалоговая диагностика
  preventive ~ профилактическая диагностика
  remote ~ дистанционная диагностика
  run-time ~ сообщение при выполнении
  stand-alone ~ автономные диагностические средства
  warning ~ 1. предупредительная диагностика 2. предупреждающее сообщение
diagnotor 1. диагностическая программа; программа обнаружения и устранения ошибок *или* неисправностей 2. диагностическая схема
diagonal диагональ ‖ диагональный
diagonalisation диагонализация

diagram

diagram диаграмма; схема; график, графическое представление ‖ вычерчивать диаграмму *или* график; составлять схему; изображать схематически ◊ a ~ worths many words одна схема заменяет тысячу слов; лучше один раз увидеть, чем сто раз услышать
~ **of (the) function** график функции
ANSI block ~ стандартная структурная схема; структурная схема ANSI *(для отображения последовательности передач управления в программе прямоугольниками, ромбами и направленными линиями)*
block ~ 1. блок-схема; структурная схема; скелетная схема 2. гистограмма; столбиковая диаграмма
circuit ~ принципиальная схема; схема соединений; схема коммутации; коммутационная схема
column ~ гистограмма; столбиковая диаграмма
conceptual ~ схема концептуального представления, концептуальная схема *(напр. разрабатываемой системы программного обеспечения)*
connection ~ схема соединений; схема коммутации; коммутационная схема
data flow ~ схема информационных потоков, схема потоков данных
data organization ~ схема организации данных
data structure ~ схема (представления) структуры данных
fine ~ детальная диаграмма
flow ~ блок-схема; структурная схема; схема последовательности операций
frequency ~ гистограмма
functional ~ 1. функциональная диаграмма 2. функциональная схема; принципиальная схема
ladder ~ многозвенная логическая схема
logical sequence ~ схема логического упорядочения
network ~ сетевой график
pictorial ~ наглядная диаграмма; наглядное изображение
pie ~ секторная диаграмма; круговая диаграмма
review ~ обзорная диаграмма
run ~ схема прогона *(программы)*
schematic ~ принципиальная схема; схематическое представление
syntax ~ синтаксическая диаграмма
tree ~ дерево; древовидная схема
waveform ~ временная диаграмма сигналов
wiring ~ монтажная схема; схема соединений; схема коммутации; коммутационная схема
diagraming изображение с помощью диаграмм; диаграммное изображение
diagrammatize 1. вычерчивать диаграмму 2. составлять схему
dial 1. круговая шкала; циферблат; лимб 2. номеронабиратель, кодонабиратель; наборный диск 3. набирать номер 4. наносить деления на шкалу 5. настраивать по шкале 6. осуществлять набор кода; набирать код 7. устанавливать (автоматическую) связь ◊ ~ **up** набирать
dial-in 1. дозвониться удаленный 2. доступ (через модем); доступ через телефонную линию
dialer номеронабиратель; система набора номера

dialing:
  on-demand ~ набор по запросу (функция ISDN, устанавливающая соединение, передачу и закрытие соединения только в ответ на поступление пакета данных, направляемого в удаленную сеть)
  abbreviated ~ сокращенный набор номера
dialog диалог; общение ‖ диалоговый
  adaptive ~ адаптивный диалог
  case-method ~ диалог с использованием примеров
  graphic ~ графический диалог
  implicit ~ скрытый диалог; диалог в неявной форме
  man-made ~ диалог человека с машиной
  menu ~ диалог типа выбора меню; диалог на основе выбора предлагаемых вариантов
  prompted ~ диалог с подсказками (*пользователю со стороны ЭВМ*)
  question/answer ~ диалог (*человека с машиной*) в форме вопросов и ответов
  socratic ~ сократическая беседа
  task-oriented ~ целенаправленный диалог
  voice-interactive ~ диалоговое взаимодействие с использованием речевых устройств; речевой диалог
dialoguing ведение диалога
diameter диаметр
diamond 1. алмаз 2. ромб (*символ логической блок-схемы*)
DIB [device-independent bitmap] структура данных растрового представления (*выводимых на экран объектов в видеопамяти*)
dicentric дицентрический

dichotomic дихотомический
dichotomize делить на две части (*напр. массив записей при поиске*); выполнять дихотомию
dichotomy дихотомия; (последовательное) деление на две части
dictionary словарь
  automatic ~ автоматический (машинный) словарь; словарь для автоматического перевода
  conceptual ~ словарь понятий
  cross-reference ~ словарь перекрестных ссылок
  data ~ 1. словарь данных 2. словарь базы данных
  electronic ~ электронный словарь (*словарь в форме машинной программы*)
  postings ~ реестр рассылки (*сообщений в системе электронной почты*)
diddle *проф.* смастерить наспех (*программу*)
diddling сдвиг элементов изображения
difference 1. приращение 2. различие 3. разность; вычислять разность
  scale ~ 1. различие в системах счисления 2. различие масштабов *или* шкал
differential 1. дифференциал ‖ дифференциальный 2. различный
differentiate различать ◊ ~ **between** различать
differentiation дифференцирование
differently неодинаково
difficulty трудность
  routine ~ трудность программы (*показатель сложности разработки*)
diffusion 1. диффузия 2. постепенное распространение (*напр. внедренной автоматизированной системы*)

digit 1. одноразрядное число; однозначное число 2. разряд 3. символ; знак 4. цифра
  check ~ контрольный разряд
  dot-matrix ~ точечная цифра *(напр. изображаемая с помощью точечной матрицы)*
  forbidden ~ запрещенный знак
  gap ~s пустые разряды *(машинного слова, не использующиеся для представления информации)*
  illegal ~ неразрешенная цифра; неразрешенный знак
  least-significant ~ младший разряд
  low-order ~ младший разряд
  most significant ~ старший разряд
  sign ~ цифра знака *(определяющая знак)*; знаковый разряд
  significant ~ значащая цифра
digital 1. дискретный 2. цифровой 3. численный
digitization дискретизация; оцифровка
digitize преобразовывать в цифровую форму; оцифровывать
digitizer 1. дигитайзер 2. дискретизатор 3. кодирующий преобразователь 4. процессор (для обработки) изображений 5. цифровой преобразователь; цифровой датчик; цифратор
  picture ~ преобразователь изображения в цифровой код; устройство оцифровки изображения
digraph ориентированный граф
dike *проф.* удалять; заглушать *(напр. дефектную часть программы)*
DIL [dual-in-line] двухрядный; с двухрядным расположением выводов
dimension 1. размер; величина; габариты 2. габаритное поле *(в графопостроителях)* 3. измерение; размерность 4. определять размеры; задавать размеры
  ~ **of array** размерность массива
dimensionality размерность
  high ~ большая размерность *(решаемой задачи)*
dimensioning задание размеров
dimensionless безразмерный
dimmed недоступный
DIP 1. [dual-in-line package] двухрядный корпус; корпус ДИП *(микросхема с двухрядным расположением выводов)* 2. [document and image processing] обработка документов и изображений
DIR [data interchange format] формат обмена данными
dir вывод каталога *(команда MS DOS)*
direct прямой
direct-beam векторный
directed 1. направленный 2. ориентированный
directive 1. директива; указание 2. указатель 3. управляющий; направляющий
  compiler ~ директива компилятора
  executive ~ обращение к операционной системе
  interrupt ~ директива прерывания
  parent ~ родительский каталог
directly прямо
director режиссер
  acting executive ~ исполняющий обязанности директора-распорядителя
  art ~ 1. художник-декоратор 2. художественный редактор *(книги)*
directory 1. каталог; *проф.* директория 2. справочник ◊ ~ **is not**

empty в каталоге имеются файлы *(сообщение)*; ~ **under working** ~ каталог внутри рабочего каталога
backup ~ резервный каталог
changing to another ~ перемещение в другой каталог
contents ~ оглавление; справочник содержимого *(напр. памяти)*
current ~ текущий каталог
data ~ справочник данных
database ~ справочник базы данных
default ~ основной каталог; каталог, выбираемый по умолчанию
home ~ 1. начальный каталог; *и* основной каталог 2. начальный справочник *(в иерархической системе справочников)*
in ~ исходный каталог
login ~ регистрационный каталог *(обеспечивающий вход пользователей в систему)*
network ~ справочник, регламентирующий работу сети
one level up ~ родительский (вышестоящий) каталог
out ~ выходной каталог
parent ~ родительский (вышестоящий) каталог
root ~ корневой справочник; корневой каталог
routing ~ таблица маршрутизации
shared ~ общий каталог
travel down the ~ проходить вниз по каталогу
under ~ под именем каталога
user ~ справочник пользователя; руководство для пользователя
work ~ рабочая директория
working ~ 1. текущий каталог 2. текущий справочник

DISA 1. [data interchange standards Association] Ассоциация по стандартам обмена данными *(США)* **2.** [direct inward system access] прямой внутрисистемный доступ
disable 1. запрет; блокировка; запрещающий сигнал ‖ блокировать; маскировать *(напр. разряды команды)*; запирать *(напр. схему совпадения)* **2.** выводить из строя; выключать из работы **3.** отключать *(устройство)* **4.** сделать недоступной команду меню **5.** сделать недоступным элемент управления
  interrupt ~ запрет прерываний; блокировка прерываний
disabled 1. заблокированный **2.** недоступная команда меню **3.** отключенное (устройство)
disabling отключение
disactivate отключить
disallow препятствовать
disambigue устранять неоднозначность
disarm переводить в дежурный режим
disarray 1. неупорядоченность *(системы)* **2.** вносить неупорядоченность; приводить в беспорядок
disassembler дисассемблер; обратный ассемблер
disassembling 1. разборка; демонтаж **2.** обратное ассемблирование *(восстановление исходного текста программы по ее машинным кодам)*
disassembly дисассемблирование
  character ~ разложение символа
  packet ~ разборка пакета
disaster авария ‖ аварийный
disc диск
discard сброс ‖ сбрасывать; отбрасывать

discharge 1. разгрузка; снятие нагрузки *(с системы)* ‖ разгружать; снимать нагрузку (с системы); освобождать (систему) **2.** (электрический) разряд

discipline:
    alternating priority ~ дисциплина с чередованием приоритетов
    batch-service ~ групповое поступление на обслуживание
    dynamic priority ~ дисциплина с динамическими приоритетами
    first-come-first-served ~ обслуживание в порядке поступления *(обслуживание типа очередь)*
    first-in-first-out ~ обслуживание в порядке поступления *(обслуживание типа очередь)*
    last-come-first-served ~ обслуживание в обратном порядке *(обслуживание типа стек или магазин)*
    last-in-first-out ~ обслуживание в обратном порядке *(обслуживание типа стек или магазин)*
    noninterruptive ~ дисциплина без прерывания обслуживания
    ordered-service ~ обслуживание в порядке поступления
    output ~ **1.** порядок ухода **2.** характер выходящего потока
    queue ~ порядок выбора на обслуживание
    queued ~ организация очереди
    queuing ~ организация очереди
    random-service ~ случайный выбор на обслуживание
    repeat-different ~ дисциплина очереди
    static priority ~ дисциплина со статическими приоритетами
    strict queue ~ обслуживание в порядке поступления
    time dependent ~ дисциплина зависящий от времени

disclosure:
    unauthorized ~ несанкционированное раскрытие

disconnect 1. завершить связь; отключить (сетевое) устройство **2.** отсоединять; разъединять; размыкать; отключать

disconnected 1. отключено сетевое устройство **2.** связь завершена *(состояние удаленного доступа)*

disconnection разъединение; размыкание; отключение
    fail-safe ~ безопасное отключение

discount скидка *(с цены)* ‖ делать скидку *(с цены)*
    volume ~ скидка при оптовой продаже

discrepancies:
    statistical ~ статистические расхождения

discrete 1. дискретный **2.** дискретный компонент *(напр. на плате)* **3.** дискретный сигнал **4.** элемент разбиения

discriminant дискриминант

discrimination 1. дискриминация **2.** разрешающая способность; различительная способность **3.** распознавание; установление различия

disembodied разрозненный

disequilibrium:
    fundamental ~ фундаментальное нарушение равновесия

disjoint непересекаемый

disjunction 1. дизъюнкция; логическое сложение; операция ИЛИ **2.** разъединение; размыкание

disjunctive дизъюнктивный

disk диск; дисковое ЗУ ◊ ~ **full** на диске нет свободного места *(сообщение)*; ~ **to be copied** диск, подлежащий копированию; ~ **unusable** диск не пригоден для использования *(сообщение)*

disk

~s of different media разнотипные диски
application program ~ диск с прикладной программой
blank ~ чистый диск
boot ~ загрузочный диск
bootable ~ системный диск *(диск, с которого можно производить начальную загрузку системы)*
cartridge ~ кассетный диск
compact ~ компакт-диск
copy ~ **track-by-track** копировать диск последовательно по дорожкам
copy protected ~ диск с защитой от копирования
destination ~ диск для размещения копии; диск-приемник; целевой диск
diagnostic ~ тестовый диск
digital ~ цифровой диск
distribution ~ дистрибутивный диск; *проф.* дистрибутив
double-density ~ диск с удвоенной плотностью *(записи)*
double-faced ~ двусторонний диск *(с записью на обеих сторонах)*
double-sided ~ двухсторонняя дискета
drive A ~ диск в дисководе A
dual-ported ~ двухпортовое дисковое ЗУ; двухпортовый диск
duplexed ~ сдвоенный дисковый накопитель
erasable ~ стираемый диск *(в отличие от нестираемого)*; ЗУ на стираемых дисках
exchangeable ~ съемный диск
fixed ~ несъемный *(стационарный)* диск
fixed-head ~ диск с неподвижными головками; диск с фиксированными головками
flexible ~ гибкий диск

floppy ~ гибкий диск; дискета
format ~ форматный диск *(определяющий формат записи)*
format another ~ ? форматировать очередной диск? *(запрос к пользователю)*
hard ~ жесткий диск
hard-sectored ~ диск с жесткой разметкой
hardsector ~ диск с жестко фиксированными секторами
head-per-track ~ диск *(ЗУ)* с (отдельной) головкой на (каждую) дорожку; диск *(ЗУ)* с неподвижными головками
invalid ~ **change** неверная смена диска
laser ~ аналоговый лазерный диск
library ~ библиотечный диск
magnetic ~ магнитный диск
magnetooptical ~ магнитооптический диск
master ~ эталонный диск *(для изготовления копий)*
microfloppy ~ 1. гибкий микродиск 2. трехдюймовая дискета
minifloppy ~ 1. гибкий минидиск 2. пятидюймовая дискета
mirror ~ зеркальный диск
multihead ~ диск *(ЗУ)* с (отдельной) головкой на (каждую) дорожку
multisession ~ многосеансный диск *(CD-диск, запись на который можно производить не за один раз, а за несколько)*
N-megabyte ~ N-мегабайтный диск
newly formatted ~ заново отформатированный диск
non-DOS ~ диск, не содержащий ДОС
non-system ~ несистемный диск

disk

optical ~ 1. лазерный диск; оптический диск **2.** оптический видеодиск; видеодиск с лазерным считыванием
original ~ исходный диск
quad-density ~ дискета для записи с четырехкратной плотностью
ram ~ псевдодиск; электронный диск *(часть оперативной памяти, используемая как логический диск)*
removable ~ сменный диск; съемный диск
rigid ~ жесткий диск
shared ~ диск коллективного использования
silicon ~ интегральный диск *(аппаратный узел ЭВМ, заменяющий дисковую память)*; *проф.* кремниевый диск
single-density ~ диск с одинарной плотностью
single-sided ~ односторонний диск; односторонняя дискета
slotted (splitted) ~ диск, разделенный на несколько областей
soft-sectored ~ программно-секционированный диск; диск с программной разметкой
startup ~ загрузочный диск
storage ~ диск ЗУ
system (residence) ~ системный диск; диск с системными программами
temporary ~ рабочий диск
unformatted ~ неформатированный диск
video ~ видеодиск
virtual ~ виртуальный диск
winchester ~ винчестерский диск; винчестер *(жесткий диск, обеспечивающий большую плотность записи и быстрый доступ)*
write protected ~ диск защищенный от записи

diskcopy делать копию диска
diskette 1. дискета; гибкий диск **2.** кассета с (гибким) диском
  blank ~ пустая дискета
  cleaning ~ чистящая дискета *(для чистки магнитных головок дисковода)*
  double-density ~ дискета с двойной плотностью записи
  double-sided ~ двухсторонняя дискета
  dual-sided ~ двухсторонняя дискета
  floppy ~ гибкая дискета
  incompatible ~ дискета неподходящего формата
  soft-sectored ~ дискета с программной разметкой секторов
  source ~ исходная дискета *(с которой делается копия)*
  target ~ целевая дискета *(на которую осуществляется копирование)*
disk-based с памятью на дисках
disk-resident диск-резидентный
diskless бездисковый
diskspace объем диска
disorder 1. разладка; нарушение нормальной работы **2.** нарушать порядок; вносить неупорядоченность
  functional ~ функциональное нарушение
dispatcher диспетчер; организующая программа
dispatching диспетчеризация; координация
  dynamic ~ динамическая диспетчеризация
dispersal:
  queue ~ исчезновение очереди
disperse рассредоточивать; распределять по блокам памяти
dispersed распределенный
dispersion дисперсия

displacement 1. замена; замещение 2. перемещение 3. рассогласование; отклонение смещение; сдвиг
   base and ~ база-смещение
display 1. витрина 2. дисплей; устройство отображения; устройство индикации; индикатор; электронное табло ‖ отображать *(данные)*; выводить на экран ‖ дисплейный 3. экран дисплея 4. изображение; отображенные данные 5. отображение *(данных)*; индикация; вывод на экран 6. показ; демонстрация 7. рекламный стенд 8. выделение шрифтом 9. выделительный шрифт 10. выделять шрифтом 11. высвечивать 12. выставлять; показывать 13. индицировать ◊
   ~ text one screenful at a time выводить текст порциями по одному полноэкранному кадру
   active ~ активный дисплей
   active matrix ~ ЖК-экран с активной матрицей
   all-points-addressable ~ полноадресуемый дисплей
   alphanumeric ~ алфавитно-цифровой дисплей
   binary ~ двоичное отображение
   bit-mapped ~ дисплей с поэлементным отображением *(экранного изображения в памяти)*; дисплей с поточечной адресацией
   black-and-white ~ 1. черно-белый дисплей; монохромный дисплей 2. черно-белое изображение; монохромное изображение
   calligraphic ~ 1. векторный дисплей; дисплей с программным управлением лучом 2. каллиграфическое изображение *(в отличие от растрового)*
   character ~ 1. буквенно-цифровой дисплей 2. отображение символа
   color ~ 1. отображение в цвете цветной дисплей
   color ~ system цветная дисплейная система
   control and ~ символ управления и индикации
   CRT [cathode ray tube] ~ дисплей на основе кинескопа
   data ~ 1. вывод данных на устройство отображения 2. данные на экране 3. информационное табло
   direct-beam ~ векторный дисплей; дисплей с программным управлением лучом
   directory ~ изображение каталога
   dot-matrix ~ растровый дисплей
   enhanced color ~ дисплей с расширенными цветовыми возможностями
   fill-in-blanks (fill-in-forms) ~ документальный дисплей *(с высвечиванием документов для заполнения)*
   flat ~ 1. плоская индикаторная панель 2. плоский дисплей
   flat-panel ~ плоский дисплей
   flicker-free ~ немерцающий дисплей
   formatted ~ форматированное отображение
   forms ~ 1. высвечивание (на экране) форматированных бланков 2. документальный дисплей *(с высвечиванием документов для заполнения)*
   full-page ~ полностраничный дисплей
   gas-plasma ~ плазменный дисплей
   green-phosphor ~ дисплей зеленого свечения

display

image ~ 1. графический дисплей 2. воспроизведение изображений на экране 3. изображение клавиатуры *(на экране)* 4. изображение на экране

incremental ~ представление в приращениях

inquiry and subscriber ~ справочный абонентский дисплей

intensified ~ дисплей с подсветкой частей изображения

interactive ~ диалоговый дисплей

isometric ~ изометрическое изображение *(трехмерного объекта)*

keyboard ~ дисплей с клавиатурой

knowledge-of-results ~ отображение сведений о результатах *(выполненных действий)*

landscape ~ дисплей с изображением, вытянутым по горизонтали; ландшафтный дисплей

LED [light emitted diode] ~ светодиодный индикатор; индикатор на светодиодах

liquid-cristal ~ жидкокристаллический дисплей; дисплей на жидких кристаллах; ЖКИ-дисплей

makeup ~ верстальный дисплей

matrix(-addressed) ~ дисплей с матричной адресацией; матричный дисплей

monitor ~ контрольный дисплей; монитор

monochrome ~ монохромный дисплей

mosaic ~ растровый дисплей

multiple window ~ полиэкранный дисплей

multiuser ~ многопользовательский дисплей; многопользовательское устройство отображения

n-segment ~ n-сегментный индикатор

nonstorage ~ 1. дисплей без блока памяти 2. изображение без послесвечения; экран без послесвечения

numeric ~ цифровой дисплей; цифровое табло

operator's ~ операторский дисплей; табло оператора; операторское табло

plasma-panel ~ плазменный дисплей

portrait ~ дисплей с изображением, вытянутым по вертикали; портретный дисплей

raster ~ растровый дисплей

remote ~ дистанционный дисплей

reverse video ~ дисплей с негативным изображением *(темные знаки на светлом фоне)*

screen ~ 1. экран 2. экранное устройство отображения; экранный индикатор

status ~ информация о состоянии

symbol ~ буквенно-цифровой дисплей; буквенно-цифровой индикатор; отображение буквенно-цифровой информации; буквенно-цифровая индикация

television ~ дисплей с растром телевизионного типа; телевизионный дисплей

TFT [thin-film-transistor] ~ дисплей на тонкопленочных транзисторах

unformatted ~ неформатированное отображение

vector-mode ~ векторный дисплей

vendors ~s выставка публикаций

video ~ видеодисплей

wide ~ отображение по всей ширине экрана

display-oriented 1. ориентированный на визуальный вывод данных *(о способе обработки)* 2. экранный
displayable воспроизводимый; допускающий воспроизведение *(на экране дисплея)*
displayed высвечиваемый
displaying отображение; показ на экране ◊ ~ **files** показ содержимого файлов
dispose освободить
disposition диспозиция
  volume ~ расположение тома
distance:
  semantic ~ семантическое расстояние
distinction распознавание
distorted искаженный
distortion 1. искажение 2. дисторсия *(в оптических системах)* 3. вытяжение ширины полосы объявления *(для подгонки его под площадь газетной полосы)*
  aperture ~ апертурное искажение
distributable распространимый
distributed 1. распределенный; рассредоточенный 2. распространенный,
  geographically ~ территориально распределенный, территориально рассредоточенный
  highly ~ сильно распределенный
distribution распространение
  arrival ~ распределение входящего потока
  assumed ~ гипотетическое распределение
  beta ~ бета-распределение
  bimodal ~ бимодальное распределение; двухвершинное распределение
  binomial ~ биномиальное распределение
  bivariate ~ двухмерное распределение

  chi-squared ~ распределение хи-квадрат
  delay-in-queue ~ распределение времени ожидания
  empirical ~ эмпирическое распределение
  input ~ распределение входящего потока
  limiting ~ предельное распределение
  logarithmically normal ~ логарифмически нормальное распределение
  lognormal ~ логарифмически нормальное распределение
  next-arrival ~ распределение интервалов между требованиями
  normal ~ нормальное распределение
  output ~ распределение выходящего потока
  poisson ~ пуассоновское распределение
  prior ~ априорное распределение
  probability ~ распределение вероятностей
  queue-length ~ распределение длины очереди
  random ~ распределение случайной величины
  sample ~ выборочное распределение
  sampling ~ выборочное распределение
  service ~ распределение времени обслуживания
  simultaneous ~ совместное распределение
  sojourn ~ распределение времени пребывания
  univariate ~ одномерное распределение
  waiting-time ~ распределение времени ожидания
distributional дистрибутивный; распределительный

disturbance 1. возмущение **2.** нарушение; помеха **3.** разрушение; повреждение

disturbed искаженный

disturbing разрушение

dit дит *(десятичная единица информации)*

dithering имитация градаций серого цвета; способ передачи полутонов; передача полутонов *(Виды: None - отсутствует; Coarse - грубая; Fine - точная; Line Art - штриховая; Error Diffusion - диффузная)*

DIU [digital interworking unit] цифровое устройство для обеспечения межсетевого взаимодействия

divide делить; делиться; разделить

divided разделенный; расчлененный

divider 1. блок раздела **2.** делитель напряжения **3.** делительное устройство; блок деления **4.** пересчетная схема **5.** разделитель

divisibility:
  perfect ~ абсолютная делимость

division 1. деление *(ариф. действие)* **2.** подразделение *(в организации)* **3.** раздел *(напр. в тексте)*
  data ~ раздел данных
  dichotomic ~ дихотомическое деление
  environment ~ раздел окружения
  hardware ~ аппаратное деление
  identifications ~ раздел идентификации
  procedure ~ раздел процедур

divisor делитель
  the greatest common ~ наибольший общий делитель

DL [distribution lists] списки рассылки

DLCI [data link control identifier] управляющий идентификатор канала передачи данных

DLCP [data link control protocol] протокол управления каналом передачи данных

DLL [dynamic link library] динамически подключаемая библиотека; библиотека динамической компоновки

DLMS [digital link management System] система управления цифровыми линиями передачи данных

DLSw [data link Switching] коммутация каналов передачи данных *(спецификация фирмы IBM)*

DMD [digital micromirror display] цифровой микрозеркальный (проекционный) дисплей

DME [distributed management environment] среда распределенного управления

DMI [desktop management interface] интерфейс управления настольными системами *(разработан группой DMTF)*

DMP [desktop multimedia publishing] настольная издательская мультимедиа-система

DMS 1. [document management system] система обработки документации **2.** [data management system] система управления данными

DMTF [Desktop Management Task Force] рабочая группа по управлению настольными системами *(консорциум производителей ПО, разрабатывающий открытый стандартный метод доступа к информации в настольных ПК)*

DNS [Domain Name System] система имен домена *(служба имен в Internet)*

DOAPI [DOS Open API] открытый интерфейс прикладного программирования в среде DOS

dock 1. *ш* закрепить *(обычно относится к переводу панели инструментов в одно из стандартных положений, когда она перестает быть перемещаемой)* 2. установочный модуль для блокнотного ПК
  desktop ~ установочный модуль для блокнотного ПК

document документ; документальный источник информации || документировать
  built-in ~ встроенный документ
  compound ~ составной документ *(документ, включающий в себя кроме текста таблицы, графические материалы, фото, данные из других приложений)*
  computer-based ~ машинный документ; документ, формируемый с помощью компьютера
  container ~ документ-контейнер
  destination ~ документ-получатель
  electronic ~ электронный документ
  hypertext ~ гипертекстовый документ
  hypertext on-the-fly ~ оперативно формируемый гипертекстовый документ
  input ~ входной документ
  interactive ~ документ, создаваемый в интерактивном режиме; интерактивный документ
  internal ~ внутренний документ
  layered ~ многоуровневый документ
  machine-readable ~ машиночитаемый документ; машинно-считываемый документ
  magnetic ~ документ с магнитными знаками
  magnetically sensed ~ документ с магнитным считыванием
  multimedia ~ мультимедиа-документ
  «on-the-fly" ~ оперативно формируемый документ
  optically sensed ~ документ для оптического считывания; оптически считываемый документ
  original ~ исходный документ; подлинный документ
  output ~ выходной документ
  printed ~ печатный документ
  secondary ~ вторичный документ
  turnaround ~ оборотный документ *(возвращаемый в машину для подтверждения завершения работы)*
  typed ~ машинописный документ

documentalist документалист; сотрудник информационно-поисковой службы

documentary документальный

documentation 1. документация 2. документирование; документальное подтверждение 3. выпуск технической документации 4. научно-техническая информация 5. документалистика
  as-built manufacturing ~ техническая документация изготовителя *(оборудования)*
  design ~ проектная документация
  graphic ~ графическая документация; графическая информация
  hardcopy ~ 1. вещественная документация *(в отличие от хранящейся в памяти вычислительной системы)* 2. печатная документация
  in-line ~ 1. сопроводительная документация; сопутствующая документация 2. эксплуатационная документация

documentation
  off-line ~ автономная документация *(на бумаге или ином внешнем носителе)*
  on-line ~ 1. встроенная оперативно доступная документация *(выдаваемая на экран по запросу)* 2. справочная система
  operator ~ операторская документация *(системы)*
  permanent system ~ отпечатанная системная документация; системная документация в печатной форме
  program ~ программная документация; документация на программу *или* пакет программ
  system ~ системная документация
  technical ~ техническая документация
documenting документирование; документальное подтверждение
documentor 1. документатор 2. документирующая программа; программа формирования документов
docuterm ключевое слово документа *(для автоматического поиска)*
DOD [Department of Defence] Министерство обороны США
DOE [distributed objects environment] среда распределенных объектов
domain 1. домен *(в реляционных базах данных)* 2. интервал *(времени)* 3. область
  ~ **of function** область определения функции
  ~ **of uncertainty** область неопределенности
  application ~ область применения; прикладная область
  compound ~ составной домен
  data ~ область определения данных; предметная область
  definitional ~ область определения
  fault ~ множество рассматриваемых неисправностей *(определяемое моделью схемы)*
  mapping ~ область значений отображения
  public ~ 1. бесплатный 2. общего пользования; общественное достояние; общественная собственность *(программное обеспечение, не защищенное авторскими правами)*
  search ~ область поиска
  strategy ~ область стратегий
  time ~ временная область; временной интервал
  variables ~ область изменения переменных
domain-specific зависящий от (конкретной) предметной области; отражающий специфику (конкретной) предметной области; проблемно-зависимый
dominance:
  fault ~ доминирование неисправностей
DOMS [distributed object management system] система управления распределенными объектами
Done *и* Готово *(кнопка)*
doodling эскизное представление *(проектируемой системы в наглядной форме)*
door:
  disk drive ~ дверца *(шторка)* дисковода
dopant примесь
dope легирующий материал
doping легирование
DOS [disk operating system] дисковая операционная система; ДОС
dot 1. точка; ставить точку ‖ точечный 2. проводить (наносить) пунктирную линию; отмечать пунктиром

chain ~s связываемые в цепочки точки *(изображения)*
elliptical ~s связываемые в цепочки точки
halftone ~ растровая точка
dot-addressable с поточечной адресацией
dotted 1. точечный 2. пунктирный
double 1. двойной; удвоенный ‖ удваивать; увеличивать в два раза; умножать на два 2. дважды; вдвойне 3. двойное количество 4. парный, сдвоенный
double-address двухадресный
double-buffered с двойным буферированием
double-byte двухбайтовый
double-check проверять повторно
double-circuit двухконтурный
double-click двойной щелчок; двойное нажатие клавиши
double-density двойная плотность; с двойной плотностью *(о записи информации)*
double-level двухуровневый
double-pole двухполюсный
double-precision с удвоенной точностью
double-sided с двусторонней записью; двусторонний
double-word двойное слово
double-wound бифилярный
doubler удвоитель
doubleword слово двойной длины; двойное слово
doubling 1. дублирование ‖ дублирующий 2. сдваивание 3. удвоение; увеличение вдвое ‖ удваивающий
down вниз
  press and hold ~ нажать и удерживать *(клавишу или кнопку мыши)*
down-counter вычитающий счетчик
down-loading разгрузка

downline пересылка на нижний уровень ‖ пересылать на нижний уровень *(программу или данные)*
downlink нисходящая линия
download 1. загружать *(в память)* 2. принимать файлы *(по модему)* *(пересылка файла из удаленного компьютера в ваш компьютер; обратная операция - см. upload)*
downloaded загружаемый
downtime 1. простой; время простоя 2. время работы вхолостую *(из-за неисправности)* 3. непроизводительная потеря времени; потерянное время
downward направленный вниз
dpi [dots per inch] точек на дюйм
DPM 1. [dual processor mode] двухпроцессорная обработка 2. [data processing manager] программа управления обработкой данных
DPMI [DOS Protected Mode interface] интерфейс защищенного режима в среде DOS
DPMS [DOS Protected Mode services] стандарт фирмы Novell на управление памятью
DPP [distributed parallel processing] распределенная параллельная обработка данных
DPS 1. [distributed processing system] распределенная система обработки данных 2. [document processing system] система обработки документов
DQDB [distributed queue double bus] распределенная двойная шина с очередями
drafting:
  computer ~ машинное черчение
drag 1. переместить указатель при нажатой кнопке мыши 2. перетащить *(объект)* 3. провести *(курсором мыши над объектом)*

drag

click-and- ~ щелкнул и потянул *(принятый в Windows метод работы с объектами с помощью мыши)*

drag-and-drop перенеси и оставь; переместить-и-положить; отбуксировать; перетащить *(технология работы с экранными объектами в Windows)*

dragging 1. медленное смещение **2.** перемещение графического объекта вслед за экранным курсором

dragon *проф.* дракон *(системная программа, периодически выполняющая служебные функции незаметно для пользователя)*

drain 1. непроизводительный расход **2.** утечка *(информации из защищённой системы)*

DRAM [dynamic random-access memory] динамическая оперативная память; динамическое ЗУ с произвольной выборкой; динамическое ОЗУ

DRAW [direct read after write] считывание непосредственно после записи

draw 1. выводить (логическое) заключение **2.** извлекать **3.** медленно продвигаться *(о разработке проекта)* **4.** чертить; вычерчивать

drawer 1. выдвижной ящик **2.** секция базы данных

drawing 1. чертёж; рисунок; изображение **2.** чертёжные данные **3.** *стат.* извлечение, выборка **4.** протягивание *(напр. магнитной ленты)* **5.** графический
layout ~ макетный чертёж
master ~ оригинал
outline ~ контурный чертёж

DRDA [distributed relational database architecture] распределённая архитектура реляционных баз данных *(стандарт фирмы IBM)*

drift 1. дрейф; уход; снос **2.** смещение; сдвиг ∥ смещаться; «плыть» **3.** медленное перемещение *(изображения на экране из-за отсутствия синхронизации)* **4.** отклонение ∥ отклоняться ◊ **~ with use** дрейф характеристик *(устройства)* в процессе эксплуатации
~ of parameter уход параметра
frequency ~ уход частоты
level ~ дрейф уровня
loop ~ дрейф петли гистерезиса
warm-up ~ тепловое смещение

drill практическая обработка *(приёмов работы с системой)*
network ~s заключительные комплексные испытания *(в реальном времени)*

drive 1. диск **2.** логический диск **3.** дисковод **4.** устройство **5.** накопитель *(на дисках или ленте)* **6.** привод; передача; движущий механизм **7.** запуск; возбуждение ∥ запускать; возбуждать **8.** двигать, перемещать **9.** приводить в действие **10.** управлять
~ not ready устройство не готово *(сообщение)*
cartridge disk ~ кассетный дисковый накопитель; кассетный накопитель на дисках
cartridge tape ~ кассетный ленточный накопитель; кассетное лентопротяжное устройство
CD-ROM ~ дисковод CD-ROM; дисковод компакт-дисков
correct ~ нужный дисковод
default disk ~ дисковод, принимаемый по умолчанию
disk ~ дисковод
diskette ~ дисковод для гибких дисков; дискетный накопитель
floppy (disk) ~ накопитель на гибких магнитных дисках; НГМД

hard ~ накопитель на жестких магнитных дисках; НЖМД
host ~ основной диск
hypertape ~ кассетное лентопротяжное устройство
incorrect ~ не тот дисковод
local ~ локальный дисковод
logical ~ логический дисковод
map a (network) ~ подключить (сетевой) диск
microfloppy-diskette ~ накопитель на гибких микродискетах
minifloppy disk ~ накопитель на гибких мини-дисках
mount a ~ присоединить диск
N-high disk ~ накопитель с N дисками
network ~ 1. сетевой диск 2. сетевой дисковод
optical disk ~ накопитель на оптических дисках
removable hard disk ~ накопитель со сменным жестким диском; накопитель со сменным носителем
ribbon ~ привод красящей ленты *(в печатающем устройстве)*
servo ~ следящий привод
slim-line ~ малогабаритный накопитель
tape ~ лентопротяжное устройство
the ~ **you will be transferring information to** дисковод, на который вы должны будете пересылать информацию
tractor ~ тянущая передача *(для протяжки бумаги в печатающем устройстве)*

driven: ◊ ~ **by** приводимый в движение

driver 1. двигатель; движитель; движущий механизм 2. драйвер; программа управления устройством 3. задающее устройство 4. усилитель записи 5. формирователь

address ~ адресный формирователь
bus ~ возбудитель шины
clock ~ формирователь импульсов
current ~ формирователь тока
debug ~ отладочная программа
device ~ драйвер устройства
diagnostic ~ диагностичный монитор
graphics device ~ драйвер графического устройства
inhibit ~ формирователь тока запрета
line ~ линейный драйвер
loadable ~ загружаемый драйвер
memory ~ формирователь тока выбора ЗУ
mouse ~ драйвер мыши
off-chip ~ внешний формирователь
program ~ программный драйвер
software ~ программный драйвер *(для обработки данных при обмене с внешними устройствами)*
test ~ тестовый драйвер *(для обеспечения генерации тестов)*
time sharing ~ драйвер режима разделения времени
user-written ~ пользовательский драйвер; драйвер пользователя

driving 1. приведение в действие; запуск; возбуждение 2. управление 3. управляющий; приводной; ведущий; задающий

drop 1. проход; просмотр *(от начала к концу, напр. информационного массива)* 2. удалять, выбрасывать *(программу из памяти)*

bit ~-**out** выпадение бита
circuit ~ **out** сбой схемы

drop

    drag-and-~ перенеси и оставь, переместить-и-положить, отбуксировать, перетащить *(технология работы с экранными объектами в Windows)*
    false ~ ложный поиск *(информации в ИПС)*
    multi- ~ многоабонентская линия
    OLE drag-and-~ OLE-перетаскивание
    OLE nondefault drag-and-~ условное OLE-перетаскивание *(отличается от обычного тем, что после самого перемещения пользователь выбирает из всплывающего меню команду, определяющую интерпретацию действия)*

drop-down выпадающий
drop-in вклинивание сигнала
drop-out выпадение сигнала
droppable отбрасываемый
drought:
    cycle ~ проф. подсадка производительности *(приводящая к уменьшению вычислительной мощности, напр. в результате выключения из работы некоторых блоков системы)*

drum:
    answerback ~ автоответчик
    digital ~ цифровой барабан
    file ~ барабанная картотека
    log ~ магнитный барабан
    magnetic ~ магнитный барабан
    recording ~ регистрирующий цилиндр
    stacker ~ укладочный барабан
    tape ~ ленточный барабан
    type ~ печатающий барабан

DSA 1. [digital signature algorithm] алгоритм цифровой подписи **2.** [dynamic scalable architecture] динамически расширяемая архитектура **3.** [directory system agent] системный агент каталога

DSDD [double-sided double-density] двусторонняя дискета с двойной плотностью записи

DSOM [distributed system object model] модель объектов в распределенной системе

DSP [digital signal processor] процессор цифровой обработки сигналов

DS/P [Xerox document services for printing] технология печати документов, разработанная корпорацией Xerox

DSR [data set ready] данные готовы *(сигнал модема, показывающий, что он готов послать бит данных)*

DSS [decision support systems] системы поддержки принятия решений

DSSD [double-sided single-density] двусторонняя дискета с одинарной плотностью записи

DSTN [dual-scan supertwisted nematic] экран с двойным сканированием на суперскрученных полимерах

DSVD [digital simultaneous voice and data] одновременная цифровая передача голоса и данных

DTE [data terminal equipment] оборудование для ввода-вывода данных; оборудование терминала данных

DTP 1. [desk top publishing] настольная издательская система; настольная редакционно-издательская система **2.** [distributed transaction processing] распределенная обработка транзакций

DTR [dedicated Token Ring] закрепленная сеть Token Ring

dual двойной; сдвоенный ‖ двойственный

dual-display двухдисплейный

dual-in-line двухрядный; с двухрядным расположением выводов
dual-port двухпортовый
dual-processor двухпроцессорный
dual-sided с двусторонней записью; двусторонний
duality двойственность
duel:
   cluster ~ групповая дуэль
   stochastic ~ стохастическая дуэль
dummy 1. макет *(установки)* **2.** пустой **3.** фиктивный; ложный **4.** холостой *(о команде)*
dummying подготовка оригинал-макета
dump 1. аварийное снятие; выключение; сброс **2.** вывод **3.** выдача; данные дампа; данные *(получаемые в результате)* разгрузки *(памяти)* **4.** разгрузка *(памяти)*; вывод *(содержимого памяти)* на печать, распечатка *(содержимого памяти)*, *проф.* дамп ‖ разгружать *(память)*; распечатывать *(содержимое памяти)*, *проф.* выполнять дамп
   ac ~ аварийное снятие переменного напряжения
   binary ~ двоичный дамп
   change ~ дамп изменений *(приём отладки)*
   changed data ~ дамп изменения данных
   core memory ~ распечатка содержимого оперативной памяти; разгрузка оперативной памяти; дамп оперативной памяти
   dc ~ снятие постоянного напряжения
   disaster ~ аварийная распечатка; аварийный дамп; аварийная разгрузка
   disk ~ дамп содержимого диска
   dynamic ~ динамический дамп; динамическая разгрузка
   executive ~ диспетчерская разгрузка
   incremental ~ инкрементный дамп
   independence ~ независимый дамп
   indicative ~ индикативный дамп
   memory ~ дамп памяти
   monitor control ~ контрольный дамп; контрольная распечатка
   postmortem ~ 1. аварийный дамп **2.** постпечать *(вывод содержимого памяти на печать по окончании работы программы)*
   power ~ аварийное выключение электропитания; аварийное снятие электропитания
   priority ~ срочная разгрузка
   program ~ распечатка программы
   programmed ~ запрограммированная разгрузка
   rescue ~ 1. защитный дамп **2.** полный дамп
   screen ~ распечатка содержимого экрана *(напр. во внешнюю память)*
   selective ~ выборочная распечатка; выборочный дамп
   snap ~ дамп снимков памяти
   snapshot ~ 1. выборочный динамический дамп **2.** мгновенный дамп
   static ~ статический дамп
   storage ~ дамп памяти
   tape ~ разгрузка ленты
dumping выдача дампа
duplex 1. дуплекс ‖ дуплексный; двусторонний **2.** дублированный
duplexing дуплексная передача; установление двустороннего обмена; организация дуплексной передачи
duplicate 1. дубликат; копия ‖ дублировать; снимать копию; копировать ‖ скопированный; идентич-

duplicate
ный 2. удваивать; увеличивать вдвое ‖ двойной; удвоенный 3. повторять 4. запасной; резервный

duplication дублирование
   off-line tape ~ автономное дублирование ленты

duplicator дупликатор *(устройство тиражирования (копирования) дисков)*; копировальный аппарат; копировальное устройство; множительный аппарат; множительное устройство

durability долговечность; живучесть; жизнестойкость; прочность

duration длительность; продолжительность
   clock round ~ круглосуточный режим работы
   dialing ~ продолжительность набора
   life ~ срок службы
   resource usage ~ время использования ресурса; продолжительность использования ресурса *(в операционной системе)*
   response ~ время реакции *(системы)*
   run ~ длительность работы
   test ~ продолжительность тестирования; длительность испытаний *(системы)*
   the clock round ~ круглосуточная работа

during во время

dust пыль

duty 1. круг обязанностей 2. нагрузка 3. производительность; мощность 4. работа; режим *(работы) (см. тж* mode*)*
   varying ~ переменный режим; работа с переменной нагрузкой

DV [digital video] цифровое видео

DVD [digital video disk] цифровой видеодиск *(проект стандарта на компакт-диски)*

DVE [digital video editor] средства редактирования цифровых видеоданных

DVI [digital video interactive] интерактивное цифровое видео *(разработка корпорации Intel)*

dwell 1. перерыв *(в работе оборудования)* 2. расширение *(импульсов)*

dwim ненужная добавка *(усложняющая работу программы)*, *проф.* бантик

DXI [data exchange interface] интерфейс обмена данными

DXS [directory exchange server] сервер обмена каталогами

dynamical динамический

dynamically динамически

dynamicizer динамический регистр

dynamics:
   control system ~ динамика системы управления
   routing ~ динамическое распределение маршрутов

E

E-mail электронная почта

EAD [enhanced access diversity] улучшенный многовариантный доступ *(метод маршрутизации)*

eager энергический

ear:
   mouse ~ кнопка мыши *(одна из двух)*; *проф.* мышиное ухо

earmark отмечать *(напр. выявленные ошибки для последующей обработки)*

EARN [European Academic Research Network] Европейская исследовательская академическая сеть

EASE [embedded advanced sampling environment] встроенная среда опроса с дополнительными возможностями *(система сбора и анализа статистики по сетевому графику с предоставлением этой информации администратору)*

EBB [electronic bulletin board] электронная доска объявлений

EBR [enterprise backup and restore] система резервного копирования и восстановления информации в сети масштаба предприятия

ECC [error correcting code] код с исправлением ошибок
   layered ~ многоуровневый код коррекции ошибки

echo эхо

echo-checking эхоконтроль

echo-printing эхопечать *(считанных данных)*

echoing отображение *(на экране дисплея вводимых с клавиатуры символов)*; эхоконтроль

echoplex эхоплекс

ECMA [European Association for Standardizing Information & Computer Systems] Европейская ассоциация по стандартизации информации и компьютерных систем

ECNE [enterprise certified NetWare engineer] сертифицированный инженер по эксплуатации NetWare в сети масштаба предприятия

economics:
   mathematical ~ математическая экономика

economy:
   mathematical ~ математическая экономика

ECP [extended capabilities port] порт с расширенными возможностями

ECS [external cache socket] гнездо для подключения внешней кэш-памяти

ED [extra-high density] надпись на дискетах 2.88 Мбайт 3.5»

EDC [error detection and correction] ОЗУ с коррекцией однократных ошибок

EDCC [error detection and correction code] код с обнаружением и исправлением ошибок

EDD [electronic document delivery] электронная доставка документов

edge 1. граница *(изображения)*; контур **2.** край **3.** обрез *(книги)* ‖ обрезать края **4.** поле *(страницы)*
   character ~ контур символа
   directed ~ ориентированное ребро
   guide ~ направляющий край
   implied ~ неявное ребро
   leading ~ ведущий край
   stroke ~ граница штриха
   trailing ~ заданный фронт

edge-sensitive со срабатыванием по фронту

EDI [electronic data interchange] электронный обмен данными.

edification наставление

edit 1. монтаж; правка; редактирование; редакционное изменение ‖ монтировать *(фильм, телевизионную программу)*; изменять; править; редактировать; руководить монтажом **2.** монтажная точка *(например, на видеофонограмме)* **3.** монтажный переход *(например, плавное микширование)* **4.** Правка *(пункт меню)*
   abort ~ прекратить редактирование? *(сообщение)*
   boxed ~ рамка ввода
   insert ~ *тлв* монтаж в режиме вставки

editing редактирование; монтаж
   audio ~ монтаж фонограммы

editing

auto ~ автоматизированный видеомонтаж
clean-up ~ окончательное редактирование
computer ~ машинное редактирование
computer-assisted video tape ~ *тлв* автоматизированный видеомонтаж
correct-by-construction ~ редактирование с соответствием принципиальной схеме
data ~ редактирование данных
digital ~ цифровой монтаж
electronic ~ 1. электронное редактирование 2. электронный монтаж видеофонограмм; видеомонтаж
input data ~ редактирование входных данных
keyboard ~ редактирование с клавиатуры; редактирование с помощью клавиатуры
linkage ~ редактирование связей
modeless ~ безрежимное редактирование *(всегда настроенное на режим вставки, если не нажимается функциональная клавиша)*
nonlinear video ~ система нелинейного видеомонтажа *(обеспечивает произвольный доступ к любому кадру)*
off-line ~ 1. автономное редактирование 2. *тлв* косвенный (электронный) монтаж *(с использованием субкопий видеофонограмм)*; *тлв* (электронный) монтаж по копиям; дублированный (электронный) монтаж
on-line ~ 1. прямой монтаж *(с использованием видеофонограмм оригиналов)* 2. редактирование в режиме он-лайн; интерактивное редактирование
post production ~ *тлв* компоновочный монтаж
screen ~ редактирование *(изображаемых данных)* на экране; экранное редактирование
sound ~ звуковой монтаж; монтаж звукового ряда *(кинофильма)*
text ~ редактирование текста
time-code ~ *тлв* монтаж по временному коду
edition издание
editor 1. редактор 2. редактор; программа редактирования; редактирующая программа 3. оператор монтажа
art ~ художественный редактор *(книги)*
assistant ~ 1. ассистент по монтажу 2. заместитель заведующего редакцией *(на телевидении)* 3. младший редактор
associate ~ 1. младший редактор 2. член редакционной коллегии *(книжного издательства)*
context ~ контекстный редактор
full-screen ~ экранный редактор
graph ~ редактор графовых представлений
graphics ~ графический редактор; программа редактирования графической информации
interactive ~ диалоговый редактор; программа интерактивного редактирования
library file ~ редактор библиотечных файлов
line ~ редактор строки
line(-oriented) ~ строчный редактор
linkage ~ компоновщик; редактор связей
memory ~ редактор памяти
movie ~ оператор монтажа фильма

multirecord ~ редактор массивов записей
   multiwindow ~ полиэкранный редактор
   punch-print ~ редактор перфорации и печати
   screen(-oriented) ~ экранный редактор
   source ~ редактор входной программы; редактор текстов программ
   structure ~ структурный редактор
   symbolic ~ символьный редактор
   syntax-oriented ~ синтаксический редактор
   text ~ текстовый редактор; редактор текстов
editor-in-chief главный редактор
editor-loader редактор-загрузчик
EDMS [electronic document management system] система управления электронными документами
EDOD [erasable digital optical disc] стираемый оптический диск с цифровой информацией
edulcorate очищать массив данных; устранять неверную информацию
edutainment обучающие игры; обучение в процессе игры; игровое обучение
EEMS [enhanced EMS] усовершенствованная спецификация дополнительной памяти
EEPROM [electrically erasable programmable read-only memory] электрически стираемое программируемое постоянное запоминающее устройство, ЭСППЗУ; электрически стираемая память
EET [edge enhancement technology] технология улучшения качества изображения для лазерных принтеров

effect 1. влияние; действие; воздействие **2.** эффект; результат
   capture ~ эффект захвата (*напр. сигнала или пакета*)
   clustering ~ образование кластеров
   degrading ~ эффект ухудшения
   edge ~ краевой эффект
   failure ~s последствия отказа
   feedback ~ эффект обратной связи
   field ~ полевой эффект
   funnelting ~ эффект суммирования шумов
   leading ~ эффект опережения
   long-term ~ отдаленное последействие
   magnetostrictive ~ магнитострикционный эффект
   masking ~ эффект маскировки
   memory ~ эффект запоминания изображения (*в инерционном устройстве отображения*)
   predictive ~ предсказуемостный эффект
   probe ~ эффект зондирования
   ripple ~ волновой эффект
   second-system ~ эффект второй системы (*засорение программной документации записями изменений на полях*)
   side ~ побочный эффект (*напр. процедуры-функции*)
   sound ~s звуковые спецэффекты
   ultimate ~ крайний эффект
   wave ~ волновой эффект (*при разработке множества модулей программного изделия*)
effective эффективный
effectiveness:
   queue ~ эффективность системы массового обслуживания
effector эффектор

efficiency 1. коэффициент полезного действия; КПД 2. эффективность; полезное действие
  access ~ продуктивность доступа
  execution ~ эффективность выполнения
  operative ~ коэффициент занятости
  predictive ~ предсказуемостная эффективность *(модели)*
  traffic ~ эффективность информационного обмена
effort работа; объем работ
  programming ~ работа по программированию
EGA [enhanced graphic adapter] улучшенный графический адаптер
EIDE [enhanced IDE] улучшенный интерфейс жестких дисков
EIDS [electronic information delivery system] система обработки электронной информации
EIN [electronic ID number] электронный идентифицирующий номер
EIS [executive information system] информационная система руководителя
EISA [extended industry standard] расширенная промышленная стандартная архитектура, шина EISA *(тип системной шины)*
ejection:
  single-item ~ выдача элемента данных
elaborate 1. сложный; замысловатый *(о программе)* 2. тщательно разработанный
elaboration 1. выполнение описаний 2. обработка *(описания объекта в языке программирования)* 3. развитие; уточнение *(напр. базы данных)* 4. тщательная разработка

compile-time ~ обработка во время трансляции
elapsed истекший
elasticity:
  function ~ эластичность функции
ELDA [European laser disk Association] Европейская ассоциация лазерных дисков
electives факультативные программы *(выбираемые пользователем)*
electronic электронный
electronics электроника
  drive ~ электрическая схема возбуждения
electrostatic электростатический
electrothermal электротермический
element 1. деталь; звено 2. элемент; составная часть
  anticoincidence ~ схема антисовпадения
  array ~ элемент массива
  biconditional ~ элемент одноименности
  binary ~ двоичный элемент
  central processing ~ процессорный элемент
  character ~ знаковый элемент
  clocked ~ синхронный элемент
  coincidence ~ элемент одноименности
  column ~ элемент столбца
  computer ~ узел вычислительной машины
  computing ~ вычислительный элемент
  data ~ элемент данных
  dead time ~ звено запаздывания
  detectable ~ 1. выбираемый элемент 2. обнаруживаемый элемент
  detector ~ индикаторный элемент
  diagonal ~ диагональный элемент

display ~ элемент изображения
doping ~ примесной элемент
exclusive OR ~ элемент отрицательного эквивалента
fluid-jet ~ струйный элемент
game ~ элемент игры
human ~ человек как элемент системы
identity ~ элемент одноименности
image ~ элемент изображения
lagging ~ звено запаздывания
library ~ библиотечный элемент
list ~ элемент списка
network ~ элемент схемы
nonnegative ~ неотрицательный элемент
null ~ нулевой элемент
off-diagonal ~ недиагональный элемент
partion queue ~ элемент очереди разделов
primitive ~ первичный элемент
processing ~ элементарный процессор
processor ~ 1. обрабатывающий элемент 2. процессорный элемент; элементарный процессор
program ~ элемент программы
queue ~ элемент очереди
random ~ нетипичный элемент
regular ~ регулярно повторяющийся элемент
restricted ~ регламентированный элемент
row ~ элемент строки
servo ~ элемент следящей системы
stochastic ~ случайный элемент
storage ~ запоминающий элемент
surface ~ элемент поверхности
top ~ вершина
type ~ печатающий узел
unrestricted ~ нерегламентированный элемент

variable time ~ элемент переменной продолжительности
voltage-output ~ элемент с потенциальным выходом
vote-talking ~ мажоритарный элемент
elementary элементарный
eligible готовый продолжать
eliminate устранять; элиминировать; исключать
elimination элиминация
  redundancy ~ устранение избыточности
elite элитный
ellipse эллипс
ellipsis эллипсис
elliptical эллиптический
embed внедрять; встраивать (*объект*)
embedded вложенный; встроенный, внедренный
embedding 1. вложение 2. вставка 3. объемлющий
  invariant ~ инвариантное вложение
embrace левая фигурная скобка
  deadly ~ тупик; тупиковая ситуация (*в системе взаимодействующих процессов*)
EMC [electromagnetic compatibility] электромагнитная совместимость
emergency 1. аварийный случай; авария; выход из строя 2. непредвиденный случай
  in case of ~ при крайней необходимости
EMF [electromagnetic field] электромагнитное поле
EMI [electromagnetic interference] помехи от работы электрических машин
emitter эмиттер
  character ~ генератор знаков
  grounded ~ заземленный эмиттер

EMMI [enhanced multimedia interface] усовершенствованный интерфейс мультимедиа *(разработан корпорацией AT&T)*
empiric эмпирический
empty 1. пустой *(о множестве)* **2.** незаполненный, незанятый **3.** освобождать; очищать *(напр. ЗУ)*
EMS [expanded memory specification] спецификация дополнительной памяти
emulate эмулировать *(моделировать работу одной машины на другой)*
emulation эмуляция
   in-circuit ~ внутрисхемная эмуляция
   terminal ~ эмуляция терминала
emulator эмулятор
   board ~ эмулятор на плате
   console ~ пультовый эмулятор
   in-circutt ~ внутрисистемный эмулятор
   integrated ~ встроенный эмулятор
   stand-alone ~ автономный эмулятор
   terminal ~ эмулятор терминала
EMX [enterprise mail exchange] автоматическая коммутация сообщений в сети масштаба предприятия
EN [end node] конечный узел в сети
enable 1. разрешающий сигнал; разрешение; разрешающий вход ‖ разблокировывать; разрешать; снимать запрет; отпирать; давать возможность **2.** задействовать **3.** Включить *(кнопка)* **4.** сделать доступным
enabled разрешенный
enabling включение
encapsulating 1. выделение в самостоятельный элемент *(электрической схемы или программы)* **2.** герметизация

encapsulation 1. герметизация **2.** инкапсуляция **3.** формирование пакетов данных
   plastic ~ герметизация пластмассой
encipher шифровать
enclosing объемлющий; включающий в себя
enclosure 1. вложение **2.** кожух; корпус **3.** огороженное пространство; ограждение
   N-slot ~ N-гнездовой корпус
encode кодировать; шифровать
encoded закодированный; зашифрованный
encoder 1. кодирующее устройство; кодер; шифратор **2.** кодировщик; шифровальщик **3.** кодировщик *(электронный преобразователь RGB-сигнала в композитный телевизионный сигнал)* **4.** кодировщик. *(программа, преобразующая последовательность команд на языке высокого уровня в управляющие коды конкретного графического устройства)*
   angular position ~ шифратор углового положения
   digital ~ цифровой шифратор
   message ~ шифратор сообщений
   pulse ~ импульсное кодирующее устройство
   voltage ~ шифратор напряжения
encoder-decoder кодек
encoding кодирование; шифрование
   binary ~ двоичное кодирование
   convolutional ~ сверточное кодирование
   logical ~ логическое кодирование
   manchester ~ манчестерское кодирование

    nonuniform ~ нелинейное кодирование
    phase ~ фазовое кодирование
    redundant ~ избыточное кодирование
    run-length ~ кодирование длин серий
    serial ~ порядковое кодирование
    uniform ~ линейное кодирование
    word-serial ~ пословное кодирование
encounter встреча ‖ встречать
encouraged поощрять
encrypt шифровать
encrypted зашифрованный
encryption шифрование
    block ~ блочное шифрование
    end-to-end ~ сквозное (абонентское) шифрование; шифрование без перешифрации в промежуточных узлах
    header ~ шифрование заголовка (*пакета*)
    link ~ линейное шифрование; шифрование в линии связи с перешифрацией в узлах
    RSA ~ RSA-кодирование (*шифрование*)
    stream ~ поточное шифрование
end конец ‖ конечный ◊ ~ **with** заканчиваться
    ~ **of construction** признак конца языковой структуры
    ~ **of data** конец данных
    ~ **of file** конец файла
    ~ **of volume** конец тома
    abnormal ~ аварийное завершение
    active ~ конец выделения; конец выделенного диапазона
    analog front ~ аналоговый входной блок
    at the ~ в конце
    capture ~ завершить съёмку с экрана
    dead ~ останов без возможности повторного пуска
    front- ~ программы пользовательского интерфейса; программы клиентской части системы (*в системах клиент-сервер*)
    normal ~ нормальное завершение
    trailing ~ замыкающий; завершающий
end-around циклический
end-to-end сквозной (*о маршруте передачи данных*)
end-user конечный пользователь
endpoint крайняя точка
enemo-electric анемо-электрический
engine двигатель; машина; механизм
    database ~ механизм СУБД
    inference ~ машина логического вывода; механизм вывода
    inferencing ~ механизм логического вывода
    interface ~ интерфейсная машина (*часть системы управления вычислительной сетью*)
    lock ~ механизм блокировок; блок установки замков (*в базах данных*)
    printer ~ печатающий механизм
    printing ~ печатающий механизм
engineer 1. инженер 2. механик; техник 3. специалист
    customer ~ 1. наладчик 2. специалист по работе с покупателями
    data processing ~ специалист в области обработки данных
    design ~ инженер-разработчик; конструктор
    field ~ специалист по эксплуатации; *проф.* эксплуатационщик
    hardware design ~ специалист по разработке аппаратуры

engineer

human factors ~ специалист по инженерной психологии

knowledge ~ специалист в области инженерии знаний; инженер по знаниям

software ~ специалист по программному обеспечению; разработчик программного обеспечения

sound ~ 1. *тлв* звукооператор 2. *тлв* звукорежиссер

system ~ системщик; специалист по системам

test ~ специалист по тестированию; специалист по испытаниям

engineering 1. проектирование; конструирование 2. техника 3. инженерный

communication ~ техника связи

computer ~ 1. вычислительная техника *(как область знаний)* 2. конструирование вычислительных машин

computer-aided (CAE) ~ автоматизированная разработка; машинное моделирование

computer-assisted software (CASE) ~ автоматизированное проектирование систем программного обеспечения

concurrent ~ комплексный подход к проектированию

electronics ~ электроника; электронная техника

human ~ инженерная психология

knowledge ~ инженерия знаний *(методы и средства представления, хранения и обработки знаний)*

reliability ~ техника обеспечения надежности

requirements ~ выработка требований *(к проектируемой системе)*; разработка технических условий

software ~ программирование; техника разработки программного обеспечения; программотехника

systems ~ проектирование (больших) систем; системотехника; системное проектирование; техника системного анализа

enhanced расширенный

enhancement модернизация; совершенствование; расширение *(напр. возможностей программных средств)*

contrast ~ улучшение контрастности

ENMS [enterprise network management system] система управления сетью масштаба предприятия

enqueue ставить в очередь

enquiry запрос; запросная система

enrollment 1. подстройка 2. регистрация

ensemble ансамбль

ensure гарантировать; обеспечивать

ensuring проверка

enter 1. ввод ‖ вводить 2. вход ‖ входить; входить в 3. записывать; вносить в список 4. регистрировать; фиксировать

enterprise 1. предприятие 2. предметная область *(базы данных)*

entertainment развлечение

entire целостный

entity 1. объект; сущность; категория 2. примитив; графический примитив 3. элемент

application ~ прикладной компонент *(системы программного обеспечения)*

data ~ информационный объект

drawing ~ 1. графический примитив 2. элемент-рисунок

external ~ элемент окружающей среды

regular ~ регулярный объект
session ~ участник сессии или сеанса
weak ~ слабый объект
entrance вход ◊ ~ **in batches** групповое поступление
entropy энтропия
  character mean ~ средняя энтропия на знак
  joint ~ общая энтропия
  population ~ энтропия совокупности
  total ~ полная энтропия
  unconditional ~ безусловная энтропия
entr/y 1. ввод; вход; вхождение 2. запись 3. компонента; составляющая 4. проникновение *(нарушение защиты данных)* 5. содержимое; введенные данные; входное сообщение 6. статья; пункт 7. элемент; компонент
  batch ~ пакетный ввод
  blocked ~ прекращенный доступ
  conversational ~ диалоговый ввод данных
  data description ~ элемент описания данных
  data ~ 1. ввод данных 2. информационный объект
  deferred ~ задержанный вход
  diagonal ~ диагональный элемент
  directory ~ элемент справочника
  distribution ~ дистрибутивная запись
  file description ~ элемент описания файла
  form ~ ввод путем заполнения форм документов; форматированный ввод данных
  hardware ~ аппаратная среда
  indexed ~ элемент индекса
  job ~ ввод заданий
  keyboard ~ ввод с клавиатуры; клавишный ввод
  layout ~ ввод топологической информации
  manual ~ данные, введенные вручную; ручной ввод
  network ~ точка подключения к сети
  nonnegative ~ неотрицательный элемент
  null ~ нулевой элемент
  on-line ~ диалоговый ввод
  optical ~ оптический ввод
  peer ~ равноправный объект
  prompted ~ 1. ввод с подсказкой *(со стороны ЭВМ)* 2. предписанный ввод
  push-button ~ кнопочный ввод
  registration ~**ies** данные реестра
  remote batch ~ дистанционный пакетный ввод
  remote job ~ дистанционный ввод заданий
  reversing ~ обратная запись
enumeration перечисление
envelope 1. граница области 2. кожух 3. конверт; почтовое отправление 4. огибающая
  operating ~ рабочий диапазон
  start-stop ~ стартстопный конверт
  test ~ система отладки
environment 1. контекст 2. конфигурация *(сети или системы)* 3. оборудование 4. окружение; обстановка; среда; (внешние) условия 5. режим *(работы)*; условия эксплуатации
  Ada programming support ~ среда программирования на языке Ада
  application ~ среда прикладной системы, прикладное окружение; предметная область *(в системе с базой знаний)*

environment

baseline test ~ базовые средства тестирования
command ~ командная среда
computing ~ вычислительное окружение; вычислительная среда
computing/communication ~ коммуникационно-вычислительное оборудование; вычислительная техника и оборудование связи
current ~ 1. текущая операционная обработка текущая операционная обстановка
design ~ среда проектирования; проектная среда
development ~ условия разработки; среда проектирования, проектная среда
distributed ~ 1. распределенная конфигурация; распределенная среда 2. среда распределенной системы
DOS ~ операционная среда ДОС
evaluation ~ вычислительная среда
execution ~ условия выполнения (*программы*)
exotic ~ необычные условия эксплуатации
external ~ условия эксплуатации
hardware ~ аппаратная среда; аппаратные средства
harsh ~ жесткие внешние условия
hypertext ~ гипертекстовая среда
IBM ~ среда (аппаратных и программных средств) фирмы IBM
integrated ~ интегрированная среда
interactive ~ диалоговый режим
interface ~ интерфейсное окружение
list-making ~ средства форматирования списков

mixed-vendor ~ неоднородная конфигурация
mobile ~ связь с подвижными объектами
multiple-net ~ многосетевая конфигурация
on-line ~ 1. интерактивный режим; среда для работы в интерактивном режиме 2. режим реального времени
operational ~ операционная среда (*создаваемая средствами операционной системы*)
problem-solving ~ проблемная среда; среда программирования
processing ~ условия обработки
programming ~ среда программирования
real time ~ режим реального времени
real-life ~ реальные условия (*в отличие от моделируемых*)
run-time ~ среда выполнения
runtime ~ 1. оперативные средства (*управления работой программы*) 2. условия прогона
simulated ~ имитируемое условие
single-task ~ однозадачный режим
single-user ~ однопользовательская среда
single-vendor ~ 1. однопользовательская конфигурация 2. однородная конфигурация (*состоящая из оборудования, поставляемого одной фирмой*)
software ~ программная среда; программные средства
software development ~ 1. среда программирования 2. средства и методы разработки программного обеспечения 3. условия разработки программного обеспечения

software engineering ~ средства поддержки программных разработок
support ~ средства поддержки
tabbing ~ средства табуляции
tabular ~ средства форматирования таблиц
time-sharing ~ конфигурация с разделением времени
use ~ условия использования
user ~ 1. операционная среда 2. условия работы пользователя; пользовательское окружение
user's ~ условия абонентской связи
video display ~ окружение видеодисплея

EOA [end of address] конец адреса
EOF [end of file] символ конца файла
EOL [end of line] символ конца строки
EOM 1. [end of message] конец сообщения 2. [event-oriented modelling] моделирование, ориентированное на события
EOT [end of transmission] конец передачи
EPP [enhanced parallel port] улучшенный параллельный порт
EPS растровый формат
equalization:
  phase ~ стабилизация фазы
equalizer:
  graphic ~ графический эквалайзер
equality равенство
  minimax ~ минимаксное равенство
  strict ~ строгое равенство
equalization:
  integral ~ полная стабилизация
equalizer:
  delay ~ схема коррекции задержки

fixed ~ фиксированный компенсатор
equation равенство; уравнение
  autoregression ~ уравнение авторегрессии
  autoregressive ~ уравнение авторегрессии
  behavior ~ уравнение поведения
  continuity ~ уравнение непрерывности
  design ~ расчетная формула
  difference ~ конечно-разностное уравнение; разностное уравнение
  differential ~ дифференциальное уравнение
  diffusion ~ уравнение диффузии
  empiric ~ эмпирическое уравнение
  equilibrium ~ уравнение равновесия
  error ~ уравнение ошибок
  estimation ~ уравнение для оценок
  interpolation ~ интерполяционная формула
  likelihood ~ уравнение правдоподобия
  linear ~ линейное уравнение
  linearized ~ линеаризованное уравнение
  matrix ~ матричное уравнение
  maximum likelihood ~ уравнение максимального правдоподобия
  multiplier ~ уравнение мультипликатора
  nonlinear ~ нелинейное уравнение
  optimal inventory ~ уравнение оптимального уровня запасов
  queue ~ уравнение системы массового обслуживания
  reduced ~ приведенное уравнение
  regression ~ уравнение регрессии

equation
   secular ~ вековое уравнение
   working ~ рабочая формула
equilateral равносторонний
equilibrium:
   labile ~ неустойчивое равновесие
   neutral ~ безразличное равновесие
   optimum ~ оптимальное равновесие
   perfect ~ совершенное равновесие
   static ~ статическое равновесие
   statical ~ статическое равновесие
   suboptimal ~ равновесие, приближающееся к оптимальному
   transient ~ переходное равновесие
equipment аппаратура; оборудование; приборы
   add-on ~ дополнительное оборудование
   analog ~ аналоговая аппаратура
   ancillary ~ вспомогательное оборудование; вспомогательная аппаратура
   card-processing ~ счетно-перфорационное оборудование
   communication ~ аппаратура связи
   computer ~ вычислительное оборудование
   data logging ~ оборудование регистрации данных
   data processing ~ оборудование для обработки данных
   data terminal ~ терминал; терминалы данных
   encryption and decryption ~ аппаратура шифрования-дешифрования
   gaging ~ измерительное оборудование
   high-performance ~ высокопроизводительное оборудование; высококачественное оборудование; высококачественная аппаратура
   in-house ~ собственное оборудование
   input ~ входное оборудование
   key-driven ~ клавишная аппаратура
   off-premise standby ~ дистанционное резервное оборудование
   on-premise standby ~ местное резервное оборудование
   output ~ выходное оборудование
   plug-compatible ~ полностью совместимое оборудование
   primary ~ основное оборудование
   punching ~ перфорационное оборудование
   self-test ~ самотестирующаяся аппаратура
   supervisory ~ контрольная аппаратура
   versatile test ~ многоцелевое испытательное оборудование
   off-line ~ автономное оборудование
   office ~ конторское оборудование; учрежденческая аппаратура
   optional ~ необязательное оборудование; дополнительное оборудование (*не входящее в основной комплект*)
   peripheral ~ периферийное оборудование
   processing ~ оборудование для обработки данных; обрабатывающая аппаратура
   production run ~ серийное оборудование
   publishing ~ издательское оборудование
   service ~ сервисное оборудование; сервисная аппаратура

simulation ~ аппаратура моделирования
support ~ вспомогательное оборудование; вспомогательная аппаратура
terminal ~ оконечное оборудование; терминальное оборудование
word processing ~ оборудование для обработки текстов; средства текстообработки

equivalence эквивалентность
equivalent эквивалент
erasable стираемый ‖ допускающий стирание
erase 1. разрушение *(информации)*; стирание *(записи)* ‖ стирать *(запись)*; разрушать *(информацию)* 2. *тлв* снимать *(потенциальный рельеф)* ◊ ~ **a file from a disk** стирать файл на диске; удалять файл с диска
erasing:
  ac ~ стирание переменным током
  byte ~ побайтовое стирание
  dc ~ стирание постоянным током
erroneous ошибочный
error ошибка *(см. тж bug)*; погрешность ◊ ~ **due to sampling** ошибка выборки; ~ **in standard deviation** ошибка среднего квадратичного отклонения
  absolute ~ абсолютная ошибка
  accidental ~ случайная ошибка
  accuracy ~ постоянная ошибка
  addressing ~ ошибка адресации
  alignment ~ погрешность юстировки
  altering ~ нерегулярная ошибка
  analytic truncation ~ ошибка аналитического усечения
  average ~ средняя ошибка
  bad call format ~ ошибка из-за неправильного вызова
  bad command ~ ошибка из-за неверной (неправильной) команды
  bad unit ~ ошибка из-за несоответствующего устройства
  balancing ~ сбалансированная ошибка
  bias ~ постоянная ошибка
  biased ~ постоянная ошибка; систематическая ошибка
  block ~ блочная ошибка
  burst ~ пакет ошибок
  call ~ ошибка вызова
  chance ~ случайная ошибка
  checksum ~ ошибка в контрольной сумме
  code ~ ошибка в коде
  coincidence ~ ошибка совпадения
  common ~ распространенная ошибка; обычная ошибка
  compare ~ ошибка, выявленная при сравнении
  compensating ~ компенсирующая ошибка
  compile-time ~ ошибка при трансляции
  completeness ~ ошибка завершения
  computational ~ ошибка в вычислениях
  configuration ~ ошибка компоновки; ошибка конфигурирования
  connection ~ ошибка монтажа
  consistency ~ ошибка из-за несовместимости *(напр. форматов)*
  constant ~ постоянная ошибка; систематическая ошибка
  constructional ~ конструктивная недоработка; ошибка монтажа
  contributory ~ внесенная ошибка
  control ~ ошибка регулирования

error

control-C ~ 1. ошибка из-за нажатия клавиш «ctrl» и «C» 2. ошибка, требующая перезагрузки
critical ~ неустранимая ошибка
crude ~ грубая ошибка
cumulative ~ накопленная ошибка
data ~ ошибка в данных
data-bit ~ ошибка в битах данных
deletion ~ 1. ложное исключение (*нужного элемента*) 2. ошибка из-за пропуска
design ~ ошибка проектирования; конструктивная недоработка
detectable ~ обнаруживаемая ошибка
difficult-to-locate ~ труднообнаружимая ошибка
displacement ~ ошибка из-за смещения
documentation ~ ошибка в (программной) документации
double-bit ~ двухбитовая ошибка
dropout ~ ошибка из-за выпадения
estimated ~ оцениваемая ошибка
estimation ~ ошибка оценивания; ошибка оценки
execution ~ ошибка выполнения
experimental ~ погрешность эксперимента
fatal ~ неисправимая ошибка
fatal hard ~ неисправимая аппаратная ошибка
file ~ ошибка при работе с файлом
fixed ~ постоянная ошибка; систематическая ошибка
following ~ ошибка слежения
framing ~ ошибка кадровой синхронизации
frequency ~ погрешность частоты
general ~ ошибка общего характера
gross ~ грубая ошибка
handling ~ ошибка из-за неправильного обращения; ошибка из-за неумелого обращения
hard ~ 1. аппаратная ошибка 2. постоянная ошибка; систематическая ошибка; устойчивая неисправность
human ~ субъективная ошибка; ошибка оператора
human-factor ~ ошибка игнорирования человеческого фактора (*связанная с игнорированием присутствия человека в системе*)
in-process ~ ошибка изготовления
inherent ~ унаследованная ошибка
inherited ~ предвнесенная ошибка; унаследованная ошибка
initial ~ начальная ошибка
input ~ ошибка на входе
insertion ~ ошибка ложного восприятия; ложная вставка (*несуществующего элемента*)
instantaneous ~ текущее значение ошибки
intentional ~ преднамеренная ошибка; умышленная ошибка
intermediate ~ нерегулярная ошибка
intermittent ~ случайная ошибка
interpolation ~ ошибка интерполяции
intrinsic ~ исходная ошибка
introduced ~ внесенная ошибка; допущенная ошибка
irrecoverable ~ неустранимая ошибка
isolated ~ локализованная ошибка; одиночная ошибка

limiting ~ предел точности
marginal ~ краевая ошибка
matching ~ ошибка неточного согласования
maximum ~ максимальная ошибка; предельная ошибка
maximum permissible ~ максимальный допустимая ошибка
mean ~ средняя ошибка
mean probable ~ средняя вероятная ошибка
metering ~ ошибка измерения
minor ~s минимум ошибок
missing ~ ошибка из-за отсутствия данных
misuse ~ ошибка из-за неправильного *или* неумелого обращения
no-paper ~ ошибка из-за отсутствия бумаги
non-DOS disk ~ ошибка из-за установки несистемного диска
nonsampling ~ постоянная ошибка
not ready ~ ошибка из-за неготовности к работе
observation ~ ошибка наблюдения
observational ~ ошибка наблюдения
operator ~ ошибка оператора
out-of-memory ~ ошибка из-за нехватки памяти
output ~ ошибка выхода
parity ~ ошибка четности
pattern-sensitive ~ кодочувствительная ошибка
percentage ~ ошибка в процентах
permissible ~ допустимая ошибка
precautionary ~ подозреваемая ошибка
predictable ~ предсказуемая ошибка
probable ~ вероятная ошибка

program ~ ошибка в программе; программная ошибка
propagated ~ 1. накапливаемая ошибка 2. распространяющаяся ошибка
propagation ~ накапливающаяся ошибка
pure ~ истинная ошибка
quantization ~ ошибка дискретизации
quiet ~ исправимая ошибка
random ~ случайная ошибка; несистематическая ошибка
random sampling ~ ошибка случайной выборки
read fault ~ сбой при чтении
reasonable ~ допустимая ошибка; допустимая погрешность
recoverable ~ исправимая ошибка
recurrent ~ повторяющаяся ошибка
reduced ~ приведенная погрешность
rejection ~ непризнание (*правильного элемента*); ошибка отбрасывания
relative ~ относительная ошибка
requirement ~ ошибка в определении технических требований
residual ~ остаточная ошибка
response ~ ошибка ответной реакции
resultant ~ суммарная ошибка
return an ~ **code** выдать код ошибки
root-mean-square ~ среднеквадратичная ошибка
round ~ ошибка округления
round-off ~ ошибка округления
rounding ~ ошибка округления
runtime ~ ошибка при выполнении
sample ~ ошибка выборки

error

sampling ~ 1. ошибка выборки 2. ошибка квантования
sector not found ~ ошибка из-за отсутствия требуемого сектора
seek ~ ошибка при поиске дорожки; сбой при поиске
select ~ 1. ошибка выборки 2. ошибка отсутствия связи
semantic ~ семантическая ошибка
sequence ~ неправильный порядок
setup ~ ошибка настройки
severe ~ серьезная ошибка
size ~ переполнение размера сетки
smoothing ~ ошибка сглаживания
soft ~ кратковременная ошибка; нерегулярная ошибка; случайный сбой; безопасная ошибка
software ~ ошибка в системе программного обеспечения; программная ошибка
solid ~ постоянная ошибка; систематическая ошибка; устойчивая ошибка
solid burst ~ плотный пакет ошибок
specification ~ ошибка в описании; ошибка в технических требованиях
spelling ~ орфографическая ошибка
standard ~ средне квадратичная ошибка
steady-state ~ статическая ошибка
stored ~ накопленная ошибка
substitution ~ ошибка замещения; подмена
subtle ~ неявная ошибка
syntactical ~ синтаксическая ошибка
syntax ~ синтаксическая ошибка
system ~ ошибка системы
tabulation ~ неправильная классификация
time-base ~ ошибка синхронизации
timing ~ ошибка синхронизации
total ~ накопленная ошибка; общая ошибка
transient ~ перемежающая ошибка
transmission ~ ошибка передачи
true ~ истинная ошибка
truncation ~ ошибка усечения
typing ~ 1. ошибка в определении типа *(данных)* 2. ошибка ввода с клавиатуры; опечатка
unbiased ~ случайная ошибка
uncompensated ~ нескомпенсированная ошибка
underflow ~ ошибка из-за потери значимости
undetectable ~ необнаруживаемая ошибка
unexpected ~ occurred произошла непредвиденная ошибка
unrecoverable ~ неисправимая ошибка; ошибка, не допускающая восстановления *(нормальной работы)*
usage ~ ошибка из-за неправильного *или* неумелого использования
wiring ~ ошибка монтажа
write fault ~ сбой при записи
write protect ~ ошибка в связи с защитой от записи
zero ~ сдвиг нуля
error-checking проверка ошибок
error-day ошибко-день *(мера трудоемкости тестирования программы)*
error-free свободный от ошибок; безошибочный
error-prone подверженный ошибкам

errorlevel уровень ошибок; тип ошибок; число ошибок

ES [enterprise system] система масштаба предприятия

escape 1. переход; уход **2.** потеря *(напр. связи)* **3.** смена *(кода или регистра)* **4.** выходить

locking ~ переход с блокировкой

nonlocking ~ переход без блокировки

ESCON [enterprise system connection] связь систем в сети масштаба предприятия

ESD [electronic software distribution] электронное распространение программного обеспечения

ESDI [enhanced small device interface] улучшенный интерфейс малых устройств *(стандарт)*

ESDL [electronic software distribution and licensing] электронное распространение и лицензирование программного обеспечения

ESL [electronic software licensing] электронное лицензирование программного обеспечения

ESM 1. [Ethernet switching module] коммутационный модуль сети Ethernet **2.** [enterprise storage manager] программа управления внешней памятью в сети масштаба предприятия

essential необходимый

estate:

real ~ реальный объем

estimate оценка ‖ оценивать; приблизительно подсчитывать

~ **of maximum precision** оценка максимальной точности; оценка предельной точности

~ **of mean** оценка среднего

absolute ~ абсолютная оценка

admissible ~ допустимая оценка

asymptotically efficient ~ асимптотически эффективная оценка

asymptotically unbiased ~ асимптотически несмещенная оценка

Bayes ~ байесовская оценка

Bayesian ~ байесовская оценка

biased ~ смещенная оценка

consistent ~ состоятельная оценка

efficient ~ эффективная оценка

error ~ оценка погрешности

least-squares ~ оценка по методу наименьших квадратов

lower ~ оценка снизу

maximum likelihood ~ оценка максимального правдоподобия

minimum-error ~ оценка с минимальной ошибкой

minimum-variance ~ оценка с минимальной дисперсией

nearly unbiased ~ почти несмещенная оценка

numerical ~ числовая оценка

point ~ точечная оценка

preliminary ~ предварительная оценка

reasonable ~ приемлемая оценка

regression ~ оценка по методу регрессии

sample ~ выборочная оценка

simplified ~ упрощенная оценка

single-value ~ однозначная оценка

time ~ оценка продолжительности

truncated ~ усеченная оценка

unbiased ~ несмещенная оценка

uniformly consistent ~ равномерно состоятельная оценка

uniformly unbiased ~ равномерно несмещенная оценка

estimate
   uniformly weighted ~ равномерно взвешенная оценка
estimation оценка; оценивание; вычисление оценки
   ~ of sampling errors оценивание ошибок выборочного обследования
   analytical ~ аналитическая оценка
   biased ~ смещенная оценка
   classical ~ классическая задача оценивания
   crude ~ грубое оценивание; приближенное оценивание
   empirical ~ эмпирическое оценивание
   optimum ~ оптимальная оценка
   rough ~ грубое оценивание
   smoothed ~ сглаженное оценивание
estimator оценочная функция; формула оценки
ETC 1. [Enhanced Transmission Correction] протокол, используемый в сотовой связи **2.** [Enhanced Throughput Cellular] усовершенствованная сотовая связь (*протокол корпорации AT&T для исправления ошибок передачи в сотовых сетях*)
etching-out вытравливание
Ethernet 1. передающая среда ЛВС с шинной архитектурой **2.** стандарт адаптеров для локальной сети
   thin (*или* **thick**) **~** *букв.* тонкий (или толстый) кабель для соединения станций между собой
ETSI [European Telecommunications Standards Institute] Европейский институт стандартов по телекоммуникациям
Eunet Европейская сеть Unix
EUUG [European UNIX Systems User Group] Европейская ассоциация пользователей UNIX

evaluation вычисление; оценка; формула оценки, оценочная функция
   benchmark ~ оценка (производительности) с использованием контрольной задачи
   eager ~ *проф.* энергичное вычисление (*по принципу «вычислять, не откладывая, все, что возможно»*)
   engineering ~ инженерная оценка
   field ~ оценивание в эксплуатационных условиях
   formative ~ формативное оценивание; оценивание на смысловом уровне
   formula ~ вычисление по формуле
   lazy ~ отложенное вычисление
   one-to-one ~ оценивание (системы) одиночным пользователем
   partial ~ смешанное вычисление
   small-group ~ оценивание (системы) группой пользователей
   suspended ~ отложенное вычисление
event 1. исход **2.** результат **3.** событие
   abandoned ~ отвергнутое событие; отвергнутый случай
   antithetical ~s несовместные события
   certain ~ достоверное событие
   compatible ~s совместные события
   complementary ~ дополняющее событие
   compound ~ сложное событие
   dangling ~ висячее событие
   data ~ control block блок управления событием данных
   definite ~ определенное событие
   dependent ~s зависимые события
   desired ~ благоприятное событие

disjoint ~ несовместное событие
dummy ~ фиктивное событие
end ~ конечное событие
endogenous ~ внутреннее событие
equiprobable ~s равновероятные события
fault ~ проявление неисправности
impossible ~ невозможное событие
initial ~ начальное событие
interrupt ~ событие, вызывающее прерывание
mission-specific ~ событие, относящееся к выполняемой функции
observable ~ наблюдаемое событие
preceding ~ предшествующее событие
predecessor ~ предшествующее событие
purely random ~ чисто случайное событие
random ~ случайное событие
restraint ~ условное событие
scheduling ~ 1. запланированный момент времени 2. плановое событие
start ~ начальное событие
succeeding ~ конечное событие
successor ~ последующее событие
sure ~ достоверное событие
task-specific ~ событие, относящееся к задаче
terminating ~ конечное событие
uncertain ~ недостоверное событие
undesired ~ неблагоприятное событие
work accomplishment ~ конечное событие
event-driven управляемый прерываниями

evidence свидетельство
evidential достоверный
evolutionary развиваемый
EWSD цифровая коммутационная система, пригодная для телефонных станций любой емкости и пропускной способности, с любым диапазоном услуг и любым сетевым окружением
exact точный
example пример
   numerical ~ численный пример
ExCA [exchangeable card architecture] архитектура сменных карт
exceed 1. превзойти превышать
exception 1. исключение; исключительное состояние; исключительная ситуация 2. ошибка (*в сообщениях об ошибках*)
   significance ~ исключение по значимости
exchange 1. автоматическая телефонная станция; АТС; (автоматический) коммутатор каналов; аппаратура обмена 2. замена (*напр. модуля*); обмен (*напр. данными*) ‖ заменять (*напр. модуль*); обмениваться (*напр. данными*) 3. перестановка (*модулей*)
   bus ~ обмен по шине
   complex ~ сложная перестановка
   data ~ обмен данными
   intergateway ~ междушлюзовой обмен (*в сетях*)
   link ~ 1. замена линий 2. коммутатор линий связи
   memory ~ коммутатор ЗУ
   message ~ аппаратура сопряжения
   pairwize ~ попарная перестановка
   storage ~ коммутатор ЗУ
   two-way ~ двусторонний обмен
exchangeable съемный

excitation:
    pulse ~ импульсное возбуждение
    step-by-step ~ ступенчатое возбуждение
    three-phase ~ трехтактное возбуждение
exclusion исключение
    mutual ~ взаимное исключение
exclusive 1. исключающий **2.** монопольный
executable выполняемый
execute выполнять (*программу, команду*); исполнять
executing выполнение
execution выполнение (*программы, команды*); исполнение
    collateral ~ совместное выполнение
    concurrent ~ одновременное выполнение; параллельное выполнение
    directed ~ немедленное выполнение
    interpretive ~ интерпретационное выполнение; выполнение (*программы*) в режиме интерпретации
    looping ~ циклическое выполнение
    program ~ выполнение программы
    remote ~ дистанционное выполнение
    reverse ~ обратное выполнение
    single-step ~ пошаговое исполнение
executive 1. диспетчер; организующая программа; управляющая программа **2.** официальное лицо; представитель фирмы
    Ada real-time ~ диспетчер Ада программ реального времени
    resident ~ резидентная операционная система
    time-sharing ~ операционная система разделения времени

exception:
    record ~ исключение записи
exerciser программа тестирования
exhausted исчерпанный
exigent аварийный
existence существование
    time ~ временная зависимость
exit 1. выход ‖ выходить **2.** выходной канал **3.** выходная стрелка (*на блок-схеме*) ◊ **~ back to DOS** возврат в ДОС
    deferred ~ задержанный выход
    loop ~ выход из цикла
    page ~ выход страницы (*блок-схемы*)
    unstructured ~ неструктурный выход
exjunction исключающее или
exotic необычный
expand 1. *мат.* раскрывать **2.** распространять; расширять; наращивать
expandability 1. наращиваемость **2.** расширяемость
    modular ~ модульная расширяемость
expandable расширяемый
expanded расширенный
expansion 1. наращивание **2.** расширение; растяжение
    abbreviation ~ расшифровка аббревиатуры
    grid ~ распространение по сетке
    in-line subroutine ~ подстановка подпрограммы вместо ее вызова
    macro ~ макрорасширение
    sweep ~ растяжение развертки
expectancy:
    reasonable ~ приемлемый ожидаемая величина
expectation:
    conditional mathematical ~ условное математическое ожидание

finite ~ конечное математическое ожидание
mathematical ~ математическое ожидание
expected ожидаемый
expedition ускорение (*напр. прохождения информации*)
experience квалификация; опыт
  gain a programming ~ приобретать опыт программирования
  programming ~ опыт работы в области программирования; программистский опыт
experiment эксперимент
  complex ~ многофакторный эксперимент
  gedanken ~ упрощенный мысленный эксперимент
  mental ~ мысленный эксперимент
  thought ~ мысленный эксперимент
experimental экспериментальный
expert 1. эксперт; высококвалифицированный специалист ‖ экспертный **2.** экспертный узел (*распределенной экспертной системы*)
  black box ~ экспертная система с алгоритмом типа черного ящика
  computer science ~ специалист по вычислительной технике
  domain ~ специалист по предметной области
  glass box ~ экспертная система с алгоритмом типа «прозрачного ящика»
  opaque (transparent) ~ экспертная система с прозрачным алгоритмом
expertise 1. специальные знания; профессиональные знания; практический опыт **2.** экспертиза
  design ~ 1. опыт проектирования **2.** экспертиза проекта

human ~ человеческий опыт
model ~ опыт, сконцентрированный в модели; степень «профессионализма» модели
explainer блок объяснения (*в экспертных системах*)
explanation обоснование; объяснение
explicit явный
explorer проводник
exponent показатель степени; экспонента
  biased ~ смещенный порядок
exponential экспоненциальный
exponentiation возведение в степень
export экспорт (*исходящих сообщений*)
exposure 1. внешнее воздействие **2.** выявленный дефект **3.** незащищенность (данных); подверженность (данных) постороннему воздействию
expression выражение; представление
  ~ of requirements техническое задание
  absolute ~ абсолютное выражение
  address ~ адресное выражение
  arithmetic ~ арифметическое выражение
  arithmetic list ~ арифметический списковое выражение
  atom ~ атомарное выражение
  binary ~ бинарное выражение
  boolean ~ логическое выражение
  call ~ вызывающее выражение (*реализующее обращение к подпрограмме*)
  character ~ знаковое выражение
  conditional ~ условное выражение
  conditional assembly ~ выражение условного ассемблирования

expression
    constant ~ константное выражение
    designational ~ именующее выражение
    element ~ элементарное выражение
    graphic ~ графическое представление
    idiomatic ~ идиоматическое выражение
    line ~ строковое выражение
    literal ~ литеральное выражение
    logical ~ логическое выражение
    parentheses-free ~ бесскобочное выражение
    primary ~ первичное выражение
    qualified ~ квалифицированное выражение
    qualifier ~ квалифицирующее выражение
    regular ~ регулярное выражение
    relation ~ выражение отношения
    relocatable ~ перемещаемое выражение
    scalar ~ скалярное выражение
    static ~ статическое выражение
    structural ~ структурное выражение
    subscript ~ индексное выражение
expressive выразительный
expressiveness выразительные возможности
extraction:
    feature ~ выделение признаков
extend расширять
extended расширенный
extender расширитель
    bus ~ расширитель шины
extendible расширяемый
extensibility расширяемость
extensible расширяемый
extension добавление
extension 1. расширение; добавление 2. расширение имени файла; тип файла 3. компонент пакета (*системы, программы*) 4. объект действительности (*отображаемый в базе знаний при ее расширении*) 5. *лог.* экстенсия
    code ~ расширение кода
    data set ~ расширение набора данных
    file ~ расширение имени файла; тип файла
    filename ~ расширение имени файла
    MFC ~s **DDL**, расширяющие MFC за счет создания новых классов на базе уже существующих
    specify ~ задавать расширение имени
    with no ~ без расширения
extensional экстенсиональный
extent 1. степень 2. экстент
external внешний
extra 1. добавочный 2. экстра
extracting извлечение; извлечение с распаковкой (*при разархивации файла*)
    ~ **of root** извлечение корня
extraction выделение; извлечение
    archive ~ извлечение из архива
    archive file ~ развертывание архивного файла
    bit ~ извлечение отдельных битов
    data ~ извлечение данных
    gate ~ выделение вентилей
extractor экстрактор
    circuit ~ маска схемы
extrapolate экстраполировать
extrapolation экстраполирование; экстраполяция
    ~ **of time-series** экстраполяция временных рядов
    arithmetic ~ линейная экстраполяция
    benchmark ~ экстраполяция на основе исходных данных

    curve ~ экстраполяция кривой
    envelope curve ~ экстраполяция огибающей
    graphical ~ графическая экстраполяция
    linear ~ линейная экстраполяция
    logarithmic ~ логарифмическая экстраполяция
    logarithmical ~ логарифмическая экстраполяция
    optimum ~ оптимальная экстраполяция
    polynomial ~ полиномиальная экстраполяция
    simple ~ линейная экстраполяция
    statistical ~ статистическая экстраполяция
    trend ~ экстраполяция тенденции
    weighted ~ взвешенная экстраполяция
extras дополнительное оборудование; отдельно поставляемое оборудование
extreme предельный
    sample ~ крайнее значение выборки
    smallest ~ нижний предел
extremum экстремум
eyeballing визуальный контроль
eyestrain зрительное напряжение

F

F2F [face to face] лицом к лицу (*сокращение, принятое в Интернет*)
fabrication:
    batch ~ групповое изготовление
facade фасадный метод (*в проектировании интерфейсов*)

face 1. лицо; лицевая сторона 2. экран (*ЭЛТ*) 3. *полигр.* гарнитура (*шрифта*); начертание (*шрифта*); очко (*литеры*) 4. *полигр.* запечатанная сторона (*листа*) 5. сталкиваться; иметь дело 6. быть обращенным в определенную сторону ◊ to ~ left смотреть влево; располагаться лицевой стороной влево; to ~ right смотреть вправо; располагаться лицевой стороной вправо
    back ~ невидимая поверхность
    elite ~ элитная печать
    pica ~ печать с плотностью 10 символов на дюйм
    type ~ начертание шрифта; гарнитура шрифта, характер начертания шрифта; очко литеры
faceplate лицевая панель
facet фасет || фасетный
    ~ of design аспект проектного решения
facilit/y 1. возможность 2. устройство *pl* ~ies аппаратура; оборудование; средства
    audio visual ~ies аудиовизуальные средства
    browse ~ies средства обеспечения просмотра
    change ~ средство модификации
    communication ~ies средства связи
    compare ~ устройство сравнения
    comprehensive ~ies развитые возможности
    computer ~ вычислительный центр
    computing ~ies вычислительные средства
    database ~ies средства базы данных
    debugging ~ies средства отладки
    disaster ~ies средства аварийного резерва

facilit/y

    documentation ~ies средства документирования
    explanation ~ies средства обоснования
    format ~ies средства форматирования
    generalized ~ies универсальные средства
    help ~ies средства подсказки
    hold ~ies средства сохранения (текущих) данных *(при прерывании работы ЭВМ)*
    in-house ~ies 1. собственное оборудование; собственные технические средства 2. собственные возможности
    input/output ~ies средства ввода-вывода; оборудование ввода-вывода
    interactive ~ies интерактивные устройства
    library ~ies библиотечные средства
    load ~ies устройство загрузки
    management ~ies средства управления
    multiple-channel ~ многоканальная система обслуживания
    original ~ оригинальные средства
    peripheral ~ies периферийное оборудование
    priority ~ies средства установки приоритетов
    query ~ies 1. средства поиска 2. средства обеспечения запросов; средства организации запросного режима
    recovery/restart ~ies средства восстановления и рестарта
    security ~ies средства защиты
    service ~ 1. канал обслуживания; обслуживающее устройство 2. одноканальная система массового обслуживания
    test ~ies испытательное оборудование
    trace ~ средства трассировки
    user interface ~ies средства взаимодействия с пользователем
    vacant ~ свободный обслуживающее устройство
    watch ~ies средства наблюдения

facsimile телефакс; точная копия; факсимиле; факсимильная связь; факс

fact:
    derived ~ производный факт
    processing ~s обработка фактов

factor 1. коэффициент; множитель ‖ разлагать на множители 2. фактор; показатель ◊ **to ~ out** выносить за скобки; факторизировать
    activity ~ 1. коэффициент использования 2. элемент массива
    aha ~ озарение
    amplification ~ коэффициент усиления
    association ~ коэффициент ассоциации
    bandwidth-spreading ~ коэффициент расширения полосы частот
    blockage ~ емкость блока
    blocking ~ коэффициент блокирования
    branching ~ коэффициент ветвления
    certainty ~ коэффициент уверенности; показатель (коэффициент) достоверности
    coding load ~ показатель объема программирования
    complexity ~ показатель сложности
    confidence ~ коэффициент достоверности
    constant ~ постоянный коэффициент; постоянный множитель
    conversion ~ коэффициент преобразования

correction ~ поправочный множитель
degradation ~ коэффициент снижения производительности (*вычислительной системы*)
demand ~ коэффициент нагрузки
dimensionless ~ безразмерный коэффициент
dissipation ~ коэффициент рассеяния
elimination ~ коэффициент неполноты выборки (*в ИПС*); коэффициент неполноты поиска; *проф.* коэффициент элиминации
engineering ~s технические условия
feedback ~ коэффициент обратной связи
floating ~ переменный коэффициент
form- ~ форм-фактор (*емкость жесткого диска в зависимости от его диаметра*)
human ~ субъективный фактор; фактор субъективности; человеческий фактор, фактор присутствия человека (*в системе*)
intelligibility-enabling ~ фактор, способствующий повышению разборчивости
interleave ~ коэффициент чередования (*номера секторов на диске следуют не друг за другом, а с учетом данного коэффициента*)
iteration ~ глубина итерации
loading ~ коэффициент загрузки
mismatching ~ коэффициент рассогласования
off-duty ~ скважность
operational ~s рабочие характеристики; эксплуатационные характеристики; действующие параметры
partition ~ коэффициент расчленения (*равен числу возможных соединений, которые отсутствуют в сети*)
peak ~ коэффициент амплитуды
pertinency ~ коэффициент релевантности (*в ИПС*)
probabilistic ~ вероятностный коэффициент
racking ~ плотность упаковки
random ~ случайный фактор; фактор случайности
relocation ~ показатель перемещения
route quality ~ показатель качества маршрута
safety ~ коэффициент надежности; запас прочности; коэффициент безопасности
scale ~ цена деления шкалы
scale ~ масштабный коэффициент; масштабный множитель
scaling ~ масштабный коэффициент
smoothing ~ коэффициент сглаживания
spreading ~ коэффициент расширения (*спектра сигнала*)
storage-utilization ~ коэффициент использования памяти
stowage ~ коэффициент уплотнения (*архивируемого файла*)
time ~ 1. фактор времени 2. временной коэффициент
transport ~ коэффициент переноса
use ~ коэффициент использования
utilization ~ коэффициент использования
weighting ~ весовой коэффициент; весовой множитель
work ~ показатель трудозатрат; фактор трудозатрат

factor

work load ~ коэффициент рабочей загрузки (*напр. программиста*)
factorial факторный
factoring факторные операции
factorization факторизация
factory-configured с конфигурацией, определяемой при изготовлении
fail 1. повреждение; неисправность; отказ в работе; сбой ‖ дать сбой; повреждаться; выходить из строя; отказывать в работе 2. не достигать успеха
fail-safe отказобезопасный; ошибко-устойчивый
fail-soft с постепенным ухудшением параметров (*при неисправностях*); с амортизацией отказов
fail-stop застопоривающийся при ошибках прекращающий работу при появлении ошибки
failible подверженный отказам; без защиты от отказов
failproof безотказный защищенный от отказов
failure 1. неисправность; отказ; выход из строя; повреждение; отказ в работе; сбой 2. сбой программы; фатальная ошибка 3. неудача; неблагоприятный исход
   aggregated ~ агрегированный отказ
   basic ~ основной отказ
   check sum ~ несовпадение контрольной суммы
   common-mode ~ типичный отказ; отказ общего характера
   complete ~ полный отказ
   degradation ~ постепенный отказ (*вследствие ухода характеристик за допустимые пределы*)
   dependent ~ зависимый отказ
   design error ~ отказ из-за ошибки проектирования
   detectable ~ обнаружимый отказ
   deterioration ~ износовый отказ
   draft ~ постепенный отказ
   early ~ 1. ранний отказ 2. приработочный отказ
   equipment manufacturing ~ отказ из-за плохого качества изготовления
   factorising ~ неудачное завершение доказательства цели
   fatal ~ фатальный отказ (*не нейтрализуемый средствами реконфигурации*)
   field ~ эксплуатационный отказ
   format ~ 1. отказ от форматирования 2. ошибка форматирования
   general ~ общий отказ
   gradual ~ постепенный отказ (*вследствие ухода характеристик за допустимые пределы*)
   hard ~ устойчивый отказ
   human ~ отказ по вине человека; отказ по вине обслуживающего персонала
   in-warranty ~ неисправность в течение гарантийного срока
   induced ~ наведенный отказ
   infancy ~ ранний отказ
   intentional ~ умышленное повреждение
   intermittent ~ перемежающий отказ
   latent ~ скрытый отказ
   machine ~ аппаратный сбой
   major ~ существенная неисправность
   man-made ~ внесенный отказ
   mechanical ~ механическое повреждение; механическая неисправность
   minor ~ несущественная неисправность
   misuse ~ отказ из-за неправильного обращения

multiple ~ многократный отказ

open-circuit ~ отказ типа обрыва цепи

operational ~ эксплуатационный отказ; отказ по вине неправильной эксплуатации; отказ на этапе эксплуатации

parity ~ несовпадение четности

partial ~ частичный отказ

permanent ~ устойчивый отказ; устойчивая неисправность

power ~ сбой питания

redundant ~ отказ резервной системы

residual ~ остаточный отказ

server ~ выход из строя обслуживающего устройства

short duration ~ кратковременный отказ

skew ~ отказ из-за перекоса

software ~ программная ошибка

transient ~ самоустраняющийся отказ

undetectable ~ необнаружимый отказ

wearout ~ износовый отказ; отказ по износу

failure-free безотказный

fallback нейтрализация неисправности (*напр. путем изменения конфигурации системы*); переход в аварийный режим

   software ~ нейтрализация программных ошибок

false ложь ‖ ложный

falsehood ложность

family ряд; семейство; серия

   ~ of games семейство игр

   compatible ~ семейство совместимых вычислительных машин; ряд совместимых вычислительных машин

   component ~ семейство (электронных) компонентов

   computer ~ семейство вычислительных машин; ряд вычислительных машин; семейство компьютеров

   infinity ~ бесконечное семейство

   integrated circuit ~ серия ИС

   logic ~ серия логических схем или элементов

   task ~ семейство задач

   type ~ начертание шрифта

fan-in коэффициент обединения по входу (*логического элемента*); нагрузочная способность

fan-out нагрузочная способность по выходу; коэффициент разветвления

fanfolding складывание гармошкой; фальцевание (бумаги) гармошкой

   ~ of paper складывание бумаги гармошкой

FAQ [frequently asked questions] часто задаваемые вопросы

far дальний

fast(-acting) быстрый; быстродействующий

fast-response с малым временем реакции

fastening соединительный

faster ускоритель (*напр. логического поиска*)

FAT [file allocation table] таблица размещения файлов

fatal неисправимый; фатальный

father родительский

fault повреждение; неисправность; дефект; ошибка; сбой

   activated ~ активизированная неисправность

   assembly ~ ошибка компоновки

   component ~ дефект элемента; неисправность на уровне элементов

   design ~ ошибка проектирования

fortuitous ~ случайная ошибка
image ~ искажение изображения; дефект изображения
interaction ~ ошибка взаимодействия *(с системой)*
man-made ~ (случайно) внесенная неисправность
manufacturing ~ ошибка изготовления; производственный дефект
marginal ~ неисправность из-за выхода параметров за допуски; *проф.* граничная неисправность
page ~ отсутствие страницы; ошибка из-за отсутствия страницы *(в оперативной памяти)*
program sensitive ~ неисправность, проявляющаяся при прогоне конкретной программы
pseudopage ~ ошибка обращения к неподкачанной странице
random ~ эпизодическая неисправность
read ~ сбой при чтении
soft ~ сбой из-за ухода значений параметров
solid ~ устойчивая неисправность
stack ~ ошибка в стеке
stuck-at ~ неисправность типа разрыв цепи
sustained ~ устойчивое повреждение
testable ~ проверяемая неисправность; обнаружимая неисправность
transient ~ неустойчивая неисправность
undetectable ~ необнаружимая неисправность
untestable ~ непроверяемый дефект
worst-case ~ неисправность, проявляющаяся в самом тяжелом режиме работы
write ~ сбой при записи

fault-intolerant чувствительный к отказам; не обладающий отказоустойчивостью
fault-tolerant отказоустойчивый; ошибко-устойчивый
faulty дефектный; неисправный
favor:
  odds in ~ благоприятные шансы
favorable благоприятный
favourable благоприятный
fax точная копия; факсимиле; факсимильное устройство; факсимильная (фототелеграфная) связь; телефакс; факсимильный (фототелеграфный) аппарат; *проф.* факс
FCC [Federal Communications Commission] **1.** Федеральная правительственная комиссия США по средствам связи **2.** название стандарта качества *(электронных устройств)*
FCS [fiber channel standard] стандарт на волоконно-оптические каналы
FCSI [fiber channel system initiative] инициатива по системе волоконно-оптической связи *(совместная программа Sun Microsystems, IBM и Hewlett-Packard)*
FCT [focus control table] таблица управления кадрами изображения на дисплее
FDC [floppy disk controller] контроллер гибкого диска
FDD [floppy disk drive] накопитель на гибких магнитных дисках; НГМД
FDDI [fiber distributed data interface] оптоволоконный интерфейс распределения данных *(спецификация для сети на оптоволокне)*
FDSE [full duplex switched Ethernet] дуплексная коммутируемая сеть Ethernet

feasibility осуществимость
feathering растяжка строки *(добавлением пробелов)*
feature 1. возможность; средство 2. излишество; ненужное свойство программы 3. особенность; признак; свойство 4. функция
   administration ~s возможности администрирования; функции администрирования в СУБД
   advanced ~ преимущество; новая возможность
   ancestral ~ унаследованные свойства
   escape ~ возможность внешнего обращения *(напр. к программам, написанным на другом языке)*
   fail-safe ~ отказобезопасность; отказоустойчивость
   floating-point ~s возможности реализации режима с плавающей точкой
   hardware ~ аппаратное средство
   key ~s основные характеристики
   noiseproof ~ помехоустойчивость
   tag and drag ~ средство выделения и перемещения *(участков изображения на экране)*
   type ahead ~ возможность заблаговременного задания типа *(данных или переменных)*
   undocumented ~ неописанное средство
   unsupported ~ неподдерживаемое средство
   window-save ~ средство запоминания окон *(полиэкранного изображения)*
   zoom ~ способность *(дисплея)* к изменению масштаба изображения
featured:
   full ~ полный

featurism:
   creeping ~ *проф.* ползучий «улучшизм» *(стремление к постоянным ненужным усложнениям программы за счет мелких улучшений)*
FEC [forward error correction] прямое исправление ошибок
FED [ferroelectric display] сегнетоэлектрический дисплей
federated интегрированный
federating интеграция
   ~ **of subsystems** интеграция подсистем
federation объединение; интеграция
fee:
   license ~ плата за разрешение; плата за лицензию
   no ~ **is charged** никакая плата не взимается
   no ~ **may be charged for** не может взиматься плата за ...
   one-time ~ единовременная плата *(напр. за лицензию на программные средства)*
feed 1. подача; питание ‖ давать; подавать; питать 2. подающий механизм; питающий механизм 3. установка числа *(в счетной машине)*
   bottom paper ~ подача бумаги снизу *(в печатающем устройстве)*
   cut form ~ автоподача страниц
   cut sheet ~ автоподача страниц
   edgewise ~ подача широкой стороной
   endwise ~ подача узкой стороной
   file ~ ввод файла
   form ~ перевод страницы
   friction ~ подача бумаги с помощью валика
   ink ~ подача чернил *(напр. в пишущую головку графопостроителя)*

feed

    line ~ подача (бумаги) на одну строку; перевод строки *(при печати или при выводе на экран; управляющий символ, вызывающий эти действия)*
    paper ~ подача бумаги; протяжка бумаги
    sheet ~ автоподача страниц
    sheet-by-sheet ~ полистовая подача *(бумаги)*; подача (бумаги) отдельными листами
    single-sheet ~ полистовая подача *(бумаги)*; подача (бумаги) отдельными листами
    sprocket ~ подача бумаги с помощью звездчатки
    tractor ~ непрерывная подача *(перфорированной бумаги)*; подача бумаги с помощью звездчатки
    tractor paper ~ механизм подачи бумаги; механизм протяжки бумаги

feedback обратная связь
    data ~ информационная обратная связь
    delayed)~ запаздывающая обратная связь
    graphic ~ графическая обратная связь *(при перемещении изображения на экране)*
    indirect ~ косвенная обратная связь
    information ~ информационная обратная связь
    internal ~ внутренняя обратная связь
    lagging ~ запаздывающая обратная связь
    monitoring ~ контролирующая обратная связь
    primary ~ главная обратная связь
    terse ~ мощная обратная связь; насыщенная обратная связь
    user ~ обратная связь с пользователем

feeder 1. подающий механизм; питающий механизм **2.** система подачи; устройство подачи; подающий лоток **3.** фидер *(линия передачи от коммутационного узла)*
    cut sheet ~ устройство подачи форматных листов
    sheet ~ устройство подачи бумаги *(по листам)*

feedforward 1. упреждение; предварение **2.** с прогнозированием; с упреждением **3.** управление с прогнозированием **4.** упреждающая информация

feeding подача; питание *(см. тж feed)* ‖ подающий; питающий
    form ~ подача форматированных бланков *(в читающем устройстве)*

feel:
    look-and- ~ сценарий диалога с пользователем

feep ровное жужжание *(работающего терминала)* ‖ издавать ровное жужжание

feeper источник звукового фона *(работающего терминала)*

fence заграждающая метка

FEP [front-end processor] **1.** интерфейсный процессор **2.** процессор на станции-клиенте *(в сети)*

FES [focus error signal] сигнал расфокусировки

fetch выборка ‖ выбирать *(напр. команду или данные из памяти)*

fetching выборка *(напр. команды или данных из памяти)*; загрузка
    demand ~ выборка по запросу
    initial ~ начальная выборка
    instruction ~ выборка команды; вызов команды
    operand ~ выбор операнда; выборка операнда

field

    program ~ вызов программы; загрузка программы
FFT [fast Fourier transformation] быстрое преобразование Фурье; БПФ
fiber (оптическое) волокно; световод; светопровод
    multimode ~ многомодовый волоконно-оптический кабель
fictive фиктивный
fidelity верность (*передачи информации*); точность (*воспроизведения*)
FIDO сеть, созданная в 1984 г.
fidonet фидонет
field 1. группа разрядов (*напр. числа*) 2. поле; пространство; область; зона 3. место эксплуатации
    address ~ поле адреса; разряды адреса
    alphanumeric ~ алфавитно-цифровое поле
    analog ~ аналоговая техника
    argument ~ поле (адреса) аргумента; поле (адреса) операнда (*на программном бланке*)
    auxiliary data ~ поле вспомогательных данных
    bias ~ поле подмагничивания
    byte index ~ поле индекса байта
    command ~ поле кода операции (*на программном бланке*); поле команды
    comments ~ поле комментариев (*на программном бланке*)
    common ~ общее поле (*напр. памяти для нескольких программ*)
    computer ~ вычислительная техника (*область знаний*)
    control ~ контрольное поле
    control-data ~ поле управляющих данных
    count ~ поле счета
    data ~ поле данных
    decrement ~ поле декремента
    derived ~ производное поле
    destination ~ поле адреса; поле назначения
    digital ~ цифровая техника (*область знаний*)
    discrete ~ дискретные устройства; цифровая техника (*область знаний*)
    display ~ поле индикации; поле экрана
    edit ~ поле редактирования
    extension ~ поле расширения
    fill-in-blank ~ пустое поле (*для заполнения*)
    fixed ~ поле фиксированных размеров; поле в фиксированном месте памяти
    fixed-length ~ поле фиксированной длины
    flag ~ поле признака
    free ~ 1. поле в произвольном месте памяти 2. поле произвольных размеров
    Hollerith ~ поле текстовых данных
    image ~ поле изображения
    input ~ область ввода
    instruction ~ поле команды
    integer ~ поле целых чисел
    intrinsic ~ внутреннее поле
    jack ~ наборное поле
    key ~ ключевое поле; поле ключа
    label ~ поле метки
    numeric ~ числовое поле
    operand ~ поле операнда
    operation ~ поле команды
    overlapping ~s перекрывающиеся поля
    picture ~ поле изображения
    printable ~ (рабочее) поле для печати
    protected ~ защищенное поле
    restarting cause ~ поле причины рестарта

field

    right ~ поле прав доступа *(напр. к сегменту адресного пространства ЗУ)*
    scalar ~ скалярное поле
    source ~ исходное поле
    tag ~ поле признака
    unprotected ~ незащищенное поле
    variable ~ 1. поле переменной 2. поле переменной длины
    variable-length ~ поле переменной длины
    variant ~ поле признака
field-replaceable допускающий замену в условиях эксплуатации
fieldname имя поля
FIF [fractal image format] формат фрактального изображения
FIFO [first-in-first-out] первым пришел - первым обслужен *(метод обслуживания типа очередь)*
figure 1. цифра; число ‖ обозначать цифрами 2. фигура; рисунок; чертеж
    confidence ~ доверительная вероятность; доверительный уровень
    refined ~s обработанные данные
    significant ~ значащая цифра
file файл; картотека; комплект; массив ‖ составлять картотеку; вести картотеку; заносить в файл; хранить в файле; формировать файл; организовывать файл ◊ ~ **not found** файл не найден *(сообщение)*
    accountable ~ учитываемый файл
    accounting ~ учетный файл; файл бюджета
    active ~ активный файл; открытый файл
    archival quality ~ архивный файл
    archived ~ архивированный файл
    ASCII ~ ASCII-файл; текстовый файл *(файл, содержащий только текст)*
    attached ~ присоединенный файл
    backspace a ~ возвращаться на один файл
    backup ~ дублирующий файл; резервный файл
    batch ~ командный файл *(для выполнения в пакетном режиме)*; файл, задающий пакетный режим работы; пакетный файл
    binary ~ двоичный файл
    blocked ~ сблокированный файл
    card index ~ картотека
    central information ~ центральная картотека
    chained ~ цепной файл
    chained ~ цепочечный файл
    change ~ файл изменений
    chapter ~ файл описания главы *(содержащий ссылки на нужные тексты, иллюстрации и т. п.)*
    checkpoint ~ файл контрольной точки
    circular ~ циркулярный файл *(с добавлением новых записей на место наиболее старых)*
    command ~ командный файл; файл команд
    compressed volume ~ файл уплотненного диска
    configuration ~ конфигурационный файл *(с данными о конфигурации системы)*
    contiguous ~ непрерывный файл
    control ~ управляющий файл
    cross-linked ~s файлы с общим кластером
    crunched ~ сжатый файл
    data ~ картотека данных; файл данных; массив данных
    data base ~ файл базы данных
    data base text ~ файл текстовых типов данных

data sensitive ~ информационно-зависимый файл
dead ~ 1. неиспользуемый файл 2. потерянный файл
default comment ~ файл комментария по умолчанию
deleting ~s удаление файлов
design ~ проектный файл; файл проектных данных
destination ~ выходной файл; файл результатов
detail ~ текущий файл; файл оперативной информации
device independent ~ машинно-независимый файл
differential ~ 1. индекс итерации 2. файл различий
direct (access) ~ файл прямого доступа
directory ~ справочный файл
disk ~ дисковый файл; файл на дисках
display ~ дисплейный файл (*для хранения информации, выдаваемой на экран*)
displaying ~s показ содержимого файлов
electronic reminder ~ электронная (справочная) картотека
encrypted ~ зашифрованный файл
executable ~ исполняемый файл (*файл с программой или командный файл*)
father ~ исходная версия
flat ~ 1. двумерный файл; плоский файл 2. неструктурированный файл
follow-up ~ следящий файл
format ~ файл формата отчета
fully inverted ~ полностью инвертированный файл
garbled ~ испорченный файл
help ~ файл справок
hidden ~ скрытый файл (*имя которого не включается в каталог файлов*)

immutable ~ 1. постоянный файл 2. файл только для считывания информации
inactive ~ неактивный файл
incomplete ~ несформированный файл (*из-за нехватки места в памяти*)
index ~ индексный файл
indexed ~ индексированный файл
indexed sequential ~ индексно-последовательный файл
indirect ~ командный файл
inmutable ~ постоянный файл
input ~ входной файл
integrated data ~ единый файл данных
internal ~ внутренний файл
inverted ~ 1. инвертированный файл 2. предметный указатель
labeled ~ помеченный файл
link ~ файл связей
linked ~ связный файл; файл со связями
locked ~ захваченный файл
log ~ журнал; протокол (*сеанса связи и т.п.*)
many-reel ~ многоленточный файл
map ~ файл распределения памяти (*между программными модулями*)
master ~ 1. главная картотека; главный файл; основной файл 2. файл нормативно-справочной информации
master-program ~ файл с основными программами
memory ~ файл дампа памяти
message ~ файл сообщений
multireel ~ многоленточный файл
multivolume ~ многотомный файл
negative ~ негативный файл (*содержащий данные, не разрешен-*

file

ные к обработке по каким-л. причинам); *проф.* черный список
object ~ выходной файл (*транслятора*); *проф.* объектный файл
object library ~ объектный библиотечный файл
open a ~ открывать файл
output ~ выходной файл; файл (для) вывода
page through the ~ листать файл
PIF ~ *и* PIF-файл (*файл-описатель программы*)
printing ~s печать содержимого файлов
private ~ личный файл; частный файл
privileged ~ файл с высоким приоритетом; привилегированный файл
problem ~ проблемный файл; файл задачи
profile ~ файл параметров пользователя
program ~ программный файл; файл программы
protected ~ защищенный файл
public ~ общедоступный файл
query ~ файл формы запроса
random ~ файл прямого доступа
random-access ~ файл с произвольной выборкой
read-only ~ файл с защитой от записи
recorder ~ регистрационный файл
register ~ регистровый файл; массив регистров
relational ~ реляционный файл
relative ~ файл прямого доступа
remote ~ дистанционный файл
renaming ~s переименование файлов
response ~ ответный файл (*с именами файлов, подлежащих обработке*)

scratch ~ рабочий файл
segment ~ файл сегментов
self-extracting ~ саморазворачивающийся (архивированный) файл
shareable image ~ многопользовательский загрузочный модуль
shared ~ коллективный файл; файл коллективного доступа; общий файл
skip ~ пропустить файл; обходить файл
son ~ новая версия файла
source ~ исходный файл
sparse allocation for ~s разреженное выделение памяти файлам
special ~ специальный файл
spill ~ разрозненный файл (*записанный в разрозненных участках памяти*)
spool ~ буферный файл
squeezed ~ сжатый файл; *проф.* спрессованный файл
stuffed ~ заархивированный файл
swap ~ файл подкачки
swapping ~ файл подкачки
system ~ системный файл
tagged ~ отмеченный файл
tape ~ ленточный файл
temporary ~ временный файл
temporary working ~ временный рабочий файл
text ~ 1. файл текстовой информации; текстовый файл 2. файл программ для подготовки текстов
threaded ~ цепочечный файл
to open a ~ открывать файл
to reset a ~ возвращаться к началу файла
to scratch a ~ ликвидировать файл
too many open ~s слишком много открытых файлов (*сообщение*)

transactions ~ файл изменений
unlinked ~ несвязный файл
unnamed ~ файл без имени; безымянный файл
unstructured data ~ неструктурированный файл данных; файл неструктурированных данных
unstuffed ~ разархивированный файл
update ~ дополняемый файл; обновляемый файл
user authorization ~ файл информации о пользователях
view ~ файл виртуальной базы данных
virtual ~ виртуальный файл
visible ~ 1. визуализируемый файл 2. картотека с визуальными метками
volatile ~ изменчивый файл; часто меняющийся файл
wallpaper ~ регистрационный файл
work ~ рабочий файл
working ~ рабочий файл
file-oriented файловый; ориентированный на работу с файлами
file-structured с файловой организацией
fileid идентификатор файла
filemark концевой маркер файла
filename имя файла
filepointer указатель файла
filer файловая система
filestore файловое ЗУ
filetype идентификатор типа файла
filing занесение в файл; запись в файл; хранение в виде файла; формирование файла; организация файла; составление картотеки; ведение картотеки
fill заливка; заполнение ‖ заполнять ◊ ~ with zeros заполнять нулями

area ~ закрашивание (*отдельных*) *областей* (*на экране дисплея*)
blank ~ заполнение бланка (*документа*)
boundary ~ закрашивание замкнутой области
character ~ занесение специального знака *или* символа
memory ~ заполнение памяти
pattern ~ заполнение трафарета (*на экране дисплея*)
storage ~ 1. заполнение ЗУ 2. занесение в ячейки ЗУ специального признака (*напр. для защиты памяти*)
zero ~ обнулять
fill-area закрашивание
fill-in-forms документальный дисплей
fill-in-the-blank заполнение стандартного бланка
filled заполненный
filler заполнитель; символ-заполнитель
filling закраска; заливка (*определенным цветом*); заполнение
film:
  advertising ~ рекламный фильм
  animated ~ мультипликационный фильм; мультфильм
  background ~ учебно-просветительный фильм
  conducting ~ проводящая пленка
  dielectric ~ диэлектрическая пленка
  instructional ~ учебный фильм
filmlet:
  advertising ~ рекламный ролик (*короткий рекламный киносюжет*)
filter 1. фильтр ‖ фильтровать 2. программа фильтрации
  antialiasing ~ фильтр защиты от наложения спектров

filter

    axis ~ фильтр оси
    chip ~ согласованный фильтр для обработки многоэлементной последовательности
    coding ~ кодирующий фильтр
    compensating ~ корректирующий фильтр
    data ~ информационный фильтр *(программа текущего контроля за поведением наиболее важных данных)*
    digital ~ дискретный фильтр
    discontinuous ~ импульсный фильтр
    feedback ~ фильтр обратной связи
    packet ~ фильтрация пакета
    pattern-matching ~ программа фильтрации с проверкой совпадения кодов
    ripple ~ сглаживающий фильтр
    security ~ фильтр защиты *(напр. данных)*
    smoothing ~ сглаживающий фильтр

filtering фильтрация
    digital ~ цифровая фильтрация
    duplicate ~ фильтрация дубликатов *(избыточных пакетов)*
    spatial ~ пространственная фильтрация *(при обработке изображений)*

final конечный; результирующий
find поиск; найти *(команда)*
finder искатель; определитель
    line ~ искатель строки
finding 1. обнаружение; отыскание 2. полученные данные; сведения
    ~ **of an antilogarithm** потенцирование
    fault ~ отыскание неисправностей
fine 1. мелкий 2. тонкий
fine-grain мелкоструктурный
fine-grained мелкоструктурный
fine-granularity мелкоячеистость

finish окончание ‖ заканчивать; завершать
finite конечный
finite-state конечный
FIPS [federal information processing standards] рекомендации правительства США относительно стандартов
fire пусковой
firewall брандмауэр; защитная система; заслон *(аппаратная или программная система или комбинация систем, образующая границу между двумя или более сетями)*
firewalling брандмауэринг
FireWare название высокоскоростной локальной шины Р1394 фирмы Apple
firing запуск ◊ ~ **off** увольнение
firm:
    start-up ~ начинающая фирма
    third-party ~ третьих фирм *(сторонних поставщиков)*
FIRMPOC [Federal Information Resources Management Policy Council] Совет по политике управления федеральными информационными ресурсами США
firmware 1. встроенное, записанное в ППЗУ/ПЗУ ПО; встроенные программы; микропрограммы; программы ПЗУ; встроенные программы 2. программно-аппаратные средства
first первый
first-come первым пришел
first-come-first-served первым пришел — первым обслужен; обслуживание в порядке поступления *(обслуживание типа очередь)*
first-in-first-out первым пришел — первым ушел; обслуживание в порядке поступления *(обслуживание типа очередь)*

first-in-last-out первым пришел – последним ушел; обслуживание в обратном порядке (*обслуживание типа стек или магазин*)

fit 1. подгонять; подбирать; приспосабливать **2.** соответствовать; подходить; согласовываться ‖ соответствующий; подходящий ◊ **to ~ in memory** умещаться в памяти

   best ~ метод наилучшего приближения

   first ~ метод первого подходящего

   least-square ~ подбор методом наименьших квадратов

FITS [Functional Interpolating Transformation System] система трансформации изображений методом функциональной интерполяции

fitting 1. подбор (*кривой*) по точкам **2.** подгонка; сглаживание **3.** сборка; монтаж

   best ~ оптимальная подгонка (*метод выделения сегментированной памяти по запросу*)

   trend ~ подбор кривой тренда

five-digit пятизначный

fix 1. фиксировать; закреплять **2.** зафиксировать местоположение **3.** настраивать; налаживать

   code ~es координаты местоположения

   field ~es выявление и устранение ошибок в процессе эксплуатации

fix-form фиксированного формата

fix-head с фиксированными головками

fix-length фиксированной длины

fix-point с фиксированной точкой; с фиксированной запятой

fixed фиксированный

fixing:

   long-term ~ долгосрочное закрепление

flag 1. флаг; флажок **2.** признак **3.** помечать

   busy ~ флаг занятости; признак занятости

   carry ~ признак переноса; признак переполнения

   complete ~ признак завершения

   done ~ флаг готовности

   error ~ признак ошибки

   error status ~ флаг состояния ошибки

   event ~ признак события

   parity ~ признак четности

   ready ~ флаг готовности

   single-bit ~ одноразрядный флаг

   skip ~ признак пропуска

   status ~ флаг состояния

   zero ~ признак нуля

flakey часто отказывающий; *проф.* капризный

flame *проф.* наезд (*рычание или ругань в сети в чей-то адрес*)

flap сматывать ленту; освобождать машину; *проф.* сматываться

flash вспышка; высвечивание ‖ вспыхивать; давать вспышку

   form ~ накладывание бланка (*напр. на экран дисплея*); проецирование бланка (*напр. на экран дисплея*)

flashing мигание

flat плоский

   chromakey ~ фоновый экран (*для цветовой рирпроекции*)

flat-panel плоский

flattening линеаризация

flatworm подчеркивающая черта, подчеркивание

flavor 1. объект **2.** разновидность (*напр. типов команд*) **3.** красота (*как свойство системы или программы*) **4.** *проф.* изюминка

   base ~ базовый класс

   mixing ~ характеристический класс

flavor
   to yield a ~ придавать красоту *(системе или программе)*; *проф.* наводить лоск; вылизывать
flavorful 1. аккуратный **2.** красивый; *проф.* с изюминкой *(о системе или программе)*
flaw недоработанный
FLC анимационный формат
FLCD [ferroelectric liquid crystal display] сегнетоэлектрический дисплей на жидких кристаллах
flexibility гибкость
   algorithm ~ гибкость алгоритма
   computing ~ гибкость вычислений
   system ~ гибкость системы
flexible гибкий
flexure рычаг подвода
FLI анимационный формат
flicker мерцание *(изображения на экране)*
flicker-free немерцающий
flip (зеркально) отразить
   page ~ *мм* пролистывание страниц *(создает визуальный эффект анимации)*
flip-flop триггер
   gas-operated ~ пневматический триггер
   inhibit ~ триггер запрета
   interrupted ~ триггер прерывания
   saturating ~ насыщенный триггер
   set-reset ~ депсурный триггер
   sing ~ триггер знака
   single-input ~ триггер со счетным входом
flipping:
   bit ~ поразрядные операции
floating 1. перемещаемый **2.** плавающий
floating-point с плавающей точкой
flooding лавинная адресация *(сообщений в сети)*; лавинная маршрутизация

floor пол ◊ **~ N** наибольшее целое число, не превосходящее N
   floating ~ съемный пол *(для обеспечения доступа к кабельной разводке в машинном зале)*
   raised ~ фальшпол
floor-standing напольный
floppy 1. гибкий **2.** гибкий диск **3.** накопитель на гибких (магнитных) дисках; НГМД
   plastic-encased ~ гибкий диск в пластмассовом конверте
floppy-based с накопителем на гибких дисках
floptical флоптический диск
flow 1. поток; течение **2.** течь
   ~ of random events поток случайных событий
   communication ~ коммуникационный поток
   control ~ 1. поток управления **2.** управляющая логика *(программы)*
   data ~ поток данных; информационный поток; поток информации
   information ~ поток информации
   input ~ входящий поток
   output ~ выходящий поток
   program ~ ход программы; процесс выполнения блок-схемы программы
   saturation ~ поток насыщения
   steady-state ~ установившийся поток
   total ~ суммарный поток
flowchart блок-схема
   data ~ блок-схема обработки данных
   detail ~ детальная блок-схема
   instruction ~ блок-схема выполнения программы
   outline ~ укрупненная блок-схема
   programming ~ блок-схема программы; графическая схема программы

structure ~ структурная схема; укрупненная блок-схема
system ~ блок-схема системы
flowcharter программа составления блок-схем
flowcharting построение блок-схем; составление блок-схем
flowgraph блок-схема *(программы)*; граф-схема *(алгоритма)*
flowline линия связи *(на блок-схеме)*
fluctuations:
   accidental ~ колебания случайного характера
   random ~ колебания случайного характера
   sampling ~ колебания внутри выборки
fluorescent флуоресцентный
flush 1. выравнивание полей **2.** выключаться из работы **3.** подавлять *(ненужную информацию в памяти)*
flushing сдвиг; смещение
flutter 1. детонация *(при воспроизведении фонограммы)* **2.** дрожание изображения *(на экране дисплея)*; флаттер **3.** *разг.* сенсация
flux:
   inhibited ~ запрещенный поток
   linkage ~ связывающий поток
   switching ~ поток переключения
fly:
   on-the- ~ на лету; в процессе работы
flyers рекламные листки
FM [frequency modulation] частотная модуляция
FMV [full-motion video] полноценно движущееся изображение
FOC [fiber-optics communications] волоконно-оптическая связь
focus фокус

focusing 1. концентрация *(сосредоточение)* внимания **2.** сосредоточение **3.** фокусировка *(изображения)*
fold 1. сгиб ǁ сгибать **2.** свертывать *(напр. данные для компактного представления)*
folder папка
   Destination ~ *и* папка-получатель *(место назначения, назначение, папка и т.п., в которую что-либо помещается)*
   Root ~ *и* охватывающая папка; главная папка; корневая папка
folding 1. накрытие конъюнктивных запросов *(в базах данных)* **2.** свертка **3.** свертывание *(напр. данных для компактного представления)* **4.** фальцевание, складывание *(бумаги)*
   accordion ~ фальцевание *(складывание)* гармошкой
   concertino ~ фальцевание *(складывание)* гармошкой
   fault ~ сокращение списка неисправностей *(при разработке текста)*
   line ~ 1. перенос строк **2.** свертывание строк текста *(при выходе строки за границы формата вывода*
   zig-zag ~ фальцевание *(складывание)* гармошкой
follow следовать
follow-on последующая модель; модификация
follower:
   curve ~ графоповторитель
   graph ~ графоповторитель
font 1. гарнитура **2.** гарнитура шрифта; шрифт; комплект шрифта; шрифтовой комплект
   anti-aliased ~ сглаженный шрифт
   bit-mapped ~ растровый шрифт
   built-in ~ встроенный шрифт

font

   contour ~ контурный шрифт
   contour-type ~ контурный шрифт
   display ~ экранный шрифт
   generic ~ 1. генерируемый комплект шрифта 2. типовой шрифт *(предусматриваемый в стандартном наборе шрифтов)*
   internal ~ встроенный шрифт
   matrix ~ матричный шрифт
   outline ~ контурный шрифт
   printer ~ встроенный шрифт принтера
   proportional ~ пропорциональный шрифт
   resident ~ резидентный шрифтовой комплект *(в дисплеях)*; встроенная гарнитура шрифтов
   scalable ~ масштабируемый шрифт
   screen ~ экранный шрифт
   soft ~ загружаемый шрифт
   solid ~ монолитный шрифт *(отлитый или выгравированный на шрифтоносителе)*
   TrueType ~ шрифт TrueType
   type ~ печатный шрифт
   vector ~ векторный шрифт; контурный шрифт

fontware шрифтовое обеспечение *(в настольных издательских системах)*

fool-tolerance устойчивость к неумелому обращению; *проф.* защита от дурака

foolproof защищенный от неумелого пользования; *проф.* защищенный от дурака

footer 1. колонтитул внизу страницы; нижний колонтитул; низ страницы 2. подстрочные примечания
   page ~ нижний колонтитул

footing служебная постинформация *(напр. в конце массива данных или программы)*

   control ~ служебная управляющая постинформация
   page ~ служебная информация в конце страницы
   report ~ суммарные данные в конце отчета

footnote 1. подстрочное примечание; сноска; примечание; комментарий ‖ давать подстрочное примечание; делать сноску 2. иллюстративный материал

footprint опорная поверхность; площадь основания *(устройства)*; пьедестал

error ~ след ошибки *(в программе)*; симптом ошибки *(в программе)*

forbidden запрещенный

force 1. сила; усилие вмешиваться *(в работу машины)*; принуждать; заставлять

forced вынужденный; принудительный

forecast прогноз; предсказание
   arithmetically weighted ~ арифметически взвешенный прогноз
   biased ~ прогноз с систематической ошибкой
   exponentially smoothed ~ экспоненциально сглаженный прогноз
   exponentially weighted ~ экспоненциально взвешенный прогноз
   simple-average ~ прогноз с помощью средних арифметических
   simplex ~ симплексный прогноз
   weighted ~ взвешенный прогноз

forecaster прогнозирующая функция
   linear ~ линейный прогнозирующая функция

forecasting прогнозирование ◊ ~ **by envelope** прогнозирование по огибающей; ~ **by extrapolation** прогнозирование путем экстраполяции; ~ **with feedback** прогнозирование с обратной связью

computerized ~ прогнозирование с помощью ЭВМ
foreground 1. передний план **2.** высокоприоритетный; с высшим приоритетом
foreground/background с приоритетной и фоновой обработкой
foregrounding приоритетное обслуживание
~ решение задач с высоким приоритетом (*при наличии низкоприоритетных задач*)
foreign внешний
foreman 1. диспетчер **2.** организующая программа мастер (*рабочей смены*)
fork разветвление; ветвление (*напр. алгоритма*); проф. вилка
form 1. бланк; формуляр; форма **2.** *мат.* выражение **3.** представление (*информации в памяти машины*) **4.** составлять; формировать
blank ~ чистый бланк
clausal ~ стандартная форма
coding ~ бланк программирования
conjunctive normal ~ конъюнктивная нормальная форма
data collection ~ форма для сбора данных
E-~ электронная форма
entry ~ бланк ввода информации
exponent ~ форма представления числа с плавающей точкой
prefix normal ~ нормальная префиксная форма
query-by- ~ запрос по форме
reduced ~ приведенная форма
screen ~ **file** файл экранных форм
sentential ~ сентенциальная форма
standard ~ стандартная форма (*представления данных*); стандартный бланк (*документа*)

table ~ табличная форма
tabular ~ табличная форма
formal формальный
formalization формализация
format 1. форма; формат ‖ форматировать; задавать формат **2.** структура разрядной сетки
addressing ~ формат адресации
audio sector data ~ поле сектора звукового сигнала
bad call ~ неверный формат вызова
binary ~ двоичный формат
data ~ формат данных
data interchange ~ формат обмена данными
decimal ~ десятичный формат
disk ~ разметка диска
file ~ формат файла
foreign ~ чужой формат
free ~ свободный формат; произвольный формат
general ~ общий отказ
High Sierra ~ формат High Sierra (*стандартный формат для размещения файлов и каталогов на CD-ROM, пересмотренный и принятый ISO как стандарт ISO 9660*)
horizontal ~ формат (документа) по горизонтали
input ~ формат ввода; входной формат
instruction ~ формат команды; структура команды
keyboard ~ компоновка клавиатуры
listing-file ~ формат распечатки файла
loadable ~ загрузочный формат
matrix ~ табличная форма (*представления*)
menu ~ форма типа меню
output ~ формат вывода; выходной формат

format

   printing ~ формат (данных) для печати
   record ~ формат записи
   reference ~ эталонный формат
   report ~ формат отчета; формат печати результатов
   split-screen ~ полиэкранный формат изображения; полиэкранная структура изображения
   succinct ~ сжатая форма *(представления)*
   to proceed with ~ продолжать форматирование
   two-column ~ печать в две колонки
   variable ~ переменный формат
   zoned ~ зонный формат

formation 1. составление 2. формирование
   expectation ~ формирование ожиданий
   word ~ словообразование

formative формативный

formatless бесформатный; неформатированный

formatted форматированный; форматный

formatter средства задания формата; средства форматирования; форматтер
   disk ~ форматер дисков
   graphics ~ графические средства форматирования
   keypad ~ клавишные средства форматирования
   menu ~ средства форматирования на основе использования меню
   text ~ программа форматирования текстов, форматер текстов

formatting форматирование; задание формата ◊ ~ **while copying** форматирование при копировании
   higher-level ~ высокоуровневое форматирование
   keypad ~ клавишные средства форматирования
   low-level ~ низкоуровневое форматирование
   message ~ форматирование *(задание формата)* сообщения
   off-screen ~ внеэкранное форматирование *(без выдачи формы документа на экран)*
   on-screen ~ непосредственное форматирование
   response ~ форматирование ответа *(в системе реального времени)*
   screen ~ форматирование изображения на экране
   text ~ форматирование текста

formula формула; аналитическое выражение
   approximation ~ приближенная формула
   assumption ~ исходная формула
   atomic ~ атомарная формула
   closed ~ замкнутая формула
   complicated ~ сложная формула
   design ~ расчетная формула
   empiric ~ эмпирическая формула
   empirical ~ эмпирическая формула
   exact ~ точная формула
   forecast ~ формула для вычисления прогноза
   forecasting ~ формула для вычисления прогноза
   interpolation ~ интерполяционная формула
   optimum allocation ~ формула оптимального распределения
   osculatory ~ степень родства
   prediction ~ формула для вычисления прогноза
   ready-made ~ готовая формула

recurrent ~ рекуррентная формула
short ~ простая формула
smoothing ~ формула сглаживания
straight-line ~ формула линейной зависимости
summation ~ формула суммирования
valid ~ общезначимая формула
forward 1. вперед **2.** прямой
forward-compatible совместимый вперед *(не исключающий использования новых версий или модификаций при сохранении старых)*; совместимый снизу вверх
forwarder механизм продвижения данных *(к месту использования)*
forwarding 1. выбор направления передачи при маршрутизации **2.** пересылка *(данных)* **3.** ретрансляция *(при радиосвязи)*
  hardware ~ аппаратные средства продвижения данных
  packet ~ пересылка пакетов
  voice ~ пересылка речевых сообщений
found:
  not ~ не найден
four-row четырехрядный
FPFR [fast-packet frame-relay] скоростная пакетная передача с ретрансляцией фреймов *(протокол)*
fps [frames per second] кадров в секунду
FPU [floating point unit] блок арифметики с плавающей точкой
FQDN [fully qualified domain name] полное доменное имя машины *(система имен в Интернет)*
fractal фрактал ‖ фрактальный; рекурсивный
fraction 1. доля; дробь; дробная часть *(числа)*; мантисса **2.** частица

decimal ~ десятичная дробь
uniform sampling ~ равномерная выборочная доля
variable sampling ~ переменная выборочная доля
fractional дробный
FRAD [frame-relay access device] устройство доступа с ретрансляцией кадров
fragile недолговечный; уязвимый
fragment фрагмент ‖ фрагментировать
fragmentation фрагментация; фрагментирование
  internal ~ внутренняя фрагментация
  storage ~ фрагментация памяти
frame 1. кадр *(изображения)* **2.** кадр на ленте; битовая строка поперек ленты **3.** группа данных; блок данных **4.** фрейм *(в искусственном интеллекте)* **5.** пакет в сетях **6.** рамка ‖ заключать в рамку; обрамлять **7.** система отсчета; система координат **8.** стойка; каркас; корпус
  activation ~ запись активации
  case ~ модель управления
  character ~ рамка знака
  distributed ~ кросс
  exponent ~ рамка порядка
  generic ~ родовой фрейм; фрейм-прототип
  hierarchical ~s иерархическая система фреймов
  information ~ информационный кадр
  invalid ~ недействительный кадр
  knowledge ~ фрейм знаний
  main ~ 1. основная стойка; основной комплект *(включающий оперативную память, центральный процессор и каналы*

frame

    ввода-вывода) **2.** центральный блок *(обработки данных)* **3.** основной компьютер; большая ЭВМ

    outstanding ~ неподтвержденный кадр

    page ~ страничный блок

    power ~ стойка питания

    problem ~ фреймовое представление задачи; фрейм задачи

    response ~ активный кадр *(требующий ответного действия пользователя)*

    sequenced ~s последовательные кадры *(информации)*

    solution ~ фреймовое представление решения; фрейм решения

    stack ~ запись активации

    still ~ неподвижный кадр; стоп-кадр

    text ~ текстовая рамка

    time ~ выделенный интервал времени; выделенный квант времени

    wire ~ проволочный каркас

frame-accurate покадровый режим работы

frame-based основанный на фреймовом представлении; фреймовый

frame-example фрейм-экземпляр

frame-prototype протофрейм

framed заключенный в рамку; находящийся внутри прямоугольника

framing **1.** кадровая синхронизация **2.** формирование кадра; кадрирование

fraud:

    computer ~ злоумышленное использование машины; мошенничество с применением ЭВМ; компьютерное мошенничество

free пустой; свободный

    royalty- ~ без отчислений от продажи

free-running автономный; автономно работающий; несинхронизированный

freelist список свободной памяти

freeware **1.** программные средства, поддерживаемые самим пользователем **2.** свободно *(бесплатно)* распространяемое ПО; свободно распространяемый продукт

freeze **1.** зафиксировать **2.** закрепить строки *или* заголовки **3.** фиксировать; «замораживать» *(изображение на экране)*

freeze-frame стоп-кадр

frequency частота

    ~ **of interruption** частота прерывания обслуживания

    ~ **of sampling** частота выборки

    bit ~ частота бит

    cell ~ групповая частота

    class ~ групповая частота

    error ~ **limit** максимальная частота однобитовых ошибок

    instruction ~ частота следования команд

    line ~ *тлв* частота строк

    reference ~ частота обращений

    screen ~ экранная частота *(плотность размещения элементов полутонового изображения на экране)*

    screen ~ экранная частота

freshen обновлять *(изображение)*

friendliness удобство обращения (с системой); *проф.* дружелюбие; дружественность *(системы по отношению к пользователю)*

friendly дружественный

    user ~ удобный для пользователя; *проф.* дружелюбный (дружественный) к пользователю *(о системе с удобными средствами общения)*

frob поделка; программка

frobenius фробениус

frobnicate бесцельно манипулировать *(напр. клавишами)*
front 1. внешний интерфейс **2.** адаптер сбора данных **3.** связная ЭВМ ‖ работать с использованием связной ЭВМ **4.** устройство или средства предварительной обработки данных **5.** фронтальная машина ‖ фронтальный; для предварительной обработки данных **6.** передний
  natural language ~ естественноязыковый интерфейс
  network ~ сетевой процессор
front-end фронтальная машина; машина предварительной обработки данных
front-loading загружаемый с лицевой стороны *(напр. с клавиатуры)*
frequency:
  cutoff ~ частота отсечки
frustum:
  ~ **of a cone** усечённый конус
  ~ **of a pyramid** усечённая пирамида
FRX [frame relay exchange] обмен с ретрансляцией фреймов
fry выходить из строя; *проф.* накрыться
FSF [Free Software Foundation] фонд бесплатного программного обеспечения
FSFMV [full-screen full-motion video] полноэкранное видео с полноценным движением
FST [flatter squared tube] монитор с плоским экраном
FSU [former Soviet Union] бывший Советский Союз; СНГ и страны Балтии
FTAM [file transfer, access and management] передача, доступ и управление файлами протокол
FTC [Federal Trade Commission] Федеральная комиссия по торговле

FTP [file transfer protocol] протокол передачи файлов
FTS [functional test suite] набор функциональных тестов
FTSA [fault-tolerant server architecture] отказоустойчивая серверная архитектура
FTTH сеть с доведением оптического кабеля до пользователя
fudge 1. подгонять под ответ **2.** *проф.* состряпанная программа ‖ состряпать программу
full полный ◊ ~ **configured** в максимальном комплекте
  ~ **of cards** полный набор плат
  disk ~ на диске нет свободного места *(сообщение)*
full-cut приложение
full-duplex дуплексный
full-function с полным набором функциональных возможностей; функционально полный
full-page полностраничный
full-range полнофункциональный
full-scale полномасштабный; полнофункциональный
full-screen полноэкранный
full-size полноразмерный; полноразрядный
full-word полное *(целое)* слово
fully полностью ◊ ~ **connected** полносвязанный
function 1. функция ‖ функционировать; действовать **2.** назначение
  address ~ адресная функция
  approximation ~ аппроксимирующая функция
  arithmetic ~ арифметическая функция
  array handling ~ функция обработки массивов
  as a ~ в качестве функции
  audio ~s функции обработки звукового сигнала; функции программы управления файлами компакт-диска

function

average sample number ~ функция среднего числа наблюдений
belief ~ функция доверия
blending ~ стыковочная функция
buffer ~ согласующая функция
built-in ~ встроенная функция; стандартная функция *(реализуемая стандартной библиотечной программой)*
bus resolution ~ функция разрешения шины
circuit ~ функциональное назначение схемы; схемная функция
constraint ~ функция ограничений
convex ~ выпуклая функция
covariance ~ функция ковариации
criterion ~ 1. оценочная функция 2. целевая функция
damped ~ затухающая функция
decision ~ решающая функция; функция выбора решения
degate ~ блокирующая функция
delay per logic ~ задержка на (одну) логическую функцию
demand ~ функция спроса
driving ~ задающая функция
dual ~ двойственная функция
empiric ~ эмпирическая функция
empirical distribution ~ эмпирическая функция распределения
entity-to-entity ~ функция, задающая связи между объектами *(в реляционных базах данных)*
error ~ функция ошибок
essential ~s жизненно важные функции
evaluation ~ оценочная функция
exponential ~ экспоненциальная функция
fitled ~ эмпирическая функция; подобранная функция

frequency ~ плотность вероятности
goal ~ целевая функция
hashing ~ функция расстановки
ill-behaved ~ нерегулярная функция
illegal ~ запрещенная функция
impure ~ функция с побочным эффектом
individual preference ~ функция индивидуальных предпочтений
intrinsic ~ встроенная функция
inverse ~ обратная функция
key ~ 1. ключевая функция 2. назначение клавиши
library ~ библиотечная функция
likelihood ~ функция правдоподобия
linear utility ~ линейная функция полезности
mapping ~ отображающая функция
membership ~ функция принадлежности
merit ~ оценочная функция
nonlinear ~ нелинейная функция
nospread ~ специальная форма
objective ~ целевая функция
optimal decision ~ оптимальная решающая функция
optimized ~ оптимизированная функция
plotted ~ график функции
polymorphic ~ полиморфная функция
predefined ~ стандартная функция
preference ~ функция предпочтения
primitive recursive ~ примитивная рекурсивная функция
probability density ~ плотность вероятности

processing ~ вычислительная функция; функция обработки (*данных*)
processor defined ~ встроенная машинно-зависимая функция
pure ~ функция без побочного эффекта
ramp ~ телообразная функция
ranking ~ функция ранжирования
recursive ~ рекурсивная функция
regression ~ функция регрессии
sample ~ выборочная функция
service ~ 1. длительность обслуживания 2. функция обслуживания
shifting ~ функция сдвига
shuffle ~ функция переключения
signum ~ знаковая функция
single-valued ~ однозначная функция
state ~ функция состояния
statement ~ оператор-функция
statistical decision ~ статистическая решающая функция
stochastic ~ стохастическая функция
storage ~ функция запоминания; функция хранения
strategy-preserving utility ~ функция полезности, сохраняющая стратегии
stream ~ потоковая функция
support ~ функция поддержки
table ~ табличная функция
tabulated ~ табличная функция
target ~ целевая функция
threshold ~ пороговая функция
utility ~ 1. служебная операция 2. утилита 3. функция полезности
weight ~ весовая функция
function-compatible функционально-совместимый; совместимый по функциям
function-oriented функционально-ориентированный
functional функциональный
  applicative ~ аппликативный функционал
functionality 1. функциональная взаимосвязь элементов системы 2. функциональность 3. функциональные возможности; функциональное назначение; выполняемые функции
  high ~ широкие функциональные возможности
  network ~ функциональная взаимосвязь элементов в сети
  operational ~ эксплуатационные возможности
fundamental основной; фундаментальный
fuse плавкая перемычка; плавкий предохранитель ‖ пережигать плавкую перемычку
fusion 1. перегорание предохранителя; пережигание плавких перемычек (*в ПЗУ*) 2. слияние
  loop ~ слияние циклов
fuzzy нечеткий; размытый
FYI [for your information[к вашему сведению (*сокращение, принятое в Интернет*)

G

gain 1. прирост; увеличение ‖ получать; приобретать 2. усиление; коэффициент усиления 3. *рад.* коэффициент передачи
  ~ of sharpness увеличение резкости
  coding ~ выигрыш при кодировании
  information ~ прирост информации

gain

processing ~ выигрыш при обработке
sample ~ выборочный выигрыш
galleys:
bound ~ склеенные грани
game игра ‖ играть ◊ ~ **in extensive form** позиционная игра; ~ **in normal form** игра в нормальной форме; ~ **in reduced form** приведенная игра; ~ **with feedback** рекурсивная игра; ~ **with finite resources** игра с конечными ресурсами; ~ **with infinitely many strategies** игра с бесконечным числом стратегий; ~ **with information lag** игра с запаздыванием; ~ **with misperceptions** игра при ошибочных предположениях информации; ~ **with misperceptions** ошибочная игра; ~ **with saddle point** игра с седловой точкой; ~ **without constraints** свободная игра; ~ **without saddle point** игра без седловой точки
~ **of degree** количественная игра
~ **of kind** качественная игра
~ **of timing** игра с выбором момента времени
advantageous ~ благоприятная игра
adventure ~ сюжетная игра
adventure-type ~ сюжетная игра
arcade ~ игра с путешествиями и приключениями; *проф.* ходилка
arcade-type ~ игра с путешествиями и приключениями; *проф.* ходилка
artificial ~ искусственная игра
autonomous ~ автономная игра
auxiliary ~ вспомогательная игра
business ~ деловая игра
coalition ~ коалиционная игра
computer ~ компьютерная игра
continuous ~ непрерывная игра
cooperative ~ коалиционная игра
decomposable ~ разложимая игра
discrete ~ дискретная игра
eluding ~ игра ускользания
extensive ~ позиционная игра
finite matrix ~ конечный матричная игра
four-person ~ игра четырех участников
general ~ игра общего вида
generalized ~ обобщенная игра
infinite ~ бесконечная игра
interactive ~ интерактивная игра
management ~ управленческая игра; деловая игра
markov ~ марковская игра
matrix ~ матричная игра; прямоугольная игра
multistage ~ многошаговая игра
network ~ сетевая игра
no-solution ~ игра, не имеющая решения
noncooperative ~ бескоалиционная игра
nonsymmetric ~ несимметричная игра
nonzero sum ~ игра с ненулевой суммой
one-person ~ игра одного участника
one-player ~ игра одного участника
one-sided ~ односторонняя игра
perfect-information ~ игра с полной информацией
reasonable ~ разумная игра
reduced ~ приведенная игра
separable ~ разделимая игра
smoothed ~ сглаженная игра
solvable ~ разрешимая игра
stable ~ устойчивая игра
stochastic ~ стохастическая игра

strategically equivalent ~s игры с эквивалентными стратегиями
training ~ учебная игра
truncated ~ усеченная игра
two-sided ~ двухсторонняя игра
unhomogeneous ~ неоднородная игра
unsolvable ~ неразрешимая игра
zero-sum ~ игра с нулевым исходом

gaming проведение игры

gamut:
  color ~ цветовая гамма

gap 1. интервал **2.** промежуток **3.** рабочий зазор *(магнитной головки)*
  back ~ задний зазор
  block ~ межблочный промежуток
  front ~ передний зазор
  head ~ зазор головки
  interblock ~ промежуток между блоками; межблочный промежуток
  rear ~ заданный зазор
  record ~ промежуток между записями

garbage мусор; ненужные данные; ненужная информация *(в памяти)*; *проф.* мусор, «мякина»

garbage-collect *проф.* собирать мусор

garble 1. искажение; порча ‖ искажать; портить **2.** извлекать; выбирать *(нужные данные из неупорядоченной совокупности)*
  arc ~ шифрование архивных файлов

garbled испорченный
gas-plasma плазменный
gate вентиль
  inhibitory ~ вентиль запрета
  insulated ~ изолированный затвор
  inverting ~ инвертирующая схема

gate-driver вентиль-формирователь
gateway машина-шлюз *(в сети)*; межсетевое сопряжение; шлюз; межсетевой интерфейс; межсетевой переход
  communication ~ машина-шлюз для связи между сетями

gather 1. собирать **2.** соединять ◊ **to ~ write** сливать данные *(из разных мест памяти в одно)*

gathering:
  data ~ сбор данных
  statistics ~ сбор статистики

gauge индикатор
Gb Гб; Гбайт; гигабайт
Gbps Гбит/с; гигабит в секунду
GDF [geographical database format] формат географической базы данных
GDI [graphic device interface] интерфейс графического устройства; графический стандарт GDI
gear звездочка
general общий
general-purpose универсальный; общего назначения
generalized обобщенный
generality общность; универсальность
generalization обобщение
  inductive ~ индуктивное обобщение
generalize обобщать
generalized универсальный
generally обычно
generate генерировать; порождать; производить; создавать; образовывать; формировать
generating порождение ‖ порождающий
generation 1. генерация; порождение **2.** создание; образование; формирование **3.** поколение *(напр. ЭВМ)*
  address ~ формирование адреса

generation

automated hypothesis ~ автоматическое порождение гипотез
automatic character ~ автоматическая генерация знаков
code ~ генерация кода; генерация (машинной) программы
computer ~ поколение компьютеров; поколение ЭВМ
data ~ 1. поколение данных 2. формирование данных; генерация данных
database ~ генерация баз данных
design ~ генерирование проектных решений
display character ~ генератор знаков дисплея
emulator ~ генерация эмулятора
entity ~ формирование элемента *или* объекта
file name ~ генерация имен файлов
fully ~ полная генерация
image ~ формирование изображения
macro ~ макроподстановка
network ~ генерация сетевых средств
operating system ~ генерация операционной системы
picture ~ формирование изображения
program ~ генерация программы
random variate ~ генерирование случайных переменных *(в моделировании)*
report ~ генерация отчетов *или* документов
specification-driven software ~ генерация программного обеспечения на основе спецификаций
system ~ генерация системы
text ~ генерация текста

generative порождающий
generator 1. генератор **2.** первообразный корень
application ~ генератор прикладных программ
arbitrary-function ~ генератор произвольных функций
character ~ генератор знаков *или* символов
clock ~ генератор синхроимпульсов
code ~ **1.** генератор команд **2.** генератор приложений **3.** кодогенератор; генератор кода; блок генерации (машинной) программы *(в трансляторе)*
command ~ генератор команд
compiler ~ генератор компиляторов
curve ~ генератор кривых
data ~ генератор данных
digit-symbol ~ генератор цифр
document ~ генератора документов
dot ~ точечный генератор *(в графопостроителях)*
dot matrix ~ генератор точечных знаков
dot matrix character ~ генератор точечных знаков; точечный генератор символов; растровый генератор символов
drive-pulse ~ генератор возбуждения импульсов
drop ~ генератор капель
explanation ~ генератор объяснений *(функциональный узел экспертной системы)*
fixed function ~ генератор фиксированной функции
function ~ генератор функции
graphics ~ генератор графических изображений
heap ~ глобальный генератор
information ~ источник информации

legal-move ~ генератор разрешённых ходов (*в игровых программах*)
lexical analyzer ~ лексический генератор-анализатор
line ~ генератор линий (*в устройстве визуального вывода*); генератор строк (*текста*)
macro ~ макрогенератор
macroassembler ~ макроассемблер
macrocommand ~ генератор макрокоманд
package ~ генератор пакетов
parser ~ генератор грамматического разбора
pattern ~ 1. генератор изображений 2. генератор испытательной таблицы
program ~ генератор программ; генерирующая программа; генератор
random number ~ генератор случайных чисел
random noise ~ генератор шума
random password ~ генератор случайных паролей
record ~ генератор записей
report ~ генератор отчетов; программа создания отчетов
report and update ~ генератор отчетов и дополнений
report program ~ генератор программ печати отчетов
screen ~ генератор экранов
snap ~ генератор отображения памяти
stroke character ~ штриховой генератор символов
sweep ~ генератор развертки
symbol ~ генератор символов
synchronizing ~ генератор синхроимпульсов
test case ~ генератор контрольных примеров (*для системных испытаний программного обеспечения*)
test data ~ генератор тестовых данных; генератор тестов; генератор испытательных данных
variable function ~ генератор переменной функции
vector ~ векторный генератор; генератор векторов
video ~ генератор видеосигналов
wait state ~ блок управления периодами ожидания
generatrix образующая
generic 1. групповой; родовой 2. настраиваемый (*о параметре*) 3. универсальный драйвер
genericity степень универсальности
genetic генетический
genlock 1. *рад.* внешняя синхронизация; принудительная синхронизация 2. генлок (*устройство для синхронизации изображений*)
  advanced ~ усовершенствованный генлок
geometric геометрический
geometrical геометрический
geometry геометрия; конфигурация, геометрическая форма
  computational ~ вычислительная геометрия (*численные методы и программы преобразования геометрических объектов*)
  constructive solid ~ конструктивная блочная геометрия (*графические построения на основе комбинирования геометрических тел*)
  fractal ~ рекурсивная геометрия; фрактальная геометрия
layout ~ 1. топология 2. геометрическая схема
gesture знак (*распознаваемая совокупность проведенных линий и касаний планшета, интерпретируемая как команда или символ*)

get получать; извлекать ◊ **~ ac-quainted** ознакомиться
getting становясь
ghost ореол *(изображения)*
gibberish ненужные данные; ненужная информация; *проф.* мусор, «мякина»
GIF растровый формат
gigabyte гигабайт; Гб
GIS [geographic information system] географические информационные системы; ГИС
GKS [graphic kernel system] графический стандарт
GL:
  Open ~ [Open Graphic Library] *мм* название графической библиотеки *(стандарт для многих платформ)*
glare блики *(на экране дисплея)*
glitch 1. аппаратный сбой ‖ давать сбои; *проф.* сбоить **2.** глитч *(1. кратковременная импульсная помеха 2. хронический дефект из-за неправильно сформулированных требований к программе)*; *проф.* глитч; заскок *(у программиста)* **3.** застопориваться; буксовать **4.** проскакивать; продвигаться толчками *(по экрану дисплея)*; *проф.* дергаться
global глобальный
globals глобальные параметры
glork сбиваться *(с нормального функционирования)*
gloss 1. глосса; глоссарий ‖ составлять глоссарий **2.** подстрочный перевод **3.** превратное истолкование **4.** расширенное толкование; интерпретация
glossary классификатор; глоссарий, словарь терминов; словарь специальных терминов
go: ◊ **~ about** циркулировать
goal задача; цель; целевая установка

top-level ~ цель верхнего уровня
goal-driven управляемый целями *(о стратегии автоматического решения задач)*
goal-seeking целенаправленный *(о поиске)*
gobble 1. хватать; выхватывать ‖ схватить **2.** поглощать *(напр. данные из буферной памяти)* ◊ **to ~ down** отхватить *(напр. дефицитную программную документацию)*
gobbler элемент, устанавливающий все входные линии в пустое состояние
GOI [graphical query by example] графическое построение запросов по образцу
golf-ball сферическая головка *(печатающего устройства)*
good:
  known ~ заведомо исправный
goodness:
  ~ of fit критерий согласия
Gopher одна из групп новостей в Usenet, разработанная в университете штата Миннесота
Gotcha что-то в программе (системе) работает не так, как должно *(не так плохо, как bug (ошибка), но и не здорово)*
governing регулирование; управление
governor 1. регулятор **2.** управляющее слово
GPF [general protection fault] общая ошибка защиты
GPI [graphic program interface] интерфейс графических программ
GPIB [general-purpose interface bus] универсальная интерфейсная шина
grabber:
  frame ~ плата захвата изображения; фрейм-граббер

graceful постепенный
grader:
  fault ~ система анализа дефектов
gradual постепенный
graduation выравнивание; сглаживание
  graphic ~ графический, метод выравнивания
grain:
  unconditioned ~ некондиционное зерно
grammar грамматика
  ambiguous ~ неоднозначная грамматика
  attribute ~ атрибутная грамматика
  bounded-context ~ грамматика с ограниченным контекстом
  case ~ падежная грамматика
  constituent ~ грамматика составляющих
  context-free ~ контекстно-свободная грамматика
  context-sensitive ~ контекстно-зависимая грамматика
  dependency ~ грамматика зависимостей
  double-level ~ двухуровневая грамматика
  equivalence ~ эквивалентная грамматика
  finite-state ~ автоматная грамматика
  formal ~ формальная грамматика
  generative ~ порождающая грамматика
  left-recursive ~ леворекурсивная грамматика
  linear ~ линейная грамматика
  matrix ~ матричная грамматика
  network ~ сетевая грамматика
  operator ~ операторная грамматика
  phrase-structure ~ грамматика непосредственных составляющих
  position ~ позиционная грамматика
  precedence ~ грамматика предшествования
  recognising ~ распознающая грамматика
  regular ~ регулярная грамматика
  right-recursive ~ праворекурсивная грамматика
  semantic ~ семантическая грамматика
  slot ~ грамматика валентностей
  source ~ исходная грамматика
  surface ~ поверхностная грамматика
  tree ~ грамматика деревьев
  unambiguous ~ однозначная грамматика
grammatical грамматический
grammatics грамматика
grand большой
grant:
  user ~ права пользователя на доступ к ресурсам
granularity 1. глубина детализации; степень детализации; крупность разбиения (*напр. программы на модули*) 2. грануляция
  coarse ~ крупноячеистость
granule 1. гранула 2. область блокирования (*блокируемая в базах данных как единое целое*)
graph 1. граф 2. график; диаграмма; кривая; номограмма ‖ графический
  acyclic ~ ациклический граф; граф без петель
  AND/OR ~ граф И/ИЛИ
  bar ~ гистограмма; столбиковая диаграмма
  bunch ~ сетчатая номограмма
  circuit-free ~ граф без циклов

graph

circular ~ круговая диаграмма
conflict ~ граф конфликтов
connected ~ связный граф
connectivity ~ граф связности
dataflow ~ граф потока данных
directed ~ ориентированный граф
disconnect ~ несвязный граф
figurative ~ изобразительная диаграмма
flow ~ потоковый граф
functional ~ функциональный граф
grammar ~ граф грамматики
quantitative ~ количественный график
software ~ граф программы; граф структуры программного обеспечения
state ~ граф состояний
statistical ~ **of program** учетно-плановый график
structural ~ структурный график
syntactic ~ синтаксический граф
time ~ временная диаграмма
transition ~ граф переходов *(из одних состояний в другие)*
transitive ~ транзитивный граф
undirected ~ неориентированный граф
word ~ график с текстовой информацией

grapheme графема
graphic 1. графика ‖ графический 2. графический знак; графический символ
graphical графический
graphics 1. графика 2. графические средства 3. графические данные 4. графические устройства 5. машинная *(компьютерная)* графика
animation ~ графические средства анимации; графические средства оживления изображений
arts quality ~ (машинная) графика художественного качества
bit-mapped ~ графика с побитовым отображением; растровая графика
block ~ блочная графика
business ~ деловая графика
business ~ управленческая графика
character ~ символьная графика *(построение изображений с элементами в виде символов)*
cognitive ~ когнитивная графика
color ~ 1. цветная графика 2. цветные графические устройства
computer ~ 1. графические устройства машины; устройства машинной графики 2. компьютерная графика; машинная графика
coordinate ~ координатная графика
fine-line ~ высококачественная графика
geometric ~ геометрическая графика; графика для построения геометрических фигур
high-power ~ высокомощные графические средства
high-resolution ~ графические устройства высокого разрешения
image ~ растровая графика
intelligent ~ интеллектуальные графические устройства
interactive ~ 1. интерактивная графика 2. интерактивные графические устройства
man-computer ~ система графического взаимодействия человека с машиной
management ~ управленческая графика *(графические средства, ориентированные на управленческий персонал)*

mouse-based ~ графические устройства с манипулятором «мышь»; *проф.* мышиная графика
on-screen ~ экранная графика
passive ~ пассивная графика
pixel ~ графика с поэлементным формированием изображения
presentation ~ иллюстративная графика; средства графического представления информации
printer ~ набор символов печатающего устройства; набор символов принтера
raster ~ растровая графика
raster-scan ~ растровая графика
scan ~ растровая графика
shaded ~ теневая графика *(предусматривающая автоматическое построение теней на изображениях)*
soft-copy ~ 1. экранная графика 2. экранные графические устройства
solid ~ графика монолитных тел *(в отличие от каркасных конструкций)*; графика сплошных тел
sprite-oriented ~ спрайтовая графика
table-driven ~ графика с формированием изображения при помощи таблиц *(стандартных рисунков)*
thin ~ графическое изображение в тонких линиях
three-dimensional ~ трехмерная графика; объемная графика
vector ~ векторная графика
wide ~ графическое изображение, выполненное жирными линиями

graphing вычерчивание графиков, диаграмм *или* кривых; отображение графической информации *(как функциональная возможность системы)*

graticule масштабная сетка *(см. тж reticle)*
gray-level полутоновый; с множеством градаций
greater больший ◊ ~ **than** больше, чем; ~ **than or equal to** больше или равно; не меньше
greeking указание текста по шаблону
green зеленый
green-phosphor зеленый
grid сетка
    digital ~ цифровая сетка
    rasted ~ растровая сетка
grind 1. *проф.* перемалывать; многократно прокручивать *(бесполезную задачу)* 2. придавать *(программе)* эстетический вид *(располагая надлежащим образом строки листинга)*; *проф.* шлифовать ◊ ~ **for a bit** пощелкивать *(при работе)*
grok глубоко понимать; разбираться; быть знатоком *(напр. операционной системы во всех отношениях)*; *проф.* рубить
gronk отключать; *проф.* вырубать
gronked 1. абсолютно неработоспособный 2. истощенный работой *(о фанатичном программисте)*
groove бороздка *(видеодиска)*
group группа; совокупность ‖ группировать ‖ групповой
    data set ~ группа наборов данных
    device ~ группа устройств
    generation data ~ группа поколений данных
    incoming ~ группа ввода
    line ~ группа линий
    outcoming ~ группа вывода
    parent ~ родительская группа
    principal ~ главная группа
    program ~ группа программ
    record ~ блок записей

group
    tape ~ блок лентопротяжных механизмов
    trunk ~ магистральная группа *(каналов связи)*
    user ~ группа пользователей
    working ~ рабочая группа
grouping группирование; образование групп; группировка
groupware ПО для рабочих групп; групповое ПО
grovel 1. рыскать *(без видимого результата, напр. при просмотре файлов)* **2.** штудировать *(напр. документацию на систему)* ◊ ~ **obscenely** продираться *(напр. через дебри программной документации)*
growth:
    exponential ~ экспоненциальный рост
guard защита; защитная блокировка; предохранитель *(программное средство)*
    memory ~ защита памяти
guardian:
    bus ~ блок шинной защиты
gubbish непригодная информация; *проф.* мусор, «мякина»
guess 1. догадка; предположение ‖ предполагать **2.** приблизительная оценка; приблизительный подсчет
    crude ~ грубая оценка
GUI: [graphical user interface] графический интерфейс пользователя; ГИП *(стандарт)*
guidance (дистанционное) наведение; (дистанционное) управление
guide 1. руководство; инструкция **2.** направлять; вести ‖ направляющая
    operator ~ указание оператору *(со стороны системы)*; руководство оператора *(документация)*

paper ~ механизм, направляющий движение бумаги
practical ~ практическое пособие
programmer's ~ руководство программиста
ruler (bar) ~s направляющие линии
reference ~ справочное руководство
style ~ руководство по стилю оформления *(системной и программной документации)*
user's ~ руководство пользователя
user's ~ **that came with the application** руководство пользователя, поставляемое вместе с прикладной программой
guidelines руководящие принципы; методические указания
gulp группа байтов
gun: ◊ ~ **down** насильственно прерывать; убивать *(программу, бесполезно занимающую машинные ресурсы)*
    light ~ световое перо; световой карандаш
GWP 1. [Government White Paper] Белая книга *(официальное правительственное издание по информатике в Великобритании)* **2.** [gateway processor] межсетевой процессор, процессор обмена
GXZ растровый формат

H

H-media гиперсреда; гипермедиа
habituation обучение; привитие навыков
hack 1. верх совершенства **2.** курьез; забава **3.** кусок работы *(вы-*

полняемой в спешке) **4.** проф. поделка (*результат поспешного выполнения куска работы*) **5.** тонкая ювелирная работа (*требующая профессионального мастерства и, иногда, долгого времени*) **6.** забавляться (*при работе на машине*) **7.** изучать; осваивать; влезать (*в тонкости сложной программы или системы*) **8.** общаться (*с машиной*) **9.** поработать (*над чем-л. с целью получения желаемого результата*) **10.** слоняться без дела; убивать время (*в ожидании выхода на машину*) ◊ **to ~ together** компоновать наспех; сколачивать; **to ~ upon** выполнять поделку
 for ~ value ради забавы (*о работе над бесполезной, но необычной программой*)
hacker 1. программист-фанатик; хакер (*занимающийся доскональным изучением вычислительных систем с целью расширения их возможностей*) **2.** плодовитый программист (*быстро пишущий хорошие программы*) **3.** знаток конкретной программы; эксперт
hackerese программистский жаргон; язык хакеров
hacking 1. творческая работа программиста **2.** творческая работа хакера; хакерство
hackish 1. искусный **2.** хакерский
hackishness 1. программистское искусство **2.** хакерство
hackmem памятка хакера; справочник хакерских курьезов
hair трудоемкая сложная работа
 cross ~s перекрестие (*тип курсора*)
 infinite ~ адская работа (*по написанию очень сложных программ*)

hairy 1. знающий свое дело; опытный; авторитетный **2.** чрезмерно сложный; непостижимый
half половина; полу (*приставка в слове*)
 lower ~ of word младшее полуслово (*с младшими разрядами*)
 upper ~ of word старшее полуслово (*со старшими разрядами*)
half-adder полусумматор
half-adjust округлять до половины младшего разряда
half-bridge полумост (*средство объединения сетей*)
half-byte полубайт
half-duplex полудуплексный
half-mesh равенство (*название символа*)
half-splitting разбиение пополам
half-tone полутоновый
half-toning 1. обработка полутонов; полутоновая печать **2.** формирование растрового изображения
half-word полуслово
halt останов
 breakpoint ~ контрольный останов
 conditional ~ условный останов
 dead ~ останов без возможности повторного запуска
 drop-dead ~ аварийный останов без возможности повторного запуска
 machine-created ~ автоматический останов
 nonprogrammed ~ незапрограммированный останов
 optional ~ останов по выбору (*сделанному пользователем*)
 program ~ останов (выполнения) программы, программный останов
 programmed ~ программируемый останов
halting:
 breakpoint ~ контрольный останов

halve делить на два; делить пополам; уменьшать (сокращать) наполовину
hand-generated построенный вручную
hand-printed рукописный
hand-written рукописный
handheld карманный
handle 1. ручка, рукоятка 2. дескриптор файла 3. сворачиваемая подцепочка 4. справочник файла 5. маркер *(квадратик рамки, возникающей при выделении объекта)* 6. оперировать; манипулировать 7. обрабатывать
   file ~ дескриптор файла
   selection ~ маркер выделения
handler 1. драйвер; обработчик; программа обработки 2. устройство управления; манипулятор
   condition ~ обработчик особой ситуации
   disk ~ дисковое запоминающее устройство
   exception ~ обработчик особой ситуации
   file ~ программа обработки файлов
   interrupt ~ программа обработки прерываний; обработчик прерываний
   message ~ диспетчер сообщений; манипулятор сообщений
   reaction ~ обработчик реакций
   terminal ~ терминальный комплекс
handling обработка *(см. тж* processing*)*
   bit ~ поразрядные операции
   data ~ обработка данных; манипулирование данными
   document ~ обработка документов
   error ~ обработка ошибок
   exception ~ обработка исключительных ситуаций
   file ~ обработка файлов
   information ~ обработка данных
   interrupt ~ управление прерываниями; обработка прерываний
handshake 1. рукопожатие 2. подтверждение установления связи ‖ подтверждать *(квитировать)* установление связи
handshaking подтверждение *(квитирование)* установления связи
hang: ◊ ~ **up** *проф.* зависание
hard 1. аппаратный 2. жесткий; твердый
hard-sectored с жесткой разметкой
hardcoded жестко закодированный
hardcopy 1. документальная копия; печатная копия; *проф.* твердая копия ‖ выдавать документальную копию 2. печатный ‖ печатающий
hardcore аппаратное ядро *(содержащее информацию, потеря которой делает невозможным восстановление системы)*
hardware 1. аппаратное обеспечение; аппаратура; аппаратные средства; аппаратное оборудование ‖ аппаратный 2. технические средства; техническое обеспечение; *проф.* железо, железки
   after-the-fact added ~ аппаратные средства, добавленные в готовое изделие
   bare ~ голая аппаратура; голое железо *(без программного обеспечения)*
   basic ~ базовый комплект оборудования; основной комплект оборудования
   batch ~ оборудование пакетной обработки
   by ~ аппаратно; аппаратным способом *(в отличие от программного)*; аппаратными средствами

common ~ деталь общего применения
compatible ~ совместимая аппаратура; совместимое оборудование
computer ~ аппаратные средства компьютера
fastening ~ соединительная аппаратура
graphics ~ аппаратное обеспечение машинной графики
microprocessor-based ~ микропроцессорное оборудование; микропроцессорные аппаратные средства
modeling ~ аппаратные средства моделирования
modular ~ модульная аппаратура; аппаратура модульной конструкции
paging ~ аппаратные средства страничной организации
plug-compatible ~ полностью совместимое оборудование; оборудование, совместимое по разъёму
prototype ~ аппаратный макет; макетные аппаратные средства; устройство-прототип
soft ~ программно-аппаратные средства
sprite ~ аппаратная поддержка спрайтов
terminal ~ терминальное оборудование
throwaway ~ временно используемые аппаратные средства
underlying ~ базовое оборудование
video ~ видеоаппаратура
hardware-assisted обеспечиваемый аппаратурой; с аппаратной поддержкой; с использованием аппаратуры
hardware-compatible аппаратно-совместимый

hardware-intensive с большой загрузкой аппаратуры; преимущественно аппаратный
hardware-programmed с аппаратно-реализованной программой; *проф.* с «защитой программой»
hardwired 1. аппаратный 2. защитый; постоянно (жестко) замонтированный; постоянно запаянный; *проф.* «защитый»; с фиксированным монтажом
hash случайные данные; ненужная информация, *проф.* мусор, «мякина»
hashing 1. индексирование таблицы каталогов 2. перемешивание; хеширование; рандомизация
  direct-access ~ прямое хеширование
hatching:
  associative ~ ассоциативная штриховка в AutoCAD *(автоматическое обновление заштрихованной зоны чертежа при изменении ее границ)*
hazard риск; опасность
  shock ~ опасность поражения током
HCSS [high capacity storage system] подсистема внешней памяти большой емкости
HD [hard disk] жесткий диск; НЖМД
HDD [hard disk drive] дисковод жесткого диска; жесткий диск; НЖМД
HDLC [high level data link control protocol] высокоуровневый протокол управления каналом передачи данных *(сетевой протокол)*
HDSL [high-bitrate digital subscriber loop] скоростная цифровая абонентская линия
head 1. головка; магнитная головка 2. *полигр.* верхнее поле *(стра-*

head

ницы) **3.** верхний обрез *(книги)* **4.** верхняя часть **5.** голова, головная часть *(таблицы)* **6.** блок звуковоспроизведения *(в кинопроекторе)* **7.** дескриптор **8.** заголовок; «шапка»; рубрика
chapter ~ заголовок главы
dc earing ~ головка стирания постоянным током
erasing ~ головка стирания
fixed ~ фиксированная головка
floating ~ плавающая головка
gap ~ зазор между головкой и носителем
magnetic ~ магнитная головка
movable ~ подвижная головка
optical ~ оптическая головка
print ~ печатающая головка
read ~ головка считывания; головка воспроизведения
read-write ~ комбинированная универсальная головка; головка чтения-записи
recording ~ головка записи
reproducing ~ головка воспроизведения; головка считывания
ring-type ~ кольцевая головка
rotating ~ вращающаяся головка
running ~ колонтитул
thin film ~ тонкопленочная магнитная головка
write ~ головка записи
head-banding тлв полосатость *(изображения)*; сегментация *(изображения)*
head-end 1. распределитель **2.** головной узел
header 1. заглавие; заголовок; верхний колонтитул; «шапка» **2.** титул
  batch ~ заголовок пакета
  block ~ заголовок блока; начало («шапка») блока
  control ~ служебный заголовок; управляющий заголовок

data-link ~ заголовок с информацией о канале передачи данных
datagram ~ заголовок дейтаграммы
division ~ заголовок раздела
end-to-end ~ заголовок сквозной передачи
ETE [end-to-end] ~ заголовок сквозной передачи
file ~ заголовок файла
function ~ заголовок функции
list ~ заголовок списка
loop ~ заголовок цикла
message ~ заголовок сообщения
page ~ колонтитул; шапка *(страницы)*
procedure ~ заголовок процедуры
program ~ заголовок программы
section ~ заголовок секции
heading заглавие; заголовок; рубрика
headline 1. заглавие; заголовок; колонтитул; рубрика ‖ вынести в заголовок; снабжать заголовком **2.** исполнять ведущую роль *(в программе)* **3.** рекламировать **4.** устраивать сенсацию
headphone головной телефон
health 1. состояние **2.** степень исправности *(программных или аппаратных средств)*
healthy 1. здоровый **2.** работоспособный
heap 1. динамическая область; динамически распределяемая память **2.** неупорядоченный массив *(данных)*; *проф.* куча
heavy-duty *(работающий)* в тяжелом режиме; предназначенный для работы в тяжелом режиме
hedging уклонение (пользователя экспертной системы) от прямого ответа

height:
   text ~ высота текста
helix винтовая линия
help 1. помощь (*пользователю со стороны системы*); справка; консультативная информация ‖ помогать **2.** контекстно-зависимая подсказка; система получения экранных справок
   context-sensitive ~ контекстно-зависимая помощь (*пользователю*)
   on-line ~ оперативная подсказка; оперативно-доступная помощь; диалоговые консультации
   software ~ программное обслуживание
helpful полезный
hesitation кратковременное прерывание, приостановка
heterogeneity гетерогенность; неоднородность; разнородность
heterogeneous гетерогенный; неоднородный; разнородный
heuristic эвристика ‖ эвристический
heuristics эвристика
hex шестнадцатеричный
hexadecimal шестнадцатеричный
HGA графический адаптер фирмы Hercules
hibernation 1. состояние ожидания **2.** режим спячки в блокнотных ПК
hidden скрытый
hide скрывать; сделать невидимым
hiding:
   information ~ утаивание (*упрятывание, сокрытие*) информации (*не существенной для пользователя*)
hierarchical иерархический
hierarchy иерархия
   conceptual ~ иерархия понятий
   control ~ иерархия управления
   data ~ иерархия данных

   data model ~ иерархия моделей данных
   inheritance ~ иерархия наследования
   language ~ иерархия языков
   memory ~ иерархия памяти
   multilevel ~ многоуровневая иерархия
   protocol ~ иерархия протоколов
   storage ~ иерархия памяти
high 1. большой **2.** верхний **3.** высокий
high-density с высокой плотностью размещения, высокоплотный
high-efficiency высокоэффективный
high-level высокоуровневый, высокого уровня
high-order старший
high-performance высокопроизводительный; быстродействующий
high-quality высококачественный
high-resolution с высокой разрешающей способностью
high-skill квалифицированный
high-speed быстродействующий; высокоскоростной
high-tech высокотехнологичный
higher 1. более высокий ‖ выше **2.** более старший ‖ старше
higher-priority приоритетный
highlight 1. повышенная яркость (*изображения*) **2.**(наиболее) яркие участки изображения **3.** высвечивать; выделять информацию на экране
highlighting выделение; высвечивание; выделение информации на экране; *проф.* подсветка
   text ~ выделение текста
highway канал информации; магистральная шина; магистраль
   data ~ канал данных
   information ~ информационная супермагистраль

hint указание; совет; рекомендация
   helpful ~ полезный совет
HIPPI [high performance parallel interface] параллельный интерфейс высокой производительности *(тип коммутатора в сети)*
hirsute 1. знающий свое дело; опытный; авторитетный **2.** чрезмерно сложный; непостижимый
HIS [human interface standards] стандарты интерфейса пользователя
histogram гистограмма; полигон частот
   bivariate ~ двухмерная гистограмма
   frequency ~ частотная гистограмма
history 1. архив **2.** история *(действий пользователя) (запоминаются последние выполненные действия и их можно повторить, выбрав из хронологического списка)* **3.** предыстория *(напр. состояния системы)*
   time ~ картина изменения во времени
hit 1. ответ; ответная справка *(при поиске)* **2.** попадание; столкновение; наложение **3.** совпадение *(при поиске)* **4.** нажимать **5.** ударять *(по клавише)*
   light-pen ~ выбор *(нужной точки на экране)* световым пером
hitting нажатие
HLS [hue-level-saturation model] модель цвет-яркость-насыщенность
HMA [high memory area] область верхней памяти
Hobbit процессор фирмы AT&T, используемый в персональных коммуникаторах
hogging:
   current ~ захват тока

hold 1. захват; фиксация ‖ фиксировать; захватывать **2.** держать; удерживать **3.** приостанавливать **4.** удовлетворяться; выполняться *(о некотором условии)* **5.** хранить *(информацию)* ◊ ~ **down** нажимать
   track ~ блокировка дорожки
holder:
   copy- ~ держатель для бумаги
holding 1. блокировка *(состояния)* **2.** хранение *(информации)*
hole 1. отверстие; пробивка; дырка; перфорация **2.** ошибка; промах; просчет *(напр. в системе)*; *проф.* дыра
   connector ~ гнездо разъема
   feed ~s синхродорожка
   function ~s управляющая пробивка
   index ~ индексное отверстие *(в начале первого сектора на гибком диске)*
   reach-through ~ сквозное отверстие
   system ~ (существенная) ошибка в системе; *проф.* прокол
holographics голография
home 1. исходная позиция *(напр. курсора)* **2.** домашний **3.** начальный **4.** собственный
homeomorphism гомеоморфизм
homing:
   multiple ~ множественное подсоединение к одному узлу *(напр., нескольких абонентов)*
homogeneous однородный
hook 1. добавочный блок *(программы или устройства, облегчающий дальнейшее расширение функций и внесение изменений в систему)* **2.** добавочный микропроцессор **3.** ловушка *(аппаратное средство отладки и диагностирования микропрограммы)* **4.** обработчик прерываний

5. средство 6. привязывать *(напр. программные средства к набору устройств)*
hookup подключение; подсоединение
hop 1. пересылка *(принятого сообщения в сеть)* 2. повторный прием 3. транзитный участок *(линии передачи)*
hopper карман
   card ~ подающий карман
   stacker ~ приемный карман
horizontal горизонтальный
horizontally:
   Tile ~ w мозаика по вертикали *(расположение окон сверху вниз)*
horse:
   Trojan ~ троянский конь *(тип вируса)*
horsepower вычислительные возможности; *проф.* мощь
host 1. хозяин 2. главный компьютер; главная машина 3. возлагать функции ведущего узла *(на какой-л. элемент)* 4. выполнять роль ведущего узла 5. решать задачу на главной машине 6. главный, базовый, ведущий
   application ~ главная машина прикладной системы
   fake ~ псевдоведущая машина *(осуществляющая сбор статистики работы сети)*
   to be ~**ed** назначаться ведущим узлом
hot горячий
hot-spot активный участок *(напр. на экране дисплея)*
hotkey вызывающая клавиша; клавиша вызова; назначенная клавиша; активизирующая клавиша; *проф.* горячая клавиша *(комбинация клавиш, обеспечивающая выполнение определенной команды или вызов резидентной программы)*; функциональная клавиша

hotline линия оперативной поддержки *(служит для срочных консультаций пользователей)*
hotword слово-ссылка
hour час, период времени, время
   actual ~**s** эффективное рабочее время
   busy ~**s** период максимальной нагрузки
   machine ~**s authorized** разрешенное для использования машинное время
   offpeak ~**s** непиковый период *(работы системы)*
house:
   software ~ программотехническая фирма *(фирма по разработке программного обеспечения или по обеспечению программными средствами)*
   system ~ системотехническая фирма *(фирма по проектированию вычислительных систем или систем с вычислительными машинами)*
housekeeping служебные действия; организующие действия; управляющие действия; действия по обслуживанию || служебный; организующий; вспомогательный
HPFS [high performance file system] высокопроизводительная файловая система
HPR [high performance routing] протокол высокопроизводительной маршрутизации
HRT [hierarchical routing table] иерархическая маршрутная таблица
HSI [human system interface] пользовательский интерфейс; человеко-машинный интерфейс
HSM [hierarchical storage management] управление иерархической структурой хранения информации

HSSI [high-speed serial interface] протокол локальной сети
HSV [hue-saturation-value model] модель цвет-насыщенность-значение
HTFS файловая система для жестких дисков
HTML [Hypertext Markup Language] язык разметки гипертекста *(используется в Интернет для создания переносимых гипертекстовых документов)*
HTTP [hypertext transport protocol] транспортный протокол передачи гипертекста
hub концентратор *(в ЛВС)*; ядро *(сети)*
   active ~ активный концентратор
   wiring ~ коммутационная панель
hub-polling опрос *(терминалов)* по типу «готовый передает первым»
hue цветовой тон; оттенок цвета
hull:
   convex ~ выпуклая оболочка
human человеческий
human-aided с участием человека
human-operator (человек-) оператор
HW [hardware] *(см.)* аппаратура; аппаратное обеспечение; аппаратные средства
hybrid смешанная топология сети
hyper-event гиперсобытие
hyper-poisson гиперпуассоновский
hyperbola гипербола
hyperframe гиперфрейм
hyperindex гипериндекс
hypermedia гипермедиа; гиперсреда
hypertext гипертекст ∥ гипертекстовый
hypervisor гипервизор
hyphen дефис; знак переноса ∥ делать перенос; расставлять дефисы *или* знаки переноса

hyphenation (автоматический) перенос *(части слова на следующую строку с расстановкой знаков переноса)* ∥ расстановка переносов; разбивка слов по слогам; расстановка дефисов
   discretionary ~ произвольный перенос *(без соблюдения грамматических правил)*
hypotenuse гипотенуза
hypotheses гипотезы
   mutually exclusive ~ взаимно исключающие гипотезы
hypothesis гипотеза; допущение; предложение; предположение
   ~ **of randomness** гипотеза случайности
   compactness ~ гипотеза компактности
   nonnull ~ ненулевая гипотеза
   null ~ нулевая гипотеза
   single-sided ~ односторонняя гипотеза
   two-sided ~ двусторонняя гипотеза
   working ~ рабочая гипотеза
hypothesize строить гипотезу
hypothetic гипотетический; предположительный

I

IBM компания IBM
IBM-compatible совместимый с машинами фирмы IBM; IBM-совместимый
ICA растровый формат
icand множимое
ICFA [International Computer Facsimile Association] объединение 30 фирм-производителей факс-серверов

ICMP [Internet Control Message Protocol] протокол межсетевых управляющих сообщений
ICO растровый формат
iCOMP индекс относительной производительности процессоров Intel
icon 1. образ; изображение; пиктограмма; икона; условный графический символ **2.** отображение *(в электронной почте)*
  backtrack ~ пиктограмма обратной связи
  document ~ образ документа
  folder ~ отображение папки для бумаг
  preferences ~ отображение системы предпочтений *(абонента электронной почты)*
iconic иконический
ID идентификатор устройства; имя; код; псевдоним
  caller ~ идентификатор вызывающего абонента *(в компьютерной телефонии)*
  user ~ идентификатор пользователя
IDE 1. [integrated development environment] интегрированная среда разработки **2.** [integrated drive electronics] интерфейс для подключения к ПК дисковых накопителей **3.** [intelligent device electronics] электроника интеллектуального устройства
ident идентификатор
identical идентичный; тождественный
identification 1. идентификация; отождествление **2.** определение; распознавание **3.** обозначение
  character ~ идентификация знаков; распознавание знаков
  coded ~ закодированное обозначение

  fault ~ идентификация ошибки
  file ~ идентификация файла
  knowledge ~ идентификация знаний
  password ~ идентификация пароля *(в системе управления доступом)*
  task ~ идентификатор задачи
  terminal ~ идентификация терминала
  user ~ идентификация пользователя
identifier 1. идентификатор **2.** имя
  activity ~ идентификатор активности
  adaptive ~ адаптивный индикатор
  album ~ *CD-I* идентификатор альбома
  application ~ *CD-ROM* идентификатор приложений
  array ~ идентификатор массива
  coded character set ~ идентификатор набора кодированных знаков
  entity ~ идентификатор объекта
  label ~ идентификатор метки
  pick ~ идентификатор указания
  process ~ идентификатор процесса
  statement ~ идентификатор оператора
  system ~ системный идентификатор
  switch ~ идентификатор переключателя
  type ~ идентификатор типа
  undeclared ~ неописанный идентификатор
  unique ~ уникальное имя
  user ~ идентификатор пользователя
  variable ~ идентификатор переменной
  volume ~ идентификатор тома

identify идентифицировать; отождествлять; распознавать
identifying идентифицирующий
identity идентичность; тождественность; тождество
  additive ~ нулевой элемент аддитивного закона
  multiplicative ~ единичный элемент умножения
ideogram идеограмма
idiom идиома
idiomatic идиоматический
idiotproof защищенный от неумелого обращения; *проф.* защищенный от дурака
IDL [interface definition Language] язык описания интерфейса
IDLC [ISDN data link control] коммуникационный протокол
idle 1. ожидание; простой *(в работе)* **2.** бездействующий **3.** свободный; незанятый
IDM [interactive digital media] интерактивная цифровая среда
IETF [Internet Engineering Task Force] целевая группа межсетевой инженерной поддержки
IFF растровый формат
iff [if and only if] тогда и только тогда
IGMP [Internet Group Management Protocol] протокол управления группами Интернет
ignore пропуск ‖ пропускать; игнорировать
ПOP [Internet InterORB Protocol] протокол, определяющий передачу сообщений между объектами по TCP/IP
interlock:
  safety ~ защитная блокировка
ill-conditioned плохо обусловленный
illegal 1. запрещенный **2.** недопустимый; непредусмотренный; несанкционированный; недействительный

illegal-command запрещенная команда
illocution иллокуция
illusion:
  cognitive ~ когнитивная иллюзия
IMA [interactive multimedia Association] Ассоциация интерактивных мультимедиа-систем
image 1. графический объект **2.** образ **3.** изображение; отображение ‖ изображать; отображать **4.** рисунок **5.** копия содержимого памяти
  accurate ~ реалистичное (машинное) изображение
  after ~ преобразованный вид записи *(после обновления)*
  animated ~ анимированное изображение; мультипликационное изображение; оживленное (динамическое) изображение *(в машинной графике)*
  application ~ образ прикладного объекта
  background ~ задний план; изображение заднего плана; фоновое изображение
  before ~ исходный вид записи *(до обновления)*
  binary ~ **1.** двоичное отображение; бинарное изображение **2.** двухуровневое изображение
  bit ~ двоичный образ
  blanking ~ гашение изображения
  blinking ~ мерцание изображения
  blurred ~ нечеткое *(неясное, размытое)* изображение
  boot ~ область начальной загрузки
  brilliant ~ яркое (и четкое) изображение
  cartoon-style ~ изображение мультипликационного (рисованного) типа

CD-ROM ~ образ CD-ROM *(содержимое CD-ROM в стандартных форматах и структурах, подготавливаемое на промежуточном носителе для создания оригинала мастер-ленты)*
character ~ изображение знака
coded ~ 1. закодированное изображение 2. графический объект *(напр. в памяти ЭВМ)*
comic-strip oriented ~ горизонтальное изображение
continuous-tone ~ полутоновое изображение
digitized ~ оцифрованное изображение; цифровое изображение
display ~ визуальное отображение; выводимое изображение
dithered ~ псевдополутоновое изображение
dynamic ~ изменяемое изображение, изменяемая часть изображения
feedback ~ графическая обратная связь *(с оператором)*
flicker ~ мигание изображения
flip ~ зеркальное изображение
foreground ~ основное изображение *(при наличии фонового)*
freeze-frame ~ статическое изображение
full-screen ~ полноэкранное изображение
ghost ~ фантомное изображение
halftone ~ 1. полутоновое изображение 2. растровое изображение
hard ~ контрастное изображение
intensified ~ полутоновое изображение
inverse ~ 1. прообраз 2. инверсное изображение
jagged ~ изображение с рваными, зазубренными краями
latent ~ скрытое изображение

low-luminosity ~ 1. бледное изображение 2. неконтрастное изображение
memory ~ отображение в памяти
monochrome ~ монохромное изображение
nondistinct ~ нечеткое (нерезкое) изображение
out-of-focus ~ расфокусированное изображение; нечеткое (нерезкое) изображение
process ~ образ процесса
reverse ~ обращенное изображение
scale of ~ масштаб изображения
screen ~ отображаемое изображение
search ~ поисковый образ
shaded ~ 1. затушеванное изображение 2. изображение *(трехмерных объектов)* с (автоматически формируемыми) тенями
sharp ~ четкое *(резкое)* изображение
shrunk ~ сжатое изображение
soft ~ неконтрастное изображение
source ~ исходное изображение
still-frame ~s большие оцифрованные изображения
task ~ образ задачи
terminal ~ виртуальный терминал
two-dimensional ~ двумерное изображение
unsharp ~ нечеткое *(нерезкое)* изображение
virtual ~ виртуальное изображение
visible ~ видимое изображение
visual ~ визуальное (наглядное) изображение; визуальное отображение
wraparound ~ заворачивание изображения *(часть изображе-*

ния, *выходящая за одну из границ пространства визуализации, появляется у противоположной границы этого пространства*)
image-based основанный на анализе изображений
imager блок формирования изображения
imagery изображения; образы
imaginary мнимый
imaging воспроизведение изображения; отображение; формирование изображения
  binary ~ двухуровневое представление изображений (*без полутонов*)
  computer ~ формирование изображения с помощью ЭВМ
  document ~ графическое представление документов
  gray-level ~ формирование изображения с использованием яркостной шкалы; полутоновое представление изображения
IMAP [interactive mail access protocol] протокол интерактивного доступа к почте
imbedded встроенный
IMG растровый формат
IMHO [in my humble opinion] по моему скромному мнению (*сокращение, принятое в Интернет*)
immediate 1. немедленный 2. непосредственный
immunity:
  burst-error ~ нечувствительность к пачкам (пакетам) ошибок
immutable постоянный
impact контактный
  cross ~ перекрестное влияние
impatience:
  stochastic ~ стохастическое нетерпение

impedance:
  coupling ~ полное сопротивление связи
  forward ~ прямое полное сопротивление
imperative императивный
imperfection 1. дефект; недостаток 2. неполнота 3. несовершенство
implementation внедрение; реализация; ввод в работу (*напр. ЭВМ*)
  hardware ~ аппаратная реализация
implementator разработчик
implementer 1. конструктор (*реализующий проектный замысел*) 2. средство реализации
  language ~ языковый процессор; средство реализации языка программирования
implication 1. импликация 2. следствие
implicit неявный
implied неявный
imply 1. заключать в себе 2. влечь; иметь следствием 3. значить, означать 4. *лог.* имплицировать
import 1. импорт (*файлов, сообщений и т.п.*) 2. подразумеваемый смысл; значение ‖ подразумевать; иметь значение 3. вносить; привносить ◊ ~ **in pieces** покомпонентный импорт (*напр. графики*)
impression:
  weak ~ **of typing** слабая печать; *проф.* непропечатка
improper неправильный
improper-command запрещенная команда
in-circuit встроенный; внутрисхемный
in-cut разъем
in-house внутренний
in-line подключенный
inaccessible недоступный; недостижимый

inaccuracy неточность; погрешность
inactive бездействующий; неактивный
inadmissible недопустимый
inadvertent непреднамеренный
incidence инцидентность
incident случай; случайность ‖ случайный
inclusion включение
    file ~ включение файлов
incoming входящий; поступающий (*напр. поток данных*)
incompatibility несовместимость
incompatible несовместимый
incomplete неполный
incompleteness 1. незавершенность 2. неполнота
incompressible несжимаемый
inconnector внутренний соединительный знак (*на блок-схеме в точке разрыва внутренней связи*)
inconsistency 1. несогласованность 2. противоречивость; несовместимость
    absolute ~ абсолютная противоречивость
    access ~ противоречивость доступа
    model ~ модельная противоречивость
    routing ~ несовместимость маршрутов (*маршрутизации*)
    time ~ временная противоречивость
    update ~ противоречивость при обновлении (*данных*)
inconsistent противоречивый; несовместимый
incorporated 1. объединенный 2. совместимый 3. встроенный
incorrect неправильный
increase увеличение ‖ увеличивать
    exponential ~ рост по экспоненциальному закону

increment инкремент; приращение; прирост; шаг ‖ прирастить (*название команды*); давать приращение
    allowed ~ допустимое приращение
    forbidden ~ недопустимое приращение
    interim ~ промежуточный шаг
    intermediate ~ вспомогательный шаг
incremental инкрементный
incremented увеличенный
indefinable неопределимый
indefinite неопределенный
indent абзац; отступ; абзацный отступ; красная строка ‖ делать отступ ◊ ~ **to the right** делать отступ вправо
    first line ~ отступ первой строки
    hanging (reverse) ~ выступ; обратный отступ (*все строки абзаца, кроме первой смещены вправо*); смещение влево
indentation 1. отступ; смещение вправо (*смещение начала первой строки абзаца вправо по отношению ко всему остальному тексту*); сдвиг 2. структурированное расположение текста; введение отступов
    N-space ~ расположение текста с N-пробельными отступами
    total lack of ~ полное отсутствие отступов (*в тексте программного листинга*)
indenting форматирование
Indeo [INtel viDEO] кодек Indeo (*технология сжатия и воспроизведения движущихся изображений, разработанная корпорацией Intel*)
independence независимость
    ~ **of events** независимость событий

independence

   asymptotic ~ асимптотическая независимость
   data ~ 1. независимость данных 2. независимость от данных
   hardware ~ аппаратная независимость; независимость от аппаратуры; независимость от (конкретных) технических средств
   linear ~ линейная независимость
   pairwise ~ попарная независимость
   residence ~ независимость от местоположения
   software system ~ независимость от других программных средств *(критерий оценки качества программного обеспечения)*
   statistical ~ статистическая независимость; независимость в статистическом смысле
   stochastic ~ статистическая независимость

independent:
   probabilistically ~ независимый в вероятностном смысле
   stochastically ~ статистически независимый

indeterminacy неопределенность
indeterminate неопределенный
index 1. индекс ‖ индексировать ‖ индексный 2. каталог ‖ составлять каталог 3. коэффициент; показатель 4. показатель степени 5. указатель; предметный указатель ‖ снабжать указателем; составлять указатель
   ~ **of correlation** коэффициент корреляции
   ~ **of dispersion** показатель рассеяния
   aggregative ~ составной индекс
   array ~ индекс массива
   average weighted ~ средневзвешенный индекс
   capacity ~ индекс пропускной способности
   catalog ~ индекс каталога
   chain ~ цепной индекс
   clusterisation ~ индекс кластеризации
   code line ~ кодовый индекс кадра
   confidence ~ показатель достоверности
   continuous ~ непрерывный индекс
   control ~ управляющий индекс
   correction ~ поправочный коэффициент
   cross-weighted ~ индекс с двойным взвешиванием
   cycle ~ параметр цикла
   cylinder ~ индекс цилиндров
   dense ~ плотный индекс
   descriptor word ~ указатель дескрипторов
   fine ~ 1. вторичный индекс 2. детальный индекс
   fog ~ индекс непонятности *(показатель качества технического описания программы или системы)*
   geometric ~ геометрический индекс
   geometrical ~ геометрический индекс
   gross ~ главный индекс; старший индекс
   harmonic ~ гармонический индекс
   harmonical ~ гармонический индекс
   help ~ справочный указатель
   keyword-in-context ~ указатель ключевых слов
   line ~ кодовый индекс кадра
   median ~ медианный индекс
   moving base ~ индекс с переменной базой
   multipurpose ~ индекс, используемый для различных целей

overall ~ обобщенный показатель; общий показатель
range ~ указатель интервала; интервальный индекс
reliability ~ показатель надежности
reverse ~ обратный индекс
secondary ~ вторичный индекс
source ~ индекс источника
track ~ индекс дорожки
tree ~ древовидный индекс
trend-adjusted ~ индекс, скорректированный с учетом тренда
unweighted ~ невзвешенный индекс
weighted ~ взвешенный индекс
weighted ~ number взвешенный индекс

indexed индексированный
indexing 1. индексирование; индексация **2.** индексная адресация
associative ~ ассоциативное индексирование
automatic ~ автоматическое индексирование
bit-map ~ индексация по растровому отображению
control ~ контролируемое индексирование
cumulative ~ кумулятивная индексация
datacode ~ координатное индексирование
free ~ свободное индексирование
keyed file ~ ключевое индексирование файлов
multiple-aspect ~ многоаспектное индексирование
redundant ~ избыточное индексирование
secondary ~ вторичное индексирование
single-aspect ~ одноаспектное индексирование

indicate 1. означать **2.** указывать; показывать

indication 1. индикатор **2.** индикация; показание, отсчет *(прибора)* **3.** указатель; указание **4.** обозначение
digital ~ цифровая индикация; цифровой отсчет
error ~ индикация ошибок
trouble ~ индикация неисправностей

indicative индикативный

indicator 1. индикатор; указатель **2.** индикаторный регистр **3.** показатель
availability ~ индикатор готовности
branch-on ~ индикатор ветвления
call ~ индикатор вызова
check ~ контрольный индикатор
compare ~ индикатор сравнения
continuation ~ указатель продолжения *(текста)*
currency ~ индикатор текущего состояния
current record ~ индикатор текущей записи
dial ~ циферблатный указатель
end-of-file ~ признак конца файла
error ~ индикатор ошибки
flag ~ индикатор условия; флаговый указатель
in-lock status ~ индикатор занятости канала
led ~ светодиодный индикатор
level ~ индикатор уровня
moving-dot ~ индикатор с движущейся (светящейся) точкой
operator ~ индикатор (на пульте) оператора
overflow ~ индикатор переполнения
priority ~ индикатор приоритета
progress ~ индикатор состояния; индикатор хода работы

indicator

    routing ~ указатель маршрута
    significance ~ индикатор значимости
    sing-check ~ индикатор контроля знака
    speed LED ~ индикатор быстродействия
    stack ~ указатель стека
    status ~ индикатор состояния
    strober ~ стробированный индикатор
    suppress length ~ индикатор подавления длины
indices индексы
indirect косвенный; непрямой
indirection косвенность
individual отдельный
inductance:
    distributed ~ распределенная индуктивность
    lead ~ индуктивность выводов
    leakage ~ индуктивность рассеяния
    lumped ~ сосредоточенная индуктивность
    series ~ последовательная индуктивность
induction индуктивный метод; индукция
    complete ~ полная индукция
    empirical ~ неполная индукция
    informal ~ содержательная индукция
    intrinsic ~ собственная индукция
    saturation ~ индукция насыщения
inductive индуктивный
industrial промышленный
industries:
    high technology ~ отрасли высоких технологий
industry:
    computer ~ промышленность средств вычислительной техники
    entertainment ~ индустрия развлечений
    information ~ информационная индустрия
    information processing ~ сфера обработки данных; промышленность средств обработки данных
    software ~ промышленность (по производству) программного обеспечения; индустрия программных средств; индустрия разработки ПО
ineffective неэффективный
inefficient неэффективный
inequalities:
    inconsistent ~ несовместные неравенства
    slack ~ нежесткие неравенства
    strict ~ строгие неравенства
inequality неравенство; несоответствие; расхождение
    slack ~ нежесткое неравенство
    strict ~ строгое неравенство
inequivalence неэквивалентность
infer делать (логический) вывод, (логически) выводить
inference 1. вывод 2. логический вывод; умозаключение; следствие
    abductive ~ абдуктивный вывод
    chain ~ цепное заключение
    common-sense ~ естественный вывод
    direct ~ прямой вывод
    fuzzy ~ нечеткий вывод
    inductive ~ индуктивный вывод
    intuitionistic ~ интуиционистский вывод
    knowledge-based ~ вывод на знаниях
    linear ~ линейный вывод
    logical ~ логический вывод
    nonmonotonic ~ немонотонный вывод
    probabilistic ~ вероятностный вывод

inferencing формирование логического вывода; получение логического вывода; процесс логического вывода
inferential дедуктивный; выведенный логически
infinite бесконечный
infix инфиксный
infological инфологический; информационно-логический
infomedia информационная среда
inform 1. сообщать; информировать **2.** передавать данные
informatics информатика
information 1. информация; сведения **2.** автоматизированная система информационного обслуживания; автоматизированная служба информации
  alert ~ сигнальная информация
  alerting ~ **1.** информация о готовности **2.** опознавательная информация
  audio ~ фонетическая информация
  background ~ справочный материал
  checking ~ контрольная информация
  clipping ~ информация об отсечении
  computerized ~ информация в машинном представлении
  connectivity ~ информация о связности
  control ~ управляющая информация
  current ~ текущая информация
  formatting ~ информация о формате; сведения о форматировании
  forwarding ~ сопроводительная информация; информация о направлении (дальнейшей) передачи
  free space ~ информация о свободном пространстве
  fresh ~ новая информация; свежая информация
  input ~ входная информация
  (to) keep track of ~ отслеживать информацию
  knowledge ~ информация о знаниях
  last minute ~ свежайшая информация
  local connectivity ~ информация о локальной связности
  management ~ управленческая информация
  office ~ учрежденческая информация
  overhead ~ **1.** дополнительная служебная информация *(напр. адрес получателя сообщения)* **2.** сведения о непроизводительных затратах *(вычислительных ресурсов)*; *проф.* информация о накладных расходах
  partial routing ~ частичная информация по маршрутизации
  pictorial ~ графическая информация; наглядная информация; информация в графической форме
  relevant ~ релевантная информация *(относящаяся к данному вопросу)*; существенная информация
  routing ~ маршрутная информация; информация о маршрутизации
  semantic ~ семантическая информация
  side ~ информация о состоянии канала *(имеется на одном из концов линии связи)*
  smoothed ~ сглаженные данные
  state ~ информация о состоянии
  status ~ информация о состоянии
  stored ~ хранимая информация

information

    summary ~ итоговая информация

    time-critical ~ информация, критичная ко времени

    visual ~ информация в наглядной форме

informational информационный

informatization информатизация; распространение информационной технологии

infrared инфракрасный

infrastructure:

    information ~ информационная инфраструктура

inherent присущий

inheritance наследование

inherited унаследованный

inhibition 1. запрещение; запрет 2. торможение; задерживание

initial начальный

initialization задание начальных условий; инициализация; установка в исходное состояние; начальная загрузка

    backward ~ инициализация при обратном счете времени

    forward ~ инициализация при прямом отсчете времени

    loop ~ инициализация цикла

    nucleus ~ инициализация ядра

    system ~ инициализация системы

    unstructured ~ бесструктурная инициализация

initialize задавать начальные условия; инициализировать; устанавливать в исходное состояние

initializer инициализатор

initials инициалы

initiate пусковой

initiating инициирующий

initiation 1. инициирование; инициализация 2. запуск; включение; возбуждение *(шины)* 3. образование; создание

    foreground ~ инициирование высокоприоритетных программ

ink печатная краска; чернила

ink-jet струйный

inker красящий механизм *(в печатающем устройстве)*

inking рисование *(в графопостроителях)*

inlay вкладка; вкладыш; этикетка *(помещается вместе с диском в упаковочную коробку и описывает содержание диска и порядок работы с ним)*

inline подключенный

innermost самый внутренний *(напр. о цикле)*

innovation новшество

    process ~ новый метод производства

input 1. ввод; устройство ввода ‖ вводить ‖ вводимый 2. вход; входное устройство; входной сигнал; входные данные ‖ входной ‖ подавать на вход ‖ на входе

    arbitrary ~ произвольный входящий поток

    binomial ~ биномиальный входящий поток

    buffered ~ ввод с буферизацией

    computer ~ входная информация ЭВМ

    computer ~ **on microfilm** входное микрофильмирующее устройство ЭВМ

    data ~ 1. ввод данных 2. входные данные 3. информационный вход

    filtered poisson ~ отфильтрованный входящий поток

    gamma ~ входящий поток гамма-распределения

    gaussian ~ нормальный процесс на входе

    general ~ входящий поток с последействием

    generalized ~ обобщенный входящий поток

graphic ~ графический ввод
hyper-poisson ~ гиперпуассоновский входящий поток
inverting ~ инвертирующий вход
keyboard ~ ввод с клавиатуры; данные, вводимые с клавиатуры
latched ~ вход с защёлкой
manual ~ ручной ввод
Markovian ~ марковский входящий поток
nonrecurrent ~ нерекуррентный входящий поток
page ~ ввод страницы
Poisson ~ пуассоновский входящий поток
pooled ~ объединенный входящий поток
program ~ входные данные программы
random ~ случайный входящий поток
recurrent ~ рекуррентный входящий поток
reference ~ 1. контрольные входные данные; контрольный входной сигнал 2. контрольный ввод
remote ~ дистанционный ввод
request ~ **mode** ввод с приглашением
speech ~ речевой ввод
standard ~ стандартный ввод
stream ~ потоковый ввод
substantive ~ ввод большого массива данных
system ~ системный ввод
unsolicited ~ непредусмотренный вывод
unspecified ~ 1. непредусмотренная совокупность входных данных 2. непредусмотренный ввод
verbal ~ речевой вход; речевые входные данные
zero ~ нулевой вход
input-output 1. ввод-вывод 2. данные ввода-вывода 3. устройство ввода-вывода

asynchronous ~ асинхронный ввод-вывод
buffered ~ буферизованный ввод-вывод
communications ~ ввод-вывод по каналу связи
logical ~ логический ввод-вывод
long-haul remote ~ дистанционный ввод-вывод (*с использованием глобальной сети или линии дальней связи*)
memory-mapped ~ ввод-вывод (с предварительным) распределением памяти (*между устройствами*)
unformatted ~ бесформатный обмен
virtual ~ виртуальный ввод-вывод
verbal ~ речевой ввод-вывод
inquiries: information ~ информационные запросы
inquiry 1. запрос 2. опрос
  database ~ запрос к базе данных
  information ~ информационный запрос
  keyboard ~ запрос с клавиатуры
  keyboard ~ опрос клавиатуры
  multifaceted ~ многоаспектный запрос
  remote ~ дистанционный запрос
  remote ~ дистанционный опрос
insensitive независимый
insert 1. вкладка; вставка; вклейка ‖ вкладывать, вставлять 2. режим вставки 3. вставка; «врезка» (*в видеозаписи*) 4. корректурный знак, обозначающий место вставки 5. вкладной лист 6. дополнительный материал, вставляемый в текст (*газеты, журнала*)
inserter:
  test ~ подсистема вставки элементов сканирования в схему

insertion 1. ввод 2. вставка
  object code ~ технология вставки объектного кода
  zero ~ вставка нулей
insight понимание ◊ ~ **into** понимание
insignificant незначащий
inspection проверка; инспектирование; контроль
  acceptance ~ приемочный контроль
  incoming ~ входной контроль
inspector
  property ~ 1. инспектор свойств 2. контекстное меню; подручное меню 3. меню свойств объекта
install 1. программа установки 2. вводить в действие 3. располагать; размещать 4. устанавливать; монтировать
  custom ~ заказная установка
installable 1. разрешенный к установке 2. устанавливаемый
installation 1. инсталляция ‖ инсталляционный 2. установка; устройство; система 3. установка; монтаж 4. расположение; размещение 5. ввод в действие
  across-the-wire ~ дистанционная инсталляция; инсталляция по сети
  color ~ установка цветов
  computer ~ 1. вычислительная установка 2. установка вычислительной машины
  cooperative ~ установка коллективного пользования
  software ~ установка *(ввод в действие)* программного обеспечения
  terminal ~**s** терминальное оборудование
installation-dependent зависящий от конкретной системы
installation-specific присущий конкретной системе

installed установленный
instance 1. пример 2. экземпляр; реализация ‖ экземплярный 3. привязка *(событий в системе управления дисплеем)*
  event ~ реализация событий *(в системе моделирования)*
  group relation ~ экземпляр группового отношения
  record ~ экземпляр записи
instant:
  sampling ~ момент выборки; момент замера
instantaneous немедленный
instantiate 1. подвергать обработке *(напр. запрос к базе знаний)* 2. приписывать значение 3. создавать экземпляр
instantiation конкретизация
  ~ **of variables** конкретизация переменных
InstantON спецификация Intel на централизованное управление питанием и включением компьютера
instruction 1. инструкция; программа действий 2. команда *(см. тж command)* 3. обучение
  absolute ~ 1. абсолютная команда; команда на машинном языке 2. (графическая) команда в абсолютных координатах; команда установки абсолютных координат *(в машинной графике)*
  address ~ адресная команда
  assembly ~ команда ассемблера
  assignment ~ команда присваивания
  blank ~ 1. пустая команда 2. команда пропуска
  branch ~ команда ветвления; команда перехода
  break point ~ 1. команда контрольного перехода 2. команда останова

instruction

broadcast ~ широковещательная команда
built-in ~ встроенная команда
built-in macro ~ встроенная макрокоманда
byte ~ байтовая команда
call ~ команда обращения; команда вызова
clear and add ~ команда очистки и сложения
complete ~ полная команда
computer ~ машинная команда
computer-aided (computer-assisted) (CAI) ~ машинное обучение
computer-managed ~ машинное обучение
conditional branch ~ команда условного перехода
conditional jump ~ команда условного перехода
conditional transfer ~ команда условной передачи управления
constant ~ команда-константа
control ~ команда управления; управляющая команда
cycle ~ команда цикла
data transfer ~ команда передачи данных
decimal ~ десятичная команда
decision ~ 1. команда выбора решения 2. команда ветвления команда условного перехода
diagnostic ~ команда вызова
direct access ~ команда прямого доступа
direct ~ команда с прямой адресацией
discrimination ~ команда условного перехода
display ~ команда отображения
do-nothing ~ пустая (*холостая, фиктивная*) команда
dummy ~ пустая команда; холостая команда

effective ~ рабочая команда; действующая команда
engineering ~ инструкция по техническому обслуживанию; правила технической эксплуатации
entry ~ 1. команда входа 2. точка входа
error-handling ~ инструкция обработки ошибки
exchange ~ команда обмена
executive ~ команда управления (*исполнением других команд или программ*); команда супервизора
external ~ внешняя команда
follow the ~s carefully строго следуйте указаниям
full-word ~ команда длиной в полное слово
general ~ основная команда
halt ~ команда останова; команда приостановки
housekeeping ~ служебная команда; организующая команда; вспомогательная команда
idle ~ холостая команда
ignore ~ команда блокировки
illegal ~ запрещённая (*неразрешённая*) команда; нелегальная команда
initiating ~ инициирующая команда
input ~ команда ввода
interpretive ~ интерпретируемая команда
interpretive ~ макрокоманда
jump ~ 1. команда перехода 2. схема объединения
keyboard ~ команда, вводимая с клавиатуры
link ~ команда связи
logical ~ логическая команда
look-up ~ команда поиска
macro ~ макрокоманда
maintenance ~ инструкция по техническому обслуживанию

instruction

math ~ команда выполнения математической операции; *проф.* математическая команда
memory-to-memory ~ команда типа память-память
move ~ команда пересылки; команда перемещения
multiaddress ~ многоадресная команда
native ~ собственная команда (*в отличие от интерпретируемой или эмулируемой*)
no-address ~ безадресная команда
no-op ~ пустая команда
non-privileged ~ непривилегированная команда
one-address ~ одноадресная команда
operation ~ инструкция по эксплуатации
optional-stop ~ команда условного останова
output ~ команда вывода
pause ~ команда паузы
privileged ~ привилегированная команда
propagation ~ команда продвижения данных
pseudo ~ псевдокоманда
register ~ регистровая команда
register-to-register ~ команда типа регистр-регистр
repetition ~ команда повторения
restart ~ команда рестарта
restartable ~ прерываемая команда
return ~ команда возврата
search ~ команда поиска
seek ~ команда установки
sending ~ команда пересылки
shift ~ команда сдвига
single-address ~ одноадресная команда
skeleton ~ скелетная установка

skip ~ команда пропуска
steering ~ управляющая команда
stop ~ команда останова
storage-to-register ~ команда типа память-регистр
storage-to-storage ~ команда типа память-память
supervisor call ~ команда обращения к супервизору
symbolic ~ символическая команда; команда в символической записи; команда на символическом языке
table look-up ~ команда поиска в таблице
test-and-set ~ команда установки семафора
three-address ~ трехадресная команда
three-plus-one-address ~ четырехадресная команда
transient ~ нерезидентная команда
trap ~ команда системного прерывания (*вызывающая срабатывание ловушки непредвиденных ситуаций*)
two-address ~ двухадресная команда
unconditional jump ~ команда безусловного перехода
unconditional transfer ~ команда безусловной передачи управления
unused ~ неиспользуемая команда
variable ~ команда переменной длины
waste ~ холостая (*фиктивная*) команда
word ~ команда операции над словами
write ~ команда записи
zero-address ~ безадресная команда

instrument 1. измерительное устройство; (контрольно-)измерительный прибор; измеритель 2. инструментальное средство, инструмент 3. прибор

instrumentation 1. оснащение 2. (контрольно-)измерительные приборы 3. оснащенность средствами контроля *(характеристика качества программного обеспечения)*; приборное оснащение; оснащение (контрольно-)измерительными приборами

insufficient недостаточный

inswap подкачивать

int-number номер прерывания

integer целое число ‖ целый
   based ~ число с основанием
   short ~ короткое целое
   unsigned ~ целое (число) без знака

integer-valued целочисленный

integral 1. интеграл ‖ интегральный 2. интегральный; цельный; целостный; объединенный 3. неотъемлемый

integrand интегрируемое

integrate 1. интегрировать 2. объединять в одно целое

integrated 1. интегральный 2. интегрированный *(о системе)*; комплексный *(об автоматизации)* 3. объединенный

integration 1. интегрирование 2. комплектование; компоновка; комплектация 3. объединение в одно целое; интеграция; сборка *(модулей)* 4. режим интегрирования
   bottom-up ~ восходящая компоновка
   data ~ интеграция данных
   database ~ интеграция баз данных
   document ~ комплектование документации
   high-density ~ высокоплотная компоновка
   incremental ~ поэлементная компоновка
   lateral ~ 1. горизонтальная интеграция 2. горизонтальное комбинирование
   OLE ~s интеграция OLE
   service ~ совмещение обслуживания
   software ~ компоновка системы программного обеспечения
   vertical ~ вертикальная интеграция

integrator:
   ball-and-disk ~ фрикционный интегратор
   binary-quantized ~ двоичный интегратор; накопитель двоичных отсчетов
   dc ~ интегратор постоянного тока
   inverse ~ инверсный интегратор
   storage ~ запоминающий генератор
   system ~ системный интегратор *(специалист или фирма, обеспечивающие комплексный подбор программно-аппаратных средств)*
   summing ~ суммирующий интегратор

integrity 1. сохранность 2. целостность
   data ~ целостность данных

Intel-based с элементной базой фирмы Intel; с использованием оборудования фирмы Intel; *проф.* интеловский

intellectronics интеллектроника

intelligence 1. интеллект 2. встроенные вычислительные средства 3. развитая логика; развитые логические функции; развитые логические возможности 4. сведения; сообщения; информация 5. уровень интеллекта *(интеллектуальной системы)*

intelligence

   artificial ~ искусственный интеллект
   distributed ~ распределенное управление

intelligent 1. интеллектуальный; «разумный»; с развитой логикой **2.** оснащенный микропроцессором; микропроцессорный; программируемый

intelligibility разборчивость; понятность

   operational ~ оперативная разборчивость; разборчивость в рабочих условиях
   speech ~ разборчивость искусственной речи

Intelsat [International Telecommunications Satellite Organisation] Интелсат (*Международное объединение 106 стран-участниц, находящееся под контролем правительства США и корпорации спутниковой связи «Комсат»*)

intensity 1. громкость **2.** интенсивность **3.** *фото* оптическая плотность **4.** *тлв* яркость

   arrival ~ интенсивность входящего потока; интенсивность поступления
   Poisson ~ интенсивность пуассоновского потока

intentional умышленный

interact взаимодействовать с

interaction взаимодействие; взаимосвязь

   human-computer ~ человеко-машинное взаимодействие
   man-machine ~ человеко-машинное взаимодействие
   natural language ~ естественноязыковое взаимодействие; естественно-языковое общение (*взаимодействие или общение с системой на естественном языке*)
   one-way ~ одностороннее взаимодействие
   two-way alternate ~ двустороннее поочередное взаимодействие
   two-way simultaneous ~ двустороннее одновременное взаимодействие
   user ~ взаимодействие системы с пользователем; взаимодействие пользователя с системой

interactive интерактивный; диалоговый

interarrival время между (двумя последовательными) входами (*пользователя в диалоговую систему*)

intercept 1. перехват ∥ перехватывать **2.** отрезок, отсекаемый на координатной оси ∥ отсекать отрезок на координатной оси

interchange 1. замена ∥ заменять (*напр. модуль*) **2.** аппаратура обмена **3.** обмен (*напр. данными*) **4.** чередование

   format ~ преобразование формата *или* форматов
   terminal ~ аппаратура обмена с терминалами

interchangeable взаимозаменяемый

intercom система внутренней связи

intercomputer межкомпьютерный

interconnect взаимосвязь; взаимозависимость

interconnection 1. взаимосвязь **2.** внутреннее соединение; межсоединение; межкомпонентное соединение **3.** *pl.* разводка; схема соединений

   open systems ~ соединение открытых систем

interconversion взаимное преобразование; взаимный перевод; взаимный пересчет (*из одной системы счисления в другую*)

intercoupling взаимосвязь
interdatabase межбазовый
interdependent взаимозависимый; взаимосвязанный
interface 1. граница между двумя системами; место стыковки 2. интерфейс; сопряжение; устройство сопряжения; средства сопряжения 3. согласование ‖ согласовывать; сопрягать

2B+D ~ интерфейс 2B+D *(два 64 Кбит/с канала B для передачи сигналов речи или данных и один 16 Кбит/с канал D для сигналов управления сети ISDN)*
adaptive ~ адаптивный интерфейс
analog-to-binary ~ аналого-двоичное устройство сопряжения; преобразователь из аналоговой в цифровую двоичную форму
applications binary ~ двоичный интерфейс прикладных программ
back-end ~ внутренний интерфейс
buffered ~ буферизованный интерфейс
bus ~ интерфейс шины
cable ~ кабельное сопряжение
channel ~ канальный интерфейс
closely-coupled ~ сильная связь
command-driven ~ интерфейс командного типа
communications ~ связной интерфейс
contact ~ контактное сопряжение
data ~ интерфейс по данным; информационное сопряжение
external ~ внешнее сопряжение
flexible ~ интерфейс с гибкими возможностями; гибкий интерфейс
front-end ~ внешний интерфейс

graphic ~ графический интерфейс
human-computer ~ человеко-машинный интерфейс
human-engineered ~ удобный для человека интерфейс
human-machine ~ человеко-машинный интерфейс
intelligent ~ интеллектуальный интерфейс; интеллектуальные средства сопряжения
intermodule ~ межмодульный интерфейс
I/O ~ интерфейс ввода-вывода
knowledgebase ~ интерфейс базы знаний
loosely-coupled ~ слабая связь
man-machine ~ взаимодействие *(сопряжение)* человек-машина; человеко-машинный интерфейс
memory ~ интерфейс ОЗУ
metaphor ~ метафорический интерфейс
multimedia ~ мультимедиа-интерфейс *(подразумевает сопряжение с носителями разных видов информации - аудио, видео и т. п.)*
multiple document ~ многооконный интерфейс
natural ~ реальный интерфейс *(в отличие от виртуального)*; естественный (для пользователя) интерфейс
natural language (NL) ~ естественно-языковый интерфейс
open prepress ~ программный интерфейс подготовки публикаций
organization ~ организационная граница *(между двумя группами разработчиков)*
peripheral ~ интерфейс периферийных устройств
physical ~ физический интерфейс

interface

program ~ программный интерфейс
screen ~ экранный интерфейс
seamless ~ *проф* цельнокроеный интерфейс (*не предусматривающий избыточных операций*)
serial ~ последовательный интерфейс
software-to-software ~ межпрограммные средства сопряжения (*двух разных систем программного обеспечения*)
standard ~ блок стандартного сопряжения
sw/hw [software/hardware] ~ программно-аппаратный интерфейс
task-constrained ~ специальный интерфейс; интерфейс специального назначения
transparent ~ прозрачный интерфейс
user ~ интерфейс пользователя; пользовательский интерфейс
user-friendly ~ удобный для пользователя интерфейс; *проф.* дружественный интерфейс
variable-scan ~ видеоинтерфейс с изменяемыми параметрами развертки
virtual ~ виртуальный интерфейс

interfacing 1. согласование 2. установление связи; сопряжение
  man-machine ~ организация сопряжения человек-машина

interference 1. взаимное влияние; интерференция 2. вмешательство 3. помеха; помехи
  adjacent channel ~ помеха от соседнего канала
  destructive ~ гасящая интерференция; разрушающая помеха (*приводит к нарушению связи в канале*)
  multiuser ~ взаимные помехи между абонентами (*пользователями*); взаимные внутрисистемные помехи
  network self- ~ создание внутрисистемных помех в сети
  queue ~ взаимодействие очередей

intergateway междушлюзовой
interlace 1. чередование; поочередное сканирование линий 2. *тлв* чересстрочная развертка
interlacing 1. чередование 2. чересстрочная кадровая развертка
interlanguage межъязыковой
interleaving чередование; перемежение (*напр., символов в блоке информации*); *проф.* интерливинг
  audio sector ~ чередование звукового сектора; перемежение звукового сектора
  bit ~ чередование битов; чередование двоичных символов
  disk ~ чередование секторов
  memory ~ расслоение памяти
  packet ~ чередование пакетов

interline междустрочный; межстрочный
interlock 1. блокировка 2. взаимная блокировка 3. взаимно соединять
  data ~ блокировка данных
  safety ~ защитная блокировка

interlude вставка
  statement ~ вставка оператора

intermediary посредничество; предоставление посреднических услуг
  computer ~ посредничество ЭВМ; компьютерное посредничество

intermediate промежуточный
intermittent 1. нестационарный (*о сигнале*) 2. перемежающийся (*о неисправности*)

— 246 —

intermodular межмодульный
intermodule межмодульный
internal внутренний
internals внутренняя организация
Internetwork объединенная сеть
internet 1. межсетевой 2. система Интернет *(разработана управлением DARPA)* 3. совокупность межсетевых соединений
internetting взаимодействие сетей; объединение сетей; межсетевое взаимодействие
internetwork 1. межсетевой 2. межсетевой обмен 3. объединенная сеть
internetworking 1. межсетевое взаимодействие; межсетевой обмен; обеспечение межсетевого обмена 2. объединение сетей
   switched ~ коммутируемые объединенные сети
interoperability возможность взаимодействия *(сетей)*; способность к взаимодействию *(характеристика качества программного обеспечения)*
interoperate быть совместим
interoperation совместимость
interpreter:
   electronic ~ электронный переводчик
interpolate интерполировать
interpolation интерполирование; интерполяция
   bivariate ~ двумерная интерполяция
   inverse ~ обратная интерполяция
   iterative ~ итеративная интерполяция
   regressive ~ обратная интерполяция
   simple ~ линейная интерполяция
interpret 1. интерпретировать; выполнять *(программу)* в режиме интерпретации 2. переводить *(устно)*

interpretation 1. анализ 2. интерпретация; интерпретирование
   antecedent ~ рассуждение от фактов
   belief-invoked ~ интерпретация от факта; рассуждение на основе принятых убеждений
   consequent ~ интерпретация от цели
   goal-invoked ~ интерпретация от цели; рассуждение от цели
   instruction ~ интерпретация команд
interpreted интерпретируемый
interpreter 1. интерпретатор *(устройство)* 2. интерпретатор; интерпретирующая программа 3. переводчик *(устной речи)* 4. преобразователь *(данных)*
   command ~ командный процессор
   electronic ~ электронный переводчик
   rule ~ интерпретатор продукций
interpreting интерпретация
interpretive интерпретируемый
interprocessor межпроцессорный
interprogram межпрограммный
interrelation взаимозависимость; взаимосвязь
interrogate запрос; опрос ‖ запрашивать; опрашивать
interrogating запрос опознания
interrogation запрос; опрос
interrupt 1. прерывание ‖ прерывать; прерываться 2. сигнал прерывания
   armed ~ 1. исходная команда 2. принятое прерывание
   attention ~ прерывание с целью привлечения внимания оператора
   channel ~ канальное прерывание
   clock ~ прерывание по таймеру

interrupt

    contingency ~ нерегулярное прерывание
    deferred ~ отсроченное прерывание
    disabled ~ заблокированное (*запрещенное*) прерывание
    disarmed ~ игнорируемое прерывание
    enabled ~ разрешенное прерывание
    error ~ прерывание в результате ошибки
    external ~ внешнее прерывание
    hardware ~ аппаратное прерывание
    internal ~ внутреннее прерывание
    maskable ~ маскируемое прерывание
    memory protection ~ прерывание по защите памяти
    nonmaskable ~ немаскируемое прерывание
    overlay ~ прерывание по оверлейной загрузке
    page fault ~ прерывание по отсутствию страницы
    pending ~ отложенное прерывание
    power-fail ~ прерывание по сбою питания
    processor ~ прерывание процессора
    software ~ программное прерывание
    supervisor call ~ обращение к супервизору
    system ~ обращение к операционной системе
    system call ~ обращение к операционной системе; системное прерывание
    timer ~ прерывание по таймеру
    unmasked ~ немаскированное прерывание
    virtual storage ~ прерывание по отсутствию страницы

interrupt-driven с управлением по прерываниям, управляемый прерываниями

interrupt-number номер прерывания

interruption 1. перерыв; пауза **2.** прерывание (*см. тж* interrupt); сигнал прерывания **3.** разъединение
    break-in ~ прерывание обслуживания в момент поступления
    delayed ~ прерывание после завершения обслуживания
    light-pen ~ прерывание от светового пера
    nonbreak-in ~ прерывание после завершения обслуживания
    nonpreemptive ~ прерывание после завершения обслуживания
    postponable ~ прерывание после завершения обслуживания
    postponed ~ прерывание после завершения обслуживания
    preemptive ~ прерывание обслуживания в момент поступления
    privileged ~ прерывание обслуживания в момент поступления
    service ~ прерывание обслуживания

intersect пересекаться

intersecting пересекаемый

intersection 1. знак плюс (*название символа*) **2.** конъюнкция; логическое умножение **3.** перекрестие (*форма курсора*) **4.** пересечение **5.** точка пересечения; линия пересечения
    ~ **of sets** пересечение множеств

intersegment межсегментный

interspace 1. промежуток; интервал ‖ делать промежутки; отделять промежутками **2.** *полигр.* разрядка ‖ делать разрядку

intertask межзадачный

interval интервал
    access ~ интервал доступа

character ~ знаковый интервал
class ~ интервал группирования
confidence ~ доверительный интервал
extrapolation ~ интервал экстраполяции
game ~ интервал игры
half-open ~ полуоткрытый интервал
indifference ~ интервал безразличия
observation ~ интервал наблюдения
open ~ открытый интервал
pipeline ~ цикл конвейера
polling ~ интервал опроса
predication ~ интервал прогнозирования
sampling ~ выборочный интервал
scheduling ~ предписанный интервал; интервал распределения ресурсов
service ~ продолжительность обслуживания
two-sided confidence ~ двусторонний доверительный интервал
unit ~ единичный интервал
intervene вмешиваться
intervention вмешательство
  faulty operator ~ ошибочное вмешательство оператора
  manual ~ ручное вмешательство *(в работу системы)*
initial начальный
intolerance:
  fault ~ отсутствие отказоустойчивости
intractable трудноразрешимый
intractability трудноразрешимость
Intranet внутренняя сеть; частная внутрикорпоративная сеть
intrasample внутривыборочный
intrasegment внутрисегментный
intrinsic встроенный

intruder злоумышленник *(лицо или организация, заинтересованные в получении несанкционированного доступа к данным)*
intuitionistic интуиционистский
invalid 1. неверный; неправильный **2.** недействительный *(о данных)* **3.** неисправный, неработоспособный
invalidation 1. недействительность *(данных)* **2.** недостоверность; неправильность
invariance инвариантность
invariant инвариант
  loop ~ инвариант цикла
  module ~ инвариант модуля
inventory:
  waiting-line ~ запас, ожидающий поступления в систему
inverse обратный
  additive ~ закон симметрии
inversion 1. инвертирование **2.** инверсия; обращение; обратное преобразование
  input ~ инверсия входных сигналов
  matrix ~ обращение матрицы
invert инвертирование
inverter инвертор
inverting инвертирующий
invigilator «надзиратель» *(устройство, контролирующее выполнение некоторого условия и вырабатывающее аварийный сигнал при его нарушении)*
invisible невидимый
invitation приглашение *(при взаимодействии диалоговой системы с пользователем)*
invocation 1. активизация **2.** вызов *(процедуры)*
  procedure ~ вызов процедуры
invoke 1. вызывать, активизировать *(процедуру)* **2.** задействовать
involute эвольвента

I/O

I/O [input/output] ввод-вывод
iocs [input/output computer system] система ввода-вывода
IP [Internet Protocol] межсетевой протокол
   Vines ~ базовый протокол передачи данных, используемый в сети Banyan Vines
IPG формат воспроизведения видео
IPX [Internet packet exchange] межсетевой обмен пакетами
   Mobile ~ мобильный IPX *(версия протокола IPX, разработанная фирмой Novell для применения в беспроводных ЛВС)*
IRC 1. [international record carries] международная линия связи *(разветвленной коммерческой сети ЭВМ)* **2.** [Internet relay chart] многосторонняя болтовня *(протокол ретрансляции разговоров в Internet)*
IRDA [infrared data analysis] стандарт на инфракрасную передачу файлов и вывод на печать
IRM [information resource manager] администратор информационных ресурсов
IRQ [interrupt request] прерывание; запрос на разрешение прерывание; номер прерывания;
irrecoverable непоправимый; неустранимый
irregular неправильный
irrotational невращательный
ISA 1. [interapplication communications architecture] архитектура межпрограммных связей **2.** [industry standard architecture] архитектура шины промышленного стандарта
ISDN [integrated services digital network] цифровая сеть с комплексными услугами; цифровая сеть с предоставлением комплексных услуг

ISO [International Standards Organization] Международная организация по стандартизации
isolation 1. изоляция **2.** развязка **3.** (точная) локализация *(ошибок или неисправностей)*
   complete ~ строгая изоляция *(при защите данных)*
   dielectric ~ диэлектрическая изоляция
   diffused ~ диффузная изоляция
   fault ~ локализация неисправностей
   input-output ~ изоляция входа от выхода
isometric изометрический
isomorphism изоморфизм
isoquant изокванта; изоквантная кривая
isosceles равнобедренный
ISP [Internet service provider] провайдер услуг Интернет
issue 1. выдача; формирование **2.** выпуск ‖ выпускать
   instruction ~ выдача (предварительно обработанных) команд *(в конвейерной ЭВМ)*
issuer запрашивающая сторона
ISV [independent software vendor] независимый поставщик ПО
IT [information technology] **1.** информационная технология; ИТ **2.** отдел информационной технологии; ОИТ *(в американских фирмах)*
italic курсив
italics курсив
ITC [International Trade Commission] Комитет по международной торговле в правительстве США
item 1. единица **2.** изделие **3.** предмет **4.** элемент; элементарная группа *(данных)* **5.** статья; позиция **6.** раздел **7.** элемент в обобщенном смысле **8.** элемент данных

addition ~ добавляемый элемент
architecture ~ архитектурный конструктив *(блок, плата, микросхема)*
arrived ~ поступившее требование
contiguous ~s соседние элементы *(данных)*
count ~ элемент-счетчик
data ~ элемент данных
delayed ~ ожидающее требование
departing ~ покидающее систему требование
derived data ~ производный элемент данных
first-priority ~ требование с наивысшим приоритетом
high-priority ~ требование с высоким приоритетом
key ~ элемент-ключ *(в базах данных)*
logical ~ 1. логическая единица 2. логическая элементарная группа
menu ~ пункт меню
multiple-valued ~ элемент с множественным значением *(в базах данных)*
nonpreferred ~ требование, не обладающее приоритетом
nonpriority ~ требование, не обладающее приоритетом
preempted ~ требование с прекращенным обслуживанием
preferred ~ требование с приоритетом
priority ~ требование с приоритетом
queue-resistant ~ требование, не присоединяющееся к очереди
realm data ~ элемент-идентификатор области *(в базах данных)*
result data ~ результирующий элемент данных
sorting ~ элемент сортировки

virtual derived data ~ виртуальный производный элемент
virtual result data ~ элемент данных - виртуальный результат
virtual source data ~ элемент данных - копия источника
iterate повторять
iteration 1. итерация; повторение ‖ итерационный 2. цикл 3. шаг *(в итеративном процессе)*
  nested ~ вложенный цикл; цикл в цикле
iterative итеративный; итерационный
iterator итератор *(программа организации циклов)*
itself:
  to ~ к себе
ITU [International Telecommunications Union] Международный телекоммуникационный союз *(бывший МККТТ)*
IVRS [interactive voice response system] интерактивная система речевой связи

J

jack 1. гнездо *(электрического соединителя)* 2. пружинный переключатель; *проф.* джек
branch ~ безразрывный переключатель
pin ~ (контактное) гнездо для штырькового вывода; гнездо для штыря
spring ~ гнездо с контактной пружиной; *проф.* подпружиненное гнездо
tip ~ однополюсное гнездо
twin ~s 1. сдвоенное гнездо 2. сдвоенный пружинный переключатель

jacket

jacket конверт *(для гибкого диска)*
   protective ~ защитный конверт
jackplug контактный штырек; штекер
jagged неровный край
jaggies 1. неровности 2. ступеньки *(при изображении линий на экране дисплея)*
jagging неровность
jam 1. заедание; заклинивание; затор 2. замятие 3. помехи *(приему сообщений)*
   paper ~ заминание бумаги *(в принтере)*
   tape ~ запутывание ленты
jamming:
   loop ~ сжатие цикла; объединение циклов
   resistance against ~ помехоустойчивость
Java объектно-ориентированный язык программирования фирмы SunSoft
JEDEC [Joint Electron Device Engineering Council] 1. объединенный совет по электронным устройствам 2. стандартная колодка DIP для ППЗУ на 32 ножки
jedgar (программа-) контрразведчик
JEIDA [Japan Electronic Industry Development Association] японская ассоциация по разработкам в электронной индустрии
jitter дрожание; неустойчивая синхронизация
job задание; работа
   absentee-user ~ задание, выполняемое в отсутствие пользователя
   active ~ продолжающаяся работа; выполняемая работа
   background ~ фоновое задание; низкоприоритетное задание; фоновая работа
   batch ~ пакетное задание

   divided ~ расчлененное задание
   foreground ~ (высоко)приоритетное задание
   graphic ~ графическое задание
   in-process ~ незавершенная работа; продолжающаяся работа
   newly starting ~ новая работа
   one-shot ~ разовое задание
   print ~ задание по выводу на печать
   remote ~ дистанционное задание; задание, вводимое с удаленного терминала
   stacked ~ пакетированное задание
jobname имя задания
jock программист, пишущий программы «в лоб»; *проф.* жокей
joggle выравнивать встряхиванием *(напр. пачку бланков)*
join 1. соединение; объединение ∥ объединять; соединять 2. операция слияния в СУБД ∥ выполнять операцию соединения; выполнять соединение *(над отношениями в реляционных базах данных)*
   multisite ~ многоабонентская операция соединения *(в распределенных базах данных)*
   natural ~ естественное соединение
joint соединение; узел; сочленение
   soldered ~ паяное соединение
journal журнал
   after-look ~ журнал изменений *(содержащий новые значения записей)*
   before-look ~ журнал откатки
   database ~ журнал базы данных
   log ~ журнал регистрации работ
   run-time ~ регистрационный системный журнал работ
   work ~ журнал учета работы

journalizing ведение журнала; регистрация в журнале
  before-look ~ ведение журнала с предварительной фиксацией изменений

joystick 1. координатный манипулятор; рычажный указатель; джойстик **2.** управляющая рукоятка

JPEG [Joint Photographic Expert Group] **1.** объединенная группа экспертов в области фотографии **2.** *мм.* алгоритм и стандарт сжатия неподвижных изображений; формат файлов сжатых неподвижных изображений

judder вибрация; дрожание изображения

judgement суждение
  contradictory ~ противоречивое решение

jukebox 1. (платный) музыкальный автомат **2.** дисковод с автоматической сменой дисков
  multidrive ~ многошпиндельный дисковод с автоматической сменой дисков
  optical disk ~ автоматическое устройство хранения и воспроизведения записей на оптических видеодисках

jukebox-type с автоматической сменой дисков

jumbogroup супергруппа (*каналов связи*)

jump 1. переход; операция перехода; команда перехода **2.** скачок
  ◊ ~ **if above** переход по выполнению условия «больше»; ~ **if below** переход по выполнению условия «меньше»; ~ **if greater** переход по выполнению условия «больше»; ~ **if not above** переход по выполнению условия «не больше»; ~ **if not equal** переход по неравенству; ~ **if not less** переход по выполнению условия «не меньше»; ~ **if not overflow** переход при отсутствии переполнения; ~ **if not parity** переход по нарушению четности; ~ **if not sign** переход по неотрицательному результату; ~ **if not zero** переход по неравенству нулю; ~ **if parity** переход при отсутствии нарушения четности; ~ **if parity odd** переход по нечетности; ~ **if sign** переход по (отрицательному) знаку

conditional ~ условный переход; операция условного перехода; команда условного перехода
  far ~ дальний (*внешний*) переход (*в другой сегмент памяти*)
  intersegment ~ межсегментный переход
  intrasegment ~ внутрисегментный переход
  multiway ~ переход при множественном ветвлении
  near ~ ближний переход (*в пределах одного сегмента памяти*)
  negative ~ переход по знаку минус
  positive ~ переход по знаку плюс
  subroutine ~ переход к подпрограмме
  unconditional ~ безусловный переход; операция безусловного перехода; команда безусловного перехода

jumper навесной проводник; перемычка
  flat-cable ~ перемычка в виде плоского кабеля

junction 1. соединение; сочленение **2.** сочетание

junior младший

justification 1. выравнивание (*массивов знаков или текста*) **2.** обоснование (*принимаемого решения*) **3.** объяснение; оправдание

justification

    left-hand ~ выравнивание по первому знаку
    multiple ~ кратная выключка
    right-hand ~ выравнивание по правому знаку
    right-margin ~ выравнивание по правому краю строки
    text ~ выравнивание (краев) текста

justification-based основанный на доказательстве

justified:
    right ~ выровненный по правому краю

justify 1. выключать строку *(из редактируемого текста на экране)* **2.** выравнивать; выровнять по ширине **3.** обосновывать *(решение)*
    left ~ выравнивать влево;
    right ~ выравнивать вправо

justment:
    out of ~ в неправильном положении

juxtapose 1. помещать рядом; соединять **2.** *лог.* сопоставлять

juxtaposition 1. размещение рядом; соединение **2.** *лог.* сопоставление

K

Karaoke караоке
Kbps Кбит/с; килобит в секунду
keep 1. вести *(записи)* **2.** держать; удерживать **3.** соблюдать *(правила)* **4.** сохранять; хранить
    the program will ~ the text unchanged программа сохранит текст без изменений *(сообщение)*

keeping хранение

kernel ядро *(центральная часть ОС, ответственная за большинство системных функций)*
    operating system ~ ядро операционной системы
    program ~ ядро программы
    programming environment ~ ядро системы программирования
    real-time ~ ядро *(операционной системы)*, ориентированное на работу в реальном времени
    security ~ ядро безопасности

kerning 1. создание выносного элемента буквы **2.** установка межзнакового интервала *(напр. для печати вразрядку)*

key 1. клавиша; кнопка **2.** ключ; переключатель ∥ переключать ∥ ключевой **3.** шифр; код **4.** параметр в системном реестре **5.** указание к решению **6.** набирать на клавиатуре ◊ ~ **in** печатать; вводить с клавиатуры; ~ **off** выключать; ~ **on** включать; ~ **out** выключать
    accelerator ~ быстрая клавиша; клавиша-ускоритель
    access ~ клавиша доступа *(клавиша, соответствующая подчеркнутой букве в меню)*; ключ доступа
    activate ~ пусковая кнопка; кнопка «пуск»; пусковая клавиша; клавиша «пуск»
    actual ~ действительный ключ
    alphanumeric ~s буквенно-цифровые клавиши
    arrow ~ клавиша с изображением стрелки; клавиша со стрелкой
    ascending ~ возрастающий ключ *(указание для сортировки)*
    autorepeating ~ клавиша с автоматическим повторением ввода
    auxiliary ~ вторичный ключ
    backarrow ~ клавиша с изображением стрелки влево

backspace ~ клавиша возврата на одну позицию
break ~ клавиша прерывания
bucky bit ~ маркерный ключ; маркерная клавиша
built-in ~ встроенный ключ
calculation ~ ключ для вычисления *(адреса)*
cancel ~ клавиша сброса; клавиша отмены
candidate ~ возможный ключ; потенциальный ключ *(поиска)*
carriage return ~ клавиша возврата каретки
chained ~ сцепленный ключ *(в базах данных)*
change mode ~ клавиша смены режима
character ~ клавиша знака
chroma ~ объявление некоторого цвета видеоизображения прозрачным; цветовая (электронная) рирпроекция *(спецэффект)*
clear ~ кнопка *или* клавиша гашения; кнопка *или* клавиша сброса
clearing ~ кнопка *или* клавиша гашения
coding ~ ключ кодирования
compound ~ составной ключ
concatenated ~ сцепленный ключ
confirmation ~ клавиша подтверждения; ключ подтверждения
control ~ кнопка *или* клавиша управления; управляющая клавиша; ключ управления
conversion ~ кодирующая таблица; кодировочная таблица; ключ кода
cursor control ~ клавиша управления курсором
cursor movement ~ клавиша управления курсором

data-base ~ ключ базы данных
dead ~ 1. немаркированная клавиша 2. слепая клавиша
decimal ~ клавиша десятичных цифр; десятичный ключ поиска
descending ~ убывающий ключ *(указание для сортировки)*
editing ~ клавиша редактирования
encryption ~ ключ шифрования
entity ~ объектный ключ
entry ~ кнопка *или* клавиша занесения *(в память)*
erase ~ кнопка *или* клавиша стирания
erase-all ~ кнопка *или* клавиша общего стирания
escape ~ 1. клавиша выхода 2. клавиша перехода *(напр. на другой регистр)*
external ~ внешний ключ
extra ~ дополнительный ключ
fast ~ клавиша быстрого перемещения курсора
foreign ~ внешний ключ
front ~ клавиша фронтального регистра *(для переключения на символы, нанесенные на лицевой грани клавиши)*
function ~ функциональная клавиша
generic ~ общий ключ; общая часть ключа
generic control ~ общая управляющая клавиша
half-space ~ клавиша половинного пробела
halt ~ кнопка *или* клавиша останова
home ~ клавиша возврата в исходное положение
hot ~ 1. активизирующая клавиша; *проф.* горячая клавиша *(комбинация клавиш для выполнения определенного действия)*;

быстрая клавиша 2. клавиша, нажатая последней 3. функциональная клавиша
initiate ~ пусковая кнопка *или* клавиша; кнопка *или* клавиша «пуск»
interrupt ~ кнопка *или* клавиша прерывания
labeled ~ маркированная клавиша
lighted ~ кнопка *или* клавиша с подсветкой
load ~ кнопка *или* клавиша ввода; кнопка *или* клавиша загрузки
locate ~ установочная клавиша
major ~ главный ключ; основной ключ *(в записи)*
membrane ~ мембранная клавиша
memory ~ ключ памяти
menu-driven ~ функциональная клавиша с заданием функций через меню
minor ~ младший ключ *(сортировки)*
mouse ~ кнопка мыши
nominal ~ номинальный ключ
nonpresent ~ отсутствующий ключ *(поиска)*
nonunique ~ неуникальный ключ
page-up ~ клавиша перелистывания страниц
pass ~ ключ доступа; пароль
press ~ нажмите клавишу *(сообщение)*
press any ~ нажмите любую клавишу *(сообщение)*
press any ~ **when ready** по готовности нажмите любую клавишу *(сообщение)*
primary ~ первичный ключ
printscreen ~ клавиша распечатки (содержимого) экрана
privacy ~ ключ секретности

programmable function ~ программируемая функциональная клавиша
programmed ~ программируемая клавиша
protection ~ ключ защиты *(памяти)*
relation ~ ключ отношения
release ~ кнопка *или* клавиша сброса; кнопка *или* клавиша освобождения
request enter ~ кнопка *или* клавиша ввода запроса
reset ~ клавиша перезагрузки
respond typeout ~ кнопка *или* клавиша печати ответа
return ~ 1. клавиша ввода 2. клавиша возврата каретки
rubout ~ кнопка *или* клавиша стирания
screen labeled ~ виртуальная клавиша
search ~ ключ поиска ‖ поисковый ключ; поисковый код
secondary ~ вторичный ключ *(в базах данных)*
sequencing ~ ключ упорядочения
session ~ сеансовый (криптографический) ключ *(действующий только в одном сеансе передачи сообщений)*
shift ~ клавиша переключения регистров *(в устройствах с клавиатурой)*; клавиша регистра
shift lock ~ клавиша переключения регистра с фиксацией
shifted function ~ функциональная клавиша, нажимаемая совместно с клавишей смены регистра
shortcut ~ «быстрая» клавиша *(клавиша или комбинация клавиш, за которой закрепляются определенные действия, выполняемые программой)*

keyboard

signaling ~ сигнальная кнопка; сигнальная клавиша
single step ~ кнопка *или* клавиша тактового режима *(прогона программы)*
soft ~ **1.** клавиша с изменяемой функцией *(устанавливаемой пользователем)*; функциональная (программируемая) клавиша **2.** сенсорная клавиша *(изображаемая на сенсорном экране)* **3.** экранная клавиша *(изображенная на экране дисплея)*
sort ~ ключ сортировки
sorting ~ ключ сортировки
source ~ исходный ключ
start ~ пусковая кнопка; пусковая клавиша
step ~ клавиша пошагового перемещения курсора
stop ~ кнопка *или* клавиша останова
storage ~ ключ памяти
storage protection ~ ключ защиты памяти
switch ~ переключатель
system ~ системный ключ *(для защиты системных данных)*
system utility ~ служебная системная клавиша
tabulator ~ клавиша табуляции
the ~ must be held down эта клавиша должна удерживаться в нажатом состоянии
toggle ~ клавиша-переключатель
top ~ клавиша верхнего регистра *(для переключения на символы, нанесенные в верхней части клавиш)*
transaction ~ клавиша управления коммутацией сообщений; клавиша управления информационным обменом
typing ~ нажатие клавиши
unique ~ уникальный ключ
unlabeled ~ немаркированная клавиша; слепая клавиша
unmatched ~ несогласованный ключ *(поиска)*
up arrow ~ клавиша с изображением стрелки вверх
user-definable ~ клавиша с функциями, определяемыми пользователем
user-defined ~ ключ пользователя
write ~ ключ записи
key-driven кнопочный; клавишный; с клавишным управлением; приводимый в действие ключом *или* клавишей
key-verify проверять *(данные)* повторным набором на клавиатуре
keyboard 1. клавиатура **2.** клавишная панель; клавишный пульт **3.** коммутационная панель
alphanumeric ~ буквенно-цифровая клавиатура
blind ~ слепая клавиатура
chord ~ аккордовая клавиатура
companion ~ полнонаборная клавиатура
decimal ~ десятичная клавиатура
detachable ~ отделяемая клавиатура
display console ~ клавишный пульт дисплея
encoded ~ клавиатура с кодированием *(функций клавиш)*
factory-hardened ~ клавиатура, монтируемая по месту, требуемому производственными условиями
fold-down ~ откидная клавишная панель; откидная клавиатура
four-row ~ четырехрядная клавиатура

keyboard

full-travel ~ клавиатура с нормальным ходом клавиш *(без ограничений перемещения)*
function ~ функциональная клавиатура
infrared ~ инфракрасная клавиатура
inquiry ~ клавишный пульт (для) ввода запросов
intelligent ~ интеллектуальная клавиатура *(с встроенным микропроцессором)*
live ~ активная *(незаблокированная)* клавиатура
lockable ~ клавиатура с блокировкой
low-profile ~ плоская клавиатура
membrane ~ мембранная клавиатура
numeric ~ цифровая клавиатура
operation ~ рабочая клавиатура
programmed ~ программированная клавиатура *(с возможностью ввода некоторой последовательности знаков при нажатии одной клавиши)*
QWERTY ~ стандартная клавиатура *(на которой буквы q, w, e, r, t, y размещены в верхнем ряду слева направо)*
sculptured ~ клавиатура с рельефными клавишами
side-mounted ~ выносная клавиатура
switchable ~ переключаемая клавиатура
tactile ~ тактильная *(сенсорная)* клавиатура
ten-key numerical ~ десятиклавишная цифровая клавиатура
terminal ~ клавиатура терминала
three-row ~ трехрядная клавиатура
touch-control ~ сенсорная клавиатура
tuckaway ~ выдвижная клавиатура
tuning ~ настроечная клавиатура
typamatic ~ клавиатура с автоматическим повторением
typewriter ~ клавиатура типа пишущей машинки
typewriter-type ~ клавиатура по типу пишущей машинки
keyboard-select выбираемый с помощью клавиатуры
keycap таст; клавишный колпачок
keyed ключевой
keyframe ключевой кадр
keying работа на клавиатуре
keyline контур *(изображения на экране дисплея)*
keylock блокировка клавиатуры; замок блокировки клавиатуры
keypad 1. вспомогательная клавиатура *(для ввода специальных символов)*; дополнительная (цифровая) клавиатура **2.** клавишное поле *(на основной клавиатуре)* **3.** малая клавиатура; малая клавишная панель
dual-mode ~ клавиатура двойного назначения; двухрежимная клавиатура
numeric ~ цифровая клавиатура
numerical ~ цифровая клавиатура
keypress нажатие клавиши
keysets клавиатура; ряды клавиш
keystroke 1. код *(клавиши)* **2.** нажатие клавиши *или* кнопки
combination ~ нажатие комбинации клавиш
stray ~ случайное нажатие клавиши
keystroke-driven управляемый нажатием клавиш

keyswitch кнопочный переключатель; клавишный переключатель
keytape устройство для записи с клавиатуры на (магнитную) ленту
keyword ключевое слово; зарезервированное слово *(в языке программирования)*
KFX растровый формат
kHz килогерц, КГц
kill аннулирование; уничтожение ‖ аннулировать; уничтожать; устранять
  ~ **of process** аннулирование процесса
  zero ~ заполнение нулями
killer подавитель
  color ~ подавитель цвета; выключатель цветности *(в цветных дисплеях)*
  noise ~ подавитель шумов *или* помех
kilo приставка в слове *(в вычислительной технике обозначает не 1000, а 1024 = 2^10)*
kilobaud килобод *(единица скорости передачи данных)*
kilobit килобит *(1024 бита)*
kilobyte килобайт *(1024 байта)*
kiloword килослово
kind разновидность
kinematics:
  graphical ~ графические средства воспроизведения кинематики механизмов
KISS [«keep it simple, stupid»] делай проще, дурачок
KISS-principle «кисс-принцип» *(принцип упрощения конструкции или работы)*
kit комплект; набор; конструктор
  distribution ~ дистрибутивный комплект
  evaluation ~ оценочный комплект *(ПО, передаваемое потенциальным клиентам для ознакомления)*

  interface ~ интерфейсный набор
  tool ~ набор инструментальных средств; инструментарий
  upgrade ~ комплект расширения
kludge 1. вариантная запись 2. клудж *(устройство, программа или часть программы, которые теоретически не должны работать, но почему-то работают)*; проф. ляп *(в программе)*
  ◊ ~ **up** вставлять клудж; ~ **around** обходить трудности с помощью клуджа
kludgy сделанный наспех; содержащий ошибки
knees:
  bring system to its ~ загонять систему в угол; исчерпать возможности системы
knowledge знания; сведения
  causal ~ казуальные знания
  compiled ~ скомпилированные знания
  declarative ~ декларативные знания
  descriptive ~ знания в форме описаний; дескриптивные знания
  domain ~ предметные знания; знания в конкретной области
  domain-dependent (domain-specific) ~ знания, связанные с (конкретной) предметной областью; знания, отражающие специфику конкретной области
  expert ~ знания эксперта; экспертные знания
  explicit ~ явно заданные знания *(в базах знаний)*
  factual ~ фактуальные знания; факты *(в базах знаний)*
  hardwired ~ «жёстко встроенные» знания *(в базах знаний)*
  heuristic ~ эвристические знания

human ~ человеческие знания *(используемые в экспертной системе)*
implicit ~ неявные знания; знания в неявной форме
open ~ base открытая база знаний
pragmatic ~ прагматические знания
preformed ~ заранее сформированные знания
prescriptive ~ знания в форме предписаний
problem area ~ знания о предметной области
problem-solving ~ знания о методах *или* стратегиях (автоматического) решения задач
procedure ~ знания (,представленные) в процедурной форме; процедурные знания
semantic ~ семантические знания
temporal ~ знания с временной зависимостью; знания, зависящие от времени
to invoke ~ активизировать использование знаний *(в СИИ)*

knowledge-based 1. основанный на знаниях **2.** интеллектуальный
known известный
K&R [Kernigan and Ritche] Керниган и Ричи *(ссылка на книгу по языку Си по фамилиям авторов этого языка)*

L

L-value левая часть оператора присваивания; именующее выражение
LAA [link activation algorithm] алгоритм распределения каналов связи

label 1. метка; имя **2.** наклейка, ярлык **3.** (маркировочный) знак; отметка; обозначение ‖ метить; маркировать; размечать; помечать; обозначать
be sure to put a ~ убедитесь, что метка нанесена
beginning-of-file ~ метка начала файла
beginning-of-volume ~ метка тома
entry ~ имя входа
external ~ внешняя метка *(по отношению к данному блоку программы)*
file ~ метка файла
header ~ заголовок; головная метка
mailing ~ почтовая наклейка
optional ~ необязательная метка
statement ~ метка оператора
tape ~ метка ленты
to provide with a ~ снабжать меткой
to write on a ~ наносить метку
trailer ~ маркер конца
user ~ пользовательская метка
volume ~ метка тома
write on a ~ наносить метку
write-protect ~ наклейка, защищающая (дискету) от (несанкционированной) записи; наклейка защиты от записи
labeled помеченный
labeling 1. маркировка **2.** присваивание меток; запись меток; присваивание обозначений
region ~ пометка областей
labware лабораторное оборудование
labyrinth лабиринт ‖ лабиринтный
lack нехватка; недостаток; отсутствие
lag 1. запаздывание; задержка; отставание ‖ запаздывать; отставать *(см. тж* delay*)* **2.** лаг; интервал

continuous distributed ~ непрерывно распределенный лаг
dynamical ~ динамическое запаздывание
exponential ~ экспоненциально распределенный лаг
geometric distributed ~ геометрически распределенный лаг
stochastic ~ случайное запаздывание
time ~ запаздывание во времени; временная задержка
transmission ~ задержка в линии передачи

lambda лямбда
lambda-calculus лямбда-исчисление
lament утверждение
LAN [Local Area Network] локальная вычислительная сеть; ЛВС; локальная сеть
  wireless ~ беспроводная ЛВС
landing посадка
landscape 1. ландшафт 2. альбомная ориентация листа при форматировании и печати документа 3. горизонтальный
LANE [LAN emulation] эмуляция ЛВС
language язык ‖ языковый
  algorithmic ~ алгоритмический язык
  algorithmical ~ алгоритмический язык
  animation description ~ язык описания анимации; язык описания мультипликации
  applicative ~ функциональный язык
  artificial ~ искусственный язык
  assembler ~ язык ассемблера
  assembly ~ язык ассемблера
  authoring ~ язык для автоматизации творческой работы (*инструментальное средство*)
  block-structured ~ язык с блочной структурой
  boolean-based ~ язык булевых операторов
  case-sensitive ~ язык с падежными конструкциями
  command ~ командный язык
  compiled ~ транслируемый язык (*в отличие от интерпретируемого*)
  compiler ~ (входной) язык транслятора
  computer ~ машинный язык; язык вычислительной машины
  computer-dependent ~ машинно-зависимый язык
  computer-independent ~ машино-независимый язык
  computer-oriented ~ машинно-ориентированный язык
  computer-sensitive ~ машинно-зависимый язык
  constraint ~ 1. декларативный язык 2. язык ограничений (*свойственных конкретной проблемной области*)
  context-free ~ контекстно-свободный язык
  data ~ 1. язык описания данных 2. язык управления данными
  data definition ~ язык определения данных
  data description ~ язык описания данных; язык определения данных
  data manipulation ~ язык манипулирования данными
  data-base ~ язык базы данных
  data-query ~ язык запросов
  declarative ~ декларативный язык
  design ~ язык проектирования
  end-user ~ язык конечного пользователя

language

escape ~ язык, допускающий внешние обращения (*к программам, написанным на других языках*)
extensible ~ расширяемый язык
foreign ~ 1. иностранный язык 2. незнакомый язык
frame ~ фреймовый язык
graphics ~ язык графических символов; язык (для) задач обработки графической информации
high-level ~ язык высокого уровня
host ~ включающий язык
human ~ естественный язык
human-oriented ~ язык, близкий к естественному; язык, ориентированный на человека
human-readable ~ язык (*программирования*), удобный для восприятия человеком
information retrieval ~ информационно-поисковый язык; ИПЯ
input ~ входной язык
interactive ~ язык интерактивного взаимодействия; диалоговый язык
interpreted ~ интерпретируемый язык (*в отличие от транслируемого*)
kernel ~ базовый язык; язык-ядро
knowledge representation ~ язык представления знаний
low-level ~ язык низкого уровня
machine ~ машинный язык
machine-dependent ~ машинно-зависимый язык
machine-independent ~ машинно-независимый язык
machine-oriented ~ машинно-ориентированный язык
macro ~ макроязык

macroinstruction ~ язык макрокоманд
memory management ~ язык управления памятью
meta ~ метаязык
mnemonic ~ символический язык; язык мнемосхем
native ~ собственный язык машины
natural ~ естественный язык
network-oriented ~ 1. язык для (описания) задач анализа *или* моделирования схем 2. язык для (описания) сетевых задач
nonprocedural ~ непроцедурный язык
object ~ объектный язык
parallel ~ язык параллельного программирования
predicate ~ язык предикатов
privacy ~ язык защиты (*для задания правил и условий использования защищаемых данных*)
problem statement ~ язык постановки задач
problem-oriented ~ проблемно-ориентированный язык
procedural ~ процедурный язык
procedure-oriented ~ процедурно-ориентированный язык
production ~ продукционный язык; язык продукций (*в экспертных системах*)
program ~ язык программирования
programmer ~ язык, используемый программистом
programming ~ язык программирования; алгоритмический язык
query ~ язык запросов
register transfer ~ язык межрегистровых пересылок
regular ~ регулярный язык
relational ~ язык реляционного типа; реляционный язык

representation ~ язык представлений
restricted ~ упрощенная версия языка
rule ~ язык правил
rule-based ~ язык продукционных правил
rule-oriented ~ язык логического программирования
science-oriented ~ язык для (описания) научных или научно-технических задач
script ~ язык (описания) сценария
self-contained ~ замкнутый язык
serial ~ язык последовательного программирования
shading ~ язык полутонов
simulation ~ язык моделирования
source ~ исходный язык; входной язык *(транслятора)*
specification ~ язык спецификаций
stratified ~ стратифицированный язык
structured query ~ язык структурированных запросов *(для работы с базой данных)*
subset ~ подмножество языка
super-high-level ~ язык сверхвысокого уровня
symbolic ~ символический язык
system ~ системный язык; язык системного программирования
tabular ~ табличный язык
target ~ выходной язык *(транслятора)*; проф. объектный язык
threaded ~ язык транслируемый в шитый код
typed ~ 1. широко используемый язык *(напр. КОБОЛ, ФОРТРАН)* 2. язык, предусматривающий определение типов данных

typeless ~ безтиповый язык
unchecked ~ язык без контроля типов
unstratified ~ нестратифицированный язык
untyped ~ язык без контроля типов
update ~ язык корректирующих запросов *(в распределенных базах данных)*
user ~ язык пользователя
user-oriented ~ язык, ориентированный на пользователя
very-high-level ~ язык сверхвысокого уровня
language-specific ориентированный на конкретный язык; отражающий специфику (данного) языка
LANtastic одноранговая сетевая операционная система фирмы Artisoft
lap перекрытие
laptop 1. дорожный, портативный *(предназначенный для работы в дорожных условиях)* 2. дорожная ПЭВМ; портативная ПЭВМ; портативный компьютер; ПК
large большой
large-grain крупномодульный
large-scale 1. крупномасштабный 2. большой; крупный 3. широких возможностей; универсальный
laser лазер ‖ лазерный
last-come-first-served последним пришел - первым обслужен *(обслуживание типа стек или магазин)*
last-in-first-out последним пришел - первым ушел *(обслуживание типа стек или магазин)*
LAT [Local Area Transport] протокол доступа к терминалу в сетях DECnet
latency время ожидания
  ring ~ кольцевая задержка

latent латентный; скрытый
lattice решетка
launching запуск
law 1. закон; правило; принцип 2. теорема 3. формула
~ **of accidental error** закон случайных ошибок
~ **of causality** закон причинности
~ **of large numbers** закон больших чисел
~ **of least squares** правило наименьших квадратов
~ **of probability** законы вероятности
~ **of randomness** закон случайности
~ **of small numbers** закон малых чисел
antisymmetric ~ несимметричный закон
binomial ~ биномиальный закон
exponential ~ экспоненциальный закон
hyperexponential ~ гипер-экспоненциальный закон
mathematical frequency ~ математический закон распределения
normal probability ~ нормальный закон распределения
Poisson ~ закон Пуассона
layer 1. слой 2. уровень
application ~ 1. старший (седьмой) уровень сети в модели OSI 2. уровень (конкретного) применения; прикладной уровень
data link ~ 1. канальный уровень 2. уровень управления передачей данных
data presentation ~ уровень представления данных
network ~ сетевой уровень
physical ~ физический уровень
presentation ~ уровень представления; представительный уровень
presentation ~ уровень представления данных
session ~ сеансовый уровень
transport ~ транспортный уровень
layered 1. разделенный на уровни; многоуровневый 2. разделенный на слои; многослойный
layering 1. иерархическое представление 2. разбиение на слои
protocol ~ многоуровневое представление протоколов
layout 1. схема расположения; план; чертеж; рисунок 2. макет 3. разбивка *(программы на модули)* 4. размещение; расположение; компоновка 5. схема 6. компоновка 7. топология *(ИС)* 8. формат 9. формирование топологии
cable ~ кабель-план; схема расположения кабелей
code ~ размещение текста программы
data ~ 1. макет данных 2. формат данных
dummy ~ оригинал-макет
file ~ 1. описание структуры файла 2. размещение файла
key ~ назначение клавиш
keyboard ~ 1. компоновка клавиатуры; схема расположения клавиш на клавиатуре 2. раскладка клавиатуры *(соответствие символов клавишам и комбинациям клавиш клавиатуры)*
memory ~ 1. распределение памяти; размещение в памяти 2. схема размещения (расположения) ячеек памяти
national ~ схема клавиатуры с выбранным языком
page ~ макет верстки полосы, постраничный макет
PC-board ~ проектирование топологии печатных плат

physical ~ физическое размещение

printer ~ 1. макет печати **2.** формат печати

program ~ разбивка программ

record ~ структура записи

screen ~ вывод на экран

window ~ схема организации окон; конфигурация окон *(на экране дисплея)*

wiring ~ монтажная схема

lbn [logical block number] логический номер блока

LBR [laser beam recorder] лазерный самописец

LCA [linked cluster algorithm] алгоритм связанных групп

LCD [liquid-crystal display] жидкокристаллический экран; ЖК-экран

lead 1. ввод **2.** вывод; контакт ‖ выводить *(через контакт)* **3.** опережение ‖ опережать **4.** проводник; провод ‖ подводить *(линию связи)* **5.** упреждение, опережение

helix ~ ход винтовой линии

lead-in вводной провод; ввод

lead-out выводной провод; вывод

leader 1. данные *(напр. паспортные)* в начале массива **2.** заголовок **3.** начало **4.** начальный *(нерабочий)* участок ленты; заправочный конец ленты

tape ~ начальный участок ленты

leaders отточия

leading начальный просвет перед строкой или линией

leaf лист

learn изучать; учить

learning обучение ◊ **~ by association** обучение по ассоциации; **~ by doing** обучение на собственном опыте; **~ by example** обучение на примерах; **~ by insight** обучение, основанное на понимании; **~ from examples** обучение на примерах; **~ to use the system** обучение работе с системой

adaptive ~ адаптивное обучение

computer-aided (computer-assisted, computerized) ~ *(CAL)* обучение с использованием ЭВМ; машинное обучение

guided discovery ~ обучение методом управляемых открытий

machine ~ машинное обучение

programmed ~ программированное обучение

leased арендованный

least-recently-used дольше всех не использовавшийся

leaves листья *(элементы самого нижнего уровня в древовидном представлении иерархии)*

LEC [Local Exchange Carrier] местная телекоммуникационная (телефонная) компания; местный поставщик телефонных услуг

LED [light-emitting diode] светодиод

ledger программа финансового учета

left левый

face ~ смотреть влево

flush ~ выровненное левое поле

to the ~ налево

left-hand левый

left-justified выровненный по левому краю

left-recursive леворекурсивный

leftmost крайний левый; крайний слева

do you see the ~ 0? виден ли вам левый крайний ноль?

leg 1. ветвь *(алгоритма или схемы)* **2.** участок *(цепи)*

legal 1. допустимый **2.** юридический

legend 1. легенда *(подпись к иллюстрации или диаграмме)* **2.** экспликация

legibility удобочитаемость *(характеристика качества программного обеспечения)*

length 1. длина; протяженность; размерность 2. продолжительность; длительность

~ **of game** 1. длина игры 2. число ходов

~ **of line** длина очереди

access path ~ длина пути доступа

at ~ продолжительно

block ~ размер блока; длина блока

code combination ~ длина кодовой комбинации

entity ~ длина записи об объекте *(в базах данных)*

exponential packet ~ экспоненциальное распределение длин пакетов

field ~ длина поля

instruction ~ длина команды

packet ~ длина пакета

program ~ длина программы

queue ~ длина очереди

rigid ~ фиксированная длина

route ~ длина маршрута

rubber ~ упругая длина *(страницы, которая может сокращаться и увеличиваться)*

string ~ длина строки

variable ~ переменная длина *(напр. блока, слова)*

vector ~ размерность вектора

word ~ длина слова

LES [LAN Emulation Server] сервер эмуляции локальных сетей

less меньше ‖ меньший ◊ ~ **than** меньше, чем; ~ **than or equal** меньше или равно; не больше

letter 1. буква; символ; знак; литера 2. письмо 3. помечать буквами

block ~ печатная буква

capital ~ прописная (заглавная) буква

code ~ кодовый знак

current drive ~ символ активного дисковода *(в виде буквы)*

drive ~ 1. имя диска 2. имя устройства

drop ~ буквица

lowercase ~ буква нижнего регистра; строчная буква

uppercase ~ буква верхнего регистра; прописная (заглавная) буква

lettering 1. буквенное обозначение 2. занесение букв *(в строку экрана)* 3. присваивание буквенных обозначений

press-down ~ накатный способ переноса шрифта

level уровень

~ **of confidence** уровень доверия, степень уверенности *(характеристика утверждения, выведенного интеллектуальной системой в процессе нестрогих рассуждений)*

~**s of abstract machine** логические уровни

at the ~ на уровне

confidence ~ *стат.* доверительный уровень; уровень доверительной вероятности; уровень достоверности

entry- ~ для начинающих

error ~ уровень ошибки; число ошибок

HSI ~**s** [hue, saturation, intensity levels] уровни цвета, насыщенности и яркости

indirection ~ уровень косвенности

intensity ~ уровень яркости

logic-1 ~ уровень (логической) единицы; уровень «1»; единичный уровень

logic-0 ~ уровень (логического) нуля; уровень «0»; нулевой уровень

    logical ~ логический уровень
    nesting ~ уровень вложенности
    threshold ~ пороговый уровень
    tolerance ~ величина допусков
    traffic ~ интенсивность трафика
    trapping ~ уровень прилипания
    unable ~s различимая градация
    user ~ уровень пользователя
    vacant ~ незанятый уровень
level-sensitive со срабатыванием по уровню
lever:
    joystick ~ координатный рычаг (*в графических системах с дисплеем*)
lexeme лексема
lexer лексический анализатор
lexical лексический
lexicographic лексикографический
LF [Line Feed] перевод строки; переход на следующую строку
liason соединение
librarian библиотекарь (*1. управляющая программа для работы с библиотечными программами 2. должностное лицо, заведующее библиотеками программ*)
    program ~ библиотекарь программного обеспечения
    programming ~ администратор библиотеки поддержки программных разработок
    system ~ библиотекарь системы
library библиотека; библиотечный комплект
    alternate ~ дополнительная библиотека
    alternative ~ дополнительная библиотека
    application ~ библиотека приложения
    core ~ корневая библиотека
    development support ~ библиотека поддержки разработки
    help ~ библиотека справок

    named ~ озаглавленная библиотека
    object ~ объектная библиотека
    program ~ библиотека программ
    relocatable ~ перемещаемая (*в памяти*) библиотека; библиотека перемещаемых модулей
    routine ~ библиотека стандартных программ
    run-time ~ библиотека исполняющей системы; библиотека рабочих программ; библиотека (программ) периода выполнения
    shape ~ библиотека стандартных фигур (*в машинной графике*)
    sound effects ~ фонотека звуковых спецэффектов
    source ~ библиотека исходных модулей; библиотека текстов программ
    subroutine ~ библиотека (стандартных) подпрограмм
    user-defined ~ (личная) библиотека пользователя
    video picture ~ видеотека
license лицензия; соглашение; разрешение ‖ лицензионный
    commercial distribution ~ лицензия на коммерческое распространение (*напр. программ*)
    limited ~ ограниченные права
    limited (to use) ~ ограниченные права на использование
    run-time ~ соглашение об использовании
    site ~ лицензия на использование (*системы*)
    software ~ лицензия на использование пакета программ
life 1. жизнь 2. долговечность; ресурс
    classifier ~ долговечность классификатора
    design ~ расчетная долговечность; расчетный ресурс

load ~ долговечность при (полной) нагрузке
operation ~ эксплуатационная долговечность; эксплуатационный ресурс
service ~ эксплуатационный ресурс
software ~-**cycle** жизненный цикл программы
specified ~ гарантируемая долговечность
useful ~ срок полезного использования; эксплуатационная долговечность
warranty ~ гарантийная наработка

lifetime 1. время жизни 2. срок службы
effective ~ действительный срок службы
spin-wave ~ время жизни спиновой волны
warranty ~ гарантийный срок службы

LIFO [last-in-first-out] последним пришел - первым ушел *(метод обслуживания типа стек или магазин)*

light 1. освещение 2. свет; световое излучение 3. световая сигнализация 4. световой индикатор
back ~ задняя подсветка
ready ~ индикатор готовности
sense ~ световой индикатор
signal ~ 1. индикаторная лампочка 2. световая сигнализация
warning ~s световая (предупредительная) сигнализация

lightpen световое перо ‖ работать световым пером
likely вероятный
likelyhood правдоподобие
maximum ~ максимальное правдоподобие

LIM [linear interface module] 1. линейный интерфейсный модуль 2. модуль сопряжения с линией связи

limit предел; граница ‖ ограничивать; служить границей
~ **of error** предельная ошибка; предельная погрешность
~ **of tolerance** предел допустимых отклонений
confidence ~ доверительный предел
inferior ~ нижний предел
segment ~ ограничение по числу сегментов
significance ~ предел значимости
superior ~ верхний предел
tolerable ~ допустимый предел; допуск

limitation ограничение; предел
computer ~ ограничение по возможностям машины
memory ~ ограничение по памяти
storage ~ ограничение по памяти

limited ограниченный
input-output ~ ограниченный возможностями (устройств) ввода-вывода
peripheral ~ ограниченный возможностями периферийных устройств

limiter ограничитель
limiting ограничивающий
line 1. линия *(как элемент управления)* 2. линия 3. линия связи; канал 4. провод 5. строка 6. шина 7. построчно
~ **of closest fit** линия наилучшего соответствия
~ **of code** строка программы
~ **of reasoning** цепь рассуждений
~ **of regression** линия регрессии

active video ~s активные видеостроки *(не попадающие в горизонтальные или вертикальные пустые интервалы)*
backbone ~ магистральная линия *(в сети)*
bidirectional ~ двунаправленная линия
broken ~ ломаная линия
code ~ строка программы
come on ~ включаться в контур управления
command ~ командная строка
comment ~ строка комментариев *(в тексте программы)*
communication ~ линия связи
computer ~ серия (вычислительных) машин
continuation ~ строка продолжения; строка-продолжение
curved ~ кривая линия
data ~ 1. линия (передачи) данных; информационная линия 2. строка данных
datum ~ ось координат
dial ~ коммутируемая линия
enabling a ~ включение линии связи
entry ~ строка ввода
firm ~ сплошная линия
flushed right ~ строка смещенная вправо
heading ~ заглавная строка; строка заголовка
help ~ строка справки
hidden ~ невидимая (скрытая) линия *(объемного предмета на экране дисплея)*
hot ~ 1. горячая линия *(телефонная линия для оперативных консультаций пользователей)* 2. линия в состоянии готовности
IRQ [interrupt request] ~ линия запроса прерывания
leased ~ 1. арендованный канал 2. выделенная (частная) линия

local ~ местная линия *(связывающая абонентский пункт с магистралью)*
logical ~ логическая строка *(состоящая из нескольких физических)*
main ~ красная строка
message ~ строка сообщений
mouse documentation ~s служебные строки данных о перемещении мыши *(высвечиваемые в нижней части экрана)*
multidrop ~ многоотводная линия
multipoint ~ многоточечная линия
orphan ~ сиротская строка; *проф.* висячая строка *(одиночная строка абзаца, попадающая в начало или конец страницы)*
outgoing ~ исходящая линия
parallel ~ параллельная линия
phone ~ телефонная линия
point-to-point ~ двухточечная линия
program ~ строка программы; программная строка
public ~ общедоступная линия связи; линия общего пользования
scan ~ сканирующая строка; строка развертки
scheduled time ~s временные диаграммы расписания
service ~ канал обслуживания
software product ~ серия программных изделий
solution ~ прямая решения
status ~ строка состояния
straight ~ прямая линия
subscriber ~ абонентская линия
supply ~ линия питания; шина питания; питающая линия
switched ~ коммутируемая линия

line

    telecommunication ~ линия дальней связи; линия телесвязи
    time delay ~ линия задержки
    top-of-the-~ нечто самое новое (в линии продуктов)
    trend ~ линия тренда
    trunk ~ магистральная линия
    type ~ линия -контур шрифта
    unconditioned ~ неприспособленная линия (с неэффективным использованием ресурсов)
    waiting ~ очередь
    widow ~ изолированная строка; проф. висячая строка (одиночная строка абзаца в начале или конце страницы)
    wire delay ~ проволочная линия задержки
    witness ~ (вспомогательная) линия построения (чертежа на экране дисплея)

line-by-line построчный
line-oriented строковый
line-up лучший в серии чего-либо о продукции
linear линейный; прямолинейный
linear-bounded линейно-ограниченный
linearity линейность
linearization линеаризация
linearized линеаризованный
lineout сбой в линии связи
linetype тип линии
lineup очередь
lineweight насыщенность штрихов очка литеры; толщина штрихов литер
linguistic лингвистический
linguistics:
    computational ~ вычислительная лингвистика
    computer ~ компьютерная лингвистика
link 1. звено 2. канал связи; линия связи; канал передачи данных 3. связь 4. соединение
    automatic ~ автоматически обновляемая связь
    baseband ~ линия связи в полосе модулирующих частот (основной полосе); низкочастотный канал связи
    bridge ~ межсетевая линия (соединяет узлы двух идентичных локальных сетей)
    cluster ~ служебный канал (для связи между центральными (главными) узлами групп)
    control ~ звено управления
    data ~ канал передачи данных; канал связи
    internodal ~ межузловая линия связи
    line ~ участок линии
    manual ~ связь, обновляемая вручную
    note ~ связь примечаний
    paste ~ вставить связь
    physical ~ физический канал передачи данных
    satellite telecommunication ~ спутниковая линия связи
    transmission ~ звено передачи данных

linkable соединимый
linkage 1. компоновка 2. связь; соединение 3. согласующее устройство 4. установление связи
    cluster ~ сцепление групп
    subroutine ~ компоновка подпрограмм
linkbuilder формирователь канала
linker 1. редактор связей (программа) 2. связующий транслятор
linker-locator динамический загрузчик перемещаемых программ (с редактированием связей между ними)
linking 1. компоновка 2. редактирование связей 3. связывание; сцепление; зацепление

dynamic ~ динамическая компоновка; динамическое связывание (напр. модулей программы)
intersegment ~ связывание сегментов
program ~ связывание программ
static ~ статическая компоновка

list 1. перечень; перечисление; список ‖ перечислять; составлять список 2. таблица
 access ~ 1. список доступа; таблица доступа 2. список пользователей
 access rights ~ список лиц, имеющих право доступа
 argument ~ список параметров
 argument type ~ список типов параметров
 association ~ ассоциативный список
 associative ~ ассоциативный список
 attribute-value ~ список свойств
 authorization control ~ контрольный список для санкционирования доступа; контрольный список для проверки числа пользователей в сети
 available ~ список имеющихся (в наличии) устройств
 bring up a ~ извлекать список (из памяти)
 chained ~ список с использованием указателей
 control ~ управляющая таблица
 data ~ список данных
 display ~ дисплейный файл
 drive ~ перечень файлов дисковода
 drop-down ~ раскрывающийся список; контекстный список; ниспадающий список
 edit-decision ~ тлв. лист монтажных решений; ЛМР (окончательный вариант монтажа, принятый после завершения процесса монтажа по субкопиям); план (таблица) монтажа
 file ~ список файлов
 history ~ предыстория
 identifier ~ таблица идентификаторов
 identifier ~ таблица имен (в трансляторе)
 import ~ список импорта
 installation ~ список установки
 inverted ~ инвертированный список
 linked ~ список с использованием указателей
 multithreaded ~ мультисписок
 one-of-a-kind ~ список определенной структуры (из множества возможных)
 pick ~ 1. отборочный список 2. список обрабатывавшихся файлов
 priority ~ список очередности
 property ~ список свойств
 push-down ~ стек
 push-up ~ очередь
 selection ~ список выбора
 sensitivity ~ список сигналов запуска
 space ~ список свободных участков; список свободных ячеек (плотный список, элементами которого могут быть указатели подсписков)
 summary ~ сводный список
 threaded ~ связный список
 value ~ список значений
 waiting ~ очередь
list-form 1. в форме списка 2. в табличной форме
listed перечисленный
listen 1. ожидание 2. ждать сигнала 3. прослушивать (сеть в целях диагностики)

listener приемник; *проф.* слушатель (*процесс, обеспечивающий, напр., контроль правильности выражений, вводимых с клавиатуры*)

listing распечатка; листинг
  directory ~ перечень файлов каталога
  postassembly ~ листинг (программы) после окончания процесса сборки; распечатка после окончания процесса сборки
  proof ~ контрольная распечатка; контрольный листинг (*входной и выходной программ*)
  source ~ распечатка программы
  verbose ~ подробная характеристика (*архивных файлов с указанием, напр. длины, способа уплотнения, даты создания и т. п.*)

literacy:
  computer ~ компьютерная грамотность

literal литерал; литеральная константа

liveness жизнеспособность; живучесть

liveware эксплуатационный персонал ЭВМ

LLC [Logical Link Control] логический контроль связи

load 1. загрузка ‖ загружать (*память или в память*); подгружать 2. нагрузка ‖ нагружать 3. заправка ‖ заправлять ◊ ~ **on call** динамическая загрузка
  computation ~ вычислительная нагрузка
  computing ~ вычислительная нагрузка
  database ~ загрузка базы данных
  delayed ~ отсроченная загрузка (*принцип ускорения конвейерной обработки*)
  down-line ~ загрузка по линии связи
  initial program ~ начальная загрузка
  program ~ загрузка программы
  scatter ~ загрузка вразброс
  terminating ~ оконечная нагрузка
  the program will not ~ программа не загрузится
  ultimate ~ предельная нагрузка
  vibration ~ вибрационная нагрузка

load-and-go загрузка с последующим выполнением программы

load-and-store загрузка с запоминанием

load-time выполняемый при загрузке

loadable загружаемый; подгружаемый

loaded 1. загруженный 2. заполненный

loader загрузчик; программа загрузки
  binary ~ двоичный загрузчик
  bootstrap ~ программа начальной загрузки
  initial program ~ начальный загрузчик
  linking ~ компонующий загрузчик; связывающий загрузчик; загрузчик с редактированием связей
  relocatable ~ настраиваемый загрузчик
  relocatable linking ~ настраиваемый компоновщик-загрузчик
  relocating ~ настраивающий загрузчик
  semantic ~ семантический загрузчик
  syntactic ~ синтаксический загрузчик
  system ~ системный загрузчик

loading 1. ввод 2. загрузка; заправка 3. нагрузка
  bootstrap ~ начальная загрузка
  control ~ загрузка управления
  downline ~ загрузка по линии связи
  dynamic ~ динамическая загрузка
  dynamic program ~ динамическая загрузка
  program ~ загрузка программы
  scatter ~ загрузка вразброс

LOBjects OLE-объекты для бизнеса

local 1. регион 2. язык 3. локальный; местный 4. вариант национальных настроек

localization 1. локализация *(программного продукта)* 2. локализация *(ошибки)*

LocalTalk сеть на основе экранированной витой пары *(разработка фирмы Apple Computer)*

locate 1. локализовать 2. обнаруживать местоположение 3. определять местоположение 4. размещать; располагать
  character ~ знакоместо; знакопозиция
  decimal ~ местоположение разряда десятичного числа
  program ~ местоположение программы *(в памяти)*; размещение программы *(в памяти)*

location расположение
  home ~ основная область
  memory ~ ячейка памяти
  program ~ местоположение программы

locator локатор; средство поиска
  error ~ локатор ошибок

lock блокировка; замок ‖ блокировать; запирать; устанавливать замок ◊ **~s and keys** система замков и ключей *(для защиты памяти)*

access ~ блокировка доступа
caps ~ фиксация регистра прописных (заглавных) букв *(на клавиатуре)*
keyboard ~ блокировка клавиатуры
local ~ локальная блокировка
memory ~ замок памяти
memory write ~ блокировка записи в память
num ~ фиксация числового регистра *(на клавиатуре)*
privacy ~ замок защиты; замок секретности *(в базах данных)*; пароль; ключ защиты
protection ~ замок защиты
release a ~ снимать блокировку; снимать (блокировочный) замок
scroll ~ блокирование прокрутки
software ~-in программная замкнутость; программная обособленность *(в отличие от программной совместимости)*
suspend ~ отсроченная блокировка
system-wide ~ блокировка на системном уровне

locking 1. блокирование; запирание; установка замков ‖ блокирующий; запирающий 2. блокировка *(метод организации контролируемого доступа нескольких пользователей или процессов к одному ресурсу)*
file ~ захват файла
key ~ 1. блокировка клавиши 2. закрепление функции клавиши
page ~ фиксация страницы
record ~ захват записей

lockout 1. блокировка 2. захват
keyboard ~ блокировка клавиатуры
low-line ~ отключение при понижении напряжения

lockout

    memory ~ блокировка памяти; защита памяти
    read ~ блокировка записи в память
    reassembly ~ блокировка сборки
    resource ~ блокировка ресурса

lockup 1. блокировка 2. тупик

locution локуция

log 1. дневник *(см. тж diary)* 2. журнал регистрации 3. вход в систему ‖ входить в систему 4. запись 5. паспорт 6. подключение 7. протокол; регистрация *(нового пользователя)* ‖ регистрировать; записывать *(информацию)*; протоколировать ‖ регистрационный 8. регистрационный список действующих радио- и телевизионных станций ◊ ~ **in** входить; ~ **off** выходить; ~ **on** входить; ~ **out** выходить
    audit ~ контрольный журнал; файл регистрации выполняемых действий
    backup ~ регистрационный файл дублирования
    console ~ протокол
    error ~ журнал ошибок
    on-demand ~ регистрация по требованию
    recovery ~ журнал восстановления
    results ~ протокол выдачи результатов
    system ~ системный журнал
    transactions ~ журнал транзакций

logarithm логарифм
    common ~ десятичный логарифм
    natural ~ натуральный логарифм
    take the ~ **of** логарифмировать
    taking the ~ **of** логарифмирование

logarithmic логарифмический

logarithmical логарифмический

logged загруженный

logging регистрация; запись *(информации)* ‖ регистрационный ◊ ~ **in** вход; ~ **out** выход

logic 1. логика ‖ логический 2. логическая часть; логический узел *(ЭВМ)* 3. логические схемы; логика
    belief ~ логика веры
    binary ~ двузначная логика
    byte-alignment ~ логика перегруппировки байтов
    command ~ логика команд
    common-sense ~ логика здравого смысла
    constructive ~ конструктивная логика
    control ~ управляющая логика; логические схемы (устройства) управления
    default ~ логика рассуждений по умолчанию
    deontic ~ деонтическая логика
    distributed ~ распределенное управление
    dynamic ~ динамическая логика
    epistemic ~ эпистемологическая логика
    first order ~ логика первого порядка
    formal ~ формальная логика
    fuzzy ~ нечеткая логика
    hard ~ постоянная логика
    inductive ~ индуктивная логика
    intuitionistic ~ интуиционистская логика
    ladder ~ многозвенная логическая схема
    monotonic ~ монотонная логика
    multivalued ~ многозначная логика

    nonmonotonic ~ немонотонная логика
    operational ~ логика действий
    presumed ~ предопределенная логика
    probabilistic ~ вероятностная логика
    propositional ~ пропозициональная логика
    pseudophysical ~ псевдофизическая логика
    relevance ~ механизм (логика) определения релевантности *(информации в базе знаний)*
    second order ~ логика второго порядка
    spatial ~ пространственная логика
    stored ~ зашитый алгоритм
    system ~ системная логика
    temporal ~ временная логика
    ternary ~ трехзначная логика
    threshold ~ пороговая логика
    two-line ~ двухпроводная логическая схема
    wasted ~ лишняя логическая схема
logical логический
logical-linguistic логико-лингвистический
login начало сеанса *(работы с терминалом)*; вход в систему
logistic логистический
Logo ЛОГО *(язык программирования)*
logo 1. эмблема; логотип *(фирмы)*; фирменный знак, показываемый в углу телеэкрана 2. регистрационные данные *(абонента распределенной системы)*
    PC Card ~ логотип PC-карты
logoff 1. документ, фиксирующий событие 2. конец сеанса *(работы с терминалом)*; выход из системы
logon 1. логон *(единица количества информации в физической теории связи)* 2. начало сеанса *(работы с терминалом)*; вход в систему
logout 1. документ, фиксирующий событие 2. конец сеанса *(работы с терминалом)*; выход из системы
long 1. длинный 2. с длительным сроком хранения
long-life с длительным сроком эксплуатации *или* хранения
long-standing продолжительный
long-term продолжительный
look 1. поиск; просмотр ‖ искать; смотреть 2. шаг поиска ◊ ~ **up** искать
look-ahead упреждение; предварительный просмотр; просмотр вперед *(напр. команд в программе аппаратными методами)*
look-alike аналог *(напр. разрабатываемого устройства)*; имитация
lookup поиск; просмотр
    dictionary ~ поиск по словарю
    fault ~ поиск неисправностей
    name ~ поиск по имени
    table ~ табличный поиск; поиск по таблице; обращение к таблице
loop 1. петля; контур 2. кольцевой регистр *(в ЗУ)* 3. (замкнутая) цепь 4. цикл 5. шлейф
    delay ~ цикл (временной) задержки; цикл для выдержки времени
    do-while ~ цикл с условием продолжения
    empty ~ пустой цикл
    infinite ~ бесконечный цикл
    infinite recursion ~ бесконечный рекурсивный цикл
    nested ~s вложенные циклы
    open ~ разомкнутый цикл
    quality ~ петля качества
    repeat-until ~ оператор цикла с условием завершения

loop

    route ~ маршрутная петля, петля зацикливания на маршруте
    stop ~ ждущий цикл
    subscriber ~ абонентский шлейф
    superconducting ~ сверхпроводящая петля
    terminate a ~ завершать цикл
    wait ~ ждущий цикл
    waiting ~ цикл ожидания
    while ~ цикл с условием продолжения

loop-folding оптимизация циклов в программе
loop-within-loop цикл в цикле
loopchecking информационная обратная связь; контроль методом обратной дачи *(принимаемых данных в пункт передачи)*
loopfree без циклов
looping 1. введение циклов *(в программу)* 2. выделение контуров 3. выполнение цикла 4. организация кольцевой сети 5. организация циклов
loose слабый
loosely-coupled слабосвязанный
lore статистика использования ресурсов; статистика использованных ресурсов
    computer ~ сведения об использовании машинных ресурсов
loss потеря; проигрыш
    data ~ потеря данных
    processing ~ потери (времени) при обработке данных
    transducer ~ 1. потеря преобразования 2. потеря четырехполюсника
    transducer insertion ~ вносимая потеря
    transition ~ переходная потеря
    translation ~ 1. потеря на неогибание 2. потеря передачи
lost потерянный

low нижний
low-level низкоуровневый; низкого уровня; нижнего уровня
low-order младший
low-priority низкоприоритетный
low-probability маловероятный
low-profile плоский
low-resolution с низким разрешением
low-wattage с малым потреблением мощности
lower нижний
lower-case строчный; в нижнем регистре
lpm [lines per minute] количество строк в минуту
LSB [least significant bit] наименьший значащий бит
LSD [least significant digit] наименьшая значащая цифра
LSI [large scale integration] большая интегральная схема; БИС
Lunix свободно распространяемая версия Unix для PC
luser пользователь, не умеющий работать с системой; неграмотный пользователь
LV 1. растровый формат 2. [LaserVideo] стандарт на лазерные видеодиски, поддерживаемый Sony, Philips и Pioneer

M

M мега- *(приставка в единицах измерения, в вычислительной технике это не миллион, а $2^{20} = 1048576$)*
MAC 1. растровый формат 2. [message authentication code] код аутентификации сообщений 3. [medium access control] управление доступом к среде *(к линиям связи)*

machine 1. машина; механизм; устройство 2. компьютер
abstract ~ абстрактная машина
bare ~ компьютер без программного обеспечения; *проф.* голая машина
bridge ~ машина промежуточного звена *(в сети)*
calculating ~ вычислительная машина
capability ~ машина с мандатной адресацией
connection ~ машина связей
data flow ~ машина, управляемая потоком данных
database ~ машина для работы с базами данных; спецпроцессор баз данных, *проф.* машина баз данных
ensemble ~ многопроцессорный вычислительный комплекс
finite-state ~ конечный автомат
friendly ~ удобная (для пользователя) машина, *проф.* дружественная (к пользователю) машина
hardcopy ~ аппаратура для получения документальных копий
inference ~ машина логического вывода *(механизм экспертной системы)*
knowledge ~ машина обработки знаний
knowledge base ~ машина базы знаний; машина для работы с базой знаний
language-specific ~ машина, ориентированная на конкретный язык
milking ~ механизм откачки *(информации из периферийной ЭВМ в центральную вычислительную систему)*
MS-DOS ~ машина с операционной системой MS-DOS
naked ~ компьютер без программного обеспечения
network access ~ машина доступа к сети; механизм доступа к сети
object ~ целевая машина *(для которой предназначается оттранслированная программа)*
parallel inference ~ машина параллельного вывода
reduction ~ редукционная машина
single-user ~ машина одного пользователя; однопользовательская машина
soldering ~ машина для пайки; паяльный автомат
state ~ конечный автомат
target ~ целевая машина *(для которой предназначается разрабатываемая система программного обеспечения)*
teaching ~ обучающая машина
Turing ~ машина Тьюринга
user ~ абонентская машина *(вычислительной сети)*; пользовательская машина
virtual ~ виртуальная машина
machine-associated машинно-зависимый
machine-dependent машинно-зависимый
machine-independent машинно-независимый
machine-oriented машинно-ориентированный
machine-readable машинно-читаемый; машинно-считываемый; в пригодной для ввода в компьютер форме
machine-sensible 1. машинно-зависимый 2. в пригодной для ввода в компьютер форме; машинно-считываемый
machine-treatable пригодный для восприятия машиной; машинно-читаемый

machinery 1. алгоритмы **2.** машины; машинное оборудование; механизмы ‖ машинный **3.** устройство, принцип действия
  computing ~ вычислительная техника
macro макро; макрос; макрокоманда
  nested ~ вложенное макроопределение
  user-defined ~ макрокоманда пользователя
macroassembler макроассемблер
macroassembly макроассемблер
macrocommand макрокоманда
macrodefinition макроопределение
macroexerciser программа комплексного тестирования
macroinstruction макрокоманда
macrolibrary библиотека макроопределений; *проф.* библиотека макросов
macroprogramming макропрограммирование
macros макрокоманда; макроэлементы; *проф.* макрос
  keyboard ~ клавиатурные макрокоманды
macrostructure макроструктура
magenta малиновый
magic магический
magnet:
  superconducting ~ сверхпроводящий магнит
magnetic магнитный
magnetic-ink магнитные чернила
magnetographic магнитографический
magnitude 1. величина; значение **2.** модуль **3.** *мат.* модуль *(числа)*
mail почта ‖ посылать почтой
  computer ~ электронная почта
  electronic ~ электронная почта
  electronic voice annotated ~ электронная почта, дополненная дикторскими сообщениями

  net ~ сетевая почта
  routed ~ **only** только почтовая связь
  send ~ посылать почту
  voice ~ голосовая почта; речевая почта; речевая корреспонденция *(в системе электронной почты)*
mailbox почтовый ящик в электронной почте *(средство обмена информацией в электронной почте)*
main главный; основной
mainframe 1. базовое вычислительное устройство **2.** большой компьютер; мэйнфрейм *(компьютер, выполняющий роль главной ЭВМ вычислительного центра)*; универсальная ЭВМ; большая ЭВМ *(в отличие от мини- и микрокомпьютеров)* **3.** основной; исходный; основополагающий
  high-end ~ старшая модель универсальной ЭВМ *(самая производительная ЭВМ семейства)*
  low-end ~ младшая модель универсальной ЭВМ *(наименее производительная ЭВМ семейства)*
  plug-compatible ~ полностью совместимая универсальная ЭВМ
mainline стержневая ветвь *(программы)*
maintainability 1. ремонтопригодность **2.** сопровождаемость; удобство сопровождения; удобство эксплуатации
maintenance 1. ведение *(напр. файла)* **2.** поддержка; эксплуатация; техническое обслуживание; эксплуатация *(системы)*; сопровождение *(напр. системы программного обеспечения)*
  ~ **of user enthusiasm** поддержание заинтересованности пользователя

    corrective ~ корректирующее сопровождение *(связанное с обнаружением и устранением неисправностей)*
    database ~ ведение базы данных
    emergency ~ аварийное обслуживание
    file ~ ведение файла; сопровождение файла
    network ~ техническое обслуживание сети
    on-call ~ обслуживание по вызову
    on-line ~ оперативное техническое оборудование
    operating ~ текущее обслуживание и ремонт
    preventive ~ профилактическое обслуживание; профилактика
    program ~ сопровождение программ
    remedial ~ ремонт; ремонтное обслуживание; ремонтные работы
    routine ~ профилактика
    software ~ сопровождение программного обеспечения
    software product ~ сопровождение программного изделия
    truth ~ поддержка достоверности *(базы знаний)*
    unscheduled ~ внеплановое обслуживание
major главный; основной
makefile создание файла; формирование файла
making изготовление
    decision ~ принятие решений
    inference ~ получение (логических) выводов
malfunction неправильная работа; неправильное функционирование; нарушение работоспособности; сбой
    hardware ~ аппаратный сбой; неправильная работа оборудования
    recoverable ~ сбой с возможностью восстановления *(работоспособности системы)*
MAN [metropolitan area network] городская вычислительная сеть; ГВС
man-hour человеко-час; трудозатраты *(в человеко-часах)*
    engineering ~s рабочее время технического персонала *(в человеко-часах)*
    programming ~s трудозатраты на программирование
man-machine человеко-машинный
manage 1. вести; организовывать *(процесс)* 2. справляться 3. управлять
management 1. управление; организация ‖ управленческий 2. деловой
    bandwidth-time-space ~ распределение полосы частот, времени и пространства *(между абонентами системы)*
    calendar ~ управление календарными событиями
    computer-assisted ~ управление с использованием ЭВМ; автоматизированное управление
    configuration ~ конфигурационное управление; управление конфигурацией
    contact- ~ управление деловыми контактами *(класс ПО, служащего для этой цели)*
    database ~ управление базой данных
    information systems ~ управление информационными системами
    memory ~ управление памятью
    network ~ сетевое управление *(управление операциями, выполняемыми в сети)*
    program ~ управление разработкой и сопровождением программ

management

    risk ~ управление риском *(суммарный процесс идентификации, контроля и исключения или минимизации вероятности событий, которые могут затронуть системные ресурсы)*
    screen ~ управление экраном
    software ~ управление разработкой и сопровождением программного обеспечения
    station ~ диспетчер станции
    system ~ сопровождение системы
    task ~ управление задачами
    virtual storage ~ управление виртуальной памятью
manager 1. администратор; распорядитель; руководитель; управляющий **2.** администратор; управляющая программа; организующая программа; диспетчер *(программа)* **3.** управляющее устройство, устройство управления
    configurator ~ (программа-) конфигуратор; блок реконфигурации *(в операционной системе)*
    database ~ **1.** администратор базы данных **2.** система управления базой данных
    file ~ программа управления файлами; файловая система; *ш* диспетчер файлов
    heap ~ программа управления динамической областью памяти
    lock ~ администратор защиты данных
    memory ~ диспетчер памяти; программа управления памятью
    overlay ~ администратор оверлейной загрузки
    presentation ~ администратор представлений *(программное средство операционной системы)*
    print ~ *ш* Диспетчер печати

    product ~ менеджер по продукции
    product line ~ менеджер линии продуктов
    product marketing ~ менеджер по маркетингу продукции
    program ~ *ш* Диспетчер программ
    project- ~ менеджер по проектам
    resource ~ распорядитель ресурсов; администратор ресурсов
    software product ~ администратор программного изделия
    system ~ системный программист
    window ~ администратор окон; администратор полиэкранного режима *(программа или устройство)*
mandatory обязательный
manifolding многоэкземплярная печать
manipulate обрабатывать
manipulation обработка
    bit ~ поразрядные операции
    string ~ обработка строк
    symbol ~ символьная обработка
    zero ~ манипуляция нулями
mantissa мантисса
manual 1. руководство; справочник; инструкция; описание **2.** ручной; с ручным управлением; неавтоматизированный
    message ~ указатель (системных) сообщений
    operating ~ руководство по эксплуатации
    operator ~ руководство оператора
    printed ~ печатное руководство
    program ~ руководство по работе с программой; руководство по программированию
    programmer ~ руководство программиста

programming ~ руководство по программированию
reference ~ справочник; справочное руководство
see reference ~ **for more information** за более подробной информацией обратитесь к справочному руководству *(сообщение)*
system description ~ техническое описание системы
user ~ руководство пользователя

manually ручным способом; вручную

manufacturer изготовитель; производитель
computer ~ фирма-изготовитель ЭВМ
original equipment ~ (OEM) фирма-изготовитель комплектного оборудования *(в отличие от изготовителей комплектующих изделий)*
software ~ фирма по разработке программного обеспечения

manufacturing изготовление
computer-aided ~ автоматизированное производство

many-dimensional многомерный

many-reel многоленточный

MAP [manufacturing automation protocol] протокол автоматизации производства *(технология ЛВС, разработанная фирмой General Motors)*

map 1. карта *(распределения)* 2. карта; план; схема 3. отображение; соответствие ‖ отображать; устанавливать соответствие 4. наносить на карту; составлять карту *или* схему; отображать в виде карты 5. преобразовывать данные *(из одной формы в другую)* ◊ ~ **out** исключать из карты

allocation ~ схема распределения; таблица распределения
bit ~ битовый массив; поразрядная карта отображения информации; битовое отображение; растровый формат
blend ~ таблица цветовых переходов
cognitive ~ когнитивная карта
color ~ таблица компонентов цветов
indifference ~ карта кривой безразличия
load ~ карта памяти
memory ~ карта памяти; схема распределения памяти
storage ~ карта памяти
yield ~ карта выхода; карта годности

MAPI [messaging API] интерфейс программирования систем передачи сообщений

mapping 1. карта размещения информации в памяти; картографирование памяти 2. отображение в виде карты *(распределения)* 3. отображение в памяти 4. отображение, соответствие 5. отображение чего-либо в другой системе *(не на экране)* 6. преобразование данных *(из одной формы в другую)* 7. составление карты *или* схемы
bit ~ поэлементное отображение *(напр. изображения в памяти)*
dynamic ~ динамическое распределение *(напр. памяти)*
memory ~ 1. распределение памяти 2. управление памятью

margin 1. край; граница 2. запас регулирования; пределы рабочего режима 3. поле *(печатной страницы)* 4. поле; граница поля
~ **of error** предел погрешности

margin
    antijam ~ запас помехоустойчивости
    inside ~ внутреннее поле
    safety ~ запас надёжности
    security ~ запас надёжности
marginal граничный
mark 1. знак **2.** кавычки **3.** метка; маркер **4.** признак **5.** отметка ‖ отмечать; размечать **6.** помета; пометка ‖ помечать; выделять
    address ~ метка адреса
    check ~ галочка; отметка
    cue ~ *тлв* монтажная метка; поисковая точка *(на фонограмме или видеофонограмме)*
    hash ~ знак ◊; *проф.* диез
    identification ~ идентифицирующая метка
    quotation ~ апостроф; кавычки
    tag ~ 1. метка признака **2.** ярлык
    tape ~ ленточный маркер
marked выделенный
marker 1. маркер **2.** регулярный признак
    beginning-of-information ~ маркер начала информации
    beginning-of-tape ~ маркер начала ленты
market рынок
marking 1. выделение **2.** обозначение; маркировка **3.** отметка; разметка
mask маска; трафарет; шаблон ‖ маскировать, накладывать маску
    fill ~ маска закраски
    filling ~ трафарет закраски *(в машинной графике)*
    interrupt ~ маска прерывания
maskable маскируемый
masking маскирование
masquerading нелегальное проникновение *(напр. в вычислительную сеть)*
mass масса ‖ массовый

master 1. оригинал; эталон **2.** главный узел *(сети)* **3.** главный; ведущий; основной
    bus ~ ведущее устройство на шине; контроллер шины, работающий независимо от ЦПУ и параллельно обрабатывающий запросы с высоким приоритетом
mastering изготовление оригинала-макета диска; мастеринг
mastership обладание статусом ведущего узла
    bus ~ владение шиной
match 1. совпадение; соответствие **2.** подгонять; подбирать **3.** выравнивать **4.** согласовывать; приводить в соответствие **5.** сопоставлять **6.** сочетать
    constitute a ~ давать совпадение
matching 1. выравнивание **2.** подгонка, подбор **3.** совпадение ‖ совпадающий **4.** согласование; приведение в соответствие **5.** сопоставление с эталоном *(метод информационного поиска)* **6.** сочетание **7.** сравнение
    construct ~ сравнение конструкций
    partial ~ частичное совпадение
    pattern ~ сопоставление с образцом
    wildcard ~ сопоставление с символом обобщения
matchword слово совпадения
material:
    uniaxial ~ одноосный материал
math математика
mathematic математический
mathematical математический
mathematics:
    actuarial ~ математический аппарат страхового дела
    applied ~ прикладная математика
matrix матрица; таблица ‖ матричный

~ of even order матрица четного ранга
~ of full rank матрица полного ранга
~ of real elements вещественная матрица
~ of sockets штекерная панель
~ of strategies матрица стратегий
active ~ активная матрица; на активной матрице
assignment ~ матрица назначений
augmented ~ расширенная матрица
authorization ~ матрица прав доступа
band ~ ленточная матрица
character ~ таблица символов
coefficient ~ матрица коэффициентов
connectivity ~ матрица смежности
constraint ~ матрица ограничений
covariance ~ ковариационная матрица
decision ~ матрица решений
definite ~ определенная матрица
diagonal ~ диагональная матрица
disperse ~ разреженная матрица
dominant ~ доминантная матрица
dot ~ растр
entire ~ полная матрица
estimator ~ матрица оценок
expanded ~ расширенная матрица
game ~ платежная матрица
incidence ~ матрица инцидентности
inverse ~ обратная матрица
invertible ~ невырожденная матрица
invertible ~ обратимая матрица
irreducible ~ непроводимая матрица
narrative ~ таблица описаний
nonnegative ~ неотрицательная матрица
nonsingular ~ невырожденная матрица; обратимая матрица
null ~ нулевая матрица
orthogonal ~ ортогональная матрица
outcome ~ матрица результатов
periodic ~ периодическая матрица
permutation ~ перестановочная матрица
polar ~ модальная матрица; полярная матрица
positive-definite ~ положительно определенная матрица
printing ~ матрица печатающего устройства
real ~ вещественная матрица
reciprocal ~ обратная матрица
reduced ~ приведенная матрица
scattering ~ матрица рассеяния
semidefinite ~ полуопределенная матрица
semipositive ~ полуположительная матрица
singular ~ вырожденная матрица
skew symmetric ~ кососимметричная матрица
software ~ таблица программ
square ~ квадратная матрица
stable ~ устойчивая матрица
strictly positive ~ строго положительная матрица
symmetric ~ симметричная матрица
symmetrical ~ симметричная матрица
traffic requirement ~ матрица трафика

matrix
   transfer ~ матрица перехода
   transformation ~ матрица преобразования
   transition ~ матрица перехода
   transposed ~ транспонированная матрица
   triangular ~ треугольная матрица
   two-row ~ двухрядная матрица; двухстрочная матрица
   unit ~ единичная матрица
   unitary ~ унитарная матрица

matter:
   foreign ~ неподходящие условия (напр. хранения)
   front ~ обложка и титульные листы

MAU [media attachment unit] устройство подключения к среде

maverick резко отклоняющееся значение

maximality максимальность

maximand максимизируемый показатель

maximax максимакс

maximin максимин

maximization максимизация
   stepwise ~ поэтапная максимизация
   vectorial ~ векторная максимизация

maximize 1. максимизировать 2. развернуть; распахнуть (окно до максимального размера)

maximum:
   absolute ~ абсолютный максимум
   absolute ~ глобальный максимум
   constrained ~ условный максимум
   local ~ локальный максимум; относительный максимум

maze лабиринт
   representing a ~ представление лабиринта

MB [megabyte] Мб; Мбайт; мегабайт

Mbps Мбит/с; мегабит в секунду

MCA [micro channel architecture] микроканальная архитектура шины

MCCOI [multimedia communications community of interest] организация по стандартизации в области мультимедиа

MCI [media control interface] ПО верхнего уровня, обеспечивающее независимый от устройств интерфейс управления мультимедиа-устройствами и мультимедиа-файлами

MDA [monochrome display adapter] адаптер монохромного дисплея

MDB [messaging database] база данных электронной почты на сервере

MDI [multiple document interface] многодокументный интерфейс

MDK [multimedia development kit] набор аппаратных и программных инструментальных средств для разработчиков систем мультимедиа

MDS 1. [malfunction detection system] система обнаружения неисправностей 2. [microprocessor development system] система разработки микропроцессоров 3. [minimum detectable signal] минимально обнаружимый сигнал 4. [multiple data-set system] комплекс аппаратуры передачи данных 5. [multipoint distribution services] служба распределения информации по многочисленным пунктам

mean 1. означать 2. средний ◊
   in question искомое среднее
   a posteriori ~ апостериорное среднее

    arithmetic ~ арифметическое среднее
    asymptotic ~ асимптотическое значение среднего
    conditional ~ условное среднее
    estimated ~ оценка среднего
    geometric ~ среднее геометрическое
    harmonic ~ гармоническое среднее
    limiting ~ предельное среднее
    long range ~ среднее по большому интервалу
    long time ~ среднее по большому интервалу
    moving ~ скользящее среднее
    overall ~ общее среднее
    probabilistic ~ математическое ожидание
    quadratic ~ среднее квадратичное
    sample ~ выборочное среднее
    simple ~ среднее арифметическое
    single sample ~ среднее по одной выборке
    trending ~ изменяющееся среднее
    true ~ истинное среднее
    unweighted ~ невзвешенное среднее
    weighted ~ взвешенное среднее
mean-square среднеквадратичный
meaning значение
    procedural ~ процедурная семантика
meaningful значащий
means способы; средство; средства
    ◊ ~ **toward this ends** средство достижения цели
measure 1. мера; показатель; критерий 2. масштаб
    imperial ~s имперская система измерений
    link-quality ~ показатель качества линии (канала) связи
    preference ~ показатель предпочтения
    probability ~ вероятностная мера
    service ~ показатель степени обслуживания
    waiting ~ показатель времени ожидания
measurement:
    floating ~ измерение без заземления
    time-shared ~ поочередное измерение
mechanical механический
mechanism 1. механизм; алгоритм 2. механизм; устройство; прибор
    contention ~ механизм разрешения конфликтов
    decision ~ механизм принятия решений
    explicit ~ четкая методология
    inference ~ механизм вывода
    inheritance ~ механизм наследования
    interrupt ~ механизм прерывания
    multiversion ~ механизм поддержания многих версий (*обновляемых информационных объектов*)
    self-focusing ~ механизм самофокусировки
    speedup ~ механизм увеличения быстродействия
    styles ~ механизм стилевого форматирования (*текста*)
    tape-drive ~ блок магнитной ленты; лентопротяжный механизм
    timing ~ 1. механизм выбора времени 2. система синхронизации; устройство синхронизации
media 1. носитель (*информации*) 2. среда (*в которой хранится или распространяется информация*)

median медиана
  conditional ~ условная медиана
  sample ~ выборочная медиана
medium 1. носитель 2. способ; средство 3. среда 4. среднее число; средний
  data ~ носитель данных
  empty ~ пустой носитель
  presentation ~ способ представления информации
  program ~ программоноситель
  storage ~ запоминающая среда; среда для хранения (*информации*); носитель данных
  transmission ~ передающая среда; средство передачи
  turbulent ~ турбулентная среда
megabit мегабит
megabyte мегабайт
member член; элемент набора; элемент множества
membership:
  set ~ принадлежность множеству
memo уведомление; памятка; служебная записка
memorial:
  descriptive ~ техническое описание
memory память; запоминающее устройство; ЗУ (*см. тж* storage)
  acquire more ~ запрашивать дополнительную память
  add-in ~ дополнительная память
  address ~ адресуемая память
  addressable ~ адресуемая память
  addressed ~ адресуемая память
  adequate ~ достаточный объем памяти
  annex ~ буферная память
  associative ~ ассоциативная память
  auxiliary ~ внешняя память
  auxiliary ~ вспомогательная память; вспомогательное ЗУ; имеющаяся свободная память
  backing ~ поддерживающее ЗУ
  bootstrap ~ память начальной загрузки
  bulk ~ память большого объема; ЗУ большой емкости
  byte-organized ~ память с побайтовой организацией
  cache ~ кэш (*быстродействующая буферная память*)
  CMOS ~ CMOS-память
  content-addressable ~ ассоциативная память
  conventional ~ первые 640 Кбайт ОЗУ ПК
  core ~ память на магнитных сердечниках
  data addressed ~ ассоциативная память
  DOS ~ первые 640 Кбайт ОЗУ ПК
  dual-ported ~ двухпортовая память (*память, к которой одновременно могут осуществлять доступ более одного процессора или контроллера*)
  dynamic ~ динамическая память
  electrically alterable read-only ~ электрически программируемое ПЗУ; ЭППЗУ
  EMS ~ отображаемая память
  erasable programmable read-only ~ стираемое программируемое ПЗУ, СППЗУ
  expanded ~ расширенная память
  expansion ~ дополнительная память; расширительная память
  extended ~ расширенная память
  extended data output ~ EDO-память
  external ~ внешняя память
  fast ~ быстродействующая память; быстродействующее ЗУ
  fit in ~ умещаться в памяти
  flash- ~ флэш-память (*может быть записана и прочитана так же, как и динамическое*

ОЗУ, *но сохраняет свое содержимое без питания и регенерации*)
global ~ глобальная память
high-capacity ~ ЗУ большой емкости
high-density ~ ЗУ с высокой плотностью записи
iconic ~ иконическая память
image ~ память изображения
immediate access ~ быстродействующая память
insufficient ~ недостаточный объем памяти
intermediate ~ промежуточная память; промежуточное ЗУ
internal ~ внутренняя память; внутреннее ЗУ; собственная память
keystroke ~ (буферная) память клавиатуры
main ~ оперативная память; ОЗУ
microinstruction ~ память микрокоманд
microprogram ~ память микропрограмм
nonvolatile ~ энергозависимая память; энергозависимое ЗУ (*с сохранением информации при выключении электропитании*)
out of ~ нехватка памяти
page-interleaved ~ память с расслоением и страничным обменом
phantom ~ фантомная память (*становящаяся «невидимой» для системы в определенном положении программного переключателя*)
primary ~ первичная память
random access ~ оперативная память
read-only ~ постоянная память; постоянное запоминающее устройство; постоянное ЗУ; ПЗУ
read/write ~ оперативная память; оперативное ЗУ; ОЗУ

rule ~ память (для хранения) правил (*в экспертных системах*)
r/w ~ оперативная память; оперативное ЗУ; ОП; ОЗУ
scratch-pad ~ сверхоперативная память
screen ~ память (для хранения) содержимого экрана
semiconductor ~ полупроводниковое запоминающее устройство
shared ~ совместно используемая память; совместно используемое ЗУ
shareable ~ совместно используемая память
stack ~ память магазинного типа
staged ~ многоуровневая память
upper ~ верхняя память (*начиная от 640 Кбайт до 1 Мбайт*)
use up almost all of ~ использовать почти всю свободную память
user ~ пользовательская память (*отведенная для пользователя*)
user-available ~ память, доступная пользователю
video ~ видеопамять; память (для хранения) видеоданных
virtual ~ виртуальная память
volatile ~ энергозависимая память; энергозависимое ЗУ (*с разрушением информации при выключении электропитания*)
women ~ сотканная память
word-organized ~ память с пословной организацией
write-once ~ память с однократной записью
write-protected ~ память с защитой от записи
memory-limited ограниченный возможностями памяти
memory-mapped 1. с распределением памяти **2.** отображаемый в памяти

memory-resident резидентный; находящийся постоянно в (оперативной) памяти
memoryless без памяти; без запоминания
mental мысленный
menu меню *(предлагаемый системой набор возможных ответов пользователя)*
  cascading ~ подменю
  command ~ меню команд
  control ~ 1. оконное меню 2. меню управления
  create ~ меню конструкторских возможностей
  drop-down ~ раскрывающееся меню; ниспадающее меню
  full-screen ~ полноэкранное меню
  help ~ консультационное меню
  hierarchical ~ иерархическое меню
  keyboard ~ клавишное меню
  local ~ локальное меню
  main ~ главное меню
  on-screen ~ экранное меню
  permanent ~ статическое (неподвижное) меню
  plastic ~ пластмассовая клавиатурная карта *(для дистанционного сенсорного управления клавиатурой в системе машинной графики)*
  pop-up ~ всплывающее меню; меню, высвечиваемое на экране *(с началом работы в системе)*; меню, высвечиваемое во временном окне
  pull-down ~ меню с вытеснением нижней строки *(при его просмотре)*; ниспадающее меню
  root ~ главное меню; корневое меню
  shortcut ~ контекстное меню; подручное меню
  table ~ табличное меню
  tree-coded ~ древовидное меню
menu-and-prompt в режиме меню с подсказками
menu-based на основе меню
menu-driven управляемый в режиме меню; управляемый с помощью меню
menu-prompted управляемый в режиме меню с подсказками
merge сливать; объединять
  mail ~ 1. постановка почтовых реквизитов 2. программа пересылки-слияния
merger:
  vertical ~ вертикальное слияние
merging соединение
mesh-of-trees сцепление деревьев
message 1. сообщение 2. посылка; передаваемый блок информации *(группа чисел или слов, передаваемая как одно целое)*
  action ~ сообщение, требующее реакции пользователя
  binary ~ бинарное сообщение
  commit ~ сообщение о завершении транзакции
  common ~ общее сообщение; сообщение общего характера
  control ~ управляющее сообщение
  device error ~ сообщение о сбое устройства
  distorted ~ искаженное сообщение
  enquiry ~ запросное сообщение
  error ~ сообщение об ошибке
  failure ~ сообщение о неисправности
  fox ~ проверочное сообщение
  garbled ~ бессмысленное сообщение
  give an error ~ выдавать сообщение об ошибке
  guide ~ наводящее сообщение *(системы оператору)*
  hello ~ приветствие

method

   help ~ справочное сообщение
   highly formatted ~ сообщение с жестко заданным форматом
   incoming ~ входящее сообщение
   information ~ информационное сообщение
   informational ~ уведомляющее сообщение
   interuser ~ сообщение, касающееся взаимодействия пользователей
   keyword ~ сообщение с ключевым словом
   multiple-address ~ многоадресное сообщение; сообщение направляемое в несколько адресов
   «OK» ~ подтверждение работоспособности *(напр. узла распределенной базы данных)*
   out-of-sequence ~ несвоевременное сообщение
   outgoing ~ исходящее сообщение
   overhead ~ служебное сообщение
   response ~ ответное сообщение
   screen ~ сообщение (предназначенное) для вывода на экран; визуальное сообщение
   short query ~ короткий пакет-запрос
   unary ~ унарное сообщение
   warning ~ предупредительное сообщение; предупреждение
messaging обмен сообщениями; передача сообщений; работа с сообщениями
metaknowledge метазнание
metaclass метакласс
metacommand метакоманда
metacompiler транслятор метаязыка
metadata метаданные
metafile метафайл *(аппаратно-независимый формат файла, используемый для представления изображения)*
   computer graphics ~ метафайл машинной графики
metafont меташрифт
metainstruction метакоманда
metalinguistic маталингвистический
metaphor метафора ‖ метафорический
   visual ~ зрительный образ
metarule метаправило
meter:
   volume-unit ~ измеритель выхода
   vu ~ измеритель детонаций
metering учет лицензий
   software- ~ учетное ПО *(программы для учета лицензий на ПО)*
method метод; способ
   ~ of average метод средних
   ~ of integer forms метод целочисленных форм
   ~ of leading averages метод ведущих средних
   ~ of leading variables метод ведущих переменных
   ~ of linearization метод линеаризации
   ~ of maximum likelihood метод максимального правдоподобия
   ~ of moments метод моментов
   ~ of potentials метод потенциалов
   ~ of sampling выборочный метод
   ~ of smoothing метод сглаживания
   ~ of solution метод решения
   ~ of successive approximations метод последовательных приближений
   access ~ метод выборки; метод доступа
   accrual ~ кумулятивный метод
   approximation ~ способ аппроксимации

method

basic access ~ базовый метод доступа
bit-by-bit code changing ~ смена кода для каждого информационного двоичного символа; схема с поразрядным изменением кодов
branch-and-bound ~ метод ветвей и границ
building ~ метод стандартных блоков; метод унифицированных модулей
checksum ~ метод контрольных сумм
component ~ метод компонентов
critical path ~ метод критического пути
cut-and-try ~ метод проб и ошибок
demon ~ метод-демон
direct-access ~ прямой метод доступа
dual simplex ~ двойственный симплексный метод
finite-difference ~ метод конечных разностей
finite-element ~ проекционный метод
first-in-first-out ~ метод обслуживания в порядке поступления (*метод обслуживания типа очередь*)
flooding packet routing ~ метод волновой маршрутизации пакетов (*предполагает передачу принятых пакетов всеми установками в широковещательном режиме*)
gradient ~ градиентный метод
gradient projection ~ метод проекции градиента
graduation ~ метод сглаживания
graph ~ графический метод
graphic analysis ~ графико-аналитический метод
hierarchical access ~ иерархический метод доступа
image coding ~ метод кодирования изображений
index ~ метод индексов
indexed sequential access ~ метод индексно-последовательного доступа
inference ~ стратегия вывода
interview ~ метод интервью
iteration ~ итерационный метод
last-in-first-out ~ метод обслуживания в обратном порядке (*метод обслуживания типа стек или магазин*)
least-square ~ метод наименьших квадратов
matrix ~ матричный метод
maximum likelihood ~ метод максимального правдоподобия
network ~ сетевой метод
nonquantitative ~s неколичественные методы
nonsequential ~ непоследовательный метод
numerical ~ численный метод
one-factor-at-a-time ~ метод раздельного исследования факторов
point ~ точечный метод
point-estimation ~ метод точечных оценок
point-to-point packet routing ~ метод двухпунктовой маршрутизации пакетов
prediction-correction ~ метод предиктор-корректор
public key encryption ~ метод шифрования с открытым ключом
queued access ~ метод доступа с очередями
queued sequential access ~ метод последовательного доступа с очередями
queued telecommunication access ~ телекоммуникационный метод доступа с очередями

ranking ~ метод упорядочения
ray-casting ~ метод отслеживания лучей
residual ~ метод остаточных чисел
sampling ~ выборочный метод
shortcut ~ ускоренный метод
simplex ~ симплексный метод
simulation ~ метод моделирования
snap-study ~ метод хронометрирования по отдельным отсчетам
snapback ~ метод хронометрирования по отдельным отсчетам
step-by-step ~ метод последовательных операций; пошаговый метод
stochastic approximation ~ метод стохастической аппроксимации
try-and-error ~ метод проб и ошибок
variation ~ вариационный метод
variational ~ вариационный метод
virtual storage access ~ виртуальный метод доступа
virtual telecommunication access ~ виртуальный телекоммуникационный доступ
methodology методология; принцип
  excursion tour ~ методология экскурсовода (*в построении адаптивных интерфейсов*)
  fill-in-blanks ~ метод форматированных бланков (*способ взаимодействия с базой данных*)
  rapid prototyping ~ методология быстрого макетирования
  software development ~ методология разработки программного обеспечения
  software ~ методология (*принципы организации*) проектирования программных средств

metric 1. мера; показатель **2.** система показателей, метрика ‖ метрический
  routing ~ информация о прохождении маршрута
  software ~s метрика программного обеспечения
MFC [Microsoft foundation classes] библиотека базовых классов корпорации Microsoft
MFLOPS [million floating-point operations per second] миллион операций с плавающей точкой в секунду; мегафлопс (*единица измерения быстродействия ЭВМ*)
MFM [modified FM] модифицированная частотная модуляция
MHS [message handling system] служба обработки сообщений; служба управления сообщениями
Mhz МГц; мегагерц
MIB [management information base] база управляющей информации
micro микро
microassembler микроассемблер
microcircuit микросхема; миниатюрная схема
  custom ~ заказная микросхема
  digital ~ цифровая микросхема
  silicon-base ~ кремниевая микросхема
  thin-film ~ тонкопленочная микросхема
microcode 1. микрокоманда; микрокод **2.** микропрограмма; система микрокоманд; набор (состав) микрокоманд
microcoding микропрограммирование
microcomputer микрокомпьютер; микроЭВМ
  single-board ~ одноплатная микроЭВМ

microcomputer-based со встроенной микроЭВМ; микрокомпьютерный

microcomputing применение микроЭВМ; применение микропроцессоров

microcontroller микроконтроллер

microelectronics:
   solid-state ~ электроника твердых схем
   thin-film ~ тонкопленочная микроэлектроника

microelement:
   transistor ~ микротранзистор

microfile микрофайл; микрофайловая система

microfloppy гибкий микродиск *(диаметром менее 4 дюймов)*

micrographics:
   computer ~ машинная микрографика

microinstruction микрокоманда
   vertical ~ вертикальная микрокоманда

microperipherals микропериферийное оборудование *(малогабаритные периферийные устройства для микроЭВМ)*

microphone микрофон

microprocessor микропроцессор ‖ микропроцессорный ‖ с микропроцессорным управлением
   one-chip ~ однокристальный микропроцессор
   support ~ вспомогательный микропроцессор; поддерживающий микропроцессор

microprocessor-based микропроцессорный

microprogram микропрограмма

microprogrammable микропрограммируемый

microprogramming микропрограммирование
   diagonal ~ диагональное микропрограммирование
   vertical ~ вертикальное микропрограммирование

microroutine микропрограмма

microvariable микропеременная

MID формат представления звука

middleware 1. межплатформное ПО; связующее ПО **2.** микропрограммные средства; программы, записанные в ПЗУ

MIDI [musical instruments digital interface] цифровой интерфейс музыкальных инструментов *(стандарт сопряжения электронных музыкальных инструментов с компьютером и программным обеспечением)*
   general ~ спецификация звукового синтезатора *(разработана Ассоциацией производителей MIDI-устройств)*

midpoint срединная точка

midrange полусумма крайних значений

migration миграция ‖ миграционный
   across-the-wire ~ миграция через сеть
   file ~ миграция файла
   surface ~ поверхностная миграция

milestone 1. промежуточный отчет **2.** этап

milti-address многоадресный

MIMD [multiple Instruction - multiple data] много команд - много данных; МКМД

MIME [multipurpose Internet multimedia extensions] многоцелевые расширения почты в Интернет

mimic воспроизводить

mini мини

mini-tower мини-башня *(одна из модификаций корпуса ПК)*

miniassembler миниассемблер

minicomputer миникомпьютер

minimand минимизируемый показатель
minimaxing минимакс
minimization минимизация
   conditional ~ условная минимизация
   constrained ~ условная минимизация
   stepwise ~ многошаговая минимизация
minimize 1. минимизировать 2. свернуть
minimizing минимизация
minimum минимальный
   absolute ~ абсолютный минимум; глобальный минимум
   constrained ~ условный минимум
   global ~ глобальный минимум
   local ~ локальный минимум
mining:
   data ~ извлечение информации из данных *(технология анализа хранилищ данных, базирующаяся на методах ИИ)*
minor младший
minus минус
   unary ~ унарный минус
MIPS [million instructions per second] миллион команд в секунду *(единица измерения быстродействия ЭВМ)*
mirror 1. зеркало 2. оптический
mirroring зеркальное отражение; симметричное отражение
   disk ~ зеркалирование дисков; зеркальное дублирование дисков
   software ~ программное зеркалирование
MIS [management information systems] 1. администратор информационной системы 2. информационно-управляющая система
misaligned расположенный на неправильной границе

misbehavior аномальное поведение; неправильное функционирование
miscalculation ошибка в вычислении; неверный расчет; просчет
misconfigure неправильно задать конфигурацию
misconfigured неправильно заданный
misfunction функционировать неправильно
mishandling нерациональная операция; лишняя операция
mismatch 1. несовпадение; несоответствие ‖ не совпадать; не соответствовать 2. рассогласование ‖ рассогласовывать 3. неправильный подбор ‖ неверно подбирать
   parameter ~ несоответствие параметров
misoperation 1. неправильная операция 2. неправильная работа; ложное срабатывание
misprint опечатка; ошибка при печати
miss 1. несовпадение 2. неудача *(при поиске)* 3. пропадание; выпадение
missing отсутствующий
misspelling орфографическая ошибка
mistake ошибка *(человека)*
mistake-proof защищенный от ошибок
mistuning нарушение настройки; расстройка
mistype неправильно набирать на клавиатуре
misuse неправильное обращение
MITV [Microsoft interactive TV] операционная система для интерактивного телевидения
mix:
   ~ **of experience** совокупность профессиональных данных; совокупность профессиональных знаний

mix

    instruction ~ смесь команд
mixer:
    audio ~ звуковой микшер; звукомикшер
    digital audio ~ цифровой звукомикшер
mixing смешанный
    image ~ микширование изображений *(наложение изображений разных плоскостей на дисплее)*
MLP [multi license pack] пакет многопользовательских лицензий
MMCD [multimedia compact disk] стандарт на CD-ROM большой емкости *(предложен фирмами Sony и Philips Electronics)*
MMCF [Multimedia Communications Forum] организация по выработке стандартов в области мультимедиа
MMDF [multi memorandum distribution facility] новейшая технология электронной почты в среде ОС UNIX для сетевых систем
MMF [multimedia movefile format] формат перемещения файлов в мультимедиа-системах
MMI [man-machine interface] взаимодействие человек-машина
mnemonic мнемонический; символический
mnemonics мнемоника; символика
MNP [Microcom networking protocol] набор протоколов передачи сообщений по телефонным сетям
mod по модулю
mode 1. вид; тип 2. метод 3. *стат.* мода; наиболее вероятное значение 4. принцип 5. режим *(работы)* 6. состояние 7. способ; метод; принцип *(работы)*
    ~ of operation способ работы; метод работы; режим работы
    access ~ метод доступа; режим доступа
    addressing ~ способ адресации

    append ~ режим дозаписи *(в последовательный файл)*
    attraction ~ демонстрационный режим
    auto-indent ~ режим автоматического отступа
    background ~ фоновый режим *(обработки заданий)*
    base ~ базовый режим
    batch ~ пакетный режим; режим пакетной обработки
    block ~ блочный режим *(передачи данных)*
    broadcast ~ широковещательный режим; режим рассылки
    burst ~ монопольный режим
    capitals ~ режим прописных (заглавных) букв *(при работе с клавиатурой дисплея)*
    comm ~ режим общения, разговор *(системных программистов друг с другом через систему посредством своих терминалов)*
    command ~ командный режим; режим подачи команд
    communication ~ режим связи
    compatibility ~ режим эмуляции
    condensed display ~ режим сжатого экрана
    contention ~ состязательный режим
    conversational ~ диалоговый режим
    data-in ~ режим ввода данных
    data-out ~ режим вывода данных
    dialog ~ диалоговый режим
    display ~ режим визуального отображения *(данных)*; режим работы с выводом на дисплей; экранный режим
    draft ~ черновая печать *(режим быстрой, но менее качественной печати у ряда принтеров)*
    dual-processor ~ двухпроцессорный режим

edit ~ режим редактирования
enhanced ~ расширенный режим
event input ~ ввод с очередями
exclusive usage ~ монопольный режим использования
failure ~ 1. вид отказа 2. состояние отказа (*системы*)
file ~ режимный код файла (*описывающий его класс и права доступа пользователей*)
fly-through ~ режим наблюдения с высоты птичьего полета
free-running ~ режим свободного доступа
full-screen (display) ~ полноэкранный режим (*работы дисплея в отличие от полиэкранного*)
graphic ~ графический режим; режим графического представления данных
graphics ~ режим отображения графической информации; графический режим
help ~ режим выдачи консультативной информации (*пользователю*); консультативный режим
idle ~ нерабочий режим
indexed ~ режим индексирования
insert ~ режим вставки
interactive ~ интерактивный режим
interactive query ~ запросноответный режим
interpretive ~ режим интерпретации
inverse video ~ режим выдачи негативного изображения
kernel ~ режим ядра
keyboard ~ клавиатурный режим; режим ввода с клавиатуры
learn ~ режим обучения
local ~ автономный режим

lock ~ режим блокировки
manual ~ ручной режим
mapped ~ режим с управлением памятью
master ~ привилегированный режим
move ~ режим пересылки
multitask ~ многозадачный режим
native ~ режим работы в собственной системе команд
noninterlaced display ~ режим строчной развертки без чередования
nonwrap ~ режим без автоматического перевода строки
off-line ~ автономный режим
on-line ~ оперативный режим; интерактивный режим; *проф.* онлайновый режим
operating ~ рабочий режим
overwrite ~ режим замены; режим надпечатки
page ~ страничный режим
pipeline ~ режим конвейерной обработки; конвейерный режим
posted-write ~ режим отложенной записи
protected ~ защищенный режим
query ~ справочный режим
question-answer ~ вопросно-ответный режим
ready ~ режим готовности
real ~ реальный режим
real address ~ режим реальной адресации
real time ~ режим реального времени
replace ~ режим замещения
run ~ режим прогона (*программы*)
scope ~ экранный режим
screen ~ экранный режим
shear ~s колебание сдвига
side ~s соседняя мода
slave ~ непривилегированный режим

slotted ~ режим с выделением квантов времени
space-charge ~s волна объёмного заряда
spin-vawe ~ мода спиновой волны
split-screen ~ полиэкранный режим *(работы дисплея, в отличие от полноэкранного)*
spurious ~s паразитная мода
spy ~ режим контрольных точек
stable ~s установившаяся мода
stationary ~s установившаяся мода
stream ~ пакетный режим; режим пакетной обработки; монопольный режим *(работы канала связи)*
supervisor ~ режим супервизора
task ~ режим задачи
test ~ режим проверки; тестовый режим
text ~ текстовый режим
through ~ режим работы на проход
total-failure ~ режим полного отказа; состояние полного отказа
tracing ~ режим трассировки
tracking-cross ~ режим отслеживания *(светового пера)*
training ~ режим обучения
transparent ~ «прозрачный» режим *(передачи данных)*
trapped ~s подавленная мода
triggering ~s тип запуска
twister ~s спиральная мода
undesired ~s нежелательная мода
unoperable ~ режим простоя *(в работе устройства)*
unperturbed ~s невозмущенная мода
unwanted ~s нежелательная мода
usage ~ режим использования
user ~ режим пользователя
user-operation ~ режим работы с пользователем; пользовательский режим
verification ~ режим контроля *(на соответствие требованиям)*
virtual address ~ режим виртуальной адресации
wave ~ тип волны; тип колебаний
wrong ~ неверно выбранный режим
WYSIWYG ~ режим WYSIWYG, режим точного отображения *(режим полного графического соответствия изображения на экране печатному варианту документа)*

model модель; образец ‖ моделировать
abstract ~ абстрактная модель
abstract ~ building абстрактное моделирование
allocation ~ модель распределения
analytical ~ аналитическая модель
associative ~ ассоциативная модель
autonomous ~ автономная модель
autoregressive ~ авторегрессионная модель
backlogging ~ модель с задалживанием роста заказов
battle ~ модель боя
behavioral ~ модель поведения
binomial ~ биномиальная модель; биномиальное распределение
chip-level ~ модель уровня интегральных схем
clay-clay ~ жесткая модель
closed ~ замкнутая модель
coalition ~ модель коалиции

model

cobweb ~ паутинообразная модель
cognitive ~ когнитивная модель
color ~ цветовая модель
communication ~ модель общения
computational ~ вычислительная модель
computer ~ машинная модель
conceptual ~ концептуальная модель
consulting ~ консультирующая программа
continuous-time ~ модель для непрерывного времени
cyclic queuing ~ циклическая модель массового обслуживания
data ~ модель данных
decision ~ модель принятия решений
decision-theory ~ модель выбора решений; модель принятия решений
diagrammatic ~s графические модели
diagrammatical ~s графические модели
discrete-time ~ модель для дискретного времени
double-risk ~ модель с двойным риском
dynamic ~ динамическая модель
dynamic programming ~ модель динамического программирования
entity-relationship (ER) ~ модель (типа) «объект - отношение»; модель (типа) «сущность-связь» (*в реляционных базах данных*)
equilibrium ~ модель равновесия
estimation ~ модель оценивания
exponential growth ~ модель экспоненциального роста
finite-horizon ~ модель с конечным интервалом
fixed-horizon ~ модель с постоянным интервалом
fixed-service-level ~ модель с фиксированным уровнем обслуживания
formal ~ формальная модель
game ~ игровая модель
game-theory ~ теоретико-игровая модель
general duel ~ общая модель дуэли
generalized ~ обобщенная модель
generic ~ типовая модель
global ~ глобальная модель
imaging ~ модель изображений
interindustry programming ~ межотраслевая модель программирования
interruption ~ модель с возможностью прерывания обслуживания
knowledge ~ модель знаний
labyrinth ~ лабиринтная модель
language ~ модель языка
learning ~ модель обучения
linear ~ линейная модель
linear programming ~ модель линейного программирования
linear regressive ~ линейный регрессионная модель
linguistic ~ лингвистическая модель
logical ~ логическая модель
logical-linguistic ~ логико-лингвистическая модель
many-server ~ многоканальная модель
master-workers ~ модель хозяин-работники
matrix ~ матричная модель
moving-average ~ модель скользящего среднего
multichannel priority ~ многоканальная модель с приоритетами

model

multifactor ~ многофакторная модель
multiple ~ многоуровневая модель; многоаспектная модель
multistation queuing ~ многоканальная модель обслуживания
network ~ сетевая модель
no-backlog ~ модель без задалживания заказов
no-queue ~ модель без образования очереди
non-poisson ~ непуассоновская модель
nondestructive register ~ регистровая модель без разрушения
object ~ объектная модель
one-factor ~ однофакторная модель
one-period ~ однопериодная модель
open ~ открытая модель; разомкнутая модель
operations research ~ модель исследования операций
phenomenological ~ феноменологическая модель
pictorial ~ графическая модель
poisson ~ пуассоновская модель
predictive ~ прогнозирующая модель
preference ~ модель предпочтений
priority ~ модель с приоритетами
probability ~ вероятностная модель; стохастическая модель
prognostic ~ прогностическая модель
queuing ~ модель массового обслуживания; модель очереди
random ~ вероятностная модель; стохастическая модель
reduced ~ упрощенная модель
regression ~ регрессионная модель
relational ~ реляционная модель

scaling ~ шкальная модель
security ~ модель механизма защиты *(системы от несанкционированного доступа)*
semi-poisson ~ полупуассоновская модель
seven-layer ~ семиуровневая модель *(сети)*
shortest-route ~ модель выбора кратчайшего пути
sign ~ знаковая модель
simplex ~ симплексная модель
simulation ~ имитационная модель
single-channel ~ одноканальная модель
single-period ~ однопериодная модель
single-phase ~ однофазовая модель
single-server ~ односерверная модель
singular ~ одноуровневая модель; одноаспектная модель
software ~ программная модель
solid ~ объемная модель *(трехмерного объекта в машинной графике)*; сплошная модель *(в отличие от каркасной)*
sophisticated ~ усложненная модель; модель высокой сложности
static equilibrium ~ модель статического равновесия
static inventory ~ статическая модель управления запасами
static ~ статическая модель
station-to-station ~ многошаговая модель
stochastic ~ вероятностная модель
stream of characters ~ модель в виде единой цепочки символов; цепочно-символьная (потоковая) модель
substitution ~ подстановочная модель

three-dimensional ~ трехмерная модель
transportation ~ транспортная задача
transshipment ~ модель перевозок с промежуточными пунктами
trend-free ~ модель с отсутствием тренда
two-class priority ~ модель с приоритетами двух типов
two-echelon ~ двухступенчатая модель
two-sector ~ двухсекторная модель
two-state ~ модель с двумя состояниями
«typewriter" ~ машинописная модель *(представления редактируемого текста на экране)*
user ~ модель пользователя
waiting line ~ модель очереди
wire-frame ~ каркасная модель *(трехмерного объекта в машинной графике)*
world decision ~ всеобщая модель решений
world ~ модель мира
model-based основанный на (использовании) модели
modeler разработчик модели
  metadata ~ (подсистема) моделирования метаданных
modeless безрежимный
modelling построение модели; моделирование
  cognitive ~ когнитивное моделирование
  computational ~ численное моделирование
  empirical ~ построение эмпирической модели
  generative ~ обобщенное моделирование
  global ~ глобальное моделирование
  mathematical ~ математическое моделирование
  probabilistic ~ вероятностное моделирование; стохастическое моделирование
  software ~ программное моделирование
  statistical ~ статистическое моделирование
modem модем
  A-~ [acoustic modem] акустический модем
  burst data ~ модем для передачи данных в виде информационных посылок *(в пакетном режиме)*
  fax- ~ факс-модем
  high-speed ~ высокоскоростной модем
  integrated ~ встроенный модем
  null ~ нуль-модем
modifiability модифицируемость
modification модификация; модифицирование; (видо)изменение
modifier модификатор
modify модифицировать
modular модульный
modularity модульность
  coincidental ~ случайная модульность *(при отсутствии связи между функциями системы)*
  design ~ 1. конструктивная модульность; модульность конструкции 2. модульный принцип проектирования
modularization разбиение на модули
modulation:
  chip ~ модуляция многоэлементной последовательностью
  single-sided angle ~ угловая однополюсная модуляция
  spurious ~ паразитная модуляция
  stark ~ штарковская модуляция

modulation

telemetring ~ телеметрическая модуляция
time ~ временная модуляция
velocity ~ модуляция по скорости
vibration ~ вибрационная модуляция
z-axis ~ модуляция яркости
module модуль
  add-in ~ модуль расширения; (встраиваемый) модуль дополнения
  add-on ~ модуль расширения (*напр. функций системы*)
  application ~ прикладной модуль
  code ~ программный модуль
  data ~ винчестерский диск
  definitions ~ модуль определений
  dummy ~ фиктивный модуль
  expansion ~ расширительный модуль
  explanation ~ модуль объяснения (*в экспертных системах*)
  faulty ~ отказавший модуль; неисправный модуль
  generic ~ унифицированный модуль
  hardware ~ аппаратный модуль
  implementation ~ модуль реализации
  interface ~ интерфейсный модуль
  load ~ модуль загрузки; загрузочный модуль
  object ~ объектный модуль
  overlay ~ *проф.* оверлейный модуль
  power ~ блок питания
  processor ~ процессорный модуль
  relocatable ~ перемещаемый модуль
  replacement ~ модуль замены; резервный модуль
  software ~ модуль (системы) программного обеспечения; программный модуль
  source ~ исходный модуль; модуль с программой на входном языке (*транслятора*)
  stacked ~ пакетированный модуль
  thin-film ~ тонкопленочный модуль
  three dimensional ~ объемный модуль
  two-dimensional ~ плоский модуль
  welded ~ сварной модуль
modulus:
  shear ~ модуль сдвига
monetary денежный
monitor 1. монитор; устройство отображения **2.** управляющая программа; монитор; диспетчер **3.** осуществлять текущий контроль, контролировать
  basic ~ базисный монитор (*резидентная часть операционной системы*)
  batch ~ монитор пакетного режима
  black and white ~ черно-белый монитор; монохромный монитор
  color ~ цветной монитор
  composite ~ комбинированный монитор (*монитор с комбинированным изображением, в котором красный, зеленый и синий цвета кодируются совместно, в одном сигнале*)
  CRT ~ монитор на электронной трубке (*кинескопе*)
  debug ~ отладочный монитор (*программа*); отладчик
  enhanced RGB ~ RGB-монитор с расширенными возможностями
  monochrome ~ монохромный монитор

multiscan ~ монитор многократного сканирования
multisync ~ монитор многократного сканирования
RGB [red, green, blue] ~ RGB-монитор; цветной монитор *(с раздельными входными сигналами красного, зеленого и синего цветов)*
sequence ~ планировщик
system ~ системный монитор
telecommunication ~ телекоммуникационный монитор; монитор телекоммуникационного доступа
test ~ контрольный монитор
time-sharing ~ монитор разделения времени
video ~ видеомонитор
monitoring 1. наблюдение **2.** управление
  remote ~ дистанционный контроль
monoboard 1. одноплатный **2.** с одним типом плат
monochrome монохромный
monodatabase монобазовый
monotonic монотонный
morphic морфический
morphing трансформация; морфинг *(плавное преобразование одного изображения в другое с помощью геометрических операций и цветовой интерполяции)*
mortality выход из строя
motherboard системная плата; материнская плата; объединительная плата
Motif стандарт на графический интерфейс пользователя для ОС UNIX
motions:
  simultaneous ~ одновременно выполняемые движения
mount:

tunnel diode ~ головка туннельного диода
waveguide ~ волноводная головка
mounting 1. монтаж; сборка; установка **2.** шасси
mouse координатный манипулятор «мышь»; *проф.* мышь; мышка
◊ ~ **attached** присоединенная мышь
  cordless ~ беспроводная мышь
  left-handed ~ мышь для левши
  multibutton ~ многоклавишная мышь
  optical ~ оптическая мышь
  pen ~ перьевая мышь
  single-button ~ одноклавишная мышь
  tailless ~ «бесхвостая» мышь *(без соединительного кабеля)*
  trackball ~ трекбол-мышь
MOV формат воспроизведения видео
movable подвижный
move 1. движение; перемещение ‖ перемещать; двигать **2.** передача с изменениями; модифицирование **3.** пересылка ‖ пересылать; переслать *(название команды)* **4.** ход *(в игре)* **5.** управлять ◊ ~ **around** перемещаться; передвигаться *(между объектами)*; ~ **to a file** переместиться к нужному файлу
  area ~ перемещение (отдельных) областей *(на экране дисплея)*
movement движение; перемещение
◊ ~ **over time** движение во времени
  ~ **of carriage** движение (ход) каретки
  data ~ перемещение данных; продвижение данных *(в системе)*
  random ~s случайные колебания; случайные отклонения

movie (кино)фильм
moving движение ◊ **~ pages around** листание страниц
MPC [multimedia personal computer] мультимедиа-ПК; стандарт MPC
MPEG [Moving Picture Expert Group] **1.** группа экспертов в области кино **2.** стандарт MPEG *(открытый стандарт на сжатие и развертку движущегося изображения)* **3.** кодек MPEG
MPP [massive parallel processing] компьютеры с массовым параллелизмом
MRTCI [Microsoft real-time compression interface] стандарт на сжатие, используемый в программе SuperStor
MS-DOS [Microsoft disc operating system] дисковая операционная система корпорации Microsoft; МС-ДОС
MSH [multi-services hub] многоцелевой формирователь канала *(разработка фирмы 3COM)*
MSI [medium-scale integration] интегральная схема средней степени интеграции; ИС
MSN [Microsoft Network] сетевая служба Microsoft
MSP растровый формат
MTBF [mean time between failures] среднее время наработки на отказ
multi-echelon многоступенчатый
multi-MIPS сверхбыстродействующая машина *(обладающая быстродействием в несколько миллионов команд в секунду)*
multi-objective многоцелевой
multi-page многостраничный
multi-sided многосторонний
multi-treads многопотоковый; мультитредовый
multi-user многопользовательский

multiaccess коллективного пользования *(о вычислительной системе)*; коллективный доступ; мультидоступ; множественный доступ; с множественным доступом *(о памяти)*
multiaddress многоадресный
multiaspect сложный
multiattribute 1. многопризначный **2.** со многими атрибутами *(об отношении между объектами в реляционных базах данных)*
multibutton многоклавишный
multibyte многобайтовый
multicast 1. одновременная передача нескольким абонентам **2.** многопунктовый
multicasting многоадресная передача; многоканальная циркулярная рассылка *(сообщений)*
IP ~ спецификация IETF на одновременную передачу одного IP-пакета по нескольким адресам
multicensored многократно цензурированный
multichannel многоканальный
multicolor многоцветный
multicomputing обработка данных в многомашинной *или* многопроцессорной системе
multidatabase многобазовый; мультибаза данных *(состоящая из нескольких локальных баз данных, объединенных в сеть)*
multidestination многоадресный
multidimentional многомерный
multidrive с несколькими дисководами
multifunction многофункциональный
multifunctional многофункциональный
multigraph множественный граф
multiimage полиэкранное изображение; полиэкранный

multilayer многослойный; многоуровневый
multilevel многоуровневый
multilingual многоязычный
multilinked многосвязный
multilist мультисписок
multimedia *проф.* мультимедиа *(обработка данных разных типов: текстовых, видео-, аудио-, графических, мультипликационных)*
   interactive ~ интерактивная мультимедиа-система
multipass многопроходный
multiple 1. кратное число 2. множественный
   the least common ~ наименьший общее кратное
multiple-access коллективного пользования; с множественным доступом
multiple-address многоадресный
multiple-aspect многоаспектный
multiple-meaning многозначный
multiple-valued многозначный; неоднозначный
multiple-windows полиэкранный; *проф.* многооконный
multiplex мультиплексный
   time-division ~ временное уплотнение каналов
multiplexer мультиплексор
multiplexing мультиплексирование
   byte ~ побайтовое мультиплексирование
   demand ~ динамическое мультиплексирование
   dynamic ~ динамическое мультиплексирование
   time division ~ временное уплотнение каналов; временное мультиплексирование
multiplicand множитель
multiplication умножение
   hardware ~ аппаратное умножение

multiplier 1. множитель 2. мультипликатор
   dynamic ~ динамический мультипликатор
   linear ~ линейный мультипликатор
   matrix ~ матричный мультипликатор
   nonlinear ~ нелинейный мультипликатор
   time-division ~ время-импульсный умножитель
   varactor ~ умножитель на варакторе
multiply умножать
multipoint многоточечный; многопунктовый *(о линии связи)*
multiport многопортовый
multiprocessing мультиобработка *(одновременное выполнение нескольких алгоритмов)*
   asymmetrical ~ асимметричная многопроцессорность
multiprocessor 1. многопроцессорная система 2. мультипроцессор
   stacked ~ многопроцессорная система с сильной связью
multiprogramming мультипрограммирование
multiprotocol многопротокольный
multipurpose многоцелевой; универсальный
multiqueue система с несколькими очередями
multiscreen полиэкранный; с одновременной демонстрацией нескольких сюжетов на одном экране
multisequencing распараллеливание *(программы на несколько ветвей)*
multiset мультимножество
multistage многоступенчатый
multistation многостанционный

multistationing 1. многостанционная сеть; многостанционный **2.** с многими внешними устройствами; с многими абонентскими пунктами
multistep многошаговый; многоэтапный
multitask многозадачный
multitasking 1. многозадачная работа; многозадачный режим *(работы)* **2.** многозадачный; мультизадачный
  preemptive ~ вытесняющая многозадачность
multiterminal многотерминальный
multithread процесс с параллельными потоками команд
multithreading многопоточная обработка; многопоточный режим; организация многопоточной обработки
multiuser многоабонентский; многопользовательский; с многими пользователями
multivalued многозначный; неоднозначный
multivariable многоаспектный
multivariate многомерный
multivolume многотомный
multiway многоканальный
music:
  background ~ музыкальный фон
muting:
  audio ~ бесшумная настройка
mutual взаимный
mutually взаимно
myriad большое число

N

N-slot N-гнездовая объединительная плата
nadir низшая точка
name имя; название; наименование
  argument ~ имя аргумента
  array ~ имя массива
  assumed ~ псевдоним
  base ~ основное имя
  brand ~ класс фирм с мировыми именами, производящих высококачественную компьютерную технику
  command ~ имя команды
  compound ~ составное имя
  descriptive ~ подробное имя
  device ~ имя устройства
  entry ~ имя входа *(напр. в программу)*
  external ~ внешнее имя
  file ~ имя файла
  function ~ имя функции
  generic ~ родовое имя
  global ~ глобальное имя
  group ~ групповое имя
  internal ~ внутреннее имя
  local ~ локальное имя
  logical ~ логическое имя
  menu ~ имя меню
  path ~ путь доступа
  program ~ имя программы
  pseudo-variable ~ имя псевдопеременной
  qualified ~ составное имя
  share ~ сетевое имя
  simple ~ простое имя
  symbolic ~ символическое имя; символическое наименование; символическое название
  system ~ имя системы; название системы; системное имя
  tree ~ составное имя
  unique ~ уникальное имя
  variable ~ имя переменной
named именованный
naming присваивание имен
narrative комментарий; примечание *(к программе)*
narrowband узкополосный канал
nationality (выбранный) язык клавиатуры
native собственный

native-mode родной
natural естественный; натуральный
nature:
   probabilistic ~ вероятностный характер
navigate перемещать
navigation передвижение; перемещение; *проф.* навигация
   keyboard ~ управление клавиатурой
NB-PCS [narrowband personal communications services] служба узкополосной двусторонней персональной связи
NBC [National Broadcasting Company] Национальная вещательная компания; Эн-би-си
NCP [NetWare core protocol] протокол ядра NetWare
NCSA 1. [National computer security Association] Национальная ассоциация по компьютерной безопасности **2.** [National Center for supercomputing application] Национальный Центр по приложениям для суперкомпьютеров
NDIS [network driver interface specification] спецификация интерфейса сетевых драйверов
NDPS [NetWare Distributed Print Services] обслуживание распределенной печати в среде NetWare
NDS [NetWare directory services] - служба каталога NetWare
near ближний
necessary:
   unless ~ без необходимости
needle игла
   print ~ печатающая игла
needs нужды; потребности
   communication ~ потребности в информационном обмене
   informational ~ информационные потребности
   user ~ потребности пользователя
negate 1. инвертировать **2.** выполнять (логическую) операцию НЕ; выполнять операцию отрицания
negation отрицание *(логическая функция или операция)*
   logical ~ логическое отрицание
negative 1. знак минус **2.** негатив ‖ негативный **3.** отрицание ‖ отрицательный **4.** отрицательная величина
negligible пренебрежимо малый
negotiation согласование *(взаимодействия двух абонентов сети)*
neighborhood окрестности
neighboring соседний
neighbourhood:
   network ~ сетевое окружение
nest гнездо
   block ~ гнездо блоков
   cycle ~ гнездо циклов
   thesaurus ~ гнездо тезауруса
nested вложенный; гнездовой
nesting 1. вложение; вложенность **2.** вложенная структура **3.** формирование вложения
   ~ **of statements** вложение операторов; вложенность операторов
   block ~ вложение блока
   cycle ~ вложение цикла
   statement ~ вложение операторов
net 1. сеть; сетка ‖ сетевой **2.** сетевой график **3.** схема; цепь
   backbone ~ основная сеть; базовая сеть
   broadcasting ~ сеть с широковещательной рассылкой сообщений; широковещательная сеть
   business-communications ~ сеть деловой связи
   circuit-switched ~ сеть с коммутацией каналов
   computer ~ сеть ЭВМ; вычислительная сеть

net

~ concentrator ~ сеть с концентраторами
~ despotic ~ сеть с принудительной синхронизацией
~ discrimination ~ классификационная сеть
~ feedforward ~ сеть с механизмом прогнозирования событий
~ high-flux ~ сеть с большой плотностью потока *(информации)*
~ homogeneous computer ~ однородная сеть
~ host-based ~ сеть с ведущей машиной
~ inference ~ сеть вывода
~ instrument communications ~ сеть передачи данных измерений; измерительная сеть
~ integrated services ~ сеть с предоставлением комплексных услуг
~ local area ~ локальная сеть
~ long-haul ~ глобальная сеть; сеть с протяженными линиями *(связи)*
~ multiple-token ~ сеть с множественным маркерным доступом
~ multipoint ~ многоточечная сеть; сеть с большим количеством узлов
~ multistation ~ многостанционная сеть
~ multiterminal ~ 1. многополюсник 2. многотерминальная сеть
~ nonpartitionable ~ нераспадающаяся сеть *(сохраняющая целостность при отказах узлов)*
~ office ~ учрежденческая сеть
~ packet switched ~ сеть с пакетной коммутацией; сеть с коммутацией пакетов *(данных)*
~ partitionable ~ распадающаяся сеть *(не сохраняющая целостность при отказах узлов)*
~ peer-to-peer ~ сеть с равноправными узлами
~ personal-computer ~ сеть персональных ЭВМ; сеть ПЭВМ
~ public data ~ общедоступная сеть передачи данных
~ queuing ~ сеть массового обслуживания
~ resource-sharing ~ сеть с коллективным использованием ресурсов
~ ring(-topology) ~ сеть с кольцевой топологией; кольцевая сеть
~ semantic ~ семантическая сеть
~ token-bus-based (token-passing)~ сеть с маркерным доступом; сеть с эстафетной передачей маркера
~ transport ~ сеть транспортировки сообщений; транспортная сеть
~ value-added ~ 1. сеть повышенного качества 2. сеть с дополнительными услугами; сеть с дополнительными возможностями или средствами
~ wide-area ~ глобальная сеть; широкомасштабная сеть
~ X. 25 ~ сеть с протоколом X. 25

NetBEUI [NetBIOS extended user interface] расширенный пользовательский интерфейс NetBIOS

NetBIOS [network basic input/output system] Сетевая базовая система ввода-вывода

netiquette сетевой этикет

NetNews служба сетевых новостей Интернет

NetView система сетевого управления в SNA *(разработка фирмы IBM)*

NetWare сетевая операционная система для локальных сетей *(разработка фирмы Novell)*

network сеть
~ of queues многоканальная система обслуживания

network

algorithmic ~ алгоритмическая сеть
argumented transition ~ расширенная сеть переходов
associative ~ ассоциативная сеть
augmented transition ~ расширенная сеть переходов
backbone ~ базовая сеть; магистральная сеть; основная сеть
broadband local area ~ широкополосная локальная сеть
broadcast ~ широковещательная сеть
cable ~ сеть кабельного телевидения; кабельная телесеть; сеть КТВ
causal ~ причинно-следственная сеть
computer ~ вычислительная сеть
connection oriented ~ сеть с явными соединениями
connectional ~ соединительная сеть
data ~ сеть передачи данных
dedicated file-server ~ сеть с выделенным сервером
degraded ~ сеть с ухудшенными характеристиками обслуживания
dense ~ сеть с плотным расположением узлов
entire ~ вся сеть
extensional semantic ~ семантическая экстенсиональная сеть
fixed-site ~ сеть со стационарными абонентами
flat ~ однородная сеть
fully connected ~ полносвязная сеть
fully operational ~ полностью задействованная сеть
hevily loaded ~ сеть повышенной интенсивности
hierarchical ~ иерархическая сеть, сеть с иерархической структурой

highly dynamic ~ сеть с большими возможностями по изменению топологической структуры по времени
highly loaded ~ сеть с большой загрузкой
inference ~ сеть вывода
ladder ~ многозвенная схема
lightly loaded ~ сеть с малой загрузкой
local area ~ локальная сеть
long-haul ~ сеть дальней связи
loop ~ сеть с кольцевой топологией
mesh ~ 1. ячеистая сеть 2. смешанная сеть
minimal acceptable ~ минимально приемлемая сеть
multihop ~ многопролетная сеть
non-homogenous ~ сеть с неоднородной структурой
one-way ~ однонаправленная сеть; сеть односторонней связи
packet switched ~ сеть с пакетной коммутацией; сеть коммутации пакетов
partioned ~ расчлененная сеть (*сеть, состоящая из нескольких взаимодействующих подсетей*)
peer-to-peer ~ одноранговая сеть
point-to-point ~ сеть с прямым соединением
polled ~ сеть с опросом
prototype ~ опытная сеть; демонстрационная сеть
public data ~ сеть передачи данных общественного пользования; общая сеть передачи данных
recursive transition ~ рекурсивная сеть переходов
regular ~ сеть с регулярной структурой
ring ~ кольцевая сеть
robust ~ устойчивая сеть
semantic ~ семантическая сеть

network

    shared media ~s сети с разделяемой пропускной способностью
    slotted-ring ~ кольцевая сеть
    store-and-forward ~ сеть с промежуточным хранением информации
    structurally dual ~s структурно-обогащенная цепь
    switched virtual ~s коммутируемые виртуальные сети
    synchronous ~ синхронная сеть
    tandem ~ тандемная (каскадная) сеть *(сеть с последовательным расположением узлов)*
    telecommunications ~ сеть связи
    terminal support ~ сеть поддержки терминалов
    transition ~ сеть перехода состояний
    transport ~ транспортная сеть
    weighting ~ взвешивающая схема
    Wide-area ~ глобальная сеть
networked объединенный в сеть; с сетевой структурой
networking 1. организация сети; создание сети; объединение в сеть 2. передача данных по сети 3. построение сетевого графика 4. сетевой
    computer ~ организация вычислительной сети; создание сети ЭВМ
neural нейронный
neurobionical нейробионический
neurobionics нейробионика
neutral нейтральный
new новый
new-line новая строка
newsgroup тематическая конференция в сети Интернет
newsletter информационное сообщение; информационный бюллетень
Next Далее *(кнопка)*; Следующий *(кнопка)*

NFP [nearest with forward progress] пересылка ближайшему узлу с прямым продвижением
NFS [network file system] сетевая файловая система *(разработка фирмы SUN Microsystems)*
NGM [NetWare global MHS] глобальная служба обработки сообщений NetWare
nibble полубайт
NiCad никель-кадмиевая *(батарея питания)*
nickname мнемоническое имя
nil ноль
NiMH никель-металл-гидридная *(батарея питания)*
NIS [network interface card] адаптер ЛВС
NIST [National Institute of standards and technology] Национальный институт стандартов и технологий
nitride:
    silicon ~ нитрид кремния
NLM [NetWare loadable module] загружаемый (подгружаемый) модуль NetWare
NLQ [near letter quality] качественная печать *(режим высококачественной печати у принтеров)*
NLS [national language support] поддержка национальных языков *(стандарт)*
NLSP [NetWare link services protocol] система повышения пропускной способности глобальных линий связи
NMI [non-maskable interrupt] немаскируемое прерывание
NNTP [network news transfer protocol] протокол для интерактивного обмена новостями в сети Интернет
no-address безадресный
no-op холостая команда
no-operation пустая команда

node 1. узел ‖ узловой **2.** узел сети **3.** узловое событие
  backlogged ~ занятый узел
  brother ~ вершина дерева с тем же родителем
  child ~ узел-потомок; подчиненный узел
  collector ~ узел слияния (*в блок-схеме структурированной программы*)
  computational ~ вычислительный узел (*сети*)
  daughter ~ дочерняя вершина
  descendant ~ узел-потомок
  destination ~ узел назначения; узел-адресат
  end ~ конечный узел
  father ~ родительская ветка; родительский узел
  faulty ~ неисправный узел (*сети*)
  head ~ ведущий узел
  intermediate ~ промежуточный узловое событие
  joins ~ узловое событие
  leaf ~ краевой узел (*сети*); концевая вершина; лист (*дерева*)
  mother ~ родительская вершина
  neighborhood of a ~ окрестность узла
  net ~ узловая вычислительная машина
  network ~ узел сети
  parent ~ родительская вершина; родительский узел
  predicate ~ предикатный узел (*в блок-схеме структурированной программы*)
  process ~ функциональный узел (*в блок-схеме структурированной программы*)
  processor ~ процессорный узел
  sibling ~ вершина с одним родителем
  slave ~ подчиненный узел
  standing-wave ~ узел стоячей волны
  starting ~ начальный (*исходный*) узел
  tail ~ конечный узел
  terminal ~ лист
  user ~ абонент сети
noise помеха; помехи; шумы
  background ~ помехи при звукозаписи; посторонний шум на фонограмме
  framing ~ шум покадровой дискретизации
  random ~ случайные помехи; случайный шум
  set ~ собственный шум приемника
  solar ~ радиоизлучение солнца
  synchrotron radio ~ синхротронное радиоизлучение
  thermal electric ~ тепловой электрический шум
  transistor ~ шум транзистора
  white ~ белый шум
noise-immunity помехоустойчивость; помехозащищенность
noiseless бесшумный
noisy шумный
nominal номинальный
non не-
non-circular бесцикловый
non-contiguous несвязный
non-functional нефункциональный
non-monotonic немонотонный
non-numeric нечисловой
non-privileged непривелигированный
non-reflexive нерефлексивный
nonarithmetical неарифметический
noncommercial некоммерческий
noncopyrighted без охраны авторского права
nondeterministic недетерминированный
nondistinct нечеткий
nonempty непустой

nonequivalence неэквивалентность
nonexistent несуществующий
nonfaulty исправный; свободный от неисправностей
nonformatted неформатированный
nonglare безбликовый
nongrammatical грамматически неверный
nongrouped негруппированный
nonimpact безударный
nonlinear нелинейный
nonlinearized нелинеаризированный
nonmaskable немаскируемый
nonmemory-reference команда, не требующая обращения к памяти
nonmonotonic немонотонный
nonnegative неотрицательный
nonnull ненулевой
nonnumerical нецифровой; нечисловой
nonoptimal неоптимальный
nonoptimality неоптимальность
nonoverlapping непересекающийся
nonparametric непараметрический
nonpartitionable нераспадающийся
nonpreempting не прерывающий обслуживания
nonpresent отсутствующий
nonprintable непечатаемый
nonprinting непечатаемый
nonprocedural непроцедурный
nonprogrammable непрограммируемый
nonrandom неслучайный
nonrandomized нерандомизированный
nonrandomness неслучайность
nonredundant безызбыточный; нерезервированный
nonreproducing непечатаемый
nonreserved незарезервированный

nonresident нерезидентный
nonresolvability:
   algorithmic ~ алгоритмическая неразрешимость
nonreusable однократно используемый
nonstandard нестандартный
nonstochastic нестохастический
nonstop безостановочный
nonswappable невыгружаемый
nonterminal нетерминальный
nonunique неуникальный
nonzero ненулевой
normal 1. нормаль 2. нормальный; обычный
normalization нормализация
   text ~ приведение текста в нормальную форму
normalize нормализовать
normalized нормализованный
NOS [Network OS] сетевая операционная система
notation 1. запись; представление 2. система обозначений; нотация 3. система счисления
   binary ~ двоичная запись; двоичная система счисления; двоичное представление; представление (чисел) в двоичной системе счисления
   binary-coded decimal ~ двоично-десятичная система счисления двоично-кодированное представление десятичных чисел; представление десятичных чисел в двоичном коде
   contracted ~ сокращённое обозначение
   decimal ~ десятичное представление; представление (чисел) в десятичной системе счисления
   dot ~ точечная нотация
   fixed-point ~ представление (чисел) с фиксированной точкой
   floating-point ~ представление (чисел) с плавающей точкой

hexadecimal ~ шестнадцатеричная система счисления; шестнадцатеричное представление; представление (чисел) в шестнадцатеричной системе счисления
infix ~ инфиксная запись
list ~ списочная нотация
mathematical ~ математическое обозначение; система математических обозначений
matrix ~ матричная запись
octal ~ восьмеричная система счисления; восьмеричное представление; представление (чисел) в восьмеричной системе счисления
parentheses-free ~ бесскобочная запись
polish ~ польская запись
positional ~ позиционная система счисления; позиционное представление
postfix ~ постфиксная запись
prefix ~ префиксная запись
radix ~ позиционная система счисления
scientific ~ экспоненциальное представление чисел *(в виде мантиссы и порядка)*
symbolic ~ символическое обозначение; условное обозначение; символическая запись
tetrad ~ тетрадное представление (чисел) *(четверками цифр или символов)*
note:
  application ~ примечание по применению
  sticky- ~s записки-наклейки
notebook 1. блокнот **2.** блокнотный компьютер; блокнотный ПК
notification 1. система обозначений **2.** уведомление
notion понятие; представление
  defined ~ определяемое понятие

  undefined ~ неопределяемое понятие
now:
  right ~ прямо сейчас
  size ~ текущий размер
NS [name service] служба имен
NSLP [NetWare link services protocol] протокол обслуживания связи в среде NetWare
NSP [native signal processing] обработка сигналов средствами процессора; естественная обработка сигналов *(разработка фирмы Intel)*
NSTL [National State Testing Laboratory] Национальная тестовая лаборатория США
NS/VT [network services/virtual terminal] сетевой протокол компании Hewlett-Packard
NTSC [National Television Systems Committee] **1.** Национальный комитет по телевидению Ассоциации электронной промышленности **2.** формат цветного телевидения, принятый в США и Японии
NuBus системная шина, широко использующаяся в компьютерах Macintosh фирмы Apple Computer
nucleus ядро
null 1. неопределенное значение **2.** нуль ‖ нулевой **3.** отсутствие информации **4.** пустой; несуществующий
null-modem нуль-модем
nullification аннулирование; сведение к нулю; нуллификация
number 1. номер ‖ нумеровать **2.** цифра; число **3.** шифр **3.** насчитывать ◊ **~ in system** число в системе; **~ in the queue** длина очереди
  ~ of units waiting длина очереди

absolute ~ неименованное число
abstract ~ неименованное число
access ~ номер доступа
account ~ учетный номер
actual ~ фактическое число
album identifier set sequence ~ номер последовательности диска в альбоме
arithmetic ~ арифметическое число
assembly ~ шифр комплекта
average sample ~ средний объем выборки
base ~ основание системы счисления
binary ~ двоичное число
binary-coded ~ двоично-кодированное число
binary-coded decimal ~ двоично-кодированное десятичное число
binary decimal ~ двоично-десятичное число
block ~ номер блока
call ~ вызывающий параметр (*содержащий информацию для обращения к подпрограмме*)
chapter ~ номер сегмента
check ~ контрольное число; число в контрольных разрядах (*слова*)
column ~ номер столбца
commensurable ~s соизмеримые численные значения
concrete ~ именованное число
cylinder ~ номер цилиндра
decimal ~ десятичное число
device ~ номер устройства
double-precision ~ число с двойной (*с удвоенной*) *точностью*
error ~ номер ошибки
floating-point ~ число с плавающей запятой
fractional ~ дробное число
generation ~ номер версии
incorrect ~ **of parameters** неверное число параметров

index ~ индекс
integer ~ целое число
integral ~ целое число
inverse ~ обратное число
item ~ номер позиции; номер элемента
line ~ номер строки
magic ~ системный код (*первое слово файла, определяющее его назначение*); *проф.* магическое число
mixed ~ смешанное число
natural ~ натуральное число
negative ~ отрицательное число
ordinal ~ порядковый номер
packed decimal ~ упакованное десятичное число
page ~ номер страницы
phone ~ номер телефона
physical block ~ физический номер блока
positive ~ положительное число
precedence ~ приоритетный номер
prime ~ простое число
priority ~ показатель приоритета
pseudorandom ~ псевдослучайное число
random ~ случайное число
rational ~ рациональное число
real ~ вещественное число; действительное число
reciprocal ~ обратное число
rectified index ~ сглаженный индекс
round ~ округленное число
sequence ~ порядковый номер
serial ~ порядковый номер
signed ~ число со знаком
simple ~ однозначное число
statement ~ номер оператора
suffix ~ нижний индекс
tag ~ кодовая метка (*напр. программного модуля*)

track ~ номер дорожки
unit ~ номер устройства
unsigned ~ число без знака
user ~ код пользователя
user identification ~ шифр пользователя; идентификатор пользователя
version ~ номер версии
virtual block ~ виртуальный номер блока
volume serial ~ номер тома
wave ~ волновое число
whole ~ целое число

numbered пронумерованный
numbering нумерация
numerable исчислимый; счетный
numeral 1. цифра ‖ цифровой; числовой 2. числительное
binary ~ двоичная цифра
numeration 1. нумерация 2. система счисления
numerator числитель
numeric цифровой; числовой
numeric-alphabetic буквенно-цифровой
numerical численный

O

obarray массив объектов
OBEX [object exchange] технология обмена объектами внутри рабочей группы
obey 1. подчиняться команде; отрабатывать команду 2. удовлетворять *(правилу, условию, уравнению и т. п.)*
object 1. объект; предмет ‖ объектный 2. конечный; выходной
curve ~ объект типа кривая
data ~ информационный объект; объект данных
database ~ объект базы данных
embedded ~ внедренный объект
functional ~ функциональный объект
fuzzy ~ объект с нечеткими границами
geometric ~ геометрический объект
linked ~ связанный объект
mouse-sensitive ~ объект, чувствительный к перемещению мыши
solid ~ сплошной объект
object-based объектно-ориентированный; основанный на концепции объектов
object-oriented объектно-ориентированный
object-time обрабатываемый при выполнении
object-token символическое обозначение объекта *(в мнемо-схеме на экране дисплея)*
objective 1. цель; задание 2. (техническое) требование 3. целевая функция 4. объективный
compatibility ~ требование по (обеспечению) совместимости
conflicting ~s противоречивые требования
design ~s цели проектирования; проектные параметры
function ~ функциональное требование
multiple set of ~s множественная система целей
performance ~s требуемые рабочие характеристики
obliterate уничтожать; стирать
obscenely:
grovel ~ продираться
observability наблюдаемость *(характеристика системы)*
observation наблюдение
paired ~s парные наблюдения
random ~ случайное наблюдение

statistical ~ статистическое наблюдение
weighted ~ взвешенное наблюдение

observed наблюдаемый
obtain получать
occasional случайный
occupancy:
   line ~ коэффициент занятия линии

occur случаться; происходить
   unexpected error ~ed произошла непредвиденная ошибка *(сообщение)*

occurrence 1. вхождение **2.** наличие; присутствие *(напр. сигнала)* **3.** наступление *(появление)* события **4.** случай употребления **5.** событие **6.** экземпляр *(в базах данных)*

OCR [optical character recognition] оптическое распознавание символов

octal восьмеричный
octet октет
octree дерево октантов
ODA [office document architecture] рекомендации и стандарт ISO
ODAPI [open database application programming interface] открытый интерфейс к базам данных для прикладного программирования
ODBC [open database connectivity interface] интерфейс открытого взаимодействия с базами данных
odd 1. преимущество; шансы **2.** добавочный **3.** нечётный ◊ **~ and even** чет и нечет; **~s in favor** шансы в пользу; благоприятные шансы
ODDD [optical digital data disc] оптический диск для цифровых данных
ODI [open data-link interface] Открытый интерфейс связи

ODL [object description language] язык описания объектов
ODMA [open document management API] промышленный стандарт по управлению документами
OEM [original equipment manufacturer] поставщик комплексного оборудования; производитель оборудования; производитель ПО
of:
   as a result ~ в результате
   at the time ~ во время
off 1. состояние *или* положение «выключено» **2.** выключенный; отключенный ‖ выключен
off-bit нулевой бит
off-duty невключённый; резервный
off-line 1. автономный (режим работы); независимый; (работающий) независимо от основного оборудования ‖ автономно; независимо **2.** недоступно состояние устройства
off-position нерабочее положение
off-the-shelf 1. имеющийся в готовом виде; имеющийся в наличии **2.** серийная вычислительная машина
   available ~ имеющийся в готовом виде
office учреждение; контора ‖ конторский; учрежденческий
   paperless ~ безбумажное учреждение *(с высокой степенью автоматизации учрежденческих работ)*
offload освобождать от излишней загрузки; разгружать
offset 1. адрес **2.** начальный номер **3.** рассогласование; разрегулировка **4.** смещение; сдвиг ‖ смещать; сдвигать
offshoot боковая ветвь *(в развитии каких-л. средств)*

OFS [object linking and embedding file system] файловая система с OLE

OK все в порядке; хорошо; правильно

~ одобрять; подтверждать правильность

diskettes compare ~ сравнение дискет выполнено успешно *(машинное сообщение)*

OLAP [online analytical processing] оперативный анализ данных; онлайновая аналитическая обработка

OLCP [on-line complex processing] оперативная обработка сложных транзакций; комплексная обработка в оперативном режиме

OLE [object linking and embedding] связывание и встраивание объектов *(механизм работы с составными документами)*

team ~ групповая OLE

oligopoly:

perfect ~ совершенная олигополия

OLTP [on-line transaction processing] оперативная обработка транзакций

O&M [operations & maintenance] работа и сопровождение

OMF [open media framework] стандартный формат для обмена цифровыми данными

OMG [object management group] группа по технологии манипулирования объектами

OMI [open message interface] открытый интерфейс сообщений

omission вычеркивание; опускание

on состояние *или* положение «включено»; включенный

on-bit единичный бит

on-line 1. оперативный; оперативно доступный **2.** (работающий) в темпе поступления информации; (работающий) в реальном времени **3.** постоянно включенное (подключенное) устройство **4.** интерактивный **5.** текущий

on-position рабочее положение

on-screen экранный

on-site на месте эксплуатации; в пункте использования ‖ местный; собственный

on-the-fly немедленный

onboard расположенный на плате; встроенный

ONC [open network computing] открытые сетевые вычисления

ONE [optimized network evolution] оптимизированная эволюция сетей

one один; единица ‖ единичный

one-address одноадресный

one-aspect одноаспектный

one-chip однокристалльный

one-dimensional одномерный

one-level одноуровневый

one-one взаимооднозначный

one-pass однопроходной

one-purpose специализированный

one-shot одноразовый

one-step пошаговый

one-time одноразовый

one-to-one взаимно-однозначный

one-way односторонний

only:

match whole word ~ рассматривать только слово целиком

read- ~ только для чтения *(тип доступа)*

OOP [object oriented programming] объектно-ориентированное программирование; ООП

oops оплошность

OPC [OLE for process control] OLE для управления производством

opcode код операции

open 1. разрыв; обрыв *(напр. линии связи)* **2.** открывать ‖ открытый **3.** открывающая (круглая) скобка *(название символа)*

open

    remain ~ оставаться в открытом виде
open-ended 1. незамкнутый; разомкнутый; открытый 2. расширяемый; с возможностью расширения
opendoc технология создания составных документов
opened открытый
opening открытие
operability 1. работоспособность (*устройства*) 2. удобство и простота использования
operable рабочий; действующий; работоспособный
operand операнд; компонента операции
operate работать
operated управляемый; приводимый в действие
    automatically ~ с автоматическим управлением
    manually ~ с ручным управлением
    remotely ~ с дистанционным управлением; управляемый на расстоянии; телеуправляемый
operating 1. оперативный 2. операционный 3. рабочий; эксплуатируемый; действующий
operation 1. операция; действие 2. работа; функционирование 3. режим (*работы*)
    arithmetic ~ арифметическая операция; арифметическое действие
    array ~ матричная операция; операция над массивом
    associative ~ ассоциативная операция
    atomic ~ атомарная операция (*не разделяемая на более мелкие*)
    authorized ~ санкционированная операция; санкционированное действие
    battery ~ работа с батарейным питанием
    binary ~ бинарная операция
    bit-oriented ~ операция, выполняемая отдельно для каждого двоичного символа
    bitwise ~ поразрядная операция
    block ~ действие с блоками
    bookkeeping ~ (учетно-)бухгалтерская операция; служебная операция; организующая (*управляющая*) операция; вспомогательная операция
    boolean ~ логическая операция
    clerical ~ конторская операция; операция по делопроизводству
    connection-oriented ~ связь с логическим соединением
    connectionless ~ связь без логического соединения
    down ~ занятие
    dyadic ~ бинарная операция
    fade ~ операция постепенного стирания (*информации об объекте базы данных*)
    fail-safe ~ отказоустойчивая работа; безопасный режим
    graft ~ операция подсоединения ветви (*обеспечивающая расширение дерева*); *проф.* операция сращивания
    group ~ групповая операция
    grouped ~ групповая операция
    housekeeping ~ служебная операция; организующая (управляющая) операция; вспомогательная операция
    illegal ~ запрещенная операция
    image ~ операция обработки изображения
    immediate ~ 1. операция с немедленным ответом 2. операция с непосредственной адресацией
    inference ~ операция логического вывода
    input ~ операция ввода

input/output ~s операции ввода-вывода
kernel ~ операция ядра
keystroke ~ операция, инициируемая нажатием клавиши
linear ~ линейная операция
logic ~ логическая операция
maximization ~ операция максимизации; операция определения максимума
maximum ~ операция максимизации
minimization ~ операция минимизации
mismatch ~ операция обнаружения рассогласования; операция установления несоответствия *или* несовпадения (*признаков*)
monadic ~ унарная операция
multiple ~s совмещенные (*во времени*) операции
multitask ~ многозадачный режим; совместное выполнение задач; работа с несколькими задачами
neighborhood ~ операция определения соседства
no ~ холостая операция
nonarithmetical ~ неарифметическое действие; неарифметическая операция
nondata ~ операция, не связанная с обработкой данных
off-line ~ автономная работа; автономный (независимый) режим
on-line ~ работа в темпе поступления информации; работа в реальном времени
one-shot ~ пошаговая работа
one-step ~ работа в одиночном режиме; пошаговая работа
OR ~ операция ИЛИ; операция логического сложения
output ~ операция вывода

overhead ~ служебная операция; организующая операция; вспомогательная операция
paste ~ операция склеивания
pipeline ~ работа в конвейерном режиме
pixel-level ~ операция обработки элементов изображения
primitive ~ простейшая операция; базовая операция; примитив
prune ~ операция отсечения (*при распределенной обработке запросов*)
queue ~ 1. операция постановки в очередь 2. работа с очередями
queuing ~ 1. образование очереди 2. работа системы массового обслуживания
real-time ~ вычисление в реальном времени; работа в реальном времени
red-tape ~ служебная операция; организующая (управляющая) операция; вспомогательная операция
refinement ~ операция уточнения данных; уточнение данных
retrieval ~ информационно-поисковая операция
scheduled ~ 1. операция, включаемая в расписание; планируемая операция 2. работа по расписанию; регламентная работа
semiduplex ~ полудуплексный режим работы
service ~ операция обслуживания
signal ~ освобождение
single-mode ~ одномодовый режим
single-program ~ однопрограммная работа
single-task ~ однозадачный режим; работа с одной задачей

operation
    small-signal ~ режим малых сигналов
    smoothing ~ операция сглаживания
    spiking ~ пиковый режим
    start-stop ~ старт-стопный режим
    takedown ~ операция подготовки (устройства) к следующей работе
    team ~ групповая разработка (*напр. программного обеспечения*)
    time consuming ~ операция, требующая больших затрат времени; *проф.* длинная операция
    unary ~ унарная операция
    unattended ~ работа без надзора *(оператора)*; полностью автоматическая работа
    unauthorized ~ несанкционированная операция; несанкционированное действие
    under-control ~ подконтрольная эксплуатация
    union ~ операция ИЛИ; операция логического сложения
    unit ~ единичное преобразование
    unloading ~ операция вывода; операция разгрузки
    unnecessary ~ неправильное действие реле
    up ~ операция освобождения
    wait ~ операция «занять»
    write ~ операция записи
operational 1. оперативный 2. операционный 3. работающий 4. рабочий; эксплуатируемый; действующий
operator знак операции
operator 1. оператор *(см. тж* statement*)* 2. (человек-)оператор
    arithmetic ~ арифметический оператор; знак арифметической операции
    assertion ~ оператор контроля
    assistant ~ помощник оператора
    audio ~ звукорежиссер
    boolean ~ логический оператор
    comparison ~ операция сравнения
    conjunction ~ оператор конъюнкции
    constraint ~ ограничивающий оператор
    dagger ~ оператор или-не
    declaring ~s объявление операторов
    indirection ~ операция разыменовывания
    infix ~ инфиксный оператор
    logical ~ знак логической операции
    neighborhood ~ оператор формирования окрестностей *(элемента изображения)*
    postfix ~ постфиксная операция
    prefix ~ префиксный оператор
    relational ~ операция сравнения
    system ~ системный оператор
    unary ~ знак унарной операции
operator's операторский
OPI [open prepress interface] стандарт для издательских систем
OPOS [OLE for point-of-sale] OLE для торговых точек; OLE для розничной и торговой сферы
optical оптический
optics:
    fiber ~ оптоволоконный кабель
optimal оптимальный
    asymptotically ~ асимптотически оптимальный
    conditionally ~ условно оптимальный
optimality оптимальность
    asymptotic ~ асимптотическая оптимальность
optimization оптимизация ◊ ~ **choice of decision** оптимизация выбора решения

option

    bayesian ~ байесовская оптимизация
    CD-ROM image ~ оптимизация образа CD-ROM
    constrained ~ условная оптимизация
    discrete ~ дискретная оптимизация
    dynamic ~ динамическая оптимизация
    global ~ глобальная оптимизация
    integer ~ целочисленная оптимизация
    intermodular ~ межмодульная оптимизация
    linear ~ линейная оптимизация
    multistage ~ многоэтапная оптимизация
    nonlinear ~ нелинейная оптимизация
    peep-hole ~ локальная оптимизация
    span-dependent ~ оптимизация локальных переходов
    vector ~ векторная оптимизация
optimize оптимизировать
optimized оптимизированный
optimizer оптимизатор
optimizing оптимизация
optimum:
    absolute ~ абсолютный оптимум; глобальный оптимум
    boundary ~ граничный оптимум
    conditional ~ условный оптимум
    constrained ~ условный оптимум
    estimated ~ оценка оптимума
    finite ~ конечный оптимум
    global ~ глобальный оптимум
option 1. выбор; вариант; версия 2. факультативное оборудование; факультативные программные средства (*поставляемые или используемые по выбору*) 3. элемент выбора, (факультативная) возможность; *проф.* опция; *pl* параметры
    advanced ~s дополнительные параметры
    command ~ факультативная команда; дополнительная команда
    command line ~s разновидности командной строки; опции командной строки; параметры командной строки
    compatibility ~ функциональная возможность, обеспечивающая совместимость
    compiler ~s параметры трансляции
    console command line ~ опция, задаваемая командной строкой с консоли
    default ~ выбор по умолчанию; стандартный выбор (*выполняемый программой при отсутствии указаний пользователя*)
    menu ~ позиция меню
    normal ~ стандартная возможность
    print ~ параметр печати
    printer ~ вариант выбора принтера
    question mark ~ опция в виде вопросительного знака
    quit ~s параметры выхода
    search ~ опция поиска
    sharing ~s параметры (совместного) доступа
    system generation ~ параметр генерации
    the ~ you specify выбранная вами опция
    tilt-swivel-elevate-glide ~ вариант (дисплея) с шарнирно-выдвижной конструкцией экрана
    time sharing ~ возможность работы с разделением времени
    tracing ~s параметры трассировки

user ~s возможности *(системы)*, доступные для пользователя; варианты пользовательских возможностей
valid ~ разрешенная опция
optional необязательный; факультативный; произвольный
optionally при желании
OQL [object query language] язык объектных запросов
OR ИЛИ *(логическая функция или операция)* ‖ выполнять операцию ИЛИ; пропускать *(сигнал)* через схему ИЛИ
exclusive ~ исключающее ИЛИ
inclusive ~ включающее ИЛИ
unexclusive ~ неисключающее ИЛИ
order 1. команда *(см. тж* command, instruction*)*; приказ **2.** *мат.* порядок **3.** *лингв.* порядок слов **4.** порядок; упорядоченность; последовательность; очередность ‖ упорядочивать **5.** разряд (числа)
~ of approximation порядок приближения
~ of magnitude порядок величины
~ of matrix порядок матрицы
~ of precedence порядок старшинства
~ of preference порядок предпочтений
~ of priority порядок очередности
alphabetical ~ алфавитный порядок
ascending ~ возрастающий порядок; упорядоченность по возрастанию
build-to- ~ сборка по заказу
column-major ~ развертывание по столбцам
compilation ~ порядок компиляции
descending ~ убывающий порядок; упорядоченность по убыванию
execution ~ порядок выполнения
higher ~ более высокого порядка
in ascending ~ в порядке возрастания
in descending ~ в порядке убывания
indexed ~ порядок индексирования
lexicographic ~ лексикографический порядок
random ~ произвольный порядок
row-major ~ развертывание по строкам
servicing ~ порядок обслуживания
short-range ~ ближний порядок
sort ~ порядок сортировки
ordered упорядоченный
ordering упорядочение ◊ **~ by merging** упорядочение путем слияния
array ~ упорядочение массивов
ascending ~ упорядочение по возрастанию
byte ~ порядок побайтовой обработки данных
descending ~ упорядочение по убыванию
preference ~ упорядочение предпочтений
priority ~ приоритетное упорядочение; упорядочение по приоритетам
segment ~ упорядочение сегментов
temporary ~ временное упорядочение; упорядочение во времени
total ~ нестрогий порядок
orderly упорядоченный

ordinal порядковый
organigram организационная схема
organization 1. организация; структура; устройство ‖ организационный 2. организация; учреждение
  file ~ организация файла
  logical ~ логическая структура; логическая схема
orientation ориентация *(запрос на ориентацию документа при печати: альбомная или портретная, т.е. горизонтальная или вертикальная)*
  spin ~ ориентация спина
  target ~ ориентация цели
origin 1. (абсолютный) адрес начала программы *или* блока 2. зарождение; происхождение *(напр. ошибки в программе)* 3. источник 4. начало; начало координат; начало отсчета
  ~ **of coordinates** начало координат
  program ~ начальный адрес программы
original 1. подлинник 2. первоначальный 3. оригинальный
origination:
  text ~ ввод текста с клавиатуры
originator 1. источник 2. разработчик 3. исполнитель
  hello ~ источник сигнала вызова
ORing осуществление функции *или* операции ИЛИ
orphan сиротская строка, *проф.* висячая строка *(одиночная строка абзаца, попадающая в начало или конец страницы)*
orthogonal ортогональный
orthogonality ортогональность
OS [operation system] операционная система

  Mac ~ операционная система компьютеров Macintosh *(фирмы Apple Computer)*
oscillation колебание
  spontaneous ~ спонтанное колебание
  surface ~ поверхностное колебание
  transient ~ неустановившееся колебание
  volume ~ объемное колебание
oscillator:
  transistor ~ транзисторный генератор
oscilloscope:
  storage ~ осциллограф с памятью
  stroboscopic ~ стробоскопический осциллоскоп
  viewing ~ осциллоскоп
OSF [The Open Software Foundation] независимая, некоммерческая, научно-исследовательская организация, созданная IBM, HP, DEC и рядом других фирм, для разработки независимых от AT&T и SUN UNIX-продуктов
OSI [open systems interconnection] взаимодействие открытых систем
OSPF [open shortest path first] первыми открываются кратчайшие маршруты
OTOH [on the other hand] с другой стороны *(сокращение, принятое в Интернет)*
OTP [one-time programmable] одноразово программируемая память
out:
  ~ **of justment** в неправильном положении
  ~ **of memory** нехватка памяти
  ~ **of paper** нет бумаги
out-of-operation бездействующий
out-of-order 1. поврежденный; неисправный 2. нестандартный

out-of-sequence несвоевременный
outage выход из строя
   connectivity ~ перерыв в передаче информации из-за нарушения связности
outcome 1. исход 2. результат; итог
   equiprobable ~s равновероятные исходы
   expected ~ ожидаемый исход
   favorable ~ благоприятный исход
   likely ~ вероятный исход
   low-probability ~ маловероятный исход
   mutually exclusive ~s несовместимые исходы
   probable ~ вероятный исход
   successful ~ удачный исход
   unfavorable ~ неблагоприятный исход
   unlikely ~ маловероятный исход
   unobserved ~ ненаблюдаемый исход
   unsuccessful ~ неудачный исход
outcoming вывод
outconnector внешний соединительный знак *(на блок-схеме в точке разрыва внешней связи)*
outer внешний
outgoing исходящий
outlet 1. вывод 2. выход
   wall ~ сетевая розетка
outlier резко отклоняющееся значение
outline 1. контур; очертание; обрамление 2. организация (текста); каркас текста; состав текста; структура текстового документа; оглавление 3. схема; план; эскиз 4. элемент блок-схемы
   character ~ контур знака; очертание символа
outperform работать быстро
output 1. вывод; выход ‖ выводить ‖ выходной; на выходе; выводимый 2. выходная мощность 3. выходное устройство; устройство вывода 4. выходной сигнал 5. выходные данные 6. результат вычислений
   buffered ~ вывод с буферизацией
   computer ~ on microfilm выходное микрофильмирующее устройство ЭВМ
   data ~ вывод данных; выходные данные
   displayed ~ данные, выводимые на устройство отображения
   graphic ~ графический вывод
   hyperexponential ~ гиперэкспоненциальный выходящий поток
   off-line ~ автономный вывод *(данных)*
   plotter ~ выходные данные, воспроизведенные графопостроителем
   pooled ~ объединенный выходящий поток
   printed ~ отпечатанные выходные данные
   produce ~ in columns располагать информацию по столбцам
   real-time ~ вывод *(данных)* в реальном времени
   redirect ~ переадресовывать результат; переадресация результата
   remote job ~ дистанционный вывод заданий
   selective ~ выборочный вывод данных
   sound ~ звуковой вывод
   speaker ~ вывод на громкоговоритель; выход на громкоговоритель
   thermal ~ теплоотдача
   visual ~ визуальный вывод *(данных)*; визуальный выход
   voice ~ речевой вывод *(данных)*; устройство речевого вывода *(данных)*; речевой выход

outsourcing внешние источники
over:
  is ~ закончиться
over-protected сверхзащищенный
overall итоговый
overflow 1. избыток; переполнение ‖ переполнять **2.** признак переполнения
overflown переполнить
overheads 1. дополнительные затраты ресурсов **2.** непроизводительные издержки; *проф.* накладные расходы
  archive ~ накладные расходы на архивизацию
  communication~ потери пропускной способности
  control ~ переполнение из-за управляющей информации
  hardware ~ аппаратные издержки
  housekeeping ~ системные затраты
  minimum operational ~ минимальные эксплуатационные расходы
  queuing ~ затраты (вычислительных) ресурсов на организацию очередей
  system ~ издержки за счет системных операций
overlaid наложенный
overlap перекрытие; совмещение; наложение ‖ перекрывать; совмещать *(напр. операции во времени)*; накладывать друг на друга
overlapping перекрывание; перекрытие; совмещение *(напр. операций во времени)* ‖ работа с перекрытием; работа с совмещением
overlay 1. надпечатка; штамп *(напр., на тексте документации для отметки рабочего экземпляра)* **2.** накладной лист, трафарет **3.** наложение *(в памяти)*; перекрытие, *проф.* оверлей **4.** оверлейная программа ‖ организовывать оверлейную программу ‖ *проф.* оверлейный
  color-keyed ~ трафарет с цветовой кодировкой клавиш
  plastic ~ пластмассовая накладка *(на клавиатуру, не содержащую обозначений символов)*
  program ~ оверлейный сегмент программы
  video ~ наложение видеоизображений *(на экране дисплея)*; наложение изображения
  white ~ наложение (участков) белого фона *(на экране графического дисплея)*
overload перегрузка ‖ перегружать
  information ~ информационная перегрузка
overprinting надпечатка; *проф.* забивка *(одних символов другими)*
override 1. обход ‖ обходить **2.** игнорировать *(напр. область памяти)* **3.** подавлять
overrun 1. выход за нормальный предел **2.** перегрузка; переполнение **3.** перезапуск **4.** работать с превышением нормальных пределов
overshoot 1. завышение *(возможностей системы в запросе пользователя)* **2.** отклонение от установленного значения **3.** перерегулирование
overstrike 1. набирать лишние символы **2.** наложение нескольких знаков *(для получения нестандартного символа при обработке текстов)*
overvoltage бросок напряжения; избыточное напряжение
overwrite 1. наложение записей **2.** перезаписывать; переписывать

overwriting 1. несанкционированная запись **2.** перезапись
overwritten переписан
OWL [object Windows library] библиотека фрагментов для прикладных программ
owner владелец; хозяин ◊ **~ domiciled abroad** зарубежный владелец авторских прав
copyright ~ владелец авторских прав; обладатель авторского права; обладатель издательского права
process ~ владелец процесса
set ~ владелец набора
owner-record запись-владелец (*в иерархических структурах данных*)
ownership 1. монопольное использование **2.** право собственности (*напр. на программное изделие*); принадлежность (*напр. ресурсов какому-л. владельцу*)
oxidation:
thermal ~ колебание по толщине
oxide:
silicon ~ окись кремния

P

PABX [private automatic branch exchange] частная автоматическая телефонная станция с выходом в сеть общего пользования
pacing пошаговое передвижение
pack 1. узел; блок **2.** колода (*перфокарт*) **3.** пакет; пачка ‖ формировать пакет; пакетировать **4.** упаковка; уплотнение (*данных в памяти*); объединение (*нескольких элементов данных в памяти*); плотное размещение ‖ упаковывать; компоновать; уплотнять (*данные в памяти*); объединять (*несколько элементов данных в памяти*)
disk ~ пакет дисков
tape-carrier ~ ленточная упаковка
package 1. блок; модуль **2.** комплект **3.** корпус **4.** пакет **5.** пакет программ **6.** совокупность (*напр. ограничений*)
application ~ пакет прикладных программ; ППП
benchmark ~ тестовый пакет
build and retrieval software ~s стандартизованные пакеты программ для оптимального построения информационной структуры и считывания информации с CD-ROM
candidate ~ пакет программ, пригодный для применения
debug ~ отладочный пакет программ
development ~ инструментальный пакет программ
disk ~ пакет программ на дискете *или* дискетах
graphical ~ графический пакет программ; пакет программ машинной графики
integral ~ интегрированный пакет прикладных программ (*ориентированных на решение комплекса взаимосвязанных задач*)
integrated ~ интегрированный пакет
protocol ~ пакет протокольных программ
sensory ~ блок датчиков
software ~ пакет программ; система программного обеспечения
standard ~ стандартный блок; стандартный корпус
standard software ~ пакет стандартных программ

subroutine ~ пакет подпрограмм
system ~ пакет системных программ
telemetring ~ телеметрический блок
test ~ блок тестовых программ
transistor ~ корпус транзистора
turnkey ~ готовый пакет программ; пакет программ; пригодный для непосредственного использования *(без дополнительной настройки пользователем)*
window ~ оконный пакет

packaged 1. заключенный в корпус **2.** объединенный в пакет; пакетный; упакованный

packaging 1. компоновка программ из готовых модулей **2.** создание пакетов программ

packed упакованный

packet пакет; блок данных, передаваемый через коммуникационную сеть
  arbitrary scheduled ~ пакет, передаваемый со случайным планированием
  butting ~ вклинивающийся (в очередь) пакет
  captured ~ захваченный пакет; пакет, успешно принимаемый в условиях наложения нескольких пакетов
  data portion of the ~ информационная часть пакета
  dummy ~ пустой (неинформационный) пакет *(передается для поддержания связности в сети)*
  fixed-length ~ пакет постоянной длины
  hello ~ пакет вызова
  interfering ~ взаимомешающие пакеты
  network-entry ~ пакет подключения к сети *(вхождения в сеть)*
  outstanding ~ необработанный пакет
  priority ~ пакет с указанием уровня приоритета; приоритетный пакет
  reply ~ ответный пакет
  routing update ~ пакет с информацией о корректировке (об обновлении) маршрутов
  time tagged ~ пакет с временной маркировкой
  unsolicited ~ незапрашиваемый пакет

packing 1. упаковка; компоновка **2.** *тлв* сжатие участка изображения **3.** уплотнение *(данных в памяти)*; объединение *(нескольких элементов данных в памяти)*; плотное размещение
  data ~ упаковка данных

PAD 1. [packet assembly/diassembly] сборка/разборка пакетов **2.** [packet assembler-disassembler] сборщик-разборщик пакетов

pad 1. вспомогательная клавиатура **2.** клавиатура; клавишная панель **3.** набивать, заполнять *(свободные места в блоке памяти незначащей информацией)* **4.** планшет
  cursor ~ клавиатура управления курсором; курсорные клавиши
  number ~ цифровая клавиатура
  termination ~ контактная площадка

page 1. лист; страница ‖ листать; перелистывать **2.** *полигр.* оттиск **3.** страница; полоса *(газеты, журнала)* **4.** нумеровать страницы **5.** разбивать *(память)* на страницы
  active ~ активная страница
  back title ~ оборот титульного листа
  banner ~ титульный лист

page

    base ~ базовая страница
    code ~ кодовая страница
    continuation ~ страница-продолжение
    cover ~ **1.** бланк почтового отправления **2.** титульный лист
    current ~ текущая страница
    delete a ~ освобождать страницу памяти
    facing ~ титульный лист
    flag ~ титульный лист
    help ~ страница справки
    home ~ базовая страница; основная страница
    index ~ классификационная страница
    invalid ~ недействительная страница *(отсутствующая в оперативной памяти)*
    memory ~ страница памяти
    missing ~ отсутствующая страница
    moving ~**s around** листание страниц *(в системах текстообработки)*
    parent ~ исходная страница
    port ~ страница портов
    property ~ вкладка *(одна страница в окне, содержащем несколько страниц; как правило, несколько вкладок содержат окна свойств)*
    tabloid ~ половинный формат полосы
    title ~ титульный лист
    top ~ первая страница
    virtual ~ страница виртуальной памяти; виртуальная страница
    visual ~ визуализируемая страница; отображаемая страница
page-by-page постранично ‖ постраничный
page-in загрузка страницы; подкачка страниц в оперативную память
page-level страничный; на уровне страниц
page-out удаление страницы; откачка страниц из оперативной памяти
page-turn переворачивание страницы *(вид спецэффекта)*
pageable со страничной организацией; *проф.* листаемый
pagination разбиение на страницы
    electronic ~ автоматическое разбиение на страницы
paging 1. замещение страниц; *проф.* листание **2.** разбиение *(памяти)* на страницы; страничная организация *(памяти)*
    demand ~ подкачка по обращению
    memory ~ **1.** листание страниц памяти **2.** разбиение памяти на страницы; страничная организация памяти
    printer ~ разбиение на страницы при печати
paging-in загрузка страницы; подкачка страниц в оперативную память
paging-out удаление страницы; откачка страниц из оперативной памяти
paint краска; раскраска, расцветка *(изображения на экране)* ‖ раскрашивать; расцвечивать *(изображение на экране)*
painting закрашивание
pair:
    dotted ~ точечная пара
    ordered ~ упорядоченная пара
    source-destination ~ пара источник - получатель информации
    source-sink ~ пара источник - получатель информации
    strategy ~ пара стратегий
    twisted ~ витая пара
PAL [phase alternation by line] телевизионный стандарт *(625 строк, 25 кадров/с, YUV-цвет)*

palette палитра; цветовая палитра
  tools ~ палитра средств
  graphic ~ палитра
pan 1. панорамный план; панорама; панорамирование *(поворот стоящей на одном месте камеры из стороны в сторону в горизонтальной плоскости)* ‖ панорамировать **2.** навешивать ярлык **3.** отнести к *какой-л.* категории **4.** критиковать
pan-down вертикальное панорамирование сверху вниз *(плавный поворот кино- или телекамеры вокруг горизонтальной оси сверху вниз)*
pane область (окна); окно
panel 1. окно *(на экране дисплея)* **2.** панель; пульт; табло ‖ панельный; пультовый; щитовой
  action entry ~ панель функциональных переключателей
  antiglare ~ панель с подавлением бликов
  assisted ~ окно примечаний
  back ~ задняя панель
  control ~ w настройка *(название окна)*; w панель управления; w устройства и параметры *(в меню)*
  file ~ окно файлов
  front ~ лицевая панель; передняя панель
  swap ~s переключать окна
  touch ~ сенсорный экран
  turn the ~ **on** активизировать окно
panning панорамирование
paper бумага
  asbestos ~ асбестовая бумага
  continuous ~ бумага в форме непрерывной ленты
  copy ~ **1.** бумага для оригиналов **2.** бумага для распечаток
  copying ~ копировальная бумага

fan-fold ~ фальцованная бумага
log ~ логарифмическая бумага
no ~ нет бумаги *(сообщение)*
out of ~ нет бумаги *(сообщение)*
pin-feed ~ бумага с ведущими отверстиями
plotting ~ клетчатая бумага
semilog ~ полулогарифмическая бумага
single-log ~ полулогарифмическая бумага
virgin ~ чистая бумага
paper-and-pencil «бумажный» *(еще не реализованный аппаратно)*
paperless безбумажный
para 1. абзац **2.** параграф
parabola парабола
parabolic параболический
parabolical параболический
paradigm парадигма
paragraph 1. абзац **2.** параграф
  canned ~ **1.** стандартный формат текста **2.** стандартный фрагмент текста
  memory ~ параграф памяти
paragraphing введение абзацев; структурированное расположение текста программы
parallel параллельный
  massively ~ массивно-параллельная *(система)*
paralleling запараллеливание
parallelogram параллелограмм
parameter параметр ◊ ~ **not supported** этот параметр не предусмотрен *(сообщение)*; ~**s not compatible** параметры несовместимы *(сообщение)*
  ~ **of distribution** параметр распределения
  adjustable ~ настраиваемый параметр
  column ~ столбцовый параметр

parameter

    command line ~ параметр командной строки
    continuous ~ непрерывный параметр
    critical ~ критический параметр
    cross-impact ~ параметр взаимодействия
    default ~ значение параметра по умолчанию; подразумеваемое значение параметра
    discrete ~ дискретный параметр
    dummy ~ фиктивный параметр
    estimable ~ параметр, поддающийся оценке
    estimated ~ оцениваемый параметр
    game ~ параметр игры
    hypothetic ~ гипотетический параметр
    in ~ входной параметр
    incorrect number of ~s неверное число параметров
    in-out ~ изменяемый параметр
    input ~ параметр входящего потока
    key control ~ основной управляющий параметр
    keyword ~ ключевой параметр
    length ~ параметр настройки длины *(страницы при печати)*
    line ~ строковый параметр
    macro ~ параметр макрокоманды
    numeric ~ числовой параметр
    numerical ~ числовой параметр
    optimal ~ оптимальный параметр
    optional ~ необязательный параметр
    out ~ выходной параметр
    output ~ параметр выходного потока
    random ~ случайный параметр
    replaceable ~ заменяемый параметр
    required ~ обязательный параметр
    run-time ~ параметр периода выполнения *(программы)*
    scale ~ масштабный коэффициент
    selection ~ параметр выбора
    selective ~ селективный параметр
    service ~ параметр обслуживания
    small-signal ~ малосигнальный параметр
    sort ~ параметр сортировки
    state ~ параметр состояния
    stray ~ паразитный параметр
    value ~ параметр, передаваемый по значению
    variable ~ переменный параметр
    wave ~ волновой параметр
parametric параметрический
parametrical параметрический
parametron:
    semiconductor ~ полупроводниковый параметрон
    thin-film ~ тонкопленочный параметрон
    wire ~ проволочный параметрон
paraphernalia:
    video ~ видеоаппаратура
parbox абзацный блок *(текста)*
parent 1. родитель; предок ‖ родительский; порождающий 2. родительский (порождающий) элемент; родительская (порождающая) запись; запись-предок 3. владелец 4. главная форма *или* таблица в схеме данных 5. родительский каталог *(папка, окно...)*
parentheses круглые скобки
    matching ~ парные скобки
    unbalanced ~ несбалансированные скобки
parentheses-free бесскобочный
parenthesis круглая скобка
parenthetical заключенный в круглые скобки

parity 1. четность ‖ контроль по четности **2.** паритет; равенство **3.** сравнимость по модулю
   block ~ блочный контроль четности
   even ~ проверка на четность
   horizontal ~ поперечный контроль четности
   odd ~ проверка на нечетность
park:
   ~ of heads посадка головок накопителя
parse синтаксический анализ; синтаксический разбор; грамматический разбор ‖ анализировать; разбирать
parser анализатор; программа синтаксического анализа; синтаксический анализатор; программа грамматического разбора
parsing парсинг (*разбор предложения на языке программирования высокого уровня во время его компиляции*); синтаксический анализ
   bottom-up ~ восходящий анализ
   top-down ~ нисходящий анализ
part 1. часть; доля **2.** запасная часть; деталь **3.** раздел
   declaration ~ раздел описаний
   fractional ~ мантисса
   real ~ вещественная часть
partial частичный ◊ **~ or complete** частичный или полный
partial-match частичное совпадение
participant участник
partition 1. раздел; сегмент; сектор **2.** раздел диска (*разделы возникают при делении диска большой емкости на несколько логических дисков*) **3.** расчленение; разделение ‖ делить; расчленять; разделять; разбивать
   ~ of fixed disk раздел жесткого диска
   disk ~ разбиение диска
   master ~ основной раздел
   primary ~ основной раздел диска
   secondary ~ дополнительный раздел диска
partitioning выделение разделов; разбиение; расчленение; разделение; декомпозиция
   disk ~ сегментирование дисковой памяти
   functional ~ функциональное разбиение; функциональная декомпозиция
   logical ~ разделение на логические блоки; логическое разбиение
   system ~ разбиение системы (*на модули*)
pass 1. передача, пересылка ‖ передавать **2.** проход; прогон; просмотр **3.** пропуск ‖ пропускать
passage:
   signal ~ прохождение сигнала
passing передача; пересылка ◊ **~ data** пересылка данных; **~ over** пересылка
   argument ~ передача параметров
   message ~ передача сообщений
   parameter ~ передача параметров
   parameter ~ by name передача параметров по наименованию
   parameter ~ by reference передача параметров по ссылке
   parameter ~ by value передача параметров по значению
   token ~ передача маркера (*в сети*)
passive пассивный
password пароль
passworded с паролем
paste вставка ‖ вставлять
   cut-and- ~ вырезать и вставить (*режим редактирования текста или графических изображений*)

paste-in *полигр.* вклейка *(добавление, приклеиваемое к тексту)*

paste-up 1. *полигр.* монтаж оригинала *(путем заклеивания)* **2.** *полигр.* оригинал-макет

pasteboard 1. буфер для монтажа изображений на экране монитора; буфер изображения **2.** компоновочный буфер *(в системах текстообработки)*

patch 1. «заплата»; вставка в программу *(с целью исправления или изменения)* ‖ делать «заплату»; класть заплаты; *проф.* штопать **2.** перемычка, (временное) соединение **3.** склейка; заплата ‖ склеивать *(ленту или пленку)*
bug ~ заплата

path 1. маршрут **2.** путевое имя **3.** путь; дорожка; тракт; канал **4.** путь доступа **5.** траектория **6.** цепь; ветвь *(программы)* ◊ **~ too long** слишком длинное имя пути *(сообщение)*

~ of least effort путь наименьшего сопротивления

access ~ путь доступа

average hierarchical ~ средняя длина пути в иерархической сети

current ~ путь к текущему каталогу

data ~ 1. маршрут передачи данных **2.** путевое имя данных

efficient ~ эффективная траектория

equilibrium ~ равновесная траектория

optimal ~ оптимальная траектория

search ~ маршрут доступа; путь поиска файлов *(в DOS)*; маршрут поиска

semicritical ~ полукритический путь

signal ~ тракт сигнала

slack ~ путь, упорядоченный по резерву

slackless ~ критический путь

source ~ required не указано исходное путевое имя *(машинное сообщение)*

steady-state ~ устойчивая траектория

through ~ сквозной путь

pathname путь
absolute ~ полный путь доступа
full ~ полное составное имя
partial ~ относительный путь
relative ~ относительный путь

pathspec путевое имя; путь доступа *(к файлу)*

pathway магистраль

pattern 1. образец; шаблон; трафарет; модель ‖ моделировать **2.** образ; изображение ‖ формировать изображение **3.** диаграмма направленности антенны **4.** копия ‖ копировать **5.** растр **6.** рисунок; картина; узор ‖ наносить рисунок **7.** стереотип **8.** схема; структура **9.** *тлв* испытательная таблица **10.** кодограмма **11.** (конкретный) набор; конфигурация; (конкретная) комбинация *(напр. символов)* **12.** фон

~ of calculation схема вычисления

~ of growth модель роста

~ of queue структура системы массового обслуживания

~ of variability модель изменчивости

arrival ~ структура входящего потока

bit ~ двоичный код

chance ~ случайная модель

data-dependent ~ информационно-зависимая схема

data-independent ~ информационно-независимая схема

dot ~ растр

exhaustive ~ (тестовый) набор со всеми возможными входными векторами; исчерпывающий (тестовый) набор
fill ~ шаблон заливки; заполнения
idle ~ холостая комбинация
key ~ комбинация клавиш
keyboard layout ~ схема расположения клавиш на клавиатуре
line ~ конфигурация линий связи
loading ~ схема загрузки
match-all ~ универсальный образец
message ~ образец сообщения
preference ~ система предпочтений
random traffic ~ случайная структура трафика
scanning ~ растр
search ~ схема поиска
service ~ 1. модель обслуживания 2. распределение времени обслуживания
space ~ пространственная диаграмма; трехмерное изображение
temporal ~ временная картина; временная структура
test ~ тестовый вектор; тестовый набор; испытательная комбинация; тестовый шаблон
traffic ~ вид трафика
virus ~ сигнатура вируса (типичная для данного вируса последовательность байтов)
zero ~ диаграмма нулей
pattern-matching сопоставление с образцом
pattern-recognition распознавание образов
patterned настроенный на
pause пауза ‖ делать паузу
payoff:
  expected ~ математическое ожидание выигрыша
  polynomial ~ полиномиальная функция выигрыша
PBX [private branch exchange] офисная телефонная станция
PC [personal computer] персональный компьютер; ПК (как правило, под этим термином подразумевается совместимый с IBM PC компьютер)
  entry-level ~ дешевые (простые) ПК; самые дешевые ПК семейства
  green ~ зеленые ПК (ПК, обеспечивающие низкое потребление электропитания в нерабочем режиме)
  high-end ~ старшие, высокопроизводительные модели ПК
  low-end ~ младшие модели какого-либо семейства ПК
PCB [printed circuit board] печатная плата
PCD 1. растровый формат 2. [personal communication device] персональное устройство связи; персональный коммуникатор
PCI [peripheral component interconnect] спецификация на локальную шину для системных плат, предложенная фирмой Intel (промышленный стандарт)
PCM [pulse code modulation] импульсно-кодовая модуляция сигнала; ИКМ
PCMCIA [personal computer memory card International Association] Международная ассоциация производителей карт памяти для персональных компьютеров.
PCS 1. [personal communication services] персональное коммуникационное обслуживание 2. [personal conferencing specification] стандарт для персональных видеоконференций 3. [process control systems] системы управления (технологическими) процессами

PCT 1. растровый формат 2. [private communications technology] технология частных коммуникаций

PCX формат графических файлов для цветных изображений

PDA [personal digital assistant] персональный цифровой секретарь

PDH [plesiochronous digital hierarchy] стандарт сети

PDL [page description language] язык описания страниц

PDO [portable distributed objects] объектная модель фирмы NeXT

PDS [processor direct slot] плата расширения компьютера Macintosh фирмы Apple Computer

peak:
   curve ~ максимум кривой

pedestal-style настольного типа; устанавливаемый на подставку

peek считывание элемента данных; чтение из ячейки оперативной памяти

peer:
   peer-to-~ одноранговая ЛВС; метод соединения узлов в ЛВС узел к узлу

pel пиксел

pen ручка
   ball-point ~ шариковое перо; шариковый пишущий элемент *(в графопостроителе)*
   control ~ световое перо
   drafting ~ перо чертежного устройства
   felt-tip ~ фломастер
   graphic ~ 1. графическое перо 2. световое перо графического устройства
   light ~ световое перо

pen-type 1. перьевой 2. перьевой графопостроитель
   point ~ точечный графопостроитель

   raster ~ растровый графопостроитель
   sheet-fed ~ графопостроитель с полистовой подачей *(бумаги)*
   X-Y ~ (двух)координатный графопостроитель; построитель кривых в декартовых координатах

pencil 1. карандаш 2. пишущий элемент
   ball-point ~ шариковый карандаш; шариковый пишущий элемент *(в графопостроителе)*

pending 1. отложенный 2. ждущий обработки запрос *или* задание

penetration 1. проникновение 2. преодоление защиты

PenPoint операционная система для перьевых и планшетных ПК

pentagon пятиугольник

pentop ПК с рукописным вводом; перьевой компьютер

peopleware кадровое обеспечение

per на каждый

percent процент

percentage процент
   service ~ уровень обслуживания в процентах

perception восприятие
   artificial ~ распознавание образов
   tactile ~ восприятие тактильной информации
   visual ~ восприятие зрительной информации

perform выполнять *(операцию)*; производить *(действие)*

performance 1. выполнение *(операции)*; исполнение 2. качество функционирования 3. производительность; эффективность; быстродействие 4. (рабочие) характеристики
   burst ~ максимальная производительность
   delay ~ временные характеристики

end-user ~ удобство для конечного пользователя

external ~ фактическое быстродействие

high- ~ высокопроизводительный

internal ~ быстродействие процессора

network-wide AJ ~ интегральная помехоустойчивость всей сети

price/ ~ соотношение цена/производительность

system ~ производительность системы

throughput-delay ~ зависимость между реализуемой пропускной способностью (*производительностью*) и задержкой в передаче сообщений

perimeter периметр

period 1. период; промежуток (*времени*) **2.** точка (*в конце предложения*)

shakedown ~ период освоения (*системы*); период приработки (*системы*); начальный период использования; этап опытной эксплуатации

useful life ~ период нормальной эксплуатации

periodogram график спектральной функции

peripheral периферийное оборудование; *проф.* периферия; внешнее оборудование; внешние устройства ‖ периферийный; внешний

permanent перманентный; постоянный

permissible допустимый

permission разрешение

permutation перестановка ‖ перестановочный

person:

service ~ техник

personal персональный

personal-computer персональная ЭВМ; ПЭВМ; ПК

personality 1. индивидуальная особенность; специализация **2.** персонализация

personalization 1. индивидуализация (*схемы*) **2.** персонализация (*вычислений на основе применения ПЭВМ*)

personnel кадровый состав; персонал

above-the-line ~ высокооплачиваемый творческий персонал (*привлекаемый для создания телепрограмм: актеры, режиссеры*)

computer ~ обслуживающий персонал ЭВМ

perspective перспектива ‖ построение перспективы (*в машинной графике*)

PERT [project evaluation and review technique] метод планирования и оценки затрат времени с использованием сетевого графика

pertinency релевантность (*информации*)

pertinent релевантный

perturbation:

short-term ~ кратковременное возмущение

systematic ~ систематичное возмущение

pessimizing пессимизирующий

phantom фантомный

phase фаза; этап ‖ разбивать на этапы

acceptance ~ этап приемки (*готовой системы*)

analysis ~ фаза исследований

bus ~ фаза шины

implementation ~ этап реализации

requirements ~ этап определения требований (*к проектируемой системе*)

phase
    technical shakedown ~ фаза освоения технических средств
phenomena:
    accompanying ~ сопутствующие явления
philosophy принцип; подход
    training ~ метод обучения
    WYSIWYG [what you see is what you get] ~ принцип «что видишь на экране, то и получишь при печати» *(одна из стратегий построения текстовых редакторов)*
phobia:
    computer ~ машинобоязнь
phone телефон ‖ звонить по телефону
phonebook телефонная книга для удаленного подключения
phonetic фонетический
phonology фонология
photocell фотоэлемент
photodetector:
    solid-state ~ фотодиод
photodiode:
    semiconductor ~ (полупроводниковый) фотодиод
photographic фотографический
photoplotter фотопостроитель; графопостроитель с фотовыводом
photocell:
    semiconductor ~ полупроводниковый фотоэлемент
phrase 1. выражение; оборот 2. (синтаксическая) конструкция
    boolean ~ булево выражение
physical физический
PIC [picture image compression] формат графических файлов, допускающий сжатие данных; специальный алгоритм сжатия изображений
Pica 1. 1/6 дюйма 2. кегль 12 пунктов
picking процесс указания объектов на экране

PICT растровый формат
pictorial наглядный
picture 1. изображение 2. шаблон; образец
    gray-scale ~ полутоновое изображение
    motion ~ (кино)фильм
    reduced resolution ~ изображение с уменьшенной разрешающей способностью; изображение с уменьшенным разрешением
    still ~ 1. видеокадр; неподвижное изображение; стоп-кадр 2. фотографический снимок; фотоснимок
    video ~ изображение на экране
piece 1. кусок 2. порция
    ~ **of information** порция информации
piezodioide:
    three-layee ~ трехслойный пьезодиод
PIF [program information file] файл Windows для настройки работы программы с графическим интерфейсом пользователя
pig-pen знак ◊; номер *(название символа)*
piling-up набегание знаков *(при печатании)*
piloting макетирование
PIM [personal information manager] 1. личная информационная система; ЛИС 2. электронная записная книжка
pin 1. вывод; контакт; штырь; (контактный) штырек 2. пуансон 3. штекер 4. штифт
ping перебрасывать информацию из одной программы в другую
pinout 1. вывод *(микросхемы)* 2. схема расположения выводов; цоколевка (ИС)
PIP [picture-in-a-picture] картинка в картинке *(воспроизведение*

фрагмента одной передачи в небольшом окне, вырезаемом в экранном изображении другой передачи)

pipe 1. канал 2. конвейер
pipeline конвейер ‖ конвейерный
pipelined конвейерный; конвейеризованный
pipelining конвейерный режим; конвейерная обработка; организация конвейера
piping конвейеризация; конвейерная организация
   ~ **of data** конвейерная пересылка данных (с выхода одной программы на вход следующей)
   command ~ конвейеризация команд
piracy:
   program ~ незаконное копирование программ; программное пиратство
   software ~ нарушение авторских прав на программное обеспечение; компьютерное пиратство; программное пиратство
pit выемка; пит; лунка
pitch:
   feed ~ интервал строк
pitfall ловушка ◊ ~**s of the cut** ловушки отсечения
pixel пиксел (минимальный адресуемый элемент двумерного растрового изображения); одна точка изображения ‖ попиксельно
   border ~ краевой элемент изображения; краевой пиксел
PLA [programmable logic array] программируемая логическая матрица; ПЛМ
place место ‖ помещать
   scrolling to distant ~ прокрутка до нужного места
   favorite ~**s** основные службы (папка со значками, соответствующими службам Microsoft

Network, обращение к которым происходит наиболее часто)
placeholder метка-заполнитель
placement размещение
plaintext открытый (незашифрованный) текст
plan план
   bayesian sampling ~ байесовский план выборочного контроля
   decision ~ схема принятия решений (при управлении процессами или объектами)
   stochastic approximation ~ план стохастической аппроксимации
   test ~ план проведения испытаний
planar планарный
plane 1. плоскость 2. самолет
   back clipping ~ задняя отсекающая плоскость; отсекающая плоскость, перпендикулярная линии зрения
   bit ~ битовая плоскость; битовый слой
   color ~ цветовая плоскость
   far ~ дальняя плоскость
   image ~ плоскость изображений
   near ~ передняя плоскость
planner блок планирования; планировщик
   task ~ планировщик задач
planning планирование
   activity ~ планирование деятельности
   distributed ~ распределенное планирование
   tactic ~ тактическое планирование
plasma-panel плазменный
plastic пластмассовый
platform платформа (общий термин, обозначающий программно-аппаратную среду, в которой выполняется прикладная система

plausible правдоподобный
play 1. воспроизведение *(кнопка)* **2.** запустить
   capture ~ захват видеопоследовательностей
playback считывание; проигрывание; воспроизведение *(видео или звукозаписи)* ‖ воспроизводить *(видео- или звукозапись)*
player:
   CD-I ~ проигрыватель компакт-дисков в формате CD-I
   CD-ROM ~ проигрыватель CD-ROM
   minimizing ~ минимизирующий игрок
   video ~ проигрыватель видеодисков
plot 1. график; кривая; диаграмма ‖ вычерчивать график, кривую *или* диаграмму **2.** план игры
   ~ **of the function** график функции
   shmoo ~ трехмерный имитационный график
plotted нанесенный на график
plotter 1. графопостроитель; графическое регистрирующее устройство; самописец; плоттер **2.** программа графического вывода
   belt-bed ~ графопостроитель с ленточной подачей *(бумаги)*
   calligraphic ~ каллиграфический графопостроитель *(в отличие от растрового)*
   color ~ цветной графопостроитель
   coordinate ~ (двух)координатный графопостроитель; построитель кривых в декартовых координатах
   data ~ графопостроитель
   digital ~ (цифровой) графопостроитель; дискретный графопостроитель *(с дискретным перемещением пера)*
   drum ~ барабанный графопостроитель
   electrostatic ~ электростатический графопостроитель
   flatbed ~ графопостроитель планшетного типа; планшетный графопостроитель
   laser ~ лазерный графопостроитель
   multicolor ~ многоцветный графопостроитель
   pen-(type) ~ перьевой графопостроитель
   point ~ точечный графопостроитель
   raster ~ растровый графопостроитель
   sheet-fed ~ графопостроитель с полистовой подачей
   X-Y ~ координатный графопостроитель
plotting 1. вычерчивание графических изображений; нанесение на график **2.** работа графопостроителем; работа графопостроителя
plug 1. (контактный) штырек; штекер **2.** (штепсельный) разъем; штепсель **3.** вставлять в контактное гнездо
   continuity ~ вилка связности
plug-and-play ориентированный на простое подключение; «подключи и работай» *(спецификация быстрого подключения и автоматического конфигурирования дополнительного оборудования)*
plug-and-socket разъем; разъемный соединитель
plug-compatible совместимый по разъему
plug-in сменный; съемный
plug-wire коммутационный шнур
pluggable сменный; съемный
plunger:
   short-circuit ~ короткозамыкающий поршень

plus плюс

PLV [production level video] специальный алгоритм сжатия изображений (*разработка фирмы Intel*)

PMMA [polymethyl methacrylate] полиметилметакрилат (*жесткая прозрачная пластмасса, используемая при производстве большинства лазерных видеодисков*)

PNNI [private network-to-network interface] межсетевой интерфейс частных сетей

PnP [plug-and-play] подключи и работай (*спецификация быстрого подключения и автоматического конфигурирования дополнительного оборудования*)

pocket карман ‖ карманный

point 1. точка; пункт 2. точка (*знак*) 3. указать (*на*) ‖ указывать 4. подвести указатель к; установить указатель на

~ **of no return** точка необратимости

actual decimal ~ реальная запятая

addressable ~ адресуемая точка

anchor ~ 1. начало выделения (*начало выделенного диапазона, обычно попадает на первый из выделенных объектов/символов*) 2. точка привязки

assumed decimal ~ подразумеваемая запятая

break ~ 1. останов 2. прерывание; точка прерывания

center ~ центральная точка

check ~ контрольная точка

choice ~ точка выбора

control ~ опорная точка

corner ~ крайняя точка; угловая точка; экстремальная точка

critical ~ критическая точка

decimal ~ десятичная точка; точка в десятичном числе

decimal ~ **character** десятичная точка

editing ~ точка монтажа; монтажная точка (*например, на видеофонограмме*)

entry ~ точка входа; вход

equilibrium ~ точка равновесия

exit ~ точка выхода; выход

fixed ~ неподвижная точка

floating ~ плавающая точка

freeze ~ **in specification** момент «замораживания» спецификаций (*в процессе разработки системы*)

global saddle ~ глобальная седловая точка

hot ~ последняя точка

insertion ~ 1. курсор вставки 2. точка ввода; точка вставки; место вставки

jumping off ~ стартовая площадка

kill ~ этап критического анализа

limit ~ предельная точка

limiting ~ предельная точка

plotted ~ точка на графике

reentry ~ точка повторного перехода; точка повторного входа

reference ~ 1. опорная точка; контрольная точка 2. указанная точка

rerun ~ точка перезапуска (*программы после сбоя*)

rescue ~ контрольная точка

restart ~ 1. точка возобновления; точка перезапуска; точка рестарта (*программы после сбоя*) 2. точка выбора (*в дереве перебора*)

return ~ точка возврата; точка перезапуска

saddle ~ седловая точка

sample ~ 1. выборочная точка 2. элемент выборки

point

    secondary entry ~ дополнительная точка входа
    sequence ~ точка оценки
    significance ~ уровень значимости
    spy ~ контрольная точка
    strategic saddle ~ стратегическая седловая точка
    suboptimal ~ точка локального оптимума
    turning ~ точка возврата
    view ~ точка наблюдения

point-and-shoot выбрать и активизировать

point-of-purchase рекламный терминал; реклама в точке продажи

point-of-sale кассовый терминал

point-to-point двухточечный; двухпунктовый *(о линии передачи)*

pointer указатель, курсор
    dangling ~ повисший указатель
    file ~ указатель файла
    mouse ~ курсор мыши; указатель мыши
    next ~ прямой указатель; указатель следующего элемента
    prior ~ обратный указатель; указатель предыдущего элемента
    roving ~ указатель на внешний контекст
    stack ~ указатель вершины стека
    urgent ~ указатель срочности

pointer-threaded шитый

pointwise точечный

poke запись в ячейку оперативной памяти; запись элемента данных

polar полярный

polarization поляризация ‖ поляризационный
    spontaneous ~ спонтанная поляризация

policy 1. алгоритм распределения ресурса 2. политика; стратегия 3. правила; набор правил *(различные правила и ограничения, относящиеся к возможностям пользователей по настройке и конфигурированию системы)*
    data ~ политика в области систем обработки данных; политика в области информационной технологии
    paging ~ алгоритм замещения страниц
    security ~ политика безопасности; стратегия защиты *(системы от несанкционированного доступа)*
    service ~ стратегия обслуживания
    stationary ~ стационарная стратегия

poll (упорядоченный) опрос *(абонентов)* ‖ опрашивать *(абонентов)* в определенном порядке

polling опрос

polygon многоугольник
    preference ~ многоугольник предпочтений
    regular ~ правильный прямоугольник
    strategy ~ полигон стратегий

polyhedron многогранник

polyline ломаная

polymarker 1. полимаркер *(в машинной графике)* 2. последовательность точек

polymorphic полиморфный; с возможностью реконфигурации

polynomial полином ‖ полиномиальный
    adding ~s сложение многочленов

pool 1. пул; накопитель 2. динамическая область
    buffer ~ буферный накопитель; буферный пул; область буферов
    high-order ~ старший разряд
    leftmost ~ крайний левый разряд

low-order ~ младший разряд
page ~ множество свободных страниц
pulled ~ отжатое положение (*кнопки*)
rightmost ~ крайний правый разряд
run ~ рабочее положение
sign ~ знаковый разряд; разряд знака
significant ~ значащий разряд
storage ~ динамическая область памяти
task ~ задачный накопитель; задачный пул

poor некачественный; плохой

POP 1. [post office protocol] почтовый протокол 2. [points of presence] точки доступа (*к глобальной сети*); точки присутствия 3. [point-of-purchase] рекламный терминал; реклама в точке продажи

pop 1. выталкивание (данных) из стека ‖ выталкивать (данные) из стека 2. выпрыгивать ◊ ~ **up** высвечиваться на экране

popping выталкивание
   information ~ выталкивание информации

populating начальная загрузка в базу данных

population 1. заполнение 2. популяция (*напр. машин одного поколения*) 3. совокупность; *стат.* генеральная совокупность

popup всплывающее меню

port 1. порт (*многоразрядный вход или выход в устройстве*) ‖ подсоединять через порт 2. двухполюсник 3. переносить (*напр. программу с одной машины на другую*)
   backbone ~ порт соединения с сетевой магистралью
   communication ~ коммуникационный порт
   data ~ порт данных
   input ~ порт ввода
   input/output ~ порт ввода-вывода
   network ~ сетевой порт
   nonshared ~ порт индивидуального использования
   output ~ порт вывода
   parallel ~ параллельный порт
   ring ~ порт кольцевой сети
   two ~ четырехполюсник

port-a-punch (ручной) пробойник; компостер

portability мобильность; переносимость (*напр. программы с одной машины на другую*); транспортабельность
   software ~ мобильность программного обеспечения
   tools ~ мобильность средств разработки

portable 1. машинонезависимый; мобильный; переносимый (*с одной машины на другую, напр. о программе*) 2. портативный

porting 1. перенесение (*напр. программы с одной машины на другую*) 2. подсоединение; подключение (*напр. нового абонентского пункта к сети*)

portion 1. блок; узел 2. часть

portrait вертикальный (*ориентация бумаги при печати короткой стороной вверх в противоположность Landscape*)

POS [point-of-sale] терминал для розничной торговли

position 1. место (*цифры*); разряд (*числа*) 2. позиция; (место-) положение ‖ позиционировать ‖ позиционный
   ~ **of an operator** позиция оператора
   character ~ расположение знака

position
    current ~ текущие координаты
    cursor ~ место курсора
position-independent переместимый
positional позиционный
positioning 1. позиционирование; расположение, размещение 2. установка в определенное положение; установка на место 3. юстировка
    cursor ~ позиционирование курсора
    track-to-track ~ позиционирование при переходе с дорожки на дорожку
positive позитивный; положительный
POSIX [portable operating system interface for computer environment] пользовательский интерфейс мобильной операционной среды
POST [power on self test] внутренний начальный тест, выполняемый при включении ПК или при нажатии кнопки RESET
postamble 1. заключение ‖ заключительный 2. заключительная часть *(сообщения)*; заключение *(отмечающее конец записи)*
postcondition постусловие
postdecrement постдекрементный
postediting постредактирование
postfix постфиксный
postings рассылка
postmaster администратор конкретной подсистемы сети Интернет
postmortem 1. *проф.* «посмертный» *(о выдаче данных, на которые повлияли неблагоприятные условия в системе)* 2. постпрограмма *(программа контроля выполненных вычислений)*
postprocessing постобработка; заключительная обработка

postprocessor постпроцессор
    digital ~ устройство последующей цифровой обработки *(сигналов)*
postproduction постпроизводство; редактирование (монтаж) отснятого материала
pot:
    ultrasonic solder ~ ультразвуковая лудильная ванна
potential:
    surface ~ поверхностный потенциал
potentiometer:
    single-turn ~ однооборотный потенциометр
power 1. мощность; мощь 2. производительность 3. способность 4. степень; показатель степени 5. энергия
    computational ~ вычислительные возможности
    computer ~ 1. вычислительная мощность; вычислительный ресурс 2. производительность компьютера
    computing ~ вычислительные возможности
    expository ~ объяснительная способность *(экспертной системы)*
    expressive ~ выразительная сила
    raising to a ~ возведение в степень
power-hungry энергоемкий
power-mode степенного типа; степенной
power-up включение питания
P&P [plug-and-play] подключи и работай *(см. выше)*
PPC [PowerPC, Power Performance Chip] семейство микропроцессоров разработанных альянсом IBM, Motorola и Apple Computers

ppm [pages per minute] страниц в минуту
pragmatic прагматический
pre-edit предредактирование
preamble заголовок; начальная часть; преамбула
preanalysis преданализ
preaveraging предварительное усреднение
prebinding библиотечный переплет
prebuffer заранее сбрасывать в буфер
precaution мера предосторожности; предосторожность
precedence предшествование; приоритет; старшинство
   ~ of an operator приоритет оператора
preceding предшествующий
precise точный
precision точность
   ~ of estimate точность оценки
   a posteriori ~ апостериорная точность
   double ~ удвоенная точность
   dynamic ~ динамическая точность
   dynamical ~ динамическая точность
precompute докомпьютерный; домашинный
precomputed заранее вычисленный
preconfigure заранее задать конфигурацию
predecessor предок; предшественник
predecrement предекрементный
predefined заранее заданный
predicate предикат
prediction предсказание; прогнозирование
   bias-free ~ несмещенный прогноз
   branch ~ прогнозирование ветвления (*метод увеличения скорости вычислений*)

failure ~ прогнозирование отказов
linear ~ линейный прогноз
performance ~ s прогнозируемые рабочие характеристики
probabilistic ~ вероятностный прогноз
single-value ~ точечный прогноз
single-valued ~ точечный прогноз
statistical ~ статистическое предсказание
predictive предсказуемый
preempt 1. откачивать **2.** прерывать обслуживание
preemptibility способность к приоритетным прерываниям (*свойство операционной системы*)
preemptible выгружаемый
preemption 1. выгрузка **2.** прерывание обслуживания
preference предпочтение; преимущественное право; привилегия; *pl* глобальные параметры
   individual ~ индивидуальное предпочтение
prefetch выборка с упреждением
prefix префикс ‖ префиксный
   directory ~ имя каталога
preincrement преинкрементный
preinstall предварительно настраивать; предварительно устанавливать
preliminary предварительный
premature преждевременный
premigration премиграция (*формирование списка файлов, ждущих очереди на миграцию и копирование их в память более низкого уровня*)
prenormilize предварительно нормализовать
prepaging опережающая подкачка страниц
preparation 1. подготовка; приготовление **2.** составление (*напр. программ*)

preparation

    data ~ подготовка данных
    program ~ составление программ
    report ~ составление отчетов; формирование сообщений

prepare 1. готовить; подготавливать **2.** составлять *(напр. программы)*

preprocessing первичная обработка; предварительная обработка

preprocessor препроцессор; процессор предварительной обработки

prerelease предварительный выпуск *(незаконченного изделия с целью испытаний у строго определенных пользователей)*

presence наличие; присутствие

presentation 1. воспроизведение представление; презентация
    ~ of number представление числа; код числа
    data ~ представление данных
    graphic ~ графическое изображение
    spreadsheet ~ представление *(информации)* в виде динамической электронной таблицы
    tabular ~ табличное представление *(данных)*

presenter презентатор *(специалист, представляющий программное изделие на сессии сквозного структурного контроля)*

preset 1. инициализировать **2.** предварительно устанавливать; заранее задавать ‖ предварительно заданный

preshaping предварительное формирование

presort предварительно сортировать

presorted предварительно отсортированный

press 1. нажатие ‖ нажимать **2.** сжимать; спрессовывать; уплотнять ◊ **~ any key when ready** по готовности нажмите любую клавишу *(сообщение)*
    single ~ нажатие единственной клавиши

pressing нажатие
    by ~ путем нажатия

prestaging предварительная подкачка *(напр. данных)*

presupposition пресуппозиция

prevention 1. профилактика **2.** предотвращение; предупреждение
    before-the-fact ~ своевременное предупреждение *(отказов)*
    failure ~ предотвращение отказов

preventive 1. предупреждающий **2.** профилактический

preview предварительный просмотр текста или изображения перед выводом на печать

previewing предварительное обследование

price цена
    ~/performance (соотношение) цена-производительность
    competitive ~ конкурентоспобная цена
    computer rental ~ арендная плата за пользование машиной
    retail ~ розничная цена
    street ~ розничная цена
    hardware ~/performance (соотношение) цена-производительность аппаратных средств

primary 1. первичное выражение **2.** первичный; исходный

primes простые числа

primitive 1. примитив; базисный элемент ‖ примитивный; простейший **2.** элементарное действие
    computational ~ элементарная вычислительная операция; вычислительный примитив; примитив вычислений

drawing ~ графический примитив

fill area ~ примитив типа заполненной (закрашенной) области *(в машинной графике)*

graphic ~ графический примитив *(используемый для создания изображений на экране дисплея)*

principal 1. главный **2.** руководитель **3.** администратор доступа *(к системе)*

principle правило; принцип; закон; аксиома

averaging ~ принцип усреднения

basic ~s основные принципы

domain ~ s специальные принципы *(определенной области знаний)*

equimarginal ~ принцип равенства в пределе

first-in-first-out ~ принцип обслуживания в порядке поступления

first-in-last-out ~ принцип обслуживания в обратном порядке

maximum ~ принцип максимума

resolution ~ принцип резолюций

print 1. оттиск; отпечаток **2.** печать; распечатка ‖ печатать; распечатывать; напечатать **3.** отображать *(информацию на экране дисплея)* ◊ **~ on the screen** выводить на экран; **~ out** распечатывать; выводить *(данные)* на печатающее устройство

file ~ распечатка (содержимого) файла

memory ~ распечатка (содержимого) памяти

spooled ~ печать с буферизацией

printable печатаемый
printed печатный

printer 1. печатающее устройство; принтер **2.** программа печати

advanced function ~ программа поддержки распечатки

alphabetic ~ буквопечатающее устройство

alphanumeric ~ буквенно-цифровое печатающее устройство

attended ~ печатающее устройство с ручной заправкой *(каждой страницы)*

band ~ ленточный принтер

barrel ~ барабанный принтер

belt ~ ленточный принтер

bidirectional ~ двунаправленный принтер; двунаправленное печатающее устройство *(напр. с печатью в прямом и обратном направлениях)*

black-and-white ~ черно-белый принтер

bubble jet ~ струйный пузырьковый принтер

chain ~ цепное печатающее устройство; цепной принтер

character ~ буквенно-цифровое печатающее устройство; посимвольный принтер

character-at-a-time ~ позначно *(посимвольно)* печатающееустройство; посимвольный принтер

color ~ цветной принтер

correspondence quality ~ принтер качественной печати

daisy-wheel ~ лепестковый принтер; ромашковый принтер; печатающее устройство типа «ромашка»; печатающее устройство с лепестковым литероносителем *(с ромашкой)*

document ~ устройство для печатания документов; принтер для печатания документов

dot-matrix ~ матричный принтер

printer

draft-quality ~ печатающее устройство среднего качества; принтер среднего качества
drum ~ барабанный принтер
electrosensitive ~ электрографический принтер; электрографическое печатающее устройство
electrostatic ~ электростатический принтер; электростатическое печатающее устройство
electrothermal ~ термографический принтер
facsimile ~ факсимильный принтер; факсимильное (фототелеграфное) печатающее устройство
golf-ball ~ принтер с шаровой головкой
hardcopy ~ принтер для выдачи машинных документов
high-speed ~ быстродействующий принтер
hit-on-the-fly ~ принтер с вращающимися колесами
image ~ устройство печати изображений
impact ~ контактный принтер; печатающее устройство ударного действия
ink-jet ~ струйное печатающее устройство *(с разбрызгиванием красителя)*; струйный принтер
keyboard ~ печатающее устройство с клавиатурой; клавишное печатающее устройство
laser ~ лазерное печатающее устройство; лазерный принтер
letter-quality ~ высококачественный принтер; печатающее устройство с машинописным качеством печати
line(-at-a-time) ~ построчно печатающее устройство; построчный принтер
logging ~ регистрационное печатающее устройство; регистрационный принтер

magnetic character ~ магнитный принтер; магнитопечатающее устройство; устройство печати магнитных знаков
magnetographic ~ магнитографический принтер
matrix ~ матричный принтер
microfilm ~ устройство для записи на микропленку *или* микрофиши
monitor ~ контрольное печатающее устройство; контрольный принтер
multicolor ~ многоцветный принтер; многоцветное печатающее устройство
multifunction ~ многофункциональное печатающее устройство; многофункциональный принтер
needle ~ игольчатое (матричное) печатающее устройство; матричный принтер
nonimpact ~ печатающее устройство безударного действия; безударный принтер
numeric ~ цифровое печатающее устройство; цифровой принтер
off-line ~ автономное печатающее устройство; автономный принтер
on-line ~ принтер, работающий под управлением ЭВМ
on-the-fly ~ непрерывный принтер
output ~ выходной принтер
page ~ постраничный принтер
page(-at-a-time) (page-width) ~ постранично-печатающее устройство
petal ~ печатающее устройство с лепестковым литероносителем; лепестковое печатающее устройство
PostScript ~ PostScript-принтер *(принтер с встроенным интерпретатором языка PostScript)*

pretty ~ программа «красивой» печати; программа печати *(информации)* в наглядной форме
shaped-character ~ принтер со шрифтоносителем
shared ~ общий принтер
single-copy ~ одноэкземплярное печатающее устройство *(с выдачей одного экземпляра печатаемого документа)*
solid-font ~ печатающее устройство с литым шрифтом *(в отличие от матричного)*; принтер с литым шрифтом
stylus ~ игольчатый принтер
the ~ is not on принтер не включен *(сообщение)*
the ~ is out of paper принтер не заправлен бумагой *(сообщение)*
the ~ is out of paper or is not on принтер не заправлен бумагой или не включен *(сообщение)*
thermal ~ термографическое печатающее устройство; термографический принтер
train ~ принтер гусеничного типа
type ~ шрифтовое печатающее устройство
wax-transfer ~ принтер по принципу декалькомании
wheel ~ колесный принтер
wire ~ матричный принтер
xerographic ~ ксерографическое печатающее устройство; ксерографический принтер
printer-limited ограниченный возможностями печатающего устройства; ограниченный возможностями принтера
printer-plotter графический принтер
printing печать; печатание; распечатка ◊ **~ files** печать содержимого файлов
  background ~ печать в фоновом режиме; фоновая печать
  bidirectional ~ двунаправленная печать
  correspondence quality ~ качественная печать; печать с качеством служебной корреспонденции
  echo ~ эхопечать
  horizontal ~ поперечная печать
  ink-jet ~ струйная печать
  letter-quality ~ высококачественная печать
  log ~ регистрационная распечатка
  nonimpact ~ безударная печать
  page ~ постраничная печать
  page(-at-a-time) (page-width) ~ постраничная печать
  screen ~ трафаретная печать
  selective ~ выборочная печать
  shadow ~ печатание знаков с тенью
  silk-screen ~ шелкография
  two-sided ~ печать на двух сторонах листа; печать с оборотом
  unidirectional ~ однонаправленная печать
printout 1. распечатка; вывод *(данных)* на печатающее устройство; вывод на печать **2.** отпечаток **3.** табулягграмма выходных данных; табулягграмма результатов
  dump ~ распечатка содержимого памяти
  memory ~ распечатка содержимого памяти; вывод содержимого памяти на печать
  shift-time ~ ежесменная распечатка
prior прежний ◊ **~ to** перед
prioritization назначение приоритетов
prioritize назначать приоритеты; располагать в соответствии с приоритетом
priorit/y приоритет ‖ приоритетный
  alternating ~ies чередующиеся приоритеты

break-in ~ приоритет, прерывающий обслуживание
dynamic ~ динамический приоритет
interrupt ~ приоритет прерывания
nonbreak-in ~ приоритет, не прерывающий обслуживание
nonpreemptive ~ приоритет, не прерывающий обслуживание
preemptive ~ приоритет, прерывающий обслуживание
preemptive repeat ~ приоритет, прерывающий обслуживание
preemptive resume ~ приоритет, прерывающий обслуживание
state ~ приоритет, зависящий от состояния системы
statement ~ приоритет оператора; приоритет операторов
static ~ статический приоритет
statical ~ статический приоритет

priority-driven с приоритетным управлением; с управлением по приоритетам
prism призма
privacy секретность; конфиденциальность *(информации)*; личная тайна *(характер информации)*; сохранение тайны *(при хранении информации)*
private 1. закрытый 2. личный; частный 3. приватный *(о типе данных)*
privilege привилегия *(пользователя или программы)*
privileged привилегированный
probabilistically в вероятностном смысле
probabilistic вероятностный
probability вероятность; возможность
~ **of customer loss** вероятность потери требования
~ **of no-arrivals** вероятность отсутствия требований
~ **of rejection** вероятность отклонения
a posteriori ~ апостериорная вероятность
absolute ~ безусловная вероятность
conditional ~ условная вероятность
confidence ~ доверительная вероятность
cumulative ~ накопленная вероятность
empiric ~ эмпирическая вероятность
empirical ~ эмпирическая вероятность
estimated ~ оценка вероятности
finite ~ конечная вероятность
inverse ~ обратная вероятность
math ~ теоретическая вероятность
mathematical ~ теоретическая вероятность
objective ~ объективная вероятность
prior ~ априорная вероятность
specified ~ заданная вероятность
stationary ~ стационарная вероятность
steady-state ~ установившееся значение вероятности
transmission ~ вероятность успешной передачи
true ~ истинная вероятность
unconditional ~ безусловная вероятность
variable ~ переменная вероятность
zero ~ нулевая вероятность
probable вероятный
probabilistic вероятностный
probe щуп; зонд; пробник
software ~ программный зонд *(средство определения частоты выполнения программных операторов)*

software ~ программный щуп
stack ~ стековый зонд *(средство проверки свободного места в стеке)*
traveling ~ передвижной зонд
problem задача; проблема ‖ проблемный
~ **of waiting** задача об обслуживании с ожиданием
accounting ~ бухгалтерская задача; задача учета и отчетности
activity-analysis ~ задача анализа операций
algorithmic ~ алгоритмическая проблема
all integer ~ полностью целочисленная задача
allocation ~ задача распределения
approximating ~ приближенная задача
assignment ~ задача о назначениях; задача о распределении
auxiliary ~ вспомогательная задача
bargaining ~ задача о торгах
benchmark ~ **1.** проблема оценки характеристик системы *(с помощью контрольной задачи)* **2.** эталонная тестовая задача
bottleneck ~ проблема узких мест
bounded-variable ~ задача с ограниченными переменными
bulk queuing ~ задача о групповом обслуживании
business ~ коммерческая задача; экономическая задача
classical optimization ~ классическая задача оптимизации
congestion ~ задача массового обслуживания
convex programming ~ задача выпуклого программирования
cut ~ задача о раскрое
data-set ~ задача обработки совокупности данных

decision ~ задача принятия решений
define a ~ формулировать задачу
delivery ~ задача о доставке
dual ~ двойственная задача
equilibrium ~ задача о равновесии
error minimization ~ задача минимизации ошибок
estimation ~ задача оценивания
extremal ~ экстремальные задача
finite horizon ~ задача о конечном интервале
fix the ~ устранить неисправность; решить проблему
forecasting ~ задача прогнозирования
general decision ~ общая задача принятия решений
general transportation ~ общая транспортная задача
ill-defined ~ плохо структурированная задача
ill-posed ~ некорректная задача; некорректно поставленная задача
inference ~ проблема логического вывода
infinite horizon ~ задача о бесконечном интервале
information retrieval ~ информационно-поисковая задача
intractable ~ трудноразрешимая задача
linear programming ~ задача линейного программирования
longest-path ~ задача о максимальном пути
management ~ управленческая задача
market analysis ~ задача анализа рынка; задача анализа рыночной конъюнктуры

maximization ~ задача максимизации
minimal path ~ задача о минимальном пути
minimization ~ задача минимизации
minimum ~ задача на минимум
multi-objective ~ многоцелевая задача
multifacility ~ задача для многоканальной системы
network flow ~ задача нахождения потока в сети
nonlinear programming ~ задача нелинейного программирования
optimal kit ~ задача об оптимальном комплекте
optimal path ~ задача о выборе оптимального пути
optimization ~ задача оптимизации
optimum ~ задача оптимизации
ordering ~ задача упорядочения
primal ~ прямая задача
probabilistic ~ вероятностная задача
programming ~ задача программирования; проблема программирования; затруднение при программировании
queuing ~ задача массового обслуживания
real-time ~ задача, решаемая в реальном времени; задача, решаемая в темпе процесса
real-world ~ реальная задача; практическая задача
saddle-point ~ задача нахождения седловой точки
sales man ~ задача о коммивояжере
scaling ~ проблема размерности
scheduling ~ задача планирования

sequential decision ~ задача последовательного принятия решений
servicing ~ задача массового обслуживания
set the ~ ставить задачу
shortest path ~ задача о кратчайшем пути
shortest route ~ задача о кратчайшем пути
smoothing ~ задача о сглаживании
software ~ 1. задача с программной реализацией 2. проблема программного обеспечения (*при разработке или эксплуатации программных средств*)
sojourn time ~ задача о времени пребывания
solder-ball ~ проблема шарика припоя
solvable ~ разрешимая задача
stale data ~ проблема выбрасывания устаревших данных; проблема устаревших данных
statistical ~ статистическая задача
symmetric ~ симметричная задача
symmetrical ~ симметричная задача
system analysis ~ задача системного анализа
test ~ тестовая задача; контрольная задача
toy ~ искусственная задача
trade-off ~ проблема компромиссных решений
transportation ~ транспортная задача
transshipment ~ транспортная задача промежуточных пунктов
traveling salesman ~ задача коммивояжера
trim ~ задача о раскрое

procedure

trouble-shooting ~ диагностическая задача
unsymmetrical ~ несимметричная задача
waiting-line ~ задача массового обслуживания
waiting-time ~ задача о времени ожидания
warehouse (storage) ~ задача о рациональном использовании склада
weak bridge ~ проблема слабой связки
well-structured ~ хорошо сформулированная задача
problem-oriented проблемно-ориентированный
problem-solving проблемная среда
procedural процедурный
procedure 1. алгоритм; алгоритм вычислений; вычислительная процедура; методика; образ действий; процедура; процесс; механизм *(действий)* 2. процесс обновления данных
attached ~ присоединенная процедура
automatic retransmission control ~ процедура автоматического управления повторной передачей
built-in ~ встроенная процедура
cataloged ~ каталогизированная процедура
certification ~ 1. аттестация *(напр. программного изделия)* 2. процедура выдачи разрешения *(на доступ к базе данных)*
command ~ командная процедура
computational ~ методика вычислений
data-base ~ процедура базы данных
data-handling ~ процесс обработки данных
delphi ~ метод экспертных оценок
estimation ~ процедура оценивания
function ~ процедура-функция; функциональная процедура
global ~ глобальная процедура
graphic ~ графический метод
graphical ~ графический метод
least-squares ~ метод наименьших квадратов
library ~ библиотечная процедура
logoff ~ процедура выхода из системы
logon ~ процедура входа в систему
matrix ~ матричная процедура
maximum-likelihood ~ метод максимального правдоподобия
numeric ~ численный метод
numerical ~ численный метод
optimization ~ метод оптимизации
point-and-click ~ ввод данных с помощью устройства типа мыши
proof ~ процедура доказательств
randomized ~ рандомизированная процедура
recovery ~ процедура восстановления *(после сбоя)*
recursive ~ рекурсивная процедура
reenterable ~ повторно используемая процедура
refutation ~ процедура опровержения
service ~ порядок обслуживания
simplex ~ симплексный метод
simulation ~ методика моделирования
standardized ~ стандартная методика
stored ~s хранимые процедуры

successive approximation ~ метод последовательных приближений
test ~ методика испытаний
updating ~ процедура уточнения данных
procedure-oriented процедурно ориентированный
process 1. процесс 2. процесс создания и эксплуатации программного обеспечения 3. способ обработки 4. технологический прием; технологический процесс 5. обрабатывать
administrative ~ процесс управления
arrival ~ процесс поступления требований
autoregressive ~ авторегрессионный процесс
averaging ~ процесс усреднения
background ~ фоновый процесс
batch ~ 1. групповой процесс 2. периодический процесс
concurrent ~ параллельный (одновременный) процесс
congestion ~ процесс массового обслуживания
cumulative ~ кумулятивный процесс
data-generating ~ процесс получения данных
degenerate ~ вырожденный процесс
detached ~ фоновый процесс
event ~ обработка события
fitting ~ процесс подбора эмпирической кривой
foreground ~ приоритетный процесс
hibernating ~ остановленный процесс
installation ~ процесс установки
inverse queuing ~ процесс обслуживания в обратном порядке
lead ~ ведущий процесс
light-weighted ~ легковесный процесс
linear ~ линейный процесс
many-server ~ процесс обслуживания в многоканальной системе
moving average ~ процесс скользящего усреднения
moving-summation ~ процесс скользящего суммирования
multistage decision ~ многошаговый процесс принятия решения
normal stochastic ~ нормальный стохастический процесс
parent ~ родительский процесс
paste-up ~ процесс монтажа
quasistationary ~ квазистационарный процесс
queuing ~ процесс массового обслуживания; процесс образования очереди
random ~ вероятностный процесс
random walk ~ процесс случайного блуждания
scattering ~ процесс рассеяния
sequential decision ~ процесс последовательного принятия решений
sequential ~ многостадийный процесс
shell ~ внешний процесс
single-channel ~ процесс обслуживания в одноканальной системе
sleeping ~ ждущий процесс
smoothing ~ процесс сглаживания
software ~ программный (программно-реализуемый) процесс
spawner ~ порождающий процесс
stationary ~ стационарный процесс

stochastic ~ стохастический процесс
system ~ системный процесс
two-server ~ процесс обслуживания в двухканальной системе
user ~ пользовательский процесс
waiting ~ ждущий процесс
processing обработка; обработка данных ‖ обрабатывающий
background ~ фоновая обработка
baseband store-and-forward ~ обработка сигналов в основной полосе частот с промежуточным хранением
batch ~ групповая обработка; пакетная обработка
business ~ обработка коммерческих данных; обработка деловой информации
communications ~ обработка данных, поступающих по линиям связи
concurrent ~ параллельная обработка данных; параллельное выполнение
continuous ~ непрерывная обработка
conversational ~ диалоговая обработка
cooperative ~ коллективная обработка данных
data ~ обработка данных
demand ~ обработка данных по требованию; обработка по мере поступления
distributed data ~ рассредоточенная обработка информации
distributed ~ распределенная обработка
electronic data ~ электронная обработка данных
file ~ обработка файлов; работа с файлами
image ~ обработка изображений
information ~ обработка информации
integrated data ~ комплексная обработка данных
interactive ~ диалоговая обработка
knowledge ~ обработка знаний
list ~ обработка списков
multiple ~ мульти-программирование
natural language ~ обработка естественного языка
off-line ~ автономная обработка
on-line ~ неавтономная обработка; оперативная обработка
parallel ~ параллельная обработка
picture ~ обработка рисунков
real time ~ обработка в реальном времени
remote ~ дистанционная обработка данных; телеобработка данных
serial ~ последовательная обработка
signal ~ обработка сигналов; прием сигнала
symbolic ~ обработка символьной информации
text ~ обработка текстов; текстообработка
time-bound ~ срочная обработка
transaction ~ обработка транзакций
word ~ 1. обработка текстов; текстообработка; подготовка текстов **2.** пословная обработка
processor 1. процессор **2.** узел обработки
array ~ векторный процессор; матричный процессор
associative ~ ассоциативный процессор
attached ~ сопроцессор; сопряженный процессор

auxiliary ~ вспомогательный процессор; внешний процессор
back-end ~ дополнительный процессор
basic ~ основной процессор; базовый процессор
bit-slice ~ секционированный процессор
central ~ центральный процессор; ЦП
command ~ командный процессор
compound document ~ комбинированный обработчик документов
console command ~ диалоговый монитор
data-base ~ процессор базы данных
dedicated word ~ система подготовки текстов
display ~ дисплейный процессор
dual ~ двухпроцессорный комплекс
dyadic ~ двухпроцессорный компьютер
front-end ~ интерфейсный процессор
host ~ главный процессор
idea ~ текстовая база данных
interface message ~ интерфейсный процессор сообщений
language ~ транслятор; языковой процессор
linguistic ~ лингвистический процессор
logical ~ логический процессор
macro ~ макропроцессор
math ~ математический процессор
matrix ~ матричный процессор
message ~ процессор сообщений
network ~ сетевой процессор
numeric ~ математический спецпроцессор
outline ~ система обработки структурированных текстов
raster ~ растровый процессор
symbolic ~ символьный процессор
software ~ программный процессор *(логическая абстракция физического процессора)*
specially designed ~ спецпроцессор
target ~ целевой процессор
terminal ~ терминальный процессор
text ~ текстовый процессор
vector ~ векторный процессор
vertical ~ процессор с вертикальным программированием
virtual ~ виртуальный процессор
word ~ процессор обработки текстов; текстовой процессор; система подготовки текстов
Prodigy глобальная сеть *(США)*
produce производить, порождать; синтезировать; выводить
producer 1. автор 2. производитель; изготовитель; продюсер
associate ~ 1. помощник продюсера 2. постановщик фильма
product 1. изделие; продукт; результат 2. произведение
add-on ~ добавочный продукт; дополнительный продукт
Cartesian ~ декартово произведение
competitive software ~ конкурентоспособное программное изделие; конкурирующее программное изделие
DBMS ~ коммерческий пакет СУБД
hypertext ~ гипертекстовый продукт *(коммерческие программные и/или информационные средства гипертекстовых систем)*; программные средства создания гипертекстов
logical ~ логическое произведение

predecessor software ~ предшествующее программное изделие; программное изделие-предшественник *(подлежащее замене новым)*

replacement software ~ программное изделие-заменитель *(новая версия)*

similar ~ подобное *(аналогичное)* программное изделие

software ~ программное изделие

standard ~ **of sums** нормальная конъюнктивная форма

unbundled ~ изделие, поставляемое отдельными компонентами

production 1. продукция ‖ продукционный **2.** *тлв* постановка представления **3.** производство

  in-house ~ собственное производство

productive полезный

productivity продуктивность; эффективность; производительность

professional профессиональный

profile 1. профиль; разрез ‖ профилировать **2.** параметры пользователя **3.** конфигурация для электронной почты, сетевых подключений и т.п. **4.** учетная запись

  connection ~ конфигурация подключения

  execution ~ рабочий профиль программы *(совокупность временных характеристик составляющих процедур)*

  performance ~ функциональный разрез *(тип модели представления данных)*

  program ~ профиль программы

  statement ~ операторный профиль программы *(распределение программных операторов по частоте их использования)*

  temperature ~ температурный профиль

  terminal ~ параметры терминала

  user ~ параметры пользователя

profiler подпрограмма протоколирования; профилировщик

  execution ~ подпрограмма протоколирования выполнения; профилировщик исполнения основной программы

program программа *(см. тж* routine*)* ‖ программировать ‖ программный

  ~ **of foreign origin** программа зарубежного производства

  a ~ **has ended** программа завершила работу *(сообщение)*

  a ~ **is too big to fit in memory** программа не умещается в отведенной памяти *(сообщение)*

  absolute ~ программа в абсолютных адресах

  accessory ~ вспомогательная программа

  administration ~ организующая программа

  application ~ прикладная программа

  archive ~ программа архивации

  assembly language ~ программа на языке ассемблера

  assembly ~ ассемблер; компонующая программа; программа сборки

  authorized ~ авторизованная программа *(защищенная от несанкционированного использования)*

  background ~ фоновая программа

  bagbiting ~ дурацкая программа; *проф.* дура *(программа с ненормальным поведением)*

  bogotified ~ дезорганизованная программа

  bootstrap ~ программа самозагрузки; *проф.* программа раскрутки

program

brittle ~ непереносимая программа
broken ~ испорченная программа *(не способная к работе)*; *проф.* тупая программа
called ~ вызываемая программа
calling ~ вызывающая программа
channel ~ канальная программа
chkdsk ~ программа проверки диска
command control ~ командный процессор
common ~ программа общего применения
compiler ~ компилирующая программа; компилятор
complete ~ готовая программа *(не требующая модификации в условиях конкретного применения)*
complete ~ завершенная программа
computer ~ компьютерная программа; программа для ЭВМ
configuration ~ программа конфигурирования *(системы)*
consulting ~ консультирующая программа
control ~ программа управления; управляющая программа
conversational ~ диалоговая программа
copying ~s копирование программ
copy-protected ~ программа, защищенная от копирования
crash-proof ~ живучая программа *(защищенная от разрушения)*
crufty ~ неработоспособная программа
cuspy ~ аккуратная программа *(надежно работающая у любых пользователей)*

dead ~ неработающая программа; *проф.* мертвая программа
despooling ~ программа буферизации выходных потоков
development ~ инструментальная программа
diagnostic ~ тестовая программ
disk-resident ~ диск-резидентная программа *(постоянно находящаяся на жестком диске)*
draw ~ программа подготовки штриховых иллюстраций
example ~ пример программы
executable ~ исполняемая программа
execute only ~ программа без исходных текстов
executive ~ управляющая программа; организующая программа; диспетчер
exit the ~ выход из программы; уход из программы
fine ~ чистая программа *(хорошо работающая, но не оптимальная)*
fine-grained ~ мелкомодульная программа
fixed ~ жесткая программа
foreground ~ приоритетная программа
format ~ программа форматирования
froggy ~ замысловатая программа
game ~ игровая программа
grungy ~ неряшливая программа; нетехнологичная программа *(заведомо нежизнеспособная)*
heuristic ~ эвристическая программа
in-line ~ линейная программа *(без циклов и ветвлений)*
learning ~ **1.** самообучаемая программа **2.** программа обучения
library ~ библиотечная программа

program

license ~ лицензионная программа (*приобретенная по лицензии*)
load ~ загрузчик; программа загрузки
load-and-go ~ программа с запуском по загрузке
macroassembly ~ программа на языке макроассемблера
main ~ основная (ведущая) программа
monitor ~ управляющая программа
mutated ~ видоизмененная программа
nonprocedural ~ непроцедурная программа
object ~ объектная программа
off-the-peg ~ готовая программа (*которую можно арендовать или купить*)
omnipresent ~ программа, сохраняемая в ОЗУ до завершения процесса
operating ~ действующая программа; эксплуатируемая программа
overlay ~ оверлейная программа
page layout ~ программа верстки полос
paint ~ программа подготовки иллюстраций; рисующая программа
paintbrush ~ программа рисования (*позволяющая рисовать произвольные картинки на экране дисплея, используя «мышь» вместо карандаша, кисти и аэрографа*)
patched ~ программа с «заплатами»; *проф.* штопаная программа
portable ~ мобильная программа (*легко переносимая на ЭВМ другого типа*)

precanned ~ фирменная программа (*поставляемая изготовителем*)
preemptible ~ выгружаемая программа
preemptive ~ вытесняющая программа
print-intensive ~ программа с большим объемом печати
printed ~ программа, помещенная в печатном издании; изданная программа
procedural ~ процедурная программа
proper ~ рациональная программа
protected ~ защищенная программа
prototype ~ макетная программа
«rat's nest» ~ бессистемная программа; *проф.* крысиное гнездо
read-in ~ программа, вводимая по требованию (*в отличие от резидентной*)
reentrant ~ повторно входимая программа
relocatable ~ перемещаемая программа
resident ~ резидентная программа
reusable ~ многократно используемая программа
robust ~ живучая программа; *проф.* робастная программа
routine ~ (стандартная) программа
run-time ~ рабочая программа
salvation ~ спасательная программа (*запускаемая после неудачных попыток восстановления базы данных другими средствами*)
sample ~ пример программы
self-contained ~ независимая программа (*не содержащая внешних обращений*)

program

self-loading ~ самозагружаемая программа
self-test ~ программа с самоконтролем
service ~ обслуживающая программа; сервисная программа
shareable ~ совместно используемая программа
shareware ~ условно бесплатная программа
shell ~ программная оболочка
simulation ~ моделирующая программа
single-threaded ~ последовательная программа
slave ~ подчиненная программа
software ~ программа системы программного обеспечения *(в отличие от реализованной аппаратно)*
source ~ исходная программа
spaghetti ~ *проф.* макаронная программа *(с большим числом нерациональных передач управления назад и вперед)*
spreadsheet ~ программа табличных вычислений
star ~ безошибочная программа, работающая с первого пуска
stochastic ~ стохастическая программа
stored ~ хранимая программа
structured ~ структурированная программа
supervisor ~ управляющая программа
support ~ вспомогательная программа
support ~ служебная программа
target ~ программа на выходном языке *(транслятора)*
terminating ~ нециклическая программа
test ~ **1.** программа испытаний; программа контроля **2.** тест; тестовая программа
the ~ has ended программа завершила работу *(сообщение)*
the ~ will not load программа не загрузится *(сообщение)*
throwaway ~ программа для временного использования
total-load ~ автономная программа *(не требующая загрузки дополнительных программ)*
trade-up ~ программа замены старых устройств на новые *(с доплатой)*
trouble-shooting ~ диагностическая программа
unmaintable ~ программа, неудобная в использовании
unreadable ~ нечитаемая программа
updated ~ скорректированная программа
user ~ пользовательская программа
utility ~ утилита
wired-in ~ «зашитая» программа *(в ПЗУ)*

program-driven программно-управляемый
programmable программируемый; с программным управлением
vendor ~ программируемый поставщиком
programmed программируемый; программный
programmer 1. программатор *(ПЗУ)* **2.** программист
~ **of ability** одаренный программист
application ~ прикладной программист
assistant chief ~ помощник главного программиста *(в технологии структурного программирования)*
average ~ средний программист; программист средней квалификации

programming

backup ~ программист-дублер
chief ~ главный программист (*в технологии структурного программирования*)
human ~ программист
junior ~ младший программист (*должность*)
on-site ~ местный программист
original ~ автор программы
problem ~ прикладной программист
senior ~ старший программист (*должность*)
software ~ разработчик системного программного обеспечения
system ~ системный программист
tradition-bound ~ консервативный программист
traditional-bound ~ консервативный программист

programming 1. планирование 2. программирование
absolute ~ программирование в абсолютных адресах
action-driven ~ программирование, управляемое событиями
AI-~ ИИ-программирование; программирование искусственного интеллекта
automatic ~ автоматическое программирование
block ~ блочное программирование
computer ~ 1. автоматическое программирование 2. программирование ЭВМ
computer-aided ~ автоматическое программирование
computerized ~ автоматическое программирование
concave ~ вогнутое программирование
concurrent ~ параллельное программирование
control-oriented ~ программирование задач управления
convex ~ выпуклое программирование
data-driven ~ программирование, управляемое данными
discrete ~ дискретное программирование
dynamic ~ динамическое программирование
dynamical ~ динамическое программирование
egoless ~ безличное программирование
encapsulated ~ модульное программирование
end-user ~ средства программирования для пользователя
event-driven ~ программирование, управляемое событиями; событийно-управляемое программирование
geometric ~ геометрическое программирование
geometrical ~ геометрическое программирование
heuristic ~ эвристическое программирование
hyperbolic ~ гиперболическое программирование
hyperbolical ~ гиперболическое программирование
iconic ~ программирование в графических образах
imperative ~ императивное программирование
in-house ~ программирование собственными силами
incremental ~ пошаговое программирование
integer ~ дискретное программирование; целочисленное программирование
linear ~ линейное программирование
logic ~ логическое программирование

programming

logical ~ логическое программирование
mathematics ~ математическое программирование
mathematical ~ математическое программирование
minimum-access ~ программирование с минимизацией задержки
modular ~ модульное программирование
multiple ~ мульти-программирование
nonlinear ~ нелинейное программирование
object-oriented ~ объектно-ориентированное программирование
optimum ~ оптимальное программирование
parametric ~ параметрическое программирование
parametrical ~ параметрическое программирование
procedural ~ процедурное программирование
procedure-oriented ~ процедурно ориентированное программирование
quadratic ~ квадратичное программирование
relational ~ недетерминированное программирование
relative ~ программирование в относительных адресах
rule-based ~ продукционное программирование
rule-oriented ~ логическое программирование
separable ~ сепарабельное программирование
serial ~ последовательное программирование *(без распараллеливания работ)*
simplex ~ симплексное программирование
square ~ квадратичное программирование
statistical ~ статистическое программирование
stochastic ~ стохастическое программирование
structured ~ структурное программирование
symbolic ~ символическое программирование; программирование на символическом языке

progress:
  expected ~ ожидаемый выигрыш при продвижении пакета
  forward ~ продвижение при пересылке *(при направленной передаче пакета)*
  nearest with forward ~ пересылка ближайшему узлу с прямым продвижением *(алгоритм маршрутизации)*

progression:
  arithmetical ~ арифметическая прогрессия
  geometrical ~ геометрическая прогрессия

project проект

PROM [programmable read only memory] программируемое постоянное запоминающее устройство; ППЗУ

promotion:
  above-the-line ~ продвижение товаров и услуг посредством рекламы в средствах массовой информации

prompt 1. подсказка ‖ подсказывать **2.** приглашение *(пользователя к действиям)* ◊ ~ **for** запрашивать
  command ~ приглашение на ввод команды
  hyphen ~ приглашение в форме дефиса *(тире)*
  underline character ~ приглашение в форме черточки
  visual ~ визуальная подсказка

prompted подсказанный; с подсказкой
  be ~ получить подсказку
prompter метка-заполнитель
proof 1. доказательство 2. проверка 3. обеспечивать сопротивляемость *(напр. против неумелого использования)* ◊ **~ of termination** доказательство правильности завершения работы *(программы)*
  absolute ~ определенное доказательство
  constructive ~ конструктивное доказательство
  correctness ~ доказательство правильности
  jam ~ помехозащищенный; помехонепроницаемый; помехопоражаемый *(о канале, линии или системе связи)*
  page ~ страничная корректура *(массив изменений к редактируемой странице)*
  program ~ доказательство правильности программы
proofing:
  tampler- ~ проверка подлинности
proofreader корректор
propagated накапливаемый
propagation 1. передача 2. распространение; прохождение; продвижение
  error ~ распространение ошибки
  password ~ передача пароля *(другому пользователю)*
  probability ~ распространение вероятности
property свойство
proportion пропорция
proportional пропорциональный
proportionally ◊ **~ with** пропорционально
proposition высказывание; предложение; фраза
  atomic ~ атомарное высказывание
  compound ~ составное высказывание
  false ~ ложное высказывание
  simple ~ простое высказывание
  true ~ истинное высказывание
propositional пропозициональный
proprietary частный; внутренний *(разработанный внутри фирмы для собственных целей)*
protect защита ‖ защищать
  block ~ неразрывный текст *(атрибут)*
  copy ~ защищать от копирования;
  erase ~ защита от стирания
  write ~ защищать от записи
protected защищенный ‖ с защитой
  copy ~ защищенный от копирования
  not copy ~ не защищенный от копирования
  password ~ защищенный паролем
  to be ~ защищаемый
  write ~ защищенный от записи
protection защита; средства защиты
  boundary ~ защита памяти; пограничная защита *(области памяти с помощью аппаратных регистров)*
  copy ~ защита от копирования
  data ~ защита данных
  diskette ~ защита дискеты
  error ~ защита от ошибок
  file ~ защита файла
  hardware key ~ защита с помощью электронного ключа
  lock-and-key ~ защита типа замка
  memory ~ защита памяти
  password ~ защита с паролем; защита с помощью паролей
  read ~ защита от чтения

protection
    security ~ обеспечение секретности
    storage ~ защита памяти
    surface ~ защита поверхности
    traffic overboard ~ защита трафика от перегрузки
    transport ~ защита при транспортировке
    write ~ защита от записи

protective защитный

protocol протокол *(регламентированная процедура регистрации и коммутации сообщений)* ‖ протокольный
    activity-sensing ~ протокол (обеспечения доступа к каналу) с контролем активности
    BISYNC ~ протокол двоичной синхронной передачи данных
    broadcast ~ протокол широковещательной адресации
    cellular ~ протокол сотовой связи
    channel access ~ протокол (обеспечения) доступа к каналу
    communications ~ протокол линии передачи данных *(регламентирующий передачи данных по линиям и сетям связи)*
    congestion control ~ протоколы управления в условиях перегрузки
    contention-based channel access ~ протокол свободного (соревновательного) доступа к каналу
    data link ~ канальный протокол
    data-forwarding ~ протокол пересылки (направленной передачи) данных
    end-to-end ~ протокол сквозной передачи
    flow control ~ протокол управления потоком
    forwarding ~ протокол пересылки
    handshaking ~ протокол с квитированием установления связи
    high-level ~ протокол высокого уровня
    high level data link control ~ высокоуровневый протокол управления каналом передачи данных
    internet ~ протокол межсетевого обмена информации
    intranet ~ внутрисетевой протокол
    line ~ протокол линии связи
    locking ~ блокировочный протокол
    multiple-access ~ протокол (обеспечения) многостанционного (коллективного) доступа
    network ~ сетевой протокол
    operational ~ рабочий протокол
    pass-the-buck ~ протокол с передачей маркера; маркерный протокол
    peer(-to-peer) ~ протокол взаимодействия равноправных систем
    point-to-point ~ протокол точка-точка
    presentation ~ протокол представления данных
    routing information ~ протокол маршрутизации
    routing ~ маршрутный протокол
    secure hypertext transfer ~ протокол защищённой пересылки гипертекста
    session ~ протокол сеанса связи; сеансовый протокол
    token-access ~ протокол эстафетного доступа
    transmission control ~ протокол управления передачей
    transport ~ протокол транспортного уровня, транспортный протокол
    virtual(-circuit) ~ протокол виртуального канала

prototype макет; прототип; опытный образец ‖ макетировать; создавать прототип
   function ~ описание внешней функции
prototyping макетирование; создание прототипа
   interactive ~ интерактивное макетирование (*проектируемой системы*)
   rapid ~ быстрое макетирование
   software ~ программное моделирование
provider 1. драйвер доступа; система (средство) доступа 2. прокатчик сети; провайдер (*фирма, предоставляющая в данном регионе услуги доступа к телекоммуникационной сети, например Интернет*)
   information ~ информатор; поставщик информации
provision:
   asset management ~ позволяет ПО управления сетью получить доступ к информации о конфигурации
Proxy представитель; программный агент, действующий от имени пользователя
pruning сокращающая эвристика
PSD растровый формат
pseudo псевдо
pseudophysical псевдофизический
pseudorandom псевдослучайный
psevdo-variable псевдопеременная
PSU [power supply unit] блок питания; БП
psychology:
   cognitive ~ когнитивная психология
   computational ~ вычислительная психология
PTN [public telephone network] телефонная сеть общего пользования

public общий
publicity реклама
publishers:
   software ~ издатели ПО
publishing 1. выпуск в обращение 2. издание; публикация
   alternative ~ малотиражное издание
   computer-aided ~ издание с использованием компьютера; выпуск издательской продукции с использованием ЭВМ; применение ЭВМ в издательском деле
   desktop multimedia ~ настольная издательская мультимедиа-система
   desktop ~ настольная издательская система; настольные издательские средства; подготовка публикаций с помощью настольных издательских средств
   document ~ 1. акцидентная печать 2. выпуск документации; печать документов
   electronic ~ 1. *проф.* терминальная публикация (*запись текста в общедоступную базу данных*) 2. электронная публикация; электронное редактирование и оформление документов
   in-house ~ внутрифирменное издание
   mainframe ~ издательские системы на больших машинах
   on-demand ~ заказное издание
   print ~ типографское издание
pulled отжатый
pulsation:
   spontaneous ~ спонтанная пульсация
pulse:
   digital ~ цифровой импульс
punching:
   after ~ повторная перфорация
   gang ~ групповое перфорирование

purge очищать
purification очистка; устранение ошибок
   data ~ выверка данных *(перед занесением в базу данных)*
purposeful целенаправленный
push 1. помещать в стек **2.** толчок ‖ толкать
put помещать ◊ **~ on paper** переносить на бумагу
PVC [permanent virtual circuits] постоянный виртуальный канал
pyramid пирамида

Q

QBE [query-by-example] запрос по образцу; интерфейс СУБД
QBIC [query by image content] запрос по содержимому образа
QD [quad density] учетверенной плотности
QIC [quater-inch cartridge] тип ленты для стриммеров
QOS [quality of service] качество обслуживания
quad-redundant с четырехкратным резервированием; четырехкратно резервированный
quadrangle четырехугольник
quadratic квадратичный
quadruple 1. тетрада; четверка ‖ умноженный на четыре; учетверенный ‖ учетверять; увеличивать в четыре раза **2.** четверка *(структура из четырех элементов)*
quadtree дерево квадрантов
qualification 1. квалификация; подготовленность **2.** классификация **3.** ограничение *(прав доступа)* **4.** ограничение **5.** уточнение *(данных)*, проф. квалификация

   data ~ 1. квалификация данных **2.** классификация данных *(по степени конфиденциальности)*; присваивание грифов *(конфиденциальной информации)* **3.** уточнение данных
qualified 1. квалифицированный **2.** ограниченного использования *(о данных)*
qualifier 1. классификатор; описатель **2.** уточнитель
   command ~ ключ команды
qualitative выраженный в качественной форме; качественный
quality качество
   AM- ~ качество звучания амплитудной модуляции *(т.е. обычного радиоприемника)*
   art ~ художественное качество *(машинной графики)*
   broadcast ~ высокое качество звукового сопровождения или изображения получаемого с помощью мультимедиа-систем *(сравнимо с качеством телевизионного изображения и студийно записанного звука)*; качество теле- или радиовещания
   CD- ~ качество звучания, сравнимое со звучанием компакт-диска
   draft ~ грубое качество; черновой вид *(машинной распечатки)*; черновое качество
   letter ~ типографское качество *(машинной распечатки)*
   photographic ~ фотографическое качество *(машинной графики)*
   slide ~ качество на уровне слайда
   typeset ~ полиграфическое качество
quantification квантификация
quantified 1. выраженный в количественной форме; количественный **2.** *мат.* связанный квантором; стоящий под знаком квантора

quantifier квантор
  existential ~ квантор существования
  universal ~ квантор всеобщности
quantify квантифицировать
quantile квантиль; порядковая статистика
quantitative количественный
quantit/y 1. величина; размер 2. количество; количественный параметр
  auxiliary ~ вспомогательная величина
  generalized ~ обобщенная величина
  like ~ies однородные величины
  limiting ~ ограничивающая величина
  monotone ~ монотонная величина
  monotonically decreasing ~ монотонно убывающая величина
  monotonically increasing ~ монотонно возрастающая величина
  observed ~ наблюдаемая величина
  random ~ случайная величина
  reciprocal ~ обратная величина
quantum квант
quartet квартет
quasi-instruction квазикоманда; команда-константа; псевдокоманда
quasi-ordering квазиупорядочение
quasiabstract квазиреферат
quasirelational квазиреляционный
query 1. вопрос 2. вопросительный знак, вопрос *(название символа)* 3. запрос; полный запрос ◊ **~ by example** запрос по образцу; запрос на примерах *(способ взаимодействия с реляционной базой данных)*

  ad hoc ~ незапланированный запрос; нерегламентированный запрос; непрограммируемый запрос *(непредвидимый заранее)*
  broadcast ~ широковещательный запрос
  complete ~ полный запрос *(содержащий всю необходимую для его исполнения информацию о намерениях пользователя)*
  conjunctive ~ конъюнктивный запрос; запрос в конъюнктивной форме
  cue-response ~ запрос с инициирующим ответом *(порождающим следующий запрос)*
  data-base ~ запрос к базе данных
  distributed ~ распределенный запрос; распространенный запрос
  incomplete ~ запрос с неполной информацией; неполный запрос
  interactive ~ интерактивный запрос
  interdatabase ~ межбазовый запрос *(в распределенных базах данных)*
  monodatabase ~ монобазовый запрос *(охватывающий единственную базу данных распределенной системы)*
  multidatabase ~ многобазовый запрос
  multisite ~ многоабонентский запрос
  multistep ~ многоэтапный запрос
  multivariable ~ многоаспектный запрос
  prestored ~ типовой запрос
  to solve a ~ удовлетворять запрос; исполнять запрос
ques вопрос
question 1. вопрос 2. запрос 3. опрашивать

question-answer вопросно-ответный
question-answering вопросно-ответный
questioner запрашивающий узел
queue очередь; очередность; очередь заданий на печать; очередь сообщений ◊ ~ **on** образовать очередь; ~ **with matching** система массового обслуживания очереди
  allowed ~ допустимая длина очереди
  available unit ~ очередь доступных устройств
  background ~ очередь фоновых задач
  channel waiting ~ очередь к каналу
  communications ~ очередь передаваемых сообщений
  correlated ~ коррелированная очередь
  coupled ~s взаимосвязанные очереди
  cyclic ~ циклическая система обслуживания
  double ~ 1. двойная очередь 2. двухканальная система обслуживания
  empty ~ незанятая система обслуживания; очереди нет
  ergodic ~ эргодическая система обслуживания
  fixed length ~ очередь постоянной длины
  infinite ~ бесконечная очередь
  interacting ~s взаимосвязанные очереди
  inventory ~ очередь в системе управления запасами
  job ~ очередь заданий
  limited-size ~ очередь ограниченной длины
  lower-priority ~ очередь требований с низшим приоритетом
  many-server ~ многоканальная система обслуживания
  message ~ очередь сообщений
  multiple ~ многоканальная система обслуживания
  multiserver ~ многоканальная система обслуживания
  multistage ~ многофазовая система обслуживания
  multistation ~ многоканальная система обслуживания
  network of ~s сеть очередей
  nonempty ~ занятая система обслуживания
  nonzero ~ очередь положительной длины
  one-server ~ одноканальная система обслуживания
  open-end ~ разомкнутая система обслуживания
  ordinary ~ очередь обычных требований
  print ~ очередь на печать
  print ~ **is empty** очередь распечатываемых файлов пуста (*сообщение*)
  print ~ **is full** очередь распечатываемых файлов заполнена полностью (*сообщение*)
  priority ~ очередь по приоритету; очередь с приоритетами
  process ~ очередь на обработку
  retransmit ~ очередь для повторной передачи
  sampled ~ дискретная очередь
  scheduling ~ очередь планируемых заданий
  sequential ~ простая очередь
  single-channel ~ одноканальная система массового обслуживания
  single-server ~ одноканальная система обслуживания
  stable ~ устойчивая система обслуживания

station-to-station ~ многошаговая очередь
tandem ~ серийная очередь
task ~ очередь задачи
unlimited ~ бесконечная очередь
unrestricted ~ бесконечная очередь
wait in ~ ожидание в очереди
queuee требование, ожидающее в очереди
queuing образование очереди; организация очереди
queuer обслуживающее устройство
quick быстрый
quick-operating быстродействующий
quickersort убыстренная сортировка
quicksort быстрая сортировка
QuickTime расширение операционной системы для работы с динамическими мультимедиа-данными (*анимация, видео, звук*)
quiet тихий
quinbinary двоично-пятиричный
quintuple-redundant с пятикратным резервированием
quirk выверт
quit выходить из системы
quiz контрольный опросник
quota квота
    disk ~ дисковая квота
quotation-marks кавычки
quote:
    back ~ обратная блокировка вычислений
    functional ~ функциональная блокировка
quotes кавычки
quotient частное
QWERTY стандарт размещения текстовых клавиш клавиатуры, принятый в англоязычных странах (*название происходит от литер, расположенных слева в первом ряду*)

R

rack-mount монтируемый в стойке
RAD [rapid application development] быстрая разработка приложений
radian радиан
radiation:
    E-field ~ электромагнитное излучение (*напр., от монитора*)
    low ~ немецкие нормы допуска на излучение терминалов
radiosity излучательность; способность излучать свет (*метод построения реалистичных изображений*)
radius радиус
    ~ **of curvature** радиус кривизны
    most forward with variable ~ пересылка к наиболее продвинутому узлу при переменном радиусе (*алгоритм маршрутизации*)
radix основание системы счисления
    diminished ~ **complement** поразрядное дополнение
RAID [Redundant Array of Inexpensive (*или* Independent) Disks] избыточный массив недорогих дисков (*используется в отказоустойчивых компьютерах*)
RAM [random access memory] оперативная память; ОЗУ; ОП
    cashe-tag ~ ОЗУ тегов кэш-памяти
    EDO ~ [extended data out RAM] EDO-память
    shadow ~ дублирующее запоминающее устройство
ramifications варианты действия
random случайный
    at ~ случайным образом
randomization рандомизация

randomize рандомизировать
randomizing хеширование
range 1. амплитуда; размах 2. область
~ **of addresses** диапазон адресов
~ **of error** диапазон ошибок
~ **of function** множество значений функции
audio-frequency ~ диапазон звуковых частот, воспринимаемых человеком (15 Гц - 20 КГц)
error ~ диапазон ошибок
high-scan ~ сканеры высокого разрешения
in the ~ в пределах
interquartile ~ вероятное отклонение
most forward with fixed ~ пересылка наиболее продвинутому узлу при постоянной дальности (алгоритм маршрутизации)
operating ~ рабочий диапазон
optimality ~ область оптимальности
sampling ~ размах выборки
semi-interquartile ~ квартильное отклонение
significant ~ область значимости
size ~ диапазон кеглей набора
variable ~ переменный диапазон
range-checking проверка размерностей
rank разряд; ранг
~ **of matrix** ранг матрицы
even ~ четный ранг
maximal ~ максимальный ранг
row ~ строчный ранг
zero ~ нулевой ранг
ranked упорядоченный
ranking ранжирование; упорядочение
rape уничтожать
rapid быстрый
rare редкий
rarely редко

RAS 1. растровый формат 2. [Remote Access Service] поддержка средств удаленного доступа
raster растр (дискретное изображение, представленное в виде матрицы, состоящей из пикселов) || растровый
rasterization растеризация; раскраска и заполнение
RAT [remote automation technology] технология удаленного доступа к объектам
rate 1. доля; процент 2. интенсивность 3. коэффициент 4. скорость 5. степень 6. такса 7. ставка; тариф; тарифная ставка 8. темп 9. частота
~ **of occurence** интенсивность потока
accuracy ~ показатель точности
acknowledged throughput ~ скорость передачи данных с подтверждением
adjusted ~ 1. скорректированный коэффициент 2. стандартизованный коэффициент
arrival ~ интенсивность входящего потока; частота поступления
baud ~ скорость передачи (информации) по последовательному каналу (в бодах)
bit ~ скорость передачи информации в бит/сек
burst symbol ~ скорость передачи символов в (информационной) посылке
clock ~ тактовая частота
code ~ скорость кода; кодовая скорость (отношение числа двоичных символов в исходном сообщении к числу двоичных символов в закодированном сообщении)
constant ~ постоянный коэффициент

crude ~ общий коэффициент
cumulative ~ суммарный коэффициент
data (transfer) ~ скорость передачи данных
entrance ~ интенсивность входящего потока
error ~ частота ошибок
exponential growth ~ экспоненциальный темп роста
frame ~ частота кадров
input ~ интенсивность входящего потока
interruption ~ частота прерывания обслуживания
malfunction ~ частота сбоев
mean traffic ~ средняя интенсивность трафика
output ~ интенсивность выходящего потока
overflow ~ интенсивность избыточного потока
packing ~ скорость сжатия данных
paging ~ интенсивность страничного обмена
peak-to-average data ~ показатель неравномерности потока *(отношение максимальной скорости передачи данных к средней)*
printout ~ скорость вывода на печать
read ~ скорость чтения
refresh ~ частота регенерации
resend ~ скорость возврата
sampling ~ частота дискретизации
scheduling ~ скорость планирования
service ~ интенсивность обслуживания; скорость обслуживания
specific ~ специальный коэффициент; частный коэффициент
transfer ~ скорость передачи
variable service ~ переменная интенсивность обслуживания
rated номинальный
rating 1. номинальное значение 2. оценка; рейтинг 3. параметр 4. ранжирование
accuracy ~ оценка точности; степень точности
priority ~ назначение приоритета; разряд очередности
programmer ~ рейтинг программиста
ratio 1. коэффициент; множитель 2. отношение 3. пропорция 4. соотношение 5. степень
~ of the progression знаменатель прогрессии
acid-test ~ коэффициент критической оценки
aspect ~ 1. коэффициент сжатия 2. разрешающая способность 3. формат (телевизионного) изображения *(отношение ширины видео изображения к его высоте)*
availability ~ коэффициент готовности
clash ~ коэффициент столкновений
compaction ~ коэффициент уплотнения
compression ~ коэффициент сжатия; степень компрессии; коэффициент компрессии
correlation ~ корреляционное отношение
file activity ~ интенсивность воздействия на файл
hit ~ коэффициент нахождения данных
inverse ~ обратное отношение
inverse price ~ обратное отношение цен
miss ~ коэффициент неудач
quick ~ коэффициент критической оценки

reciprocal ~ обратное отношение
response ~ коэффициент реактивности
sampling ~ доля выборки
signal to noise ~ отношение сигнал/шум
variance ~ отношение дисперсий
rational рациональный
raw сырой
RDBMS [relational database management system] реляционная СУБД
RDMI [remote DMI] стандарт на дистанционное администрирование сети
re-boot перезагрузить
re-compute пересчитывать
re-load перезагружать
re-read прочитать заново
re-sizing изменение размера
reach:
   actual ~ фактический охват (численность аудитории, охваченная рекламным сообщением)
reachability достижимость
react реагировать
reaction:
   default ~ реакция по умолчанию
read читать ‖ считывать ‖ прочитанный
   amount ~ **is less than size in header** объем считанных данных меньше указанного (сообщение)
   backward ~ чтение в обратном направлении
   check ~ контрольное считывание
   concurrent ~ параллельное чтение
   destructive ~ считывание с разрушением
   exclusive ~ монопольное чтение
   nondestructive ~ считывание без разрушения
read-only с защитой от записи

   file is ~ файл предназначен только для чтения (сообщение)
readability удобочитаемость
   human ~ удобочитаемость для человека
readable читаемый
reader 1. считыватель 2. читатель
   badge ~ устройство чтения карточек идентификации
   bar code ~ устройство считывания штрихового кода
   data terminal ~ устройство ввода цифрового терминала
   document ~ читающий автомат
   optical ~ оптическое считывающее устройство
reading считывание; чтение
   concurrent ~ параллельное чтение
   exclusive ~ монопольное чтение
   snapback ~ хронометрирование по отдельным отсчетам
readout вывод
   digital ~ цифровой индикатор тактовой частоты ПК
reads:
   the ~ прочитанное
ready готов ‖ готовый (к работе)
   not ~ не готов (состояние устройства)
real 1. ещественное число 2. настоящий; реальный
real-life реальный
real-time в реальном времени
real-world реальный
realistically реалистически
reality:
   virtual ~ виртуальная реальность
reallocation перемещение; перераспределение
really действительно
realm область
   temporary ~ временная область
reappear появляться вновь

rearrangement 1. комбинирование **2.** перегруппировка; перестановка **3.** перестройка; реконструкция
reasonable разумный
reasoner блок рассуждений
reasoning 1. мышление; рассуждение **2.** обоснование
  autoepistemic ~ автоэпистемическое рассуждение
  bottom-up ~ индуктивный вывод
  common-sense ~ рассуждение здравого смысла
  default ~ рассуждение по умолчанию
  hermeneutics ~ герменевтическое рассуждение
  nonmonotonic ~ немонотонное рассуждение; немонотонный вывод
reassemble перетранслировать
reassembly дезассемблирование ∥ дезассемблировать
reassign переприсваивать
reassignment переназначение
  keyboard ~s переназначения клавиш
reauthenticating повторное установление полномочий
reboot перезагружать
rebuild восстанавливать
recalculation пересчет
recall вызывать повторно ◊ ~ **data originally entered** воспроизвести введенные данные
receipt получение; прием
receive получать
receiver получатель; трубка (*телефона*)
receiving принимающий
reciprocal обратная величина
reciprocate обмениваться
reclaimer модуль восстановления
  memory ~ модуль восстановления памяти

recognising распознающий
recognition опознавание; распознавание
  character ~ распознавание символов
  entry ~ распознавание ввода
  feature ~ распознавание признаков
  optical character ~ оптическое распознавание символов
  pattern ~ распознавание образов
  speaker ~ распознавание говорящего
  speech ~ распознавание речи
  structural pattern ~ структурное распознавание образов
  visual ~ распознавание зрительных образов
recognize определять
recognizer распознаватель
recommend рекомендовать
recommended рекомендованный
recompilation перекомпиляция
recompile перекомпилировать
reconfigurability реконфигурируемость
reconfiguration изменение конфигурации
reconstruct восстанавливать ◊ ~ **program from memory** воспроизводить программу по памяти
recopy переписывать
record 1. запись; регистрация ∥ записывать; регистрировать **2.** характеристика
  ~ **of keystrokes** последовательность клавиш
  active ~ активная запись
  addition ~ добавляемая запись
  allocation ~ закрепленная запись
  amendment ~ корректурная запись
  backspace a ~ возвращаться назад на одну запись

record

    blocked ~ сблокированная запись
    chained ~ цепная запись
    change ~ запись файла изменений
    checkpoint ~ запись контрольной точки
    control ~ управляющая запись
    current ~ текущая запись
    data ~ запись данных
    delete a ~ исключать запись *(из базы данных или из файла)*
    duplicate ~ дублирующая запись
    fixed-length ~ запись фиксированной длины
    formatted ~ форматная запись
    headed ~ заглавная запись
    history ~ ретроспективная запись
    home ~ начальная запись
    incident ~ случайная запись
    master ~ главная запись
    multiuser ~ запись, формируемая рядом пользователей
    overflow ~ запись переполнения
    parent ~ родительская запись
    primary ~ первичная запись
    root ~ корневая запись
    semifixed ~ запись ограниченной длины
    sorted ~s отсортированные записи
    source ~ исходная запись
    space ~ разделяющая запись
    summary ~ итоговая запись
    target ~ целевая запись
    total ~ итоговая запись
    track ~ сведения о продвижении по службе
    trailer ~ заключительная запись
    undefined-length ~ запись неопределённой длины
    unformatted ~ неформатная запись
    unit ~ единичная запись
    variable length ~ запись переменной длины
    variant ~ запись с вариантами

record-keeping регистрация

recorder:
    audio ~ магнитофон; рекордер; устройство звукозаписи

recording запись; регистрация
    digital ~ цифровая запись
    double-density ~ запись с двойной плотностью
    high-density ~ запись с высокой плотностью
    sound ~ звукозапись; фонограмма

recover восстанавливать

recoverability восстанавливаемость

recoverable восстановимый

recovery 1. возврат 2. восстановление ‖ восстановительный ◊ ~
    from disk восстановление с диска
    clock ~ восстановление синхронизации
    crash ~ восстановление после аварии
    data ~ восстановление данных
    database ~ восстановление баз данных
    error ~ восстановление при ошибках
    failure ~ восстановление после отказа
    fallback ~ аварийное восстановление
    file ~ восстановление файла

recreate восстанавливать

rectángle прямоугольник
    bounding ~ рабочий прямоугольник

rectangular прямоугольный

recurrence рекурренция ‖ рекуррентный

recurrent рекуррентный

recursion рекурсия
    tail ~ концевая рекурсия

recursive рекурсивный
recycling повторение цикла
red красный
redeclaration переопределение
redefine переопределять
redefinition переопределение
redesign перестраивать
   iterative ~ итеративная доработка
redial повторить набор *(телефонного номера)*
redirect перенаправить
redirecting переориентация; изменение направления
redirection изменение направления
redirector редиректор; система переадресации
redisplay показывать заново
Redo Вернуть *(пункт меню)*; восстановить отмененное действие
reduce 1. уменьшать; сокращать 2. упрощать
reduced сжатый
reduction 1. приведение 2. редукция; сокращение; уменьшение
   acoustical ~ акустическая редукция
   rowwise ~ построчное сжатие
redundancy избыточность; резерв; резервирование
   active ~ активная избыточность
   code ~ избыточность кода
   computation ~ избыточность вычислений
   data ~ избыточность данных
   degree of communication ~ степень резервирования (каналов или элементов аппаратуры) в системе связи
   functional ~ функциональная избыточность
   logical data ~ избыточность логических данных
   message ~ избыточность сообщения
   network ~ избыточность сети

   software ~ избыточность программы
   time ~ временная избыточность
   voted ~ изаритмическая избыточность
redundant избыточный; резервированный; резервный
reel катушка
reenable заново позволять
reengineering реинжениринг; перепроектирование
   business process ~ реорганизация бизнес-процесса
reenter вводить заново
reenterability реентерабельность
reenterable реентерабельный
reentrant реентерабельный
reentrancy повторный вход
reentrant входить заново
reentry повторный вход
reevaluate вычислять заново
ref:
   ill mem ~ неудачное обращение к памяти
refer посылать ◊ ~ **to** 1. обратиться к 2. относиться к
reference 1. ссылка; сноска 2. обращение 3. опорный 4. справочный 5. контрольный 6. эталонный
   anaphoric ~ анафорическая ссылка
   backward ~ ссылка назад
   circular ~ циклическая зависимость
   contextual ~ ссылка по контексту
   cross ~ перекрестная ссылка
   dangling ~ повисшая ссылка
   external ~ внешняя ссылка
   forward ~ ссылка вперед
   intermodular ~ внешняя ссылка
   long ~ дальнее обращение
   procedure ~ обращение к процедуре

reference

   programmer's ~ руководство программиста
   short ~ близкое обращение
   unauthorized ~ несанкционированное обращение
   upward ~ ссылка вверх
   weak external ~ слабая внешняя ссылка
   X ~ перекрестная ссылка
refill пополнять
refined уточненный
refinement уточнение
   incremental ~ пошаговое уточнение
   stepwise ~ пошаговое уточнение
reflection:
   acoustical ~ акустическое отражение
reflexive рефлексивный
reformat переформатировать
reformatting переформатирование
refresh обновлять
   screen ~ восстановление изображения
   refreshing обновление изменений изображения *(замена части или всего изображения на экране путем вывода новых графических данных; периодическая перезапись изображения на дисплее для оперативного отображения)*
refusal:
   system with ~ система с отказами
refutation противоречие
regardless:
   ~ of независимо от
regenerate регенерировать
regeneration восстановление
   image ~ восстановление изображения; регенерация изображения
region область; участок
   acceptance ~ область принятия гипотезы
   background ~ фоновый раздел
   confidence ~ доверительная область
   constraint ~ область допустимых решений
   convex ~ выпуклая область
   critical ~ критическая секция
   decision ~ область решения
   edit ~ область редактирования
   feasible ~ область допустимых решений
   noncasheable ~ область с запретом отображения в кэше
   overlay ~ оверлейная зона
   scrolling ~ область прокрутки
   shaded ~ заштрихованная область
   unshaded ~ незаштрихованная область
   virtual ~ виртуальная зона
register регистр ‖ регистрировать
   accumulator ~ накапливающий регистр; аккумулятор; сумматор
   activity ~ регистр активности
   audio channel selection ~ *CD-I* регистр выбора звукового канала *(обеспечивает передачу содержимого звукового канала в процессор звукового канала)*
   base ~ базовый регистр
   base-bound ~ регистр защиты памяти
   base-limit ~ регистр защиты памяти
   bound ~ ограничительный регистр
   boundary ~ регистр границы
   bounds ~s регистры защиты памяти
   buffer ~ буферный регистр
   circulating ~ сдвиговый регистр
   current address ~ счетчик команд
   current instruction ~ регистр команды
   data-limit ~ регистр защиты памяти

datum-limit ~ регистр защиты памяти
doorbell ~ сигнальный регистр
extension ~ регистр расширения
indexed ~ индексный регистр
instruction ~ регистр команды
look-aside ~s ассоциативная таблица страниц
pattern ~ регистр выбора конфигурации
shift ~ сдвиговый регистр
stepping ~ сдвиговый регистр
registered зарегистрированный
registration запись; регистрация
Registry *w* системный реестр; файл системного реестра *(файл, содержащий большинство параметров настройки, а также сведения о конфигурации Windows)*
regression регрессия
  curvilinear ~ криволинейная регрессия
  linear ~ линейная регрессия
  mean-square ~ среднеквадратичная регрессия
  multiple ~ множественная регрессия
  nonlinear ~ нелинейная регрессия
  partial ~ частичная регрессия
  quadratic ~ квадратичная регрессия
  simple ~ простая регрессия
  weighted ~ взвешенная регрессия
  parabolic ~ параболическая регрессия
  parabolical ~ параболическая регрессия
regular 1. правильный 2. регулярный
reinitialize инициализировать заново
reinsert вставлять заново
reinstall переустанавливать

reinstate устанавливать в новое состояние
rejected отвергаемый; отвергнутый
rejuvenation обновление
  ~ пересмотр
  software ~ реконструкция программного обеспечения
rekeying повторный ввод с клавиатуры
reconfiguration:
  network ~ реконфигурация сети
relate соотносить
relation 1. зависимость 2. отношение; связь; соотношение
  action ~ отношение действия
  binary ~ бинарное отношение
  causal ~ казуальное отношение
  cause-effect ~ причинно-следственная связь
  constraint ~ соотношение для ограничений
  empiric ~ эмпирическое соотношение
  equivalence ~ отношение эквивалентности
  extensional ~ экстенсиональное отношение
  external ~s внешние связи
  feedback ~s отношения обратных связей
  functional ~ функциональное отношение
  fuzzy modelling ~ нечеткое отношение моделирования
  indifference ~ отношение равноценности
  intensional ~ интенсиональное отношение
  inverse ~s обратная зависимость; обратная пропорциональность
  linear ~s линейная зависимость
  nonlinear ~s нелинейная зависимость
  non-reflexive ~ нерефлексивное отношение

    ordering ~ отношение порядка
    recursion ~s рекуррентные соотношения
    reflexive ~ рефлексивное отношение
    semantic ~ семантическое отношение
    smaller ~ младшее отношение
    source ~ исходное отношение
    symmetric ~ симметричное отношение
    temporal ~ временное отношение
    tolerance ~ отношение толерантности
    transitive ~ транзитивное отношение
    virtual ~ виртуальное отношение
relational 1. относительный 2. реляционный 3. родственный
relationship 1. отношение; соотношение 2. связь
    entity ~ связь сущностей
    generalized ~ обобщенное соотношение
    hypothetic ~ гипотетическое отношение
    hypothetical ~ гипотетическое отношение
    one-to-one ~ взаимно-однозначное соответствие
    probability ~ вероятностное соотношение
    two-way ~ двусторонняя взаимосвязь
relative относительный; сравнительный
relator знак отношения
relaxation релаксация
relay ретранслятор
    frame ~ ретрансляция кадров
release освобождение; отпускание; разблокировка; разъединение ‖ разъединять
    carriage ~ освобождение каретки
    documentation ~ выпуск документации
    initial ~ первый выпуск
    lock ~ снятие блокировки
relevance релевантность
relevancy релевантность
relevant релевантный
reliability надежность
    end-to-end ~ надежность сквозной передачи данных
    operational ~ надежность функционирования
    redundancy ~ надежность за счет резервирования
    rock-steady ~ долговременная надежность
reliable надежный
relink компоновать повторно
relinquish освобождать
reload перезагрузка; повторная загрузка; повторять загрузку
reloading перезагрузка
relocatable 1. настраиваемый 2. перемеcтимый
relocate 1. настраивать 2. перемещать
relocating настраивающий
relocation 1. настройка 2. перемещение 3. перераспределение
    address ~ настройка адресов
    dynamic ~ динамическая настройка
remark комментарий; примечание
remote дистанционный; отдаленный; удаленный
removable 1. монтируемый 2. сменный; съемный
removal 1. перемещение; перенос 2. удаление; устранение
    back-face ~ удаление невидимых поверхностей
    code ~ удаление кода
    hidden-surface ~ устранение невидимых поверхностей
    least frequently used ~ вытес-

нение по меньшей частоте использования; удаление редко используемых
  least recently used ~ вытеснение по давности использования
remove удалять
removing удаление
rename переименовывать
renaming изменение имени; переименование
render *мм* отображать; визуализировать; обсчитывать
renderer рендерер *(аппаратное устройство, выполняющее рендеринг (визуализацию) изображения)*
rendering рендеринг *(процесс построения и отображения сцены по ее каркасной модели)*
  ~ **of services** предоставление услуг
renovation:
  software ~ обновление программного обеспечения
reorder переупорядочивать; упорядочивать заново
repaginate заново разделять на страницы
repeat повторять
repeat-statement оператор цикла с условием завершения
repeated повторяющийся
repeater повторитель *(устройство, которое регенерируя сигналы, увеличивает расстояние, на которое можно разнести сетевые станции)*
  bridging ~ межсетевой ретранслятор *(в ЛВС)*
repertoire набор; совокупность
  instruction ~ набор команд
repertory набор; совокупность
  instruction ~ состав команд
repetition повторение
replace заменять
replaceable перемещаемый

replacement 1. замена; замещение; подстановка **2.** перестановка
replica реплика базы данных *(копия БД на клиентском ПК)*
replication 1. дублирование; повторение **2.** тиражирование; репликация; синхронизация *(механизм асинхронного внесения изменений во вторичные БД, непосредственно после завершения транзакции, по мере доступности серверной или клиентской БД)*
  ~ **of code** тиражирование программы
  bidirectional ~ двунаправленная репликация
  disk ~ тиражирование диска
replicator:
  port ~ порт-репликатор
replot строить по новым данным
report отчет; рапорт; сообщение ∥ сообщать
  error ~ сведения об ошибках; сообщение об ошибке
  progress ~ промежуточный отчет
  status ~ информация о состоянии
  trap ~ сообщение о прерывании *(в системе)*
  trouble ~ сообщение о неисправностях
repositioning перемещение
repository архив данных
representation представление
  array ~ представление в виде массива
  audio data ~ представление звуковых данных на компакт-диске
  binary coded ~ двоичное представление
  data ~ представление данных
  declarative ~ декларативное представление

representation
   extensional ~ экстенсиональное представление
   incremental ~ представление в приращениях
   integer ~ целочисленное представление
   knowledge ~ представление знаний
   list ~ представление в виде списка
   slant and tilt ~ представление углами поворота и наклона
   sweep ~ заметание
   unpacked decimal ~ неупакованный формат
   wire frame ~ мм каркасное представление; проволочное представление

representative представительный; репрезентативный
representing представление
reproducing воспроизведение; репродукция
reproduction:
   desktop ~ настольное репродуцирование

reprogram перепрограммировать
reprogrammable перепрограммируемый
reprogramming перепрограммирование
reprography репрография
republication перепечатка
request запрос; требование ‖ запрашивать
   aspect ~ аспектный запрос
   asynchronous execution service ~ сервисный запрос на асинхронное выполнение процесса
   automatic repeat ~ автоматический запрос повторения (*повторной передачи безызбыточного сообщения*)
   binary ~ бинарный запрос
   cancel ~ запрос отмены задания
   conjunctive ~ конъюнктивный запрос
   connection ~ запрос на установление соединения
   database ~ запрос к базе данных
   elementary ~ элементарный запрос
   help ~ запрос консультативной информации
   input ~ запрос на ввод
   interrupt ~ запрос на прерывание
   lock ~ запрос на блокировку
   master ~ запрос главного абонента шины
   multiaspect ~ сложный запрос
   one-aspect ~ одноаспектный запрос
   paging ~ страничный запрос
   pending ~ отложенный запрос
   permanent ~ перманентный запрос
   project ~ заказ на проектирование
   retrieval ~ поисковый запрос
   service ~ запрос на обслуживание
   simple ~ простой запрос
   truth ~ истинностный запрос
   verbal ~ устный запрос

requester программа формирования запросов
   bus ~ абонент шины
requeue возвращать в очередь
required обязательный
requirement требование
   ~s потребности
   power ~ требуемое напряжение
   technical ~ техническое задание; ТЗ
   technical ~s технические требования; ТТ
   communication ~ требуемый объём обмена информацией
   functional ~ функциональные требования

information ~s информационные требования
memory ~ требуемая память
minimum system ~s минимальные потребности в системных ресурсах
operating ~s требования к функционированию
performance ~s требования к функционированию
storage ~s потребности в памяти
traffic handling ~s требования по пропускной способности
user target ~s целевые пользовательские требования

reraise распространять
rerouter маршрутизатор сети
rerouting повторная маршрутизация; повторный выбор маршрута
  local ~ повторный выбор маршрута на каком-либо участке сети; локальная повторная маршрутизация
rerun перезапуск; повторный проход
rescan повторно просматривать
reschedule переупорядочивать очередь
research исследование ‖ исследовательский
  operational ~ операционный анализ
  operations ~ исследование операций
reseller реселлер
resend возврат
reserve:
  information ~ запас информации; информационный резерв
reserved зарезервированный
  all rights ~ авторские права защищены
reset 1. сброс; Сброс *(кнопка)* 2. восстановить исходные значения 3. переустановить

cycle ~ восстановление цикла
resetting переустановка
reside находиться
resident резидентный
  operating system ~ резидент операционной системы
  supervisor ~ резидент операционной системы
resistance:
  jam ~ помехоустойчивость; степень помехоустойчивости
resistant:
  jam ~ помехоустойчивый *(о канале, линии или системе связи)*
resize изменять размер
resolution разрешающая способность; разрешение
  address ~ преобразование адреса из протокола в соответствующий физический адрес
  conflict ~ разрешение противоречий
  priority ~ определение приоритета
resolvability:
  algorithmic ~ алгоритмическая разрешимость
resolvable разрешимый
resolvent резольвента
resolver:
  conflict ~ арбитр
resolving разрешающий
resource ресурс
  bandwidth-time ~ частотно-временные ресурсы *(ширина полосы частот и длительность интервала времени, выделенные для передачи информации)*
  computational ~ вычислительный ресурс
  critical ~ дефицитный ресурс
  dollar ~ денежные ресурсы
  information ~s информационные ресурсы
  monetary ~s денежные ресурсы

reusable ~ многократно используемый ресурс
system ~ системный ресурс
respect отношение
respectively соответственно
respond отвечать; реагировать
respondent реагирующий узел
response 1. зависимость 2. ответ; отклик ‖ отвечать; реагировать 3. характеристика
deductive ~ дедуктивный вывод
responsiveness:
network ~ реакция сети
restart перезапуск; рестарт ‖ перезапускать
checkpoint ~ перезапуск с контрольной точки
cold ~ холодный перезапуск
warm ~ перезапуск из памяти
restoration восстановление
image ~ восстановление изображений
restore восстанавливать
restrict ограничивать
restricted ограниченный
restriction 1. ограничение; препятствие 2. помеха
concave ~ выпуклая функция ограничения
hardware ~ аппаратное ограничение
software ~ программное ограничение
system with ~**s** система с ограничениями
result результат ◊ ~ **in** приводить к
~**s of** результаты
as a ~ как результат
asymptotic ~ асимптотический результат
asymptotical ~ асимптотический результат
extrapolated ~ результат полученный экстраполяцией
function ~ результат функции

iterative ~ повторяющийся результат
numerical ~ численный результат
sampling ~ результат выборки
resultant результирующий
resulting результирующий
resume возобновлять
RET [resolution enhancement technology] технология повышения разрешения в лазерных принтерах
retailer розничный торговец
retain сохранять
retarget перенастраивать
retargeting переориентация
retention членство
fixed ~ фиксированное членство
retransmission ретрансмиссия
retrial повторное поступление
retrieval поиск; поиск информации
block ~ считывание блока
data ~ поиск данных
information ~ информационный поиск
information storage and ~ хранение и поиск информации
multiple-key ~ выборка по нескольким ключам
partial-match ~ поиск по частичному совпадению
retrieve отыскивать
retry Повтор *(кнопка)*; повторение; повторный запуск ‖ повторять
instruction ~ повторная попытка выполнения команды
return возврат ‖ возвратиться ‖ возвращать
carriage ~ возврат каретки; символ возврата каретки
of no ~ необратимый
page ~ возврат страниц
retyping повторный ввод
reusability возможность многократного использования

reusable многократного использования
reuse многократное использование
   code ~ повторное использование уже существующего кода
reverse обращать ‖ обратный; противоположный
   image ~ обращение изображения (*в негативное*)
revert возвращаться
review 1. анализ 2. обзор ‖ делать обзор
   low-key ~ первичный анализ
   peer code ~ экспертная оценка программы
   phase ~ фазовый обзор
   post-implementation ~ анализ функционирования системы
revise исправлять
revision пересмотр
   text ~ редактирование текста
revoke отменять полномочия
rewind перематывать к началу
rework 1. доработка 2. исправление; переделка ‖ переделывать
rewrite 1. перезапись ‖ переписывать 2. перерегистрация
rewritten переписанный
RFC [request for comments] множество документов определяющих устройство Интернет-стандартов, инструкций, отчетов рабочих групп и т.д.
RFI [radio frequence interference] помехи от радиоустройств
RGB [red-green-blue] красный-зеленый-синий (*цветовая система для вывода на цветной монитор*)
rhombus ромб
ribbon лента; красящая лента
   transfer ~ копировальная лента
rich богатый
rid освобождать
RIFF 1. [resource information file format] спецификация стандартных форматов мультимедиафайлов 2. [resource interchange file format] стандарт Microsoft для одновременного получения живого видеоизображения, текста и звукового сопровождения
right 1. правый 2. правильно ‖ правильный ◊ ~ **after** сразу после; ~ **up** прямо
   face ~ смотреть вправо
   flush ~ выровненное правое поле
   to the ~ вправо
right-justified выровненный по правому краю
right-recursive праворекурсивный
rightmost крайний справа
rights права
   marketing ~ права на продажу
rightsizing выбор оптимальной конфигурации сложной корпоративной системы независимо от того в каком направлении осуществляется перенос приложений: с ПК на системы более высокого класса или наоборот
ring 1. звонок ‖ звенеть кольцевая сеть; кольцо; кольцевая схема (*топология сети*)
   empty slot ~ кольцо с пустыми сегментами
   protection ~ кольцо защиты
   token ~ ЛВС с кольцевой структурой, использующая передачу маркера; эстафетное кольцо
   write-enable ~ кольцо разрешения записи
RIP 1. [raster image processor] интерпретатор языка PostScript 2. [routing information protocol] протокол маршрутизации информации 3. [remote image processing] удаленная обработка изображений
RISC 1. [reduced instruction set computing] вычисления с сокращенным набором команд 2. [re-

duced instruction set computer] процессор с сокращенным набором команд
riser надстрочный элемент
RLE растровый формат
RLL [run length limited] метод записи на магнитные диски
RMI формат представления звука
robot:
   autonomous ~ автономный робот
   integral ~ интегральный робот
   intelligent ~ интеллектуальный робот
robotics робототехника
robustness ошибкоустойчивость
   network ~ устойчивость сети
roll-in загрузка
rollback откат
   automatic ~ автоматический откат транзакции
   transaction ~ откат транзакции
rolling загрузка; подкачка
rollout выгрузка; откачка
rollover одновременное нажатие
rollup сдвиг строк
ROM [read only memory] постоянное запоминающее устройство; ПЗУ
   flash ~ флэш-ПЗУ *(см. flash memory)*
romware программы в ПЗУ
room 1. пространство **2.** участок памяти
   insufficient ~ in directory в каталоге не хватает места *(сообщение)*
root корень ‖ корневой
   extract ~ извлекать корень
root-mean-square среднеквадратичный
rotate вращать
rotation 1. вращение **2.** сканирование
rotational вращательный

round круглый ◊ **~ down** округлять в меньшую сторону; **~ of** округлять; **~ up** округлять в большую сторону
round-robin карусель
rounding округление
route 1. маршрут **2.** направлять *(сообщение)* **3.** передавать **4.** пройти ‖ проходить
   global ~ глобальный маршрут *(маршрут, проложенный по всей сети)*
   optimal ~ оптимальный маршрут
router коммутатор-распределитель; маршрутизатор *(сети) (бывает внутренний - внутри сервера - и внешний - внутри рабочей станции)*; мост-маршрутизатор; программа прокладки маршрута
routine программа; процедура
   archiving ~ процедура архивизации
   benchmark ~ программа для оценки параметров
   bootstrap ~ программа самозагрузки
   checking ~ процедура проверки
   checkout ~ отладочная программа
   closed ~ замкнутая подпрограмма
   compress ~ процедура сжатия
   error ~ программа обработки ошибок
   housekeeping ~ обслуживающая программа
   postmortem ~ постпрограмма
   service ~ служебная программ
   software ~ системная программа
   sound ~ звуковая процедура
   suspect ~ подозрительная программа
   test ~ тестовая программа

trace ~ программа трассировки
trouble-shooting ~ диагностическая программа
untrustworthy ~ незащищенная программа
user-supplied ~ программа, введенная пользователем
watchdog ~ сторожевая программа

routing маршрутизация; выбор маршрута *(в ЛВС)*
  adaptive ~ адаптивная маршрутизация
  centralized ~ централизованная маршрутизация
  connectionless ~ маршрутизация без явного соединения; маршрутизация с использованием виртуальных цепей *(каналов)*
  directory ~ табличная маршрутизация
  distributed ~ распределенная маршрутизация
  fixed ~ фиксированная маршрутизация
  hot potato ~ метод скорейшей передачи
  intercluster ~ межгрупповая маршрутизация
  intracluster ~ внутригрупповая маршрутизация
  network ~ выбор маршрутов в сети
  network-wide ~ маршрутизация по всей сети
  static ~ маршрутизация по закрепленным маршрутам

row 1. ряд 2. строка
  matrix ~ строка матрицы
  table ~ строка таблицы

royalty авторский гонорар *(в виде процентного отчисления с проданного тиража)*; роялти; лицензионный платеж *(например, за пользование авторскими правами)*

aggregate copyright ~ совокупный авторский гонорар *(общая сумма, выплачиваемая компанией звукозаписи издателям песен или их создателям за право их использования)*

RPC [remote procedure call] вызов удаленных процедур
rpm [revolutions per minute] оборотов в минуту
RTF [rich text format] формат хранения форматированных текстовых файлов
RTV [real time video] специальный алгоритм сжатия изображений *(разработка корпорации Intel)*
RTX [real-time executive] осуществляющаяся в реальном масштабе времени *(о программе)*
rubber резина ‖ резиновый
rudimentary рудиментарный
rugged дооборудованный, с особой надежностью
rule правило; правило отбора сообщений
  as a ~ как правило
  bayes' ~ правило Байеса; формула Байеса
  business ~s бизнес-правила *(предложения SQL и операторы, настраивающие значения одной или более колонок в базе данных на специфические правила пользователя)*
  compositional inference ~ композиционное правило вывода
  de Morgan ~s правила де Моргана
  estimation ~ правило оценивания
  first-in-first-out ~ принцип обслуживания в порядке поступления *(принцип обслуживания типа очередь)*
  inference ~ правило вывода

rule
   last-in-first-out ~ обслуживание в обратном порядке *(принцип обслуживания типа стек или магазин)*
   nonpreemptive ~ правило обслуживания без прерывания
   optimal decision ~ правило принятия оптимальных решений
   preemptive repeat ~ правило повторения прерванного обслуживания
   preemptive resume ~ правило продолжения прерванного обслуживания
   priority ~ правило назначения приоритетов
   production ~ правило вывода
   queue-selection ~ правило выбора очереди
   random ~ правило случайного выбора
   resolution ~ правило резолюции
   rewrite ~ правило подстановки
   scope ~s правила видимости
   transformation ~ правило трансформации
   visibility ~ правило видимости
rulebase база правил
ruler линейка; линейка разметки
run 1. запуск; прогон ‖ запускать; прогонять; выполнять **2.** проход **3.** ход **4.** функционировать ◊ **~ on** работать на; **~ the command** исполнять команду; **~ the program** выполнять программу
   benchmark ~ контрольный прогон
   computer ~ запуск программы на компьютере
   initial press ~ первый завод
   production ~ производственный счет
   test ~ тестовый запуск
   when you ~ при выполнении
rundown закрытие; процедура завершения

running 1. выполнение **2.** текущий
   before ~ перед выполнением
running-out:
   ~ of disk space выход за пределы емкости диска
runtime период прогона; при выполнении
rush:
   input ~ напор входящего потока
russian- русско-
rvalue значение переменной

S

SAA [systems application architecture] архитектура систем приложений *(набор стандартов)*
sacred 1. зарезервированный **2.** предназначенный для определенной цели
safe 1. безопасность ‖ безопасный **2.** надежность ‖ надежный
   operational ~ надежность функционирования
safeguard 1. защитная мера **2.** защищать
safety 1. безопасность **2.** защитный
SAG [SQL access group] объединение производителей СУБД, поддерживающих язык SQL
sales:
   direct ~ прямые продажи
salvager программа восстановления
salvation спасательный
same тот же
sample 1. выборка; выборочная совокупность **2.** образец **3.** отсчет; замер
   ~ of data набор данных
   biased ~ смещенная выборка
   bivariate ~ двумерная выборка
   censored ~ цензурированная выборка

sampling

correlated ~s коррелированные выборки
interpenetrating ~s взаимопроникающие выборки
large ~ большая выборка
moderate-sized ~ выборка умеренного объема
multicensored ~ многократно цензурированная выборка
multiphase ~ многофазная выборка
multipurpose ~ многоцелевая выборка
multistage ~ многоступенчатая выборка
nongrouped ~ негруппированная выборка
normal ~ нормальная выборка
ordered ~ упорядоченная выборка
probability ~ вероятностная выборка
purposive ~ преднамеренная выборка
quasi-random ~ квазислучайная выборка
quota ~ пропорциональная выборка
random ~ случайная выборка
replicate ~ повторная выборка
representative ~ представительная выборка; репрезентативная выборка
single ~ однократная выборка
singly censored ~ однократно цензурированная выборка
small ~ малая выборка
stratified ~ 1. районированная выборка; расслоенная выборка 2. типичная выборка
systematic ~ систематическая выборка
systematical ~ систематическая выборка
three-stage ~ трехступенчатая выборка
truncated ~ усеченная выборка
two-stage ~ двухступенчатая выборка
unbiased ~ 1. беспристрастная выборка; объективная выборка 2. несмещенная выборка
uncensored ~ нецензурированная выборка
uncorrelated ~s некоррелированные выборки
unordered ~ неупорядоченная выборка
unrepresentative ~ непредставительная выборка; нерепрезентативная выборка
sampling 1. дискретизация; стробирование 2. выбор дискретных данных 3. квантование 4. отбор проб 5. выборочный
bulk ~ выборка из кучи
cluster ~ групповая выборка; групповой выбор
crude ~ необработанная выборка
duplicate ~ повторный выбор
exhaustive ~ исчерпывающий отбор
finite ~ выбор из конечной совокупности
importance ~ выборка по значимости
lattice ~ решетчатый выбор
multivariate ~ многомерный выбор
nonrandom ~ неслучайный выбор
probability ~ вероятностный отбор
proportional ~ пропорциональный выбор
random ~ случайный выбор
reduced ~ облегченный выборочный контроль
repeated ~ повторный выбор
rotation ~ повторный выбор

sampling

    sequential ~ последовательный выборочный контроль; последовательная выборка
    simple random ~ простой случайный выбор
    single ~ однократная выборка; однократный отбор; однократный выборочный контроль
    spectral ~ спектральная выборка
    stochastic ~ стохастический выбор
    stratified ~ расслоенный выбор
    successive ~ последовательный выбор
    synchronous harmonic ~ выборка на частотах гармоник тактового сигнала
    systematic ~ систематический выбор
    systematical ~ систематический выбор
    time ~ последовательный выбор
    truncated ~ усеченный выбор
    two-stage ~ двухступенчатая выборка
    unbiased ~ несмещенная выборка
sanserif рубленый шрифт
SAP [service advertisement protocol] протокол обслуживания сообщений
satellite спутник ‖ спутниковый
    syncom ~ спутник синком
satisfiability выполнимость
saturation:
    signal ~ насыщение сигнала
save сохранять; экономить
savepoint точка сохранения
saver:
    screen-~ экранная заставка; программа-заставка *(программа, выводящая на экран движущееся изображение для предохранения экрана от выгорания в моменты, когда за компьютером никто не работает)*

    space ~ компактный *(одна из модификаций корпуса ПК)*
saving сбережение; сохранение; экономия
SBC [single-board computer] одноплатная ЭВМ
scalability масштабируемость *(характеристика приложения или СУБД, которое исполняется на разных платформах; для аппаратных средств - это предсказуемый рост системных характеристик при добавлении к системе вычислительных ресурсов)*; расширяемость
scalable расширяемый
scalar скалярный
scale 1. масштаб 2. шкала
    absolute ~ абсолютная шкала
    fast time ~ ускоренный масштаб времени
    fuzzy ~ размытая шкала
    graphic rating ~ шкала оценок
    gray ~ полутоновая шкала; серая шкала; шкала яркости
    image ~ масштаб изображения
    metric ~ метрическая шкала
    preference ~ шкала предпочтений
    probability ~ шкала вероятностей
    reduced ~ уменьшенный масштаб
    relative ~ относительная шкала
    slow time ~ замедленный масштаб времени
    small ~ мелкая структура
    time ~ масштаб времени
    universal ~ универсальная шкала
scaler делитель частоты
scaling 1. выбор масштаба; масштабирование ‖ масштабированный 2. пересчет 3. шкалирование
    uniform ~ однородное масштабирование

schema
   canonical ~ каноническая схема
   conceptual ~ концептуальная схема
   database ~ схема базы данных
   storage ~ схема хранения
schemata схематика; схемы
schematic схема ‖ схематический
scheme 1. алгоритм 2. диаграмма 3. план 4. схема
   allocation ~ схема размещения
   axiom ~ схема аксиом
   block ~ блок-схема; структурная схема
   coding ~ схема кодирования
   computational ~ вычислительный алгоритм
   decoding ~ схема декодирования
   echo acknowledgment ~ метод эхо-подтверждения *(основывается на передаче принятого пакета в обратном направлении)*
   optimization ~ схема оптимизации
   priority ~ система приоритетов
   probability ~ вероятностная схема
   sampling ~ план выборки
   simulation ~ схема моделирования
   sorting ~ способ сортировки
   version numbering ~ схема нумерации версий
   wiring ~ схема коммутации
science 1. наука 2. теория
   cognitive ~ когнитивная наука
   computer ~ информатика; компьютерные науки
   software ~ теория программного обеспечения
   system ~ системотехника
   theoretical computer ~ теория вычислительных систем
scientist специалист; учёный
   computing ~ специалист по вычислительным системам
   junior ~ младший научный сотрудник
   senior ~ старший научный сотрудник
scissoring отсечение
scope 1. контекст 2. масштаб 3. охват 4. пределы 5. размах
   dynamic ~ динамический контекст
   embedded ~ вложенный контекст
   enclosing ~ объемлющий контекст
   static ~ статический контекст
   visibility ~ область видимости
score 1. метка 2. отметка; оценка ‖ оценивать
   overall ~ общая оценка
scrambled зашифрованный
scrambler шифратор
scrambling перестановка элементов
scratch временный; рабочий
scratchpad временная память
screen экран ‖ экранировать
   active matrix ~ ЖК-экран с активной матрицей
   clutter the ~ перенасыщение (засвечивание) экрана лишними деталями
   CRT ~ экран дисплея
   data entry ~ изображение для ввода данных; трафарет ввода данных
   flat ~ плоский экран
   help ~ справочный экран
   LED ~ экран на светодиодах
   nonglare ~ безбликовый экран
   one ~ at a time один полноэкранный кадр за один раз
   split ~ разделённый экран; расщеплённый экран; полиэкран *(для воспроизведения нескольких изображений на различных участках одного экрана)*
   tilt-and-swivel ~ дисплей с шарнирным механизмом

scan 1. поиск; просмотр ‖ бегло просматривать **2.** прогон **3.** сканирование ‖ сканировать; цикл сканирования **4.** развертка; период развертки **5.** пристально разглядывать; изучать **6.** *тлв* разлагать изображение ◊ **~ into** прием тест-последовательности;
~ out выдача регистра команд
access ~ поиск с перебором
continuous ~ **1.** непрерывное сканирование; непрерывный обзор **2.** непрерывная развертка
frame ~ кадровая развертка
instruction ~ сканирование команд
lexical ~ лексический анализ
line ~ горизонтальная развертка
mark ~ поиск метки
raster ~ развертка растра
reverse ~ просмотр с заменой символа нуля на символ пробела (*в системах обработки текста*)
status ~ опрос состояния
storage ~ просмотр ячеек памяти
scan-off стекающий луч
scanistor 1. автоматический перенос **2.** сканистор
scanner 1. блок сканирования; сканер **2.** лексический анализатор
bar ~ сканер для чтения штрихового кода
bar code ~ устройство чтения штрихового кода
color flat-bed ~ цветной сканер планшетного типа
image ~ программа сканирования изображения
page ~ страничный сканер
virus ~ программа поиска вирусов
scanning 1. обследование **2.** поиск; просмотр **3.** развертывание **4.** сканирование

step ~ ступенчатая развертка; ступенчатое сканирование
visual ~ визуальное восприятие
scarce дефицитный; недостаточный
scatter разброс
~ **of points** разброс точек; рассеивание точек
random ~ случайный разброс
uniform ~ равномерный разброс
scatterer рассеиватель
scattering:
acoustical ~ акустическое рассеяние
scalar ~ скалярное рассеяние
small-angle ~ рассеяние на малый угол
scenario постановочный сценарий; роспись режиссерского сценария (*см. тж shooting script*); (кино)сценарий
mission ~ сценарий выполнения задания
scene 1. вид **2.** обстановка; окружение **3.** сцена
schedule 1. график; расписание; регламент **2.** планировать
computer ~ график работы машины
delivery ~ график поставок
design ~ расчетная таблица
network-wide ~ общий сетевой план; общесетевое расписание
run ~ график рабочих прогонов
scheduler планировщик
job ~ планировщик заданий
process ~ планировщик процесса
task ~ планировщик
scheduling календарное планирование
pseudo-random ~ псевдослучайное расписание
time-sliced ~ планирование с квантованием времени
schema схема; схема данных (*заданная в СУБД структура записи*)

    tiltable ~ дисплей с наклоняемым экраном
    to the ~ на экран
    touch-(sensitive) ~ сенсорный экран
    user-defined ~ изображение, задаваемое пользователем
screen-oriented экранный
screenful экранный
screening 1. экранирование **2.** просмотр
script 1. рукопись; сценарий || писать сценарий **2.** текст **3.** набор символов *(в шрифте)*
    machine ~ машинный документ
    postproduction ~ тлв монтажный лист
scroll прокручивать ◊ ~ **through the text** прокручивать текст; ~ **up** прокручивать вверх; ~ **down** прокручивать вниз
scrollable прокручивающий
scrolling перемещение; прокрутка; прокручивание; скроллинг ◊ ~ **through** просмотр путем прокрутки
    continuous ~ непрерывная прокрутка
    flicker-free ~ плавная прокрутка
    horizontal ~ горизонтальная прокрутка; прокрутка по горизонтали
    pan ~ плавная прокрутка
    vertical ~ вертикальная прокрутка; прокрутка по вертикали
scrubbing чистка
SCSI [small computer System interface] интерфейс малых вычислительных систем *(стандарт, произносится «СКАЗИ»)*
SDH [synchronous digital hierarchy] синхронная цифровая иерархия *(международный стандарт сети, распространенный в Европе)*

SDIF [Sony digital interface format] формат цифрового интерфейса фирмы Sony
SDK 1. [software development kit] набор средств для разработки ПО; комплект программ разработчика **2.** [system design kit] платы для макетирования проблемной части системы
SDM [system design modelling] методология системного проектирования
SDTS [spatial data transfer standard] стандарт по передаче географических данных
search 1. поиск || искать **2.** перебор || перебирать
    associative ~ ассоциативный поиск
    best-match ~ поиск по наилучшему совпадению
    bidirectional ~ двунаправленный поиск
    binary ~ двоичный поиск
    blind ~ полный перебор
    breadth-first ~ поиск в ширину
    case-insensitive ~ поиск без учета регистра
    case-sensitive ~ поиск с учетом регистра
    chapter ~ поиск сегмента
    conjunctive ~ конъюнктивный поиск
    data-driven ~ прямой поиск
    database ~ поиск в базе данных
    depth-first ~ поиск в глубину
    dichotomizing ~ поиск делением пополам
    disjunctive ~ дизъюнктивный поиск
    exhaustive ~ полный перебор вариантов
    file ~ поиск файлов
    full-text ~ поиск по всему тексту

search

goal-driven ~ обратный поиск
incremental ~ пошаговый поиск
key ~ поиск по ключу
limit-type ~ граничный поиск
logarithmic ~ поиск делением пополам
multiway ~ многоканальный поиск
pattern ~ непосредственный поиск
preorder tree ~ поиск в ширину
random ~ случайный поиск
serial ~ последовательный поиск
tree ~ поиск по дереву

search-case поисковый образ
searching поиск
   multiple string ~ поиск по нескольким строкам
   path ~ поиск пути

seat 1. гнездо 2. помещать
sec сек
secant секанс
second 1. секунда 2. второй
secondary вспомогательный; вторичный; побочный
section раздел
   critical ~ критическая секция
   scattering cross ~ поперечное сечение рассеяния
   slotted ~ измерительная линия
sector сектор
   audio ~ сектор звукового канала *(сектор, поле данных которого содержит цифровые звуковые данные)*
   bad ~ поврежденный сектор; сбойный сектор
   boot ~ загрузочный сектор *(диска)*
   CD-I ~ сектор диска CD-I *(блок данных из 2352 последовательных байтов с прямой адресацией)*
   message ~ сектор сообщений *(сектор диска CD-I, содержащий звуковую информацию, кодированную как звуковая информация дисков CD-DA)*

sectoring разметка
secure 1. гарантировать ‖ гарантированный 2. безопасный 3. защищенный 4. надежный
security 1. безопасность; защита; защита информации 2. засекречивание; секретность; конфиденциальность
   behavioral ~ поведенческий аспект защиты
   cryptographical ~ криптографическая защита
   file ~ защита файла
   network ~ восстановление сети
   password ~ сохранность паролей
seed затравочный кристалл
seek 1. поиск ‖ искать 2. подвод головок
segment сегмент ‖ сегментировать
   ◊ ~ **and offset** сегмент-смещение
   circular ~ сегмент круга
   concatenated ~s сцепленные сегменты
   delete a ~ освобождать сегмент
   display ~ сегмент отображения
   exclusive ~s взаимоисключающие сегменты
   image ~ фрагмент изображения
   program ~ сегмент программы
   root ~ корневой сегмент
   sphere ~ шаровой сегмент
segmentation сегментация
   image ~ сегментация изображения
segmented сегментированный
segmenting:
   program ~ сегментация программы
segregate делить; разделять
select выбирать; отбирать; выделять ‖ выбранный

selection выбор; отбор
  aiding customer in ~ помощь покупателю в выборе
  branch ~ выбор ветви
  data ~ выбор данных
  disjoint ~ несвязное выделение
  exchange ~ выборка с обменом
  extend ~ расширить выделение
  involve a ~ предполагать выбор
  menu ~ пункт меню
  ordered ~ обслуживание в порядке поступления
  priority ~ for service обслуживание с приоритетом
  program ~ выбор программы
  reduce ~ сократить (уменьшить) выделение (*выделенную область*)
  set ~ выбор набора
  teaching ~ обучающая выборка
selective выборочный
selector:
  message ~ селектор сообщения
  state ~ селектор состояний
self-adapting адаптивный
self-contained замкнутый; независимый; самодостаточный
self-descriptive самодокументированный
self-dual самодвойственный
self-explanatory самообъясняющий
self-extracting саморазархивирующийся
self-extraction саморазвертываемый
self-healing самовосстановление; самостановление ‖ самовосстанавливающий
self-learning самообучаемый
self-installing самоустанавливающаяся; самоинсталлирующаяся
self-jamming создание внутрисистемных помех
self-loading самозагружаемый
self-modifying самомодифицируемый

self-monitoring с автономным управлением
self-noise собственный шум
self-organizing самоорганизовываемый
self-pinching самостягивание
self-programming автоматическое программирование
self-recovery самовосстановление
self-restorability самовосстанавливаемость
self-reversal самообращение
self-sufficiency автономность
self-testing самоконтроль; самотестирование ‖ самоконтролируемый
self-trapping самофокусировка
self-verification самопроверка
sememe семантема
semantic семантический
  axiomatic ~ аксиоматическая семантика
semantics семантика
  operational ~ операционная семантика
semaphore семафор (*программное средство синхронизации параллельных процессов*)
  binary ~ двоичный семафор
semi 1. полу 2. точка с запятой
semicolon точка с запятой
semicompiled полутранслированный
semiconducting полупроводящий
semiconductor полупроводник
semicustom полузаказной
semidirect полупрямой
semigroup полугруппа
semiotics семиотика
send отправка (*сообщения*) ‖ отправлять; посылать (*сообщение*)
sender отправитель (*сообщений*); передатчик; передающий узел ‖ отправлять
sending пересылка
senior старший

sensing 1. восприятие; опознавание **2.** считывание *(данных с помощью сенсорных устройств)* **3.** чувствительный
   carrier ~ контроль (обнаружение) несущей
   range ~ определение расстояния
sensitive чувствительный; восприимчивый
   case ~ **1.** зависящий от конкретных условий; чувствительный к изменению условий **2.** различающий строчные и заглавные буквы
   context- ~ контекстно-зависимый
sensor датчик; чувствительный элемент; сенсорное устройство
sensory сенсорный
sentence предложение
sentential сентенциальный
separate отделять ‖ отдельный
separating разделяющий
separator разделитель
   command ~ разделитель команд
   date ~ разделитель (компонентов) даты
   group ~ разделитель групп *(разрядов)*
   list ~ разделитель элементов списка
SEPP [secure electronic payment protocol] протокол безопасных электронных платежей
sequence 1. порядок *(следования)*; последовательность ‖ устанавливать последовательность; упорядочивать **2.** натуральный ряд чисел
   ~ **of events** последовательность событий
   ascending ~ возрастающая последовательность
   calling ~ **1.** вызывающая последовательность *(реализующая обращение к программе)* **2.** соглашения о связях
   chip ~ многоэлементная последовательность
   collating ~ сортирующая последовательность
   convergent ~ сходящаяся последовательность
   decreasing (descending) ~ убывающая последовательность
   derivation ~ цепочка вывода
   escape ~ управляющая последовательность
   exit ~ последовательность операций выхода *(из программы)*
   flag ~ разделитель кадров
   handshake ~ последовательность квитирующих сигналов
   hardwired ~ жесткая последовательность
   illegal ~ недопустимая (запрещенная) последовательность
   instruction ~ последовательность команд
   random ~ случайная последовательность; последовательность случайных чисел
   repetitive pseudonoise code ~ периодическая псевдослучайная кодовая последовательность
   shutdown ~ последовательность завершения работы
   signature ~ сигнатурная (знаковая) последовательность
   test ~ тестовая последовательность
sequencing 1. упорядочение; установление последовательности **2.** планирование *(вычислительного процесса)*
   time ~ упорядочение во времени
sequent секвенция
sequential последовательный; секвенциальный
serial 1. последовательный; порядковый **2.** серийный **3.** последовательный порт ◊ ~ **by bit** пораз-

рядный; **by byte** побайтовый; **~ by character** побайтовый; **~ by word** пословный
serialize преобразовывать в последовательную форму
series 1. серия; ряд; набор; комплект **2.** последовательное соединение **3.** *мат.* ряд
  ~ of events последовательность событий
  historical ~ временной ряд
  independent ~ независимый ряд
  matrix ~ матричный ряд
  multivariate time ~ многомерный временной ряд
  nonstationary time ~ нестационарный временной ряд
  ordered ~ упорядоченный ряд
  random ~ случайный ряд
  smoothed ~ сглаженный ряд
  stationary time ~ стационарный временной ряд
  statistical ~ статистический ряд
  statistical time ~ статистический временной ряд
  stochastically lagged time ~ стохастически смещенный ряд
  time ~ временной ряд
  trend-free time ~ временной ряд с исключенным трендом
  truncated ~ усеченный ряд
  univariate time ~ одномерный временной ряд
  variational ~ вариационный ряд
serif шрифт с засечками
sans ~ рубленый шрифт
serve 1. использовать; служить **2.** обслуживать; производить осмотр и текущий ремонт
served обслуженный
  number ~ число обслуженных требований
server 1. сервер; центральный компьютер в сети **2.** канал обслуживания; одноканальная система массового обслуживания **3.** обслуживающее устройство; обслуживающий процессор; узел обслуживания; служебное устройство **4.** спецпроцессор
  access ~ сервер доступа
  application ~ сервер приложений
  communication ~ шлюзовой процессор, шлюз *(в сети передачи данных)*
  database ~ сервер баз данных, сервер БД
  Exchange ~ сетевой пакет Microsoft
  fax- ~ факс-сервер
  file ~ 1. сервер файлов; файловая станция **2.** центральный компьютер в ЛВС
  gateway ~ шлюз
  modem ~ сетевая ЭВМ с одним или с группой модемов, позволяющая пользователям сети совместно использовать модемы для исходящих вызовов.
  multimedia ~ мультимедиа-сервер
  name ~ блок преобразования имен *(в конкретные адреса данных)*
  network ~ узел обслуживания сети
  OLE ~ OLE-сервер *(приложение, поставляющее объект для встраивания и связывания из OLE-контейнера)*
  OLE Automation ~ сервер автоматизации OLE
  PC ~ ПК-сервер *(сервер на платформе IBM PC совместимого компьютера)*
  preferred ~ основной сервер
  primary ~ основные средства обслуживания
  print ~ сервер печати; принт-сервер *(компьютер, к которому в сети присоединен один или*

несколько сетевых принтеров); станция печати *(в сети)*
publishing ~ сервер-издатель *(сервер, на котором находится база данных, из которой данные рассылаются по другим станциям сети)*
remote file ~ дистанционный файловый процессор
route ~ сервер маршрутизации
routing ~ станция выбора маршрута
SQL- ~ SQL-сервер; сервер баз данных
telex ~ станция телексной связи

service 1. служба; услуги, сервис; обслуживание ‖ служебный; абонентский **2.** эксплуатация **3.** производить осмотр и текущий ремонт ◊ ~ **in batches** групповое обслуживание; ~ **in bulk** групповое обслуживание; ~ **in cyclic order** обслуживание в циклическом порядке; ~ **in random order** обслуживание в случайном порядке; ~ **loss coefficient** коэффициент простоя вследствие обслуживания; ~ **time expectation** математическое ожидание времени обслуживания; ~ **with privileged interruptions** обслуживание с прерыванием; ~ **with waiting** обслуживание с ожиданием; ~ **without interruption** обслуживание без прерывания
authorization control ~ служба проверки полномочий
broadcast ~ служба циркулярной рассылки *(сообщений в узлы сети)*
bulletin-board ~ см. BBS
card ~s уровень программного обеспечения, лежащий над уровнем обслуживания разъёма Socket Services
computing ~ вычислительная служба; вычислительные услуги; обслуживание вычислительными работами
customer ~ обслуживание клиентов
datel ~ система передачи по телефону кодированной информации
delayed ~ обслуживание с ожиданием
elapsed ~ обслуживание, выполненное до прерывания
end-to-end protocol ~ служба сквозной передачи
hosting ~ предоставление услуг по размещению информации на узлах Web
information ~ информационная служба; информационные услуги
internet ~ служба (обеспечения) межсетевого обмена
internetwork ~ служба (обеспечения) межсетевого обмена
mailbox ~ служба почтовых ящиков *(в электронной почте)*
message toll ~ междугородная служба передачи сообщений
messaging ~ служба передачи сообщений
naming ~ система идентификации имён
network ~s сетевые услуги
nonpreemptive ~ обслуживание без прерывания
nonpreferential ~ обслуживание без приоритета
on-line ~ представление текущей информации; служба представления текущей информации; онлайновая служба
ordered ~ обслуживание в порядке поступления
phase ~ многофазное обслуживание

phase-type ~ многофазное обслуживание

preemptive ~ обслуживание с прерыванием

priority ~ обслуживание с приоритетом

quantum ~ обслуживание порциями

remote access ~ служба удаленного доступа

run-time ~ сервис в период исполнения программы

selection for ~ выбор на обслуживание

single ~ обслуживание одиночных требований

socket ~s обслуживание разъема

useful ~ срок полезного использования

value-added ~ дополнительные услуги

virtual call ~ служба виртуального вызова

warranty ~ гарантийная наработка; гарантийное обслуживание

serviceability удобство обслуживания

servicer 1. обслуживающий персонал 2. узел обслуживания

servicing обслуживание

session 1. сеанс (*работы пользователя с системой*); сетевое соединение 2. сессия; рабочее совещание

chat ~ разговор

debugging ~ сеанс отладки; отладочный сеанс

editing ~ сеанс редактирования

host ~ сеанс взаимодействия с главной ЭВМ

hot ~s одновременная работа в двух сессиях

outstanding ~ незавершённый сеанс

terminal ~ сеанс диалога; сеанс работы с терминалом

user ~ сеанс пользователя; пользовательский сеанс

walkthrough ~ сессия сквозного структурного контроля

set 1. декорация 2. комплект 3. множество; совокупность; семейство; ряд; последовательность 4. *полигр.* набор 5. набор; комплект 6. сеанс исполнения 7. установка; постановка (*спектакля*) 8. съёмочная площадка 9. устанавливать; монтировать; размещать 10. устанавливать в определенное положение *или* состояние; устанавливать в (состояние) «1» ◊ ~ **the problem** ставить задачу; ~ **up** устанавливать ‖ установлен

~ **of inequalities** система неравенств

~ **of observations** набор наблюдений

~ **of preferences** набор предпочтений

~ **of statistical data** совокупность статистических данных

~ **of strategies** множество стратегий

~ **of tools** инструментарий

~ **of variables** совокупность переменных

ANSI character ~ набор символов ANSI (*кодовая таблица, используемая для представления 256 символов*)

AT command ~ набор AT-команд; набор команд модема (*набор команд, используемых модемом; AT от attentions*)

attainable ~ достижимое множество

be ~ быть установленным

board ~ набор (комплект) плат

carry ~ есть перенос

cataloged data ~ каталогизированный набор данных
change ~ массив изменений
character ~ 1. кодировка 2. множество символов; набор знаков; алфавит
checkpoint data ~ набор данных контрольной точки
chip ~ микропроцессорный набор; набор микросхем
choice ~ варианты выбора; совокупность вариантов выбора
coded character ~ набор кодированных знаков
constraint ~ множество ограничений
core ~ базовый набор; ядро
data ~ 1. набор данных 2. устройство сопряжения *(с телефонным или телеграфным оборудованием)*
delete ~ массив исключений; набор исключений
exhaustive ~ полное множество
extremal ~ экстремальное множество
feasible ~ допустимое множество
feature ~ набор признаков
file ~ набор файлов
full ~ полное множество
fuzzy ~ нечеткое множество
generation data ~ поколение данных; набор данных одного поколения
graphics ~ набор графических символов; набор стандартных графических элементов
identical ~s тождественные множества
imprimitive ~ циклическое множество
information ~ информационное множество
instruction ~ набор команд процессора; система команд

microprocessor ~ микропроцессорный комплект; комплект модулей *(комплект БИС)* микропроцессора
mutually exclusive ~s непересекающиеся множества
nonempty ~ непустое множество
nonoverlapping ~s непересекающиеся множества
nonvoid ~ непустое множество
open ~ открытое множество
optimal ~ оптимальное множество
order ~ набор команд
ordered ~ упорядоченное множество
overlapping ~s пересекающиеся множества
permissible ~ допустимое множество
polygonal ~ многоугольное множество
power ~ множество всех подмножеств
primitive ~ ациклическое множество; примитивное множество
priority ~ система приоритетов
quasi-ordered ~ полуупорядоченное множество
rectangle ~ прямоугольное множество
reduced instruction ~ сокращенный набор команд
reference ~ множество элементарных событий
representing ~s представление множеств
response ~ множество ответных реакций
shared data ~ коллективный (совместно используемый) набор данных
solution ~ множество решений

temporary data ~ набор временных данных; набор рабочих данных *(не нужных после выполнения данной программы)*
test ~ набор тестов; тестовая последовательность
universal ~ генеральная совокупность
user's ~ абонентская установка
working ~ рабочее множество; рабочий набор; рабочий комплект

set-valued характеризуемый набором значений; имеющий своим значением множество *(о переменной)*

setter 1. клавиша 2. механизм включения; механизм настройки; схема настройки

setting 1. задание 2. начальная установка; ввод в действие 3. регулировка; наладка; настройка 4. уставка; настроечный параметр 5. установка; монтаж; размещение 6. установка в (состояние) «1» 7. установка в определенное положение *или* состояние; задание *(требуемого состояния)* 8. *pl* установочные параметры; параметры настройки ◊ ~ **up** настройка; организация; ~ **up the system** начальная установка системы
display ~ параметр настройки экрана *(ширина строки, число строк и т. п.)*
factory ~ заводская настройка
installation-specific ~**s** настройки, зависящие от конкретной системы
jumper ~ выбор положения тумблерного переключателя
margin ~ установка полей *(при печати)*
mode ~ установка режима
option ~ значение параметра

position ~ регулировка положения
problem ~ условия задачи
social ~ социальные условия; социальные установки
tabulator ~ установка позиции табуляции
trap ~ установка ловушек *(в программе)*

setup 1. начальная установка; программа или процедура начальной установки 2. набор схемы *(путем коммутации)* 3. регулировка; наладка; настройка 4. уставка; набор заданных значений 5. установка; размещение 6. устройство; схема; макет 7. сборка; монтаж ‖ собранный; в собранном виде

job ~ формирование задания
setwise горизонтальный
seven-layer семиуровневый
sexadecimal шестнадцатеричный
SFT [system fault tolerance] 1. система, устойчивая к ошибкам 2. средства обеспечения отказоустойчивой работы
SGML [Standard Generalized Markup Language] стандартный язык обобщенной разметки
shade 1. оттенок; тон; тень ‖ затенять; оттенять 2. уровень яркости цвета *(на экране дисплея)* 3. штриховка ‖ тушевать; штриховать 4. экран ‖ экранировать
shaded 1 затененный; теневой 2. заштрихованный
shader программа построения теней *(на синтезируемых машиной изображениях)*
shading 1. затемнение 2. закраска; затенение; построение теней 3. обработка полутонов 4. экранирование

Gouraud ~ *мм* закраска Гуро
shadow тень

shadowing параллельное резервирование

shape 1. форма; вид; очертание ‖ придавать форму 2. шаблон
   be in a good ~ быть в порядке; находиться в работоспособном состоянии
   character ~ форма символа

shaped сформированный

share 1. доля; часть 2. разделять 3. совместно (*коллективно*) использовать

shareable общий

shared 1. общий; коллективный; разделенный 2. общий ресурс 3. совместно (*коллективно*) используемый; совместный; коллективного пользования; совместного доступа; общего пользования

shareware условно-бесплатные программные продукты; условно-бесплатное ПО

sharing 1. разделение; совместное (*коллективное*) использование 2. сцепление
   channel ~ коллективное использование канала
   code ~ совместное использование общей программы
   data ~ совместное использование данных
   file ~ совместное использование файла
   memory ~ разделение (*совместное использование*) памяти
   resource ~ разделение (*совместное использование*) ресурсов
   stop ~ прекратить совместное использование; закрыть совместный доступ
   time ~ разделение времени; режим работы с разделением времени

shark знак вставки; *проф.* крышка (*название символа ^*)

sharp 1. знак ◊ 2. четкий

sharpening увеличение резкости изображения; увеличение четкости изображения

sharpness резкость изображения

shear сдвиг (*фрагмента изображения*)

sheet 1. бланк; ведомость; формуляр; листок 2. карта; схема; диаграмма; таблица 3. лист 4. планшет 5. плата
   coding ~ программный бланк
   computer simulation data ~ таблица результатов машинного моделирования
   heavy divider ~ жесткая разграничительная вставка (*между разделами документации*)
   inventory ~ инвентаризационная опись
   option ~ сводка вариантов (*экранный документ для уточнения описания команды путем выбора пользователем требуемых параметров, которые отличаются от принимаемых по умолчанию*)
   option ~ сводка вариантов
   property ~ 1. ведомость свойств (*напр. подлежащего форматированию текста в текстовом редакторе*) 2. окно свойств (*окно, отображающееся на экране при обращении к команде свойства, может содержать несколько вкладок*)
   specifications ~ лист спецификаций
   style ~ таблица характеристик шрифтов и форматов
   technical data ~ листок технических данных; листок технической информации

sheet-fed полистовая подача

shell 1. оболочка 2. оболочка операционной системы; командный процессор (*в операционной системе UNIX*)

expert system (XPS) ~ экспертная оболочка; незаполненная («*пустая*») экспертная система; оболочка незаполненной («*пустой*») экспертной системы
shellscript сценарий заполнения незаполненной («*пустой*») экспертной системы
shielded защищенный
shielding экранирование
shift 1. перемещение 2. сдвиг; смещение ‖ сдвигать; смещать 3. (рабочая) смена, рабочий день 4. смена регистра
   alphabetic ~ установка регистра букв (*название клавиши*)
   case ~ переключение регистра; переход с регистра на регистр
   circular ~ циклический сдвиг
   cycle ~ циклический сдвиг
   cyclic ~ циклический сдвиг
   double ~ работа в две смены; двухсменный режим
   end-around ~ циклический сдвиг
   figures ~ переключение на регистр цифр
   left ~ сдвиг влево
   letters ~ переключение на регистр букв
   logical ~ логический сдвиг
   optimal routing path ~ отклонение от оптимального пути маршрутизации
   right ~ сдвиг вправо
   successive ~s последовательные сдвиги
shift-in признак возврата к прежней последовательности; признак перехода на нижний регистр
shift-out признак перехода к новой последовательности; признак перехода на верхний регистр
shifter:
   barrel ~ многорегистровая схема циклического сдвига

   funnel ~ двухуровневое устройство сдвига
shipping:
   request ~ пересылка запроса (*в распределенной системе*)
shockproof амортизированный; стойкий к толчкам *или* ударам
shop 1. магазин 2. предприятие 3. цех
shopping:
   computerized home ~ автоматизированная оплата покупок с помощью домашней ЭВМ
short короткий; сокращенный
short-form краткий
short-term краткосрочный
short-time кратковременный
shortcoming изъян; недостаток
   current system ~s недостатки существующей системы
shortcut 1. быстрая клавиша 2. сокращенный
   keyboard ~ быстрая клавиша; сочетание клавиш
   mouse ~ действие мышью
shortest кратчайший
shot мгновенный снимок
show 1. представление 2. вывести; отобразить; показать
   animated ~ кукольное представление; мультипликационный фильм; мультфильм
showcase 1. витрина 2. показывать; демонстрировать
shriek восклицательный знак
shrinking сжатие
shrunk сжатый
SHTP [security hypertext transfer protocol] протокол защищенной пересылки гипертекста
shuffling:
   bit order ~ чередование (*перемежение*) двоичных символов
shut-off останов; остановка; выключение; отключение; запирание (машины) ключом

shutdown остановка; останов; выключение, отключение (*машины*); закрытие (*системы*)
emergency ~ аварийное выключение; аварийное отключение
normal ~ стандартное завершение работы (*в противоположность аварийному выключению*)
safe ~ безопасный останов; безопасное отключение (*в отказоустойчивых системах*)
siblings элементы одного уровня
side 1. край **2.** полюс (*источника питания*) **3.** сторона
noncomponent ~ монтажная сторона (*платы*)
side-lit (*экран*) с боковой подсветкой
SIDF [system independent data format] системно-независимый формат данных
SIF [source input format] спецификация файла для MPEG
sifting отсеивание (*ненужных данных*)
SIG [special interest group] сетевой форум по какому-либо общему предмету; группы по направлениям в ASM
sigma сигма
sign 1. знак ‖ ставить знак ‖ знаковый **2.** обозначение; символ **3.** признак **4.** регистрация (*в системе*) ‖ зарегистрироваться (*в системе*) ◊ ~ **off** выход из работы (*зарегистрированного пользователя*) ‖ выходить; ~ **on** предъявление пароля (*при входе в диалоговую систему*); входить
at ~ «а» в кружочке; *проф.* обезьянка; собачка; коммерческое эт (*название символа* @)
code ~ кодовый знак
commercial ~ коммерческий знак
dollar ~ знак доллара
equals ~ знак равенства
exponent ~ знак порядка (*числа*)
minus ~ знак минуса
plus ~ знак плюса
pound ~ символ £
signal сигнал ‖ сигнализировать; подавать сигнал
audio ~ звуковой сигнал
digital ~s информация, передаваемая цифровым методом
digital ~s цифровые сигналы
digital data ~ цифровой информационный сигнал
emergency ~ аварийный сигнал
fault ~ сигнал неисправности
off-hook ~ сигнал ответа абонента
ring ~ сигнал вызова абонента
scrambled ~ кодированный сигнал
shutdown ~ сигнал останова; сигнал выключения
speech ~ речевой сигнал
trouble ~ сигнал неисправности
video ~ видеосигнал
voice ~ речевой сигнал
warning ~ предупредительный сигнал
signaling сигнализация; подача сигнала ‖ сигнальный
error ~ сообщения об ошибках
signature подпись
digital ~ электронная подпись
signed со знаком (*о числе*)
significance значение
operational ~ реальный смысл
significand значащая часть числа; мантисса
significant значащий; значимый; значительный, существенный
silicon кремниевый
symbolic символический; символьный

SIMD-architecture СИМД-аритектура
similar подобный
SIMM [single in-line memory module] модуль памяти для ПК
simple простой
simplex симплекс ‖ симплексный
   closed ~ замкнутый симплекс
   coefficient ~ симплекс коэффициентов
   fundamental ~ основной симплекс
   regular ~ правильный симплекс
simplify упрощать
simulate имитировать; моделировать
simulation имитационное моделирование; проведение имитационных экспериментов; имитация; имитирование; моделирование; проведение модельных экспериментов
   analog ~ аналоговое моделирование
   computer ~ компьютерная имитация; машинное моделирование
   continuous ~ непрерывное моделирование
   discrete ~ дискретное моделирование
   environment ~ моделирование внешней среды; моделирование условий работы
   gaming ~ игровое моделирование
   naive ~ моделирование по простому методу, моделирование без усложнений
   software ~ моделирование программного обеспечения; программное моделирование
   source-to-target ~ моделирование исходной на целевой архитектуре
   stepwise ~ пошаговое моделирование

simulationist специалист по моделированию
simulator 1. имитирующее устройство; имитатор; тренажер 2. моделирующая программа; программа моделирования 3. модель; моделирующее устройство
   computer ~ 1. машинная модель 2. (программная *или* аппаратная) модель вычислительной машины
   fault ~ имитатор ошибок
   functional ~ функциональная модель
   software ~ программная модель; модель программного обеспечения; программный имитатор; имитатор программного обеспечения
   training ~ тренажер
simultaneous одновременный
since поскольку
sine синус
single единственный
single-address одноадресный
single-aspect одноаспектный
single-board одноплатный
single-button одноклавишный
single-channel одноканальный
single-copy одноэкземплярный
single-drive с одним дисководом, однодисковый
single-keystroke одноклавишный
single-letter односимвольный; однобуквенный
single-pass однопроходный
single-precision с одинарной точностью
single-program однопрограммный
single-purpose узкоспециализированный; одноцелевой, специального назначения
single-sided односторонний; с односторонней записью (*о диске*)

single-step

single-step 1. одноступенчатый **2.** пошаговый *(о режиме работы)* ‖ проверять в пошаговом режиме

single-stepping выполнение в пошаговом режиме

single-task однозадачный

single-user однопользовательский

single-valued однозначный, имеющий одно значение

singular сингулярный

sink приемник
  data ~ приемник данных

SIPP [single-in-line package] модуль памяти для ПК *(в корпусе с однорядным расположением штырьков)*

site 1. абонентский пункт; узел **2.** вычислительная установка; сервер **3.** логический сервер; сайт **4.** вычислительный центр **5.** местонахождение; местоположение **6.** посадочное место *(для ИС на плате)*
  backbone ~ базовый узел
  database ~ узел (распределённой) базы данных
  result ~ пункт выдачи результатов; пункт выдачи ответа на (распределённый) запрос
  Web ~ Web-сервер

situation 1. местоположение **2.** ситуация; обстановка
  conflict ~ конфликтная ситуация
  dead-end ~ тупиковая ситуация
  error ~ ситуация, связанная с появлением ошибки
  failure ~ сбойная ситуация; ситуация, связанная с возникновением отказа
  queuing ~ условия образования очереди
  unstable connectivity ~ неустойчивая топология

situational ситуационный

size 1. емкость, вместимость; объем **2.** размер; формат *(напр. изображения)* ◊ ~ **now** текущий размер *(напр. файла)*
  average sample ~ средний объем выборки
  block ~ размер блока *(напр. данных)*; длина блока *(напр. данных)*
  character ~ длина знака *(количество необходимых двоичных цифр для хранения знака в памяти)*
  disk ~ **1.** емкость диска; объем памяти на диске **2.** (габаритный) размер диска
  fixed sample ~ выборка постоянного объема
  full ~ полный
  grain ~ степень детализации
  increment ~ шаг
  line ~ размер строки; длина строки
  minimum sample ~ минимальный объем выборки
  plotter step ~ шаг графопостроителя
  point ~ **1.** кегль *(в издательских системах)* **2.** размер точки
  program ~ размер программы; длина программы
  queue ~ длина очереди; число ожидающих требований
  sample ~ объем выборки; размер выборки
  stack ~ размер стека
  storage ~ емкость ЗУ
  window ~ размер окна
  word ~ длина слова

sizing задание размеров; оценка размеров *(в обработке изображений)*

skeletal скелетный

skeleton скелет *(напр. программы)* ‖ скелетный, структурный
  template ~ образец

skew перекашивание; перекос ‖ перекашивать, искажать ‖ асимметричный; перекошенный; косой

skewed скошенный ◊ ~ **up** скошенный

skewness асимметрия

skilled квалифицированный

skills практический опыт; умение; навыки; профессиональные знания

   computer ~ навыки (опыт) работы с ЭВМ

   job ~ профессиональные навыки

skip 1. игнорирование, обход ‖ игнорировать, обходить **2.** пропуск, проскок ‖ пропускать ◊ ~ **file** обходить файл (без перезаписи)

   paper ~ (холостой) прогон бумаги (сразу на несколько строк без печати)

skipping обход

   defect ~ обход дефектного участка (магнитного носителя)

slab слог; часть слова (напр. байт)

slacken снижать интенсивность работы; простаивать

slackness недостаточность; нехватка

   capacity ~ недогрузка; недоиспользование

slant наклон; наклонное положение

slash косая черта (символ или математический знак /); проф. слэш; наклонная черта вправо

   back ~ обратная косая черта; проф. обратный слэш (название символа)

   forward ~ косая черта (название символа /)

slave ведомый; подчиненный; подчиненный узел (в сети с ведущим узлом) ‖ работающий в подчиненном режиме

sleep находиться в ждущем режиме; ожидать

   go to ~ переходить в режим ожидания

sleeping ждущий

slew 1. поворот; прокручивание ‖ поворачивать; прокручивать **2.** прогон бумаги

   paper ~ (холостой) прогон бумаги (сразу на несколько строк без печати)

slice 1. вырезка **2.** операция отсечения по плоскости

   major time ~ основной интервал времени

   pie ~ сектор

   time ~ квант времени

slicing:

   time ~ квантование времени

slide слайд

   digital ~ цифровой диапозитив; цифровой слайд

slide-like сравнимый (по качеству) со слайдом (о машинном цветном изображении)

slider ползунок (узкая полоска с элементами управления, позволяющая позиционировать какой-либо объект в окне)

slimline тип компактного корпуса ПК

slip 1. бланк **2.** описка; ошибка

SLIP [serial line internet protocol] протокол интерфейса последовательной линии

sloppy неаккуратный

slot 1. гнездо; слот (место для установки платы расширения) **2.** слот (неопределенный элемент фрейма, подлежащий конкретизации при представлении знаний) **3.** интервал времени **4.** область (памяти), занимаемая страницей **5.** (щелевое) отверстие; прорезь; паз; канавка **6.** позиция **7.** разъем **8.** ряд клавиш **9.** сегмент ‖ сегментировать сообщения

slot
- added-in ~ место для платы расширения
- allocated time ~ выделенный (закрепленный) временной сегмент
- backplane ~ гнездо в объединительной плате
- bit ~ такт передачи
- board ~ гнездо в панели
- card ~ гнездо для подключения к шине
- contention ~ общий временной сегмент
- control-time- ~ управляющий временной сегмент
- expansion ~ гнездо для платы расширения; гнездо расширения; гнездо для расширительных модулей; расширительное гнездо
- local bus ~ разъем локальной шины
- peripheral ~ гнездо для (подключения) контроллера периферийных устройств; гнездо для (подключения) внешних соединений
- protection ~ защитная карта (вставляемая в дисковод при транспортировке ЭВМ)
- shared ~ повторно занятый временной сегмент
- time ~ интервал времени; временное окно; временной сегмент

slotting:
- code ~ сегментирование кода
- time ~ временно́е сегментирование

slow медленный

slug литая строка (в печатающем устройстве)

slurp считывать целиком; «заглатывать»

smart 1. изящный (напр. о программе) 2. »разумный»; интеллектуальный; с развитой логикой

SMB [server message block] блок сообщений сервера

SMDL [standard music description language] стандартный язык описания музыки

smearing:
- edge ~ размывание краев (объектов на изображении)

Smiley смайлик (способ записи эмоций в посланиях электронной почты)

SMMP [shared memory multiprocessing] мультипроцессирование с разделением памяти

smooth 1. затушевывание с плавными цветовыми переходами 2. сглаживать, выравнивать ‖ плавный; гладкий

smoothing выравнивание; сглаживание ‖ сглаживающий

SMP [symmetric multiprocessing] симметричная многопроцессорная система

SMPTE [Society of motion picture and television engineers] общество инженеров кино- и телевидения

SMT [surface mounted technology] технология монтажа на поверхности

SMTP [simple mail transfer protocol] протокол простой почтовой службы

SNA [systems network architecture] архитектура сетевых систем

SNAP [subnetwork access protocol] протокол доступа к подсети

snap фиксация
- object ~ объектная привязка

snap-to разметка

snapshot выборочный снимок; моментальная копия экрана

SNMP [simple network management protocol] простой протокол управления сетью

snooping слежение

society:
  information-oriented ~ общество с развитой информационной технологией; информационное общество

socket гнездо; гнездо для установки микросхемы; панель; панелька; приемная колодка; разъем
  chip ~ гнездо для ИС; *проф.* микросхемная панелька
  ZIF [zero insertion force] **~** разъем с нулевым усилием сочленения

socratic сократический

soft 1. гибкий; программный **2.** программируемый

soft-sectored с программной секторной разметкой; программно-секционируемый *(о диске)*; с программной разметкой

softening создание размытого изображения

softkey 1. клавиша с изменяемой функцией *(устанавливаемой пользователем)*; функциональная *(программируемая)* клавиша **2.** сенсорная клавиша *(изображаемая на сенсорном экране)*

softlifting софтлифтинг; размножение ПО *(форма пиратства, когда в организации для сотрудников создаются дополнительные копии программы)*

software математическое обеспечение программное обеспечение; ПО; программные средства; программные средства сопровождения ◊ **~ in silicon** кремниевые программные средства *(реализованные аппаратно в кристалле полупроводника)*
  application ~ прикладное программное обеспечение
  bundled ~ стандартное программное обеспечение
  business ~ 1. административное программное обеспечение; программное обеспечение для делового применения **2.** коммерческое программное обеспечение
  canned ~ стандартное программное обеспечение
  compatible ~ совместимое программное обеспечение
  component ~ компонентное ПО
  computer manufacturer's ~ программные средства изготовителя ЭВМ
  copyprotected ~ защищенная программа
  copyrighted ~ программные изделия, охраняемые авторским правом
  cross ~ кросс-средства
  crufty ~ заумное программное обеспечение *(излишне переусложненное)*; неработоспособные программы
  custom ~ заказное программное обеспечение
  custom-made ~ заказное программное обеспечение
  database ~ программные средства базы данных
  development ~ инструментальные программные средства
  diagnostic ~ диагностическое программное обеспечение
  education ~ программное обеспечение процесса обучения
  engineering ~ программное обеспечение (для решения) технических задач
  floppy-disk ~ программное обеспечение на гибких дисках
  graphics ~ программное обеспечение машинной графики
  heavy duty ~ универсальное программное обеспечение *(способное работать в не известных заранее условиях)*

software

industry-standard ~ программные средства, удовлетворяющие промышленным стандартам *(напр. операционные системы OS, DOS)*

integrated ~ интегрированный пакет

machine-specific ~ машинозависимые программные средства

mail ~ программное обеспечение электронной почты

maintenance ~ программные средства технического обслуживания

media-resident ~ программное обеспечение на машинном носителе *(в отличие от текстовой формы)*

metering ~ учётное ПО *(ПО, с помощью которого в ЛВС осуществляется учёт использования лицензий)*

multitasking ~ программные средства многозадачного режима

off-the-shelf ~ пакеты коммерческого ПО, которые можно купить в магазине программного обеспечения или получить по почте

open-ware ~ открытые программные средства *(с полной документацией, без ограничений использования и воспроизведения)*

OS level ~ программное обеспечение класса операционных систем; программные средства операционной системы

packaged ~ пакетное программное обеспечение

portable ~ мобильное программное обеспечение; переносимое программное обеспечение

prewritten ~ программные средства в текстовой форме *(напр. в книге)*

problem-oriented ~ проблемно-ориентированное программное обеспечение

project ~ программное обеспечение управляющей системы

project-management ~ ПО для управления проектами

prototype ~ экспериментальные программные средства; опытный экземпляр программных средств

resident ~ резидентная программа; резидентные программные средства

reusable ~ программные средства многократного использования

ROM-based ~ программные средства, хранящиеся в ПЗУ

setup ~ программные средства настройки; программные средства начальной установки

shrink-wrapped ~ сжатые программные средства

simulation ~ программное обеспечение моделирования

support ~ обеспечивающие программные средства, программные средства поддержки

system ~ системное программное обеспечение

testbed ~ испытательные программные средства

transportable ~ (физически) переносимое *(с одной ЭВМ на другую)* программное обеспечение

user ~ программные средства пользователя

user supported ~ программные средства, поддерживаемые (самими) пользователями

vendor-manufactured ~ программные средства поставщика ЭВМ

word-processing ~ программные средства обработки текстов; программные средства текстообработки

workflow ~ ПО для автоматизации документооборота и деловых операций
software-compatible программно-совместимый; совместимый по программному обеспечению
software-intensive преимущественно программный *(о способе реализации проекта)*
software-programmable реализуемый программно; программно-реализуемый
SOHO [small offices and home offices] домашние и малые офисы
sojourn время пребывания; пребывание
solid твердое тело; твердый; сплошной
solution решение
　~ **of game** решение игры
　algorithm architecture ~ реализация алгоритма с учетом архитектуры машины
　asymptotic ~ асимптотическое решение
　asymptotical ~ асимптотическое решение
　balanced-growth ~ решение для модели сбалансированного роста
　basic ~ основное решение
　complex ~ комплексное решение
　continuous ~ непрерывное решение
　damped ~ затухающее решение
　degenerate ~ вырожденное решение
　discrete ~ дискретное решение
　dual feasible ~ возможное решение двойственной задачи; план двойственной задачи
　equilibrium ~ равновесное решение
　feasible ~ допустимое решение
　final ~ окончательное решение
　graphic ~ графическое решение
　graphical ~ графическое решение
　initial ~ исходное решение
　least-squares ~ решение методом наименьших квадратов
　locally optimal ~ локально оптимальное решение
　minimizing ~ минимизирующее решение
　nondegenerate ~ невырожденное решение
　nonoptimal ~ неоптимальное решение
　numerical ~ численное решение
　optimal ~ оптимальное решение
　optimum ~ оптимальное решение
　partial ~ частное решение
　probabilistic ~ вероятностное решение
　pseudo-dual ~ решение псевдодвойственной задачи
　pure-strategy ~ решение в чистых стратегиях
　regular ~ регулярное решение
　singular ~ особое решение
　trial-and-error ~ решение методом проб и ошибок
　unique ~ однозначное решение
　variable ~ продуктивное решение
solvability разрешимость
solvable имеющий решение; разрешимый
solve решать
solver:
　problem ~ решатель задач
SOM [system object model] модель системных объектов
SONET [synchronous optical network] синхронная оптическая сеть
sophisticated сложный
sophistication сложность
sort 1. вид 2. сортировка; программа сортировки; упорядочение ‖ сортировать; упорядочивать ◊ ~ **by** сортировать по

sort

    ascending ~ сортировка по возрастанию
    balanced merge ~ сбалансированная сортировка слиянием
    block ~ блочная сортировка
    bubble ~ пузырьковая сортировка
    bucket ~ блочная сортировка
    comparison counting ~ сортировка сравнением и подсчетом
    descending ~ сортировка по убыванию
    distribution counting ~ сортировка с подсчетом и распределением
    internal ~ внутренняя сортировка
    key ~ сортировка по ключу
    merge ~ сортировка слиянием
    property ~ сортировка по признаку
    quick ~ быстрая сортировка

sorted отсортированный; сортированный

sorter:
    electronic ~ электронный сортировщик

sorting сортировка
    bucket ~ блочная сортировка
    depth ~ упорядочение по глубине
    disk ~ дисковая сортировка
    stable ~ сортировка с сохранением

sortkey ключ сортировки; сортировочный ключ

sos [secure operation system] операционная система с защитой информации

sound звук ‖ звуковой
    actual ~ синхронная звукозапись *(звуковое сопровождение, записанное в момент съемки)*
    feep ~ звук фона; фон *(работающего терминала)*

soundness:

~ **of data** правдоподобность данных

soup:
    alphabet ~ набор слов

source 1. источник **2.** исходник; исходный *(текст, файл, каталог,...)* **3.** поставщик *(напр. оборудования системы)*
    ~ **of error** источник ошибки; источник погрешности
    data ~ источник данных
    finite ~ конечный источник
    input ~ источник входящего потока
    knowledge ~ источник знаний
    power ~ источник питания
    priority ~ источник требований с приоритетами
    unlimited input ~ неограниченный источник входящего потока
    virtual ~ виртуальная копия *(в базах данных)*

source-level на исходном уровне

space 1. пропуск; пробел ‖ оставлять пробел; вводить пробелы; разделять пробелами *(в тексте)* **2.** расстояние; интервал; промежуток *(см. тж spacing)* ‖ располагать с интервалами *или* вразрядку **3.** пространство; область
    ◊ ~ **over to the desired position** устанавливать необходимое число пробелов
    address ~ адресное пространство
    allocating ~ выделение места
    allocation ~ распределяемое пространство *(памяти)*
    back ~ клавиша возврата на один символ влево; возврат на один символ влево
    checkpoint ~ область сохранения
    decision ~ пространство решений
    device ~ пространство устройства

spacing

disk ~ место на диске; пространство на диске
error ~ пространство ошибок
estimation ~ пространство оценок
free ~ свободная память
free a ~ освобождать пространство в памяти
free-storage ~ область свободной памяти
goal ~ целевое пространство
hard ~ твердый пробел *(не изменяемый при форматировании текста)*
heap ~ объем динамической области
intervening ~ разделительный пробел
interword ~ пробел между словами
name ~ пространство имен
private address ~ собственное адресное пространство
probability ~ пространство вероятностей
problem ~ пространство состояний
range ~ множество значений; пространство значений
required ~ обязательный пробел
requirements ~ пространство условий
rule ~ пространство правил *(в экспертных системах)*
sample ~ выборочное пространство; пространство элементарных событий
search in problem ~ поиск в пространстве задач
search in state ~ поиск в пространстве состояний
semantic ~ семантическое пространство
shared ~ совместно используемая область *(памяти)*; общая область *(памяти)*
single ~ одиночный интервал; одиночный пробел
skip down one ~ пропускать один интервал *(при печати)*
software design ~ пространство проектных параметров системы программного обеспечения
solution ~ пространство решений
storage ~ объем памяти
strategy ~ пространство стратегий
total disk ~ полная емкость диска
trailing ~ конечный пробел
vector ~ векторное пространство
virtual ~ виртуальное присутствие *(в многосторонних видеоконференциях)*
white ~ пробел; пробельный символ *(непечатный символ - к ним относятся кроме собственно пробела знак табуляции, признак конца строки и т.п.)*; свободное место *(напр. в тексте, куда должны быть вставлены иллюстрации)*
word ~ пробел между словами
spacebar клавиша пробела
spacefill заполнять пробелами
spacer разделитель *(знаков при печати)*
spacing 1. расстояние; интервал, промежуток *(см. тж* space*)* 2. простановка пробелов; разделение пробелами; разрядка; расположение с интервалами *или* вразрядку
character ~ интервал между знаками; расположение знаков с интервалами *или* вразрядку
interword ~ (автоматическое) задание промежутков между словами

spacing

    line ~ интервал между строками; межстрочный интервал; интерлиньяж
    proportional ~ соразмерное распределение пробелов *(в текстовом редакторе с автоматическим выравниванием строк)*
    vertical ~ интервал между строками; межстрочный интервал

span 1. диапазон **2.** промежуток **3.** протяженность **4.** совокупность пикселов, расположенных вдоль линии сканирования и обрабатываемых графическим ускорителем одновременно
    data ~ диапазон (значений) данных
    time ~ временной диапазон

spare запас; резерв; запасная часть ‖ запасной; резервный
    hot ~ горячее резервирование

spark открывающая кавычка

spatial пространственный

spawn порождать

speaker-dependent зависящий от диктора

speaker-independent независящий от диктора

speakerphon спикерфон *(устройство для разговора по телефону без снятия трубки)*

SPEC [system performance evaluation cooperative] система тестов оценки производительности процессора

spec [specifications] спецификации

special специальный
    paste ~ специальная вставка

specific 1. заданный **2.** специфический

specifically специфически

specification описание; определение; спецификация; *pl* технические условия; технические требования; функциональные требования

    application ~s технические требования к прикладной системе
    CD-I media ~ общая спецификация диска CD-I
    data ~ описание данных
    executable ~ выполняемая спецификация *(составленная по типу программ с использованием языка спецификаций)*
    external ~ внешняя спецификация *(описание назначения программного изделия)*
    freeze point in ~ момент замораживания спецификаций
    functional ~ спецификация функций
    implementation ~ описание реализации
    internal ~ 1. внутренняя спецификация *(описание структуры программного изделия)* **2.** описание реализации
    internal ~
    look-and-feel ~ спецификация полиэкранного интерфейса
    MPC ~ спецификация MPC *(спецификация персонального компьютера со средствами мультимедиа)*
    parameter ~ описание параметров
    performance ~ спецификация (рабочих) характеристик *(проектируемой системы)*; требования к (рабочим) характеристикам *(проектируемой системы)*
    problem ~ условия задачи
    program ~ спецификация программы; программная спецификация *(техническое описание программы)*
    representation ~ описание представления
    requirements ~ спецификация требований; техническое задание; технические условия

software ~s технические условия на средства программного обеспечения
system ~ системная спецификация (*техническое описание системы*)
tentative ~s временные технические условия
type ~ описание типа; спецификация типа (*данных*)
specified указанный, заданный, определенный ◊ ~ **by** заданный
unless otherwise ~ если не указан иной способ действий
specifier спецификатор
PC ~ ПК-менеджер (*человек, отвечающий за выбор и закупку ПК для организации, в которой он работает*)
specifies обусловливает
specify задавать; специфицировать
specs технические условия; технические требования
spectator наблюдатель разговора
spectron спектрон
speech речь ‖ речевой
speed скорость (*см. тж* rate); быстродействие ‖ ускорять ‖ скоростной; быстродействующий
~ **of operation** рабочая скорость
~ **of response** скорость реакции, *проф.* реактивность
acting ~ текущая скорость
archiving ~ быстрота архивизации
compression ~ скорость сжатия
computation ~ скорость вычислений
double- ~ двухскоростной; с удвоенной скоростью (*о дисководах CD-ROM*)
extraction ~ скорость развертывания
four- ~ с четырехкратной скоростной (*о дисководах CD-ROM*)
nominal ~ номинальное быстродействие
operating ~ рабочая скорость; быстродействие
output ~ скорость вывода (*данных*)
processing ~ скорость обработки (*данных*); быстродействие
running ~ рабочая скорость; быстродействие
six- ~ с шестикратной скоростью (*о дисководах CD-ROM*)
transmission ~ скорость передачи (*данных*)
turbo ~ повышенная скорость (*работы*)
speedup ускорение; ускоритель; увеличение быстродействия; коэффициент ускорения ‖ ускорять; ускоряться
spellchecker программа проверки орфографии
spelling правописание
sphere сфера; шар
SPI 1. [serial peripheral interface] последовательный интерфейс 2. [service provider interface] интерфейс драйвера службы (*электронная почта*)
spike 1. всплеск; помеха (*в сети питания*) 2. штырь (*название символа* |)
spill разрозненный
spindle шпиндель (*дисковода*)
spinner вращатель
splat звездочка (*название символа* *)
spline сплайн
split дробление, разбиение, разделение (*текста для переноса на другую строку или страницу*) ‖ дробить; разбивать; разделять (*текст для переноса на другую строку или страницу*)
column ~ дробление колонки
remove ~ убрать разбиение
split-screen полиэкран ‖ полиэкранный
splitting разбивка

splitting

node ~ расщепление узлов
text ~ дробление текста
spoken произносимый
sponsor финансирующая сторона; спонсор ‖ оказывать финансовую поддержку
   project ~ сторона, финансирующая проект; спонсор проекта
spontaneous самопроизвольный
spoofing обманное действие (*при несанкционированном доступе*)
   IP ~ IP-подмена
spool буферизовать; поместить задание в очередь
spooler система буферизации входных и выходных потоков; *проф.* спулер
spooling откачка (*данных*); подкачка (*данных*); система буферизации входных и выходных потоков
   print ~ вывод на печать с (предварительной) подкачкой
spot 1. место; ячейка (*в ЗУ*) **2.** пятно ‖ покрывать пятнами **3.** точка (*название символа*) **4.** узнавать; опознавать
   defective ~ дефектный участок
   hot ~ активная область (*участок*) (*точка указателя, в точности определяющая объект, на который пользователь указывает*)
   laser ~ лазерное пятно
SPP [scalable parallel processors] архитектура многопроцессорных систем фирмы Covex
spread 1. охват **2.** разброс ◊ ~ **in the space** пространственный разброс; ~ **in values** разброс значений
   ~ **of network** протяженность сети
   band ~ растягивание диапазонов частот
   random ~ случайный разброс

spreadsheet электронная таблица
   business ~ динамическая электронная таблица для деловых операций
   electronic ~ динамическая электронная таблица; ДЭТ
sprite спрайт (*фрагмент изображения, перемещаемый по экрану как единое целое*)
   hardware ~ аппаратный спрайт
SPX [sequenced packet exchange] последовательный обмен пакетами
spy:
   output ~ программа слежения за выводом (*позволяющая «подсматривать» за информацией, выводимой на чьем-л. терминале*)
SQL [structured query language] язык структурированных запросов
square 1. квадрат; прямоугольник ‖ квадратный **2.** площадь
squashing 1. сжатие (*метод уплотнения файла при архивизации*) **2.** сплющивание
squeeze сжатие ‖ сжимать
squeezed сжатый
squeezing 1. сжатие (*метод уплотнения файла при архивизации*) **2.** сдавливание
   Huffman ~ сжатие по методу Хаффмана
squiggle тильда (*название символа*)
SRAM [static RAM] статическое ОЗУ
SSD [solid-state disk] твердотельный диск
SSI [small-scale integration] ИС малой степени интеграции
SSL [secure socket level] уровень защиты гнезд
SSR [source route bridging] мостовое соединение с маршрутизацией источника

stability устойчивость
   stochastic ~ стохастическая устойчивость

stable стабильный; устойчивый

stack 1. пакет; набор; комплект; стопка; пачка ‖ укладывать в стопку пакетировать 2. стек 3. штабель ‖ штабелировать
   hardware ~ аппаратный стек
   push-down ~ проталкивающий стек
   tolerance ~-up сочетание допусков

stack-based стековый

stackable наращиваемые *(концентраторы)*

stacked помещенный в стек

stacker 1. приемник; накопитель; выходной (приемный) карман 2. укладчик *(бумажных носителей)*

stacking 1. перемещение 2. укладка в стопку; штабелировка
   ~ of commands пакетирование команд
   ~ of parameters засылка параметров в стек

stackware противобумажное обеспечение *(шутливое название программных средств формирования гипертекстов)*

staff:
   production ~ режиссерский персонал; участники постановки *(фильма)*; члены съемочного коллектива

stage стадия; этап

staging:
   demand ~ перемещение по запросу

stamp:
   creation time- ~ отметка времени создания
   date-time ~ отметка даты и времени
   time ~ метка времени

stamping:
   packet time ~ временная маркировка пакетов

standalone автономный; отдельный

standard стандарт; норма; норматив ‖ нормативный; обычный; стандартный
   Data Encryption ~ стандарт шифрования данных *(разработан и принят Национальным бюро стандартов США)*
   imperial ~s имперские единицы мир и весов
   line ~ *тлв* стандарт развертки
   network file ~ стандартный протокол сетевых файлов
   PC Card ~ новое название стандарта на PC-карты
   security ~ стандарт (обеспечения) защиты *(системы)*

standard-profile со стандартными габаритами

standardize нормализовать

standardized стандартный

standby 1. режим ожидания в блокнотных ПК *(введен для экономии расходования энергии батарей)* 2. резерв; резервирование; резервное (запасное) оборудование ‖ резервный; запасной
   cold ~ холодное резервирование
   hot ~ горячее резервирование
   power ~ спящий режим работы
   warm ~ горячий резерв

standpoint точка зрения

star звездоподобная сеть, звезда *(топология сети)*
   active ~ активная звезда
   passive ~ пассивная звезда

start 1. запуск; начало; пуск ‖ запускать; начинать; пускать; запустить приложение 2. стартовый
   capture ~ начать съемку с экрана
   cold ~ холодный пуск *(полностью выключенной системы)*

start

    program ~ запуск программы; начало программы
    warm ~ теплый рестарт системы

start-address начальный адрес
started:
    getting ~ начало работы

starter пусковое средство; стартер
    program ~ пускатель программы; стартер

starting 1. запуск 2. исходный
startover запуск; пуск (см. тж start)
startup начальные действия
starvation 1. зависание; зависание процесса (по вине операционной системы) 2. проф. информационный голод
starve:
    line ~ возврат строки; переход на предшествующую строку (в противоположность line feed)

state 1. состояние; режим (работы) 2. сформулировать; утверждать; формулировать; выражать знаками
    common ~ известное состояние
    current ~ текущее состояние
    disabled ~ нерабочее состояние; блокированное состояние
    emergency ~ аварийный режим
    empty ~ состояние незанятости
    execution ~ состояние выполнения (программы); рабочее состояние
    halted ~ состояние приостановки; состояние ожидания
    no-queue ~ отсутствие очереди
    nonequilibrium ~ состояние неравновесия
    occupied ~ состояние занятости
    off ~ выключенное состояние, состояние «выключено»
    on ~ включенное состояние; состояние «включено»
    perfect ~ исправное состояние
    problem ~ задачный режим (работы)
    process ~ состояние процесса
    processor ~ состояние процессора
    queuing ~ образование очереди
    stable ~ устойчивое состояние
    stationary ~ устойчивое состояние
    supervisor ~ режим супервизора
    suspended ~ состояние ожидания
    task ~ состояние задачи
    terminal ~ окончательное состояние
    unmodified ~ исходный вид (без каких-л. модификаций)
    up ~ работоспособное состояние
    user ~ режим пользователя
    wait ~ период ожидания
    zero wait ~ обращение к ОЗУ без цикла ожидания

state-of-the-art современное состояние; современный; уровень (состояние) развития (науки или техники); уровень технического развития

statement 1. предложение; оператор 2. инструкция; предписание 3. исчисление 4. постановка (задачи) 5. утверждение; высказывание; формулировка
    assert ~ оператор контроля
    assignment ~ оператор присваивания
    case ~ оператор выбора
    collateral ~ совместное предложение
    comment ~ комментарий; оператор (включения) комментария; предложение комментария
    compile-time ~ оператор периода трансляции
    compound ~ составной оператор
    conditional ~ условное утверждение; условный оператор

debugging ~ отладочный оператор

declarative ~ оператор описания; описатель

destination ~ оператор задания адреса *(передаваемого сообщения)*

dummy ~ пустой оператор

editing ~ команда редактирования

executable ~ выполняемый оператор

exit ~ оператор выхода *(напр. из программы)*

false ~ ложное утверждение

format ~ оператор форматирования; оператор задания формата

if ~ условный оператор

imperative ~ императивный оператор

iteration ~ оператор цикла

move ~ оператор пересылки *(данных)*

null ~ пустой оператор

ON ~ (условный) оператор действия по ситуации; оператор включения *(какой-л. функциональной возможности)*

repetitive ~ оператор цикла

source ~ оператор исходной программы

specification ~ описание

substitution ~ оператор подстановки

test ~ оператор проверки условия

true ~ истинное утверждение

unlabeled ~ непомеченный оператор

write ~ оператор записи; оператор вывода

static статический; электростатический; электростатический заряд

deadly ~ опасный электростатический заряд

statics статика

station 1. место; местоположение; позиция 2. станция; абонентский пункт; терминал 3. устройство; блок

called ~ вызываемая станция

calling ~ вызывающая станция

combined ~ комбинированная станция

data ~ станция сети передачи данных

development ~ отладочная станция; инструментальная станция

docking ~ установочная станция *(стационарное устройство для установки блокнотного компьютера)*

hub ~ головная (центральная) станция; распределительная станция

inactive ~ неактивная станция

local ~ местный *(локальный)* абонентский пункт

master ~ главная *(ведущая)* станция

operator ~ станция оператора; операторская станция

personal supercomputer ~ персональная станция на основе суперкомпьютера

reading ~ блок считывания

remote ~ дистанционный терминал

secondary ~ подчиненная *(ведомая)* станция

software ~ станция разработки программных средств *(в системах автоматизированного проектирования)*; АРМ программиста

subscriber ~ абонентский пункт; терминал абонента

terminal ~ терминальная станция; оконечное (терминальное) устройство; абонентский пункт

station
    work ~ рабочая станция; автоматизированное рабочее место; АРМ

stationary закрепленный; несъемный; стационарный; неподвижный

stationery бумага для печатающих устройств
    carrier ~ размеченная бумага *(в форме бланков документов)*
    continuous ~ рулонная бумага; фальцованная бумага
    label ~ бумага для печати (самоклеющихся) этикеток
    multipart ~ многослойная бумага
    preprinted ~ бумага с предварительно записанной информацией
    roll ~ рулонная бумага
    single-part ~ однослойная бумага
    single-sheet ~ стопка листов бумаги

statistical статистический ◊ ~
    processing of data статистическая обработка данных

statistically по статистике; статистически

statistics статистика
    classical ~ классическая статистика
    extreme order ~ экстремальная порядковая статистика
    linear ~ линейная статистика
    mathematical ~ математическая статистика
    multivariate ~ многомерная статистика
    quantity ~ количественная статистика
    rank ~ ранговая статистика
    systematic ~ систематическая статистика
    systematical ~ систематическая статистика

    univariate ~ одномерная статистика
    weighted ~ взвешенная статистика

status состояние *(см. тж state)*; статус
    alarm ~ аварийная ситуация
    busy ~ состояние занятости
    constand-ready ~ состояние постоянной готовности
    current ~ текущее состояние
    hard error ~ состояние полного отказа; состояние полной недоступности
    no-response ~ состояние бездействия *(опрашиваемого устройства или узла сети)*
    program ~ состояние программы
    released ~ состояние освобождения *(занятого ресурса)*

std стандарт; норма; норматив

stealing:
    bit ~ занятие битов
    cycle ~ занятие цикла памяти
    memory cycle ~ занятие цикла памяти

stencil шаблон; трафарет

step 1. стадия; этап **2.** ступенька *(на изображении низкого разрешения)* **3.** шаг ‖ выполнять шаг; разбивать на шаги
    derivation ~ шаг вывода
    program ~ шаг программы

step-by-step 1. постепенно; шаг за шагом ‖ постепенный; пошаговый **2.** однотактный

step-wise пошаговый

stepping пошаговое продвижение
    program ~ пошаговое исполнение программы

stereogram стереограмма

still 1. видеокадр; кадр диапозитива; неподвижное изображение; кадр; рекламный кадр; стоп-кадр **2.** фотореклама

stilus иголка
stimulated стимулируемый
stimulus тест-вектор
  debug ~ тест-вектор
stochastic вероятностный; случайный; стохастический
stop 1. команда останова; останов; сигнал останова; остановка ‖ останавливать; прекращать 2. стопор; ограничитель; упор
  chapter ~ межсегментный интервал
  form ~ датчик отсутствия бумаги (*в печатающем устройстве*); признак отсутствия бумаги (*в печатающем устройстве*)
  full ~ точка
  tab ~ табуляторный ограничитель; позиция табуляции; шаг табуляции
stopped остановленный
stopper ограничитель
storage 1. запоминание; хранение ‖ запоминать, хранить 2. запоминающее устройство; ЗУ; накопитель; *редк.* память (*см. тж* memory, store) 3. хранилище
  actual ~ физическая память
  addressable (addressed) ~ адресное ЗУ
  archival ~ архивное ЗУ
  assigned ~ абонированное ЗУ (*напр. закрепленное за пользователем*)
  auxiliary ~ вспомогательное ЗУ
  backing ~ внешняя память
  buffer ~ буферная память; буферное ЗУ
  built-in ~ встроенное ЗУ
  bulk ~ внешняя память; ЗУ большого объема
  changeable ~ ЗУ со съемным носителем
  control ~ управляющая память
  data ~ 1. запоминание данных; хранение данных 2. ЗУ для данных; память (*для хранения*) данных; хранилище данных
  direct-access ~ ЗУ с прямым доступом
  disk ~ дисковая память; ЗУ на дисках; дисковый накопитель
  erasable ~ стираемое ЗУ
  fast ~ быстродействующее ЗУ
  file ~ файловое ЗУ
  floppy disk ~ ЗУ на гибких дисках; накопитель на гибких дисках
  high-density ~ ЗУ с высокой плотностью записи
  high-speed ~ быстродействующее ЗУ
  image ~ запоминание изображений; хранение изображений; устройство запоминания изображений
  information ~ хранение информации
  laser ~ лазерное ЗУ
  low-speed ~ медленнодействующее ЗУ
  main ~ оперативная память; основное ЗУ; оперативное ЗУ; ОЗУ; ОП
  mass ~ массовая память; массовое ЗУ; ЗУ сверхбольшой емкости
  micromedia ~ ЗУ на микроносителях
  multiport ~ многопортовое ЗУ
  nesting ~ аппаратный стек
  nonerasable ~ ЗУ с нестираемой информацией; нестираемое ЗУ
  off-line ~ автономное ЗУ
  on-line ~ оперативно-доступная память
  overlayable ~ *проф.* оверлейная память; память оверлейной структуры (*с перекрытием вызываемых в разное время программных модулей*)
  peripheral ~ внешняя память

storage

    primary ~ основная память
    primary ~ первичное ЗУ
    public ~ общедоступное ЗУ
    random-access ~ ЗУ с произвольной выборкой; ЗУПВ
    real ~ основная память
    reloadable control ~ перезагружаемое управляющее ЗУ
    removable disk ~ ЗУ на съемных дисках
    runtime ~ память для переменных готовой программы; память для переменных оттранслированной программы
    secondary ~ внешняя память
    secure ~ память модуля обеспечения надежности (*предназначенного для автоматического восстановления системы после отказов*)
    sequential-access ~ ЗУ с последовательной выборкой; память с последовательным доступом
    standby ~ хранение в запасе второй очереди
    temporary ~ временное ЗУ; ЗУ для временного запоминания информации
    temporary ~ рабочая память
    virtual ~ виртуальная память
    voice ~ память речевых сигналов; хранение речевых сигналов
    zero-access ~ сверхбыстродействующая память

storage-limited ограниченный возможностями ЗУ

store 1. хранилище; магазин; склад 2. запоминающее устройство, ЗУ; *редк.* память (*см. тж* memory, storage) 3. запоминать; хранить
    computer ~ компьютерный магазин
    information ~ банк сообщений
    message ~ банк сообщений
    microprogram ~ управляющая память
    object ~ объектно-ориентируемая память
    personal information ~ личный банк сообщений
    record ~ добавление записи

store-and-forward с промежуточным хранением (*о способе передачи данных*)

stored сохраненный

storing запоминающий

storyboard раскадровка (*сценария, презентации*) (*иллюстрированный монтажный лист с представлением эпизодов будущей передачи в их реальной последовательности*)

stowage упаковка; уплотнение (*при архивации файлов*)

STP [shielded twisted pair] экранированная витая пара

straight-line прямолинейный

straightforward прямолинейный

strategics:
    structure buffer pool ~ структурированные методы объединения буферов

strategies:
    nonoverlapping ~ непересекающиеся стратегии

strategy 1. методология; методика 2. стратегия; поведение; линия поведения
    acknowledgment ~ методы подтверждения (*правильности приема*)
    allocate and "give-back" ~ стратегия передачи сообщения с получением ответа
    build-up ~ восходящая стратегия
    divide and conquer ~ стратегия разделяй и властвуй
    feedback ~ стратегия с обратной связью
    inference control ~ стратегия управления выводом

linear ~ линейная стратегия
maximin ~ максиминная стратегия
permissible ~ допустимая стратегия
programming ~ принципы программирования; методика программирования
randomized ~ рандомизированная стратегия
stationary ~ стационарная стратегия
suboptimal ~ частично оптимальная стратегия
stratified стратифицированный
stream поток ‖ потоковый
  ~ of characters model потоковая модель
  bit ~ поток битов, поток двоичных сигналов
  data ~ поток данных; информационный поток
  dominant ~ основной поток
  input ~ входной поток
  instruction ~ поток команд
  job ~ поток заданий (*совокупность заданий на обработку данных*)
  nonsimple ~ поток, отличный от простейшего
  nonstationary ~ нестационарный поток
  output ~ выходной поток
  random ~ случайный поток
  regular ~ регулярный поток
  reverse ~ обратный поток
  stationary ~ стационарный поток
streamer устройство записи на непрерывно движущуюся магнитную ленту; стример
strength:
  module ~ прочность модуля
stress 1. (внешнее) воздействие **2.** напряжение; напряженное состояние ‖ подвергать напряжению; приводить в напряженное состояние **3.** усилие; нагрузка ‖ испытывать нагрузку **4.** делать ударение
stretching:
  ring ~ расширение кольца (*один из способов управления доступом в кольцевой сети*)
strict строгий
stride шаг по индексу (*при считывании элементов многомерного массива*)
strike ударять; нажимать (*клавишу*) ◊ **~ any key when ready** по готовности нажмите любую клавишу (*сообщение*)
strikeout зачеркнутый шрифт
strikethrough перечеркнутый шрифт
string 1. строка **2.** цепочка; последовательность
  alphabetic ~ буквенная строка; строка букв
  alphanumeric ~ буквенно-цифровая строка
  bit ~ последовательность двоичных символов; строка битов; битовая строка
  character ~ символьная строка; строка символов; символьная цепочка, цепочка символов
  control ~ управляющая строка
  environmental ~ строка описания конфигурации
  extension ~ строка расширения
  null ~ пустая строка
  parameter ~ строка параметров
  quoted ~ строка в кавычках
  replacement ~ замещающая цепочка (*символов*)
  search ~ 1. искомая строка **2.** поисковая цепочка (*символов*)
  terminal ~ терминальная строка
  text ~ текстовая строка

strip 1. полоса 2. снимать ◊ ~ off удалять

striping:
  data ~ чередование данных (*порядок записи данных на RAID-диски с расщеплением их на несколько дисков для ускорения чтения/записи*)

stroke 1. нажатие 2. удар 3. ход (*подающего механизма*); такт 4. шаг 5. штрих; черта
  ascending ~ надстрочный знак
  character ~ штрих знака (*в системе распознавания*)
  key ~ нажатие клавиши

strokeweight насыщенность штрихов литер; толщина штрихов литер

structural структурный

structure 1. структура ‖ структурировать 2. устройство; схема; конструкция
  byte ~ байтовая структура
  case ~ выбирающая структура; развилка
  cognitive ~ когнитивная структура
  control ~ структура управляющей логики (*программы*); управляющая структура (*программы*)
  data ~ структура данных
  deep ~ глубинная структура
  demon control ~ управляющая структура с демонами (*содержащая программы с запуском по условию*)
  directory ~ структура каталогов
  dot ~ точечная структура (*напр. растра*)
  escape ~ структура обусловленного выхода (*в структурном программировании*)
  event-driven ~ событийная структура (*управляющей логики программы*)
  file ~ архитектура файла; файловая структура
  functional ~ функциональная структура
  herringbone ~ структура рыбий скелет
  homogeneous ~ однородная структура
  if-else ~ конструкция условного перехода; структура выбора
  language ~ структура языка; языковая конструкция
  list ~ списковая структура
  multilevel ~ 1. многоуровневая структура 2. ярусно-параллельная форма (*представления графа*)
  nested ~ вложенная структура; гнездовая структура
  network ~ сетевая структура; структура сети
  parent-child ~ структура с родительскими и дочерними элементами; структура с порождающими и порожденными элементами
  request ~ структура запроса
  ring ~ кольцевая структура
  selective ~ структура выбора (*в структурном программировании*)
  sequential ~ структура следования (*в структурном программировании*)
  storage ~ представление данных
  surface ~ поверхностная структура
  travel around the directory ~ двигаться по многоуровневой структуре каталогов
  tree ~ древовидная структура
  underlying ~ глубинная структура
  user ~ контекст процесса
  where-used tree ~ древовидная структура применимости (*модулей программного изделия*)

while ~ структура повторения (*в структурном программировании*)
structured структурированный; структурный
  rigidly ~ жестко структурированный
structuring структурирование
  data store ~ структурирование процедур хранения данных
  level ~ многоуровневое структурирование
strut *проф.* распорка (*программное средство резервирования свободного места в отдельных участках редактируемого текста*)
STT [secure transaction technology] технология безопасных транзакций
stub 1. *проф.* заглушка (*фиктивный модуль программы*) 2. остаток тела (*подпрограммы или модуля*)
  body ~ остаток тела
  module ~ заглушка
study анализ; исследование
  analog ~ исследование методом моделирования
  analytical ~ аналитическое исследование
  feasibility ~ анализ осуществимости (*проектных решений*)
  functional ~ функциональное исследование
  time ~ анализ временных затрат (*при решении задачи выбранным методом*)
stuffing:
  bit ~ вставка битов
  character ~ вставка символов
  zero ~ вставка нулей
style 1. стиль ‖ стилевой 2. стилевое форматирование (*текста*) 3. тип штриха литеры
  business letter ~ деловой стиль; стиль делового письма (*характеристика редактируемого текста*)

  font ~ начертание шрифта
  line ~ тип линии
  math ~ математический стиль (*текста*)
  page ~ стиль форматирования страницы
  type ~ стиль шрифта
Stylesheet таблица стилей
styling стилизованное оформление текстов
subassembly 1. подсистема 2. сборочный (компоновочный) узел; субблок
subclass подкласс
subcommand подкоманда
subcontrol управляющий узел (*многопроцессорной системы*)
subdialogue вспомогательный диалог
subdirector/y подсправочник; подкаталог
  deep ~ детализирующий подкаталог
  no ~ies exist подкаталогов в каталоге нет (*сообщение*)
subdivision подраздел; последовательное деление; подразделение; разбиение на более мелкие части
subexpression подвыражение
  common ~ общее подвыражение
subfile вспомогательный файл
subfunction подфункция
subgame подыгра
subgraph подграф
subgroup подгруппа
subheading подзаголовок
subimage (составная) часть изображения
subject 1. предмет 2. подвергать ◊ ~ **to** подверженный
sublanguage подмножество языка; подъязык
sublist подсписок
submenu подменю; субменю
submodel подмодель

subnet фрагмент сети; подсеть
subnetting формирование подсетей
subnetwork базовая сеть передачи данных
subnotebook субблокнотный ПК
subnotion подпонятие
subnumber дополнительный шифр *(в системе кодирования)*
suboptimality субоптимальность; частичная оптимальность
suboptimization частичная оптимизация
suboptimized частично оптимизированный
subordinate подчиненный
subpanel субпанель
subpicture фрагмент рисунка; элемент рисунка
subproblem частная задача
subproduct промежуточный результат
subprogram подпрограмма
  closed ~ закрытая (замкнутая) подпрограмма
  hardware ~ аппаратно-реализованная подпрограмма
  in-line ~ линейная подпрограмма *(без циклов и ветвлений)*
  library ~ библиотечная подпрограмма
  linked ~ закрытая (замкнутая) подпрограмма
  relocatable ~ перемещаемая подпрограмма
  user-callable ~ подпрограмма, допускающая вызов пользователем
  user-supplied ~ подпрограмма пользователя
subquery подзапрос
subregion подобласть
subroutine (стандартная) подпрограмма
  closed ~ замкнутая подпрограмма
  in-line ~ подставляемая подпрограмма
  library ~ библиотечная подпрограмма
  linked ~ библиотечная подпрограмма
  open ~ открытая подпрограмма
  recursive ~ рекурсивная подпрограмма
  relocatable ~ настраиваемая подпрограмма
subsample подвыборка
subschema подсхема
subscriber абонент; подписчик; компания-подписчик; пользователь
  cable ~ абонент кабельного телевидения
subscript индекс; нижний индекс
subscription снабжение нижними индексами
subsequence подпоследовательность; подцепочка
subset подмножество
  cue ~ подмножество откликов; подмножество реакций
  language ~ подмножество языка; сокращенная версия языка
  proper ~ собственное подмножество
subsonic дозвуковой
subspace подпространство
subsplit разделенный на две неравные части
substantially существенно
substitution замена; подстановка; замещение ◊ ~ **for**... замена на...
  address ~ замена адреса
  macro ~ макроподстановка
subtract вычитать
subtraction вычитание
substring подстрока; подцепочка ‖ разбивать на подцепочки
subsume конкретизируемая категория *(в структуре родовидовых отношений)*; видовой объект *(входящий в родовое описание)*

subsumer родовой объект *(включающий в себя видовые объекты)*
subsumption категоризация; отнесение к определенной категории *(в экспертных системах)*
subsystem подсистема; часть системы; компонент системы
   administrative ~ административная подсистема
   conversational monitor ~ подсистема диалоговой обработки
   crosslink ~ космический сегмент *(в системе спутниковой связи)*
   magnetic-tape ~ запоминающее устройство на магнитной ленте
   type-array ~ массив накопителей на магнитной ленте
subtask подзадача
subtitle 1. подзаголовок 2. субтитр
subtotal промежуточный итог ‖ подводить промежуточный итог
subtract вычитать
subtraction вычитание
subtype подтип
subunit субблок; элемент блока; элемент узла
subwindow подокно
successfully:
   copied ~ копирование прошло успешно *(сообщение)*
successful успешный
suffix суффикс
suite 1. аппаратная монтажа 2. гарнитура 3. набор, комплект 4. набор программ
   application ~ комплект *(набор)* приложений
   on-line ~ *тлв* аппаратная прямого монтажа
sum сумма
   standard ~ **of products** нормальная дизъюнктивная форма
summarization резюмирование *(напр. результатов модельного эксперимента)*

summary краткое изложение; резюме; краткие выводы; сводка
   alarm ~ аварийная сводка
summation суммирование; подытоживание
   cumulative ~ суммирование нарастающим итогом
summing суммирование
super супер-ЭВМ; суперкомпьютер
superblock системный блок *(хранящий информацию о параметрах файловой системы)*
supercharge достигать наивысшей производительности
superclass суперкласс
supercomputer суперкомпьютер
supercomputing организация вычислений на супер-ЭВМ
superconcept суперконцепт; суперпонятие
supergame сверхигра
superior высший; превосходящий; старший
superscript верхний индекс
superscription снабжение верхними индексами
superstation рабочая станция на основе супер-ЭВМ; суперкомпьютерная рабочая станция
superuser привилегированный пользователь
supervisor супервизор
   executive ~ операционная система
supplement дополнение ‖ дополнять
supplementary дополнительный
supplier поставщик; источник снабжения
   third-party ~ независимый поставщик; сторонний поставщик; поставщик-посредник
supply 1. источник питания; устройство питания 2. подача, подвод; снабжение; питание ‖ подавать, подводить; снабжать; питать 3. задавать

supply
  power ~ источник (электро)питания; источник энергии; (электро)питание
  uninterraptable power ~ бесперебойный источник питания; БИП
support поддержка; обеспечение ‖ поддерживать, обеспечивать ‖ средства обеспечения
  database ~ ведение базы данных
  decision ~ средства поддержки принятия решений
  device ~ not present это устройство не предусмотрено операционной системой *(машинное сообщение)*
  first line ~ оперативная поддержка *(пользователя программных средств)*
  hardware ~ аппаратная поддержка
  language ~ языковая поддержка
  mouse ~ обеспечение работы с мышью; *проф.* мышиная поддержка
  multitasking ~ средства многозадачности
  navigation ~ навигационная поддержка *(взаимодействия с базой данных)*
  network ~ средства поддержки сетевого режима; сетевая поддержка
  programming ~ средства обеспечения программных разработок
  run-time ~ средства динамической поддержки *(напр. языков высокого уровня)*
  session ~ сеансовая поддержка
  software ~ поддержка программного изделия; программная поддержка
  to ~ peak load situations обеспечивать работу при пиковых нагрузках *(системы)*

suppress подавлять; гасить
  to ~ zeros подавлять (незначащие) нули *(при печати)*
suppression подавление; гашение; блокировка
  display ~ гашение изображения
  null ~ подавление незначащей информации
  print ~ отмена печати
  space ~ удаление пробелов
  zero ~ подавление нулей
sure:
  be ~ быть уверенным; иметь гарантию
  make ~ гарантировать
surface плоскость; поверхность ‖ поверхностный
  ~ **of revolution** поверхность вращения
  blend ~ поверхность цветового перехода
  conical ~ коническая поверхность
  correlation ~ корреляционная поверхность
  cylindrical ~ цилиндрическая поверхность
  display ~ поверхность отображения
  helical ~ винтовая поверхность
  hidden ~ невидимая поверхность
  indifference ~ поверхность безразличия
  magnetic ~ магнитная поверхность; поверхность магнитного носителя
  ruled ~ линейчатая поверхность
  saddle ~ седловидная поверхность
  saddle-shaped ~ седловидная поверхность
  spherical ~ сферическая поверхность
  tabulated ~ плитчатая поверхность
  toroidal ~ тороидальная поверхность

survivability живучесть
survival живучесть
survive сохранять работоспособность; оставаться в исправном состоянии; выживать
suspend приостановка *(задачи/машины)* ‖ приостанавливать
suspended остановленный
suspension приостановка
SVC [switched virtual circuits] коммутируемый виртуальный канал
SVD [simultaneous voice and data] одновременная передача голоса и данных
SVGA [superVGA] стандарт и реализующий его графический видеоадаптер
SVID [System V interface definition] стандарт на системные вызовы ОС Unix
SW [software] программное обеспечение; ПО
S/WAN [secure wide area network] защищенная глобальная сеть
swap 1. перекачка; обмен ‖ подкачивать **2.** переставлять *(напр. биты)* **3.** *проф.* осуществлять свопинг ◊ ~ **in** подкачивать; ~ **out** откачивать; ~ **disks** попеременно использовать разные дисководы
swap-in загрузка; подкачка
swap-out разгрузка; откачка
swapper программа подкачки
swapping 1. перекачка; обмен; *проф.* свопинг **2.** подкачка
hot ~ горячая замена; замена во время работы
switch переключатель; коммутатор; ключ; выключатель ‖ переключать; коммутировать ‖ переводить в другое состояние ◊ ~ **in** включать; ~ **off** выключать; ~ **on** включать
ATM ~ высокоскоростной коммутатор для пакетов ATM

backbone ~ магистральный коммутатор
key lock ~ ключ блокировки клавиш
microprocessor-based packet ~ коммутатор пакетов, содержащий микропроцессор
push-button ~ кнопочный переключатель
reset ~ кнопка перезагрузки системы
ring ~ кольцевой коммутатор
screen ~ переключение экранов
sense ~ пультовый переключатель
slide ~ ползунковый переключатель
speed ~ переключатель быстродействия
switchable переключаемый
switcher переключатель
switching переключение *(процесс получения информации от одной коммуникационной связи (КС) и передачи ее через другую КС по предустановленному пути между двумя пользователями)*
automatic ~ автоматическая коммутация
bank ~ коммутация банков
channel ~ коммутация каналов
circuit ~ коммутация каналов
context ~ переключение контекста
digital ~ цифровая коммутация
LAN ~ коммутация ЛВС *(технология, по которой пакеты направляются только их получателям)*
line ~ коммутация каналов
message ~ коммутация сообщений
packet ~ коммутация пакетов
packet (message) ~ пакетная коммутация; коммутация пакетов

store-and-forward ~ коммутация с промежуточным хранением пакетов
task ~ переключение задач
time-division ~ временная коммутация
virtual ~ виртуальная коммутация
virtual channel ~ коммутация виртуальных каналов

syllogism силлогизм
symbiont *проф.* симбионт (*небольшая программа, выполняемая одновременно с основной программой*)
symbol 1. символ; знак (*см. тж* **character**) 2. обозначение
  absolute ~ константа
  accented ~ выделенный символ; символ с ударением
  aiming ~ символ прицела; символ прицеливания (*локализации*)
  control and display ~ символ управления и индикации
  currency ~ обозначение денежной единицы
  decimal ~ десятичный разделитель; разделитель целой и дробной частей числа
  match-all ~ универсальный образец
  nonterminal ~ нетерминальный символ
  odd ~ случайный символ
  odd ~s лишние символы; нечетные символы
  pipe ~ символ конвейеризации (*обработки данных*)
  public ~ 1. незапрещенный символ 2. общедоступный символ
  sentence ~ начальный символ
  stacking ~ расположение символов столбиком
  start ~ начальный символ
  terminal ~ признак конца

  track ~ символ трассировки
  undeclared ~ неописанный символ
  undefined ~ неопределенный символ
symbolic символический; символьный
symbology символика
symmetric симметричный
symmetrical симметричный
sync:
  packet ~ синхронизация пакетов
synchronization синхронизация
  bit ~ 1. синхронизация двоичных символов 2. тактовая синхронизация
synchronous синхронный
syntactic синтаксический
syntactical синтаксический
syntax синтаксис; синтаксическая структура
  command line ~ синтаксис командной строки
  operator ~ синтаксис операторов
  rich ~ богатые синтаксические возможности
  verb-object ~ синтаксис типа действие-объект
syntax-oriented синтаксический
synthesis:
  automated program ~ автоматический синтез программ
  inductive program ~ индуктивный синтез программ
synthesizer:
  speech ~ синтезатор речи
syscall системный вызов
sysgen генерировать систему
SysOp системный оператор
system система; установка; устройство; комплекс
  accounting information ~ бухгалтерская информационная система
  adaptive ~ адаптивная система

system

administrative terminal ~ исполнительная терминальная система
advise-giving ~ консультативная система; система-советчик
analysis ~ система анализа
application visualization ~ прикладная система изображения
asymptotically stable ~ асимптотически устойчивая система
authoring ~ авторская система
automated control ~ автоматизированная система управления; АСУ
automatic docking ~ автоматическая установочная система *(система, выполняющая автоматические операции при установке или вынимании блокнотного ПК из установочной станции)*
axiomatic ~ аксиоматическая система
backup ~ система/подсистема архивации
belief ~ система доверия
blackboard-based expert ~ экспертная система с доской объявлений
bring ~ to its knees исчерпать возможности системы
buddy ~ метод близнецов
bulk-service ~ система с групповым обслуживанием
business ~ экономическая система
CAD ~ система автоматизированного проектирования; САПР
call-reply ~ запросно-ответная система
chargeback ~ убыточная система
closed ~ замкнутая система
closed queuing ~ замкнутая система массов обслуживания
code-dependent ~ система, зависящая от данных

code-independent ~ система, не зависящая от данных
code-insensitive ~ система, не зависящая от данных
code-sensitive ~ система, зависящая от данных
code-transparent ~ система, не зависящая от данных
coding ~ 1. система кодирования 2. система программирования
color display ~ цветная дисплейная система; система цветного отображения
computer ~ вычислительная машина; вычислительный комплекс; система вычислительных машин
computer-aided control ~ автоматизированная система управления
computer-aided design ~ система автоматизированного проектирования; САПР
computer-to-plate ~ система создания печатных форм на компьютере
computerized information ~ информационная система на базе ЭВМ
computing ~ вычислительная система; вычислительный комплекс
constrained ~ система с ограничениями
consulting ~ консультирующая система
contention-based ~ система со свободным доступом; соревновательная (состязательная) система
contention-free ~ система с контролируемым доступом; бесконфликтная система
control ~ система управления
cross ~ кросс-система
cyclical response ~ система циклических реакций

data ~ информационная система
data acquisition ~ система сбора данных
data base management ~ система управления базой данных
data collection ~ система сбора данных
data gathering ~ система сбора данных
data handling ~ система обработки данных
data logging ~ система регистрации данных; система записи информации
data preparation ~ система подготовки данных
data processing ~ система обработки данных
data retrieval ~ информационно-поисковая система; ИПС
data transmission ~ система передачи данных
database ~ система баз данных
database management ~ система управления базами данных; СУБД
database support ~ система ведения баз данных
decision-making ~ система принятия решений
decision-support ~ 1. информационная модель 2. система поддержки принятия решений; СППР
deductive ~ дедуктивная система
delay ~ система с ожиданием
dependable computer ~ гарантоспособная вычислительная система *(обеспечивающая решение задачи даже при возникновении неисправностей)*
desktop ~ настольная система
desktop publishing ~ настольная издательская система
development support ~ система поддержки разработок; система обеспечения разработок; инструментальная система
disk operating ~ дисковая операционная система; ДОС
distributed ~ распределенная система
distributed file ~ распределенная файловая система
document preparation ~ система подготовки документации
down ~ неисправная система; неработающая система
dual-computer ~ двухмашинный (вычислительный) комплекс
dual-processor ~ двухпроцессорная система; двухпроцессорный комплекс
dynamic ~ динамическая система
dynamic priority ~ система с динамическими приоритетами
electronic book-entry ~ электронная система бухгалтерского учета
electronic direct funds transfer ~ электронная система платежей
electronic full-page makeup ~ электронная система верстки полос
electronic funds transfer ~ электронная система платежей
electronic prepress ~ электронная система подготовки полос
entry-level ~ системный модуль; компонент системы
equilibrium ~ равновесная система
evolutionary ~ развиваемая система
executive ~ операционная система
expand a ~ расширять комплект оборудования системы; усложнять конфигурацию системы

system

expert ~ экспертная система
explanatory ~ система объяснений
fail-soft ~ система с амортизацией отказов
fault-tolerant ~ отказоустойчивая система
feedback ~ система обратной связи; система с обратной связью
file ~ файловая система; система файлов
filtering ~ система фильтрации
formal ~ формальная система
frame ~ система фреймов
functional information ~ функциональный информационная система
generic expert ~ типовая экспертная система
geographically distributed ~ территориально распределенная система
global communication ~ система глобальной связи
guidance ~ система-путеводитель
hard disk ~ система с жестким диском
help ~ справочник
home-use multimedia ~ мультимедиа-система для домашнего пользования
host ~ базовая система; централизованная система
host-satellite ~ система с главным и подчиненными элементами
hostless ~ децентрализованная система; система без ведущего узла
inductive ~ индуктивная система
information ~ информационная система

information management ~ информационная система
information retrieval ~ информационно-поисковая система; ИПС
instruction ~ обучающая система
integrated ~ интегрированная система
intelligent ~ интеллектуальная система
intelligent learning ~ интеллектуальная обучающаяся система
interactive ~ диалоговая система; интерактивная система
knowledge base management ~ система управления базой знаний
knowledge representation ~ система представления знаний
knowledge-based ~ система, основанная на использовании знаний; система с базой знаний
learning ~ самообучаемая система
legacy ~ существующая система
linear programming ~ система линейного программирования
linear ~ линейная система
loadable ~ загружаемая система
long-haul ~ система дальней связи
loss ~ система с потерями
machine translation ~ система машинного перевода
machine-limited ~ система, ограниченная возможностями машины
mail ~ система электронной почты; электронная почта
mailbox ~ система почтовых ящиков (*в электронной почте*)
man-machine ~ человеко-машинная система

management information ~ управленческая информационная система; информационно управляющая система; ИУС
many-server ~ многоканальная система
mapped ~ система с управлением памятью
master-slave ~ несимметричная система
mission critical ~s системы непрерывного действия; системы с непрерывным доступом к данным; системы для важных/боевых задач
mnemonic code ~ система мнемонического кода
modeless ~ система с однородным интерфейсом
MPC compliant ~ мультимедиасистема, удовлетворяющая спецификации MPC
multi-user ~ многопользовательская система
multimaster communication ~ система связи с несколькими ведущими узлами
multiprocessing ~ многопроцессорная система
multiserver ~ система с несколькими серверами
multistation ~ многопунктовая система
multitasking ~ многозадачная система
multiuser operating ~ операционная система с режимом мультидоступа
multiuser operating ~ система, работающая в режиме обслуживания многих пользователей
multivariable ~ многомерная система
native operating ~ собственная операционная система (напр. ЭВМ, работающей в сети)

network file ~ сетевая файловая система
network operating ~ сетевая операционная система; операционная система сети
nonpreemptive priority ~ система с приоритетом без прерывания
nonstop ~ безостановочный компьютер
number ~ система счисления
numeration ~ система счисления
off-line ~ автономная система
office automation ~ система автоматизации учрежденческой деятельности; учрежденческая автоматизированная система
on-demand ~ система без ожидания
on-line assistance ~ оперативно доступная консультативная система
open ~ открытая система
Open ~s открытые системы (*независимые от изготовителей информационные системы, удовлетворяющие требованиям ряда стандартов*)
operating ~ 1. действующая система (*находящаяся в рабочем состоянии*) 2. операционная система
operational ~ действующая система (*находящаяся в рабочем состоянии*)
page ~ страничная система
periodic reordering ~ система с периодической подачей заказов
pilot ~ прототип системы
point-of-sale ~s системы для розничной торговли
portable ~ мобильная система (*переносимая с одной ЭВМ на другую*)
preemptive priority ~ система с прерывающим приоритетом

priority ~ система приоритетов; система с приоритетами
probabilistic ~ вероятностная система
production ~ 1. производственная система 2. система продукций; продукционная система *(основанная на представлении знаний в виде продукционных правил)*
program buddy ~ система разработки программ с «подстраховкой»; система парного программирования *(с участием двух программистов, один из которых кодирует программу, а другой анализирует)*
program development ~ система разработки программ
program ~ комплекс программ
programming ~ система программирования
protection ~ система защиты
prototyping ~ макет системы
public address ~ широковещательная система
public key ~ криптосистема с ключом общего пользования
question-answering ~ вопросно-ответная система
queuing ~ система массового обслуживания
real time ~ система реального времени
reasoning ~ разумная система; система, способная к рассуждениям; система, реализующая механизм рассуждений
redundant ~ избыточная система; система с избыточностью; система с резервированием
representation ~ система представления
resident ~ резидентная система
retrieval ~ система поиска информации

revision control ~ система управления версиями
RS-232 based ~ система передачи данных, соответствующая стандарту RS-232
rule based ~ продукционная система
run-time ~ система поддержки исполнения программ
scalable ~ расширяемая система
segment ~ система с сегментной организацией
self-configuring ~ система с автоматическим изменением конфигурации
self-contained ~ замкнутая система
self-test ~ система с самотестированием; система с самоконтролем
serving ~ система обслуживания
setting up the ~ начальная установка системы
simulation ~ имитационная система
single-channel ~ одноканальная система
single-drive ~ система с одним дисководом; однодисковая система
single-server ~ одноканальная система
slave ~ подчинённая система
software ~ система программного обеспечения
stable ~ устойчивая система
static-priority ~ система со статическими приоритетами
stationary ~ стационарная система
stochastic ~ стохастическая система
support ~ исполняющая система
target ~ целевая система

terminal ~ система терминалов; терминальная система
test ~ испытательная система; испытательный комплекс
testbed ~ макетная система; экспериментальная система
text-retrieval ~ документальная информационная система
thin-route ~ малоканальная система
tightly-coupled ~ система с сильной связью
time-sharing ~ система разделения времени; система с разделением времени
transaction-oriented ~ диалоговая система обработки запросов
try the ~ later попытайтесь войти в систему позже *(сообщение)*
turnkey ~ высоконадежная система *(работающая сразу после включения)*; готовая система; система, сдаваемая под ключ
two-channel ~ двухканальная система
uniprocessor ~ однопроцессорная система
unmapped ~ система без управления памятью
up ~ исправная система; работающая система
virgin ~ исходная система
waiting ~ система с ожиданием
weighting ~ система весов
windowing ~ система управления окнами; система управления полиэкранным отображением
work-space ~ система с рабочим состоянием
system-defined системный; определяемый системой
system-formatted с системной разметкой
system-level системный
system-provided поставляемый в составе системы

systematic системный

T

TA 1. [terminal adapter] абонентский адаптер; адаптер терминала **2.** [transaction] входное сообщение; транзакция [trunk access] доступ к магистрали
tab 1. метка; ярлык; вкладка; закладка; ярлычок (этикетка, наклейка) вкладки **2.** метка табуляции; позиция табуляции; табуляция **3.** печатный контакт
ruler ~s знаки табуляции
write-protect ~ наклейка защиты от записи
tabbing табуляция
table 1. таблица ‖ табличный **2.** планшетный стол
~ of contents оглавление; содержание
~ of normal distribution таблица нормального распределения
~ of random numbers таблица случайных чисел
analysis-of-variance ~ таблица дисперсионного анализа
attribute-value ~ список свойств
boxed ~ разграфленная таблица
bundled ~ таблица условных атрибутов
checking ~ проверочная таблица
color look-up ~ кодовая таблица цвета
color-translation ~ таблица преобразований цветов
computational ~ расчетная таблица
configuration ~ конфигуратор
conversion ~ таблица пересчета; таблица преобразований
decision ~ таблица решений

environment ~ таблица переменных режима
file allocation ~ таблица размещения файлов
flat ~ таблица с одноуровневой адресацией
frame ~ таблица страничных блоков
functional ~ таблица значений функции
hash ~ хеш-таблица
header ~ таблица паспортных данных *(в начале программы или массива)*
hierarchical routing ~ иерархическая маршрутная таблица
jump ~ таблица переходов
look-at ~ просмотровая таблица
look-up ~ справочная таблица
mapping ~ таблица отображения
matrix ~ таблица в виде матрицы; матрица данных
names ~ таблица имен
normal curve ~ таблица нормального распределения
page ~ таблица страниц
partition ~ таблица сегментов
plotting ~ планшетный графопостроитель; планшетный стол графопостроителя
polarization ~ поляризационная таблица *(для организации обработки распределенных запросов)*
precedence ~ таблица предшествования
public volume ~ таблица общих томов *(в операционной системе)*
read ~ таблица чтения
reference ~ таблица ссылок
relocation ~ таблица настройки
rendition ~ таблица соответствия
routing ~ маршрутная таблица; таблица маршрутизации

sample ~ таблица выборочных данных
security ~ таблица защиты *(данных)*
segment ~ таблица сегментов
set-used ~ таблица используемых устройств *или* программ
state ~ таблица состояний
symbol ~ 1. таблица имен; таблица идентификаторов 2. таблица перекодировки символов; таблица (соответствия) символов
translation ~ таблица перевода *(напр. виртуальных адресов в физические)*
transportation ~ матрица условий транспортной задачи
truth ~ истинностная таблица; таблица истинности
two-input ~ таблица с двумя входами
usability ~ таблица используемости *(напр. программных модулей)*
user profile ~ таблица характеристик пользователя
visual ~ **of contents** наглядное оглавление *(в ХИПО-технологии документирования)*
volume ~ **of contents** каталог тома
X-Y ~ координатный графопостроитель
table-driven графика с формированием изображения при помощи таблиц
tableau 1. таблица 2. табло
tablet планшет
  digital ~ цифровой планшет *(графического ввода)*
  digitizer ~ кодирующий планшет *(напр. для управления курсором дисплея)*
  digitizing ~ цифровой планшет *(графического ввода)*
  graphic ~ графический планшет

tabletop настольный; настольного типа
tabular табличный
tabulate вносить в таблицу; табулировать; составлять таблицу; сводить в таблицу
tabulated табличный; табулированный
tabulation 1. таблица; табличные данные 2. составление таблиц; сведение в таблицы; табулирование; табуляция
tactic тактический
tactile тактильный
tag 1. ярлык; этикетка; бирка; признак 2. метить; пометить
 punched ~ перфорированный ярлык; перфорированная этикетка
 time ~ метка времени; метить во времени
 write-enable ~ наклейка разрешения записи
 write-protect ~ наклейка защиты от записи
tagged 1. меченный отмеченный
tagging тегирование
tail 1. область больших отклонений 2. очередь 3. хвост
 ~ **of variance** шлейф дисперсии
tailless бесхвостый
tailor приспосабливать
tailor-made нестандартный; разработанный по индивидуальному заказу
tailored специализированный; специально приспособленный; заказной
 highly ~ узкоспециализированный
tailoring приспособление; подгонка
 task ~ настройка на задачу; настройка на структуру задачи
take: ◊ ~ **an instruction** выбирать команду; ~ **as a datum** принимать за нуль; принимать за начало; ~ **away** отнимать; вычитать; ~ **down** 1. демонтировать; разбирать 2. записывать; фиксировать 3. освобождать (устройство) для следующего использования (с восстановлением исходного состояния); ~ **from** (**off**) отнимать; вычитать; ~ **out** отпадать (о контактах реле); ~ **up** 1. наматывать (магнитную ленту) 2. притягиваться (о контактах реле)

takedown 1. демонтаж; разборка освобождение (устройства) для следующего использования (с восстановлением исходного состояния)

talk: ◊ ~ **to mainframe computers** взаимодействовать с большими ЭВМ
talker источник сообщений
tally 1. дубль 2. единица счета итог ‖ подытоживать
tamper портить
tampering:
 computer ~ преступное использование ЭВМ
tangent 1. касательная 2. тангенс
tap 1. отвод, ответвление; отпайка ‖ делать ответвление; ответвлять; делать отпайку 2. касание (напр. касание планшета кончиком пера) 3. тройник ◊ ~ **a wire** делать ответвление; ответвлять
 barrel- ~ касание с нажатой кнопкой (касание пером планшета при нажатой кнопке пера)
 double- ~ двойное касание (двойное касание планшета кончиком пера)
tape 1. лента 2. заклеивать липкой лентой
 advanced-feed ~ лента со смещением отверстий синхродорожки

audio ~ магнитная лента для звукозаписи
blank ~ пустая (незаполненная) лента *(размеченная для записи)*
cartridge ~ кассетная лента
cassette ~ кассетная лента
father ~ исходная лента
formatted ~ отформатированная лента
justified ~ полнокодовая лента
leader ~ начальный *(нерабочий)* заправочный конец ленты; пусковой ракорд
library ~ библиотечная лента; лента с библиотечными программами
magnetic ~ магнитная лента
master ~ 1. главная лента; эталонная лента 2. оригинал записи видеофонограммы, видеофонограмма-оригинал
master instruction ~ эталонная командная лента
optical ~ оптическая лента
program ~ программная лента; лента с программой
scratch ~ оперативная лента *(с данными, которые могут стираться сразу после использования)*; рабочая лента
son ~ лента третьего поколения *(с файлом в его последнем зафиксированном после обновления состоянии)*
streaming ~ бегущая лента; разгрузочная лента *(для дублирования дисковых файлов)*
unjustified ~ неполнокодовая лента
virgin ~ неразмеченная лента; чистая лента
work ~ рабочая лента
tape-bounded ограниченный по памяти
tape-limited ограниченный быстродействием ленточного устройства
tape-moving лентопротяжный
tape-recorder магнитофон
tapefile ленточный файл
tapping:
  panel ~ простукивание платы *(для обнаружения плохих контактов)*
  anode ~ анодное ответвление
target 1. цель; мишень ‖ целевой 2. получатель 3. указатель действия 4. флажок 5. место назначения; назначение *(папка и т.п., в которую что-либо помещается)* 6. конечный(ая) (файл/папка/дискета...) *(при создании объектов)*; результирующий
  specific ~ конкретная задача
  transfer ~ 1. место назначения *(при передаче данных)* 2. точка, в которую передается управление
task задание; задача *(см. тж* problem*)*; программный модуль задачи ‖ ставить задачу выполнения конкретной задачи
  attached ~ присоединенная задача
  background ~ фоновая задача
  calling ~ вызывающая задача
  checkpointable ~ выгружаемая задача
  common ~ задача общего характера; стандартная задача
  current ~ решаемая задача; текущая задача
  hibernating ~ остановленная задача
  image ~ задача обработки изображения
  master ~ управляющая задача
  offspring ~ подзадача
  slave ~ подчиненная задача
  sleeping ~ отложенная задача
  specific ~ специфическая задача
  stopped ~ остановленная задача

task

video ~ задача обработки видеоданных

task-oriented 1. проблемно-ориентированный **2.** целенаправленный

task-specific ориентированный на конкретную задачу; предназначенный для

TaskBar *ш* панель задач

tasking организация прохождения задач *(в вычислительной системе)*; управление задачами

tautology тавтология

taxonomy соподчинение; таксономия

TCL [tool command language] инструментальный командный язык

TCO [total cost of ownership] совокупная *(общая)* стоимость владения

TCP [transmission control protocol] протокол с контролем передач

TCP/IP [transmission control protocol/internetworking protocol] набор протоколов для коммуникации в локальной сети или во взаимосвязанном наборе сетей

TDMA [time division multiple access] многостанционный доступ с временным разделением каналов

teaching обучение ‖ обучающий

team группа; коллектив; бригада ‖ групповой; командный

   chief programmer ~ бригада главного программиста

   combined project ~ комплексный коллектив разработчиков

   systems project ~ группа системного проектирования; бригада разработчиков систем

technical технический

technically технически

technique 1. метод; способ *(см. тж* method*)*; техника; технические приемы; методика; технология *(см. тж* technology*)* **2.** техническое оснащение; аппаратура; оборудование

~ **of random sampling** метод случайного выбора

approximation ~ методика приближенных вычислений

computational ~ методика вычислений

computer ~ методы вычислений; техника вычислений

distributed routing ~s методы децентрализованной (распределенной) маршрутизации

extrapolation ~ методика экстраполяции

interpolation ~ методика интерполяции

iteration ~ итерационный метод

iterative ~ итерационный метод

linearization ~ метод линеаризации

master-slave ~ метод синхронизации по принципу ведущий-ведомый

minimization ~ метод минимизации

modeling ~ техника моделирования

network ~ техника создания вычислительных сетей

optimization ~ метод оптимизации

parametric ~ параметрический метод

perturbation ~ способ устранения зацикливания

programming ~s методы программирования; методология программирования

queueing ~ методы теории массового обслуживания; техника организации очередей

raster-scan ~ метод растрового сканирования

reasoning ~ метод (автоматических) рассуждений
round-robin ~ круговой (циклический, карусельный) метод *(обслуживания)*
scrambling ~ метод шифрования
simplex ~ симплексный метод
simulation ~ метод моделирования; техника моделирования
solution ~ метод решения
spline surface ~ аппроксимация поверхностей сплайнами
stochastic approximation ~ *мат.* метод стохастической аппроксимации
successive approximation ~ метод последовательных приближений
transformation ~ трансформационный метод *(вычислений)*
trial-and-error ~ метод проб и ошибок
variational ~ вариационный метод
numerical ~ численные методы
technology технология; техника *(см. тж* technique*)*
   collaboration ~ технология совместной (групповой) работы
   computer ~ машинная технология; автоматизированная технология
   computer-aided ~ автоматизированная технология
   expert system ~ технология экспертных систем
   font ~ технология поддержки/сопровождения/изготовления шрифтов
   high ~ высокоточная технология; тонкая технология
   information ~ информационная технология
   information processing ~ информационная технология

   management ~ методы управления; технология решения управленческих задач
   winchester ~ винчестерская технология
   workbench ~ автоматизированная технология
tedious утомительный
telecommunication телекоммуникация; дистанционная передача данных; дистанционная связь; телесвязь ‖ телекоммуникационный
telecommute осуществлять дистанционный доступ
telecommuter дистанционный пользователь *(выходящий на связь с помощью ПЭВМ)*; надомник с персональной ЭВМ
telecommuting телекомьютинг *(дистанционное присутствие на рабочем месте с помощью ПК)*
telecomputing дистанционная передача данных; дистанционная связь с помощью ЭВМ; дистанционное присутствие
teleconference телеконференция
teleconferencing организация телеконференций; телеконференцсвязь
telefax телефакс
telemarketer телемаркетер *(тот, кто продает товары или услуги посредством электронных сообщений)*
telemarketing телемаркетинг
telematics интегрированные информационные средства; интегрированные средства обработки и передачи информации
telephone телефон
telepresence дистанционное присутствие
teleprocessing дистанционная обработка; телеобработка

telesoftware дистанционное программное обеспечение (*программное обеспечение бытовых компьютеров с использованием телефонных линий связи*); программные средства, пересылаемые по телесвязи
teletex телетекс
teletext телетекст; вещательная видеография
teletype телетайп
   glass ~ *проф.* стеклянный телетайп (*название экранного терминала*)
television телевидение
   high definition ~ телевидение высокой четкости; ТВЧ; многострочное телевидение
   interactive ~ интерактивное (диалоговое) телевидение
telex телекс ‖ телексный
teller банковский автомат
TELNET базовая сетевая услуга в Интернет (*протокол и программы, которые его реализуют, из набора протоколов IP, обеспечивают интерфейс виртуального терминала*)
template 1. шаблон; трафарет; маска; эталон **2.** лекало (*клавиатурный буфер на одну команду*)
   chart ~ шаблон диаграммы
   computational ~ вычислительный разрез
   overlay ~ накладной шаблон (*для изменения функционального назначения клавиш терминала*)
   timing ~ временно́й план
temporal временной
temporary временный; промежуточный
tenancy принадлежность; членство
tenant участник; член
term 1. терм **2.** термин **3.** условие **4.** слагаемое **5.** член пропорции **6.** называть
   ~ **of the series** член ряда
   absolute ~ абсолютный терм
   correction ~ поправочный член
   corrective ~ поправочный член
   engineering ~ инженерный термин
   in ~**s of** в терминах
   lists as ~**s** списки как термы
   structured ~ структурированный терм
   trend ~ член, выражающий тренд
terminal 1. зажим; клемма; вывод ‖ выводной **2.** конечный слог; конечное слово **3.** терминал; оконечное устройство ‖ терминальный; оконечный **4.** терминальный символ; терминал (*в формальной грамматике*)
   addressable-pollable ~ терминал, опрашиваемый по адресу; опросный терминал
   all ~**s are in use** все терминалы заняты (*сообщение*)
   alphanumeric ~ алфавитно-цифровой терминал
   character-at-a-time ~ терминал с посимвольным вводом информации
   cluster ~ групповой терминал
   control ~ управляющий терминал
   data ~ оконечное устройство сбора данных; терминал ввода данных
   data entry ~ терминал ввода данных
   desktop ~ настольный терминал
   dial-up ~ коммутируемый терминал (*подключаемый к коммутируемой линии связи*)
   dictation ~ диктофонный терминал
   display ~ дисплейный терминал; дисплей

dumb ~ 1. «немой» (неинтеллектуальный, *проф.* «глупый») терминал 2. терминал ввода-вывода

editing ~ терминал для редактирования; редакторский терминал; терминал для (постраничного) формирования изображения *(в системах видеотекса)*

graphic ~ графический терминал

hardcopy ~ документирующий терминал *(с выдачей документальных копий)*; печатающий терминал

idle ~ бездействующий терминал

intelligent ~ интеллектуальный терминал; терминал с развитой логикой

job-oriented ~ специализированный терминал

local ~ локальный терминал

master ~ главный [ведущий] терминал *(в терминальной сети)*

network ~ сетевой терминал

office ~ учрежденческий терминал

orphan ~ одиночный терминал

packet-mode ~ пакетный терминал

point-of-sale ~ торговый терминал; кассовый автомат

printer ~ печатающий терминал

processing ~ обрабатывающий терминал

receive-only ~ терминал, работающий только на прием

receiving ~ приемный терминал

remote ~ дистанционный терминал; удаленный терминал

remote batch ~ терминал пакетной обработки

security ~ защищенный терминал

smart ~ интеллектуальный терминал; терминал с развитой логикой

soft-copy ~ недокументирующий терминал *(без возможности изготовления документальных копий)*

softkey ~ терминал с возможностью изменения функционального назначения клавиш *(по желанию пользователя)*

talking ~ 1. терминал, пересылающий данные *(в сеть)* 2. терминал с речевым выводом

telecommunication ~ терминал телесвязи; телекоммуникационный терминал

television(-type) ~ телевизионный терминал *(на основе домашнего телевизора)*

teller ~ банковский автомат; банковский терминал

touch-sensitive ~ сенсорный терминал

traffic ~ связной терминал

unattended ~ необслуживаемый терминал

user ~ терминал пользователя; пользовательский терминал

video ~ видеотерминал

video keyboard ~ терминал с дисплеем и клавиатурой; видеотерминал с клавиатурой

videographic ~ видеографический терминал

videotex ~ терминал интерактивной видеографии; терминал видеотекса

virtual ~ виртуальный терминал

voice entry ~ терминал с речевым вводом

terminate заканчивать; завершать; кончать; прекращать; обрывать

◊ ~ **a loop** завершать цикл; выходить из цикла

— 437 —

termination 1. окончание; завершение; прекращение 2. оконечная нагрузка; оконечная схема; оконечное устройство
abnormal ~ аварийное завершение
abnormal program ~ неправильное завершение выполнения программы
downstream ~ прекращение передачи пакета в длину
loop ~ выход из цикла; завершение цикла
normal ~ нормальное завершение; стандартное завершение
side-stream ~ прекращение передачи пакета вширь
terminator 1. оконечная нагрузка 2. указатель конца; признак конца 3. *проф.* заглушка 4. (служебный) терминатор *(в операционных системах)*
terminology терминология
ternary троичный
tessellation:
  regular ~ регулярная мозаичная структура *(сети)*
test 1. испытание; проверка; контроль *(см. тж testing)*; тест ‖ испытывать; проверять; контролировать; тестировать 2. *стат.* критерий; статистический критерий 3. системные испытания; системный тест ◊ ~ **for preference** критерий предпочтения
~ **of goodness of fit** критерий согласия
~ **of linearity** критерий линейности
~ **of randomness** критерий случайности
asymptotic ~ асимптотическая критерий
asymptotical ~ асимптотический критерий
basic ~ базовый тест
bench ~ лабораторное испытание
benchmark ~ проверка в контрольных точках; оценочные испытания; аттестационные испытания; эталонный тест
beta ~ опытная эксплуатация; эксплуатационные испытания
boundary ~ граничные испытания
checkerboard ~ тест «шахматный код» *(для проверки памяти)*; шахматный тест
chi-square ~ критерий хи-квадрат
compatibility ~ проверка на совместимость
conditional ~ проверка условия
content ~ смысловой контроль
convergence ~ признак сходимости
count ~ контроль подсчетом *(числа переданных сообщений в сравнении с указанным)*
design acceptance ~ приемо-сдаточные испытания
easy-to-~ легко проверяемый; легко тестируемый; удоботестируемый
exhaustive ~ исчерпывающий тест; тест со всеми возможными входными векторами
engineering ~ технические испытания
environmental ~ климатические испытания
evaluation ~ оценочные испытания
fault detection ~ проверяющий тест
format ~ контроль формата; форматный контроль
functional ~ функциональная проверка
gallop ~ тест «галоп» *(для проверки памяти)*

galloping 1's and 0's ~ тест «пробежка единиц и нулей» *(для проверки памяти)*
galloping column ~ тест «пробежка по столбцам» *(для проверки памяти)*
galwrec ~ тест «попарная запись-считывание» *(для проверки памяти)*
graphic ~ графическая проверка
inspection ~ входной контроль
integration ~ комплексные испытания
«jerry-rigged" ~ плохо продуманный тест
leapfrog ~ тест «чехарда»
leg ~ тестирование ветвей
likelyhood ratio ~ критерий отношения правдоподобия
limit ~ контроль по диапазону значений
link ~ испытание связей *(проверка правильности работы интерфейсов)*
logical ~ логический контроль
longevity ~ испытания на долговечность; ресурсные испытания
loop ~ проверка конца цикла
marching ones and zeros ~ тест «бегущие нули и единицы» *(для проверки памяти)*
marginal ~ испытания при предельных условиях; граничные испытания
maximin ~ максиминный критерий
median ~ критерий основанный на медиане
model ~ испытания модели
nonparametric ~ непараметрический критерий
nonrandomized ~ нерандомизированный критерий
normal curve ~ проверка кривой нормального распределения
objective ~ объективный критерий
odd ~ выборочное испытание
off-nominal ~ испытания в режимах, отличных от номинального
on-line ~ комплексное испытание; испытание в составе целого комплекса; прямое (непосредственное) испытание
one-sided ~ односторонний критерий
one-tailed ~ односторонний критерий
optimality ~ критерий оптимальности
parameterized ~ параметризованный тест
path ~ тестирование ветвей
penetration ~ испытание на проникновение *(с целью проверки системы защиты)*
ping-pong ~ тест «попарное считывание» *(для проверки памяти)*
probability-ratio ~ критерий отношения вероятностей
program ~ проверка программы
randomized ~ рандомизированный критерий
rank ~ ранговый критерий
reasonableness ~ проверка на разумность *(результатов вычислений)*
reliability ~ испытания на надежность
sample ~ выборочный контроль; исследование выборки
sampling ~ 1. выборочный контроль 2. периодические испытания
screening ~ отбраковочные испытания
sign ~ проверка знака
significance ~ критерий значимости

simulation ~ проверка методом моделирования; имитационная проверка

single-tail ~ односторонний критерий

single-tailed ~ односторонний критерий

sliding-ONE ~ тест «бегущая 1» *(для проверки памяти)*

smoke ~ проверка «на дым» *(грубая проверка работоспособности простым включением или запуском)*; *проф.* дымовой тест

static ~ статическая проверка; статический контроль; статические испытания; испытания в статическом режиме; статический тест

statistical ~ статистические испытания

status ~ проверка состояния

stress ~ нагрузочные испытания; испытания в утяжеленном режиме *(напр. при повышенной температуре)*

suppression ~ проверка блокировки

system ~ испытание системы; проверка системы

troubleshooting ~ диагностический тест

two-sample ~ двухвыборочный критерий

unbiased ~ несмещенный критерий

volume ~ нагрузочные испытания

walking ~ тест «бегущая 1» *(для проверки памяти)*

walking column ~ тест «бегущий столбец» *(для проверки памяти)*

test-and-set команда установки семафора

testability 1. оцениваемость *(характеристика качества программного обеспечения)* **2.** тестируемость; контролируемость; проверяемость; контролепригодность

testable контролепригодный; проверяемый; тестируемый

testbed испытательная модель; испытательный стенд

tester 1. тестер; испытательное устройство; проверочное устройство; испытательный прибор **2.** специалист, проводящий тестирование

acceptance ~ специалист по приемочному контролю

bare board ~ тестер несмонтированных печатных плат

bed-of-nails ~ тестер типа «ложе гвоздей»; *проф.* контактрон

beta ~ бета-тестер *(лицо, производящее бета-тестирование)*

code ~ программный монитор *(функциональный узел отказоустойчивой многопроцессорной системы)*

go/no-go ~ отбраковочный тестер

memory ~ тестер для ЗУ

program ~ **1.** программный тестер **2.** специалист по программным испытаниям

tape ~ устройство для проверки магнитных лент

testing 1. испытание; проверка; контроль *(см. тж test)*; тестирование **2.** контроль на этапе разработки ◊ ~ **normal cases** испытание в нормальных условиях; ~ **the exceptions** испытание в исключительных условиях; ~ **the extremes** испытание в экстремальных условиях

accelerated ~ ускоренные испытания

accuracy ~ проверка точности

testing

alpha- ~ альфа-тестирование (*тестирование нового продукта внутри разработавшей его компании перед тем, как он выйдет за ее пределы. См. также beta-testing*)

assembly ~ комплексные испытания

at-speed ~ проверка на рабочей частоте

beta ~ бета-тестирование (*предварительное тестирование аппаратных и программных продуктов избранными типичными пользователями*)

bottom-up ~ восходящее тестирование; тестирование снизу вверх

built-in ~ встроенный контроль; встроенное тестирование

burn-in ~ отбраковочные испытания; испытания на принудительный отказ

complete ~ полное тестирование

demonstration ~ демонстрационные испытания

design ~ проверка (правильности) проектных решений

development ~ стендовые испытания; стендовая проверка

ex-situ ~ контроль внешними средствами

execution ~ контрольный прогон программы

exhaustive ~ исчерпывающее тестирование

factory ~ заводские испытания; производственные испытания

fault isolation ~ проверка с локализацией неисправностей

field ~ полевые испытания; испытания в условиях эксплуатации

file ~ выверка файла

final ~ заключительные испытания

finished ~ итоговые испытания

go/no-go ~ испытания по принципу «годен - не годен»

hypothesis ~ проверка гипотез

in-circuit ~ внутрисхемный контроль

laissez-faire ~ интуитивное тестирование (*без определенного плана*)

manufacturing ~ производственные испытания

module ~ (автономное) тестирование модулей

mutation ~ мутационное тестирование (*основанное на гипотезе, согласно которой ошибка в программе резко меняет ее поведение*)

near exhaustive ~ квазиполное тестирование (*с почти полным перебором вариантов*)

operation ~ испытания в рабочих условиях; эксплуатационные испытания; итоговые испытания

operational ~ опытная эксплуатация

parallel ~ сравнительные испытания (*параллельные испытания с последующим сравнением результатов*)

presence ~ контроль наличия (*необходимых полей данных*)

product ~ приемочный контроль изделий

production ~ контроль в процессе изготовления

program ~ программный контроль

real-time ~ испытания в реальном времени; испытания в реальных условиях эксплуатации

redundancy ~ избыточное тестирование (*повторное тестирование с использованием более сложных тестов*)

regression ~ регрессивное тестирование *(с возвратом от более сложных тестов к простым)*
release ~ промышленные испытания
retrofit ~ проверка на сохранение работоспособности системы; проверка на сохранение значений параметров системы *(после замены части оборудования или корректировки программ)*
saturation ~ тестирование (программы) в режиме насыщения
signature ~ проверка с помощью контрольных сумм; проверка с помощью сигнатур; сигнатурный контроль
soft ~ программное тестирование
stimulus/response ~ проверка методом «стимул - реакция» *(путем подачи входного сигнала и наблюдения отклика)*
stored-response ~ проверка с помощью хранимых откликов *(на заданные входные сигналы)*
stuck-fault ~ тестирование (схем) на основе моделирования контактных неисправностей
syndrome ~ синдромный контроль; контроль с помощью синдромов *(в технической диагностике)*
thread ~ тестирование функциональных возможностей
through-the-pins ~ проверка с подачей тестовых сигналов через выводы *(модуля)*
top-down ~ нисходящее тестирование; тестирование сверху вниз
trial-and-error ~ проверка методом проб и ошибок
unit ~ блочное тестирование *(программы)*
tetrade тетрада ‖ тетрадный
tetragon четырехугольник
texel элемент текстуры *(шаблон с образцом текстуры в совокупности с данными описания поверхности и модели освещения элемента)*
text текст ‖ текстовый ◊ ~ **several pages long** текст объемом в несколько страниц
anchor box to ~ привязать *(объект к тексту)*
angled ~ 1. текст в угловых скобках 2. текст, располагаемый под углом *(на экране графического дисплея)*
bit-mapped ~ текстовая информация с побитовым отображением *(на экране дисплея)*
body ~ основной текст *(документа)*
clear ~ нешифрованный текст; открытый текст
electronically stored ~ текстовая информация, хранящаяся в электронных устройствах
flowchart ~ (пояснительный) текст на блок-схеме
graphics ~ графический текст
incoming ~ входной текст; исходный текст
message ~ текст сообщения
near-letter quality ~ (отпечатанный) текст почти типографского качества
plain ~ открытый текст
program ~ текст программы
ragged ~ рваный текст
replacement ~ замещаемый текст
source ~ исходный текст; текст оригинала
straight ~ обычный текст *(в отличие от табличного)*
tabular ~ табличный текст
target ~ 1. результирующий текст 2. текст перевода

variable ~ буфер-текст *(в системах текстообработки)*
text-dependent текстозависимый *(о методе распознавания диктора по голосу)*
text-independent текстонезависимый *(о методе распознавания диктора по голосу)*
textual текстовой
texture текстура *(свойства поверхности графического объекта (цвет, интенсивность, прозрачность, положение вектора нормали и др.))*
TGA стандартный формат графических файлов видеоконтроллера Targa
theory теория
   ~ of chances теория вероятностей
   ~ of large samples теория больших выборок
   ~ of matrices теория матриц
   ~ of programming теория программирования
   ~ of random processes теория случайных процессов
   ~ of sets теория множеств
   ~ of statistical decision теория статистических решений
   ~ of stochastic processes теория случайных процессов
   ~ of testing hypothesis теория проверки гипотез
   ~ of time series теория временных рядов
   ~ of waiting lines теория массового обслуживания
   ~ of weighted smoothing теория взвешенного сглаживания
applied decision ~ прикладная теория принятия решений
automata ~ теория автоматов
axiomatic ~ аксиоматическая теория
communication ~ теория связи
game ~ теория игр
graph ~ теория графов
information ~ теория информации
linear programming ~ теория линейного программирования
logic ~ математическая логика
logical ~ логическая теория
nonlinearized ~ нелинейная теория
operations research ~ теория исследования операций
optimal control ~ оптимальная теория управления
optimization ~ теория оптимизации
probabilistic decision ~ вероятностная теория принятия решений
probability ~ теория вероятностей
queueing ~ теория массового обслуживания
representation ~ теория представлений
sampling ~ теория выборочного метода
small sample ~ теория малых выборок
thermal термографический
thesaurus тезаурус; словарь 2. сокровищница *(например, искусства)* 3. энциклопедия
thin тонкий
thoroughness доскональность, тщательность
   test ~ глубина тестирования
thrashing 1. перегрузка 2. переполнение памяти; *проф.* пробуксовка *(снижение эффективности работы системы с виртуальной памятью вследствие чрезмерного количества запросов на подкачку страниц)*
thread 1. нить 2. жила провода 3. логическая связь между кли-

ентом и сервером по которой пересылаются запросы 4. порожденный процесс в многозадачной системе 5. прошивать *(матрицу сердечников)*

threading:
  single ~ последовательная обработка сообщений; индивидуальная обработка

three-address трехадресный
three-digit трехзначный
three-dimensional объемный; трехмерный
threshold 1. граница; предел **2.** порог; пороговая величина
  hearing ~ порог слышимости
  operation ~ порог срабатывания
  resolution ~ порог разрешения
  switching ~ порог переключения

throughput производительность *(машины)*; пропускная способность *(канала)*
  aggregate ~ суммарная пропускная способность
  channel ~ пропускная способность канала *(фактическая скорость передачи данных в канале)*
  normalized ~ относительная производительность; реализуемая пропускная способность *(измеряется в процентах от предельной пропускной способности)*
  time sharing of single frequency ~ временное разделение *(абонентов для организации передачи информации)* в одной полосе частот

throw:
  paper ~ подача бумаги; прогон бумаги *(без печати сразу на несколько строк)*

thumbnail эскиз *(мелкое изображение страницы и т.п.)*

thumbwheel координатный манипулятор *(для управления курсором)*

ticket 1. мандат *(для доступа к объекту системы)* **2.** паспорт *(напр. массива данных)*
  trouble ~ билет проблемы *(компьютерное сообщение, передаваемое в службу помощи, в системах с дистанционным контролем и коррекцией ошибок)*

tie привязка; связь; соединение ‖ привязывать *(напр. пакет прикладных программ к конкретной машине)*

tie-in привязка
  footnote ~ *(автоматическая)* привязка сносок *(в текстовом процессоре)*

tier уровень

TIFF [tag image file format] стандартный формат для сжатия и хранения файлов изображений

Tile *ш* рядом *(расположение окон)*
tiling мозаичное размещение *(окон на экране при полиэкранном режиме)*; управление окнами

time 1. время; период *(времени)*; момент времени **2.** раз **3.** рассчитывать по времени; синхронизировать; согласовывать во времени; тактировать; хронировать **4.** отмечать время; хронометрировать ◊ ~ **between arrivals** интервал между требованиями; ~ **between failures** наработка на отказ
  acceleration ~ время разгона
  access ~ **1.** время доступа **2.** момент допуска
  accumulated operating ~ суммарное рабочее время; суммарная наработка
  action ~ рабочее время
  active ~ активное время; продолжительность обслуживания

time

actual ~ фактическое время
add ~ время сложения
arrival ~ время входа *(пользователя в диалоговую систему)*; момент времени входа *(пользователя в диалоговую систему)*
arrival ~ время входа; время прихода *(поступления)*
at a ~ одновременно
at one ~ одновременно
at the ~ в то время
attended ~ время обслуживания
available machine ~ доступное (для работы) машинное время; машинное время (для работы) конкретного пользователя
average operation ~ среднее время (выполнения) операции
average seek ~ среднее время позиционирования
bit ~ такт передачи
build-up ~ время нарастания очереди
calculating ~ время счёта; время вычисления
compilation ~ время компиляции; время работы компилятора; период компиляции
compile ~ время трансляции
computation ~ время вычислений
computer ~ машинное время
computer useful ~ полезное машинное время
computing ~ время вычисления
connect ~ продолжительность сеанса связи
data ~ время обмена данными
data-retention ~ время сохранения информации
dead ~ 1. время запаздывания 2. время работы в холостую; нерабочее время; время простоя; простой
debatable ~ (машинное) время, потерянное по невыясненным причинам; спорное (машинное) время

debug(ging) ~ время отладки; период отладки
deceleration ~ время останова *(напр. магнитной ленты)*
delay ~ время задержки
development ~ 1. время на усовершенствование; стендовое время *(машинное время, отводимое для ввода в систему новых программных или аппаратных средств)* 2. продолжительность разработки; период разработки
down ~ время неисправного состояния; время пребывания в неисправном состоянии; время простоя; простой
dwell ~ время пребывания в системе
effective ~ полезное время; эффективно используемое (машинное) время
effective waiting ~ эффективное время ожидания
elapsed ~ астрономическое время работы
engineering ~ время технического обслуживания; *проф.* инженерное время
entry ~ время входа *(напр. в программу)*; момент ввода *(входного сообщения)*; момент входа
event ~ время наступления события; момент появления события
execution ~ (полное) время выполнения *(напр. команды)*
fault ~ время, потерянное из-за неисправностей; период неисправного состояния
fault location ~ время обнаружения (поиска) неисправностей
fetch ~ время выборки
handshaking ~ время квитирования *(при установлении связи)*
hold ~ время занятости *(устройства)*

time

holding ~ время промежуточного хранения; *проф.* время удержания *(передаваемого сообщения)*
idle ~ время ожидания; время простоя; неиспользуемое рабочее время; простой
improvement ~ время на усовершенствование; стендовое время *(машинное время, отводимое для ввода в систему новых программных или аппаратных средств)*
ineffective ~ время простоя
inoperable ~ время пребывания *(устройства)* в неподготовленном к работе состоянии
installation ~ дата установки *или* сборки; продолжительность установки *или* сборки
instruction ~ время выполнения команды
interaction ~ время взаимодействия
interarrival ~ 1. время между (двумя последовательными) входами *(пользователя в диалоговую систему)* 2. интервал времени между поступлением *(напр., пакетов)*
latency ~ время ожидания
load ~ время загрузки
machine ~ машинное время
maintenance ~ время профилактического обслуживания
makeup ~ суммарное время повторных прогонов *(программ после сбоев)*
mean ~ среднее время
mean ~ between errors средняя наработка на ошибку; среднее время безошибочной работы
mean ~ between failures среднее время безотказной работы
mean ~ to repair 1. среднее время восстановления 2. средняя наработка до ремонта

mean error-free ~ средняя наработка на ошибку; среднее время безошибочной работы
mean repair ~ среднее время ремонта
mission ~ заданная наработка; заданная продолжительность работы; время выполнения (целевого) задания
multiplication ~ время умножения
no-charge ~ не оплачиваемое (пользователем) машинное время
nonscheduled maintenance ~ время внепланового профилактического обслуживания
off ~ время выключения; время пребывания в выключенном состоянии; время простоя
on ~ время включения; время пребывания во включенном состоянии
operable ~ время готовности
operating ~ рабочее время
operation ~ время выполнения операции
over ~ с течением времени
positioning ~ время установки в нужное положение; время позиционирования *(напр. магнитной головки)*
preempted ~ продолжительность прерывания обслуживания
preset ~ заданное время
preventive maintenance ~ время профилактического обслуживания
problem ~ время решения задачи
processing ~ время обработки данных; время обслуживания
processor ~ время счёта
production ~ производительное время; время полезной работы
productive ~ полезное время

proving ~ время проверки *(обычно после устранения неисправности)*
read ~ время считывания
real ~ истинное время; истинный масштаб времени; реальное время; реальный масштаб времени
recovery ~ время восстановления
reference ~ начало отсчета времени; начальный момент времени; опорная точка отсчета времени
remaining service ~ остаточное время обслуживания
repair ~ время ремонта
representative computing ~ эталонное время
request-response ~ время между запросом и ответом
resetting ~ время возврата *(в исходное состояние или положение)*
residual waiting ~ остаточное время ожидания
response ~ время отклика; время реакции; время ответа
restoring ~ время восстановления
retrieval ~ время поиска
round-trip ~ время на передачу и подтверждение приема; период кругового обращения *(сообщения)*
round-trip propagation ~ задержка кругового обхода
run ~ время прогона программы; время счета; время работы программы
running ~ время прогона
sampling ~ время получения выборки
schedule ~ время по расписанию; время по графику; планируемое время

scramble ~ конкурентное время
search ~ время поиска
seek ~ время поиска *(нужной дорожки)*; время установки *(головки на нужную дорожку)*
send-receive-forward ~ время, затрачиваемое на отправку, прием и продвижение сообщения
service ~ время обслуживания
setting ~ время установки *(в определенное состояние или положение)*
setup ~ 1. время подготовки к работе; время вхождения в режим 2. время установки *(в определенное состояние или положение)*
simulated ~ модельное время
simulation ~ модельное время
slot ~ интервал ответа
sojourn ~ 1. время между сменами состояния канала 2. длительность пребывания
spent waiting ~ время ожиданий
start ~ время разгона
startup ~ время запуска
stop ~ время останова
storage ~ время хранения
swap ~ время перекачки *(напр. данных из внешней памяти в оперативную)*; проф. время свопинга
system ~ время системы
system with limited holding ~ система с ограниченным временем пребывания
takedown ~ время освобождения *(устройства)* для следующего использования *(с восстановлением исходного состояния)*
testing ~ время проверки *(обычно после устранения неисправностей)*
total ~ полное время; суммарное время

time

transfer ~ время передачи; время пересылки *(данных)*
translating ~ время трансляции
turnaround ~ длительность цикла обработки
unattended ~ время пребывания в необслуживаемом состоянии
unexpended service ~ оставшееся время обслуживания
unit ~ единичное время; *проф.* квант времени
unused ~ неиспользуемое время; время пребывания в выключенном состоянии
up ~ доступное (машинное) время; рабочее время
useful ~ полезное время
user ~ время пользователя
wait ~ время ожидания
waiting ~ время ожидания
wasted service ~ затраченное время обслуживания
word ~ время выборки слова
write ~ время записи
time-based 1. контролируемый по времени; с временным критерием **2.** синхронизируемый
time-bounded ограниченный по времени
time-consuming забирающий много времени
time-out 1. тайм-аут; истечение времени ожидания события **2.** время простоя, простой
keyboard ~ блокировка клавиатуры по времени; блокировка по превышению (лимита) времени; *проф.* тайм-аут
time-phased распределённый по времени
time-sharing разделение времени; режим разделения времени; работающий в режиме разделения времени; с разделением времени

time-slotted с выделением квантов времени
time-slotting квантование времени
timer 1. реле времени **2.** синхронизирующее устройство **3.** таймер; датчик времени
internal ~ встроенный таймер
timesaver средство, экономящее время
timeslice квантовать время
timestamp отметка времени
timetable временная диаграмма; расписание
timing 1. временные соотношения; временная диаграмма настройка выдержки *(таймера)* **3.** распределение интервалов времени **4.** синхронизация; хронирование; тактирование; согласование по времени
tint оттенок
tip острие
TIPS [technical information phone service] телефонная служба поддержки программных продуктов *(у корпорации Intel)*
title 1. заглавие; заголовок **2.** *тлв.* титр **3.** *мм* интерактивный фильм
half ~ шмуцтитул
TMN [telecommunications management] сеть управления связью
toggle флаг; переключатель
compiler ~s параметры трансляции
token 1. жезл; эстафета; маркер *(в многопроцессорных системах)* **2.** знак **3.** маркер; жетон *(кадр специального формата, непрерывно циркулирующий по локальной сети)* **4.** обозначение; (опознавательный) знак; признак; метка; ярлык **5.** речевой оборот; лексема
authentication ~ жетон аутентификации *(переносное устройство для аутентификации пользователя)*

— 448 —

data ~ маркер, передаваемый с данными *(напр. в сети)*
intelligent ~ интеллектуальный жетон *(средство идентификации со встроенным микропроцессором)*
object ~ символическое изображение объекта
token-passing с эстафетным доступом, с передачей маркера *(о сети ЭВМ)*
tokenize снабжать метками; помечать
tolerable допустимый
tolerance толерантность
  fault ~ устойчивость к ошибкам; нечувствительность к сбоям
tool инструмент; средство; *pl* вспомогательные программы; инструментальные средства; инструментарий
  analytical ~ аналитическое средство
  animation ~s инструментальные средства анимации
  authoring ~s инструментальные авторские средства; средства автоматизированной разработки учебных курсов; средства для автоматизации творческой работы
  back-end ~s средства конечных этапов САПР
  computerized ~s машинные инструментальные средства
  computational ~ вычислительный аппарат
  cross development ~s средства перекрестной разработки *(прикладной системы на инструментальной)*
  debug ~ отладчик
  design ~s средства проектирования
  development ~s средства разработки
  dynamic ~s динамические средства отладки
  front-end ~s инструментальные средства начальных этапов
  graphical ~s графические средства
  in-house ~s собственные инструментальные средства
  knowledge engineering ~s инструментальные средства инженерии знаний
  programming ~ программное средство
  software ~s вспомогательные программы; программные средства
  support ~s инструментальные средства поддержки
  writing ~s средства проверки правописания
toolbar панель инструментов
  drawing ~ панель рисования
toolbox набор инструментов; комплект инструментальных средств; инструментарий; инструментальные средства
  movie ~ киноинструментарий *(набор инструментальных средств для создания, редактирования и воспроизведения видеоизображений)*
toolkit пакет разработчика
toolsmith системный программист
top верх ‖ верхний
  ~ of form начало страницы
  ~ of stack вершина стека
  ~ of stack pointer указатель вершины стека
  always on ~ всегда поверх остальных *(окон)*
top-down 1. нисходящий; сверху вниз 2. нисходящее программирование
top-of-the-line старшей модели
topic 1. тема 2. раздел *(справочной системы)*

topology

topology топология сети
  bus ~ шинная топология
  clusters ~ кластерная топология
  daisy-chain ~ топология типа цепочка
  network ~ топология сети
  random network ~ сеть с произвольной топологией
  ring ~ кольцевая топология
  star ~ звездообразная топология
  tree ~ древовидная топология
toroidal тороидальный
torus тор
TOS [top of stack] вершина стека
total 1. итоговая сумма; итог ‖ итоговый; суммарный; совокупный 2. контрольная сумма
  check ~ контрольная сумма
  control ~ контрольная сумма
  grand ~ общий итог
  hash ~ контрольная сумма
  variance ~ сумма дисперсий
  weighted ~ взвешенная сумма
totality:
  ~ **of choices** совокупность выборов
totalize суммировать; подводить итог
totally полностью
touch касание; прикосновение ‖ касаться
touch-sensitive сенсорный
touch-type печатать слепым методом
touchpad сенсорная панель
tower тумбовое исполнение; стойка
TPA [transient program area] область транзитных программ
TPC [Transaction Processing and Performance Council] комитет по вопросам обработки транзакций и ее производительности
tpi [tracks per inch] дорожек в дюйм
tps [transactions per second] транзакций в секунду

trace 1. запись; кривая *(самописца)* ‖ записывать 2. след; трасса ‖ следить; прослеживать; отслеживать 3. трассировка *(программы)* ‖ трассировать *(программу)* 4. калькировать; копировать 5. отыскивать *(повреждение)* 6. чертить, вычерчивать ◊ ~ **through** отслеживать
  program ~ трасса программы; след программы
  selective ~ выборочная трассировка
trace-driven управляемый трассировочной записью
tracer 1. прибор для отыскания повреждений 2. программа формирования следа *(выполнения программы)*; трассировщик следящее устройство
tracing 1. вычерчивание 2. калькирование; копирование 3. поиск *(повреждений)* 4. слежение; прослеживание; отслеживание 5. формирование следа; трассировка *(программы)*
  backward ray ~ обратная трассировка лучей
  beam ~ трассировка пучка лучей
  call ~ выявление вызывающего абонента
  cone ~ трассировка конусом; коническая трассировка
  session ~ контроль сеансов *(в WWW)*
track 1. дорожка; канал; тракт 2. дорожка перфорации *(на ленте)* 3. запись; фонограмма 4. проводник; связь *(на печатной плате)* 5. тракт 6. данные отслеживания ‖ отслеживать
  address ~ адресная дорожка
  audio ~ дорожка звукового канала; дорожка звукозаписи; звуковая дорожка; аудио дорожка

clock ~ тактовая дорожка
code ~ кодовая дорожка
copy disk ~-by-track копировать диск последовательно по дорожкам
cue ~ дорожка режиссерского канала; режиссерская дорожка; монтажная дорожка
defective ~ дефектная дорожка
digital ~ цифровая дорожка; дорожка цифровой записи
logical ~ логическая дорожка
magnetic ~ магнитная дорожка
physical ~ физическая дорожка
trackball шаровой манипулятор; трекбол
tracking 1. отслеживание; определение местонахождения **2.** трассировка **3.** трекинг (*изменение межбуквенных расстояний*) **4.** установка междустрочного интервала
   forward ~ прямая трассировка
tractor:
   paper ~ устройство протяжки бумаги
trade-off компромисс; компромиссное решение
traffic 1. поток **2.** трафик (*информационный обмен, поток данных в локальной или глобальной сети*) **3.** рабочая нагрузка (*линии связи*)
   amount of control ~ возможности регулирования трафика
   bursty ~ прерывистый трафик; пульсирующий трафик
   control ~ управляющий трафик; поток управляющей информации
   crosslink-to-crosslink ~ трафик космического сегмента
   file-transfer ~ трафик передачи файлов
   heavy ~ интенсивный трафик
   high-priority ~ высокоприоритетный поток информации

   inbound ~ входной трафик
   limited control ~ трафик с ограниченными возможностями управления
   outbound ~ выходной трафик
   outgoing ~ исходящая связь
   service ~ служебная связь
   store-and-forward crosslink ~ трафик межспутниковой линии связи с обработкой и промежуточным хранением информации
   user ~ абонентский трафик
trail:
   audit ~ контрольный журнал
trailer завершитель; трейлер (*запись с контрольной суммой в конце массива данных*)
   batch ~ завершитель пакета
   message ~ завершитель сообщения
   tape ~ хвост ленты
trailing конечный
train:
   ~ of thought ход мыслей
trained обученный
training обучение ‖ учебный
transaction 1. входное сообщение (*приводящее к изменению файла*) **2.** деловая операция; сделка **3.** транзакция (*логическая единица работы, включающая одно или несколько предложений SQL; групповая операция*)
transcription транскрипция
transducer (первичный) измерительный преобразователь; датчик
transfer 1. команда перехода; переход ‖ выполнять команду перехода; передавать управление; выполнять команду передачи управления **2.** перемещение ‖ перемещать **3.** передача; пересылка; перенос ‖ передавать; пересылать; переносить

transfer

~ **of control** команда передачи управления; передача управления

~ **of skills** передача опыта; привитие навыков

block ~ поблочная передача

conditional ~ команда условного перехода; команда условной передачи управления

conditional ~ **of control** условная передача управления; условный переход

control ~ передача управления

data ~ передача данных; пересылка данных; перенос данных; сдвиг данных

dry ~ способ переводного нанесения аппликаций; способ сухого переноса шрифта

serial ~ последовательная пересылка

split ~ передача с разделением буфера

unconditional ~ команда безусловного перехода; команда безусловной передачи **unconditional** ~ **of control** безусловная передача управления; безусловный переход управления

transferability переносимость (напр. программы с одной ЭВМ на другую)

transform результат преобразования; преобразование ‖ превращать; преобразовывать; трансформировать

transformation преобразование, трансформация; превращение
◊ ~ **to normality** преобразование к нормальному распределению

~ **of variate** преобразование случайной величины

normalization ~ преобразование для просмотра

optional ~ возможная трансформация; факультативная трансформация

viewing ~ преобразование для просмотра; трансформация изображения (на экране) путем изменения точки обзора

windowing ~ преобразование для просмотра

transient 1. нерезидентный **2.** неустойчивый **3.** переходный; транзитный

transit:

delay in ~ транзитная задержка; задержка транзита (в сетях);

transition переход

blocky ~ ступенчатый переход

freeze-frame ~ передача статических кадров

logic ~ логический переход

loop ~ передача по кольцевой сети; передача по кольцу

software product ~ передача программного изделия (пользователю)

transitive транзитивный

translate 1. переводить **2.** пересчитывать (из одних единиц в другие) **3.** преобразовывать **4.** транслировать (программу)

translating 1. преобразующий **2.** трансляционный

translation 1. перевод **2.** перемещение; сдвиг (изображения в машинной графике) **3.** пересчет **4.** преобразование **5.** трансляция (программы) ◊ ~**s among multiple languages** многоязычный (автоматический) перевод

data ~ преобразование данных; перевод данных из одного представления в другое

formula ~ трансляция формулы

machine ~ машинный перевод

machine-aided ~ автоматизированный перевод
program ~ трансляция программы
translator 1. преобразователь 2. транслирующая программа; транслятор 3. повторитель
language ~ языковый транслятор
text-to-speech ~ преобразователь текста в речевые сигналы
transmission 1. передача; цикл передачи 2. пропускание, прохождение (*напр. сигнала*)
asynchronous ~ асинхронная передача данных
code-transparent ~ кодонезависимая передача данных
data ~ передача данных
hidden terminal ~ скрытая передача
multiple frame ~ групповая передача кадров
relation ~ *проф.* пересылка отношения (*в распределенных реляционных базах данных*)
schedule contention-free ~ бесконфликтная передача по расписанию; контролируемый доступ
scheduled ~ регламентированная передача; передача по расписанию
simultaneous ~ одновременная передача (*в двух направлениях*)
start-stop ~ стартстопная передача
store-and-forward ~ передача с буферизацией
synchronous ~ синхронная передача
transmit передавать
transparency 1. прозрачность (*инвариантность по отношению к различным схемам кодирования*) 2. прозрачность; незаметность (*напр. внутренней структуры модуля для пользователя*)

data ~ независимость от данных
device ~ аппаратная независимость (*программы*)
referential ~ отсутствие побочного эффекта
software ~ прозрачность программного обеспечения
transparent прозрачный
user- ~ прозрачный для пользователя
transpire обнаруживаться
transport 1. транспорт ‖ транспортный 2. протокол передачи данных; транспортный протокол
cross-channel ~ передача по обходному каналу
Local Area ~ сетевой протокол корпорации Digital Equipment
magnetic-tape ~ лентопротяжное устройство
tape ~ лентопротяжное устройство
transportability 1. мобильность; переносимость (*напр. программы с одной ЭВМ на другую*) 2. транспортируемость (*напр. данных по сети*)
transporting транспортировка
transposed транспонированный
transposition перестановка
privacy ~ преобразование (шифрование) секретных данных
transit:
delay in ~ транзитная задержка
trap 1. захват ‖ захватывать; перехватывать 2. ловушка 3. прерывание; прерывание при непредусмотренной ситуации; системное прерывание 4. схема прерывания при возникновении непредусмотренной ситуации
asynchronous system ~ асинхронное прерывание
interrupt ~ прерывание
synchronous system ~ синхронное прерывание

trap-door *проф.* лазейка *(слабое место, напр. в системе защиты)*
trapezoid трапеция
trapping организация ловушек *(для обнаружения непредусмотренных ситуаций)*; прерывание
  error ~ перехват ошибок
  event ~ обработка прерываний
trash корзина для мусора; ненужная информация; мусор ‖ чистить от мусора
trashing:
  buffer ~ переполнение буферов
  goal ~ переполнение списка целей
traversal обход
  tree ~ обход дерева
traverse пересекать
traversing обход
tray:
  input ~ подающий лоток
treat обрабатывать
treatment 1. трактовка; интерпретация 2. обработка; переработка 3. способ обращения; режим использования
  analytical ~ аналитическая обработка; аналитическое исследование
  fault ~ обработка сбойных ситуаций
  geometry ~ интерпретация геометрических данных
  mathematics ~ математическая обработка
  mathematical ~ математическая обработка
  nonpreferential ~ обслуживание без приоритета
  preferential ~ обслуживание с приоритетом; приоритетная обработка
tree дерево; древовидная схема; древовидный дешифратор
  ~ **of objectives** дерево целей
  balanced multiway search ~ Б-дерево
  binary ~ двоичное дерево
  binary search ~ двоичное дерево поиска
  consistency ~ дерево составляющих
  decision ~ дерево альтернатив; дерево решений
  dependency ~ дерево зависимостей
  depth-balanced ~ сбалансированное дерево
  derivation ~ дерево вывода
  directory ~ дерево каталогов
  fault ~ дерево неисправностей
  game ~ дерево игры
  goal ~ дерево целей
  inference ~ дерево вывода
  non-circular decision ~ дерево решений без циклов
  pars ~ дерево разбора
  partial spanning ~ дерево с частичной связностью
  pattern ~ дерево образа
  relevance ~ дерево относительной важности
  search ~ дерево поиска; дерево перебора
  sink ~ корневое дерево
  skewed ~ несбалансированное дерево
  spanning ~ основное дерево
  traversing a decision ~ обход дерева решений
  «where-used» ~ дерево применимости *(компонентов программных средств)*
tree-coded древовидный
tree-like древовидный
tree-structured древовидный; с древовидной структурой
tree-walk обход дерева
trend 1. тенденция 2. тренд ◊ ~ **in mean** тренд среднего; ~ **in points** расположение точек; ~ **in variance** тренд дисперсии

analytic ~ тренд, заданный формулой
curvilinear ~ нелинейный тренд
exponential ~ экспоненциальный тренд
linear ~ линейный тренд
logarithmic ~ логарифмический тренд
logarithmical ~ логарифмический тренд
rectilinear ~ линейный тренд
systematic ~ систематический тренд
systematical ~ систематический тренд

trespasser:
  computer ~ компьютерный «взломщик» *(злоумышленник, пытающийся «взломать» защиту и получить доступ к информации в памяти ЭВМ)*

trial испытание; проба; опыт ‖ испытательный; пробный; опытный

triangle треугольник
  equilateral ~ равносторонний треугольник
  isosceles ~ равнобедренный треугольник
  rectangular ~ прямоугольный треугольник

trickology замысловатое программирование; программирование с «хитростями», *проф.* трюкачество

trick:
  bag of ~s набор хитростей; набор «хитрых приемов»
  coding ~s «хитрые» приемы кодирования *(программ)*

tricky сложный

trigger триггер
  event ~ триггер события

trim 1. накладка *(на лицевую панель с обозначением органов управления и индикации)* **2.** подрезать

trip:
  round- ~ двусторонняя передача сигнала *(из конца в конец и обратно)*

Triple-DES стандарт на шифрование

Trojan Horse Троянский конь *(разновидность вируса, который маскируется под обычную программу, но содержит код, наносящий вред системе);* троянский конь *(скрытая программа, ориентированная на преодоление механизма защиты системы)*

trouble проблема
  to have ~ running the program испытывать затруднения при прогоне программы

troubleshooter щуп для поиска неисправностей

troubleshooting поиск неисправностей

troublesome ненадежный

true истина; правда; реальность ‖ истинный; реальный

TrueType технология контурных шрифтов

truncate укорачивать; отсекать; усекать

truncation 1. досрочное завершение процесса вычислений **2.** ошибка усечения **3.** усечение, отбрасывание *(напр. членов ряда)*

trunk канал связи; магистраль

trusted надежный

truth достоверность; истинность

try пробовать ◊ **~ the system later** попробуйте войти в систему позже *(сообщение)*

TSAPI [telephone services API] интерфейс прикладного программирования для управления телефонной связью

TSR [terminate and stay resident] завершиться и остаться резидентной *(программы DOS, кото-*

рые после запуска остаются резидентными в ОЗУ: драйверы, вирусы и т.д.); резидентный
TSTN [triple supertwist nematic] тройной супертвистнематический (*технология изготовления дисплеев для портативных, блокнотных и других ПК*)
tube:
  cathode ray ~ катодно-лучевая трубка; кинескоп
tuning настройка ‖ настроечный
tuple 1. кортеж 2. фрагмент данных в блоке информации о PC-карте, в котором описываются характеристики и возможности данной карты
turn: ◊ ~ **off** выключить; ~ **on** включить
turn-down диапазон изменения
turnaround оборотный
turned: ◊ ~ **off** выключенный; ~ **on** включенный
turnkey готовый к непосредственному использованию; со сдачей под ключ
tutor 1. учитель; инструктор 2. обучающая система
  socratic ~ обучающая система с сократовой логикой
tutorial средство обучения (*пользователя в системе*); учебник; учебное пособие
  human ~ обучение человеком (*в отличие от машинного*)
TV:
  interactive ~ интерактивное телевидение
TWAIN программный интерфейс для сканеров
twiddle тильда (*название символа*)
twin двойной
twin-axial коаксиальный
two два
two-address двухадресный

two-channel двухканальный
two-digit двузначный
two-dimensional двумерный
two-pass двухпроходный
two-sample основанный на двойной выборке
two-sided двусторонний
two-spot двоеточие (*название символа*)
two-stage двухступенчатый
two-way двусторонний
twofold двукратный; удвоенный
type 1. тип; род; класс; вид 2. литера; шрифт 3. вводить; набирать на клавиатуре; печатать на пишущей машинке ◊ ~ **in** впечатывать
  abstract data ~ абстрактный тип данных
  aggregate ~ составной тип
  base ~ исходный тип
  blocking ~ непрозрачный тип
  built-in ~ встроенный тип
  character ~ символьный тип данных; тип символа
  cold ~ 1. компьютерный набор текста 2. фотонабор
  complex data ~ сложный тип данных
  connection ~ тип подключения
  data ~ тип данных
  encapsulated ~ скрытый тип
  enumerated ~ перечислимый тип
  field ~ тип поля
  file ~ тип файла
  floating-point ~ тип с плавающей точкой
  fundamental ~ основной тип данных
  fundamental data ~ основной тип данных
  handling ~ вид обработки
  jukebox ~ с автоматической сменой дисков
  media ~ тип носителя

    member ~ тип члена
    mixing ~ смешанный тип
    operation ~ вид операции
    ordinal ~ перечислимый тип
    predefined ~ предопределенный тип
    primary ~ простой тип
    prime ~ простой тип
    private ~ приватный тип
    procedural ~ процедурный тип
    proportional ~ пропорциональный шрифт
    record ~ тип записи
    restricted ~ ограниченный тип
    scalar ~ скалярный тип
    set ~ тип набора
    statement ~ вид оператора
    user-defined ~ тип пользователя
    variable ~ тип переменной
type-ahead опережающий ввод с клавиатуры; осуществлять опережающий ввод с клавиатуры (*при высокой скорости работы оператора*)
type-checking контроль типов
type-check проверять соответствие типов
type-in ввод с помощью клавиатуры; набор на клавиатуре
type-out вывод на печать; *проф.* выпечатывание
typeahead буфер клавиатуры
typed 1. машинописный 2. типовой
typeface гарнитура
    proportional ~ пропорциональный шрифт
typeless безтиповый; не предусматривающий определения типов данных (*о языке*)
typesetter наборное устройство
typesetting набор; набор текста
    computer-controlled ~ *полигр.* автоматизированный набор
    electronic ~ электронный набор

typewriter печатающее устройство; пишущая машинка
typing набор на клавиатуре; печатание на клавиатуре; печатание на пишущей машинке
    space ~ печать вразрядку
    strong ~ строгий контроль типов
    weak impression of ~ слабая печать

U

UART [universal asynchronous receiver/transmitter] универсальный асинхронный приемопередатчик; УАПП
UCS [user coordinate system] система координат пользователя
UDP [user datagram protocol] сетевой протокол транспортного (четвертого) уровня
UFO [user familiar object] унифицированные и привычные пользователю объекты, в терминах которых он может работать с базой данных
ULSI [ultra large scale integration] ультра-большая интеграция
ultimate 1. крайний 2. окончательный; последний
ultrareliable сверхнадежный
ultraspeed сверхбыстродействующий
UMB [upper memory block] блок верхней памяти
umbral релевантный; относящийся к (данному) запросу
unable неспособный
unacceptable неприемлемый
unallocate освобождать (*ресурс*)
unallowable запрещенный
unambiguous однозначный
unary унарный

unassemble 1. разбирать *(на части)* **2.** проводить обратное ассемблирование; дезассемблировать *(программу)*
unassign отменить назначение
unattended автоматический; необслуживаемый; работающий без оператора
unauthorized несанкционированный
unavailability неготовность; недоступность; отсутствие в наличии
unavailable недоступный
unbalance разбаланс; рассогласование
unbalanced несбалансированный
unblanking отпирание
unblocking 1. деблокирование; разблокировка **2.** разбиение блока *(данных)* на несколько подблоков; распаковка блока *(данных)*
unbound неограниченный
unbuffer освобождать буфер
unbuffered без буфера; небуферизованный
unbundling развязывание цен *(раздельное назначение цен на аппаратуру, программное обеспечение и услуги)*
unburdening разгрузка; уменьшение нагрузки
uncertain неопределенный
uncertainties:
   statistical ~ статистические неопределенности
uncertainty неопределенность; недостоверность; неточность; неуверенность
   decision-making under ~ принятие решений в условиях неопределённости
   linguistic ~ лингвистическая неопределенность
   prior ~ априорная неопределенность

   statistical ~ статистическая неопределенность
   timing ~ неточность хронирования
unchanged неизменный
uncheck не контролировать; отменять проверку
unclear неясный
uncompatible несовместимый
uncompressed несжатый
uncompressing развертывание
unconditional безусловный; не ограниченный условиями
unconnected несвязанный; отсоединенный
uncountable несчетный
uncouple разъединять; расцеплять
uncoupling развязка; развязывание; разъединение; расцепление; разрыв связей
uncrunching развертывание *(сжатого файла)*
undecidability *лог.* неразрешимость
undecipherable не поддающийся расшифровке; неразборчивый
undeclared неописанный
undefined неопределенный
undelete отменять удаление
undent выступ; смещение *(начала строки)* влево ∥ смещать влево
under под
underflow исчезновение (значащих) разрядов; потеря значимости
   characteristic ~ исчезновение разрядов порядка
   exponent ~ исчезновение порядка
   stack ~ выход за нижнюю границу стека
   wrapped ~ псевдонормализованное число при утере значимости
underline 1. подчеркивать *(текст)* ∥ подчеркнутый **2.** придавать особое значение; подчеркивать
   double ~ двойное подчеркивание

underlining подчеркивание
underload недогрузка; неполная нагрузка ‖ недогружать; давать неполную нагрузку
underscore 1. заниженная оценка; недооценка ‖ давать заниженную оценку; недооценивать **2.** символ подчеркивания; черта снизу ‖ подчеркивать
undershoot 1. недоиспользование *(возможностей системы)* **2.** отрицательный выброс
understandability понятность
understander распознающее устройство; распознающий узел
understanding понимание; интерпретация
   image ~ понимание изображений
   natural language ~ понимание естественного языка
undesired неблагоприятный
undetectable необнаруживаемый
undirected ненаправленный; неориентированный
undo отмена *(выполненных действий)*; откат операции; развязка *(последствий неверных операций)* ‖ отменять *(выполненные действия)*
undocumented неописанный
unedited неотредактированный
unequal неравный
unerase восстанавливать *(после удаления или стирания)*
unevident неочевидный
unexclusive неисключающий
unexpected непредвиденный
unfailing бездефектный; безотказный
unfavorable неблагоприятный
unformatted бесформатный; неформатированный; неотформатированный
unfreeze снять закрепление *(заголовков, областей и т.п.)*

unguarded незащищенный; неохраняемый
unhide делать видимым
unhooking отключение; отсоединение
UNI [user-to-network interface] интерфейс между пользователем и сетью *(описывает взаимодействие между оборудованием пользователя телекоммуникационного сервиса и сетью, предоставляющей этот сервис)*
unibus общая шина
unicity единственность *(напр. решения)*
unicode 1. стандарт 16-битового кодирования символов национальных алфавитов; уникод **2.** уникальное имя
unidirectional однонаправленный
unification унификация
   ink ~ однородность отражательной способности печатных знаков *(при их автоматическом распознавании)*
unified унифицированный
unified-bus архитектура с общей шиной
unifier унификатор
   circular ~ циклический унификатор
   most general ~ наиболее общий унификатор
unify 1. отождествлять **2.** унифицировать
unilateral односторонний; одностороннего действия
unimodal одновершинный; унимодальный
uniname уникальное имя
uninitialized неинициализированный
uninstall не установленный
uninstaller деинсталлятор *(программа, удаляющая приложение из операционной среды Windows)*

union 1. объединение ‖ объединенный **2.** операция «включающее ИЛИ»
~ **of inputs** объединение входящих потоков
~ **of streams** объединение потоков
discriminated ~ размеченное объединение (*типов данных*)
uniprocessing однопроцессорная обработка
uniprocessor однопроцессорный
unique 1. однозначный; однозначно определяемый **2.** уникальный
unit 1. единица **2.** единица измерения **3.** единое целое **4.** звено; элемент (*см. тж* component, element) **5.** компонент программы; модуль **6.** подразделение **7.** устройство; узел; блок; прибор ◊ ~ **in service** обслуживаемое требование
~ **of allocation** элемент размещения; размещаемый блок; размещаемая единица (*в распределенных системах*)
~ **of language** языковая единица
~ **of operation** единица действия (*в машинном языке*)
~ **of quantity** единица количества
address ~ адресуемая единица; минимальная адресуемая единица
addressing ~ наименьший адресуемый элемент
applique ~ прикладной блок
arithmetic ~ арифметическое устройство; арифметический блок
arrived ~ поступившее требование
arriving ~ поступающее требование
assembly ~ компоновочный блок

assigned ~ назначенное (*закрепленное*) устройство
attached ~ **1.** назначенное (*закрепленное*) устройство **2.** подсоединенный блок
audio processing ~ блок обработки звукового сигнала
audio response ~ устройство речевого вывода
automatic calling ~ автоматическое вызывное устройство
available ~ доступное устройство
bad ~ неверное имя устройства
beta ~**s** образцы установочной партии
buffer ~ буферный блок
central processing ~ центральный процессор
compilation ~ единица компиляции
computing ~ вычислительный блок
configuration control ~ блок управления конфигурацией; блок реконфигурации
control ~ устройство управления; блок управления
data ~ **1.** блок данных **2.** единица данных; элемент данных
data acquisition ~ устройство сбора данных
data display ~ устройство отображения данных; индикатор данных
data flow ~ блок потока данных
data handling ~ устройство обработки данных
data service ~ устройство обработки данных
delayed ~ ожидающее требование
detached ~ откремленное (*при распределении ресурсов*) устройство; отсоединенный блок
device control ~ контроллер устройства

digital time ~ цифровой датчик времени; цифровые часы
disk ~ дисковое ЗУ; накопитель на дисках; дисковый накопитель; дисковое запоминающее устройство
display ~ устройство отображения; дисплей
execution ~ исполнительное устройство; функциональный модуль
executive ~ исполнительный блок
fast ~ быстродействующее устройство
feedback ~ элемент обратной связи
file ~ файловое ЗУ
film ~ съемочная группа
first-class ~ требование с высшим приоритетом
functional ~ функциональное устройство; функциональный блок; блок реализации функции
graph ~ графический модуль
graphic display ~ графический дисплей
hard-disk ~ ЗУ на жестких дисках; накопитель на жестких дисках
high-priority ~ требование с высоким приоритетом
impossible ~ неразрешенное устройство; несуществующее устройство
indentation ~ отступ
information ~ единица информации; элемент информации
information content ~ единица количества информации
information content decimal ~ десятичная единица количества информации
input ~ входное устройство; устройство ввода; входной блок; блок ввода; воспринимающий блок
input/output ~ устройство ввода-вывода; блок ввода-вывода
inquiry ~ опрашивающее устройство; блок формирования запросов
insertion ~ вставной блок; блок для вставки
instruction ~ устройство обработки команд; блок обработки команд
instruction control ~ блок обработки команд; блок формирования команд; устройство формирования команд
interface ~ интерфейс; интерфейсный блок; устройство сопряжения
interrogation ~ опрашивающее устройство; блок формирования запросов
lexical ~ лексическая единица; лексема
library ~ библиотечный модуль
link data ~ блок данных канала передачи
linguistic ~ лингвистическая единица
locking ~ область блокирования (*блокируемая в базах данных как единое целое*)
logic ~ логическое устройство; логический блок; логическое звено; логический элемент
logical ~ **name** логическое имя устройства
magnetic-tape ~ лентопротяжное устройство
manageable ~ управляемый элемент
memory ~ запоминающее устройство; ЗУ; блок памяти
memory control ~ блок управления памятью
memory management ~ диспетчер памяти

microprocessor ~ блок микропроцессора; микросхема микропроцессора; микропроцессорный блок

microprocessor-based ~ устройство с микропроцессором; микропроцессорное устройство

microprocessor-controlled ~ устройство с микропроцессорным управлением

microprogram ~ микропрограммный блок; блок микропрограммного управления

microprogrammed ~ устройство с микропрограммным управлением

modular ~ модульное устройство; устройство в модульном исполнении

monitor ~ 1. блок диспетчерского управления; блок текущего контроля **2.** монитор

natural ~ натуральная единица

nonpriority ~ требование, не обладающее приоритетом

off ~ выключенное устройство; устройство в состоянии «выключено»

off-line ~ автономное устройство; автономный блок

on ~ включенное устройство; устройство в состоянии «включено»

on-line ~ оперативно-доступное устройство; устройство, работающее в реальном времени

on-line ~ подключенное устройство

operational ~ операционный блок; функциональный блок

operational ~ работоспособное устройство

operator interface ~ модуль операторского интерфейса

outgoing ~ требование, покидающее систему

output ~ выходное устройство; устройство вывода; выходной блок; блок вывода

peripheral ~ периферийное устройство

peripheral control ~ блок управления периферийным устройством; контроллер внешнего устройства

plug-to-plug compatible ~ (полностью) совместимое устройство; устройство, совместимое по разъему

pluggable ~ съемный блок; сменный блок

plug-in ~ съемный блок; сменный блок

poligon-filling ~ блок (сплошного) закрашивания многоугольников *(на экране дисплея)*

power ~ блок питания

power supply ~ блок питания

preempted ~ требование с прерванным обслуживанием

priority ~ требование с приоритетом

processing ~ устройство обработки *(данных)*; процессор; блок обработки *(данных)*

program ~ блок программы; модуль программы; программная единица

program control ~ блок программного управления

programmer logical ~ логическое устройство программиста *(виртуальное устройство, введенное программистом)*

programming ~ программирующее устройство

protocol ~ протокольный блок, блок реализации протокола

query ~ элемент запроса; элементарный запрос *(в распределенной системе)*

raster ~ шаг растра

unlimited

recovery ~ элементарный восстанавливаемый объект; элемент восстановления
referable ~ разрешенное устройство
remote display ~ дистанционный дисплей
remote entry ~ дистанционное устройство ввода
resident ~ резидентный модуль
sample ~ элемент выборки
scaling ~ пересчетное устройство; счетчик; блок масштабирования
self-contained ~ автономное устройство
sensing ~ считывающий элемент; датчик
sensory ~ сенсорное устройство
shaping ~ формирующий блок; формирователь
shared ~ совместно используемое устройство
speech/recognition and synthesis ~ устройство синтеза и распознавания речи
stand-alone ~ автономное устройство; автономный блок
storage ~ запоминающее устройство; ЗУ; блок памяти
storage control ~ блок управления ЗУ
stream ~ устройство управления потоком *(данных)*; блок управления потоком *(данных)*
supply ~ блок питания
switching ~ коммутатор; устройство переключения; переключающее устройство
switchover ~ коммутационный модуль
symbolic ~ символический элемент; символ *(блок-схемы)*
syntactic ~ синтаксическая единица

system control ~ блок системного управления
system input ~ системное входное устройство; системное устройство ввода
system output ~ системное выходное устройство; системное устройство вывода
telecommunications control ~ устройство управления телесвязью
telephone communications ~ блок связи по телефонным каналам
terminal ~ абонентский пункт; оконечное устройство; терминальное устройство; терминал
time ~ единица времени; единичный интервал времени; квант времени; такт
transmission control ~ устройство управления передачей данных
transport network data ~ блок данных транспортной сети
visual display ~ устройство визуального отображения
voice response ~ устройство речевого отклика
universal универсальный
universe область; совокупность; универсальное множество; *стат.* генеральная совокупность
 ~ **of discourse** предметная область
 finite ~ конечная генеральная совокупность
 infinite ~ бесконечная генеральная совокупность
UNIX операционная система
unknown неизвестный
unlabeled немаркированный; непомеченный
unlike в отличие от; непохожий на
unlikely маловероятно
unlimited неограниченный

unlinked несвязный
unload 1. разгрузка; выгрузка ‖ разгружать; выгружать 2. извлекать; вынимать *(ленту)*; снимать *(бобину с лентой)* 3. выводить массив информации; выводить содержимое памяти
unloading разгрузка
unlock 1. деблокировать; разблокировать 2. отпирать
unlocking 1. разблокирование; снятие блокировки 2. отпирание
unmake разбирать; аннулировать
unmanned работающий без обслуживающего персонала; необслуживаемый; автоматический
unmark снять выделение
unmarked немаркированный; непомеченный
unmatched несогласованный
unmount демонтаж; демонтирование ‖ демонтировать
unnamed безымянный
unnecessarily необязательно
unoptomised неоптимизированный
unpack распаковка *(напр. сжатых данных)* ‖ распаковывать
instruction ~ распаковка команды
unpacked неупакованный
unparser блок грамматического синтеза *(выводимых предложений)*
unpassworded без пароля
unplug вынимать из контактного гнезда; вынимать из розетки
unpredictable непредсказуемый
unprime неосновной
unprotect снимать защиту с
unprotected незащищенный
unquantifiable не выражаемый в количественной форме
unreadable нечитаемый
unrecoverable невыявляемый

unregistered незарегистрированный
unreliable ненадежный
unscrambled расшифрованный
unselected невыбранный
unserviceable неудобный для обслуживания; непригодный для обслуживания
unsheduled внеплановый
unsigned без знака; беззнаковый
unskilled неквалифицированный; необученный; неопытный; неподготовленный
unsolvable неразрешимый
unsorted неотсортированный
unspand расположенный в одном блоке
unspanned расположенный в одном блоке *(о записи в файле)*
unspecified неопределенный
unsquashing развертывание *(сжатого файла)*
unsqueeze распаковывать
unstable неустойчивый; нестабильный
unsteady неустановившийся; нестационарный; неустойчивый; непостоянный
unstratified нестратифицированный
unstructured бесструктурный; неструктурный; неструктурированный
unsuccessful безуспешный
unsupport не поддерживать
unsupported неподдерживаемый
unsymmetrical несимметричный
untagged непомеченный
untappable защищенный от перехвата; защищенный от перехвата сообщений
untestable непроверяемый; неудобный для контроля; нетестируемый, неудобный для тестирования
until до; прежде чем

untyped нетипированный
unusable 1. неиспользуемый 2. непригодный; непригодный для использования
   disk ~ диск не пригоден для использования *(сообщение)*
unused неиспользуемый
unusual необычный
unwanted нежелательный
unwatched автоматический; работающий без обслуживающего персонала; необслуживаемый
unweighted невзвешенный
unwind возврат в исходное состояние
unzapping восстановление
up вверх ◊ ~ **to** до
up-arrow крышка *(название символа ^)*; стрелка вверх *(клавиша)*
up-to-date современный; отвечающий современным требованиям
up-to-the-minute самый последний *(по времени)*; самый современный
updatable обновляемый
update 1. дополнение 2. корректировка; обновление; обновленная редакция *(документации)* ‖ корректировать; обновлять; обновить ПО *(модификация программного обеспечения с целью исправления ошибок или расширения его функциональных возможностей)* ‖ обновляемый ◊ ~ **by copy** модификация с созданием новой версии; ~ **in situ** модификация без создания новой версии
   cursor ~ перемещение курсора
   dynamic CLUT ~ динамическое обновление таблицы выбора цвета
   feature ~**s** изменения свойств
   link-quality ~ корректировка качества линии связи

   oscillation of routing ~**s** циклическое формирование указаний на изменение маршрута
   routing ~ обновление маршрутов
   to be entitled to ~**s** подлежать обновлению
updated модернизированный; усовершенствованный
updating корректировка; обновление; изменение в соответствии с новыми данными; *проф.* актуализация
   append-only ~ обновление *(файла)* только путем присоединения новых записей
   batch ~ групповое обновление *(данных)*
   file ~ ведение файла; корректировка содержимого файла; обновление файла
   memo ~ директивное обновление *(файлов ключевых признаков)*
   screen ~ обновление изображения на экране
upgradable наращиваемый; расширяемый *(по функциональным возможностям)*; поддающийся модернизации
upgrade 1. модернизация; *проф.* апгрейд *(модернизация аппаратных или программных средств)* ‖ наращивать вычислительные возможности; модернизировать; усовершенствовать 2. средства обеспечения наращивания вычислительных возможностей
   memory ~ дополнительная плата
upgrading совершенствование
upline пересылка на верхний уровень *(программ или данных)* ‖ пересылать на верхний уровень
upload 1. пересылка по сети файла из вашего компьютера в другой 2. загружать

uploading загрузка; подкачка *(в оперативную память)*
upper верхний
upper-case заглавный
UPS [uninterruptible power supply] источник бесперебойного питания (БИП)
    line-interactive ~ интерактивный БИП
upside верхняя часть; поверхность
upsizing укрупнение системы
uptime время работоспособности; доступное (машинное) время; период работоспособного состояния *(машины)*
    percent ~ относительный период работоспособного состояния *(машины)*; коэффициент использования машинного времени
upward-compatible совместимый снизу вверх
urgent срочный; экстренный
URL [uniform resource locator] универсальный указатель ресурса *(в WWW строка, указывающая местоположение части информации)*
usability 1. используемость; применимость 2. практичность *(характеристика качества программного обеспечения)* 3. удобство и простота использования
    data ~ используемость данных
usable приемлемый
usage 1. использование; применение; употребление *(см. тж use, utilization)* 2. коэффициент загрузки *(используемого ресурса)* 3. потребление; расход 4. частота использования; используемость; применимость
    authorized ~ санкционированное использование
    channel ~ коэффициент использования канала
    exclusive ~ **mode** монопольный режим использования
    memory ~ использование памяти
    resource ~ коэффициент использования ресурсов
USART [universal synchronous/asynchronous receiver/transmitter] универсальный синхронный/асинхронный приемопередатчик
USB [universal serial bus] универсальная последовательная шина *(разработка корпорации Intel)*
use использование; польза; применение ‖ использовать
    authorized ~ санкционированное использование
    by ~ путем использования
    efficient ~ эффективное использование; эффективное применение
    heavy business ~ широкое коммерческое применение
    home ~ использование в домашних условиях; бытовое применение
    illegal ~ незаконное использование
    limited ~ ограниченное использование; ограниченное применение
    long-term ~ долговременная эксплуатация; долгосрочное использование
    multiple ~ многократное использование; множественное применение
    noncommercial ~ некоммерческое использование
    nonindustrial ~ непромышленное применение; применение в непромышленной сфере
    private ~ индивидуальное использование

single ~ однократное использование; разовое применение
smart ~ разумное использование
unauthorized ~ несанкционированное использование
wide ~ широкое использование; широкое применение

used:
   commonly ~ распространенный

useful полезный; пригодный

Usenet система телеконференций Интернет

user пользователь; абонент
   ~ **of abstraction** пользователь абстракции
   ad hoc ~ эпизодический пользователь
   advanced ~ опытный пользователь
   authorized ~ зарегистрированный пользователь; полномочный пользователь
   casual ~ случайный пользователь
   computer ~ пользователь компьютера
   computer-literated ~ пользователь, знакомый с ЭВМ
   destination ~ вызываемый абонент; абонент пункта назначения
   end- ~ конечный пользователь; конечный потребитель
   expert ~ квалифицированный пользователь
   first-time ~ новый пользователь (*не зарегистрированный в системе*)
   greedy ~ жадный пользователь (*пользователь, осуществляющий быстрые изменения рабочего расписания*)
   high-priority ~ пользователь с высоким приоритетом
   interactive ~ интерактивный пользователь; пользователь, работающий в диалоговом режиме
   large-scale ~ крупный пользователь
   lay ~ пользователь-непрофессионал
   local ~ местный пользователь
   low-priority ~ пользователь с низким приоритетом
   mobile ~ подвижный абонент
   naive ~ неподготовленный пользователь; пользователь, не знакомый с ЭВМ
   nonauthorized ~ незарегистрированный пользователь; пользователь, работающий не по графику
   nonprogrammer ~ пользователь-непрограммист
   novice ~ начинающий пользователь, пользователь-новичок
   originating ~ вызывающий абонент
   power ~ искушенный/опытный/квалифицированный/маститый пользователь
   privileged ~ привилегированный пользователь
   real ~ 1. коммерческий пользователь (*оплачивающий машинное время*) 2. обычный пользователь (*в отличие от хакера*)
   registered ~ зарегистрированный пользователь
   remote ~ удаленный пользователь; пользователь, работающий с дистанционного терминала
   scheduled ~ 1. зарегистрированный пользователь 2. пользователь, работающий по графику
   skilled ~ квалифицированный пользователь
   supported ~ абонент, не входящий в состав сети
   terminal ~ пользователь терминала
   tough ~ небрежный пользователь

user

trained ~ обученный пользователь
ultimate ~ конечный пользователь
unauthorized ~ незарегистрированный пользователь
unskilled ~ неквалифицированный пользователь
voice ~ пользователь, применяющий речевой ввод
user-available доступный пользователю
user-defined определяемый пользователем; заданный пользователем
user-directed управляемый пользователем
user-friendly удобный для пользователя, *проф.* дружелюбный к пользователю (*о системе с удобными средствами общения*); дружественный
user-oriented ориентированный на пользователя
user-programmable программируемый пользователем
user-set задаваемый пользователем
user-written пользовательский; написанный пользователем (*о программе*)
user's пользовательский
userid идентификатор пользователя
userkit пользовательский набор (*средств интерфейса между микропроцессором и терминалом*)
username имя пользователя
using используя
by ~ путем использования
usual обычный
utility 1. обслуживающая программа; служебная программа; *проф.* утилита 2. полезность; полезное свойство 3. свойство 4. служебный

additive ~ аддитивная функция полезности
archive extract ~ служебная программа распаковки архива; утилита распаковки архива
as-is ~ исходная полезность (*характеристика качества программного обеспечения*)
computer ~ ЭВМ
computer business ~ применение ЭВМ в деловых операциях; коммерческое применение ЭВМ
conversion ~ утилита преобразования
debugging ~ отладочная программа
executive system ~ системная сервисная программа
expected ~ математическое ожидание
multiattribute ~ многомерная полезность
numerical ~ численная полезность
revision ~ программа обновления
sort ~ программа сортировки
stand-alone ~ автономная программа (*не управляемая операционной системой*)
utilization 1. использование; употребление; применение; утилизация 2. коэффициент использования
operator ~ нагрузка на оператора; загрузка оператора (*в системе*)
utilize использовать
utmost предел; высшая степень ‖ предельный
UTP [unshielded twisted pair] неэкранированная витая пара
UUCP [UNIX-to-UNIX copy] протокол связи двух компьютеров через их последовательные порты

uuencode программа, с помощью которой упаковываются длинные сообщения, посылаемые по электронной почте

V

vacancy 1. вакансия 2. пустое место; пробел; пропуск
vacant незанятый; пустой; свободный
VAD [value-added distributor] дистрибьютор, добавляющий услуги
valid допустимый; правильный
validate проверять достоверность; подтверждать правильность
validation проверка достоверности; подтверждение правильности
  algorithmic ~ проверка алгоритма
  cross ~ перекрестная проверка на достоверность *(напр. просчетом на другой машине)*
  data ~ проверка данных
  dependability ~ подтверждение гарантоспособности
  formal program ~ формальное доказательство правильности программы
  program ~ аттестация программы
  technical ~ техническая пригодность
  test ~ проверка эффективности теста
validity 1. достоверность; истинность; правильность; справедливость 2. обоснованность; доказанность 3. точность
valuator 1. блок вычисления *или* ввода значений *(в программу)*; блок присваивания значений 2. блок оценки 3. устройство ввода чисел

value 1. величина; значение 2. значимость; оценка; стоимость; ценность ǁ оценивать
  ~ of function значение функции
  ~ of game цена игры
  ~ of statistical item значение признака
  ~ of the variable значение переменной
  absolute ~ абсолютное значение; абсолютная величина; модуль
  access ~ ссылочное значение
  actual ~ фактическое значение; истинное значение; действительное значение
  additive ~ аддитивная величина
  anticipated ~ ожидаемое значение; ожидаемая величина
  arbitrary ~ произвольное значение
  asymptotic ~ асимптотическое значение
  asymptotically optimum ~ асимптотически оптимальное значение
  attribute ~ значение атрибута
  boolean ~ логическое значение
  by ~ по значению *(о способе передачи параметров в процедуру)*
  calculated ~ расчетное значение
  certainty ~ вероятность
  certainty ~ значение показателя достоверности
  check ~ контрольное число; контрольный признак
  code ~ кодовое обозначение
  color ~ код цвета; номер цвета *(в цветной машинной графике)*
  computed ~ вычисленное значение
  conditionally optimal ~ условно-оптимальное значение
  control ~ контрольное значение
  credibility ~ степень доверия
  critical ~ критическое значение

value

current ~ текущее значение
decoded ~ декодированное значение
default ~ значение, присваиваемое по умолчанию; значение по умолчанию
defined ~ определенное значение
design ~ расчетное значение; расчетная величина; расчетные данные
desired ~ ожидаемое значение; требуемое значение; заданная величина
domain ~ значение домена
effective ~ действующее значение; эффективное значение
empty ~ фиктивное значение
end ~ конечное значение
expectation ~ математическое ожидание
expected ~ математическое ожидание
extreme ~ экстремальное значение
final ~ результирующее значение
finite ~ конечное значение
fitted ~ подобранное значение
fixup ~ координаты местоположения
force a ~ принудительно задавать значение
given ~ заданная величина
hack ~ программистский трюк *(бесполезный, но поражающий воображение)*
high ~ верхнее значение; значение на верхней границе
hypothetical ~ гипотетическое значение
information ~ ценность информации; значимость информации
initial ~ начальное значение
input ~ входная величина
integer ~ целое число; целочисленное значение
integral ~ интегральное значение
interpolated ~ интерполированное значение
item ~ значение элемента данных
limit ~ предельное значение
low ~ нижнее значение; значение на нижней границе
mean ~ 1. математическое ожидание 2. среднее; среднее значение
median ~ медиана
mixed- ~ неопределенный(ое) *(состояние элемента управления, при котором значение представленного им параметра не играет роли (значение не определено))*
modal ~ мода; наиболее вероятное значение
numerical ~ числовое значение
observed ~ наблюденная величина
permissible ~ допустимое значение
permitted ~ разрешенное значение
place ~ вес разряда *(в позиционной системе)*
possess the ~ принимать значение
reciprocal ~ обратная величина
residual ~ остаточная стоимость
rounded ~ округленное значение
saddle ~ седловое значение
sample ~ выборочное значение
scalar ~ скалярная величина
search ~ искомое значение
segment ~ значение (базового адреса) сегмента *(при сегментной адресации)*
selling ~ продажная цена
set ~ заданное значение; заданная величина; установленное значение, установленная величина; *проф.* уставка

significance ~ уровень значимости

significant ~ значимая величина

smoothed ~ сглаженное значение

standard ~ стандартное значение; стандартная величина

state ~ значение переменной состояния; оценка состояния

steady-state ~ стационарное значение

table ~ табличное значение

tabular ~ табличное значение

text ~ текстовое значение

theoretical mean ~ математическое ожидание

threshold ~ пороговое значение

traffic ~ величина потока сообщений; нагрузка линии связи

trend ~ значение тренда

true ~ истинное значение

truth ~ истинностное значение

unsigned ~ величина без знака

update ~ значения параметра операции обновления данных

valley ~ значение в низшей точке кривой

vector ~ векторная величина

virtual ~ 1. действующее значение 2. мнимая величина

weighted ~ взвешенное значение

wild ~ аномальное значение

wild ~ резко отклоняющееся значение

zero ~ нулевое значение

VAN [value-added network] сеть с дополнительными услугами

vaporware непродаваемый программный продукт

VAR [value adding reseller] реселлер, добавляющий услуги

variability изменчивость; непостоянство

observed ~ наблюдаемая изменчивость

sample ~ изменчивость выборки

sampling ~ изменчивость выборки

systematic ~ систематическая изменчивость

systematical ~ систематическая изменчивость

variable 1. переменная *(величина)* **2.** изменяемый; переменный; регулируемый **3.** изменчивый; переменный

access ~ переменная доступа; ссылочная переменная

allocated ~ переменная, для которой выделена память

alphanumeric string ~ переменная типа буквенно-цифровой строки

anonymous ~ анонимная переменная; безымянная переменная

apparent ~ связанная переменная

array ~ массив

automatic ~ динамическая локальная переменная; переменная с автоматическим выделением памяти *(при входе в блок, в котором она локализована)*

autonomous ~ независимая переменная

auxiliary ~ вспомогательная переменная

based ~ базированная переменная

basic ~ базисная переменная

boolean ~ логическая переменная

bound ~ связанная переменная

bounded ~ ограниченная переменная

chance ~ случайная величина; случайная переменная

character ~ знаковая переменная; символьная переменная

class ~ переменная класса

compile-time ~ переменная периода трансляции
complemented ~ переменная с отрицанием
conditional ~ переменная типа условия
continuous ~ непрерывная переменная
control ~ управляющая переменная
controlled ~ управляемая переменная; регулируемая переменная
correlated ~s коррелированные переменные
decision ~ искомая переменная; переменная, входящая в решение; переменная решения
dependent ~ зависимая переменная
digital ~ переменная в цифровой форме; дискретная переменная
discontinuous ~ разрывная переменная
discrete ~ дискретная переменная
dual ~ двойственная переменная
dummy ~ несущественная переменная; фиктивная переменная
endogenous ~ внутренняя переменная
environment ~ переменная режима
event ~ переменная типа «событие»; событийная переменная
exogenous ~ внешняя переменная
file ~ файловая переменная
file-name ~ переменная типа «файл»
fixed ~ заданная переменная; фиксированная переменная
free ~ несвязанная переменная; свободная переменная
fuzzy ~ нечеткая переменная

global ~ глобальная переменная
hidden ~ замаскированная переменная
independent ~ независимая переменная
input ~ входная переменная
instance ~ экземплярная переменная
integer ~ целая переменная; целочисленная переменная
jointly dependent ~s совместно зависимые переменные
key ~ ключевая переменная
label ~ переменная типа «метка»
latent ~ ненаблюдаемая переменная; скрытая переменная
leading ~ ведущая переменная
legitimate ~ истинная переменная
linguistic ~ лингвистическая переменная
local ~ локальная переменная
logic ~ логическая переменная
loop ~ параметр цикла
loop-control ~ переменная управления циклом; параметр цикла
main ~ главная переменная; основная переменная
multiple random ~s многомерные случайные величины
manipulated ~ регулируемая переменная
master ~ главная переменная
memory ~ переменная памяти
metalinguistic ~ металингвистическая переменная
missing ~ недостающая переменная; пропущенная переменная
morphic ~ булева переменная; морфическая переменная
multicharacter ~ многознаковая переменная; многосимвольная переменная
multiple random ~ многомерная случайная величина

mutually independent ~s взаимно независимые переменные
nonbasic ~ небазисная переменная
noncontrollable ~ неуправляемая переменная; нерегулируемая переменная
nonrandom ~ неслучайная переменная
normalized ~ нормированная переменная
notation ~ нотационная переменная
numerical ~ числовая переменная
operation ~ операторная переменная
outgoing ~ выводимая переменная
output ~ выходная переменная
pointer ~ переменная-указатель
predetermined ~ заранее определенная переменная
predicate ~ предикатная переменная
primal ~ переменная прямой задачи
private ~ индивидуальная переменная *(принадлежащая только одной программе)*
process ~ (регулируемый) параметр процесса
quantified ~ переменная под знаком квантора; квантифицируемая переменная
queue-size ~ длина очереди
random ~ случайная величина; случайная переменная
real ~ вещественная переменная
register ~ регистровая переменная
regulated ~ регулируемая переменная
scalar ~ скалярная переменная
selected ~ выбранная переменная

service-time ~ время обслуживания
shared ~ общая переменная; совместно используемая переменная
simple ~ простая переменная
slack ~ свободная переменная
slave ~ зависимая переменная
state ~ параметр состояния; переменная состояния; фазовая переменная
statement label ~ переменная типа «операторная метка»
status ~ параметр состояния; переменная состояния
stochastic ~ случайная величина; случайная переменная
stochastical ~ случайная величина
string ~ строковая переменная
structure ~ переменная типа «структура»
subscript ~ индексированная переменная
subscripted ~ переменная с индексом *или* индексами; индексированная переменная
switch ~ переменная, принимающая конечное число значений
switching ~ переменная типа «переключатель»
syntactic ~ синтаксическая переменная
system ~ системная переменная
task ~ 1. переменная задачи 2. переменная типа «ветвь»
temporary ~ временная переменная
two-state ~ бинарная переменная
two-valued ~ бинарная переменная
unassigned ~ неинициализированная переменная

unbound ~ несвязанная переменная; свободная переменная
uncomplemented ~ переменная без отрицания
undeclared ~ необъявленная переменная
undefined ~ неопределенная переменная
uninitialized ~ неинициализированная переменная
unrestricted ~ неограниченная переменная; переменная, не имеющая ограничений
word ~ переменная типа слово
variable-length переменной длины
variable-word-length с переменной длиной слова
variance 1. дисперсия; рассеяние; среднее отклонение 2. изменчивость ◊ ~ **about the mean** дисперсия относительно средней; ~ **about regression** дисперсия относительно регрессии; ~ **of event times** дисперсия времени наступления события
accidental ~ случайная дисперсия
asymptotic ~ асимптотическое значение дисперсии
asymptotical ~ асимптотическое значение дисперсии
average ~ средняя дисперсия
bounded ~ ограниченная дисперсия
conditional ~ условная дисперсия
empiric ~ эмпирическая дисперсия
empirical ~ эмпирическая дисперсия
error ~ дисперсия ошибки
estimated ~ оценка дисперсии
generalized ~ обобщенная дисперсия
internal ~ внутренняя дисперсия

limiting ~ предельная дисперсия
minimum ~ наименьшая дисперсия
posteriori ~ апостериорная дисперсия
relative ~ относительная дисперсия
residual ~ остаточная дисперсия
sample ~ выборочная дисперсия
total ~ полная дисперсия
true ~ истинная дисперсия
unbounded ~ неограниченная дисперсия
unit ~ единичная дисперсия
universe ~ дисперсия генеральной совокупности
zero ~ нулевая дисперсия
variant вариант
variate случайная величина
auxiliary ~ вспомогательная случайная величина
continuous ~ непрерывная случайная величина
discontinuous ~ дискретная случайная величина
discrete ~ дискретная случайная величина
normalized ~ нормированная случайная величина
observed ~ наблюдаемая случайная величина
standardized ~ нормированная случайная величина
variation вариация; отклонение; разброс ◊ ~**s with time** изменения во времени
absolute ~ абсолютное отклонение
accidental ~ случайное отклонение
linear ~ линейное изменение
nonlinear ~ нелинейное изменение
permissible ~ допустимое отклонение
random ~ случайное изменение

significant ~ значимое изменение
stochastic ~ стохастическая вариация
systematic ~ систематическое изменение
systematical ~ систематическое изменение
variety разновидность; разнообразие
variplotter графопостроитель
varying переменный
VB [Visual Basic] язык программирования *(корпорации Microsoft)*
VBA [Visual Basic for applications] Visual Basic для разработки приложений *(пакет корпорации Microsoft)*
VBO [value added buyout] выкуп с добавлением стоимости
VBX [Visual Basic extension] расширение Visual Basic
VCI [virtual channel identifier] идентификатор виртуального канала
VCPI [virtual control program interface] интерфейс фирм Phar Lap и Quarterdesk
VCR [video cassette recorder] видеомагнитофон
VDU [video display unit] устройство визуального отображения
vector вектор; вектор невязок ‖ векторный
~ **of characteristics** вектор характеристик
~ **of error** вектор ошибок
absolute ~ абсолютный вектор *(задающий абсолютное положение точки на экране дисплея)*
access ~ вектор доступа
admissible ~ осуществимый вектор
artificial ~ искусственный вектор
attribute ~ вектор признаков

basis ~ вектор базиса
belief ~ доверительный вектор
call ~ вектор перехода
character up ~ вектор ориентации знака *(на экране дисплея)*
check ~ проверочный вектор *(порождающий матрицы кода)*
code ~ кодовый вектор
column ~ вектор-столбец
column bit ~ вектор (разрядов) столбцов
complex ~ комплексный вектор
composite ~ составной вектор
constraint ~ вектор ограничений
correction ~ вектор поправки; поправочный вектор
data ~ вектор данных; векторные данные; информационный вектор
decision ~ вектор решения
delay ~ вектор задержек *(при передаче пакетов данных)*
differential ~ вектор изменения состояния
dope ~ вектор предварительной информации *(обеспечивающий организацию доступа к элементам многомерного массива)*; дескриптор массива
elementary ~ элементарный вектор
error ~ вектор ошибки
evidental ~ вектор достоверности
extreme ~ экстремальный вектор
feasible ~ допустимый вектор
feature ~ вектор признаков, характеристический вектор *(напр. речевого сигнала)*
fixed ~ фиксированный вектор
full ~ полный вектор
functional test ~ тестовый вектор *(для функционального контроля)*
gradient ~ вектор-градиент

vector

   identifying ~ вектор идентификации; идентифицирующий вектор
   incremental ~ вектор приращений; инкрементный вектор; вектор, заданный в приращениях *(в машинной графике)*
   input(-test) ~ входной (тестовый) вектор; входной (тестовый) набор
   interrupt ~ вектор прерываний
   latent ~ характеристический вектор
   limit ~ предельный вектор
   limiting ~ предельный вектор
   link ~ вектор параметров тестирования
   many-dimensional ~ многомерный вектор
   marginal ~ маргинальный вектор
   minimum ~ минимальный вектор
   nonnegative ~ неотрицательный вектор
   normalized ~ нормированный вектор
   null ~ нулевой вектор
   operand ~ вектор-операнд
   optimal ~ оптимальный вектор
   output-test ~ вектор выходных откликов
   positive ~ положительный вектор
   possible ~ возможный вектор; допустимый вектор
   probability ~ вектор вероятностей
   properly maximal ~ собственно максимальный вектор
   random ~ случайный вектор
   relative ~ относительный вектор; вектор относительного положения
   residual ~ вектор невязок *(в задачах оптимизации)*
   result ~ вектор-результат; результирующий вектор
   row ~ вектор-строка
   row bit ~ вектор (разрядов) строки
   shift ~ вектор сдвига
   slack ~ свободный вектор
   state ~ вектор состояния
   sum ~ суммарный вектор
   test ~ тестовый вектор; тестовый набор
   three-dimensional ~ трехмерный вектор
   unit ~ единичный вектор; орт
   weight ~ весовой вектор; вектор весовых коэффициентов
   zero ~ нулевой вектор

vectoring векторизация
vectorization векторизация
vectorize векторизовать
vectorizer 1. блок компилятора, генерирующий векторные операции 2. устройство преобразования в векторную форму *(в машинной графике)*; векторизатор

velocity:
   surface ~ скорость перемещения поверхности *(носителя информации)*

vendor поставщик; производитель; продавец
   independent software ~ независимый разработчик ПО
   software ~ поставщик ПО; разработчик ПО
   third-party ~ поставщик-посредник
   third-party software ~s сторонние поставщики ПО
   turnkey ~ поставщик готовых систем

vendor-specific зависящий от поставщика
veracity достоверность
verb глагол
   OLE ~w команда OLE
verbal речевой

verifier контрольник
verification верификация; контроль; проверка; проверка полномочий ◊ ~ **and validation** испытания
   clean room ~ прокрутка на виртуальной машине *(для обнаружения вирусов)*
   data ~ верификация данных
   design ~ проверка правильности проектных решений
   diagnostic ~ верификация диагностических процедур; диагностическая проверка
   functional ~ функциональная верификация *(с целью подтверждения выполнения исходного функционального назначения)*
   machine ~ машинная проверка; машинная верификация
   mechanical ~ автоматическая проверка; автоматическая верификация
   model ~ проверка адекватности модели
   program ~ проверка правильности программы; верификация программы
   timing ~ верификация синхронизации; верификация временных диаграмм; верификация временных соотношений *(в логической схеме)*
   visual ~ визуальный контроль
verifier устройство верификации, верификатор
   signature ~ сигнатурный верификатор
verify контролировать; проверять; сличать
verifying контроль; проверка; сличение
verity истина; истинность
versatility 1. разносторонность; универсальность 2. эксплуатационная гибкость

version вариант; версия
   ~ **of image** вариант изображения
   backup ~ дублирующий вариант; дубликат; резервная копия
   custom ~ заказная версия
   disk-based ~ дисковая версия *(операционной системы)*
   down-sized ~ усеченный вариант *(системы)*
   from this ~ **on** начиная с этой версии
   full ~ полнофункциональный вариант *(программных средств)*
   incorrect ~ неподходящая версия
   marketed ~ продаваемая версия
   previous ~ предыдущая версия
   runtime ~ 1. «отчужденная» версия *(программное обеспечение экспертной системы, не содержащее средств экспертной оболочки)* 2. рабочая конфигурация *(программных средств)*
   single-processor ~ однопроцессорный вариант; однопроцессорная конфигурация
   update ~ новая версия
vertex вершина *(в дереве графического представления)*; узел *(в графе)*
   ~ **of the angle** вершина угла
   ~ **of the cone** вершина конуса
vertical вертикальный
vertically:
   Tile ~ w слева направо *(вертикальное расположение окон)*
very-high-level очень высокого уровня
very-large-scale сверхбольшой
VESA [Video Electronics Standards Association] 1. ассоциация по стандартизации в области видеотехники и микроэлектроники 2. стандарт высокоскоростной локальной видеошины для ПК

vetting проверка правильности исходных данных
data ~ проверка информации
VFAT [virtual FAT] виртуальная таблица размещения файлов
VGA [video graphic array] стандарт VGA; видеографический адаптер; тип видеоадаптера
VHF [very high frequency] очень высокая частота
VHS [video home system] стандарт видеозаписи на видеоленты
VHSIC [very high speed integrated circuits] сверхбыстрые схемы с высоким уровнем интеграции
vi визуальный редактор текстов
via посредством
viability 1. живучесть; жизнеспособность 2. устойчивость к условиям использования
program ~ живучесть программы
viable жизнеспособный
economically ~ жизнеспособный в конкретных экономических условиях
politically ~ жизнеспособный в конкретных стратегических условиях
technically ~ жизнеспособный при конкретном уровне развития технических средств
vicinity 1. близость 2. окрестность 3. соседство
video видео
analog ~ аналоговый видеосигнал
CD ~ видео компакт-диск
composite ~ полный видеосигнал
composite ~ **signal** полный видеосигнал (*телевизионный видеосигнал, содержащий сигнал синхронизации*)
composite color ~ **signal** полный цветовой видеосигнал (*телевизионный видеосигнал, состоящий из полного сигнала яркости и сигнала цветности*)
compressed ~ сжатое видеоизображение
compressed ~ **teleconferencing system** система сжатия видеосигнала, используемая для телеконференций
desktop ~ настольная видеостудия
full motion ~ компьютерный фильм с полноценным движением
interactive ~ интерактивное видео (*интеграция видео- и компьютерной технологий*)
interlaced ~ чересстрочное видео (*видеоизображение, создаваемое с помощью чересстрочной развертки, при которой кадр передается в два приема: сначала четные строки, затем нечетные*)
live ~ реальное видео; видео в реальном масштабе времени; живое видео
local bus ~ локальная видеошина
reverse ~ негативное видеоизображение
video-processor видеопроцессор
videocoupler соединитель видеоустройства
videodata видеоданные
videodisk видеодиск
master ~ эталонный видеодиск (*оригинал диска, изготовленного на первой стадии промышленного производства видеодисков*)
videograph видеограф (*быстродействующее устройство электронно-лучевой печати изображений на электростатической бумаге*)
videomatics видеоинформатика

videopulse видеоимпульс
videosignal видеосигнал
videoswitch видеокоммутатор; коммутатор видеосигналов
videoterminal видеотерминал
videotex видеотекс; интерактивная видеография
videounit видеоустройство
view 1. вид; представление **2.** визуализация **3.** просмотр ‖ просматривать **4.** режим *(представления данных)* **5.** представление *(сообщений в папках в электронной почте)*
~ **of data** представление данных; разрез данных
common ~ общее представление
conceptual ~ концептуальное представление; концептуальный разрез
draft ~ черновой режим просмотра
folder ~ представление для папки
holistic ~ целостный взгляд, целостное рассмотрение, целостный подход
relational ~ реляционное представление
viewbox 1. окно просмотра **2.** параллелепипед; параллелепипед видимости *(в графопостроителях)*
viewdata 1. данные изображений; видеоданные **2.** видеотекс
viewer 1. абонент *(видеографического терминала)* **2.** блок просмотра; программа просмотра; средство просмотра; функция в приложении, реализующая просмотр файла в одном из форматов **3.** зритель; кинозритель; телезритель **4.** подсистема просмотра файлов; программа просмотра; реализующая просмотр файла в одном из форматов; система просмотра

Clipboard ~ окно просмотра буфера обмена
file ~ подсистема просмотра файлов
viewing 1. визуализация; визуальное отображение **2.** выбор кадра *(для вывода на экран)* **3.** просмотр
viewpoint 1. взгляд; точка зрения **2.** разрез *(базы знаний)* **3.** точка наблюдения
viewport 1. иллюминатор; окно просмотра **2.** поле индикации *(на электронном табло)*; демонстрационное окно *(на экране дисплея)*
VILD [visual language for databases] язык описания видеоизображений для баз данных
VIM [vendor independent messaging] интерфейс систем электронной почты
VINES [virtual networking systems] глобальная сетевая ОС и сеть фирмы Banyan Systems
violate нарушать
violation 1. злоумышленное нарушение; нарушение **2.** противоречие
bounds ~ выход за границы массива
lock ~ нарушение блокировки
privileged ~ нарушение полномочий
sharing ~ нарушение условий коллективного доступа; ошибка совместного доступа; файл уже открыт другим приложением *(сообщение)*
violator злоумышленник *(пытающийся проникнуть в защищённую систему)*
VIP [video image processor] процессор видеоизображений
viral вирусный
virgin чистый; неразмеченный *(о носителе информации)*

virtual 1. виртуальный **2.** фактический; действительный
virtualization виртуализация; создание виртуальной среды
virtually практически
virus вирус
  computer ~ компьютерный вирус
  macro ~s макрокомандные вирусы *(заражающие файлы документов в текстовом процессоре Word for Windows)*
visibility видимость
visible видимый
visible-warning визуальная сигнализация
vision 1. зрение; зрительное восприятие **2.** система технического зрения; СТЗ
  artificial ~ искусственное зрение; техническое зрение
  computer ~ машинное зрение
  feedback ~ зрительная обратная связь
visual визуальный; зрительный
visualization визуализация; наглядное представление
VLAN [virtual LAN] виртуальная ЛВС; ВЛВС
VLIW [very long instruction word] архитектура с командными словами очень большой длины
VLM виртуальный загрузочный модуль
VLSI [very large-scale integration] сверхбольшая степень интеграции; СБИС
  custom ~ заказная микросхема
VM [virtual memory] виртуальная память
VMM [virtual machine manager] диспетчер виртуальных машин
vocabulary 1. перечень речевых команд **2.** словарный состав *(языка)*; словарный запас; словарь

vocoder вокодер
voice речевой
  digital coding of ~ цифровое кодирование речи
VoiceView технология чередующейся передачи речи и данных по линии связи
void 1. непропечатка *(недостаточно окрашенный участок изображения знака)* **2.** пустая операция **3.** пустой
volatile 1. изменяемый **2.** энергозависимый; не сохраняющий информацию при выключении питания *(о типе ЗУ)*
volatility 1. изменяемость; изменчивость **2.** энергозависимость
voltage (электрическое) напряжение; (электрический) потенциал
  output HIGH ~ выходное напряжение высокого уровня
  output LOW ~ выходное напряжение низкого уровня
  rated ~ номинальное напряжение
  supply ~ сетевое напряжение; напряжение питания
  working ~ рабочее напряжение
volume 1. громкость; уровень громкости **2.** емкость; вместимость; объем **3.** интенсивность *(звука и т.п.)* **4.** том *(диск, лента и т.п.)*
  backup ~ дублирующий том
  control ~ управляющий том
  current ~ текущий том
  direct-access ~ том с прямым доступом; том прямого доступа
  logical ~ логический том
  migration ~ миграционный том
  multifile ~ многофайловый том
  multiple ~ многотомный
  physical ~ физический том
  private ~ личный том; том личного пользования
  public ~ том коллективного пользования; совместно используемый том

removable ~ сменный том
  resident ~ резидентный том
  root ~ корневой том
  system residence ~ резидентный том системы
  test ~ тестовый том
  view ~ изображаемый объем
  work ~ рабочий том
vorticity 1. вихревость 2. вращательность
vote 1. голосование ‖ голосовать 2. мажоритарная выборка
voter схема голосования
  majority ~ мажоритарная схема голосования; схема принятия решений по большинству голосов
  triplicated ~ схема тройного резервирования с голосованием
voting голосование ◊ ~ **on incoming data** голосование по поступающим данным
  bus level ~ голосование на уровне шин
  majority ~ мажоритарное голосование *(голосование с принятием решения по мажоритарному правилу)*
voxel воксел *(минимальный адресуемый объемный элемент трехмерного пространства)*; элемент объема; элемент объемного изображения
VPI [virtual path identifier] идентификатор виртуального пути
VR [virtual reality] виртуальная реальность
VRAM [video RAM] видео-ОЗУ, видеопамять
VRML [virtual reality modelling language] язык конструирования виртуальной реальности
VRT [voltage reduction technology] технология понижения напряжения *(разработка корпорации Intel)*

VT [virtual terminal] виртуальный терминал
vulnerability чувствительность; уязвимость
  single-fault ~ чувствительность к одиночным неисправностям
VWB [Visual WorkBench] интегрированная среда разработчика в Visual C++ for Windows
VxD [Virtual Device Driver] технология Microsoft для Windows

W

wafer 1. пластина 2. подложка
  crystal ~ пластина кристалла
wait ожидание ‖ ждать; ожидать ◊ ~ **for** ждать
  busy ~ активное ожидание
  circular ~ ожидание «по кругу»; круговое ожидание *(тип тупиковой ситуации)*
  multiple busy ~ ожидание нескольких событий
  N-bounded ~ ожидание не более, чем N шагов
  page ~ ожидание страницы *(напр. при подкачке)*
  please ~ подождите пожалуйста *(сообщение)*
  with no ~ без ожидания
waiting ожидание
waitmark признак ожидания
waiver формуляр предварительного выпуска программного изделия *(вид документации)*
walk:
  postorder ~ обратный обход *(графа)*
  preorder ~ прямой обход *(графа)*
  random ~ случайное блуждание; метод случайного блуждания
walkdown уход параметров

walking:
   tree ~ обход дерева
walkover контроль; обзор
   structured ~ структурный анализ
walkthrough 1. критический анализ 2. сквозной контроль
   analysis ~ сквозной контроль на стадии анализа осуществимости (*проектных решений*)
   code ~ критический разбор программы
   design ~ сквозной контроль проектных решений
   quick-and-dirty ~ поверхностный разбор; поверхностный критический анализ
   structured ~ сквозной структурный контроль; структурированный технический разбор
wall 1. граница 2. стена; стенка; преграда
   domain ~ граница области
   fire ~ брандмауэр (*защита от распространения влияния ошибки*)
wallpaper 1. длинная распечатка; *проф.* простыня 2. *ш.* обои; рисунок (*накладывается поверх фонового узора Windows*)
WAN [wide area network] глобальная вычислительная сеть
wand щуп; пробник; зонд (*жезлового типа*)
   optical ~ световой карандаш
   sapphire-tip digital ~ цифровой зонд с сапфировым наконечником (*напр. для оптического считывания штрихового кода*)
wane правая (круглая) скобка (*название символа*)
warehouse:
   data ~ хранилище данных (*интерактивная система, в которой собираются корпоративные данные, используемые для поддержки принятия решений*)

warn предупреждать
warning предупреждение; предупреждающее сообщение; уведомление ‖ предупреждающий; уведомляющий
   end-of-tape ~ предупредительная метка конца ленты
warping:
   image ~ деформирование изображения
   time ~ изменение масштаба времени
warranty гарантия; гарантийное обязательство ‖ гарантийный
   implied ~ обязательная гарантия
   limited ~ ограниченная гарантия
wastebasket электронная мусорная корзина (*в системе электронной почты*)
watchdog сторожевая схема; схема (обеспечения) безопасности; *проф.* сторож
WAV формат представления звука
wave 1. волна ‖ волновой 2. сигнал; колебание
waveform 1. временная диаграмма (*прохождения сигнала*) 2. сигнал 3. форма сигнала; форма колебания
   binary ~ сигнал в двоичной форме
   speech ~ речевой сигнал
   timing ~ временная диаграмма
wavefront-oriented рассчитанный на волновую обработку (*данных*)
wax левая (круглая) скобка
way 1. путь 2. способ
   ~ of behavior способ поведения; поведение; образ действий
   ~ of merge порядок объединения; порядок слияния
   in a random ~ случайным образом

in the following ~ следующим образом
the ~ you would respond ваш способ ответных действий
under ~ в состоянии разработки
WCS [world coordinate system] внешняя система координат; трехмерная декартова система координат
WDT [watch dog timer] сторожевой таймер; программируемый таймер
weak слабый
wear изнашивание; срабатывание; износ ‖ изнашиваться, срабатываться
wear-and-tear изнашивание; износ
wearout износ
web 1. паутина *(часто сокр. название World Wide Web)* 2. радиосеть; телесеть
wedgitude затор; заклинивание *(в результате невозможности выполнения системой некоторых функций)*
weed прополка *(напр. файла с целью удаления ненужных данных)* ‖ пропалывать
weight 1. весовой коэффициент; вес ‖ присваивать весовые коэффициенты; взвешивать; определять вес ‖ весовой 2. плотность *(напр. символа, изображаемого точками)*
   ~ of type насыщенность шрифта
   edge ~ вес ребра
   tree ~ вес дерева
weighted взвешенный
   average ~ средневзвешенный
weighting весовой
welcome приветствовать ◊ **~ to** добро пожаловать в
well-formed правильно построенный

well-structured хорошо структурированный
WFW [Windows for Workgroup] OC Windows для коллективной работы
WfWG [Windows for Workgroup] OC Windows для коллективной работы
wheel колесо ‖ колесный
   code ~ кодирующий диск
   daisy ~ ромашка
   feed ~ лентопротяжное колесо
   inking ~ красящее колесо
   locking ~ стопорное колесо
   number ~ цифровое колесо; цифровой диск
   print ~ печатающее колесо; печатающий механизм
   time ~ колесо времени; временное колесо *(в логико-временном моделировании)*
   type ~ шрифтовое колесо
while пока
whirlpool коммерческое «эт»; *проф.* «а» в кружочке; собачка; обезьянка *(название символа @)*
whistles:
   bells and ~ ненужные свойства *(программы)*; *проф.* бантики
white 1. белый; белый цвет 2. пустое пространство *(в тексте)*
   paper ~ белый экран
white-space пробел; пробельный символ *(не выводимый на печать)*
whiteboard:
   electronic ~ электронная белая доска
whiteboarding обмен через доску сообщений
wholeness целостность; цельность
wholesaler оптовый торговец
wide широкий
wideband широкополосный
widget пользовательские средства управления у Apple Computers

widow

widow изолированная строка; *проф.* висячая строка *(одиночная строка абзаца в конце или в начале страницы)*
~ **and orphan control** удаление начальных и концевых висячих строк; управление переносами в абзаце

width ширина
  binding ~ ширина переплета
  field ~ длина поля; ширина поля; размер поля
  memory ~ разрядность памяти
  pulse ~ длительность импульса
  stroke ~ ширина штриха *(в технике распознавания образов)*

wildcard символ обобщения *(вместо которого может быть подставлен любой другой)*; символ обобщения имени файла или каталога

winchester винчестерский дисковый накопитель; винчестерский диск; жесткий диск типа винчестер ‖ винчестерский

wind:
  backward ~ обратная перемотка *(ленты)*
  forward ~ прямая перемотка *(ленты)*

window окно ‖ организовывать окно
  ~ **of vulnerability** «окно беззащитности» *(в двухфазовом протоколе блокировок узлов сети)*
  bring up a ~ создавать окно
  cascade ~**s** расположить окна каскадом
  contact ~ контактное окно
  data ~ информационное окно
  design ~ окно проекта
  disassembly ~ окно дисассемблирования
  display ~ окно на экране дисплея
  edit ~ окно редактирования
  extend beyond the edge of the ~ продолжаться за пределами окна
  graphics ~ графическое окно *(на экране дисплея)*
  group ~ окно группы
  help ~ окно для справочной информации *(выдаваемой по запросу пользователя)*
  human ~ операторское окно *(средство объяснения решений экспертной системы пользователю)*
  mapping ~ окно изображения; окно отображения
  message ~ информационное окно
  pop-up ~ временное рабочее окно *(наложенное на воспроизведенное изображение)*
  primary ~ главное окно
  receive ~ окно на прием *(в протоколе управления передачей данных)*
  register ~ регистровое окно
  send ~ окно на передачу *(в протоколе управления передачей данных)*
  setup ~ окно установки

window-based основанный на применении окон, *проф.* оконный

window-oriented ориентированный на работу с окнами; полиэкранный *(о режиме работы дисплея)*

windowed обрабатываемый методом окна; реализуемый посредством организации окна
  exponentially ~ обрабатываемый методом экспоненциального (сглаживающего) окна

windowing 1. кадрирование; организация окон; управление окнами *(на экране)*; организация полиэкранного режима *(работы дисплея)* **2.** обработка методом окна

wipe *тлв* вытеснение *(монтажный переход, при котором ухо-*

дящее изображение вытесняется краем заступающего при сохранении яркости обоих изображений) ◊ ~ out стирание ‖ стирать
wiping стирание
    disk ~ стирание с диска
wire:
    print ~ печатающая игла
wired зашитый
wiretap перехват *(передаваемых сообщений)*; подключение к линии *(с целью перехвата передаваемых сообщений)*
wiring монтажный
with or without с содержанием или без
within 1. в течение 2. внутри
Wizard *w* «мастер» *(программа-помощник, по ответам пользователя на ряд вопросов создает заготовку документа, диалога, приложения и т.п.)*
    computer ~ *проф.* компьютерный ас; компьютерный виртуоз
wizardry:
    software ~ магия программных средств
WMF растровый формат
wobbling качание *(диска)*
word слово
    address ~ адресное слово
    alphabetic ~ буквенное слово
    associatively located ~ слово, найденное ассоциативным поиском
    banner ~ начальное слово; заголовок; «шапка»; рубрика
    binary ~ двоичное слово
    block descriptor ~ дескриптор блока
    buzz ~ основное слово
    call ~ вызывающее слово *(содержащее информацию для вызова подпрограммы)*

channel status ~ слово состояния канала
check ~ контрольное слово
command ~ имя команды; командное слово; команда
comparand ~ характеристический признак
computer ~ машинное слово
constant ~ константное слово; слово-константа
control ~ управляющее слово; командное слово; команда
current program status ~ текущее слово состояния программы
data ~ слово данных; информационное слово
descriptor ~ дескрипторное слово; дескриптор
device status ~ слово состояния устройства
digital ~ цифровое слово
double ~ двойное слово
double-length ~ слово двойной длины; двойное слово
edit ~ редактирующее слово
empty ~ пустое слово
error status ~ слово неисправного состояния
extended channel status ~ расширенное слово состояния канала *(для управления прерываниями ввода-вывода)*
extended-precision ~ слово увеличения точности
fixed-length ~ слово фиксированной длины
format-control ~ слово управления форматом
full ~ полное слово; целое слово
function ~ командное слово; команда; функциональная команда
half ~ полуслово
hot ~ слово, связывающее текст с объектом
identifier ~ идентификатор

index ~ модификатор
indirect reference ~ слово косвенного обращения; косвенное слово
information ~ информационное слово
instruction ~ командное слово; команда
isolated ~ выбранное слово
key ~ 1. зарезервированное слово *(в языке программирования)* 2. ключевое слово
lock ~ блокировочное слово
long ~ длинное слово
machine(-length) ~ машинное слово
marked ~ маркированное (помеченное) слово; слово с маркером *или* меткой
matching ~ слово с совпавшим признаком
meaning-bearing ~ осмысленное слово
multifield ~ слово с несколькими (информационными) полями
multilength ~ слово многократной длины
N-bit ~ N-разрядное слово; N-битовое слово
N-byte ~ N-байтовое слово
N-digit ~ N-разрядное слово; N-разрядное число; N-разрядная кодовая группа
nonreserved ~ незарезервированное слово
numeric ~ цифровое слово
operational ~ рабочее слово *(вводимое для обеспечения удобочитаемости программ)*
optional ~ дополнительное слово *(вводимое для обеспечения удобочитаемости программ)*
packed ~ упакованное слово
parameter ~ параметр
partial ~ часть слова
primary ~ встроенная операция

process state ~ слово состояния процесса
process status ~ слово состояния процесса
processor status ~ слово состояния процессора
program status ~ слово состояния программы
ready status ~ слово состояния готовности
record descriptor ~ дескриптор записи
request ~ слово запроса
reserved ~ зарезервированное слово
search ~ поисковый признак; признак
secondary ~ вторичная команда
selected ~ выбранное слово
short ~ короткое слово
shortest ~ слово минимальной длины
source program ~ слово входной программы
spoken ~ произносимое слово; произнесенное слово *(в отличие, напр. от вводимого с клавиатуры)*
status ~ слово состояния
test ~ тестовое слово; контрольное слово
trigger ~ слово запуска *(напр. логического анализатора)*
unifield ~ слово с одним (информационным) полем
unmarked ~ немаркированное (непомеченное) слово; слово без маркера *или* метки
upper half of ~ старшее полуслово
variable-length ~ слово переменной длины
wide ~ длинное слово
written-in ~ записанное слово
word-building словообразование
word-by-word пословный; пословно

word-erasable с пословным стиранием
word-for-word дословно; дословный; пословный
word-oriented 1. с пословной обработкой 2. текстовый *(о процессоре)*
word-serial пословный
word-wide шириной в (машинное) слово
wording редакция текста; стиль формулировок *(технической документации)*
   message ~ текст сообщения
wordwrap 1. заворачивание слова *(при редактировании, процедура переноса не умещающегося слова на следующую строку)* 2. свертка слов
   interactive ~ интерактивный перенос слов *(на новую строку)*
work 1. работа; действие ‖ работать 2. механизм *(операции)* 3. вычислять, решать 4. работающая часть; активный блок ◊ ~ **as** работать в качестве; ~ **out** вычислять; решать
   batch ~ пакетная работа; работа в пакетном режиме
   development ~ опытно-конструкторская работа; ОКР; разработка
   maintenance ~ работа по техническому обслуживанию; работа по сопровождению *(программных изделий)*
   offline ~ автономная работа *(вне сети)*
workbench 1. автоматизированное рабочее место; АРМ 2. инструментарий; инструментальные средства
   programmer's ~ АРМ программиста
   writer's ~ инструментальные средства автора; АРМ писателя

workflow 1. последовательность выполняемых действий 2. потоки работ и документооборота
workgroup рабочая группа
workhorse основополагающий компонент; *проф.* рабочая лошадка
workload рабочая нагрузка
   mental ~ умственная нагрузка
workpad рабочий планшет
worksheet рабочая таблица; таблица; рабочий лист
   electronic ~ электронный блокнот; электронная таблица
workspace рабочая область
workstation 1. рабочая станция; автоматизированное рабочее место; АРМ 2. рабочая станция *(класс компьютеров)*
   design ~ АРМ проектировщика
   engineering ~ АРМ разработчика
   teller ~ банковский терминал
world мировой
worldwide глобальный
WORM [write once read many] диск с однократной записью и многократным считыванием
worm тире *(название символа)*
worth:
   ~ **of game** цена игры
WOSA [windows open services architecture] архитектура открытых служб Windows
wow восклицательный знак
WP [word processing] обработка текстов
WPG растровый формат
wrap 1. заворачивание; возврат *(строки, слова)* ‖ заворачивать *(обратно)*; возвращать *(строку, слово)* 2. обертывать
   text ~ завертывание текста
   word ~ переход на новую строку
   word ~-**around** переход на новую строку; циклический переход

wraparound

wraparound 1. заворачивание *(строки, достигшей границы экраны)* 2. циклический возврат *(от конца к началу)*
full-word ~ перенос полного слова на новую строку
wreck заедание; заклинивание; затор *(в механизме)*; замятие *(напр. бумаги)*; поломка
wring ◊ ~ **out** *проф.* вылавливать *(напр. ошибки)*
writable перезаписываемый; с перезаписью
write 1. запись ‖ записывать; писать 2. вводить информацию 3. запись *(см. тж* writing, recording*)* ◊ ~ **down** записывать; ~ **out** выполнять контрольное считывание; ~ **protect** защищать от записи; ~ **the program** составлять программу; ~ **to** записывать на
buffer ~-**through** сброс при каждом обращении
concurrent ~ параллельная запись *(в отличие от монопольной)*
exclusive ~ монопольная запись *(в отличие от параллельной)*
gather ~ сборная запись *(операция занесения в память блока данных из разных участков ЗУ или регистров)*; сливать данные
nonsequential ~ непоследовательная запись *(информации в ЗУ)*
physical ~ физическая процедура записи *(на носитель)*
remove a ~-**protect tab** удалять наклейку защиты от записи
scatter ~ запись «вразброс»
write-in запись
write-once/read-many с однократной записью и многократным считыванием *(о типе постоянной памяти)*

write-protected с защитой от (несанкционированной) записи; защищенный от записи
write-through сквозная запись *(одновременное занесение данных в кэш и ОЗУ)*
writer 1. записывающее устройство 2. программа записи 3. редактор *(в группе документирования разработок)*
function ~ разработчик программной реализации функции
magnetic page ~ магнитное постранично-записывающее устройство
output ~ программа *или* устройство записи выходных данных
program ~ 1. редактор программ *(функциональный узел экспертной системы)* 2. составитель программ
report ~ генератор отчетов *(программа)*
script ~ сценарист
slide ~ слайд-принтер
software ~ редактор документации по программному обеспечению
spin ~ вращающийся пишущий узел
technical ~ технический писатель; редактор технической документации
writeset записываемый набор *(элементов данных)*
writing 1. документ; документация 2. запись *(см. тж* recording, write*)* ‖ записывающий
automatic letter ~ автоматическое составление (стандартных) деловых писем
consecutive ~ последовательная запись
demand ~ запись по требованию
electron-beam ~ запись электронным лучом

gather ~ запись со слиянием
hardware ~ документация на технические средства; документация технического обеспечения
physical ~ физическая запись
selective ~ селективная запись; выборочная запись
software ~ документация на программные средства; документация программного обеспечения
stroke ~ штриховая запись *(в отличие от растровой)*
written записанный; письменный
◊ ~ in написанный на
wrong неправильный ‖ неправильно
wrote писать
WWW [World-Wide Web] Всемирная паутина *(другое обозначение W3; глобальная сеть серверов; распределенная гетерогенная информационная мультимедиасистема коллективного пользования)*
WYDIWYS [what you do is what you see] что сделаешь, то и увидишь на экране *(принцип построения дружественного интерфейса)*
WYSIWYG [what you see is what you get] что видишь на экране то и получишь при печати *(режим полного графического соответствия изображения на экране печатному варианту документа)*

X

x-shaped крестообразный
XBM растровый формат
xerocopy ксерокопия
xerograph ксерограф; ксерографический аппарат
xerographic ксерографический
xerography ксерография
xerox ксерокс ‖ ксерокопировать
XGA [extended graphics array] стандарт IBM на видеографику; адаптер или микросхема, реализующая этот стандарт
XIP [executive-in-place] спецификация, позволяющая операционной системе или приложениям исполняться из ПЗУ или флэш-памяти РС-карты без предварительной загрузки в ОЗУ системы
XMM [extended memory manager] диспетчер расширенной памяти
xmodem протокол пересылки файлов
XMS [extended memory specification] спецификация расширенной памяти
XNS [Xerox network standard] набор межсетевых протоколов, разработанных корпорацией Xerox
XON/XOFF асинхронный протокол связи между устройствами
XPM растровый формат
XPS экспертная система
XREF [cross reference table] таблица перекрестных ссылок
XT [extended technology] сокращение от IBM PC XT
XWD растровый формат

Y

y-shaped вилкообразный
yank копировать заданный текст в буфер
yellow желтый
yield 1. выпуск *(продукции)*; объем выпуска *(продукции)*; производственный выход; выход годных *(изделий)* 2. вырабатывать

значение 3. выход, результат 4. давать, выдавать *(импульс)*
counting ~ эффективность счета
light ~ световой выход
YIQ цветовая модель
Ymodem протокол пересылки файлов
yoke обойма *(группа скрепленных головок чтения - записи)*
you:
after ~ после того, как вы
before ~ перед тем как в
YUV формат цветоразностного представления *(Y - яркость, U, V - цветоразностные сигналы)*

Z

z-parameter z-параметр
zap затирать
zapping пережигание перемычек
zel z-координата точки, принадлежащей объекту
zero 1. нулевая точка; начало координат 2. нуль ‖ устанавливать нуль; устанавливать на нуль; *проф.* обнулять ‖ нулевой
binary ~ двоичный нуль
computer ~ машинный нуль
divide by ~ делить на нуль
leading ~ начальный нуль
leading ~es нулевые головные цифры; нулевые старшие разряды *(числа)*
negative ~ отрицательный нуль
negative computer ~ отрицательный машинный нуль
nonsignificant ~ незначащий нуль
positive computer ~ положительный машинный нуль
record ~ нулевая запись

set to ~ устанавливать на нуль
suppress ~es подавлять нули
time ~ начало отсчета времени; нуль оси времени
trailing ~ конечный нуль; нулевой байт в конце строки
trailing ~es нулевые младшие цифры; нулевые младшие разряды (числа); конечные нули
zero-address безадресный
zero-suppress отбрасывать незначащие нули; подавлять незначащие нули
zero-wait-state с нулевым временем ожидания
zerofilling заполнение нулями *(напр. области памяти)*
zeroing установка нуля; установка на нуль; *проф.* обнуление
zeroize устанавливать на нуль; *проф.* обнулять
ZIP [zigzag in-line package] корпус с односторонним зигзагообразным расположением выводов
zip мгновенно перемещать; *проф.* перебрасывать *(напр. курсор из одной точки экрана в другую)*
Zmodem протокол пересылки файлов
zone зона; область
communication ~ зона связи
hot ~ 1. *проф.* «горячая» зона; зона переноса *(части строк, непосредственно примыкающих к правому краю страницы текста)* 2. область взаимодействия *(область взаимодействия объекта с указателем (пером))*
hyphenation ~ зона переноса
indeterminate ~ область непринятия решения
landing ~ зона парковки *(головки дисковода)*; зона посадки головок
logical ~ логическая зона
minus ~ позиция минуса

neutral ~ 1. диапазон нейтральных значений данных **2.** нейтральная зона; зона безразличного равновесия
plus ~ позиция плюса
storage ~ зона ЗУ
tape ~ зона на ленте
Time ~ часовой пояс

zoom 1. изменение масштаба изображения; увеличение; уменьшение *(всего или части графического изображения на экране)* ‖ изменять масштаб изображения; увеличивать масштаб **2.** Крупнее; Приблизить *(команды)* **3.** раскрыть *(перейти к следующему по глубине вложенности уровню объекта (в СУБД))* **4.** сжать; закрыть *(перейти к предыдущему по глубине вложенности уровню объекта (в СУБД))* **5.** Мельче; Отодвинуть *(команды)* ◊ **~ in** раскрывать; **~ out** закрывать

integer ~ изменение масштаба изображения в целое число раз

zorch 1. мгновенно продвигать; *проф.* прокачивать *(напр. информацию через сеть)* **2.** работать с огромной скоростью

ZV [zoom video] спецификация на видеографику для блокнотных ПК

ЛР № 062307 от 24.02.1993
Подписано в печать 23.02.98 Формат 60×88 1/16 Печать офсетная
Бумага газетная Печ. л. 31,0 Тираж 3000 экз. Зак. 3763

КПБИ Эрика; Издательство ЭТС
103062 Москва, Подсосенский пер., 13

Отпечатано в Производственно-издательском комбинате ВИНИТИ,
140010, г. Люберцы, Московской обл., Октябрьский пр-т, 403.
Тел. 554-21-86

Каталог издательства «ЭТС»

На каждом диске словарей Polyglossum II: управляющая словарная программа, многоязычный раскладчик клавиатуры ТорКеу со шрифтами и словарные базы данных. MS-DOS, Windows 3.1, Windows 95, Windows NT, Windows-сессии OS/2. Имеется версия словарей Polyglossum для Apple Macintosh (англ-рус-англ).

На каждом диске словарей Polyglossum III: управляющая словарная программа с встроенной шрифтовой поддержкой соответствующих языков и словарные базы данных. Windows 3.1, Windows 95, Windows NT, Windows-сессии OS/2.

На каждом диске Электронная книга - управляющая словарно-энциклопедическая программа с встроенной шрифтовой поддержкой соответствующих языков и словарные базы данных. Windows 3.1, Windows 95, Windows NT, Windows-сессии OS/2.

На каждом диске системы машинного перевода Pars, PAR\D, PARS\U, RUMP: управляющая программа, раскладчик клавиатуры со шрифтами, словарные базы данных к системе машинного перевода Pars. MS-DOS, Windows 3.1, Windows 95, Windows NT, Windows-сессии OS/2.

СЛОВАРИ на CD-ROM

Polyglossum II *выпуск 1* (1.500.000 терм.) - на диске 8 анг.-рус.-анг. словарей: **общеупотребительная лексика, экономика и финансы, бизнес, банковская терминология, деловая переписка, политехнический, математический, медицинский.**

Polyglossum II *выпуск 4* (ок. 500 000 терм.) - на диске 9 анг.-рус.-анг. словарей: **вычислительная техника и программирование, аэрокосмический, микроэлектроника, радиоэлектроника, патентный, текстиль, геология, экология, медицина.**

Polyglossum II *выпуск 5 «Бизнес»* (ок. 600 000 терм.) - на диске 6 анг.-рус.-анг. словарей: **общеупотребительная лексика, бизнес, деловая переписка, экономика и финансы, банковская терминология, патентный, юридический.**

Polyglossum II Большой анг.-рус.-анг. общелексический словарь (600 000 терм.)

Polyglossum II *Deutsch выпуск 1* (ок. 800 000 терм.) - на диске 7 нем.-рус.-нем. словарей: **общеупотребительная лексика, бизнес, политехнический, строительство, микроэлектроника, вычислительная техника, медицина.**

Polyglossum II *«Техника»* (1 500 000 терм.) - 4 политехнических словаря: **англо-русско-английский, немецко-русско-немецкий, финско-русско-финский, шведско-русско-шведский.**

Polyglossum II *for Apple Macintosh* (1 700 000 терм.) - на диске 10 анг.-рус.-анг. словарей: **общеупотребительная лексика, экономика и финансы, бизнес, банковская терминология, деловая переписка, политехнический, математический, медицинский, пользователя компьютера, экологический.**

Polyglossum II *выпуск 6* (ок. 400 000 терм.) - на диске 7 анг.-рус.-анг. словарей: **общеупотребительные аббревиатуры, аббревиатуры по связи, аэрокосмический словарь по программе «Мир-Шаттл», по инвестициям и ноу-хау, по исследованиям и ноу-хау, военно-политический, по таре и упаковке.**

Polyglossum II *выпуск 7 «Аббревиатуры»* (ок. 400 000 терм.) - на диске 2 анг.-рус.-анг. словарных базы по темам: **общеупотребительные аббревиатуры, официальные названия, географические названия, технические и военные сокращения.**

Polyglossum II финско-русско-финский *общелексический* - (более 300 000 терм.)

!!! NEW!!! Polyglossum II немецко-русско-немецкий *юридический* словарь - (более 200 000 терм.), (made in Germany)

Polyglossum II немецко-русско-немецкий *медицинский* словарь - (более 120 000 терм.) (made in Germany)

Polyglossum II немецко-русско-немецкий *политехнический* словарь - (более 400 000 терм.) (made in Germany)

!!! NEW!!! Polyglossum II, выпуск 8 англо-русско-английский словарь *«НЕФТЬ-ГАЗ-ХИМИЯ»* - (более 420 000 терм.)

!!! NEW!!! Polyglossum III *(новая оболочка)* - французско-русско-французский словарь *по технике и технологиям* (более 120 000 терм.)

СИСТЕМЫ МАШИННОГО ПЕРЕВОДА на CD-ROM

Pars *выпуск 1* (8 +8) (ок. 475 000 терм.) - на диске 8 анг.-рус.-анг. словарей для переводчика Pars: общая лексика, вычислительная техника, экономика и финансы, политехнический, геология, текстиль, экология, медицина

Pars *Professional* (ок. 800 000 терм.) - на диске 14 анг.-рус.-анг. словарей для переводчика Pars: общая лексика, вычислительная техника, экономика и финансы, политехнический, геология, текстиль, экология, медицина, бизнес, банковский, ракетно-космический, микроэлектроника, радиоэлектроника, патентный

Pars *выпуск 5 «Бизнес»* (более 530 000 терм.) - на диске 5 анг.-рус.-анг. словарей для переводчика Pars: общая лексика, бизнес и экономика, банковская терминология, патентный, юридический

Pars *выпуск 6* (ок. 400 000 терм.) - на диске 7 анг.-рус.-анг. словарей для переводчика Pars: общеупотребительная лексика, военно-политический, автомобильный, электронные коммуникации, авиационная медицина, математический, по таре и упаковке.

Pars *выпуск 7* (ок. 600 000 терм.) - на диске 7 анг.-рус.-анг. словарей для переводчика Pars: обновленный общеупотребительной лексики, по биотехнологии, по химии, обновленный по математике, по геодезии, по науковедению, обновленный пользователя ПК.

Pars-D, *первый выпуск*, система немецко-русско-немецкого перевода (ок. 120 000 терм.) 3 словаря: общая лексика, бизнес, медицина (на дискетах 3,5)

РУМП - система украинско-русско-украинского перевода (ок. 300 000 терм.) - 3 словаря: общая лексика, экономика, экология.

ОФИС ПЕРЕВОДЧИКА:
словари и система машинного перевода на CD-ROM

Russian Translation office for Lawyers Pro *(made in USA)* - на диск Polyglossum II с 8 анг.-рус.-анг. словарями для (ок. 1 100 000 терм.): большой общелексический, юридический, бизнес, инвестиции, ноу-хау, патенты, политический, социология, аббревиатуры и официальные названия и переводчика Pars с 7 словарями (ок. 340 000 терм.):. общая лексика, ноу-хау, патенты, бизнес, деловая переписка, политический, социология, экология - для переводчика **Pars.**

Translation office for students - на диск Polyglossum II с 5 анг.-рус.-анг. словарями (ок. 200 000 терм.): общеупотребительная лексика, пользователя компьютера, бизнес, деловая переписка, медицинский, и переводчик Pars с 2 словарями (ок. 150 000 терм.): общая лексика, пользователя компьютера, Autor - программа для распознавания текста (OCR), EnglishGold (облегченная версия) - программа для изучения английского языка

Translation office for Professional - на диске Polyglossum II с 10 анг.-рус.-анг. словарями (ок. 1 700 000 терм.): общеупотребительная лексика, экономика и финансы, бизнес, банковская терминология, деловая переписка, политехнический, математический, медицинский, пользователя компьютера, экологический и переводчик Pars с 9 словарями (ок. 500 000 терм.): общая лексика, вычислительная техника, экономика и финансы, политехнический, геология, текстиль, экология, медицина, бизнес, Autor - программа для распознавания текста (OCR), EnglishGold (облегченная версия) - программа для изучения английского языка.

Сдвоенная упаковка Polyglossum и PARS *«Бизнес»*: Polyglossum II *«Бизнес»* (ок. 600 000 терм.), 6 анг.-рус.-анг. словарей: общеупотребительная лексика, бизнес, деловая переписка, экономика и финансы, банковская терминология, патентный, юридический Pars *«Бизнес»* (более 530 000 терм.), 5 анг.-рус.-анг. словарей для переводчика Pars: общая лексика, бизнес и экономика, банковская терминология, патентный, юридический.

!!! NEW!!! Translation office Автомобильный на диске Polyglossum II с Большим англо-русско-английским *автомобильным* словарем (ок. 200 000 терм.) и переводчик Pars с Большим англо-русско-английским *автомобильным* словарем (ок. 120 000 терм.)

МУЛЬТИМЕДИЙНЫЕ КНИГИ на CD-ROM

!!! NEW!!! *«Пословицы русского народа»*, В. И. Даль, более 36 000 пословиц, поговорок, скороговорок, поверий, примет и загадок русского народа.

!!! NEW!!! CD-ROM *Цитаты на каждый день*, ок. 42 000 слов-ссылок, 3000 цитат по 17 тематическим разделам на базе сборника «Умное слово» А. Соболева. (афоризмы, высказывания, крылатых слова, цитаты с описанием их происхождения и разъяснениями, дается коаткая биография авторов) (на русском языке)

!!! NEW!!! CD-ROM *«Русский мат»* Толковый словарь. Ок. 35 000 слов-ссылок, ок. 2 500 статей. Приводится развернутое толкование, проихождение(этимология), примеры использования, анекдоты, частушки, подколки и т.п.

Мультимедийные системы обучения иностранным языкам и работе на компьютере фирмы МультимедиаТехнологии - *по запросу* (все основные европейские языки и русский для иностранцев)

ВЫХОДЯТ В БЛИЖАЙШЕЕ ВРЕМЯ

CD-ROM *«Словарь великорусского языка»*, В. И. Даль, более 120 000 статей, более 500 000 перекрестных ссылок, более 1 000 000 слов. (ориентировочный выход - март 1998)

CD-ROM *«Немецко-русско-немецкий словарь пословиц и поговорок»*, более 3 000 цитат, афоризмов, высказываний и крылатых слов. (ориентировочный выход - март 1998)

CD-ROM *«Немецко-русско-немецкий письмовник»*, готовые клише писем с возможность вставки готовых фраз из соответствующего раздела диска и др. словарей издательства ЭТС. (ориентировочный выход - март 1998)

CD-ROM *«Словарь русского языка»*, *под редакцией Ушакова* (аналог 4-х томного словаря), более 1 000 000 слов. (ориентировочный выход - июнь-август 1998)

<u>Polyglossum II</u> Немецко-русско-немецкий словарь *по экономике и финансам*. Ок. 200 000 терм., печатается в Германии (с марта 1998 в продаже)

<u>Polyglossum III</u> *Большой французско-русско-французский общелексический*. Ок. 300 000 терм.. (ориентировочный выход - март-апрель 1998)

<u>Polyglossum III</u> *Большой немецко-русско-немецкий общелексический* - более 600 000 терм. (ориентировочный выход - март-апрель 1998)

<u>Polyglossum III</u> *Большой немецко-русско-немецкий словарь по экологии и защите окружающей среды* - Ок. 200 000 терм., печатается в Германии (с 20 марта 1998 в продаже)

<u>Polyglossum III</u> *русско-англо-русский физический* - ок. 300 000 терм. (ориентировочный выход - март-апрель 1998)

К Н И Г И

1. Англо-русский математический словарь: **В 2 томах.** Ок. 75000 терм.. - М: Эрика, ЭТС, 1994.-918 стр., жесткий переплет, формат 17×24 см., ISBN 5-86455-003-5 т. 1, ISBN 5-86455-004-3 т. 2
2. Новый словарь сокращений русского языка: Ок. 32000 сокращений. - М: ЭТС, 1995.- 668 стр., мягкий переплет, формат 13×19 см., отпечатан в Финляндии. ISBN 5-86455-047-7
3. Немецко-русский словарь по микроэлектронике: Ок. 21225 терм.. - М: ЭТС, 1995.- 674 стр., мягкий переплет, формат 13×19 см., отпечатан в Финляндии. ISBN 5-86455-026-4
4. Англо-русский словарь новых автомобильных терм., выражений, сокращений и автомобильного жаргона: Ок. 700 терм., М: ЭТС, 1995.- 50 стр., мягкий переплет, формат 14×19 см., ISBN 5-86455-044-2
5. Англо-русский терминологический словарь по планированию эксперимента: Ок. 1150 терм. - М: ЭТС, 1995.-52 стр., мягкий переплет, формат 14×19 см.
6. Финско-русский и русско-финский торговый словарь: Ок. 19000 терм., М: ЭТС, 1996.- 352 стр., мягкий переплет, формат 13×19 см., отпечатан в Финляндии. ISBN 5-86455-046-7
7. Англо-русский экологический словарь: Ок. 32000 терм. - М: ЭТС, 1996, 784 стр., жесткий переплет, формат 14×19 см. ISBN 5-86455-064-7
8. Большой русско-английский политехнический словарь: в 4 томах, Ок. 500 000 терм. - М: ЭТС, 1996-1998, жесткий переплет, формат 20×30 см., ISBN 5-86455-051-5 - т. 1, ISBN 5-86455-052-3 - т. 2, ISBN 5-86455-053-1 - т. 3, ISBN 5-86455-054-Х - т. 4.
9. Идеографический словарь русского языка: 4166 статей. - М: ЭТС, 1995.- 820 стр., жесткий переплет, формат 19×29 см., ISBN 5-86455-050-7
10. Серия «Живой язык» №7 Англо-русские аббревиатуры совместных космических полетов «МИР-ШАТТЛ» (1994 - 1996): **3289 английских аббревиатур**, М: ЭТС, 1996.- 188 стр., жесткий переплет, формат 20×29 см. (А4), тираж 100 экз. ISBN 5-86455-0122-4
11. Серия «Живой язык» №8 Английские сокращения по нефти и газу: Ок. 2500 сокращений., М:, «ЭТС», 1997.- 86 стр., мягкий переплет, формат 14×19 см., тираж 500 экз. ISBN 5-86455-113-9
12. Толковый уфологический словарь с эквивалентами на английском и немецком языках. - М:, «ЭТС», 1997. - 176 стр., мягкий переплет, формат 14×19 см., тираж 200 экз. ISBN 5-86455-063-9

13. Как начать свой бизнес в Германии. Немецко-русский словарь по бизнесу, торговле и финансам. Ок. 7000 слов. - Москва, Гамбург - «ЭТС» - 1997.- 238 стр., мягкий переплет, формат 15×21 см., ISBN 5-86455-058-2, ISBN 3-9805213-5-4
14. Марки и монеты. Немецко-русский словарь коллекционера. Ок. 5000 терм. - **Москва, Гамбург - «ЭТС», 1997.- 140 стр., мягкий переплет, формат 15×21 см., печать в Германии.** ISBN 5-86455-035-3, ISBN 3-9805213-7-0
15. Книга автомобилиста. Немецко-русский и русско-немецкий словарь.- Гамбург, 1997.- 148 стр., мягкий переплет, формат 21×30 см., печать в Германии ISBN 3-9805213-7-0
16. Русско-немецкий и немецко-русский словарь пословиц и поговорок, ок. 1600 статей, мягкий переплет, формат 15×21 см., Москва, Гамбург - ЭТС, 1997. - 248 стр., печать в Германии. ISBN 5-86455-049-3, ISBN 3-932864-03-4
17. Немецко-русский словарь-справочник Переписка с официальными лицами и учреждениями: структура письма, образцы обращений, примеры писем, немецко-русский словарь Москва, Гамбург - ЭТС, 1997. - 142 стр. мягкий переплет, формат 15×21 см., печать в Германии. ISBN 5-86455-028-0, ISBN 3-932864-00-X
18. Немецко-русский словарь-справочник Деловая переписка: структура письма, образцы обращений, типовые фразы, примеры писем, немецко-русский словарь - Москва, Гамбург - ЭТС, 1997. - 240 стр. мягкий переплет, формат 15×21 см., печать в Германии. ISBN 5-86455-045-0, ISBN 3-932864-01-8
19. Немецко-русский словарь-справочник Успешное трудоустройство: поиск работы, переписка, типовые письма и обращения, типовые рекомендации, немецко-русский словарь. - Москва, Гамбург - ЭТС, 1997. - 208 стр. мягкий переплет, формат 15×21 см., печать в Германии.
20. Англо-русский словарь по маркетингу, ок. 1500 терм., карманный формат, мяг. переплет, 60 стр.
21. Немецко-русский и русско-немецкий словарь по страхованию. Напечатан в Германии - Москва, Гамбург - ЭТС, 1998. - 120 стр. мягкий переплет, формат 15×21 см., печать в Германии
22. Немеко-русский словарь аббревиатур по экологии. Напечатан в Германии. - Москва, Гамбург - ЭТС, 1998. - 120 стр. мягкий переплет, формат 15×21 см., печать в Германии

Книги - готовятся к выходу в ближайшее время

Финско-русский Финансово-торговый словарь с указателем русских терм., более 40 000 терм., ок. 90 000 русских эквивалентов, 1006 стр., жесткий переплет, печатается в Финляндии (типография Werner Soederstroem) совместно с издательством Translatio Rustica.
Англо-русский словарь пользователя персонального компьютера, ок. 30 000 терм., 496 стр.

ПРИМЕЧАНИЕ

Полный список CD-ROM, словарей, книг, книг в печати, макетов, демо-версии программ и другая полезная информация на стр. с издательства ЭТС в Интернет http://www.ets.ru.
Полный каталог с указанием цен также можно получить по электронной почте ets@ets.ru или т/ф. (095) 242 87 52., 917 21060, 400 66 34, 117 61-23

Сетевые версии:
Все программы могут работать в сети. Для этого необходимо заказать специальную инсталяционную дискету.

Запись дисков на заказ:
Вы можете выбрать интересующие Вас базы данных и программы и мы запишем для Вас т.н. «золотой диск» с необходимым Вам набором.

Поставка на дискетах
Все программы и базы данных могут поставляться на дискетах 3,5 и 5,25 дюймов.

Скидки для зарегистрированных пользователей:
обновление версий программ - по цене носителя (дискеты, диска или стоимости e-mail)

Продажи по Интернет (FTP-сервер издательства) и E-mail - по договоренности

Бланк заказа

_____
_____
           (Ф.И.О., наименование организации)
заказываю _____
_____
_____
_____
_____
_____
                   (наименование)
кол-во _____ штук.
Прошу выслать по адресу: _____
Оплату гарантирую _____
                   (подпись, организация - печать)